性的マイノリティ関係資料シリーズ 1
レズビアン雑誌資料集成　第6巻

編集・解説　杉浦郁子

2024年10月25日　初版第1刷発行

発行者　船橋竜祐　　　　発行所　不二出版株式会社
〒112-0005　東京都文京区水道2-10-10
電話　03（5981）6704　http://www.fujishuppan.co.jp
組版／昴印刷　　印刷／富士リプロ　　製本／青木製本
乱丁・落丁はお取り替えいたします。

第3回配本・全2巻・別冊1　揃定価50,600円（揃本体46,000円＋税10％）
（分売不可）ISBN978-4-8350-8793-1
第6巻　ISBN978-4-8350-8794-8

2024 Printed in Japan

編集・解説

杉浦 郁子（すぎうら・いくこ）

1969年生まれ。立教大学社会学部教授。

「日本における性的マイノリティの社会運動」という市民の営みを、ミニコミ誌などのコミュニティ資料や活動家へのインタビューから明らかにすることをめざしている。現在取り組んでいる調査研究は、1970年代から90年代中旬の首都圏におけるレズビアン解放運動の歴史記述と、東北地方における性的マイノリティの運動手法の分析である。

関連する業績として、「『レズビアン・デジタル・アーカイブス』の運営と課題」『和光大学現代人間学部紀要』第17号（2024年３月）、『「地方」と性的マイノリティ』（共著、青弓社、2022年）、「1970年代以降の首都圏におけるレズビアン・コミュニティの形成と変容」『クィア・スタディーズをひらく』第１巻（晃洋書房、2019年）ほか。

⑮ 声なき叫び

（「声なき叫び」上映グループ 編・発行）

声なき叫び

MOURIR A TUE-TÊTE

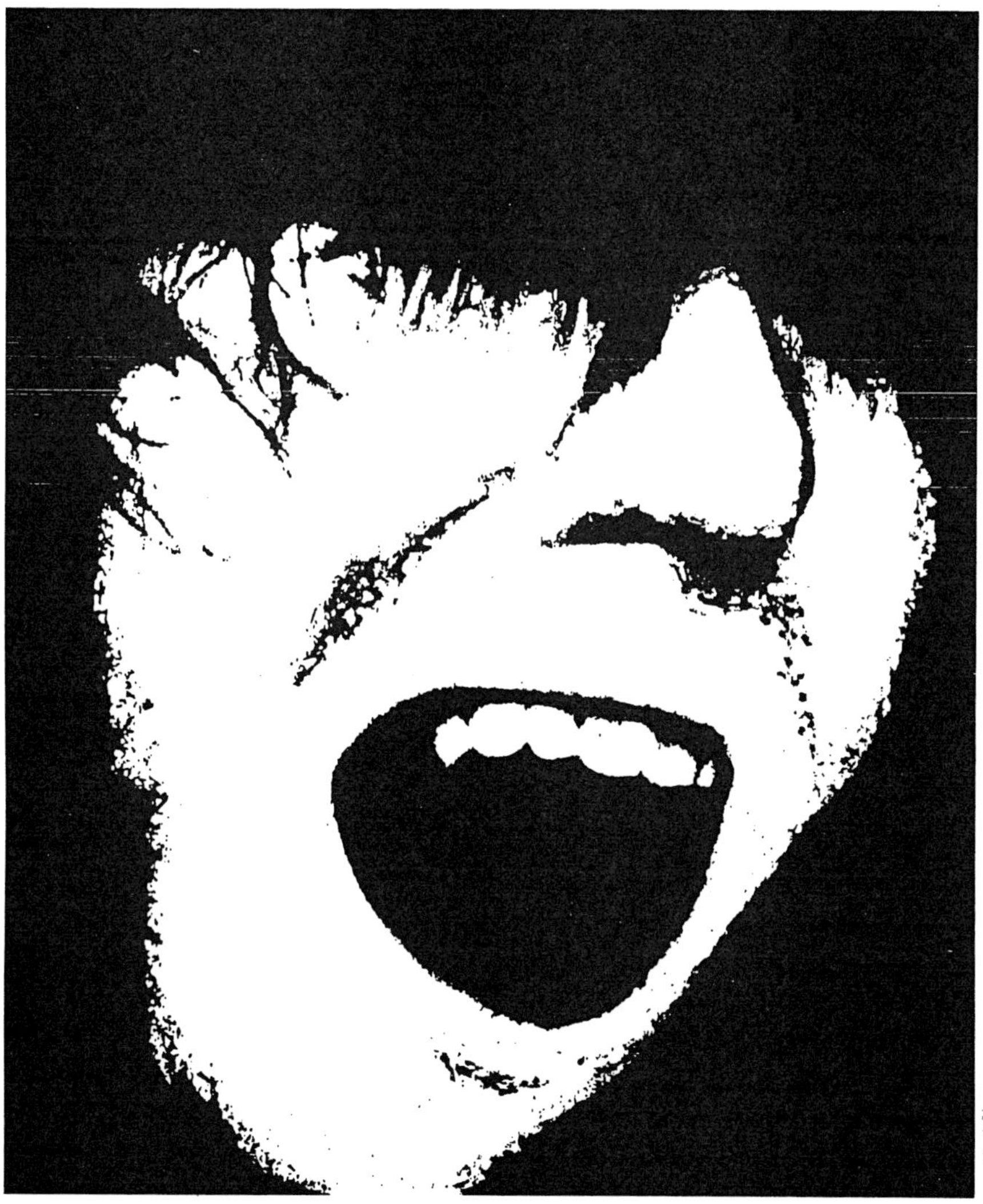

編集：「声なき叫び」上映グループ　渋谷区代々木４－28－５
東都レジデンス410 ☎370-6007

日本における「声なき叫び」の上映をよろこび

「声なき叫び」を私が初めて見たのは、1979年のカンヌ映画祭だった。「ある視点」という問題作が選ばれるシリーズで偶然見たのだが、何の予備知識もなかった私は、はじめのすさまじい暴行シーンに度胆をぬかれた。しかし次第に画面に引きつけられ、そして見終った時はそのテーマの重大性に気づいた。私が他人ごとのように考えていた〝強姦〟という問題が急に身近な人権に関わるものとなったのである。強い者が弱い者を一方的に力で征服するということは、強姦という個人的問題から戦争という社会的な問題までを含み、力で全てをあやつろうとする現在の男性社会のしくみを鋭く批判する。

「声なき叫び」を見ているあいだ、私は何かこれは普通の映画と違うと感じ続けていた。終映後、観客との質疑応答に現われた上品な中年の婦人アンヌ・ポワリエ監督を見て私はそのなぞが解けた。

強姦というテーマは今までくり返し映画にとり上げられてきた。それらはいつもどんなに強姦はいけないと主張しながらも、結局は観客の好奇心をあおるポルノまがいの作品になっているのに、この作品は違うのだ。

質疑応答の席上、質問をした男性の中には監督の言葉のあげ足を取るような者もいた。しかし、ポワリエさんはやさしい話し方でその人を説得してしまった。

私はこの「声なき叫び」をぜひ日本に紹介したいと思った。同席していた共同通信の松本侑壬子さんも同じ意見だった。日本公開の時にはポワリエ監督を日本に招待しよう、この作品の理解を深めるためには、彼女の存在は何よりも大切なことだと私は考えた。

幸い「女たちの映画祭」の人たちが2本目の上映作品を探しておられることを知り、私は上映のためのお手伝いをすることになった。その上映準備の過程で、この作品に共鳴する二つのグループが参加し、新たに「声なき叫び・上映グループ」が結成された。そして今、カナダ大使館の後援を得てポワリエ監督の来日も実現し、私の夢がかなえられたのである。こんな嬉しいことはない。東京での上映を皮切りに、全国的な上映運動の成功を心から祈っている。

高野　悦子（岩波ホール総支配人）

「声なき叫び」上映にあたって

私たちは強姦をテーマにした映画「声なき叫び」を上映するために、買い付け、シナリオ翻訳、字幕制作などに取り組んでいる女のグループです。

強姦は私たち女にとって深刻で重苦しい問題にもかかわらず、男たちによってポルノとしてしか扱われてきませんでした。カナダの女性監督アンヌ・C・ポワリエは強姦の実態調査をする中で映画「声なき叫び」を制作し、女の眼で強姦に対する根元的問いかけをドラマ化しました。

強姦は男優位の思想が生み出した最も醜い犯罪です。そして男がこの社会の支配者であり続ける為に巧みに活用している政治的犯罪です。暗い道で、日々の生活の中で、宗教的儀式や慣習の中で、戦場で、行なわれ続けた強姦は性と暴力を使った男たちの女全体に対する支配と攻撃です。私たち女がそのことを明確にとらえ、語り始めることは女の状況をより良く変えていく上に非常に重要だと考えます。私たち「声なき叫び」上映グループはこの映画の上映を通して女たちが強姦に真向い、強姦のひどさ、強姦の社会的意味を知り、考えてゆく足場にしたいと思います。

何故、強姦は社会問題にすらならないのか？

犯罪白書56年度版によると、1980年度中強姦は4992件、1日14件もの数が統計に表われています。しかもこの件数は氷山の一角でしかないのです。強姦は被害者が届け出ない限り、犯罪として扱われないため、実際の発生件数はぼう大で予想できません。

女にとって強姦は感情や意志を持った人間であることを無視され、物として扱われる行為です。犠牲者の女は、混乱と恐怖と屈辱の渦にたたき込まれ、精神を崩壊され、一生癒えることのない心の傷を負わされるのです。その上あたかも強姦を引き起こした犯人であるかのようにこの社会では扱われています。

◈この映画をみて、法律を変えなければ、と思いました。

本田房子（婦人民主新聞記者）

◈字幕に〝近親相姦〟とありましたが〝近親姦〟といいたいです。日本でも非常に多くて、売春への転落原因に「近親姦と強姦がかなりの割合を占めている」と婦人相談員によって明らかにされています。女性が性を暴力で犯されるのは大変な人権侵害だというのに、欧米などでは20年の刑があるなかで、日本では強姦が強盗より刑が軽く、近親姦は刑法に入っていないなどと、性については人権としての確立が遅れていて、法にまで影響してることに憤りを感じます。

高橋喜久江（日本基督教婦人矯風会）

◈最初は強姦と聞いただけで、さけて通りたいと思いました。ですけど見たくないものをキチッと観ることが自分の運動にプラスになると改めて思いました。強姦には特別なものはない。この映画は極端なようでいて、ごく当り前のことを言っていると思います。スザンヌが自殺することにより訴えているのは「強姦は殺人と同じだ」ということなのではないでしょうか。名古屋での「声なき叫び」上映運動をやることは、一所懸命、運動をやってきたことに、さらに栄養分になると思います。

久野綾子（〝おんなの叛逆〟発行人）

◈女と男の繋りを考えていたようで、考えていなかったことに気付きました。夫との間の強姦を告発するシーンはリアルでした。男に一方的に思わされてきて、うっすら潜在的におかしいと感じていながら、口では言えなかったことが表現され病院で、警察で、そして人間としての権利を保護される場であるはずの裁判所でさえも。女たちは怒りはおろか、自分が被害者であることも口に出せず、なかったこととして心の奥深くに沈めようとするのです。「恥ずかしい」というトガの重石を自分にかけて……。この女に押しつけられた「恥ずかしい」という社会通念は被害者が犯人を訴えない大きな理由であり、犯人が自由の身でノウノウとこの社会で生きていくことを許してしまうのです。

私たちは「不注意だった」とか「スキがあった」とか「挑発的だった」とかの強姦された女を責める〝常識〟に怒りを覚えます。強姦する男こそが、この性差別社会にあぐらをかいた恥知らずこそが責められるべきです。また「運が悪かった」とか「たいしたことじゃない」という被害者への慰めの言葉も結局の所、被害者の怒りの口を塞ぎ、犯人への責めをかき消すことでしかないのです。

男にとって私たち女は
〝侵〟される性として存在する

強姦は暴力を美化し、男は征服し、女は服従するものだという文化のもたらす結果です。“女のイヤはイイということだ”“女は強姦願望を持っている”“据え膳喰わぬは男の恥”といった男の作り出した神話。「売女」「尻軽女」「共同便所」といった女に対する様々な蔑称。これらすべてが強姦を生み出す土壌なのです。

強姦は女が変わればなくなるものではありません。女が嫌だと思う性行為を強要することはすべて強姦です。男たちが強姦に対して、例え本人が加害者でなくとも沈黙したり、知らぬ顔をすること自体が共犯者になることだと認識し、行動しない限り決してなくならないのです。そして、全ての男たちが「女」という存在を利用して社会的、経済的に何らかの利益を得ることをやめない限り強姦はなくならないのです。

「強姦されるタイプの女」など存在しません。幼児から老女まで美醜を問わず、階級を越え、女という存在なら誰でもが標的なのです。しかしながら私たちは「自分は強姦されない」という安心感を得るために、男の作った「強姦されるタイプ」を受け入れてきました。つまり私たち女は「侵される性として存在する」ことの苦痛と恐怖をごまかしてきたのです。そしてそれは私たちを分断し、孤立させてきました。しかし、この現実を認識する勇気を持つことこそが私たち女が人間としての尊厳を取り戻す第一歩であり、互いに結びつく鍵なのです。

〝声なき叫び〟を通して

映画「声なき叫び」は強姦を生み出す支配構造を明らかにし、なぜ強姦が存在するのか、強姦によって女は何を破壊されるのか、この社会が強姦をどのように裁いてきたのかを問いかけます。そして、女たちが、女の体は女自身のもので、全人格的存在であることにプライドを持ち、のびやかに生きる中で、女の状況をより良くすることが必要だと伝えます。

私たち「声なき叫び」上映グループはできるだけ大勢の女の人たちにこの映画を観てもらいたいと熱望しています。東京での皮切り上映会の後、全国津々浦々で、女たちによって上映会が催されることを期待します。

この映画をきっかけに女たちの手で「強姦救援センター」を創っていけたらという願いをこめて………。

1982年1月

「声なき叫び」上映グループ
女たちの映画祭実行委員会
L.F.センター
リブ手帳製作グループ366

ていて圧倒されました。吉田幸子(主婦)

◈「お金のとれるいいバイトだ」と言って、売春をしている高校生がいたが、彼女が観たらどう思うかしら。高校の授業でこの映画をとりあげ、若い人たちに観せたいが、その方法を考えています。
半田たつ子(新しい家庭科“ウイ”)

◈アメリカ映画「リップスティック」には個人的カタルシスがあるけれど、現実ではそんなことはあり得ない。この映画では現実を描いている。
北村節子(新聞記者)

◈強姦だけを訴えている映画ではないと思います。ラストシーンに女と男の関係が象徴されていますね。男にはわからない、女だけで解決してゆかなくてはならない問題が、この世の中にはあるのだということを、まず訴えていくことが大切だと思います。男に渡すのは、ずっと後でいい。　林冬子(映画評論家)

◈今の社会をひっくり返すのは長くかかると思います。今できることは、問題をひろめていくことだと思います。
富重圭以子(新聞記者)

◈映画の中で笛が鳴っても、誰も救けに行かない場面がありました。それは我々女が救けに行かなければならないということなのですね。　K．N(会社員)

女性問題に取り組んでいる方々や女性のジャーナリストに集まっていただき何回か試写会を持ちました。映画を観た後、話し合われた感想の幾つかを御了承をいただいた上で、掲載しました。
(順不同、敬称略)

強姦は暴力ととらえるべきもの

女性そのものが、これまで物体としてしかみられてきていないということは、ウーマンズリブの告発の中で一番漸新なものでした。このことを心理学的な観点から考えてみたいと思う。

女性の心理を精神分析の観点から考えたフロイトによれば、女性の成長は肉体的な満足、つまり男性との性の関係で、自分自身を満足させること — それも男性を待ち、受け入れ、男性によって成熟させられることだったのですね。劣った性である女性は、子供を持つことによって、補償しようとする、と。特にフロイトは女性の性向としてナルシズム（自受性）、マゾヒズム（自虐性）、を強調しました。感情的、非論理的、何かといえば、キャーと失神する女性のイメージってあるでしょう？

フロイトが生きたヨーロッパは、女性に対する規制の厳しいヴィクトリア朝という時代です。女性には精神性がなくて、肉体があった。これまで女性心理というものが男性の手に握られていて、社会的な存在としての女性や、女性にとって社会におけるきちんとした関係の中で成熟していくのがどんな意味を持つのかということは全然無視されてきたわけで、それに異論を唱えたのがウーマンズリブですね。女性の社会的存在の側面を強調しました。そして初めに言ったように、あまりにも生物学的、あるいは性の対象物としての女性のありようをアピールしていきました。強姦なんかが正当化されるのは、マゾヒズムだというからですよね。そんなバカなことはありません。

※

強姦が心理的に与える影響は、非常に深い精神的な外傷となります。自分の基本的な存在が犯される、基本的な生存権が否定されるということで、後の男性との関係とか、男性に限らず人に対して心を閉ざしてしまう。スザンヌがそうですね。ああいう風なことが実際あるわけです。それから子供の頃いたずらをされた経験が、成長した後に非常に影響を与えているというケースがかなりあります。小さいから一体何が起きたのか分らないわけ。親に訴えてない場合もあるし、言っても子供の言う事だから親もよく分らない、心配したってどうしようもないという事で問題にされずにきたということは無数にあります。大人になっての強姦はある程度自我が育っている為、損われても又癒される機会もある。子供の頃というのは自分で概念化できないから、非常に深い傷となって残るというのが周りにあります。

ただ私はスザンヌを殺してしまった事には疑問があるの。というのは、死んでしまうと物というか自分の存在イコール身体性みたいな神話を裏書きする事になってしまう。自分はそれ以外の存在のしようがないみたいになってしまうでしょう。肉体が凌辱されるという事の問題はものすごくあるけれど、それだけではない存在意識があるべきだと思うの。その為には女の人は女であること＝身体性＝物体という図式にすがらない自分を育てていかなければなりません。

強姦された女性をどうやって支えることができるのか、これは簡単なことではないですね。分かり合うという事は、その人の身になってという事よりも、その人のありのままを受け入れていくということでしかあり得ないんではないかと思います。悲しみや絶望や怒りをただ聞き、受けとめてあげるというか……。そのような感情が自分の心の中にもう残っていないという程表出されるまではどうしようもないものなのね。もうそれでいいでしょうという事は絶対ないわけで、怒りにしろ、恨みにしろ、何にしろそれをどんどん出していって涙が乾いたという迄そういう状態を受け入れられることが必要で、その中で本人がいつかは立ち直っていくと思うんです。その人の気持に添っているという事は自分の感情で判断しないという事ね。分かるという事は受け入れるという事であって、受け入れるという事は、本人のありようを徹底して受け入れるという事でしかないわけ。本人がもう言い切ったし、泣き切ったし、涙が乾いたし、もういいわという所までその気持に添うという事しかないと思うの。

※

救援センターの具体的なイメージはよくわからないけど専門家が必要でしょうね。個人的なレベルで普通の人が誰かを一人で支えていくという事は難かしいと思うの。善意だけの問題ではないところもあるから。それに婦人科医もいるし、一時の精神的な混乱や不安によって仕事を失ったり、やめたりした場合は具体的に援助できるような社会諸資源の活用ができる人もいりますよね。救援センターのようなものは非常に必要だろうなという気がします。もちろんフェミニズムの視点に立ったスタッフのそろっていることが望ましいのは言うまでもありません。

私は強姦の問題をケアするのは精神衛生の一つだろうと思うのです。どうしてかというとそれは一つには人間の攻撃性の問題ね。強姦は性欲のハケ口ではなくて性行為に対する非常に歪んだ考え方だと思うからです。男の人が持っている病理的な問題ね。サディズムの行きつく先というか、そうでないと性的な満足ができないという所につきると思います。

カウンセラーの立場から

人間の攻撃性というのは非常に大きな問題で、強姦に限らず、戦争がなかった時代なんてない。綿々と有史以来、絶えずどこかで殺し合いをしてきているという現実があるわけです。

強姦する男性の心理はコンプレックスの塊で、劣等感の裏返しだと思うの。劣等感を持たない人間なんていないわけで、その中でみんなバランスを取りながら生きているのだけれど、その劣等感が攻撃という形でしか解消されないというのはやっぱり人間性の歪みだと思います。人間性の歪みというのは、その人個有のものである場合と、社会的に劣等感というのが男らしさと結びついて自分がだめだと思うとそんな形の優位性で解消しようとする場合と両方あると思います。

※

女性が強姦を訴えにくくしているのは、女性にはやはりマゾヒズムの基本があるから、実際に強姦が我が身にならない限り、どこかに無意識に願望があるのではないかという考え方が綿々と続いているからなのね。人間の心理が、文化的影響を多大に受けることはもちろんですが、どうしても100％がそうだとは言い切れないわけです。カレン・ホルネイさんとか、女性の精神科医は、もっと違った女性心理を提言しているけれどもやはり女性の自我が弱いという現実はあるのですね。

でも私は強姦については女の人がそれを望んでいる筈はないと言い切れますね。私は強姦を性関係としてではなく、暴力事件としてとらえていますから。強姦を性関係だと思ってしまうから訴えにくいのではないかしら。強姦は性関係ではなく明らかに暴力なのね。社会的な犯罪なの。女性の側にも、性行為について、はっきりした態度がなくてはダメです。自我の強さが要求されることになるけれど、いやだったらいやだとはっきり言える様な、かりに夫に対しても、はっきり言える様な見定め方をしていく必要があるでしょうね。そうなった場合に強姦が自分の中で犯罪として明らかになっていくのではないかしら。強姦された事によって自分の存在を徹底して死にまで追いつめないで、これは暴力だということでもっと訴えやすくなると思うの。強姦を性関係というかたちで促え、自分を死という形で否定していくのはどうしたって破壊的だと思うの。といってもそんなに簡単に、これは暴力でした、暴力だからどっかを殴られたのと一緒だというわけにはいかないですね。性文化というのは、私たちの意識の中に非常に根強くあるから、論理的な武装としてはそういうことでいいのではないかと思うのです。（談）

河野貴代美（カウンセラー）

フェミニスト・セラピィ〝なかま〟
Tel373-0717　中野区本町2-50-12-402
※　3人の女性カウンセラーによる女性の為の相談室のスタッフ

作り話1　女が必死で抵抗すれば強姦なんかできない。
真実　身体的危害を加えられる、殺されるかも知れないという恐怖で抵抗どころではない。権力を使ったり、弱味につけ込んで無理矢理に同意させる場合もある。
作り話2　女は強姦願望を持っている。
真実　女の強姦願望とは「あの男にあの場所でこんな風に」というようにあくまでも自分が操作できる状況であり、その場の決定権を持った「空想」のことである。
作り話3　女は男を落とし入れるために「強姦された」と嘘をつく。
真実　警察に届ける女は多くとも10人に1人であり、他の犯罪に比べて嘘の届出をする率は極めて低い。
作り話4　強姦魔は変質者だ。
真実　強姦魔は特別な男ではない。強姦魔の5人の内3人は結婚しており、ごくあたり前の性生活をしている。ただ、変質者や下層階級の男の方が警察にマークされやすいだけだ。
作り話5　見知らぬ男に強姦される。
真実　50％以上が顔見知りの男による犯行である。
作り話6　男は性的衝動を押えきれずに強姦する。
真実　80％余りが計画的犯行である。

これら強姦にまつわる作り話を洗い直してみることは、私たちの活動を正しく社会に伝える上にとても大切なことである。

強姦―この甘やかされてきた犯罪

告訴しないと……

丸顔のその少女は17歳だった。

色白の手首と足首と太腿に押えつけられた青いアザが変色して消えかかっている。来診した日は火曜日で、暴行されたのが土曜日の夜、まだそれほど夜更けではない時間にいきなり三、四人の若い男に車に連れ込まれた。彼女は始めてこの町へ働きに来たその日の夜のことだったから、西も東もわからない。どこか海岸に近い民宿に連れ込まれ、そこで輪姦されたという。

三日も経っていれば、精液や膣の傷害などの決定的な証拠は失われている。性交の経験がある場合は一層むずかしい。私は古い処女膜裂創と裂創のない側に発赤と圧痛が残っているのを認めて、診断書を書いた。これでは裁判になった時決定的な証拠にはならないかもしれないと思いながら。

私は「告訴をしなさいよ」と勧めた。彼女は黙っている。「告訴をしないと又やられますよ』と言った時、動きの少なかった表情がとけて、素直に「はい」と言った。

話してみるとまだ子どもっぽい。中学を卒業して働きに出たごく普通の女の子である。この町へ来る前はN市で働いていて、その時強姦され、それからも呼び出されては関係を無理やりに1ケ月もつづけさせられて、困って警察に届け別れることが出来た、それでこちらへ来たのだと語った。

数日後警察が来た。若い刑事は張り切っていて、「この診断書なら告訴できます」と意気ごんでいる。私は、こちらへ来たその日にやられるなんて、きっとN市の強姦した男と連絡をとっていた仲間がやったのではないですか、と訊くと、刑事は「いや、N市の方は調べると強姦ではありませんよ。別ですよ』と言う。

警察は、たとえ始めは強姦であっても、関係が1ケ月もつづけば、合意があったとみるのであろうか。しかし、まだ年端のゆかない女が暴力で犯されたあと、いやいやながら呼び出されて強要されていたことは充分にありうる、と私は思う。又暴行を受けた直後に訴え、明らかに手足に傷があるのに、どうして直ぐ医師の診断をうけるよう指示しなかったのであろう。それと本当にN市の男との関係を調査をしたのだろうか。私には警察のとった処置と態度に腑に落ちないものがあった。

その少女も警察もそれっきり来なかった。

あとで聞くと、やはり告訴をしなかったのである。他県にいる親が来て、どうしても告訴させなかったという。

それから、住み込んでいるその娘のところへ、しょっちゅう強姦した男たちが呼び出しに来て騒動が起り、とうとう雇主は娘を親元へ帰してしまった。

私の言った通り、告訴しなければ又やられる、のである。

困難な事情

人口2万5千のこの小さな町は、隣り町まで臨海工業地帯に埋め立てられ、海の汚染で漁師は少なくなったが、気候と大都市に近い地理的条件に恵まれて、農業と観光で栄えている。日本の高度成長の波に乗った典型的な農村の一つである。

だから、ここで起ったことは全国の無数にあるこうした小さな町でも同じように起っていると考えられるし、農村だけでなく、都市の中で日常に起っていることの典型が示されているのではないかとも思われる。

数年前、女子学生が家の近くの海岸で輪姦された。やはり告訴しなかった。それからは男が夜這いに入ったりして、悪いのは娘のように噂され、その親までだらしがないと言われて、卒業すると遠くへ就職してしまった。

私がここに住んでいる30年間に強姦を告訴した例は一例もない。

ずっと以前に、私の勧めで告訴しようとした例がある。しかし男が豚箱に入れられると、親戚を通して娘の親に、将来有望な青年をこんなことで前科者にしていいのかと泣き落しをかけ、金欲しさに告訴したと隣り近所や村中から根も葉もない非難が集中した。

「もう10万円もらっているそうな』「あと20万円出さないと告訴を取り下げないと言っている』「娘を晒し者にしてまで金が欲しいのか』等々……。くやし涙にくれながら親は告訴を取り下げた。

しかし、10日間、男を豚箱に入れたことによって、彼女は再び犯されるようなことはなかったのである。

心と性の結びつき

先日テレビのトゥナイトという番組で、レイプという映画の一場面を見た。弁護士が強姦された女に向かって、自分から腰を浮かせたのではないかとか、その時受液が出ていたのではないかと問いつめている。それを見たテレビの中の女子学生たちが、やっぱり告訴はしない方がいいかも……と女性インタビュアに答えていた。

この映画の中の弁護士が言うように、強姦されたことによって女性のからだに生理的な快感がもし惹起されたとしたら、愛してもいない男に暴力によってそうした性感までひきおこされることがあるとしたら、それは一層、女にとって残酷なことに違いない。

とくに女性は、心というものが性と結びついて離れがたいことが多いのではないか、と私はよく考える。

一生を土にまみれ、姑と夫に仕え、子どもを育ててきた農家の主婦たちはどこかで性に関する障害を訴えることが多い。それは更年期障害のような形であらわれたり、又性器にはっきり異常を感じたりする。そうした病的な訴えを聞いていると、いろいろな苦労や夫との関わりや、かなしみや愚痴などとごっちゃになってしまうのである。

女は心の訴えが身体の訴えとなり、身体の訴えが心の訴えとなる。

夫婦間でも、望まない性交は女の心を荒れさせる。

まして暴力と脅しによる強姦は、医師の診断書にもとづく傷害だけでなく、心に対する暴力的な犯罪としても裁かれねばならない。親が告訴をためらったあの17歳の少女はヤクザな男たちのいいなりになる女に堕ちるまで一生つけねらわれるのではなかろうか。

私たちはもう躊躇してはいられない。なんらかの対策をたてないと、犯罪はいま性が絡むとかえって野放しにされる方向に拡っているのである。

男性優位の社会通念

「若い男性の性欲は衝動的なので、性犯罪を起し易い。その防波堤として売春を認めることはやむを得ない』と考えている人は極めて多い。「若い男性の性欲は衝動的な面がある」ことが確かであるが、「だから性犯罪を起す原因となる」というのはおかしい。性犯罪も他の犯罪と全く同じ社会的な要因によって起るのであって、こうした男性優位の社会的通念がむしろ性犯罪を甘やかして増加させているのである。

テレビの女性インタビュアが「あなたの心の中に強姦したい、又はされたいという願望がひそんでいませんか」と映画館の男女にマイクをつきつけて問いかけていた。

お互いにセックスを楽しむ刺激としての暴力や自慰の中での強姦される空想と、実際に強姦されることとは次元の全く異なった問題である。人間は金が欲しいという欲望をもっているからといって、強盗映画を見ている人に「あなたは強盗をしたいという願望はありませんか」と訊ねはしないだろう。

強姦を刺激的な興味の対象として容認するようなポルノや男性優位の性感をそそのかす性情報にのせられて、男にとって強姦されやすい女をつくりあげてゆく一面があることも事実である。

男と女の対等の性のあり方の中に、本当の性の解放と自由があることを私はなによりも強調したい。

椿　法子（産婦人科開業医）

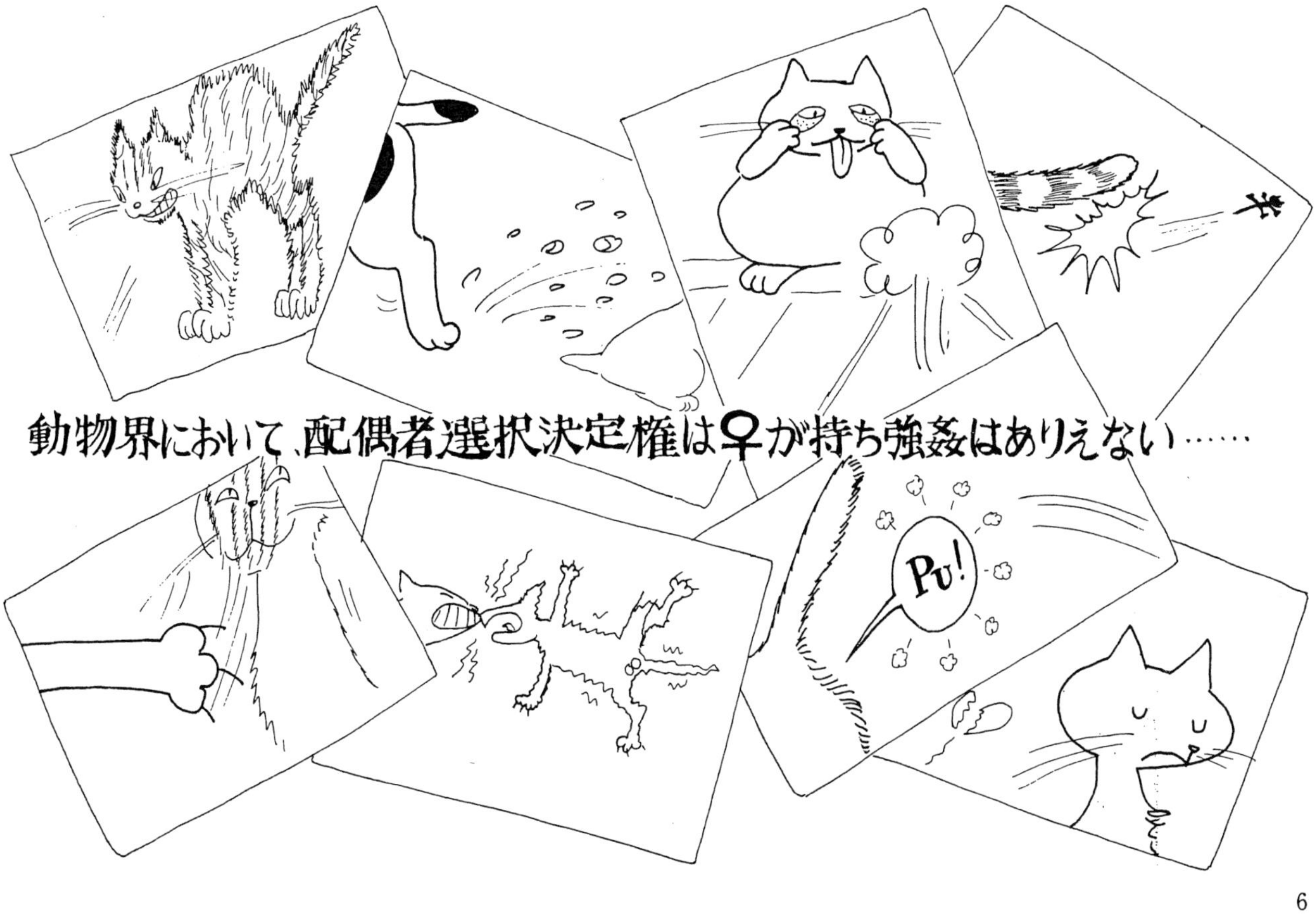

動物界において、配偶者選択決定権は♀が持ち強姦はありえない……
Pu!

訴えてゆくことは……

3年前の年の暮、女性の相談者が事務所を訪れた。

レイプの相談である。

いま仮に、この女性の名をA子としておこう。

A子の勤め先は、総勢10人ほどの小さな会社である。12月の初め、忘年会が開かれ、A子も勿論それに参加した。二次会、三次会と続くうち、彼女は前後不覚に酔ってしまったらしい。

後で聞いた同僚の話によれば、最後に行ったバーでは、ボトルの半分近くを、彼女が飲んだという。散会ということになっても、とても一人で帰れる状態ではない。同じ方向に帰る課長のBが送って行くことになって、一時過ぎに一同は別れた。

このへんのいきさつも、A子は全く覚えてはいない。彼女の記憶が甦るのは、自分の身体の上に、Bが乗っているところからである。

気がついてみると全裸のBが、やはり全裸の自分にのしかかっている。見も知らぬ一室の、布団の中である。どうやら旅館らしい。

徐々に、彼女にも事態が呑み込めてきた。A子が意識を取り戻したのに気づいて、Bが耳許に囁く。

“今更騒いでも遅いよ。もう、一度やっちゃったあとなんだ。”

ショックで口もきけないA子に、Bは既にとりかかっていた「二度目」の行為を、悠々とすませた。

それからのA子の行動は、必ずしも首尾一貫してはいない。夜明けにそこを出た二人は、近くにある終夜営業の喫茶店に入る。A子によれば、Bの弁明を聞くためだったという。

コーヒーを飲みながらBが言ったのは、「君が誘ったから」という言葉だった。

— 酔っ払ってからA子は、誰かれかまわずしなだれかかっていた。帰りの車の中でも、まだ帰りたくない、どこかへ行こうと言っていた。旅館に入るときも、何も文句は言っていない。だから僕は、君が承知の上だと思っていた —

これが、Bの言い分であった。

A子は、最後のバーに行ったあたりから旅館で気づくまで、全く記憶がないので、Bの言葉にいちいち反論することはできない。だが、前後不覚に酔っている女性を旅館に連れ込んで、合意の上だとは、あんまりではないか — A子はBをなじったが、話は並行線をたどるばかり。結局A子はBに送って貰って、家に帰った。

翌日午後から会社に出た彼女は、やっぱり朝起きられなかったな、ひどい二日酔いだろう、と同僚に冷やかされる。その言葉でA子は、やはり前夜自分が相当飲んだことを知らされるが、Bは何食わぬ顔を決め込んでいる。

その次の日、A子はBを呼び出し、慰藉料30万円を要求した。時間が経つにつれ、口惜しさがつのってきたからだ。

これに対し、Bはすっかり開き直った態度を取る。自分だって、その気のあるような素振りを見せたくせに、何を言う。一緒に飲んだ連中に、聞いてみろ。騒いだら、君が損するぞ、と。

このままあきらめるべきか、それともきちんとした処置を取るべきか、数週間A子は悩み続け、妹に相談した。そして、その妹に付き添われ、私の事務所に来たのである。

Bを訴えるには、強姦罪で告訴する方法と、慰藉料請求の民事裁判をおこす方法とがある。A子は告訴を望んでいたが、それには「会社の人間に知られずに」という条件がついていた。

これは、不可能と言ってよかった。旅館で気がついた時に騒ぐとか、少くとも旅館を出てすぐ警察に駆け込むとかしていれば、警察もBの身柄を拘束して、迅速に取り調べをしたかもしれないが、既に数週間を過ぎた今となっては、まずA子の告訴の裏付け捜査から始めねばならない。

Bの行為を強姦であると言うためには、「人の心神喪失もしくは抗拒不能に乗じて姦淫した」(刑法178条準強姦罪) ことを立証しなければならないが、それには、事件当日A子が、飲酒によって前後不覚の状態であったこと、第三者の口から証言して貰う必要がある。しかもBは、A子が言葉ないし「暗黙の態度」で合意を示したと主張するだろうから、そうした可能性の有無を調べるためにも、警察はA子とBの日頃の関係、評判、事件当日の状況等について、同僚から事情聴取することを、不可欠と考えるに違いない。

正直に言って、私はA子に告訴をすすめるのは、気が進まなかった。彼女と同じ年であるだけに、警察で彼女がどんな取り扱いを受けるか、はっきり想像ができたからである。

30すぎのハイミス、酒を矢鱈に飲む女、男がいない女、誘えば簡単についてくるはずの女 — こうした目で彼女は見られ、こうした偏見の下に取調べを受けるのだ。

飲んでハメを外したり、時には酔いつぶれてしまったという、30の男にとっては誰からも咎め立てされることのない日常茶飯のできごとも、30すぎの女がやれば、男に飢えた女のウサ晴らし、あるいは男欲しさの媚態と取られてしまう。

しかも、仮に取調べの結果、Bが酔って正体のないA子を強姦したことが明らかになったとしても、Bが「酔余の行為であり、A子にもその気があると錯覚した」と弁明すれば、正式に起訴されることは、まずない。

弁護士の立場から

ちょっとお灸をすえられた上で、起訴猶予になるだろう。

警察で屈辱的な思いをし、小さな社内で噂の種になった結果、A子が手に入れるものは、ほとんど何もないのだ。

女が泣き寝入りするから強姦はなくならず、女も結構いい思いをした筈だという男の勝手な思い込みも、いつまでも神話として残るという考え方—それは全く正しいのだが—からすれば、私はA子に、敢然として告訴を勧めるべきだったかもしれない。

だが、弁護士の立場は、検察官とは違う。弁護士は依頼者の利益を、極端に言えば依頼者だけの利益を考えて行動しなければならない。告訴がA子の希望であったとしても、告訴した場合の結果の見通し、告訴によってA子が受ける傷や不利益についても、予め十分話した上で、依頼者に進むべき道を選択して貰うのが、弁護士の役目なのだ。

同僚に知られずに処理することも、正式起訴に持ち込むこともかなり困難であると知らされて、やはりA子は大きく動揺した。それでも告訴を辞さないというのであれば、告訴代理人を引き受けましょうと私は言ったが、とてもそんなことをやり通せる自信はない、もう一度よく考えた上で、結論を出したいとA子は言った。

それきり、A子は私の事務所に現われていない。だからA子が、この問題を自分の中でどのように処理したか、私が勧めたBに対する粘り強い自己批判要求をしたか否か、その後のことを、私は知らない。

だが、毎年12月になると、かすかな後悔とも胸の痛みともつかぬ思いと共に、A子のことを思い出すのである。

淡谷まり子（弁護士）

「暴行または脅迫をもって姦淫したるとき」強姦罪が成立します。そして判例上、暴行、脅迫の程度は、被害者の抵抗を著しく抑圧する程度のものが必要とされています。言い換えれば、単に暴行、脅迫があっただけでは足りず、被害者の抵抗が非常に困難であったと認定されなければなりません。暴行、脅迫があれば直ちに強姦罪が成立するとの学説もありますが、これでは、姦淫には多少とも有形力の行使の伴うのが常である、とか、被害者の意思に反したかどうかだけが、犯罪成否の決め手となり、女心の微妙を考慮すると法的安定を損うとされ、判例上とられていません。判例上、些細な暴行、脅迫の前にたやすく屈する貞操の如きは、強姦罪の刑罰をもって保護するに値しないと考えられているのかもしれません。これによって裁判で無罪になった例も結構あります。例えば、昭和34年山口地裁判決では、「首に手をかけ、押し倒し、馬乗りになり、ズロースを引きぬがして姦淫するというのみでは、姦淫行為一般についても当てはまるから、必ずしも強姦行為とはなしえない」と無罪になりましたし、昭和53年広島高裁にも「およそ男性が女性の肩に手をかけて引き寄せ、押し倒し、衣服をひきはがすような行動に出て、覆いかぶさるような姿勢になる等の、ある程度の有形力の行使は合意による性交の場合も伴う」として無罪になりました。これらはいずれも、被害者の意思に反した性交であることは認定されています。

また、暴行、脅迫の程度が、強姦罪の成立する程度に至っていても、女性の承諾があったと感違いしても仕方ない状況にあったとして、無罪になった例もあります。

これらの例は、裁判の中では無罪になる例外的ケースですが、裁判でさえもこのような例があるということは、捜査の段階で「なぜ抵抗しなかったのか」「あなたが誘ったのではないのか」と詰問され不起訴になったり、あるいは告訴そのものを断念するケースは更に多いでしょう。

暴行、脅迫の程度にしても、女性の承諾の有無にしても、結局は裁判官、捜査官の持っている社会通念で決まります。ですから、強姦罪の成立を広くすることによって女性を保護する為には、結局、この社会通念をかえていくしかないと思います。「女性が嫌なことは嫌なのだ」ということ自体が、保護されなければならないのだということが、社会通念としても確立していかなければなりません。

その為のひとつの手段として、多くの女性が、泣き寝入りすることなく告訴することがあると思います。そして、告訴すると、また男性の眼からみた質問を集中されて嫌な思いをすることが多いので、捜査官に女性を保障する等のこともあるといいと思います。

（大谷恭子弁護士談）

強姦はロマンチックラブが変装を脱ぎ捨てた姿だ♀

スライド「ポルノは女への暴力だ」の上映活動の中で、私たちがぶつかってきた問題は男の参加に対する女たちのこだわりであった。私たちは女の場を大切にしたいと思い、男の参加に異議を唱えてきた。そのことで女たちから時には強烈な反発を、時には執ような説得を受けたのである。大阪大学のように＜女性の参加者が半数以上であること＞という上映条件を破り私たちをがっかりさせたグループもあった。名古屋では一握りの男のために上映後のディスカッションが混乱の渦となったこともあった。「女の運動もやっとここまで来ましたか」スライドも見ずに、「発言させろ」というごう慢さ。ポルノを見ている抑圧者としての意見は全く言わず「僕は女にとってのエロスとは何かを聞きたかったなぁ」と女に注文をつける厚かましさ、このことに憤慨した私たちへの女たちの反応は否定的だった。また別の場所でしばしば聞かれた女たちの想い。「ポルノを見る男は異常だ。でも、私たちが愛する人生のパートナーは男だから敵対したくない」さまざまな言葉で表現される男へのエネルギーがどこから来るのか私たちは考えざるを得なかった。

女の場になぜ男は来るのか

男たちはいつも男の世界から女を締め出してきた。一方、女は自分たちの場に男が来るのを歓迎した。女にとって男の参加とは、この社会で力を持つ側からの注目と承認を意味する。女のすることは取るに足らぬと思われているこの社会で支配者である男が関心を持つことは価値評価となる。このことは女の運動においても通用しているのが現状だ。しかし女の運動の中でこの価値づけを受け入れることは、男の支配から逃れ、独立した存在として生きようとする一方で、男の関心や承認に依存してしまう矛盾をかかえることになる。女たちがまず、自分たちだけで女の運動の価値づけをしない限り足踏みを余儀なくされるだろう。

男が女の考えを知ることは平等を実現する上で役に立つだろう。しかし女の場に来て女の発言の機会を奪ったり、自発的な行動のじゃまをするような男は、単に女たちが男の知らない所で何をしようとしているのかを覗きに来て、まだ男に依存しているかどうかをチェックしているだけだ。男が平等を望み、性差別をイヤだと思うなら女の場に入り込むのではなく、自分と同じ抑圧者の男たちにむかって働きかけるべきだ。

なぜ女は男を愛するのか？

なぜ女たちは抑圧者である男を愛するのか？　なぜ抑圧者が人生のパートナーなのか？　ほとんどの女は自分が男を愛するのはごく自然な感情だと思いたがっている。しかしながら、この社会は女に男を愛するよう強要している強制異性愛社会である。女が一人で生きることを自由に選択できない、女が男なしで生きられない、生きてはならない社会の仕組みが何よりの証拠である。社会が教える女の役割とはそのほとんどが男の日常生活と男の“楽しみ”に必要なものを満たすために生きることである。そしてその役割を通して「男に愛される女になれ、女は男を愛するものだ」と教えるのだ。この強制異性愛が制度化されたものが結婚であり、その結果、女が男を愛するのは社会的義務となっている。社会は女に結婚を押しつける。「ハイミスはみじめ」というおどし。「結婚こそ女の幸せ」「愛が実ってゴールイン」「男と女は赤い糸で結ばれている」といったロマンチックラブから運命路線まで。こうして強制異性愛文化とその制度は女を支配する者と１対１の形でしばりつけ性差別社会の維持を保障するのだ。

ロマンチックラブと強姦をつなぐものは何か？

強姦は強制異性愛が露骨に正体を現わしたものである。男たちが支配力を再確認し、女たちに女の身分をわきまえさせるためにロマンチックラブの変装を脱ぎ捨てたものである。強姦は“男はいつだって女をひどいめに会わせることができるんだぞ”という脅迫なのだ。女たちは強姦の恐怖から逃がれるために強姦する側の中から守ってもらう者を選ぶ。それは女にとって非常に危険な選択である。男によって女が征服されたり、悦びを与えられたりする強姦文化では男の善意と思いやりを頼りに生きざるを得ないからである。結婚の中では女は強姦を合法的に承諾させられてしまう。すべての男が強姦する訳ではない。しかし強姦のメッセージはすべての女たちに男への服従と依存を約束させるのである。同時に、女は無力だ、頼りにならないという思いを現実のものとして引き出し、女が女から顔をそむける基盤を作る。強姦の恐怖は女を男に結びつけ、女を分断するのである。

だから私たちはレズビアンなのだ

強制異性愛とは性差別というファシズムを勝利させるための戦略であり、**ロマンチックラブ**、**結婚**、**強姦**は戦術である。その意味においてすべての男は戦士なのだ。

私たちは強制異性愛社会を拒否している。そしてその事は女の運動の中で重要な可能性を持つのである。

♀♀　**レズビアン・フェミニストセンター**

ポルノグラフィのイメージは女への肉体的、心理的暴力である。性的支配であり、侮辱であり、女の物質化である。

女はバカで幼稚だ！
女は醜く、汚い！
女はみだらで、好きものだ！
女はみな同じだ！
どんな女も自由にできる！

といった女をおとしめる悪質なイメージをポルノは作り出し、マスコミはそれを助長しています。女性差別が一体何かを知りたければポルノを見てみることです。ポルノには、女へのあらゆる差別が凝縮しているからです。

ポルノ的イメージはポルノ雑誌にはじまり、新聞、マンガ、レコード、ファッションなどあらゆる所にあり、非常に露骨な暴力から女の物質化、商品化という微妙な暴力にまで及んでいます。そして男たちに「**男らしさとは、女を支配する力にかかってる**」と教え込むのです。

ポルノの中に愛などありません。ポルノとはもともとギリシャ語の『売春』で、エロスとは『愛』であるように、ポルノとエロスは全く別のものです。このスライドの目的は、ポルノというものを知って、あらゆる所にある女性蔑視への認識を深めてもらいたいのです。

私たちは道徳感やワイセツ感にもとづいた検閲や法律の締めつけ強化を求めているのではなく、表現の自由の権利を使い、女の性の商品化や、女への暴力を正当化するポルノ産業と、ポルノを作り消費している男たちの文化に挑戦しているのです。

ポルノは女への暴力だ！

――――ポルノは理論で強姦はその実践である

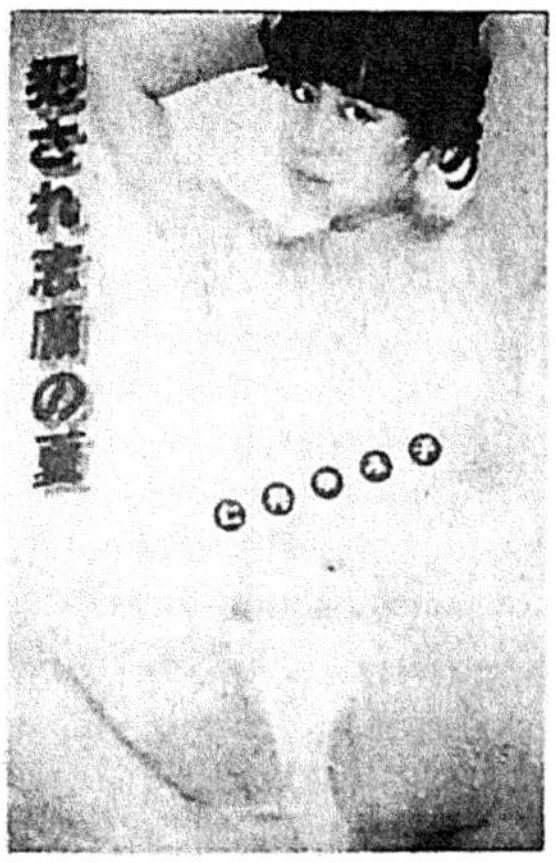

＜スライド24　犯され志願の夏＞

一般的には女性の性的空想の中には、おそわれたり、無理矢理されることがあります。しかしながら、それは飽くまで、女自身が操作したり、決定権を持つ状況を空想しているのです。なぜ女がそんな願望を持つのか？　源の１つは、女に従属的役割をさせ強姦を美化するマスコミであり、もう１つは女が自分の性を恥じていることです。女の性がないがしろにされ、何かきたないもの、女らしくないものとして扱われている社会では、女はセックスに対して罪悪感を持ち易くなっています。もし自分が求めているのではなく強制されているとすれば、罪の意識を感じなくてすむので、強引にされる願望を持ってしまうのです。さらにこの社会では、女が力を持つことがとても難かしいので、時には力のある男に奪われるという空想が女にとってパワーへの最短距離になることもあるのです。しかしながら、女はいつだってこんな空想や願望を拒否できるのです。

＜スライド44　日の丸＞

日の丸を背にした暴力と凌辱。私たちは男至上主義こそ暴力の基盤だと考えます。ポルノグラフィは「**男は女に対して力を持っている**」という考えを抱かせます。そして長い間、男たちの女への接し方のパターンを作ってきたのです。性と暴力と支配の危険な結びつき、そして憲兵・ナチスものに象徴される絶対的支配、軍国主義、男至上主義こそポルノの本質であり、私たちはそれを見逃してはなりません。

スライド上映会を開きませんか？

スライド「ポルノは女への暴力だ」　66枚　45分間

貸し出し料　（上映１回につき）

女性のみの場合　￥4,000

男性がいる場合　￥6,000

スライド解説書　１部　￥300　（解説者用は￥500）

上映についての条件

1．女性に差別的な場所でないこと
2．女性の参加者が必ず過半数以上であること
3．上映会の代表者及び解説者は女性であること
4．上映後、ディスカッションをすること

問合せ　〒164　中野区中野郵便局私書箱84号　**L.F.センター**

ワシントン D.C.の

強姦救援センターでは

センターの運営はすべてボランティアである。センターの設立・運営のために以下の3つの基本的な要素が必要だと考える。

1．方針と目標の設定

強姦は女の行動範囲を制限し、女が自分の意志で生きる自由を奪う。

私たちのゴールは女が自分で考え、決定し、行動するために、女たちが個人としても、全体としても強さを身につけ、他の女たちと問題や関心を共有することである。

カウンセリング、法的情報、医療、病院の情報、セルフディフェンス、その他の支援を同じ女として提供する。

□**強姦の定義**　女が望まないセックスの強要はすべて強姦である。

□**被害者に対して**。何をすべきだとは一切言わない。

- 被害者がどのように感じ、何を選択しようと全面的に受け入れる。
- 被害者が自分で意志決定できるよう、必要な情報や方法を提供する。
- 被害者の同意なしに、いかなる行動も起こさない。

2．自治権の確立

センターはどこの組織にも属さない独立した法人団体である。すべての決定は運営メンバー、スタッフ、会員がする。強姦の被害者を救助する他の団体や施設（病院、精神衛生センターetc）とはまったく別の存在である。自治権を持つことで、他の機関を監視したり、批判できるし、被害者個人やすべての被害者に代って説明したり、抗議したりできる。

3．多面的な視野に立つこと

センターは強姦に対する女の恐怖や怒りに取りくむことから、強姦の政治的意味の理解、そしてカウンセリング、被害者の立場や主張を伝えること、また強姦防止対策、社会通念を変えるための教育など、多面的視野で活動をする。センターは強姦に関するすべての問題にかかわっている。（例えば住居の安全対策、加害者のリハビリなど）私たちは強姦が他の社会的、経済的、政治的問題と深くかかわっていると考える。強姦は性差別の産物である。私たちの第一の関心事は女たちがいかに安全に、自由に生きていけるかであって、医学的なことは、あくまで二次的である。

センターの活動

1. 医療・病院に関する情報の提供

- 病院へ同行し、精神的支援をする。
- 不当な待遇を受けないよう病院での権利を被害者に伝える。被害者に代って権利の主張をする。

2. 団体・施設・人々を教育すること

- 強姦についての情報提供
- 強姦の神話を取り除く
- 女たちは強姦に対して無力ではない、何ができるはずだと訴える
- 被害者がより人間的で理解ある援助を受けられるよう病院や警察、その他、強姦や暴力に取り組んでいる団体や施設間のコミュニケーションと相互協力を活発化する

3. 法律に関する情報・法的手続の説明とアドバイス

- 警察や裁判所に同行
- 被害者の権利が侵害されていないかチェックする

4. セルフ・ディフェンス

女たちが攻撃に対して服従しない精神的・肉体的強さを身につける訓練をする。

≪被害者の権利≫

- 病院や警察・裁判所で人間として尊重された応待を受けること
- 他の犯罪の被害者と同等に信用されること
- 治療や裁判に必要な質問以外はされないこと
- 警察に届ける、届けないにかかわらず無料で治療を受けること
- 治療・カウンセリング・法的手続はすべて本人の同意のもとに行なわれること
- 人種・年令・階級・ライフスタイル・職業に関する偏見を受けないこと
- 以前の性生活は問題にされないこと
- 裁判のためのすべての証拠を得られること
- 被害者に起こる不眠・悪夢・男に対する恐怖や敵対感は病的な行動と取られないこと
- 安全の確保
- マスコミに知られないこと
- 被害者が加害者とどんな関係があろうと、強姦の被害者として認められること（例えば夫でも）
- 加害者に傷を負わせたことによる法的責任は、一切問われないこと（強姦の直後も含めて）
- 法的アドバイスをたやすく受けられること

（訳・編集　T，O，N）

の私は首が廻らなくなりました。

しかし「声なき叫び」が買えたのは「女ならやってみな！」の上映運動が成功したからであり、今回も多くの女たちの協力で上映までこぎつけました。これから全国各地で上映されますが、女たちの手で作り上げた新しいルートもいよいよ根がはってきたなと思います。女の視点で撮った映画をこれからも上映していきたいし、上映を通して女たちとつながっていきたいと思います。一緒にやりませんか。

（女たちの映画祭・松本）


私はこの映画を上映するだけでは満足できません。私には上映が目的ではなく、強姦がどういうものかを伝える方法でしかないと思います。上映後は強姦救済センターづくりへ向けてエネルギーを使いたいと思います。始めは誰かがやってくれれば良いと思っていましたが、待っているより気づいた者がやり始める方が早いと思うようになったわけです。

強姦について考えたいと思う方は連絡下さい。センターを必要だと思う方は資金づくりのTシャツを買って下さい。（LFセンター・織田）

「まあ、まあ、ひざをくずして、お茶を飲もうよ！」

そんな気楽さと安堵感がここにある。グイグイと迫ってくる女から女への問いかけ、学ぶことのなんと多いことか。より多くの人に浸透するようにと、ひとつひとつを何度も吟味していく、そんな作業の場にいて、上映の重さと、意識の変化に気づかされる。ほんものを求めて、熱っぽく討議するなかで、デンと座り、たばこをふかしている私。女たちの連帯の力のなんと大きいことか！

（鈴木）

私は「声なき叫び」上映グループに関ってまだ日が浅い。なぜ「声なき叫び」に関ろうと私が決意したかと言えば、それは「声なき叫び」が強姦を告発した映画だからである。何のための「声なき叫び」の上映であるのか……、それは「強姦」を告発するための手段であり、目的ではないと私は思う。私は、私なりに「強姦」についてこだわって行きたいと思う。手段を目的と混同してしまうと運動の広がり深まりはないのではないだろうか。
（長尾）

私が「声なき叫び」上映グループに参加したきっかけは「強姦」というテーマからではなく、リブの女性たちと関りをもちたかったからだ。実際、関わってみて、同じ問題意識をもつ女たちと語って、少いが私なりに協力する過程で改めて「強姦」というテーマのもつ深い意味・重さを痛感し、この上映活動のもつ必要性・重要性を認識していったのだ。同時に、私自身に内在化していた女性を表現する機会をえられたのだ。

（佐藤）


生れ、育った環境、考え方の異る私たちが、昼間はそれぞれに職業を持ち乍ら、女であることを支えに、強姦という重いテーマの外国映画の上映に、漕ぎつける迄に至る激しい意見のぶつかり合いと、慣れぬ作業の連続は、肉体的、精神的に予想以上に厳しいものだった。10ヶ月間この難業をよくこなしてきたと思う。今、かみしめているのは映画のラストシーンの「強姦から立ち直るのは人によるのではない。状況によるのだ」のことばだ。立ち直れるような状況をつくること、ひいては強姦のような醜い犯罪のない社会をつくること、それは、まず、私たち女が共に考え女独自の価値感を創るべく行動することに掛っている。映画の上映を通して、そのことを考えてゆくと共に女の手帳「ネットワークノオト」をつくってゆく中で「女のつながり」の手掛りを提供していきたい。

（グループ366・中野）


この上映会を実現する過程で私たちは各分野の様々な女たちに出会った。そして、暖い励まし、適切なアドバイス、直接的なサポート、etc.を頂いた。ウーマンリブのこの12年の成果と広がりが立場を越えて女が手を結ぶことの土壌をもたらしたのかも知れない。直接には「女たちの映画祭」の4年間の活動と実績の上に花を咲かせることができた。さらに、他の女の運動のグループの人々には一方ならぬ、支援・協力をしてもらっている。本当にありがとう。また映画を紹介してくれた高野さん、フィルム輸入交渉で骨折ってくれた縄田さん、字幕制作にアドバイスしてくれた戸田さん、情報活動のノウハウを教えてくれた松本さん、小藤田さん、原稿を執筆してくれた方々、紙面の都合で名前を割愛させていただく多勢の方々、感謝しています。

グループ内では共同作業を通してケンケンガクガクの緊張関係をもち私たちは学び成長しました。女のつながりで、強姦を告発した「声なき叫び」の上映が実現しました。本当によかった！女の今に乾杯！（狩戸）

♂C それだけ理解って何でモテないんだ？
♂B とにかく女と男は違う存在なんだよ。だから難しいのさ。女の子がムードを大切にするのは、責任を回避して、精神の安定を保つためなんだと。本当はムードに弱いんじゃなくて……ムードに弱いと思い込みたがっているだけなんだとさ。すべてをムードのせいにしちまえるから……。だから、男の方も、それを利用して、求め合うのは自然なことだ……二人は結ばれる運命なんだ……こうなったのは必然だったんだ……と相手が思い込むように、うまく、自然なムードを演出できさえすれば勝ちだ……とさ。
（ヤング・ジャンプNo.23、矢野健太郎作「ネコじゃないモン！」より）

グループ

働いている女たちが夜の時間と休日だけを利用して、資金的な悩みをかかえながら、様々な考えをぶつけ合い、映画の輸入から上映運動まで一つの活動を展開し、持続していくことは想像以上に大変なことだった。だが同時に多くのことも学んだ。何よりもこの映画から学んだことは大きかった。映画の中の監督は問いかける。「なぜ恥ずかしいのか女たち全てが考えなくては」と。男性文化の中で作られてきた価値観。この映画は既成の価値観に根底から疑問を投げかける。私たち自身がいつのまにか身につけてしまっている感覚や思考方法を洗い直し、女たちの手で新しい視点に立った文化を作り出し、根づかせていくことこそ、強姦を生み出す土壌にストップをかける第一歩になるのではないだろうか。私は上映活動を続けていくことにより、一人でも多くの人たちにこの映画を見てもらい、映画の訴えるテーマを日本の中で根づかせたいと思う。

（女たちの映画祭・内田）

私はなぜこの会にいるのでしょう。私にもわからないのです。本当は強姦のことについて、メンバーと討論し、現実を考えることもできるのではと思ったからでした。でも上映会が近づくにつれて、忙しいというメンバーが増えました。私は心配になってきました。映画を見た後で「私には関係ないわ」といって語ることもしないで、立ち去って行く女たちが多いのではないかと。これだけは言わせて下さい。あなたも私もスザンヌにならない保証はどこにもないのです。一度考えてみてほしいと思います。

（名無女）

「声なき叫び」という映画のことを知ったのは、去年の十月だった。新聞の〝性の暴力を告発〟〝女性の手で上映運動〟という見出しに惹きつけられた。その当時（そして、今もだが）時期はずれの大学生活を送っていた私にとって、目的意識はあっても、大学自体を楽しめる場とすることはできないでいた。自分の中に抱えている問題意識と見合うだけの場と仲間が欲しかった。それまで女達のグループ、女の運動と、ほとんど、かかわりを持ったことのなかった私にとって、上映グループとの出会いは、社会通念、男の価値観によって、ものごとを眺める習慣を身につけている自分を、新たに問い直す機会でもあった。主体的に、創造的に生きていこうとする女達との出会いは、ともすると、日常の細々したことで、視野を狭くしがちな私の目を外に向かって、大きく拡げてくれた。一つのステップとして女達の創造的世界に踏み込んでいけたらと思う。

（宮寺）

この上映グループには三つの特徴がある。①女だけのグループ②強姦がテーマ③映画を上映。個々のメンバーが活動し始めた動機や目的はいろいろだったが、グループとして対外的に前面に打ち出したのはテーマつまり強姦であった。ところがテーマを伝えるための「手段」であるはずの映画上映がいつの間にか「目的」となってしまったように思う。映画の内容検討や強姦についてのグループ全体の討論が置きざりにされたままフタが開かれる上映会の意味を考えたい。

（LFセンター・戸田）

何をやるにしてもまずいるのがお金。想いだけでは何も進みません。

今回の協力金・協力券の申し込みは予想を大巾に下まわり、会計担当

活動報告

七転び八起き

1980年

- 2/6　岩波ホール・高野さんより、映画「声なき叫び」を紹介される
- 4/4　映画祭メンバー、VTRをみる
- 5〜12月　「映画祭」の活動について内部討論を重ねる

1981年

- 3月頃　映画買い取りを決定し、カナダ大使館を通して交渉を始める
- 5/10　「女・女・女(かしまし)カーニバル」にて上映準備の情宣をする
- 7/8　フィルム2本、日本に到着！
- 7月中旬　「ぼかし該当箇所」があり、税関との交渉を始める
- 8月中旬　スタッフ募集の情宣活動をする
- 9/6　「声なき叫び」上映グループ結成！
- 9/17　第一回合同ミーティングをもつ
- 9/19　税関パス
- 10/1　フィルムが私たちの手元に届く
- 10/21　資金集めのチラシを作り上げる
- 11月中　朝日新聞に上映運動の記事が載る
- 12/1　第一号協力券購入者あらわれる
- 12月頃　直訳シナリオを検討する
- 12/6　名古屋での上映決定！ ポワリエ監督の紹待がもち上る　戦争を許さない女たちの反戦集会にビラまき

1982年

- 1/10　趣意書「〝声なき叫び〟上映にあたって」を作り上げる
- 1/14　字幕グループと情宣グループにわかれて活動開始
- 1/23　日仏会館ホール契約
- 3/10　映画解説チラシができる
- 3月中　ザ・レイプとの比較で紹介記事が幾つかマスコミに載る
- 3/21　全国の上映グループむけ試写会
- 3/23　カナダ大使館、岩波、上映グループ三者でポワリエ監督の紹待について打合せ
- 4/4　小西綾さんと講演依頼の打合せ
- 4/7　落合恵子さんと講演依頼の打合せ
- 4/28　第一回女性のための試写会
- 5/5　字幕原稿できあがる
- 5/19　字幕スーパーできあがる
- 5/21　第二回女性のための試写会
- 5/23　上映会用ポスター・チラシできる
- 5/23　反核集会でビラまき
- 5/25　第三回女性のための試写会
- 5/29　第四回女性のための試写会
- 6月　連日連夜、深夜までミーティング、作業、外まわりで東奔西走。病人続出。ビラ・チケット・ポスター等のスポットおき／ビラまき／女のグループの人達にチケット預け／パンフレット作り＝筆者交渉・原稿書き・テープおこし・割り付け指定・カット書き・校正・リライト＝／Tシャツ作り＝4月〜6月にかけデザイン検討／電話応待／託児打ち合せ・準備／マスコミ取材応待／アピールグループ交渉／監督歓迎準備
- 7/1　アンヌ・C・ポワリエ監督、来日
- 7/2　ポワリエ監督の記者会見
- 9・10・11　上映会
- 17　映画感想会・於新宿勤労福祉会館

男がロマンチッククラブを演出するのは?

♂A　好きになったら、最終的に、やりたい（性交を）って思うのは、男だって女だって同じだよな……

♂B　それはそうだけど、女の子って、男みたいに単純じゃないのさ。ムードってのを大切にするんだよな。男の場合、抱くって発想はあくまでも、自分の意志なわけ。だけど、女の子は、結ばれるって感覚でさ、自然な、なりゆきで、そう、なるべくしてなった……と思いたがるんだ。男とやるなんて、自発的な発想はもってのほか！　男に抱かれるという受動的な考えですら不純に思えるわけだ。あくまでも自然に……ごく自然に、お互いの魂と魂が求め合って、……とかなんとか、やたら理屈をつけて神聖視したがるんだ……だから露骨な表現しちゃ駄目なんだ。

1年分の新聞をペラペラ見返しただけで沢山の強姦事件。もちろんコレは集めた記事のホンの一部。不思議なことに強姦の活字は見あた➡

にゅうすあ

'82.3.17.AE

安川元簡裁判事に懲役一年

福岡地裁判決

「司法汚し、反省なし」

公務員職権乱用罪と収賄罪に問われた福岡市西区原五丁目、元小倉簡裁判事、安川輝夫被告(四〇)に対する判決が十七日午前十時から、福岡地裁第三刑事部であり、秋吉重臣裁判長は、二つの起訴事実をほぼ全面的に認めて、懲役一年（求刑懲役一年六月）の実刑判決を言い渡した。秋吉裁判長は、事件の性格を「裁判官がその職権を利用して、弱者心理につけ込み、自らの欲望を満足させるために行った職務犯罪」と厳しく位置づけ、「裁判の公正、裁判官の威信を傷つけたのに、被告自身は何の反省もない」などと量刑の事情を述べた。裁判官が在職中に起こした事件で有罪判決を受けたのは、鬼頭史郎・元京都地裁判事補（軽犯罪法違反）に次いで戦後三人目となる。この判決に対し、福岡高裁は「司法の信頼回復に努めたい」とする談話を発表した。判決後、安川は控訴することを明らかにした。

判決によると、安川は自分が担当していた窃盗事件の女性被告A子さん（当時三二）に交際を求めようと計画。五十五年七月十一日午後八時四十分ごろ、A子さんに「被害弁償のことで話がある」と職務を装った電話をかけて、小倉駅前の喫茶店に出頭させ、約三十分間、同席させた（公務員職権乱用罪）。

さらに、同七月十五日午後七時三十五分ごろ、A子さんを小倉駅近くの旅館に誘って情交を求めた。かねて安川に「君の場合前科もあるし、弁償もすんでいないとなれば危ない」「懲役に行くも行かないも君の気持ち一つだ」などといわれ、実刑判決を恐れていたA子さんは、寛大な判決を受けたい気持ちから、安川の求めに応じ、安川もそういうA子さんの心情がわかっていた（収賄罪）。

被告・弁護側は起訴事実に対し「電話は弁償を促そうという親切心からかけたもので、男女の自然な成り行きで情交に発展した」「被告はA子さんの態度を愛情と誤解、わいろとの認識のないまま肉体関係を結んだ」などと無罪を主張。審理では、公務員職権乱用罪の犯意の存在やわいろ性の認識をめぐり、安川の供述と検察側主張の支えとなっているA子さん供述の「どちらが信用できるか」が最大の焦点となっていた。

判決は、この点について、まずA子さん供述を「自然で、一貫性がある。ほかの証人の証言ともよく符合し、十分信頼できる」とする検察側主張を採用。安川自身の供述については「裁判官と被告の間に、短時間に愛情が生じるなどは納得できない」などとして、「弁解はとうてい信じられない」ときめつけ、検察側が組み立てた事実経過をほぼそっくりそのまま認めた。

これらの事実関係を踏まえたうえで、焦点となっていた「公務員職権乱用罪の成否」について、「相手方に職権行使だと信じさせるだけの外形をもってい

この事件について「裁判官には訴訟指揮権など、場合によっては廷外にまで及ぶ強い職権がある。本件の呼び出しは、A子さんにとっての最大関心事である『被害弁償』名目で行われており、夜間、喫茶店で書記官の立ち会いもなかったとはいっても、裁判官の行う職務の外形を備えているといえる。裁判官が強制力までも持っていることも併せて考えれば、裁判手続きに精通していないA子さんが、何ら疑うことなく呼び出しに応じたのは無理からぬこと」と、同罪の適用を認めた。

判決後、記者会見した安川は「裁判官を信じていたのに残念だ。人権無視の風潮がはびこるばかりだ。明らかに誤った判断であり、控訴することになりましょう」と語った。

ひとりで遊んでいた小学六年A子さん(一二)に「あすの日曜、遊

現れた松浦を同署員が逮捕した。

する向きもある。

S57 3/30 読売

クロロホルム暴行魔 懲役13年の判決

仙台地裁

【仙台】就寝中の女性にクロロホルムをかがせ、こん睡状態にして乱暴したうえ、現金を奪い婦女暴行、強盗致傷など十の罪に問われた仙台市東照宮一の七の三三、無職加藤正範被告(四七)に対する判決公判が二十九日、仙台地裁で開かれ、渡辺達夫裁判長は「大胆執よう、計画的犯行のうえ特異な連続的事件で、模倣した事件をひき起こすなど社会的影響は大きい」として、懲役十三年（求刑懲役十六年）の判決を言い渡した。

判決によると、加藤被告は五十五年十月五日未明、同市、学生A子さん(三)のアパートに侵入、クロロホルムを散布して寝ていたA子さんをこん睡状態にし、現金四千円を奪ったうえ乱暴したのをはじめ、五十二年七月から昨年四月にかけて計四十一件の強盗、婦女暴行と現金約二百万円の窃盗などを重ねた。

判決理由のなかで渡辺裁判長は、三年九か月の長期間に及ぶ犯行で大量のクロロホルムを準備、注射器、防じんマスクなど犯行の"七つ道具"を用意した計画性があり、女性にぬぐい切れないキズと不安感を与えたとした。

読売82,3,16

今度はハレンチ国鉄車掌

千葉 工員と、女高生二人襲う

佐瀬 勇

総武線車掌 矢部 達雄

【茂原】千葉鉄道管理局津田沼車掌区の車掌が友人と二人で女子高校生を乱暴し、十五日、千葉県警成東署に婦女暴行致傷、不法監禁の疑いで逮捕された。

捕まったのは千葉県東金市下武射田九一二、国鉄津田沼車掌区車掌矢部達雄(三五)と同県山武郡成東町白幡二〇四五、工員佐瀬勇(三六)。

調べによると、二人は先月十三日午後九時十五分ごろ、成東町の国鉄総武本線成東駅前で電話をしていた同県印旛郡、高校一年A子さん(一六)と同B子さん(一六)の二人に「家まで送って行ってあげる」「早く電話を切れよ」などとしつこく付きまとった。しかし、A子さんらが「電車で帰るから」と断ったところ、矢部と佐瀬はA子さんらの腕をわきにはさむようにして同駅近くの空き地に止めてあった矢部の乗用車に無理やり乗せた。二人を助手席と後部座席に乗せたまま、九十九里海岸を走り回った後、山武郡内のモテルに連れ込み、二人を乱暴した疑い。

矢部は、その後、A子さんらを車に乗せ、二人の家の近くまで送って行ったが、A子さんらはその日のうちに同署に届け出た。A子さんらが車の型やナンバーの一部を覚えていたため、矢部らの犯行とわかった。A子さんらは、抵抗した際、手などに二週間のけが。

犯行当日、矢部は午前七時二十分から午後二時十九分まで勤務についた後、同県佐倉市内の同僚の家へ遊びに行った帰りに国鉄成田線佐倉駅で中学校の先輩の佐瀬と偶然出会い成東駅まで電車で行った。二人が電話しているのを見て乱暴するのを思いたったという。

矢部は五十三年二月、国鉄に入社、五十六年三月から津田沼車掌区に勤務し総武線の快速、普通電車に乗務していた。矢部は二年前交通事故で妻をなくしている。

S57 3/4(木) 読売

電話ボックスで襲う

電電職員 婦女暴行で逮捕

野方署は三日、中野区上高田五の二六の一、築地電報電話局保全課職員、新井洋一(三〇)を婦女暴行致傷と強盗の疑いで緊急逮捕した。

調べによると新井は、同日午前零時三十五分ごろ、同所五丁目の電話ボックス前で電話をかけ終わって出てきた新宿区西落合、会社員A子さん(一九)に刃渡り十㌢のカッターナイフを突きつけて「声を出すと殺すぞ」と脅しジャンパーをA子さんにかぶせて約二百㍍離れた自分のアパートに連れ込んで乱暴した。さらにハンドバッグから身分証明書を奪った後、再びジャンパーをかぶせて元の電話ボックスまで連れ戻し、逃げた。A子さんはあごに一週間のけが。

野方署ではA子さんから歩いた時間などを聞き、電話ボックスの周辺三百㍍にわたって聞き込み捜査、人相から新井が浮かび、犯行を認めたため逮捕した。

新聞にみる強姦

男は誰でも強姦する。裁判官も警察官も会社役員も。なのに何故か、最下層の抑圧された男だけが強姦魔になるかのように思われている。性にまつわる常識の嘘だ。新聞も一方ならぬフレームアップの片棒をかついでいる。例えば国鉄職員の記事の最後に「矢部は2年前、交通事故で妻を失くしている」とある。強姦魔に同情し、強姦する必然性があったかのような、誤った判断を読者に与える。また性道徳の規範を踏みはずした「用心深くない女」が犠牲になるかの表現もする。女に「御用心」と言うかわりに、男に強姦するなと言うべきだ。

（K）

あらかると

➡らない。わざと使わないとしか思えない。人々の意識から強姦問題を隠すために。強姦は表にさえ出にくいのだからこそ真実の報道を！

A 朝 M ’81 8/20 23 P
81.8.20

女高生殺される
手足縛られシーツ巻き
広　島

殺された平田恵子さん

十九日午前十時四十五分ごろ、広島市安佐南区沼田町大塚の林道沿いの草むらに白いシーツにくるまれた若い女性の死体が捨てられているのを車で通りかかった人が見つけた。広島県警捜査一課と広島北署で調べたところ、同市安佐南区安古市町上安、電電公社職員平田正雄さん(五〇)の次女、県立安西高校三年恵子さん(一七)と分かった。首をひも様のものでしめられており、殺されたあと、車で現場に捨てられたらしい。県警は殺人、死体遺棄事件として同署に捜査本部を置いた。恵子さんは十八日午後から行方が分からず、同署に保護願が出ていた。

調べによると、遺体が見つかったのは自宅から約十キロ離れた広島市西区との境界付近で、一番近い民家でも五百メートル離れているさびしい山中の林道沿いのがけっぷちで、建築廃材やドラムかんの捨て場になっていた。恵子さんはベージュ色のスカート、白いポロシャツ姿で両手、両足をひもでしばられ、さらにシーツでくるまれていた。

広島大学で解剖の結果、殺されたのは十八日夜から十九日朝までの間で、食後一、二時間。自宅はきちんと施錠されており、恵子さんのサンダルが一足見当たらないところから、呼び出された上で殺された可能性が強い。

恵子さんは両親と姉(一九)の四人家族だが、正雄さんは尾道統制電話中継所勤務で尾道市に単身赴任、母の幸枝さん(四七)は昼間、スーパーへ勤めに出ており、十八日は恵子さんが一人で留守番をしていた。同夜七時半ごろ、幸枝さんが勤め先から自宅へ電話したが、恵子さんが出てこないので帰宅。捜しても見つからず、警察に保護願を出し学校や友人などが捜していた。

学校側の話では、恵子さんはまじめで成績もよく、保母さんになるのが夢で、私立女子短大への進学を希望していた。夏休み中は友人とプールに行くなどしていたが、無断で外出するようなことはなかったという。

下校の少女殺される
佐　賀

西山久美ちゃん

【佐賀】十八日午前十一時二十五分ごろ、佐賀県三養基郡北茂安町の北茂安中体育館裏のミカン畑で、同町白壁四三二二、会社員西山良夫さん([illegible])の長女久美ちゃん(一一)(北茂安小五年)が、ランドセルを背負ったままうつ伏せに倒れて死んでいるのを捜索中の鳥栖署員が見つけた。久美ちゃんは首をストッキングで絞められ、乱暴されたらしい跡があったことから、佐賀県警捜査一課は殺人事件の捜査本部を設置、佐賀医大で解剖し、死因などを詳しく調べる。

捜査本部の調べによると、久美ちゃんは前日の十七日午後四時四十分ごろ、友だち二人と下校し、同小近くの交差点で別れたあと、一人で約三キロ離れた自宅に向かったまま行方がわからなくなった。このため同夜、西山さんが同署に届け出、捜査していた。

死亡推定時刻は発見から二十時間前の十七日夕。下校時刻ごろ、通学路に白い乗用車に乗った四十歳ぐらいの不審な男が「車に乗らないか」と女子中学生らに声をかけており、捜査本部は、久美ちゃんがこの男に誘われた疑いもあるとみて、行方を追及している。

読売

“行きずりデート”ご用心！
少年三人組ひょう変
82.3.8
監禁、乱暴

【立川】七日午後八時四十分ごろ、東京都立川市曙町一の市道で、福生市、家事手伝いA子さん(一八)が、友達のB子(一八)、C子(一八)さんと乗用車の中で雑談していたところ、若い三人連れの男が近寄り「おれのアパートに行こう」と声をかけた。

A子さんらは男らの運転する乗用車に車でついて行ったが、途中で気が変わり、昭島市の拝島町付近で「家に帰る」と言った。すると男のうちの一人が「なめんなよ」と言いながらA子さんの顔を三回殴り、さらにA子さんを男たちの車に無理やり乗せ、逃走した。

このあと、男たちは、A子さんを武蔵村山市内のアパートへ連れて行き、ハンドバッグのサイフから現金五万四千五百円を奪ったうえ、三人で乱暴した。

B子さん、C子さんは車に乗り込んできた男のスキを見て逃げ出し、一一〇番した。このため、福生署は緊急配備していたが、八日午前一時四十五分ごろ、国電立川駅北口で男たちの乗っている車を立川署員が発見、パトカーで追跡して男らを強盗、婦女暴行致傷、不法監禁の疑いで逮捕した。三人はいずれも武蔵村山市内に住む無職の少年で十八歳と十六歳の兄弟とその友人(一八)。

’81.8.20 AM15

女装し、痴漢に襲われたふり
同情したOLにいたずら
大学生を逮捕

埼玉県警西入間署は十九日午後十一時五十五分ごろ、女装をして帰宅途中の女性にいたずらした[illegible]坂戸市日の出町、城西[illegible]大村[illegible](二二)を強制わいせつの疑いで緊急逮捕した。

同署の調べでは、大村は同日午後十時五十分ごろ、女装をして東武東上線坂戸駅近くの駐車場から乗用車に乗って帰宅しようとしていた同市内の会社員A子さん(二〇)に、痴漢に襲われたふりをして助けを求め、家まで送ってほしいと頼んでA子さんの乗用車の助手席に乗り込んだ。A子さんが発進して約三百メートル走ったところで、大村はいきなり運転中のA子さんの腰や胸などをさわり、いたずらをしようとした。

A子さんは車を止めて一一〇番通報、大村は間もなく、駆けつけた西入間署員につかまった。

大村は、花柄のブラウス、紺のスカートに黒のハイヒール、パンティーストッキング姿で、顔にも化粧をするという本格的な女装をしていた。女性のような声を使ったため、A子さんは女性と思い込んで車に乗せてしまったという。同署は、余罪があるものとみて大村を追及している。

AE
少女にいたずら
会社役員を逮捕
’81.8/19

東京・志村署は十二歳の少女を「遊びに行こう」と連れ出し、いたずらした東京都板橋区坂下一丁目、旅行あっせん会社役員松浦善一(三九)を誘かいと強制わいせつなどの疑いで逮捕、十八日、東京地検に送検した。

調べによると、松浦は八日午後八時ごろ、板橋区内の公園でびに連れて行ってあげる」と誘い、九日午後一時ごろ公園で待ち合わせて千葉県山武郡の海水浴場に自家用車で連れて行った。泳いだあと、同郡内のホテルに連れ込み、A子さんにいたずらした疑い。

松浦は「次の日曜日も遊びに連れて行ってあげる」とA子さんに約束していた。A子さんの話で両親が志村署に届け、十六日、待ち合わせ場所の公園に

3月18日 朝日

酒酔い警官
妊婦に乱暴
大阪府警

大阪府警西成署の独身巡査が、泥酔して一人暮らしの女性の部屋に押しかけ、馬乗りになって暴れ、住居侵入、暴行で現行犯逮捕されていたことが十七日、明るみに出た。同府警は警官の犯行であることを被害者にも知らせぬまま、この巡査をこっそり諭旨免職処分にしていた。

免職になったのは西成署直轄警ら隊の田中利明巡査(二五)。府警監察室の調べによると、田中は昨年十二月八日午前四時ごろ、大阪市住吉区南住吉二丁目の自宅に酒に酔って帰り、二階に住む無職A子さん(三四)の部屋のドアをたたき、A子さんがドアを開けると、「殺してやる」と叫んで侵入、A子さんを押し倒して首をしめた。A子さんの悲鳴で住人二人がかけつけて取り押さえ、パトカーに引き渡した。A子さんは妊娠九カ月の身重だったが、けがはなく十二月末に無事、出産した。

田中は前日の十二月七日夜十時ごろ、近くのスナックとお好み焼き屋で酒を飲んでおり、住吉署の調べに「酒に酔って何も覚えていない」と供述、八日夕に釈放された。府警は同日付で諭旨免職処分にしたが、その後の調べでも「泥酔状態で、叫んでいたような殺意は認められない」として住居侵入、暴行容疑で書類送検。大阪地検は一月二十九日、起訴猶予処分にした。

3/20 読売

安い？レイプ補償金

イギリスの犯罪被害者補償問題委員会は、このほど、レイプ（婦女暴行）被害の補償金について二千二百五十ポンド（約百万円）が適当とのガイドラインを示した。

ところが、同委員会が同時に示した通常の傷害事件に対する補償額は、男性が顔に傷を受けた場合で四千ポンド（約百七十万円）、女性の場合で六千五百ポンド（約二百八十万円）となっていることから、ウーマンリブ運動グループが問題にしている。

女性援助機構では、「こんな額では、レイプは大した犯罪ではないという男性の見方を助長するものだ」と反発、レイプ相談センターも、「レイプで受ける精神的被害が顔をひどく傷つけられた場合並みとは」とカンカン。（UPI＝共同）

夫によるレイプも十二州で法の対象
★アメリカ

レイプ（女性への乱暴）が大きな社会問題になっているアメリカで、これまで、夫はレイプ関係法の対象から除外されていたが、最近、十二州で夫もその対象になり、別の十一州でもその方向に向かいつつある――とマコールズ誌。

この考え方には賛否両論あって、「夫によるレイプは、とかく大したことはないと思われがちだが、現実に、命にかかわる場合もある」とする人もいれば、一方、「この法を夫にも適用したら、妻の側に有利な離婚

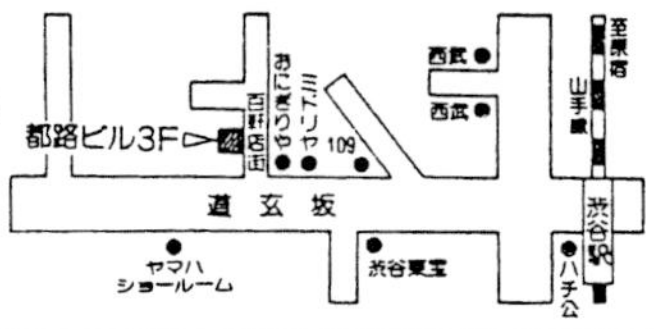

都路ビル3F
おにぎりや
百軒店街
ミドリヤ
109
西武
西武
至原宿
山手線
道玄坂
ヤマハショールーム
渋谷東宝
ハチ公
渋谷駅

くでしょう？

岸野　門を閉める音がバタンと響く。

駒尺　そうそう、一人裸でゴロンと横たわっている。あれがすごいね。あの恋人は優しいてね、いい恋人なんだけども、それでも、もう耐えがたく、一人孤独というかね。あのスザンヌの孤独さというのは、そんな恋人なんかでは絶対もう癒えないし、残念ながら、やっぱし、上から乗るというパターンでしかない訳ね。だから、絶対、想い出すのょね。〝強姦スタイル〟のパターンというのはイメージでつながっているからね。だから彼女の絶望というのは救いがたいわけよね。あのゴロンと横になっている裸のシーンというのは、すごかったなァ。やっぱし自殺にいくしかないよね。吐いてね、鏡を見て、もう声が出ない。

小西　もう男は行ってしまったんだから声が出ない。

駒尺　小西さん、言っていたじゃない。「恋人が居なかったら死ななくてよかったろ」とこう言ってたね。

小西　男の恋人がいるばっかりに死なんならんよう、かえって、なったような気がする、私は。

岸野　そうかも知れない。だって恋人との関係が前と違ってきてしまった。そういったことが、これからの人生をさらに暗く感じさせる訳でしょう。前がよかったから、なおさら。

小西　老人の問題でも、子供と同居している人間程、自殺が多いって。一人もんの老人は、それ程自殺せんらしい。もう年取ってくると、若い者と話が通じんようになるわけ。そうすると若い者はこっちで、「キャッキャッ、ペチャペチャ」とやる訳で、その中で年寄りが疎外される、それ程の孤独なことはないの。そんなら元々、一人の方がいい訳よ。ね、それで私、スザンヌが恋人無かったら、死なんでよかったと思った。一人だったらな、「いやいや、これから自分一人で生き抜いていこう」という風にね思えたかも知らん。

駒尺　だからね、ああいう風に強姦の関係というのはね、男と女の関係を全部破壊するよね。だからね、良い男もそれで復讐されるわよね。

岸野　復讐されるのね、自分が強姦しないのに、男という性によってね。

駒尺　どうしても、侵略した性になるから、それはまあ当然だろうね。日本人で、別に、自分自身が朝鮮人を侵略した訳じゃないけども、やっぱり日本人であるということにおいて責任はあるというのと同じだわね。これはどうしようもない悲劇だからね、ああいう強姦関係そのものが無くならない限り、どうしようもないね。あの結末も、そういう意味では救いようもないということで、すごくよかったね。

小西　よかったんよ。

岸野　自殺をしたことで、本質をはっきりついている。

駒尺　それと、私、最後に思ったのはね、普通、ホラ、男と女が一番つながっているのが、セックス故に固くつながるという幻想をみんながもっている。セックス故につながるんじゃなくて、セックス故に絶対に孤独というかね、そういう関係をあのシーンは浮き彫りにしているみたいね。

岸野　「セックス故につながる」という錯覚がある訳でしょう。それがまちがいだということね。

駒尺　むしろ支配関係というか、強姦関係の全文化パターンの中ではね、セックス故に、むしろ対立関係になってしまう。いくら恋人であろうがどうしようもなく呕吐してしまう訳でしょう。だから、そういう関係だよね。

小西　一番大切なのは心のつながりなのに、愛のあかしがアダムとイブ以来の直接的な性交しか考えられないで傷ついた恋人を死に追いやるなんて。

自然科学技術は急速に発達して、月にまで行けるようになったのに。

奇々怪々——性にまつわる嘘

貯まってきたら出さにゃいかん

生理的機能は排出されない精子がこう丸に貯まっていると新たに生産されるまでに、自然に体内に吸収されます。

女には性欲がない

昔は「はしたない」と言われたので大部分の女性は隠していました。中には、男女関係があまりに封建的で、男が威張って一方的に征服するというセックスでしたから、女性は苦痛に感じていました。女には性欲がないのだという社会的風潮が作り上げられました。

某作家のインポ宣言

「僕は女性には性欲がないものだと思っていた。全然無いのに、女性は男を喜ばせるために、耐えていてくれているものと思っていた。強制というか支配して征服しているという快感に打ち震える思いが僕をセックスに駆り立てていた。ところが女性も喜こんでいると突然わかったら、もうガッカリして、とてもじゃないができなくなった」

男は頭でセックスする

五木寛之の小説によく出てくるパターン。恋人になりたての若いカップル、2人はベッドルームに引き込もり、まさに愛の交換寸前。女は告白する。「実は私はユダヤ人なの」白人の男は、そう言われたら、途端に萎えてしまった。不可能だった。

性交しないと男は病気になる

カン獄につながれた男達が全員、医療刑務所に配置転換された話は全然ない。10年独房に収監された囚人も、これが原因で病気になった話もない。

いとね、家庭でね、男と女の関係で、「対」の関係でない、自立した関係を確立していく一番、早い道だと私思っている。子供から変えてゆく。そういう風にすれば子供から変わってゆくのよ。

被害者はなぜ恥ずかしいか

駒尺 ま、映画に戻りましょう。戦争とか、女の子の割礼も出てくる。ああいうの全部、女の性をいかに、抑圧したり、侵略したり、勝手なことしたかと全部重ねているでしょう。それから、医者に行って、警察に行って、証拠写真撮るの、アトはすごいね。

岸野 裁判というのは、証拠を出さなければならないけれど、強姦事件の裁判の場合は、その事自体がすごくおかしい。だってね、自分が不利になることを訴える訳でしょ。証拠がなければ、証明できないといっても、強姦も「愛の行為」も、ペニスをインサートするということでは変わりがない。違うのは「女が嫌だ」と思っているかどうかで、物証的に証明するなどあり得ない。

駒尺 大体、「女が恥ずかしいこと」になっているんだからね、言うていかない人の方が多いんだからね。だから本当にもう女がやられて、二重三重に、医者・警察・裁判と、ものすごい屈辱を重ねてゆくことよね。それはつまり、この社会が全部、男社会になっているからね、そういうことになっている。一つの屈辱で済まないのよね。

小西 ところがね、それは、すごく難しいことだけど、一つの屈辱で済まないんやけど、「何故それが屈辱に感じられるか」というたら、世間がみんな、そういう風にみているからや、そうでしょう?!

駒尺 そう、その事自体がね、この三重の屈辱よりもね、一番いやらしいと思うのはそれや。つまり、やられたり、殺されたり、モノ盗られたりした場合、やった方が絶対、悪い訳よ。ま、「戸じまりしてなかった」と言われれば、そうかも知れんけど、そうは言わないよね。「殺された奴が悪いんだ」なんて、そんなアホな事言わない。けどね、この場合、強姦に限ってね、やられた方が、何か恥ずかしいとそっちを植えつけておいたら、絶対言わないし、バレることもないし、そいで「恥」なんだから、やった方より、やられた方が恥というのは、もう完璧なる支配の形態なのよ。やりたい放題やるような社会を作っておいて、しかも、やられる方が恥ってことになったなら、これはもう……、まさに侵略だよ。「相手がそれを恥ずかしくって言えない」と心まで侵略する、モラルとか美意識まで全部含めて、心全部、侵略しちまっている訳でしょう。

岸野淳子 1930年生れ。新聞記者を経て現在は大学講師。「思想の科学」の編集委員として女性問題を担当し、女性の創造的生き方を追求している。著書「非行少女」「女の地平から見えてきたもの」訳書スメドレー著「中国紅軍は前進する」他。

岸野 例えば、植民地を侵略した場合でも、領土を盗ったり物を盗ったりという物理的なことだけじゃなくて、植民地の人の精神構造そのものまで侵してしまうからね。支配者に媚びるような精神にしてしまうところが一番ひどい。だから、女の立場というのは、それと同じよね。恥じざるを得ないというのはね。それが気づかれずにずーっときた訳でしょう。やっと今、こういう映画ができたり、女の側が裁判に敢然と訴えたりという状況になってきた。

駒尺 国と国との侵略と同じレベルの問題として、初めて女の眼から見て打ち出していける視点が出てきたんだと思う。今まで、強姦というたら、ホンの社会の片っ端の大した出来事でない、まったく個人的なこととしてしか扱われてこなかったけど、まったく、そうじゃないよね。戦争とザーッと重ねてゆくのは、アレはやっぱりすごいと思う。アレはやっぱり女だからこそできた事だよ。

一番ひどい幼女強姦

駒尺 映画の初め、スザンヌの、個別の強姦やってね、それであと、上下関係の中のいろんな「和姦」と見られてきた強姦を告発する女たちが出てきて、もう子供もワーッと出てきて、あそこはやっぱりスゴかったと思うね。

岸野 子供がワーッと出てくるのに驚いた―― 圧巻だと思った。

駒尺 私が本で読んだのには、子供の方が三倍だったかなァ、私の方もビックリしたのよ。強姦と言えば大人だと思うでしょう。違うのよ、子供の方が数で言えば、圧倒的に多いのよ。やっぱりひどいことよ。一番弱い者をやるのよね。

岸野 ホントね。十年以上前だけれど、「非行少女」を取材していた時、最初の性というのが、強姦だとか、父親に犯されたとかそういうところから非行に走るというケースが多いのに驚いた。今はフリーセックスだとかいわれているけれど、最初の性のあり方というのが、とくに女性の人生を決定するような気さえした。不幸な性の体験が小さければ小さい程、それからの精神形成に影響するわけだから。

小西 最後、スザンヌが死ぬというのも、映画の中で、ディレクターも考えていたけど、しかしね、強姦がそれ程、大変なことやとやっぱり考えなアカン。いっぺん「植えつけられたイメージ」っていうものがね、どんなに運命に影響するかということを強調せなぁイカンと違うか。

岸野 そうね、自殺するというケースは、そんなにないとしても、それに象徴される程の大きな問題なのよ、絶対!

男の恋人がおらんかったら死なんでよかった

駒尺 恋人のフィリップが帰ってゆ

小西　そうなのよ。普段は腰の低い礼儀正しい人なのに、家へ入る五〜六歩手前の空地の他人の家の塀に、立小便して帰っていくのよ。私、もう理解に苦しむんだけど……。

岸野　関係性の一番極端なことが、「強姦」に出てきてるのよね。

駒尺　だからね、今、思いついたんだけど、「本能」という一つのキーワードがあるでしょう。それで男が得するように、自分は性欲をしたいように充足してね、「それは本能だから仕方ない」と言いくるめて、今度は、女の場合に、逆に「母性本能」というコトバで、自分がするのが嫌な事を全部、例えば、子守りなんかを女に押しつけている。

岸野　それが今の男社会の男文化なのよ。

小西　そうなのよ、子供の教育のことでも、子供の母親から、偏差値教育でランクをつけられ、子供が挫折感をもった時、「お前、大したことないじゃないか。人生は長いんだから」と口では言っても、その言葉に自信がもてないから、すぐ子供に見透されてしまうと悩みを訴えてくる。

一番良いのは、教育の多様化なんだけど、今は社会も大学も規格化されてしまって、大人の競争心理がそのまま、子供の世界に圧力となってきているので、解決の道は家庭、母親の力しかない。自分の家庭を個性的に経営するために、自分の眼で子供の姿をよく見つめ、本当に自信をつけてやることですね。」と相談を受けた解答者が逃げてしまう。

強姦がなくならないと戦争もなくならない

駒尺　スザンヌの叫びがね、ワーッとアジアの戦場の女たちの叫びになるでしょ。戦争でも何でも、常に一番にやられるのは女なんだけど、あれが重なることによってね、あの、国と国との侵略と、それから男が女を侵略する行為だということでね、描かれていたと思う。

小西　私はね、アレ見てね、強姦されたスザンヌがワーッという声出して泣くでしょ。それとアジアの戦場の女の人達が、ワーッと声出して泣くいうのがね、自分の原因でなしに、何の罪もないのに、こんなことさせられる、こんな運命になるっていうことが、どういうてエェかわからん程悔しいと思ったんじゃないの。悔しいという気持さえも意識できないかもわからんな。声あげて叫ぶ以外に。

自分が不注意であったとか、自分が悪いことしたから、はね返ってきたとかいうんなら、まだ想いようがある。自分に何の原因もないのに、そういうような目にあうというのがね、戦争の被害もね。

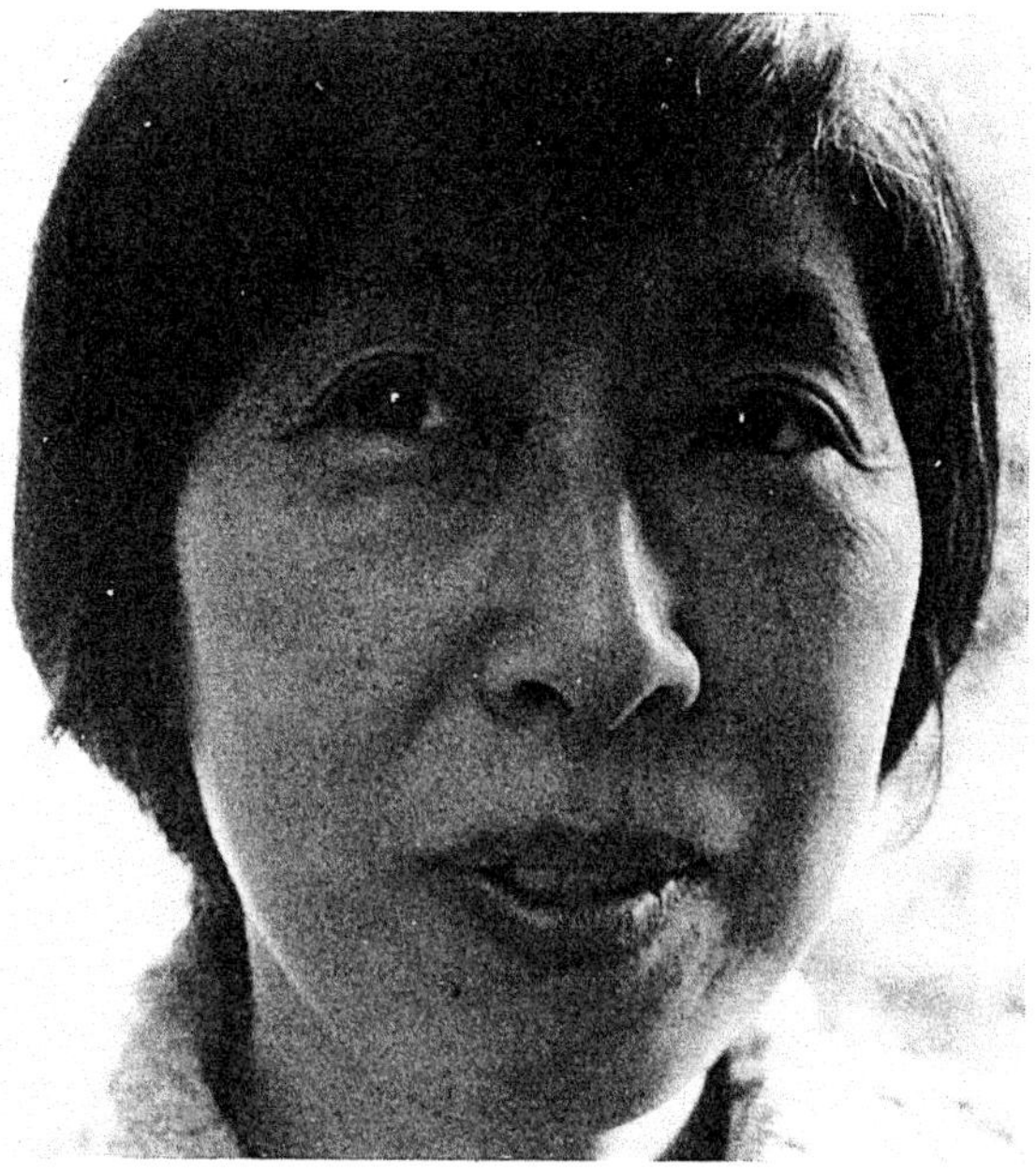

駒尺喜美　1925年生まれ。日本文学専攻の大学教授。さりげない言葉で、鋭く本質をついた女性論を展開する一方、最近は、歌手としても独特の妙技を披露して女たちの間で人気がある。著書に「雑民の魂」「魔女の論理」「妻たちの復讐」などがある。

駒尺　それがね、タイトルの「声ある叫び」じゃなくてね、「声なき叫び」なのよ。自分に何の理由もないのにね、ただ本当に降って湧いたようにね、やられて、しかもどうしようもないというね、これがもう、声を出そうにも出せない。

小西　最後にはそうなる訳でしょ。

駒尺　戦争と強姦を重ねているの、ものすごくピタッとしていることだね。侵略という、侵略のシンボルが強姦でね、そういう風に考えてゆくとね、強姦ということがなくならん限り、やっぱり戦争もなくならんというふうに思う。

小西　征服だから。男と女の関係をね、そういう関係でなくするということを、徹底的にやったら戦争もなくなるかもわからん。

ハイトさんも「男らしさの中身が変わったら社会状況は大きく変わると思うから、セックスの問題を研究しているの」と言っている。

駒尺　なくなるね。「侵略ということが、もう絶対に嫌」ということだからね。一人の人間が他人の人格を侵略するということを、もし本気に、「コレは悪である」とみんなが思ったら、それは戦争もできないよ。

岸野　でも「戦争はイケない！」とは誰でもが言う。けれども、男が女を侵すというのは、まだ「性欲求」だということでゴマ化されている。

小西　そうや！一つにせなアカン。

駒尺　強姦こそ侵略のシンボルと、むしろ私なんかは思う。「男が女を強姦するのは仕方ないじゃないの。本能があるんだから」と言うのが、オカシイ。それは侵略を肯定するんだからね。

小西　戦争の時でもね、必ず理由は付けてある。だから同じこっちゃ。誰でもエゴでやる時は、もっともらしい言葉を並べて上手くだます。八紘一宇（友愛と協調の精神で天下を統一して家族国家をつくる）なんて言うて戦争をした。

岸野　それはみんな強者の論理よね。

駒尺　女と男はね、助け合って、女のできんことをね、男がしてやっているっていう「対」の役割差別は、大東亜共栄圏の論理と同じことなのよね。

小西　アジア人同志が手をつないで、白人と戦うて、エライ目に逢うてるのんを助けてやる、そしたら、女と男の方も、あんた、男はその代わり、何億匹もの精子を出さしてもらっている代わり、養ってやっているじゃないかと理屈づける。

駒尺　「植民地侵略はいかん」と言っている人でもね、女を暴力でやるのは、大して悪くないと思っている人は一杯いるからね。

小西　だから、そこらの論理を、私ら、統一せないかんと思うねん。

岸野　英語の violate には、侵害する、という意味も、強姦するという意味もある。根は一つということね。

小西　外に対しても、内に対しても、それをちゃんとやるという風じゃな動を起こさせるのよ。だから、そこでウサを晴らすというのは、そういうイメージが刷り込まされているからなのよ。抑圧された男がウップンを弱い女に晴らして良いというイメージがね。

駒尺　男の性欲が「強姦スタイル」で刷り込まれていればね、もう、そういったもん、パッと見てね「やったろ」という想いが起こってくるとかやね、そりゃそういう風にセットになっているんよね。

小西　非難されたら、「自分がそういう衝動でそうなったんや」と言いさえすれば、「まあ、まあ」と世間じゃ通ってしまう。そいで、酒飲んでいたんが一番ええのンよ。「まあ、まあ……酒飲んでいたんだからなァ」と許してもらえるでしょう。そういう男の間での了解事項みたいなもんが、仰山一杯ある。

駒尺　そうだね。人間はイメージでやるんだから、例えば、あの強姦という形で男はいつも女を、空想の中にしろやっているから、実際にもできるのよ。もしね、「男と女の関係が、いつも本当にコミュニケーションができない・しない」という状態だったらね、強姦しようとしても、ペニスが立たないと思うよ。恐らくね。「ある結婚の風景」でもやね、女がツーッと演説したら、もう男はできない訳よ。そいで、「もうちょっと黙っててくれ」って言ってね、やっと男は女を抱ける訳でしょう。ということは、どんなんとでもやれる訳じゃない。つまり、自分の頭の中に、或る女のイメージがあって、それを喚起しなければセックスはできない訳でしょ。そしたら、男が強姦できるということは、状況が男のセックスを強姦の中で育成させている訳じゃない。強姦という形でセックスを仕込まれている。空想の中でも犯すということでね。だからできる訳よ。結局、強姦できる文化なのよ、今ね。もし人間関係が普通の中で、きれいになっていれば、強姦というのは成立しなくなっているでしょう。

「正常位」は強姦スタイル

駒尺　男が上に乗ってくるという体の位置も大きい。普通の恋人とのセックスもやられるという格好になっている。強姦のスタイルも「正常位」という恋人同士の愛情交換といわれるものも、みんな強姦のスタイルなのよ。男と女の愛情関係がすなわち支配関係だからね。それが強姦の本質なのよ。強姦というのはね、特異な、なんか狂暴な奴がやると思われているけど違うのよ。全部、普通の愛情関係そのもののスタイルと同じなのよ。本当は好きでも、女はちょっと逃げるポーズをする、男が女をグッと摑まえて、ある時はピシャッと、言うことをきかん奴をやって、一回もめといて、そいでグッと引き寄せて、バァーッと抱いて、キスをしたら、女はクッとなる。女もそれを待っている。全部、女の方からやってはいかんので、いつもやられるのを待っててね、そういうスタイルしかないじゃない。だから夫婦の間でも、本当に「じゃあ、女の方からやりましょう」というのはないのでね、男が言ってくるのを、大抵お待ちしているというかね、この頃は少し違うかも知れんけど、昔なんか特にそんなでね、女からやれば「はしたない」と言われ、逆に男から求められればどんなに嫌でも拒めない。「ある結婚の風景」のお母さんが言うのよ。「とにかくセックスというのは自分の義務だと思っているから、相手がしたい様にさせている。絶対に拒絶した事がない」って。つまり、強姦のスタイルよね。自分がやりたくても、やりたくなくても、向こう様の言う通りなのよ。

小西　綾　1904年生まれ。元「婦人民主クラブ」書記長。今日まで半世紀以上にわたる実践的な婦人運動の活動家として知られている。面白味のある大阪弁は、女たちの中に多くのファンを持っている。著作には駒尺喜美さんとの共著「魔女の審判」がある。

小西　養われているという立場に置かれる専業主婦になると特に弱い。田舎でも家つき娘の御大さんと嫁入った御大さんでは大変な違いがある。

駒尺　「正常位」というのは、女が下になってバッとほんまに手を挙げてギブ・アップしたスタイルなのよ。それで、上からバッと抑えつけられてする。昔、知り合いが言ってたよね。「結婚してビックリしたわ。カエルが踏みつぶされたみたい、本当にセックスの時、ビックリした」ってね。女にとって屈辱的な格好よね。それは、つまり、男が女を征服するというセックスの形なのよ。それがまともと思わさせられているけど、そのまま、それが日常の姿なのよ。強姦はまさにその地続きなのよ。

「本能説」の意義

駒尺　〈男のSEXは暴力的だ〉と肯定的な文脈で言われる、〈SEXというのは暴力だ〉みたいに、暴力というのはつまり「女をやれ」ということ、今でもロックなんかの歌詞にも、そんなのんが沢山ある。ロックが男のパワーを示すもんやからな。男の〈セックスなんて暴力だ〉という刷り込みがものすごくきついね。男の場合、欲望は衝動でゆくと思わせられているけど、強姦だけと違って、男はセックスについて、様々な神話を創作し流布しているよ。「男はそうせんと体が承知しない」言えば、合理化できて、習慣で女をやってもいいと思っているから、我慢をしようとセルフコントロールしない。男が立ちションベンするのと同じで、男の方が我慢できないというのは嘘なのよ。医学的には、女と男の尿道の長さは、女の方が短い。なのに、男は我慢せず立ちションベンする。男は「しても良い」と思っているから、するのであって、女は「してはアカン」と思うから我慢する、ただその違いでしかない。セックスも同じ様に、思い込んでいる。

座談会

なぜスザンヌは死んだのか!?

駒尺喜美
小西　綾
岸野淳子

半世紀以上に渡り、女性解放運動を闘ってきた小西綾さん、歯切れのいい女性論を展開する駒尺喜美さん、「女の地平から見えてきたもの」の著者、岸野淳子さんに字幕なしの映画をみてもらい、座談会をしていただきました。訳がない為、画面からうけたイメージを中心に、話は、強姦そのものから性文化の現状にまで広がっていきました。

駒尺　なかなか良い映画でしたね。

岸野　告発の場面の女の表情はすごく良かったわね。ああいう女の表情というのは、日本にも一杯あると思うけど、カメラを通して、映画や写真やTVで見たことがない。ヒステリックに叫ぶ女とか、媚びを売る女とか、耐える女としてしか出てこない。本当に頭をあげて、ちゃんとものを言う女というのはいい。とてもキレイ。

小西　女の監督のあゝあって欲しい、あゝあるべきだという願望なのよね。強姦の場面は、ほんとにいやらしいわね。吐き気がする程。私なんか昔の人間だから、正視できなかったけど、程度の差こそあれ夫婦のセックスもあれだもの。

駒尺　小西さん、言ってたよね。もし、アレ観てね、男そう簡単に変らんと思うけど、下から撮ったアングルで、ああいう醜い顔をカッと映されたらやっぱり、できなくなる人もあるかも知れないって。イメージがいつまでも残って。

小西　男の人もみなこの映画みたらいいと思う。男のセックス観の本質がわかると思う。

岸野　これ撮れたのも、やっぱり、監督が女だからなのよね。男だったら、ああいう形で撮れないと思う。

小西　カッコ悪くて撮れないよね。

イメージが行動を決定する

小西　スザンヌが死んだのは、恋人ではアカンというのと違うのよ。男はよく言うでしょう。「女には強姦願望がある」って。なにも強姦願望なんかある訳ないのよ。昔から「これが女の生きるためのつとめだ」と思って相手に合わせてきたのよ。この映画みたいに、非常にショッキングなやられ方をすると、その屈辱的なイメージが拭い去れない。だから「自分の夫ともうデキヘン」と思う。五木寛之の小説に、引きあげの際、ソ連兵に輪姦された妻がずうっと夫と性交できないで終るのがある。スザンヌも、恋人がどんなに優しくしてくれても、同じ姿勢で同じことをしてきたら、イメージがダブってくる。だからできないの。それが、やっている側にはわからないのよね。どんだけ優しくしてくれても、アカンというところなんよ。

岸野　そうね。だから、強姦された後、スザンヌは吐き、フィリップとの行為の後、2度目に吐いた。最初は恐怖から、鏡を見て叫び声をあげ、その声にダブってアジアの女たちの叫びにつながってゆくけど、最後には声さえ出ない。

小西　人間は焼きついたイメージがそれ程、決定的なものになるということやねェ。強烈なイメージは行動を規制したり、行動を起こさせるバネになる。あらゆる場合に。

「性衝動」のウソ

駒尺　最初、強姦した男がパッパッと出てくるでしょう。映画監督やら医者やら、会社の上司やらがね。色々、普通の人間、その辺を歩いているそういう男がみんな強姦しているということを言っているんよ。トラックの運転手のお兄ちゃんが強姦するでしょう。強姦は、性衝動・本能説でゴマ化されているけど、あれは別に性衝動でやってる訳じゃないのよ。女を支配することで「俺は男なんだ！」と自己確認したいだけ。

小西　本当の性欲でやっているんと違うのよねェ。他のウップンを晴らすための手段なのよ。だから弱いのを相手に晴らすのよ、征服しやすいから。それには女が一番いいわけなんよ。

駒尺　やっつけてやろうとしている。オシッコを強姦魔がスザンヌにかけたりするのは、本当の性欲からではない。「女を凌辱してやろう」文字通り、やっつける、侵略するという態度よね。

岸野　いたぶる画面の長いこと、私は強姦は性衝動に起因すると思っていたけど、これを観て、性衝動じゃないとよくわかったわ。

駒尺　むしろ強姦の目的は女をいたぶり、凌辱する方やね。それこそ、精子がたまって、性欲求が高まるのなら、マスターベーションしとけばエエんやから。何で女がやられんならんかと言えば、女を征服したいのよね。一番弱い抵抗力のない女をやる。しかもそれは、性を利用してやるというのは「男を証明する」って事かしら。

小西　そういう風なことを表わすための伏線がちゃんとあった。運転手はね、トラックを止めて、ジーッとあたりをうかがっている時にね、腹が立つみたいな、そういう顔をしている時があるよ。だから、ウップンをどこで晴らそうかとそういうことを思っている時に、あのスザンヌが不運にも通りかかった。そいで、あいつ、いけにえにしてやろうと思った。

駒尺　そうなのよね。喋りにも「オマエでなくちゃいけなくはなかったんだぞ」と言っていた。今まで言われている「男はそれを我慢できない」みたいな性衝動だとかいうの、全部違うということを見せているよね。

小西　でも、あるいはね、それは、男がそういう時に、性衝動が起るのかも知れないよ。ディレクターの女の人が「男は女が考えるような存在ではなく、男の性欲は支配欲を根源にしている」とか言うでしょう。性欲の衝動が起こるとか、色んな衝動が起ることは起こるのかも知らんけど、過去の経験の色んなイメージが頭の中にあってね、そいつが衝よ。くり返しよ。悪循環なのよ。スザンヌの中の本質的な支えが壊されてしまったのよ。性欲や愛は、他のものから切り離せないわ。人間はいろんな部分の寄せ集めではない。性生活や性欲を全く切り離された部分のように話す人がいるけれど、とてもおかしいと思うの……強姦魔は彼女の性だけではなく全てを傷つけたのよ。彼女の感情までも……完全に破壊されてしまったの。いつもそうとは限らないけど、死に追い込むことすらあるのよ……それが言いたかったの。強姦は殺人行為だと……。彼女は自殺したのではない……すでに死んでいたの。分かる？」

編集者「ええ、そういうこともあるわね。でも女はもっと強いような気がするんだけど……」

監督「本人の強さや弱さの問題ではないわ。あなた、ちょっと殺されてみたら？　自分が強いかどうか見る為に……」

編集者「でも、立ち直る女だっているわ。現にそういう人を知ってるわ」

監督「そう……それでうまく立ち直ってる？」

編集者「まあ何とかね。その人にもよるけど……」

監督「そうじゃないわ。人じゃなくて、状況によるのよ」

編集者「OK、分かったわ。状況と周囲の人々にもよるわね。スザンヌを例にとってみて、この間考えたのだけど、もしフィリップが違う反応を示していたら、もっとスザンヌに対して強い態度だったら、もしかすると……立ち直ったかも……」

監督「さあ、どうかしら」

編集者「誰か彼女を助けてくれる人に出会えたら、例えば同じ体験を持つ女性とか……」

監督「そういう女性を探し出すのさえとても難かしいのよ。現実的じゃないわ。強姦ってまだタブーなの。強姦された女は自力で立ち直るしかないのよ。立ち直れないと〝弱い〟と言われるわ。分かる？」

編集者「その事は分かるわ。でもスザンヌの状況は死ぬ程とは思えないのよ」

監督「強姦から立ち直れたら、どんな場合でも奇跡だわ！」

編集者「スザンヌ、あなたが調査した人だけど確かフランシーヌとか言ったわね」

監督「ええ」

編集者「彼女、本当に死んだの？　本当に自殺してしまったの？」

監督「ええ、本当よ。私が話してるのは彼女の事なの。私には彼女のこと、救えなかった……」

　スザンヌの部屋。ベッドに横たわっているスザンヌ。

ナレーション「幾世紀にもわたる知識がぶつかる不動の壁。強姦の前に立ちはだかる沈黙の壁。最近発見された実践的な対策といえば、次のような忠告でしかない。〝膣を持つ者は、皆首に笛をぶらさげよ！」母は娘に教えるのだ。〝身を守れ、危険を知らせよ〟と。」

　苦悩に満ちた笛の音が街中に響きわたる。ビルの窓に、街頭に、公園に、道路に、階段に、路地に、工事現場に、駐車場に、駅に、教会の塔に。夜明けから夕闇の街に鳴りやまぬ笛の音……。

FIN

《スタッフ》

監督　アンヌ・クレール・ポワリエ
脚本　マルト・ブラックバーン
　　　アンヌ・クレール・ポワリエ
撮影　ミシェル・ブロー
制作　アンヌ・クレール・ポワリエ
　　　ジャック・ガニエ

《キャスト》

スザンヌ　ジュリー・ヴァンサン
監督　モニク・ミラー
編集者　ミシュリーヌ・ランクット
暴行者　ジェルマン・ウード

監督プロフィール

アンヌ・C・ポワリエ監督

一九三二年カナダ、ケベックに生まれる。二児の母。

一九六〇年から、カナダ国立映画制作庁で映画の編集・監督をする。一九六五年、妊娠の各段階にある女性を撮影した最初の長篇ドキュメンタリー「母から娘へ」を発表。この後、徹底した内的自己分析と調査を経て「女であること」と呼ばれるプロジェクトを創る。これは、女性の自己認識を促すことをねらいとし、ケベックの女性解放史に残る作品である。女が映画を使って、自分自身を表現するというジャンルを切り開き、女性のフィルムメーカーが「女」をテーマに映画を作る機会を与えた。第二作「ロアの娘たち」を監督するかたわら、中絶をテーマにした「前の時」を一九七四年に発表。女の日常に起こる、しかも社会的には語られない重要な出来事を映画を通して語るという方法で、女性解放運動に大きな影響を与えた。一九七八年「声なき叫び」を制作・監督し、「強姦がなぜ存在するのか」「強姦によって女は何を喪失するのか」を追求した。不可避でありながら、タブー視されている女の問題――妊娠・中絶出産・強姦――に映画を通して勇敢に挑み、同時に、欧米のみならず、広く女の連帯を呼びかけている。

「ありがとう」

シナリオの翻訳と字幕制作の過程ではたくさんの女たちの協力を得た。原文翻訳をしてくれた大野さん、内海さん姉妹。字幕のABCを教えてくれた戸田さん。その他、小林さん、米人のSさん達、ありがとう。

アタマにきた！

フィルムを輸入する段階で税関にひっかかってしまい、数カ所ボカシを入れなければ輸入できなかった。ボカシを入れると映画の内容がガタンと落ちてしまう。更に費用を三〇万円も払わなければならなかった。（業者の人に協力してもらったにもかかわらず）。私たちが決して望まないことなのに、なぜ多額のお金まで負担しなければならないのだろう。本当に釈然としない思いである。

意味を持つのかという事を（思い出すようにゆっくり静かに語る）他の女の子同様、父は私の英雄でした。大好きな優しい父、私たちを守り、よく遊んでくれ、いろんな話をいっぱいかかえて外から帰ってくる、いつもごちそうしてくれる気前のいい父、頼もしい父、彼の言うことなら何でも聞いたわ。私は父の臭いを知ってました……父を見る時、私は太陽を見ているようでした。ある日、太陽が私の眼をつぶしたのです。あれが父親の愛ですって！　とんでもない」

裁判長「静粛に！　社会環境も考慮すべきです。近親相姦は大家族や雑居世帯では日常的な事です。専門家によれば、幼少期の経験は必ずしも重大な混乱を招くとは言えません」

女、あきれた顔で「正気ですか？　何て頼もしいんでしょう。乾杯でもしましょうか？　美しき近親相姦に。専門家づらしてそんな寝言はもうたくさん。10歳の時父に強姦され、今私は24歳。やがて30歳になり、50歳に……そして愛は……もうない。愛が必要なのに、何かがこわれて……。どうなるのでしょう？　愛をなくした女は」

2ケ月後

スザンヌの部屋。ベッドに横たわる放心状態のスザンヌ。電話が鳴り響く。散らかったままの部屋、枯れた植木鉢の花。汚れものであふれる流し台。水道の蛇口からポタポタたれる水音だけが、電話の鳴り止んだ部屋に響く。フィリップが階段を登ってくる。

フィリップ「スザンヌ、いたのか、君。なぜ電話に出なかったの？」

スザンヌ「——」

フィリップ「ずっと恐がっているのは分かるけど、電話は何もしないよ。もう少し頑張らないとだめだよ。もうあれから2ケ月だよ。外出もしないし、人にも会わない……元気を出さないとだめだよ。少しは自分で努力しないと……僕は代わってあげられないんだから」

フィリップ上着を脱ぎ、スザンヌと向い合わせに坐る。

フィリップ「昨日の夜、ジャンがなぜ君が映画を観に来なかったのか僕に聞いたよ。あいつら、もう君の事分からないって……。君があいつらの事を嫌がってると思ってるよ。……僕もどうしたらいいのか分からないよ」

スザンヌ「——」

フィリップ、台所に行き冷蔵庫のドアを開け、バタンと閉め、怒鳴る。

フィリップ　畜生！　食料を買っておいてくれと頼んだだろ？　何もないじゃないか……行きたくないんだったら電話してくれるだけでいいのに」

フィリップ、スザンヌの傍に戻り髪を撫で抱き寄せる。

フィリップ「君は何か食べた？　スザンヌ……一日中何も？　非常識だよ」

スザンヌ、力なく「あなたが面白くないことはよく分かるわ。でもあなたには分からない。誰にも分からないわ」

フィリップ「医者に診てもらったら？　ジャンに頼んで誰か紹介してもらおうか？　女の先生の方がいいね。どう？」

スザンヌ「——」

フィリップ「じゃあ仕事は？　又仕事を始めたら。きっと気が紛れるよ。ここに、こうしていてはどうしようもないよ。仕事を探してみたかい？」

スザンヌ「やってみたわ」

ベッドに横たわり、スザンヌの体中を愛撫するフィリップ。足を、手を、顔を。

スザンヌ「できないわ」

フィリップ「大丈夫だよ。愛してるよ」

スザンヌ「できないわ、フィリップ」

フィリップ「僕に任せて」

スザンヌ「やめて、フィリップ！　できないわ……放っておいて、放っておいて……」

スザンヌから離れて部屋を出て行くフィリップ。スザンヌは強姦された時と同じように横たわって丸くなる。フィリップが階段を駆け降りる音。ドアがバタンと閉まる。

声なき叫び

洗面所。スザンヌ、吐いている。鏡の前で叫ぼうとするが、声が出ない。ビンから錠剤を取り出し口に入れ、震える手で水を飲む。薬を飲み、再び水を。スザンヌ、鏡の中の自分の顔にぼんやり見入る。

強姦は殺人行為

フィルムに見入る監督と編集者の二人。虚ろな眼をしたスザンヌの顔が再び大映しになる。画面は監督と編集者の対話へと転換していく。

編集者「結末がひどすぎる」

監督「強姦て、ひどい」

編集者「分かってるわ。でも何だか滅入ってしまうわ」

監督「そうなのよ。その憂うつさが重要なのよ。彼女は自殺したのではなく、強姦に殺されたのよ。本当はあの日に死んでいたのよ」

編集者「分かるわ。その通りよ。でも愛が救えたような気がするのだけれど……」

監督「それは安易すぎるわ。それではどんな事にでも逃げ道を作ってしまうわ。魂の奥まで傷つけて、たいしたことではない、愛が救えるなんて……。もう愛を信じられないなら、愛を失ってしまったのなら、死んでも当然だわ」

編集者「そうね。でもミシェール、強姦された人がみんな自殺するわけではないわ」

監督「分かってるわ。それで私も混乱してるの。この結末は私もあまり好きではないの。ずい分悩んだわ、でもこれしかなかった」

編集者「もしフィリップが早く帰ってきたら間に合ったかしら？」

監督「たとえ間に合っても同じこと

つまり強制された性交渉があったという事実です。あなた方男にとっては単なるセックスであり、私たち女にとっては強姦なのです。原則として私には2度誓う権利があります。一つは私が被害者かどうかの裁判、もう一つは強姦の裁判においてです。裁判長、あなたが裁くのは、どちらが嘘をついているかの裁判であって、強姦そのものの裁判ではありません。だから私は被害者であり続けるのです。一日に10人、一年では三六五〇人、こんな町で強姦されている何千人もの女の一人となるのです。しかも、これは表面化した強姦の数にすぎません。強姦された女20人のうち一人しか告訴しないそうです。20人中19人は統計上には表われないのです。彼は私の内部を傷つけ、女の尊厳を犯したのです。これはいかなる婦人科の検査をもってしても立証できないでしょう。彼の行為は男女の愛の営みと同じだったから。彼は私の人生を、愛の根源を犯したのです。これを写し出すレントゲンも又存在しません。もう一度言います。あなたが行うのは、私の証言の詮議にすぎません。私は強姦されました。これに対する裁きはないようです。この男は駐車違反程度の罰金か、何もしなかったかのように執行猶予で放免になるでしょう。有罪が立証できなければ、証拠不充分で男は釈放され、私は裁判費用の支払いに追われるのです。

裁判長「犯罪心理学者に診てもらいましたか？」

女優「はい。これが報告書です。〝信じられない内容です。〟女は強姦を望んでいる。快楽の為ではなく、自分の存在を破壊する為に。女である事の罪深さを償うために〟訴訟など無駄です。裁判では全てが私に不利です。法の前では私は〝強姦された女〟ではありません。そして強姦魔にとっても私は被害者ではないのです。男は平気で強姦をくり返すでしょう。彼にとって私は唯の肉のかたまりに過ぎないのです。告訴はやめます。でもこの屈辱感は一生忘れません。」

裁判長「静粛に。まだお分かりになってないようですね。あなたが被害者となった犯罪の該当条文を読んでさし上げましょう。〝強制猥せつ罪—程度を問わず、言葉や行為をもって性的な羞恥心を害する振舞を為したる者は懲役5年の刑に処す。刑の宣告には犯行の手段と行為の性質を明示せねばならない（第149条）〟」

秘書「この男が私を強姦したのです。強制猥せつ罪で告訴されているのは私に充分な証拠がないからです。〝羞恥〟の定義は何ですか？」

裁判長「羞恥とは辞典によると〝品性、礼節、繊細さを傷つける言動を自制する慎しみ、例—羞恥心〟」

秘書「法におけるセックスを語る時はヤケに真面目になるのですね。強制猥せつ罪ですって?! 彼は私の品性、礼節、繊細さを傷つけた?! そんな軽い罪で、この男に10年の懲役を言い渡す陪審員はこの世に一人もいません。少くとも私は、彼から侮辱を受けたことが恥ずかしいのです。強制猥せつ罪などではありません。強姦なのです。判りますか？ 私の羞恥心も品性や繊細さも無傷です。強姦が犯すのは女の尊厳です。人生を破壊するのです。女性の器官を野蛮な行為に使うなんて許せません。男たちは自らの性器を〝高貴な部分〟と呼びます。あなた方は女性の生殖器を一体どう思っているのですか？ この生命の神秘を。同じ人間とは思えません。」

患者「強姦される事のわかる男は一人もいません。無理なんです。気が済むなら被告を罰しなさい。それが法の網にかかった者をこらしめる方法ですから。男が他の男を支配する手段、それが法です。それとも精神科医の監視下に置きますか？ あなた方のオトクイの手でしょう？ しかしそれでは強姦は防げません。この種の男は弱者が誰かを敏感に嗅ぎ分けます。強姦は性の仮面をつけた政治的犯罪です。女たちが日々戦争犠牲者以上に犠牲者であり続けるのをあなた方はご存知ないのです。」

妻「いつになったらこの事について語れるのでしょうか？ 沈黙の壁に閉じ込められる肉体の略奪、それが強姦です。あらゆる強姦を闇から引き出し恥ずかしさを取り去らなくては……。」

　6人の女のうちで、まだ目かくしをしている女が、大ぜいの子どもたちと前に進み出る。

裁判長「静粛に願います。子供は入廷できません。ここから立ち退かせるように。ここで扱っている事は子供には関係ありません。」

女「お言葉ですが、裁判長。この子たちもみな強姦の犠牲者です。ここでの事は充分理解できます。私が捜してきたのです。恐がらない子供だけを連れてきました。更に申し上げたいのは問題児の施設や養父母の家にこの子たちがいたことです。あなた方が保護の名のもとに送り込んだのです。父や伯父や兄や家族の友人などが定期的に彼女達を犯す環境、この危険な家庭環境からこの子たちを引き離さなければならなかったことこそ明らかにされるべき問題です。彼らが強姦していた事実は明白です。彼女達は施設に閉じ込められ、一方父親や伯父や男たちのペニスは相変らず自由の身だったのです」

裁判長「子供に関する訴訟事件は非公開で扱われます。この子供たちは告訴できる年齢に達していません。両親の出廷は？」

女「いいえ、残念ながらこのようなハレンチな事件はたいてい家族が隠してしまうのです。そのことはあなた方もよくご存知でしょう。私が代って告訴します。（女は眼かくしをはずす）

裁判長、私は24歳です。10歳の時父に強姦されました。お偉い専門家先生たちが国際社会に於ける家族の諸権利について論じ、近親相姦は文化、文明の進化に伴う現象だなどとおっしゃる。文化、文明、バカバカしい。男同志、互いにかばい合っているのです。女たちが口を開くのを恐れて、先手をとり近親相姦をささいなことにしてしまおうと企んでいる。裁判長、父親の強姦が初体験だった若い女性に尋ねたことがありますか？ それが小さな女の子にとってどんな

主婦「以前は正常な関係でしたが、夫が飲み始めてからはどうしてもセックスができないんです。愛による営みではなく、強引で一方的なんです。あれが夫だなんて、まるで強姦魔としか思えません」

患者「彼の信条は〝患者に愛を〟です。愛こそが全てを治す万能薬だと言います。だから彼と寝れば良くなる、最良の薬だと。患者は実行しなくてはなりません。どの精神科医も似たりよったりですが、この新しい治療法はかなり普及しているようです。故意に共同体を作る事すらあると聞いています」

秘書「私は彼に依存し続け、彼はいつだって私を自由にできるのです。それに引きかえ私は選べないのです。仕事がかかっているのですから」

女優「私は、仕事の性質上、自分を売り物にしなくてはなりません。オーディションを受け、役をもらう。でも、なぜ売春の真似までも！　それも契約の一部だなんて。他の女優の中から私を選んでくれたことは光栄です。それに彼は確かに秀れた監督です。でも納得できない」

信者「いいえ、私は世間知らずではありません。男が、女を従属させる為に手段を選ばない事ぐらい知っていました。でもまさか神を利用するとは。主への捧げもの。セックスによる救済と恵み。神の名による強姦。全ては秘密裡に行なわれるのです」

秘書「隠された強姦、この手のものはゴマンとあります。しかも誰も気づかないのです」

女優「確かに一緒に飲みました。それがどうしたというんです？　彼と寝たいなんて思わなかった。これっぽっちもね！　男の勝手な思いこみに女は調子を合わせているだけ。何かを得るためには他に手段がないのです。女は袖の下など要求されません。美しい体だけで十分なのです。まるで売りに出された品物です。皆さんはこれを〝合意の上〟だとおっしゃるでしょう。女の意志など、あなた方男にとっては、どうでもいいことだからです」

信者「男が女に欲望を感じた結果ではありません。女にだって性欲はあります。でも私たちは強姦などしません。動物もしません。強姦などない社会もあります。許せないのは、自分たちの支配力を利用して、私たちの体を所有しようとする男です。まるで女の体は勿論、心までも当然自分たちのものであるかのように。抵抗すると、男は侮辱だと怒る。男たちにとって、女はただその為にだけ存在するから。精神的に関わると〝女として台無しだ、幻滅だ〟と言うのです。私たちはベッド以外の所では自己超越ができない存在だと。女はペニスなしでは生きられない、と男は思っているのです。

女優「フロイト曰く〝女はマゾで強姦を望んでいる〟と。フロイト……全く信じられないわ。この思想は100年もの間受けつがれてきています。私はまだ30歳。フロイトにたち打ちできる筈がありません。でも私は強姦など嫌です。誰が強姦など好むものですか」

主婦、目かくしをはずす「犯罪法によると強姦は妻には適用されません。私に与えられている権利は、物質的な事柄に関するものだけです。婚姻によって生ずる義務によって、私は売春婦になります。それだけのことです。これが結婚の実態です。子供も私も彼に依存してます。彼は、経済的に私たちを支えていることで全権を与えられるのです。私を犯す権利とをも」

裁判長「ご婦人方、混乱していらっしゃるようですが、何もご存知ないですね」

6人のうち5人の女が、自ら眼かくしをはずしたり、相手の眼かくしを取ったりして素顔になる。彼女たちは怒りと侮蔑のまなざしで裁判官を見つめる。ベンチにかけた一人だけは、まだ眼かくしをしたまま。

裁判長「法律は法律です。これは厳粛な事です。個人のささいな権利要求の為に用いる事はできません。あなた方の心得の為に、強姦に関するカナダの法律を読んでさし上げましょう。〝強姦とは、同意なしに妻以外の女性と性交渉を持つ事である。同意があった場合も、暴行、脅迫をもって、若しくは夫と思い込ませ、あるいは又、行為の性質を偽って同意を得、当該行為に及んだ場合、強姦とみなされる。女性が14歳未満の場合、状況によっては16歳未満の場合、同意は要件とならない。なぜならその年令では行為の意味を理解し得ないとみなされる為である。ここでは、真実を、真実の全てを述べる事を誓いなさい」

信者「真実は二つです。男の真実と、女の真実と。矛盾した真実。どちらが嘘？　あなたによると私は承諾したのですから、この裁判の罪人は私です。同時に私は無罪を主張します。なぜなら私は被害者だからです。そして証拠はどちらも同じ〝強姦〟、

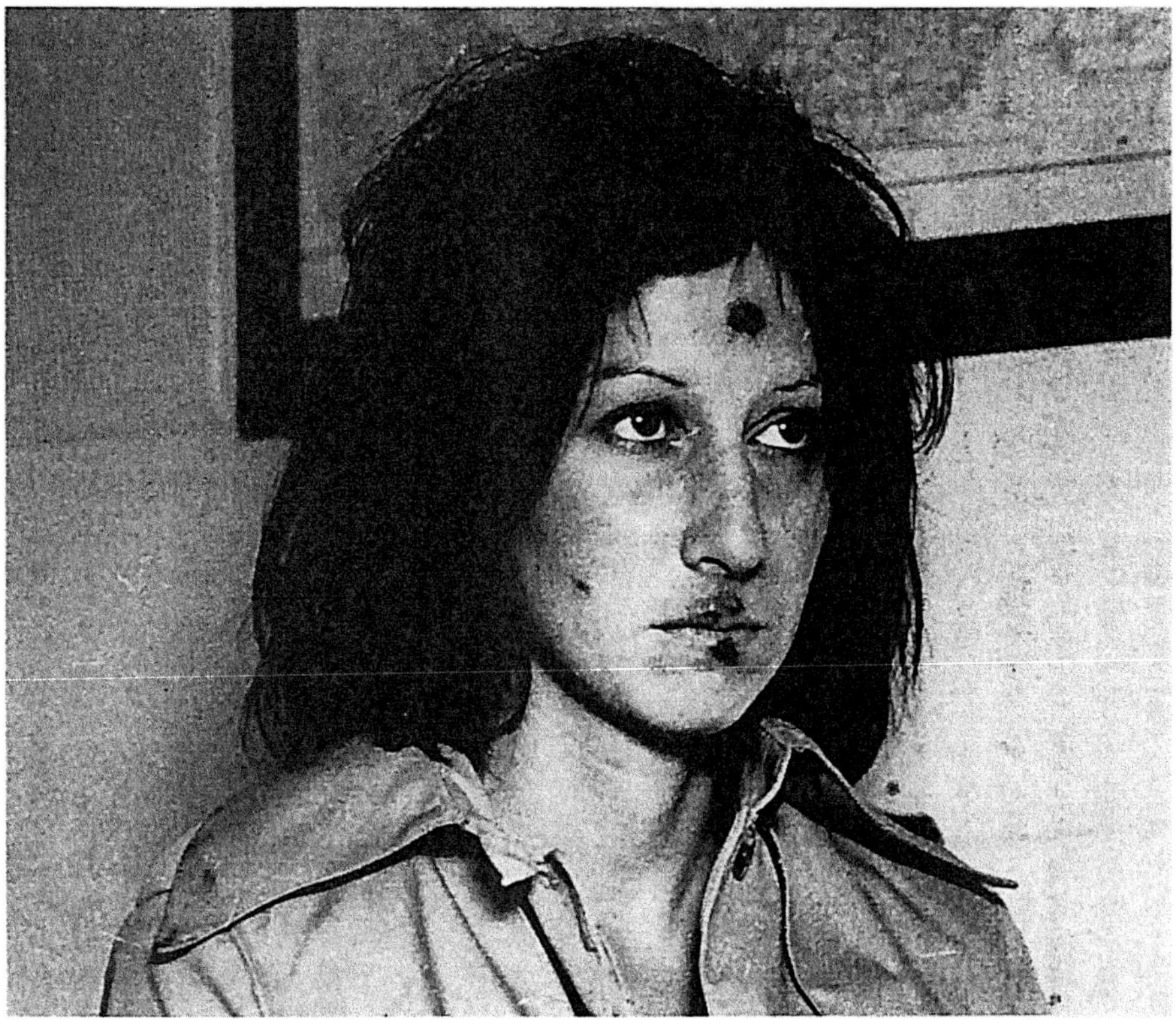

ている事を聞いて話がしたいと言うの。内気そうな50すぎの女性だった。色々と話をしてくれたわ。自分の事や女としての考え等……夕方になって私がおいとましようとしてドアに手をかけた時、突然こう言ったの。〃実はお話ししたかったのは、私が強姦されたことなのです。18歳の時でした。誰にも言いませんでした。夫も子供も、誰も知りません。今でもまだ恥ずかしいのです。〃こう言って泣き出したの。とてもとまどったわ。今まで誰にも話した事がなかったのよ。50歳の今でもまだ恥ずかしいのよ。彼女に会ってますます強姦の映画を作ろうと思ったわ。あなた一人じゃなく、私たち全ての女が、なぜ恥ずかしいのか答えを見つけなくては。その為には強姦について語り始めなくては。自分を責めるのをもうやめて。でも実際には難しいわね……。力になりたいわ……。そうそう聞きたい事があったの。強姦の後の取調べね。どうだった？ 辛かった？」

スザンヌ「恐かった。まるで強姦の再現でした。殴られた痛さを調べる為に、もう一度殴る、それが強姦の尋問です。再現、というより続きをする……体や心の奥深く迄探られるのです。以前は思ってもみませんでしたが、強姦は精神への攻撃です。傷ついたのは肉体より心です」

監督「犯人をどう思った？」

スザンヌ「恐くて何も感じなかった。憎しみさえ。ビールを飲む男を見てて、母が妹と私によく言ってた事を思い出したわ。〃知らない人に話しかけたり、車に乗ったり、ボンボンをもらったりしては駄目よ〃と。そんな時、知らない人ってどんな人かいろいろ想像してたけど、普通ではないと思ってた、悪い人なら見てすぐ分かると思ってました。でもあの男は道ですれ違っても気付かない位、ごく当り前の男だったんです。母が心配していたのがこの男なら、同類はヤマほどいるとつくづく思います」

監督「何が一番イヤだった？ 卑猥さ？ 暴力？」

スザンヌ「侮蔑的な態度です。信じられない程の憎しみ。私一人ではとても足りない位女すべてを軽蔑し切って、打ちのめしたいようだった」

監督「変質者？ 異常というかいわゆるサディストとか？」

スザンヌ「いいえ。以前は私もそう思ってましたが実際は違います。彼にはセックスの欲求なんてまるでなかった。一瞬たりとも彼が私を欲しているとは思えなかった。何時間も私を殴りつけて殺したかっただけ、そんな風でした。あんな状態で強姦なんて、あり得ないと思いました。でも勃起したのは軽蔑と憎しみの為です。あれが〃愛の行為〃と同じだなんて信じられません。犯人は憎悪でセックスしたんです。憎悪によるセックスなんて私たち女には理解できません」

監督「あの後しばらく何を感じた？」

スザンヌ「自分のせいだと思うようになって恥ずかしかった。恐かった」

監督「今はどう？ どんな気持？」

スザンヌ「まだ恐い。道を歩くのも、家に一人でいるのも、タクシーに乗るのも。性病にはかかっていなかったけれど、恐怖症にかかってしまったの。自分の中の何かがこわれてしまったみたい。うまく説明できないけれど、失ったものは愛だと思います。以前、大学の友人が10歳で父親に強姦されたことを話してくれた時、〃なぜ叫ばなかったの？ なぜ抵抗しなかったの？〃と聞いたわ。彼女は恐怖と恥ずかしさの為だと答えてくれた。その時は理解できなかった。でも今ならよく分かる。まるで悪夢のよう。叫びたいけど、声が出ないの」

法廷

模擬裁判所の法廷。6人の女がベンチにかけている。全員、目かくしをしている。

ナレーション（女）「男の裁きの前では、同じ羞恥、同じ恐怖が被害者について離れない。まるで被害者が強姦を引き起こした犯人のように。強姦された女が、この恐怖、この羞恥を取り除く事さえできたなら、真実が、真実の全容が明らかになる」

裁判長「被告人をあなたの上司と認めますか？」

秘書「はい、私の上司です。私は彼の秘書です」

裁判長「あなたをこの2年間治療しているこの精神科医に、あなたはまだかかっていますね」

患者「ええ、まだ治っていないと言われましたし、この種の治療は時間のかかるものです」

裁判長「被告人と出会った時、あなたは一体何を求めていたのですか？」

信者「神です」

裁判長「監督さん、彼女の職業は何でしたか？」

女優「女優です」

裁判長「ご主人はあなたを不感症だとおっしゃってますが」

す」
刑事「これが私の仕事です。他の所は？　口とか肛門とか」
スザンヌ「口です」
刑事「強姦の前ですか？後ですか？」
スザンヌ、泣き出しそうな前で「前です」
刑事「それが2時間も続いたのですか？」
スザンヌ「あなたにさえ言わなかったことを言わせるのよ。ひどいわ」
刑事「犯人の身長は？」
スザンヌ「分かりません」
刑事「およそで」
スザンヌ「一八〇センチぐらい」
刑事、立ち上がり、スザンヌの前まで来て「ちょっと立ってみて、私と比べてどうですか？」
スザンヌ「高かったと思います」
刑事、また坐る「あなたに話しかけましたか？」
スザンヌ「いいえ」
刑事「犯人を知らないと言いましたね」
スザンヌ「はい」
刑事「見たことはありますか？」
スザンヌ「いいえ」
刑事「トラックのナンバーは覚えていますか？」
スザンヌ「いいえ」
　スザンヌ、フィリップに対して疲れ切った様子で
「体を洗いたいわ。お風呂に入りたい」
フィリップ「寒いのかい？」
スザンヌ「洗いたいの」
フィリップ「残りは後日にして頂けませんか。彼女はとても疲れています」
　刑事、全く事務的な口調で「すぐ終ります。とにかく全部記録しないといけませんので、病院からはいつもこの時間に帰るのですか？」
スザンヌ「夜勤の時はそうです」
刑事「いつも勤務は夜ですか？」
フィリップ「お互いめったに会えないので、なるべく時間を合わせています」
　刑事、フィリップに「彼女が夜一人で出かけるのは心配でしょう？」
フィリップ「いいえ、12時半はそんなに遅いとは思いません。まだ人通りもあるし。第一、いつ誰が外出しようと勝手でしょう」
　スザンヌ、うつろな眼で「そうかも知れないけれど、女は違うわ。真昼間でも、たとえ子供でも女はいつも恐いわ」
刑事「周りに人はいましたか？　通行人は？」
スザンヌ「いたと思います、恐らく。車も通っていました」
刑事「なぜ声をあげなかったのですか？」
スザンヌ「恐くて出ませんでした」

フィリップ

　スザンヌの家の浴室。スザンヌの体を洗ってやるフィリップ。眼を閉じているスザンヌ。フィリップの眼からひとしずくの涙がこぼれ落ちる。

　スザンヌ、腕をフィリップの首に巻きつけ「私を愛して、もっと強く…」

　フィリップもスザンヌを抱きしめる。

もつれた髪

　鏡台の前。フィリップと妹がスザンヌの髪をとかしている。
妹「すぐ元通りよ」
フィリップ「痛い？」
スザンヌ「いいえ、大丈夫」
妹「もつれがとれるといい気持ね。痛くないかしら」
フィリップ「横の方はすっかりからまっててひどいね」
妹「これをとくなんて無茶よ。とかしたら確かにきれいよ。でも一体いつまでかかるのかしら。切った方がいいと思わない？　痛い思いをしないで済むわ」
スザンヌ「いや、切らないで。切りたくないの、私の髪を」
　両手で髪をおさえるスザンヌに髪を切られるニュースフィルムが重なる。第二次大戦後パリ解放のニュースフィルム。帰還兵士のパレード。ひらめく国旗。紙ふぶきが散る。解放を喜ぶ人々の前でドイツ軍人と関係したフランスの女性が坊主にされている。
妹「ごめんなさい。わかったわ、見てて。たとえ一晩中かかってもやってみるわ。さあ続けましょう。思った程でもないかも知れない。

インタビュー

　監督と編集者が話し合っている。
編集者「この髪ね。このシーンを見た時から話したかったのだけれど、少しおおげさね」
監督「だけど彼女が言ってたのよりずっとましよ。何時間も続いたそうよ。先週ちょうどこの所を見ていたのだけど、調査の間中話してくれたわ。ほら、これよ」
　監督、ビデオスイッチを入れる。話をしているスザンヌが映し出され、監督とスザンヌの話し合いのシーンへと変わる。
スザンヌ「午後3時に美容院に着いて、閉店になってもまだ髪は仕上っていませんでした。その夜フィリップと妹がやってきて、夜中の12時までとかしたのです。ひどい髪だった。それに私は髪を切りたくなかった。バカげているかも知れないけれど、切るのはイヤでした。髪を切らずにもと通りにすることは信じられない程大切なことだったのです。髪の毛がもと通りになった時初めて眠れました。この2週間ずっとハイネックの長袖でした。他人に見られたくないからではなく、私自身が傷跡を見たくなかったから」
監督「分かるような気がするわ。あの事件以来変ったそうね。何かあなたの内部が変ったって……」
スザンヌ「確かに変りました。とても嫌だった。以前のように戻れたらと何度も思いました」
監督「あの時の事で、何を一番思い出す？　行為そのものじゃなく、あなたにとって強姦って何だったのかしら？」
スザンヌ「恐怖……恐怖と恥ずかしさ。肉体的な痛みを忘れるほどの。気違いじみているかも知れないけれど、強姦そのものではない……挿入ですらない……恐怖だけ。死ぬのが恐かった。道端のトラックの中で、古新聞の中で死ぬのが恐ろしかった。それに強姦されることが恥ずかしかった。バカげているけれど、今でも恥ずかしいのです」
監督「ダメよ。そんなことない。それにたとえバカげていても、そう感じているのはあなた一人ではないわ。あなたのような体験をした女はみなそう感じてるわ。本当に妙な話ね。被害者の方が恥ずかしいなんて。まるで世の中逆ね。あなたのせいだと思うことはないのよ。それは私達女が純潔とか、貞操とか羞恥心を押しつけられてきたからじゃないかしら。女のせいではないわ」
スザンヌ「よく分かりません」
監督「一ケ月程前に、かなりショッキングな体験をしたの。女の人から電話があって、私が強姦の調査をし

編集者「あり得るわね。というのも先日、ジャックがモンタージュ室に入って来た時、ちょうど私が強姦のシーンを編集していたの。彼がどう思うか観せてみて、本当に驚いたわ。私たちは男の反応についてほとんど分かってなかったのね。私たちが性的な欲求を起こさせるような場面を絶対に撮りたくないことを彼は十分承知していた。でも強姦魔が被害者の服を脱がせ、下着を破り、彼女を強姦してしまうシーンを見ると、男はどうしても性的に興奮してしまうらしいの。強姦の本能って男には皆あるみたい。支配欲は男の性欲の一部かもしれない。もしそうだとしたら私たち女はそのことを知って、それに対応する方法を見つけなくちゃ。何か良い方法があるかも知れない。……本題からそれてしまったわ」

監督「いいえ、まさにその通りよ。一つだけ確かなことは、男を私たち女と同じように見てはいけないということだわ。強姦は男女の結びつきじゃない。それは誰かが人格を喪失すること、力ずくで奪われること。何かがマッ殺されてしまうことだわ。強姦された後の彼女を見ればその事は充分わかる筈よ」

トラックに置き去りにされ、裸で横たわるスザンヌ。

スザンヌ

スザンヌ部屋に戻ってくる。階段の登り口で点灯。階段を登った所で泣き崩れる。やっと椅子の所にたどりつき電話をかける。

スザンヌ「フィリップ……フィリップ……来て、すぐに来て」

電話を切ったスザンヌ、トイレに駆け込み嘔吐する。鏡に向かって叫ぶスザンヌ。

スザンヌの叫びにベトナムの女の叫びがオーバーラップする。胡弓の音、蛇皮線の音と共にベトナム戦場のニュースフィルム（モノクロ）

ナレーション「ベトナムやバングラデッシュの、そしてあらゆる戦場の女たち。強姦され、搾取され、使い捨てられた女たち。勝者の戦利品。兵士の後に残された売春婦たち。戦争の余剰品のように」

病院と警察

診察台に横たわり眼を閉じているスザンヌ。両足を広げ膝を立てて医者の検査を受けている。

医者「痛いですか？性病の検査の為に採血が必要です。10日後に再検査に来て下さい。痛み、炎症、かゆみのある場合はすぐ来て下さい。お気の毒ですが、打撲や傷跡の証拠写真が必要です。嫌だったらよろしいのですが、起訴の際、重要な決め手となります」

カメラマン、大きく足を広げたスザンヌに近づき写真を撮る。容赦なく繰り返されるシャッターの音。

眼を閉じたまゝのスザンヌの顔からアフリカの割礼を描いたドキュメンタリーフィルムへと場面は転換していく。（モノクロ）

ナレーション「絶対的で、不変的で、決定的な強姦。悦びを切り取る儀式的強姦。女の本質を殺す、女への殺人」

警察の取調べ室。スザンヌが刑事に事情聴取されている。彼女の額と唇には傷ができている。

刑事「事件が起きたのは何時でしたか？」

スザンヌ「12時頃、病院を出てすぐ襲われました」

刑事「なぜ3時20分まで警察に連絡しなかったのですか？」

フィリップ「僕がスザンヌの所に着いてから電話しました」

刑事「3時20分に彼女の家に着いたのですか？」

フィリップ「いいえ、その少し前です。少し事情を聞きました」

刑事「何時に彼女はあなたに電話をしたのですか？」

フィリップ「たぶん3時15分前頃、2時半から2時40分の間です」

刑事「ということは、事件のあった時、あなたは彼女の家にはいなかったのですね」

フィリップ「ええ、病院で夜勤でした」

刑事「ふだんは？」

フィリップ「ほとんど彼女の所です」

刑事「一緒に暮しているのですか？」

フィリップ「僕はインターンです。夜勤の時以外は彼女と一緒にいます」

刑事「なぜもっと早く電話しなかったのですか」

スザンヌ「帰ってすぐに電話しました」

刑事「帰ったのは3時15分前でしたか？」

スザンヌ「よく分りません。何時だったのか。今何時かさえも分らないのです」

刑事「今の服装ではありませんでしたね」

スザンヌ「ええ、服は破かれていましたので、コートをひっかけて帰ってきました」

刑事「家までどの位かかりましたか？」

スザンヌ「分かりません。ふだんなら15分です。病院の近くなのです」

刑事「ということは、犯人と約2時間一緒だったのですね」

スザンヌ「たぶん……とても長くて、一晩中一緒だったように思えます」

刑事「その間何がありました？」

スザンヌ「先程申し上げた通りです。私を殴り、罵り、そして強姦したのです」

刑事「その間ずっとですか？」

スザンヌ「はい」

刑事「挿入は何回？」

スザンヌ「一回」

刑事「普通のところを？」

フィリップ「いいですか、診断書はお渡ししました。全部ご存知の筈で

シナリオ

アンヌ・C・ポワリエ
監督・脚本
96分、　カラー
カナダ映画
1978年作品

声なき叫び

MOURIR A TUE-TÊTE

再録シナリオ
「声なき叫び」上映グループ

プロローグ

映画の撮影風景、ジャンパー姿の男がクローズアップされる。

（女の陰の声）「はい、確かに彼です。彼の最新作のオーディションを受けました」

自然食品店の売場、アラブ風の長着を着にヒゲの男が大映しにされる。

（女の陰の声）「はい、確かに彼です。ローランティード（場所の名）でアシュラム（宗教）を指導しています」

空港の通路を旅装の紳士が歩いている。その男を画面はクローズアップ。

（女の陰の声）「はい、この人です。この六ケ月治療を受けています」

駅の構内。背広姿の男が人混みの中を歩いてくる。男の顔、クローズアップ。

（女の陰の声）「はい、私の夫です。結婚して九年になります」

観覧席。ビールを買うセーター姿の男がクローズアップされる。

（女の陰の声）「はい、確かにこの人です。彼の秘書をしていて強姦されました」

トラックの中

昼。どこからともなく走ってきた一台のトラックが道端に駐車する。運転席の窓から正面を向く男の顔が大映しになり、タイトル。

夜勤を終えた看護婦のスザンヌが病院の玄関から出てくる。暗闇から出てきた男、後ろから彼女をはがいい締めにし、ナイフをスザンヌのノド元に突きつける。

「動くな！　殺すぞ」

おびえるスザンヌを男はトラックに連れ込み、頭を壁に叩きつける。

ドアにしがみついて泣くスザンヌ。罵倒しながら殴りつけてくる男の顔、アップ。カメラはスザンヌの眼に変る。襲いかかってくる男の顔しか眼に入らないスザンヌ。ピシャッと飛ぶ平手。一瞬眼をつぶるスザンヌ。画面は一面鮮紅色に。

男「他の女の分まで思いしらせてやる」

「この売女め、医者と乳くり合ってるくせに気取るんじゃねえ」

「うぬぼれるな。女なら誰だっていいんだ。最初に通りかかった女をとっつかまえただけさ」

「俺は変態じゃないぞ。思いもつかなかったぜ。道で女をとっつかまえてやるなんてよ。女の尻を追いかけまわすウジ虫どもと一緒にすんなよ。女なんてどいつも皆同じさ」

スザンヌ「助けて！」

男「今度やってみろ、殺すぞ」

「聖女ヅラも今のうちだ」

スザンヌの服をナイフで切り裂く。

「脱げ……化けの皮をはがしてやる。清純ぶっても無駄だと言ったはずだ。くたばったメス犬め」

男、ロープでスザンヌの両手をドラム缶に縛りつける。声も出ないスザンヌ。

「どうだ俺が恐いか。恐いと言え！　あばずれめ」

男はビールを飲む。

「小さい時、女が怖かった。こうやってテメエを縛ったから、もう怖くないぞ。手出しできねえだろう。そのかわいいお手々でよ……」

「いい眺めだぜ全く。13の時、仲間と女をやろうとしたことがある。奴らは腰ぬけだ。けど俺は違う。この通りだ。お前にゃお似合いだ。俺の女は金髪だけどどうせ味は同じさ。看護婦さんよ……もうすぐ結婚するんだろう。ケチな医者とよ、金持ちになって、こぎれいな家に住んで、暇を持て余して、掃除にガキの世話。俺は文ナシだ。女を引っかける暇なんかねぇ。お袋はよく言ってた。お前は強い、立派なやつだ、将来きっと大物になるって、よ。あのクソババァめ、女なんかみんな淫売だ、どいつもこいつも盛りのついたメス犬さ。畜生、ヘドが出そうだぜ。どうだい俺の話は楽しいか？　一口飲むかい……頭がよくなるぜ、いらないか」

男スザンヌにビールをひっかける。

「飲め……飲むんだ…ビールだぜ、頭がさえるだろ？」

自分の口に含ませたビールをスザンヌに吹きかける。

「いいザマだぜ。コンチクショー、こんなにいいものにぶち当ったことはないぜ、もっと早く気付きゃあ良かった……チョロイもんだ。これ以上メス豚どもに利用されてたまるか」

男はスザンヌに向かって立ち小便をする。

「お前が立って小便ができたら、俺の気持がわかるぜ」

水びたしになるレンズ。スザンヌの眼は霞み、やがて一面真暗に。暗闇の画面にスザンヌのすすり泣きだけが聞こえる。

「割れ目を開けな、股を広げるんだ、好きなんだろ、デッカくて汚ねえのが好きだと言え」

罵倒しながら犯し続ける男の醜悪な顔だけがクローズアップされる。

監督と編集者

犯す男のシーンにやりきれない様子で見入る監督と編集者。再び大映しになる男の醜悪な顔。画面は一転して監督と編集者の対話に。

編集者「この強姦魔に自分の姿を重ねる男はいないわ。ひどすぎるもの。新聞記事程度の他人事でしかないわね」

監督「そうね。でも皆がひどいことだと思い、この事実を理解できるような一つの例としてはこのトラックの中での強姦という設定は極めて重要なの。誰もが恐怖感を持つし、解りやすいわ。でも男は、強姦魔と自分を全く別の人間としては見ないと思うの」

女たちの映画祭フィルムリスト

女の映画を女の手で上映しようと活動を始めた「女たちの映画祭」も満４歳。フィルムたちもこんなに揃って、各地で上映され続けています。貸し出し、受け付けています。(問い合わせは下記実行委へ)

東京都内で上映を企画する女たちへ
16ミリ映写機も貸出してます。
１回　4000円

女ならやってみな！

メッテ・クヌーズセン
エリザベッツ・リュゴー　制作・演出・脚本
リー・ヴィルストロップ
デンマーク映画／1975年作品
カラー　96分　16ミリ
基本貸出料：50,000円

「もしも、女と男の役割が入れ替ったら？」　吹き出す笑い、爆笑の連続の中で浮き彫りにされる男女の役割分担の意味。充たされない生活に気付いた50才の平凡な主婦が自立していく過程を描く秀作。

アントニア

ジュディ・コリンズ
ジル・ゴッドミロウ　制作
アメリカ映画／1974年作品
カラー　58分　16ミリ
基本貸出料：20,000円

史上初の女のオーケストラ指揮者、アントニア・ブリコを彼女の弟子である歌手のジュディ・コリンズが深い愛情をこめてつくった作品、全編に美しいクラシック音楽が流れる。

絶対あきらめなさるな

アン・ハーシュイ　制作
アメリカ映画／1975年作品
カラー　28分　16ミリ
基本貸出料：10,000円

90才代の女の写真家があふれでる元気とブラックユーモア、むじゃきなウィットで自己の人生と生き方を語る。

声なき叫び

アンヌ・C・ポワリエ　監督・脚本
カナダ映画／1978年作品
カラー　96分　16ミリ
基本貸出料：40,000円

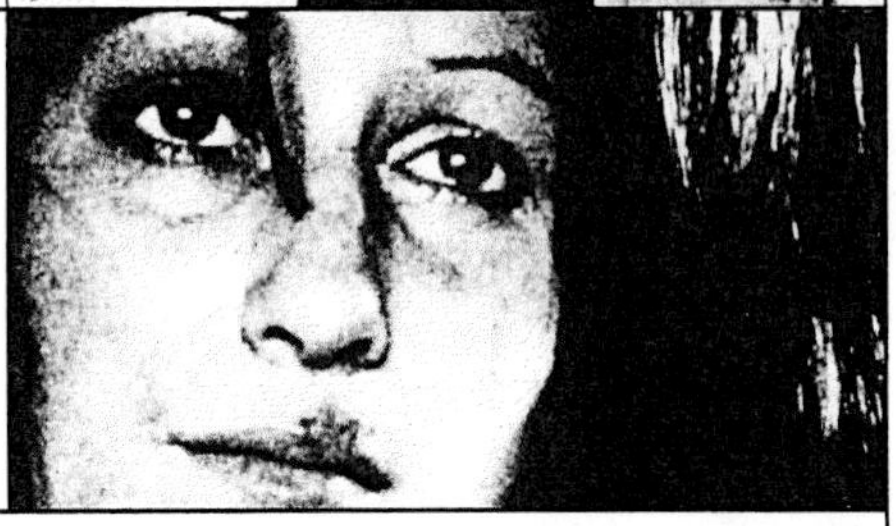

ホーム・ムービィー

ジャンヌ・オクセンバーグ　制作
アメリカ映画／1973年作品
カラー　12分　16ミリ
基本貸出料：3,000円

アメリカやヨーロッパで、熱狂的な評判をとった、あるレズビアンの自伝的映画。女たちが生き生きとフットボールに興じているラストシーンを見るだけでも一見の価値あり。

ロール・オーバー

マリアン・ハンター、ニューヨーク・ハーストリー・コレクティブ　制作
アメリカ映画／1974年作品
カラー　10分　16ミリ
基本貸出料：1,000円

バックに女だけのフォークロックグループが歌う歌が流れる中で、これまで伝統的に男のものとされてきた仕事を女たちがやっているさまが、次々と写しだされていく。

猫のえがき方

ポーラ・チャペル　制作
アメリカ映画／1973年作品
カラー　2分　16ミリ
基本貸出料：1,000円

「国際ねこ映画際」を催すほどの猫好きな制作者が、彼女の愛猫ママキャットを主演(？)に独特な方法で猫をえがく。

オレンジ

カレン・ジョンソン　制作
アメリカ映画／1969年作品
カラー　3分　16ミリ
基本貸出料：1,000円

女がオレンジの皮をむいて食べるところをクローズアップして、官能的に描いた作品。

女たちの映画祭実行委員会
東京都渋谷区代々木４－28－５
東都レジデンス410 ☎(03)370-6007

¥400

⑭ ポルノグラフィは女への暴力である

（レズビアンフェミニスト・センター・スライドグループ 製作）

1

ポルノグラフィは
女への暴力である

（スライド解説カード）

〈お願い〉
- カードはスライドとセットにして下さい。
- カードをリングから外した場合は通し番号と枚数（37枚）を確認して戻して下さい。
- スライドは64枚です。上映時間45分
- スライドに指紋をつけぬよう御注意下さい。

ポルノグラフィは女への暴力である

ポルノは理論で強姦はその実践である

1 タイトル

私たちは、ポルノグラフィによる悪質な女のイメージ作りが女の人間としての尊厳を傷つけるものであり、女の社会的、経済的、政治的、文化的能力の開発を妨げるものであると強く感じています。

このスライドショーは、サンフランシスコを中心にした約1,500人のグループ、WAVPM（Women Against Violence in Porno & Media）のスライドをもとに、私たち　L. F.　センターのスライドグループが製作したものです。

2 ポルノ映画　②-1　②-2

ポルノグラフィーのイメージは女への肉体的、心理的暴力である。性的支配であり、侮辱であり、女の物質化である。

私たちはポルノとエロティックなものを区別します。私たちがポルノと呼ぶものは女が乱暴されたり、殺されたりする暴力的で一方的なもので、エロティックとは生命を肯定し、生きる活力を与えるものであり、互いが分かち合うものです。

■写真 2-1

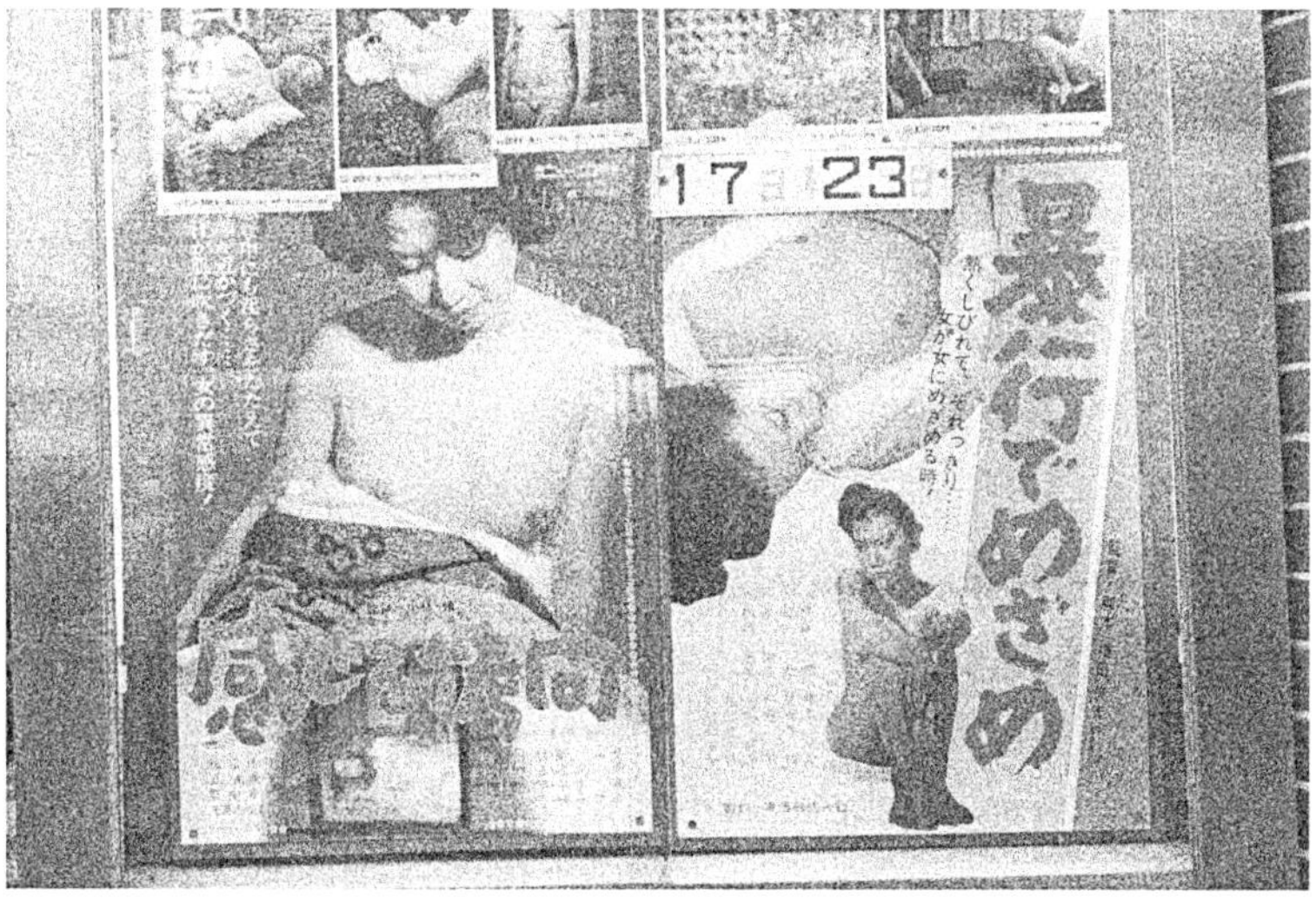

■写真 2-2

3

3 ポルノ映画　③-1　③-2

ポルノの中に愛などありません。ポルノとはもともとギリシャ語の「売春」の意味でエロスとは同じくギリシャ語の「愛」であるようにポルノとエロスは全く別のものです。

シェア・ハイトが「女のほとんどがセックスにおけるやさしさ、コミニュケーション、対等を大切にしている」と報告しているように女は決して暴力的セックスを望んでいません。

1800年代フランス語ポルノグラフィーが1840～50に英語化
売春婦関する著作からワイセツ文学等に

■写真 3-1

■写真 3-2

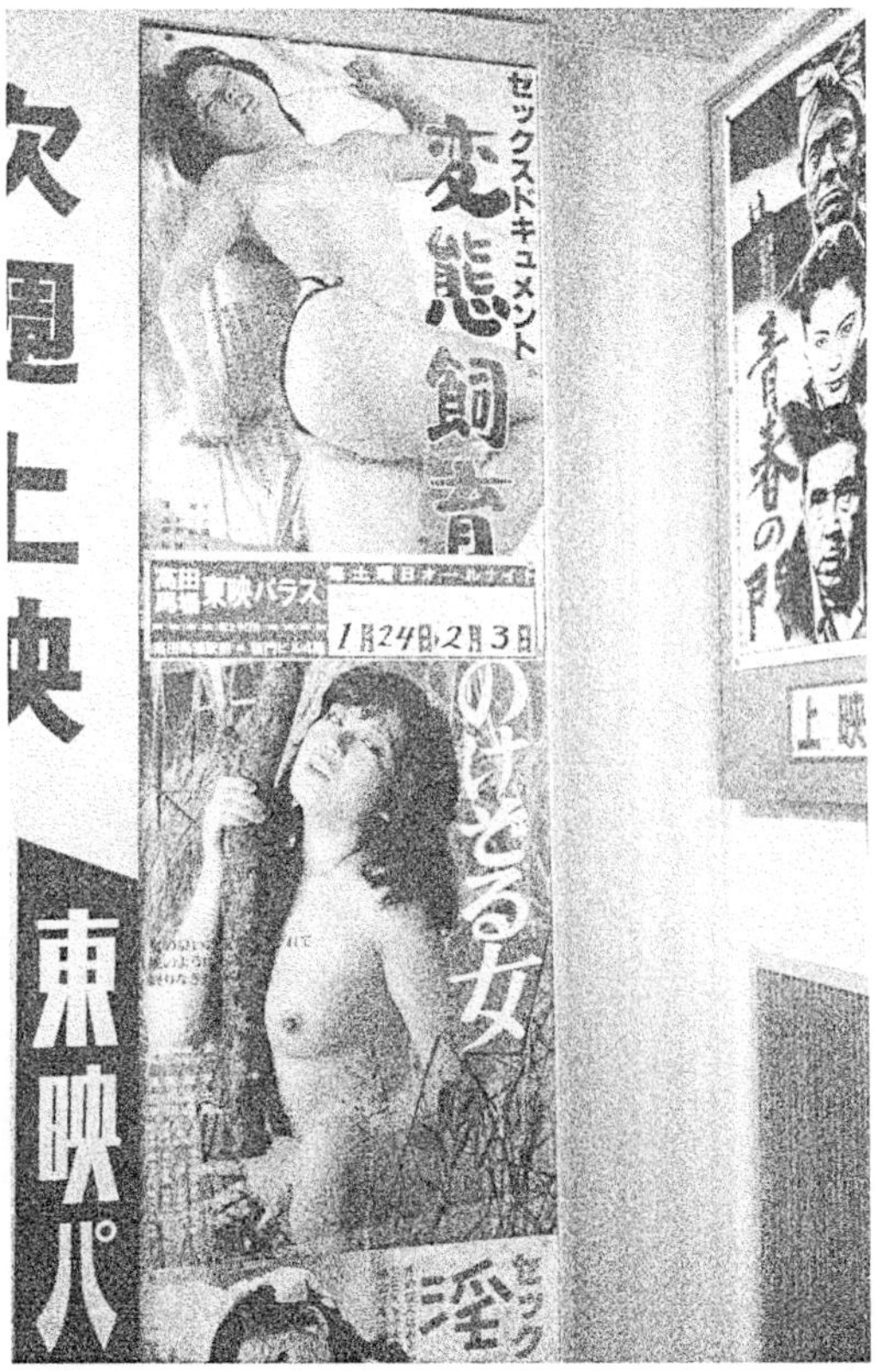

4 レコード
5 NY ファッション

ポルノ的イメージはポルノ雑誌に始まり、マンガ、レコード、ファッション雑誌などあらゆる所にあり、非常に露骨な暴力から女の物質化という微妙な暴力にまで及んでいます。そして男たちに'男らしさとは女を支配する~~力にかかっている~~'と教え込むのです。
ことだ"

6 マンガ
（週刊サンケイ）

ポルノ~~グラフィ~~は男だけの場所から生まれ出てくる女性蔑視が具体的な形で~~女の前に~~現われたものです。ほとんどの女(性)はポルノは見るべきではない、~~あるい~~は見るのもイヤだという気持ちが~~あっ~~(あり)て避けているため、女(性)にとって身近なものではありません。

■写真4

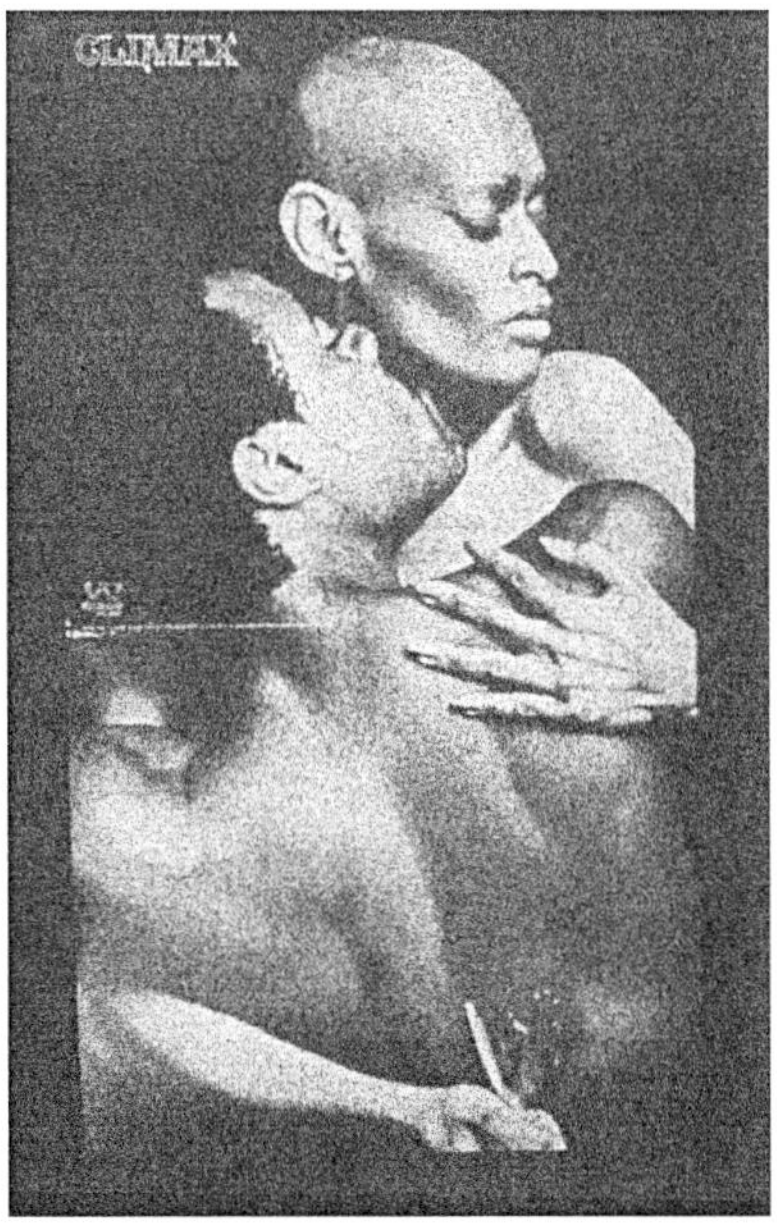

■写真5

■写真6

7

7 不感症にはこれが一番

このスライドの目的は皆さんに恐怖心を植えつけることではありません。ポルノグラフィというものを知って、あらゆる所にある女性蔑視への認識を深めてもらいたいのです。私たちは道徳感や猥せつ感にもとずいた検閲や法律の締めつけ強化を求めているのではなく、表現の自由の権利の下に女の性の商品化や、女への暴力を正当化するポルノ産業と、ポルノを消費している男たちの文化に挑戦しているのです。

性

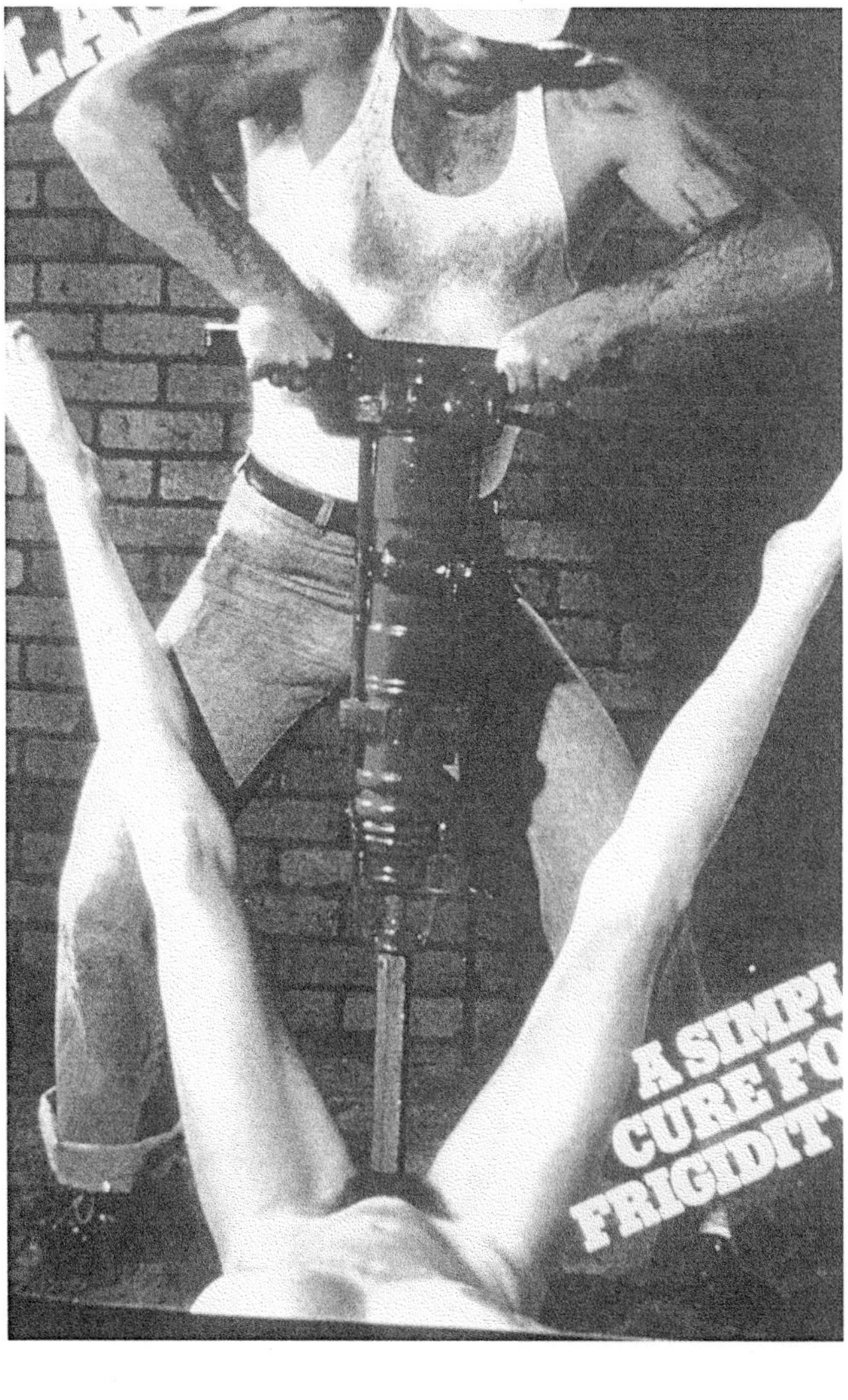

■写真 7

8 逆さ吊りの女

全身縛られ逆さ吊りにされた女。~~私たち~~女たちは男がこんなもので性的に興奮し、マスターベーションすることを余り知りません。これを見て考えて下さい。思春期の少年の多くがポルノを通じて初めて性的なものに接することを。ポルノグラフィは性生活の代役を果たしていることを。(~~映画館は~~女が犯され殺される映画（ビデオ・雑誌・[illegible]）を見て興奮している男たち~~で一杯だということを~~があふれていることを。)

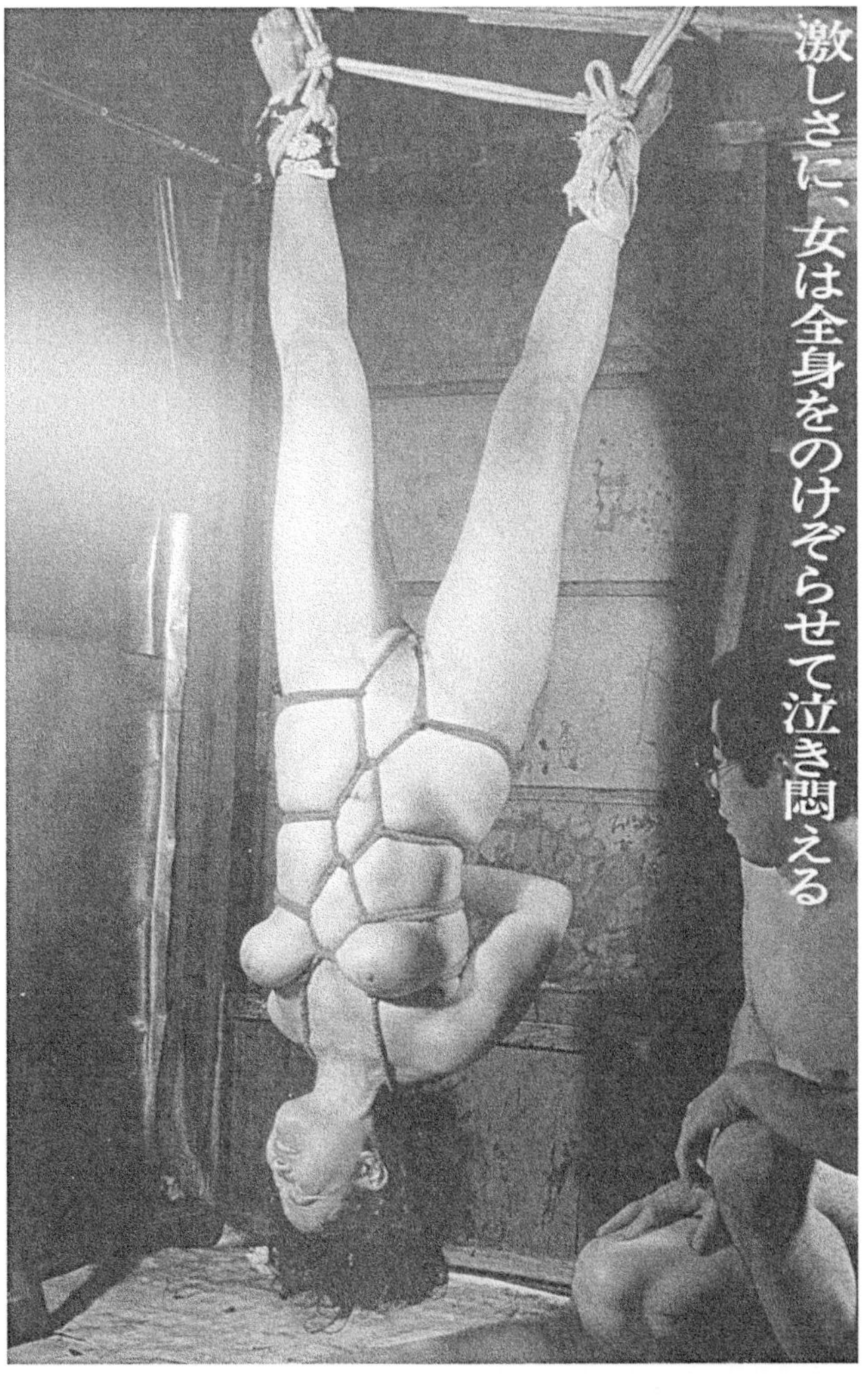

激しさに、女は全身をのけぞらせて泣き悶える

■写真８

9

9　歌麿　夢と知りせば

りょうじょく

~~ここにもセックス抜きの痛めつけと凌辱。~~これは映画「歌麿」からの一シーン。男たちがセックスよりも女たちを支配したり、凌辱（りょうじょく）するという発想に興奮することがここでも明らかです。心理学者は、このようなエロティック暴力、私たちのいうポルノを見た後、男は女に対して攻撃的になると報告しています。

この映画は表現の自由を追求して権力と斗う歌麿が主人公ですが、この歌麿が描くのは拷問されている女や、強姦されている自分の妻などです。~~このような女を踏みつけにした反権力や芸術を女たちは拒否すべきです。~~

C－642

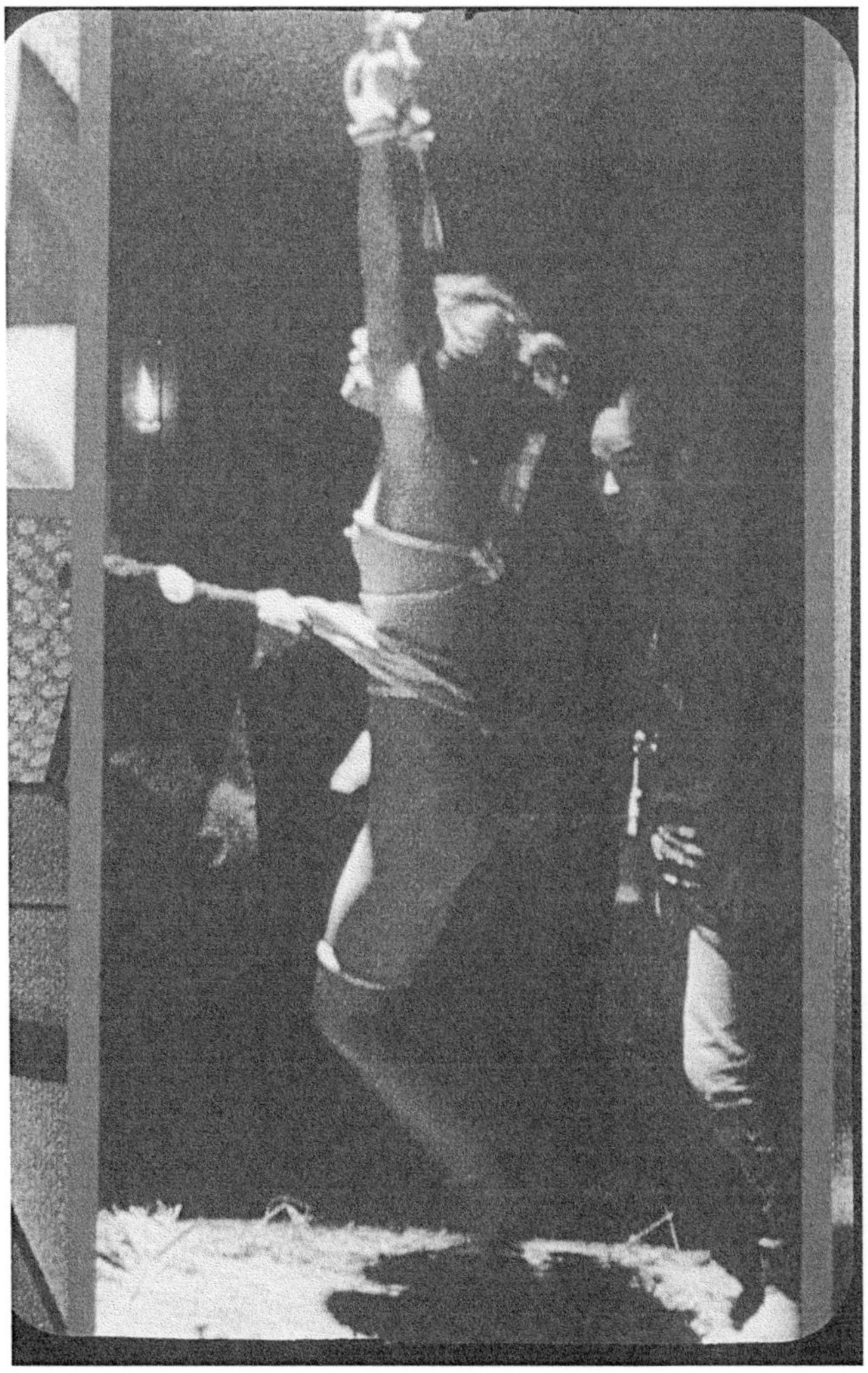

■写真8

10 とらわれの乳房

この女性の胸は無残に痛めつけられています。胸は女のシンボル。おそわれているのは女の象徴でしょうか？

11 妊婦緊縛

縛られた妊婦。ここにも女であることへの攻撃。　暴力をふるわれた女性の中に妊娠中の人が意外に多いという、これと似た事実をどう説明できるでしょうか？　しかも多くはお腹を何度も蹴られているのです。

■写真 10

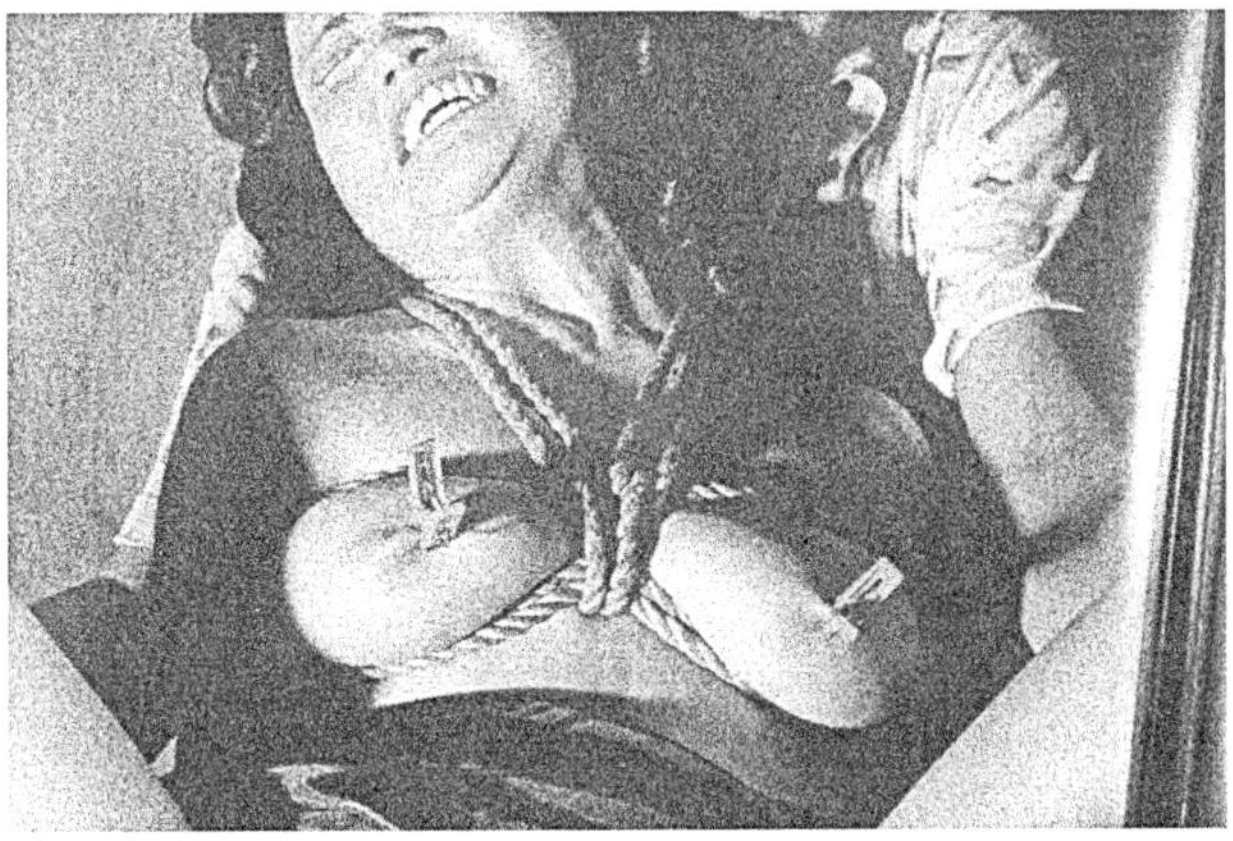

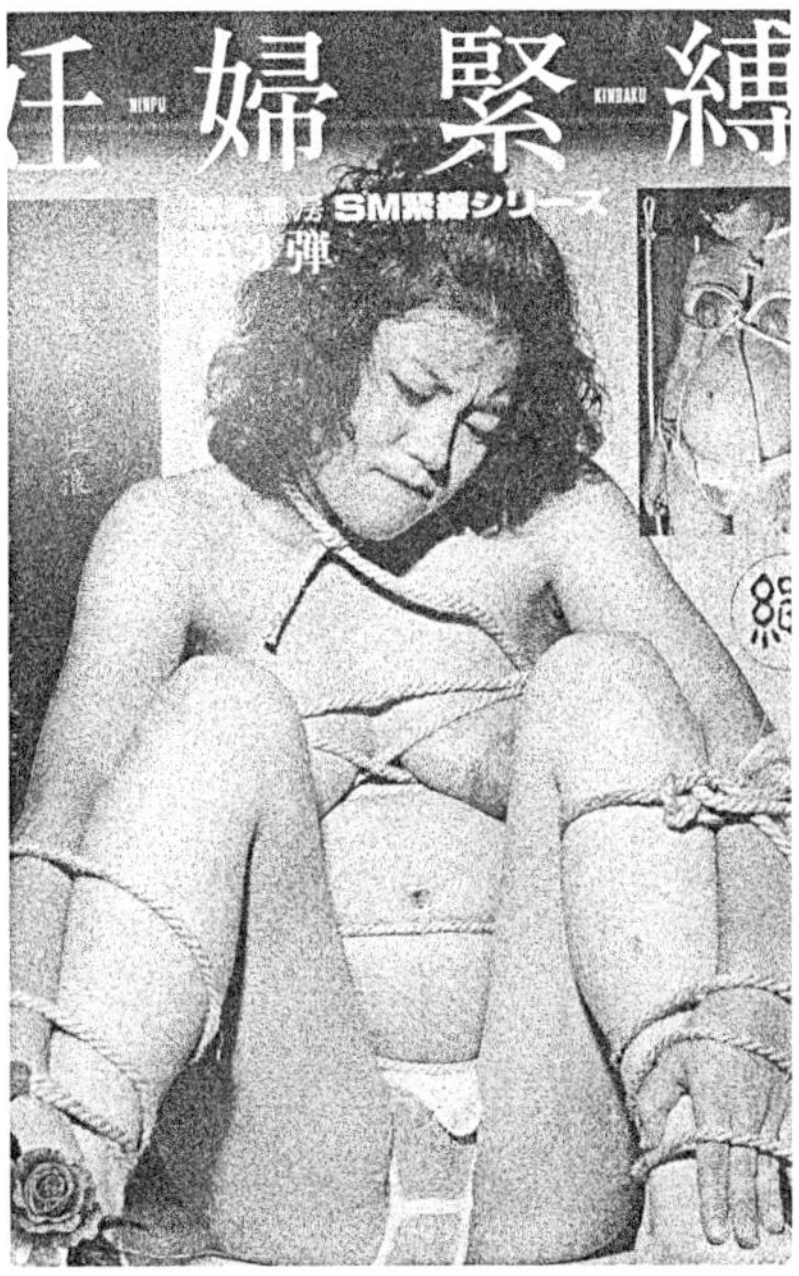

■写真 11

12 妊婦　現在の法律は暴力や強姦を罰しています．しかしながら
私たちは女への暴力をあおり立てる文化にいるのです．
ボーイフレンドになぐられウットリする少女．なぐられて恋に
めざめたというラブ・ストーリー

13 ボーグ　そして
宣伝の中にもこのポルノのイメージがあります。これは「ボーグ」のユニセックス・ジャンプスーツの広告。男が力まかせに女に平手打ちをくわしています。

14 スキャンダル　ファッション雑誌の~~「流行通信」~~のドレスと下着の宣伝。男が女の腕をつかみ、髪の毛を引っぱっています。ここでは~~女への~~暴力が、何か高級で、洗練されていて、魅惑的にさえされています。（ドレスはクリスチャン ディオール，下着はワコール）
~~C-14~~

コクヨ C－642

■写真 12

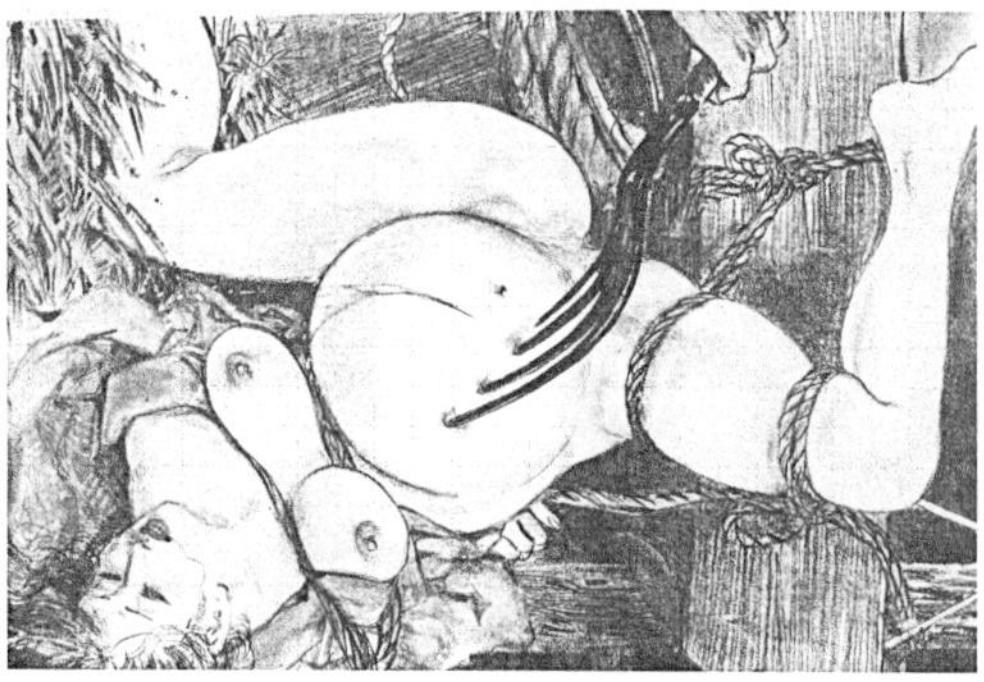

■写真 13

■写真 14

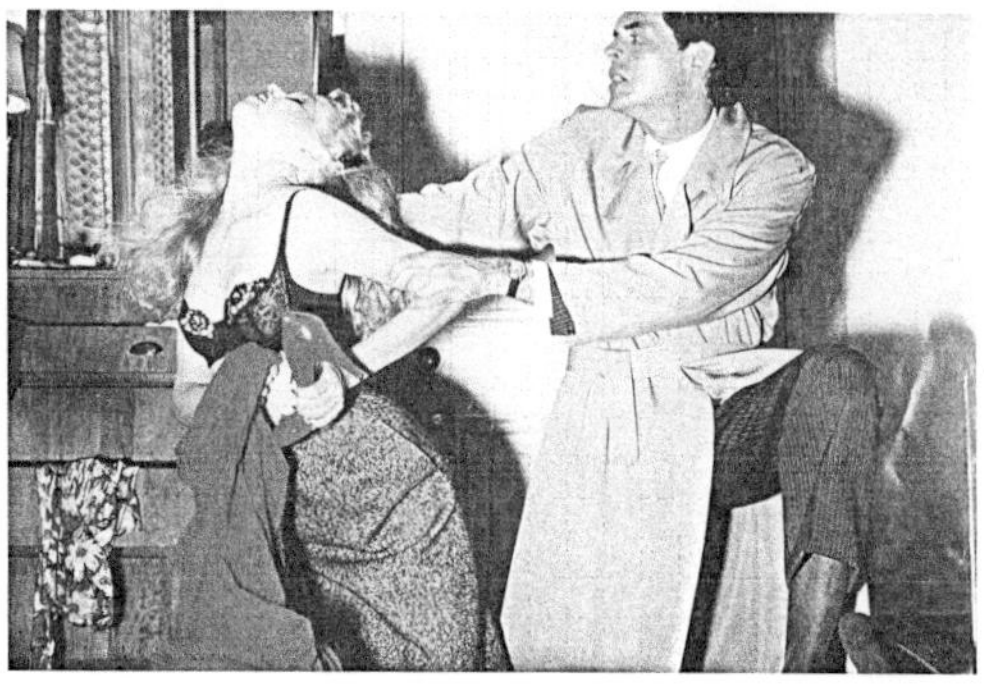

15 殴られた女

さっきのファッショナブルに作られた女とこの災際に乱暴された女性を比べてみて下さい。数え切れない女たちが、まだ、暴力が日常茶飯事の家の中にとじ込められています。

ポルノグラフィは、女は時々殴っておとなしくさせるべきものだ、という考えを広めることで男の暴力の度(合)を高めています。

16 女道化師

そしてさらに'女は痛みが好きだ'という嘘で女への暴力を正当化しています。例えばこの写真。女性がナイフで自分の性器をつき刺しほほえんでいます。「彼女が自分でやってるくらいだからきっとそう云うのが好きに逆いない』と男たちに思い込ませるのです。

映画「エクソシスト」に少女が自分に同じことをしています。
ホラーの仮面をかぶったポルノは暴力そのものです。

■写真 15

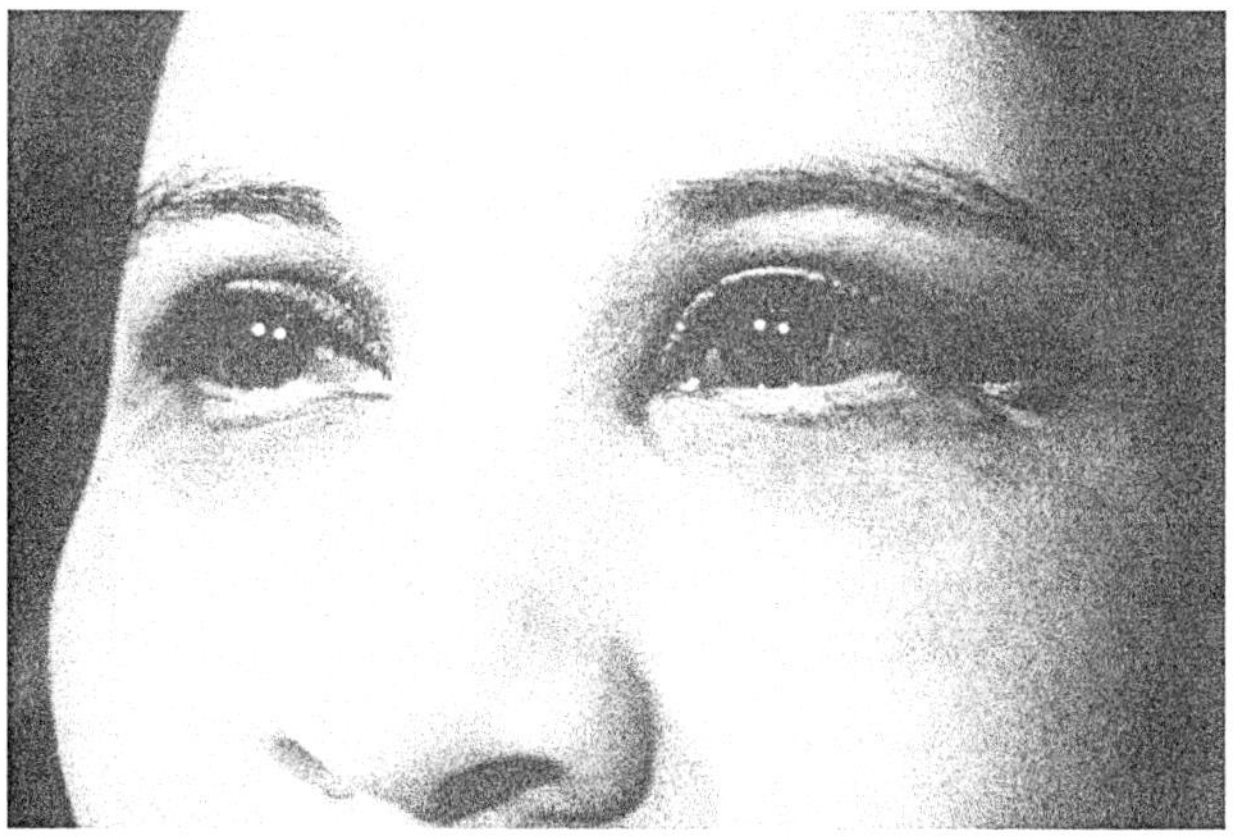

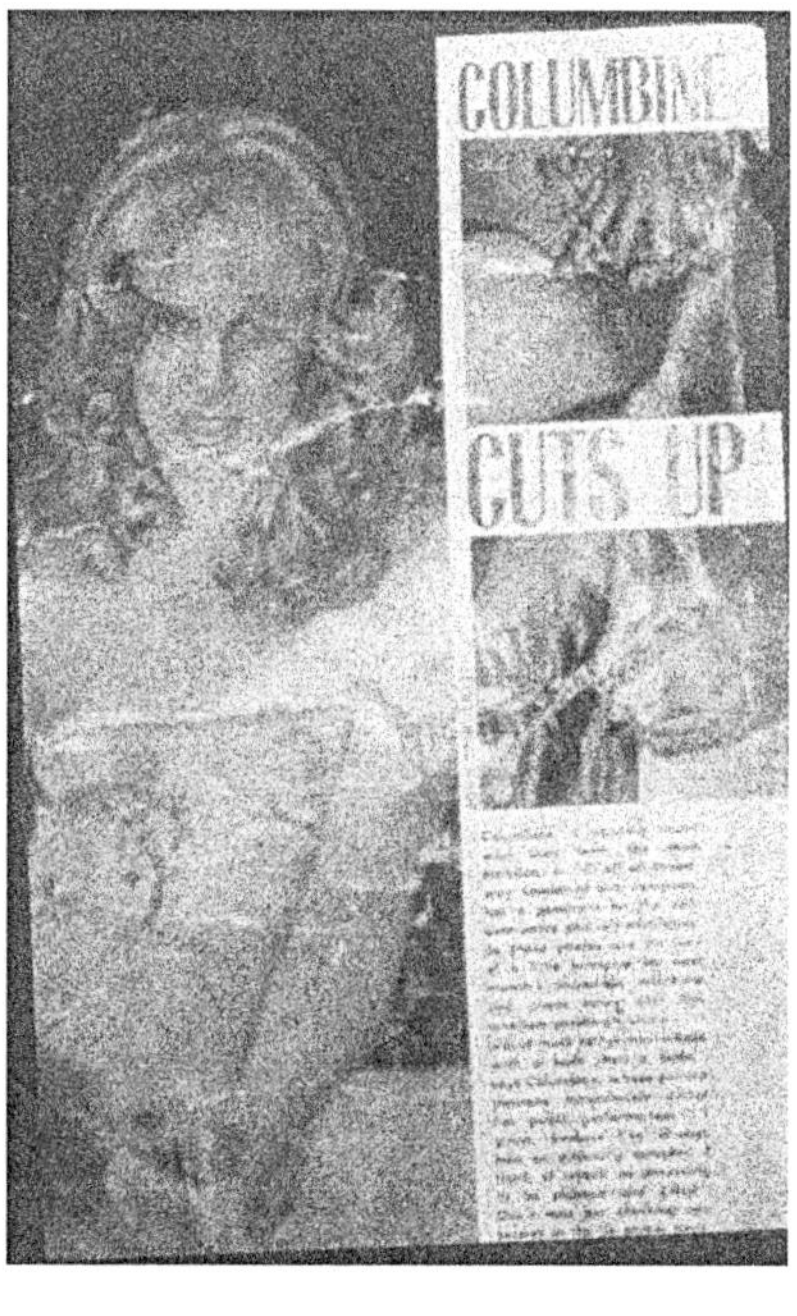

■写真 16

17 私の中の魔物

この女性はこれが好きだと言っています。これを見て男たちは、女に対して多少の暴力は構わないと、割と簡単に思い込むでしょう。

18 プレジャー

さっきの写真で男たちが性的に興奮するとしたら、これを見て興奮しても何の不思議もないでしょう。作者はそれを知っているのです。

Ohio Players の「プレジャー」。これはどうみても'痛み'のイメージなのにタイトルはプレジャー'歓び'となっています。一体これは男の考える女の歓ぶものでしょうか？　それとも痛めつけるのは男の歓びというのでしょうか。

C - 642

■写真 17

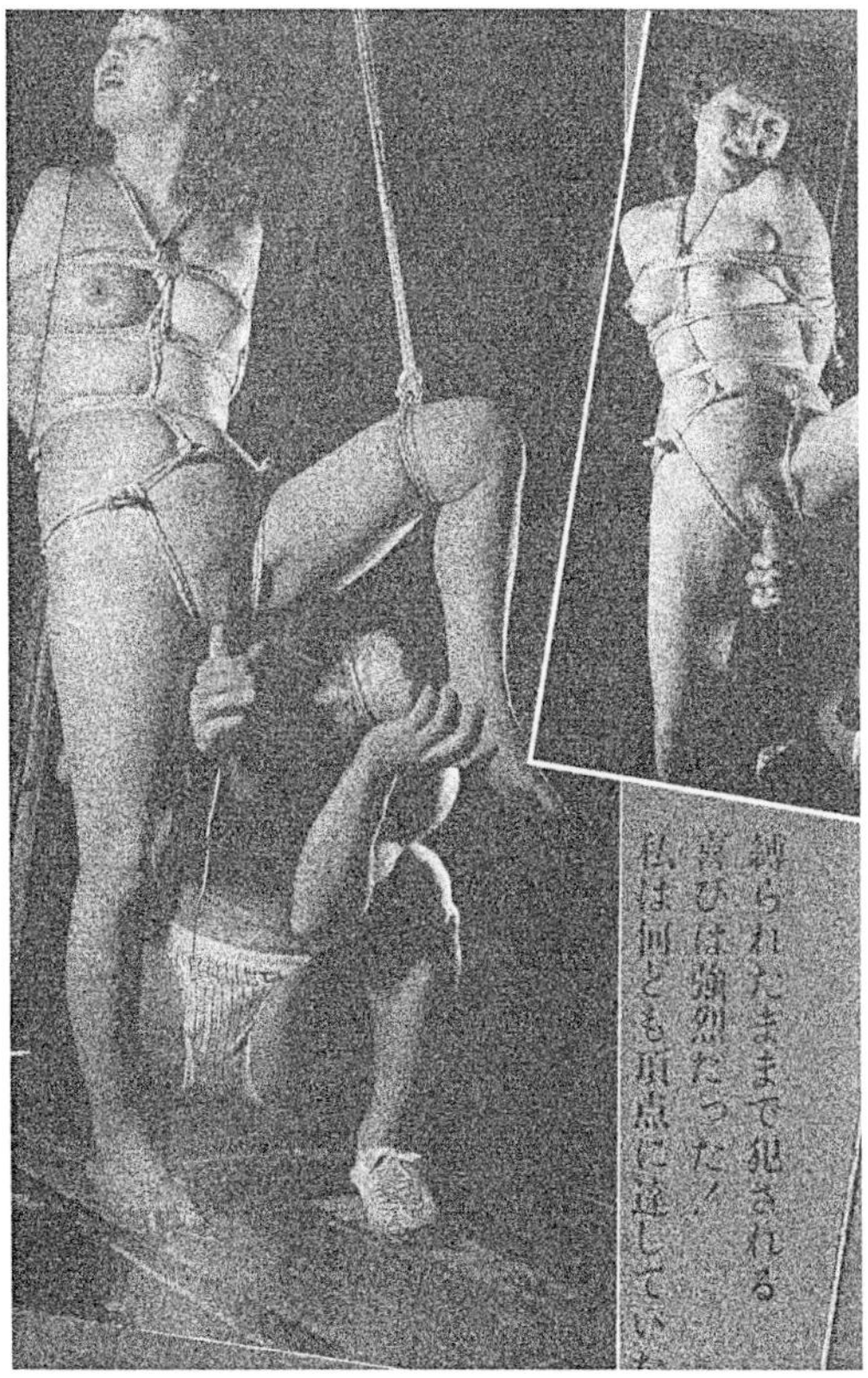

■写真 18

19　アンコール

私たちは、マンガだと例えそれが侮辱的でも、余り批判的な目を持っていません。女が強姦魔に「アンコール」と叫んでいます。この「ペントハウス」のマンガは'女は強姦されたがっている'と言っています。これは女性蔑視がユーモアで変装したいい例です。ここでは強姦を何でもないことのようにしています。

■写真19

20

20 婦女連続暴行

強姦はポルノにはつきものです。よくある筋書きは「女が襲われ、抵抗するが、結局は受け入れ楽しみさえする』と云うもので、心理学者は、こう云ったものを見た男たちは強姦が犠牲者にとって深刻でも苦痛でもないと思い込み、そして信じられないほど現実離れしたイメージを持つようになると言っています。

C－642

■写真 20

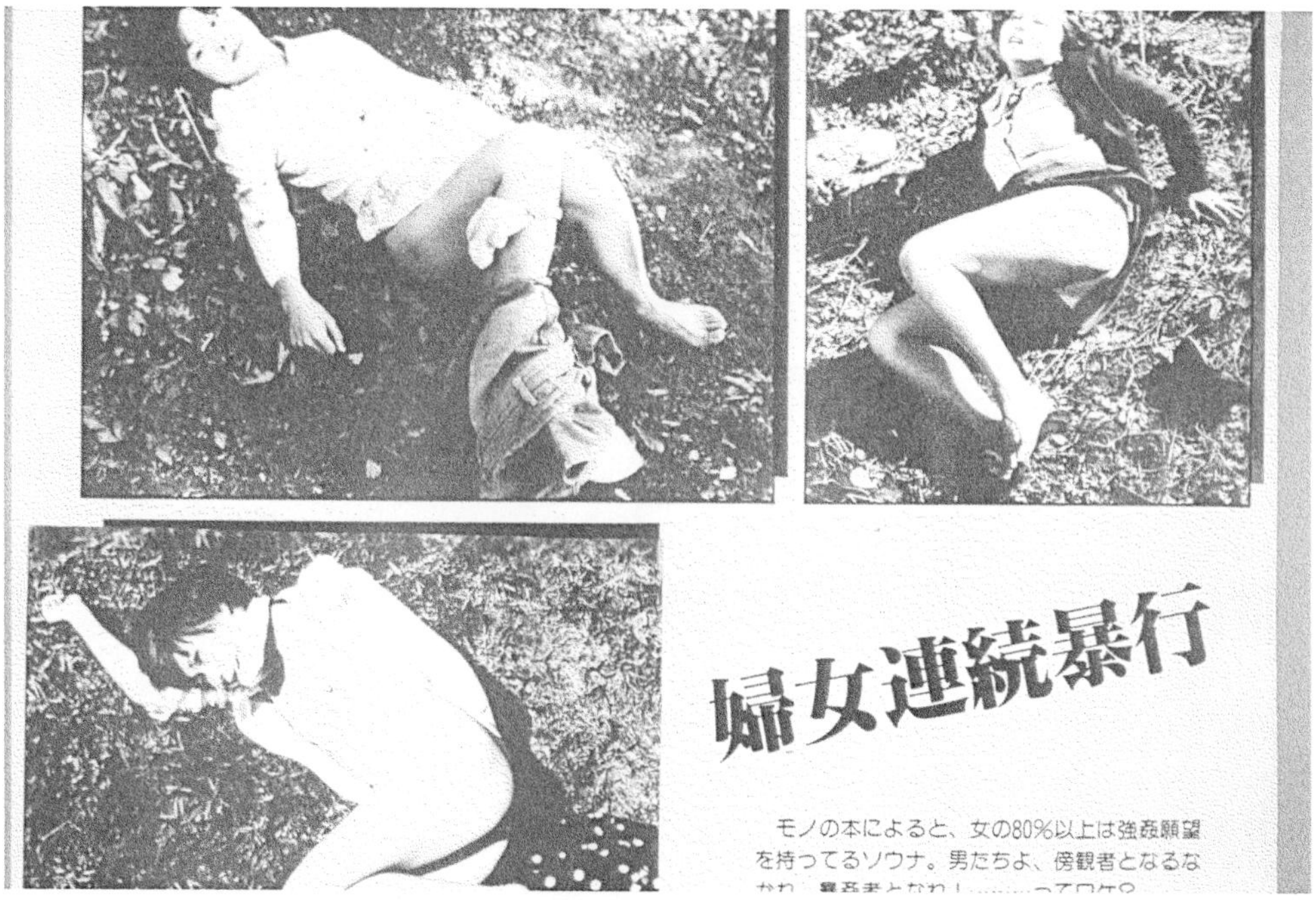

21 セーラー服

このセーラー服の~~女子高校生~~少女は男文化の最も典型的な願望です。男は純粋で清らかな~~女高生~~少女を犯すことに興奮するというのを聞いたことが~~あるでしょ？~~りませんか？

22 少女香

この少女が一転していくらでもやりたがるセックス好きの女に。

女はいつもやりたがっている，女はいくらやっても満足しない

というデッチ上げは、男が信じたくて仕方のない自分で作り出した嘘なのです。

そして、この嘘は男たちが強姦を正当化する恰好の言い訳となっています。

642

■写真 21

■写真 22

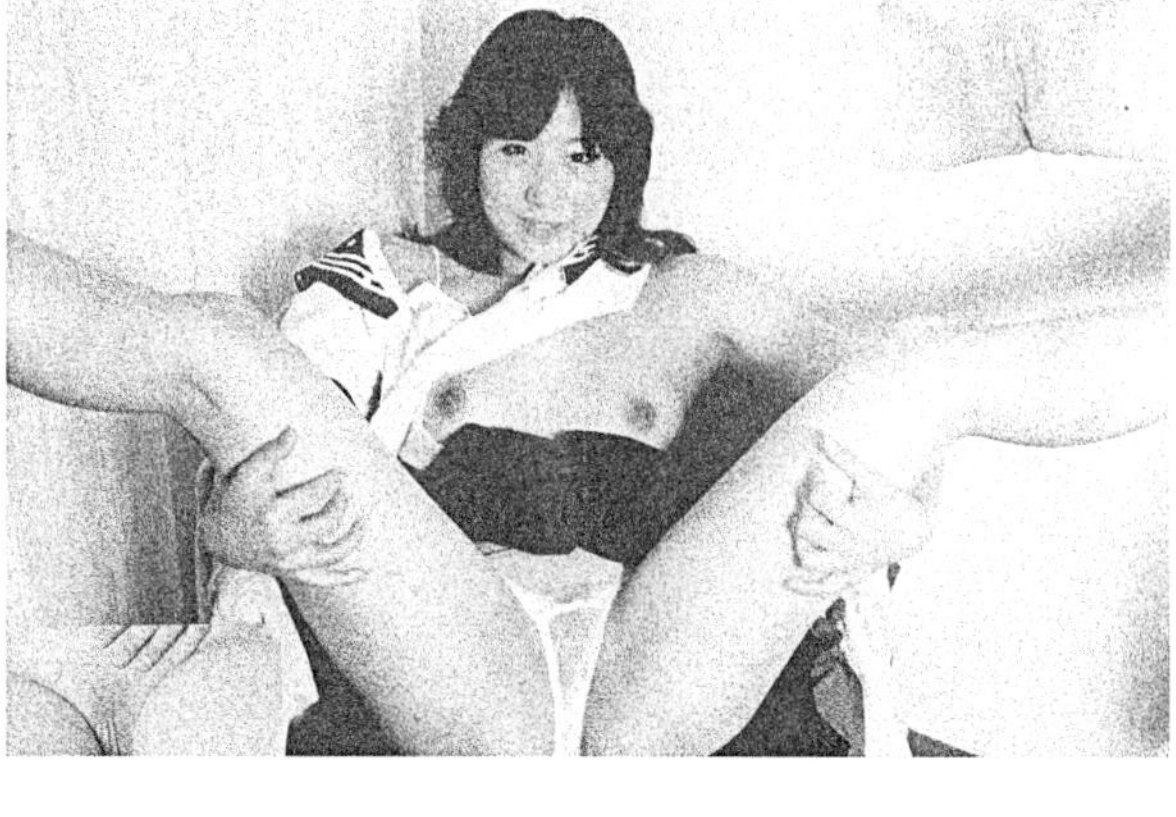

23・24

23 大股開き

それほど露骨でなくても、女を一人の人間としてではなく一つの物体にすることによって、女への暴力の手助けをしています。ポルノ雑誌には女性の性器のみを大写しにしたページが必ずあります。

24 跳びかかれ

~~この Montrose のレコードカバーで~~も、女は性器としてしか表現されていません。そして、タイトルがよこすメッセージは 'Jump on it （跳びかかれ)' この表紙はナショナルデザイン賞を獲得しています。十代の少年たちはこんな写真を芸術品として部屋の壁にかけるのです。

C－642

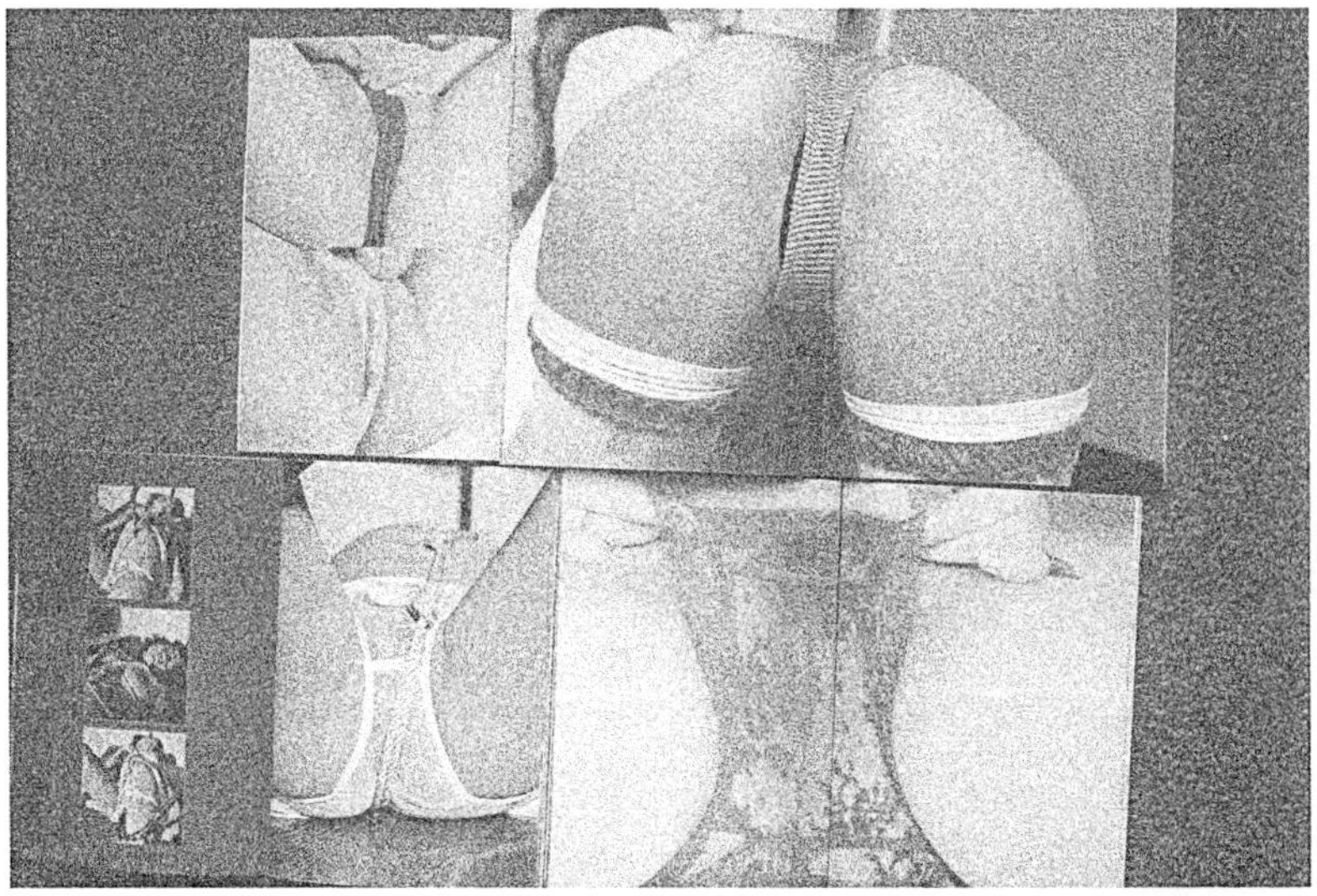

■写真 23

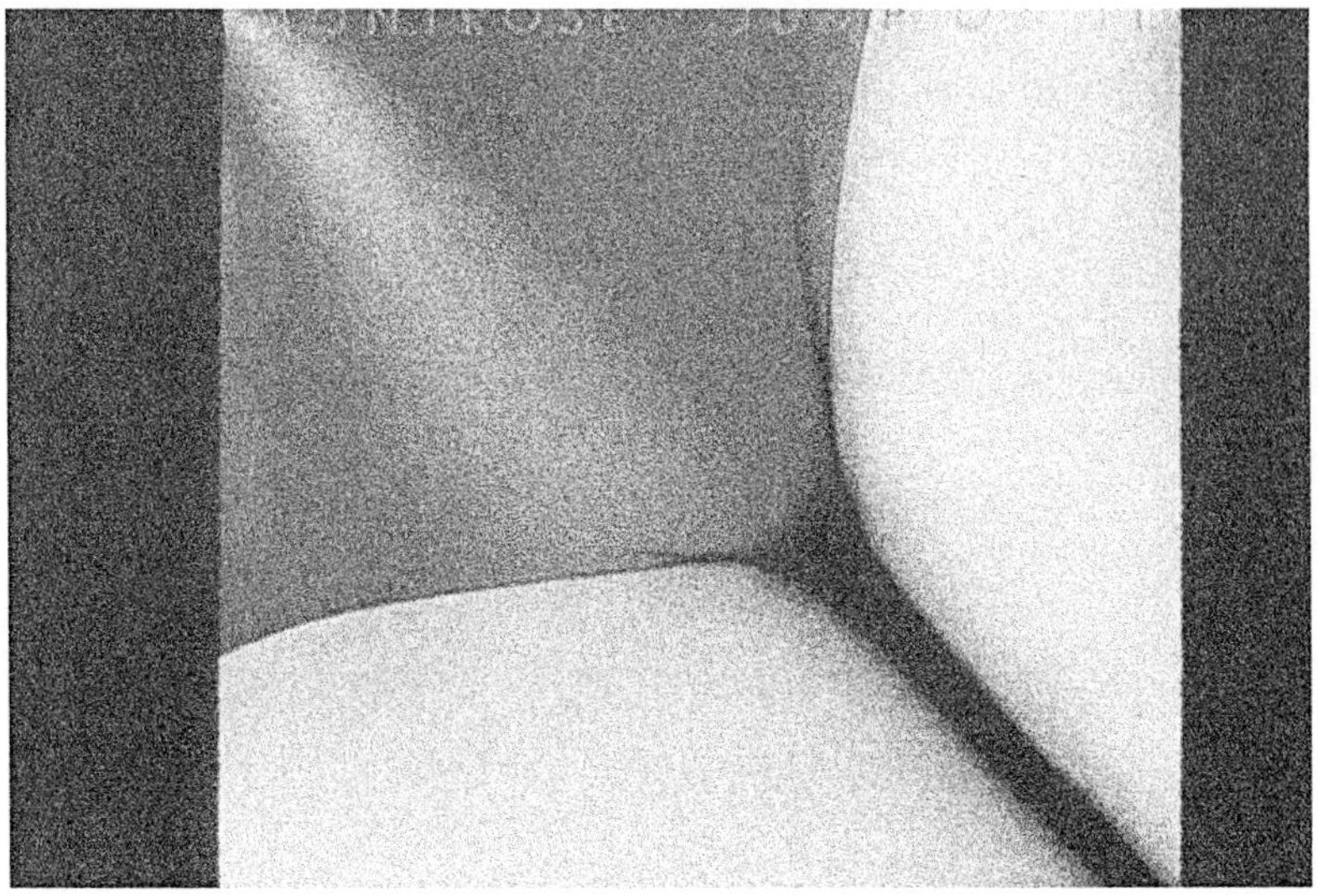

■写真 24

25 朝は少女みたいだ

~~「流行通信」からの~~キャロンシューズの宣伝。ここでも女は下半身でしか扱われていません。

26 ひとり寝

この写真と前のを比べてみて下さい。ポーズも角度も全く同じです。これはポルノ雑誌の一枚です。

C-642

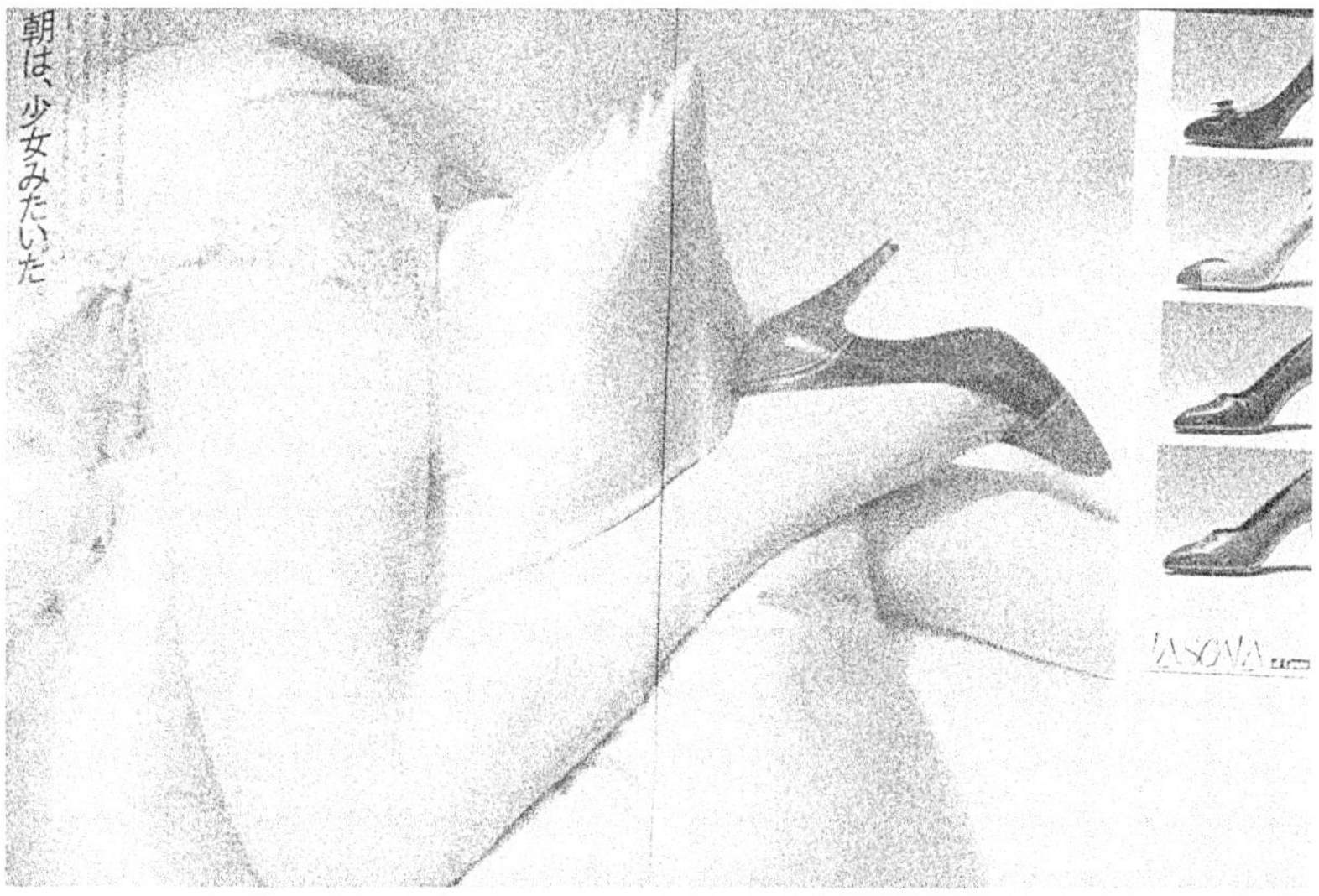

■写真 25

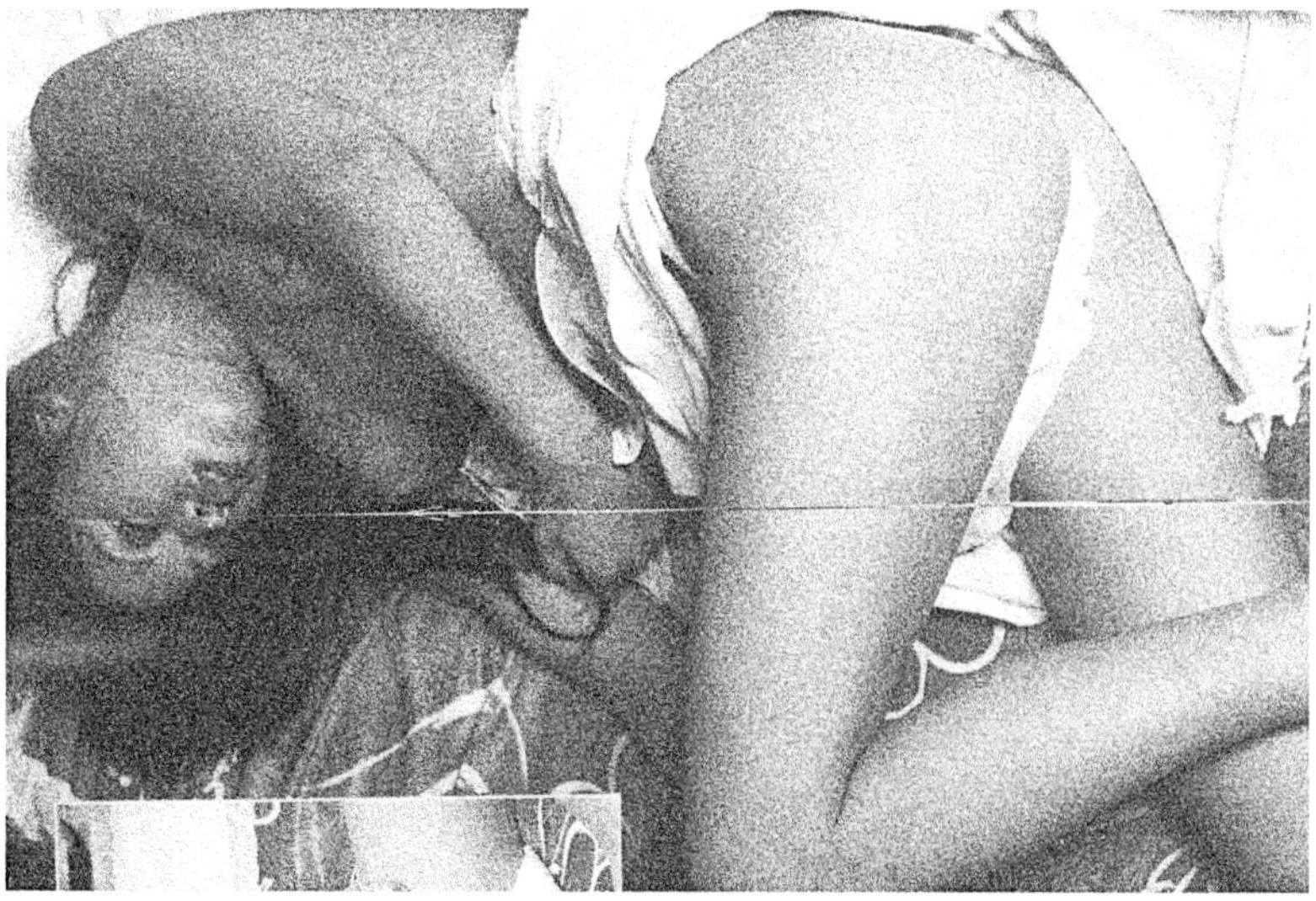
■写真 26

27

27 ピンナップガール

~~女~~（性）は雑誌や広告の中で、~~この写真のように~~（は）人工的に作り上げられています。男たち同様私たちも、こう云ったものから影響を受けています。男にとっては、女の人格や能力よりも容姿の美しさや性的魅力の方が重要だという考えが、~~女~~（性）の中にも子供の頃から入り込んでいます。

コレクトC-642

■写真 27

上 ひな祭りの宣伝……どっちがきれい
下 端午の節句……どんな夢に挑戦するのか わかるよ

28 どっちがきれい？

女は12才頃から死ぬまで毛をそったり、ウエストをしめ上げたりお化粧することにぼう大なお金と時間とエネルギーを費しています。この女らしさと言われる人工美の追求は女の肉体的自由は勿論、あらゆる可能性を奪い取ってしまうのです。そして又、男の前でセクシーであろうとするために主張的になることを恐れ、男に主導権を持たせてしまうのです。

29 野獣死すべし

マスコミは絶えず、男が望む女像を写し出しており、男に従属し、例えだまされようが、傷つけられようが男に尽くすというマゾ的行動が、女らしさだと言っています。

■写真 28

■写真 29

30 犯され志願の夏

一般的には、女性の性的空想の中には、襲われたり、被害者になることがあります。その源が何であるかを知ることはとても重要です。源の一つは、女に従属的役割をさせ強姦を美化するマスコミであり、もう一つは女が自分の性を恥じていることです。女の性がないがしろにされ、何かきたないもの、女らしくないものとして扱われている社会では、女はセックスに対して罪悪感を持ち易くなっています。もし自分が求めているのではなく強制されているとすれば、罪の意識を感じなくて済むので、無理矢理される願望を持ってしまうのです。さらにこの社会では、女性が力を持つことがとても難しいので、時には力のある男に奪われるという空想が女にとってパワーへの最短距離になることもあるのです。（しかしながら、女はいつだってこんな空想や願望を拒否できるのです！）

C－642

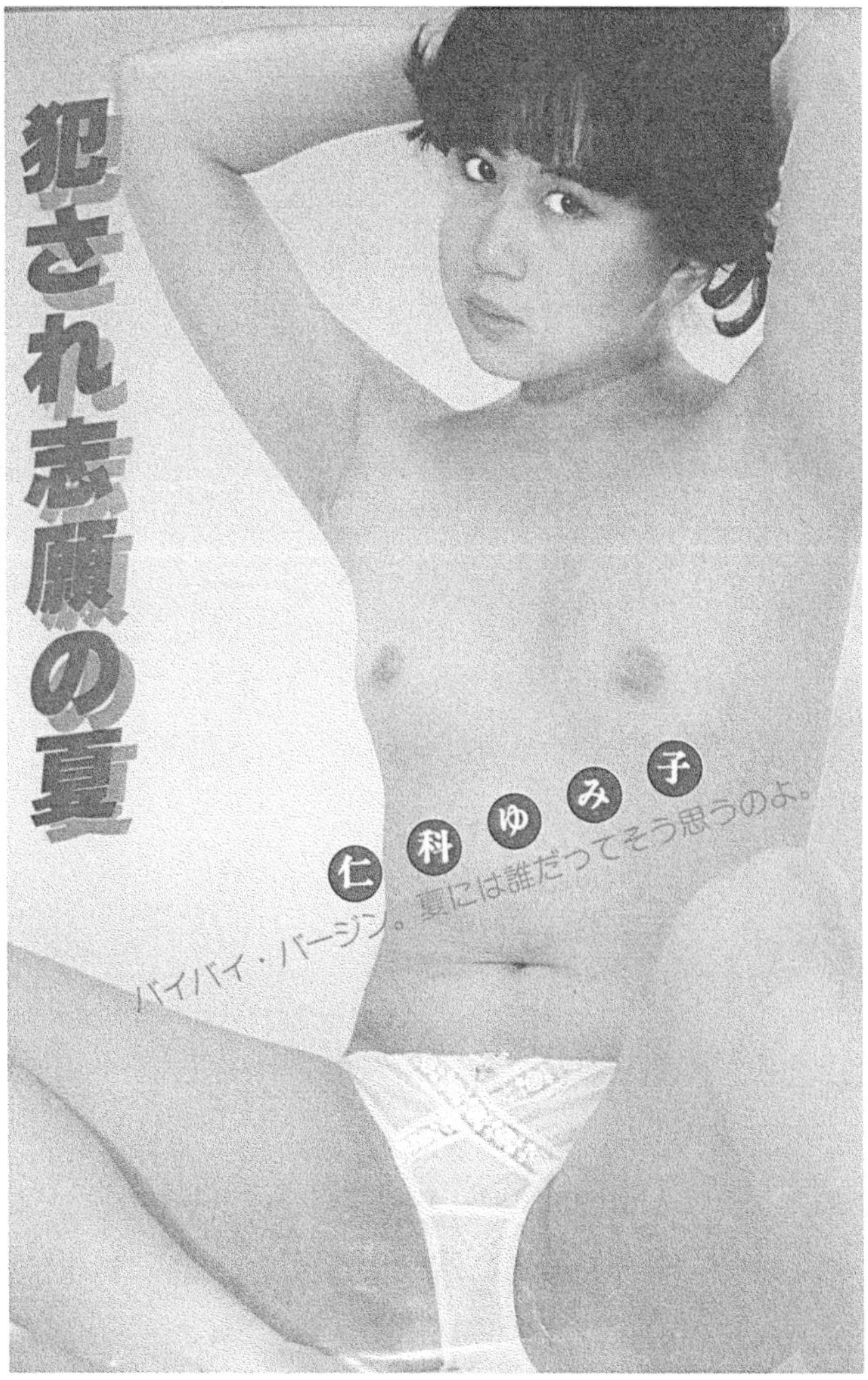

■写真 30

31 ハスラー 肉シリーズ

アメリカの雑誌「ハスラー」(1978年6月号)の表紙。これはこの雑誌が特集した肉シリーズ最後の号です。このハスラーは毎月、600～700万の発行部数を誇っています。日本でも売られています。

32 ファースト フード

「ハスラー」肉シリーズの中身。ここでは女は手軽に手に入る食べ物、ハンバーガーやスパゲッティにされています。強姦のほとんどが計画的犯行ですが、強姦をもくろんでいる男が自分はひとかたまりの肉、あるいは穴を襲うのだと思い込めば、犠牲者を一人の人間として考えるよりはずっとた易く実行できるでしょう。だからこそ、女の物質化に強く反対するのです。

■写真 31

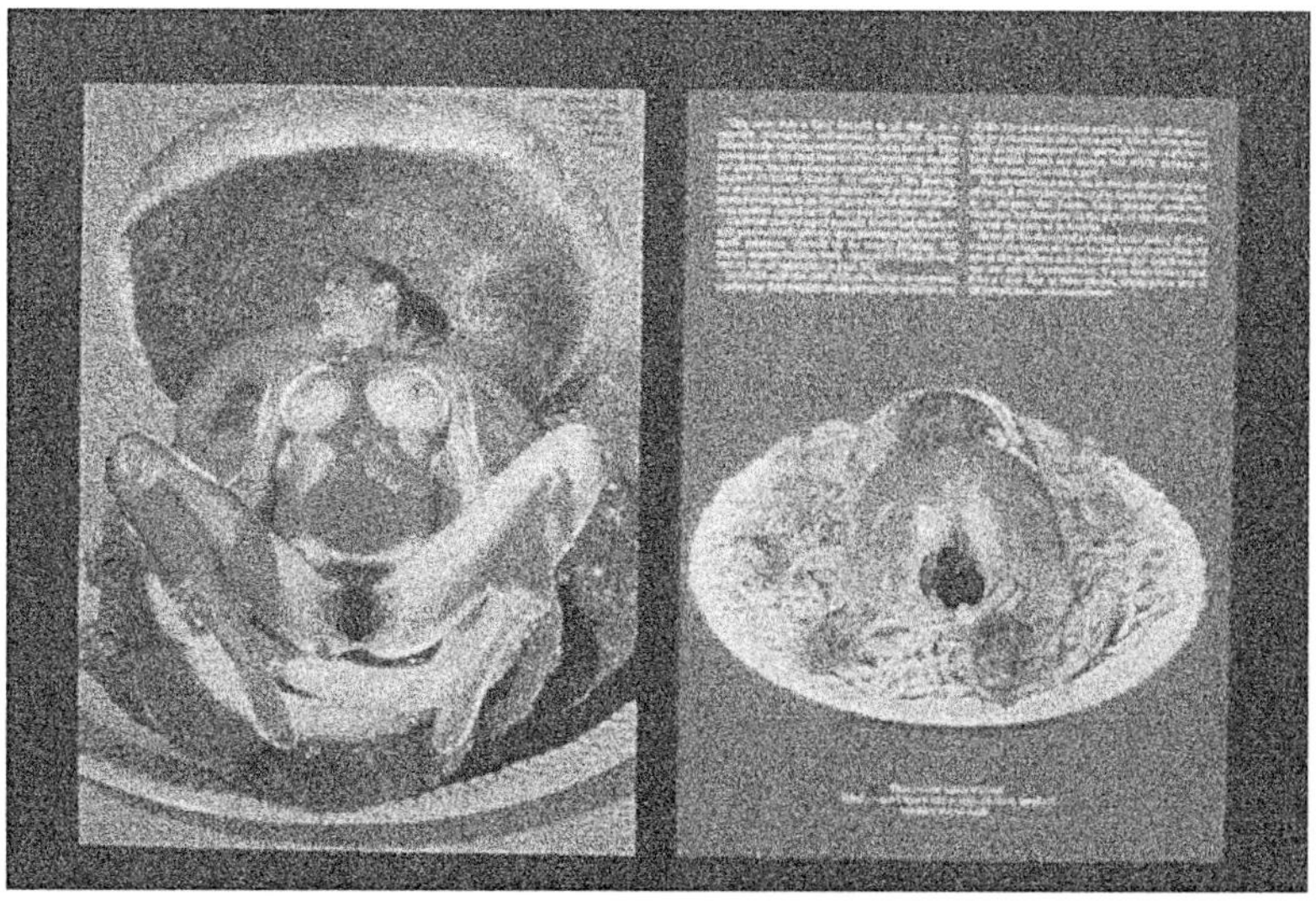

■写真 32

33 情欲女秘書　男社会が女を非人間的に扱うもう一つのやり方は世の中の女性が持つ様々な個性や能力を無視し、十把ひとからげにいわゆる'女'として扱うことです。ポルノグラフィにはありとあらゆるタイプの女性が開拓され利用されています。例えば、

秘書

34 ~~白痴の少女~~ 障がい児　~~白痴の少女~~ 障がい児（左の耳にペニスが挿入され、右の耳から精液がでている）

35 白衣の天使　看護婦

■写真 33

■写真 34

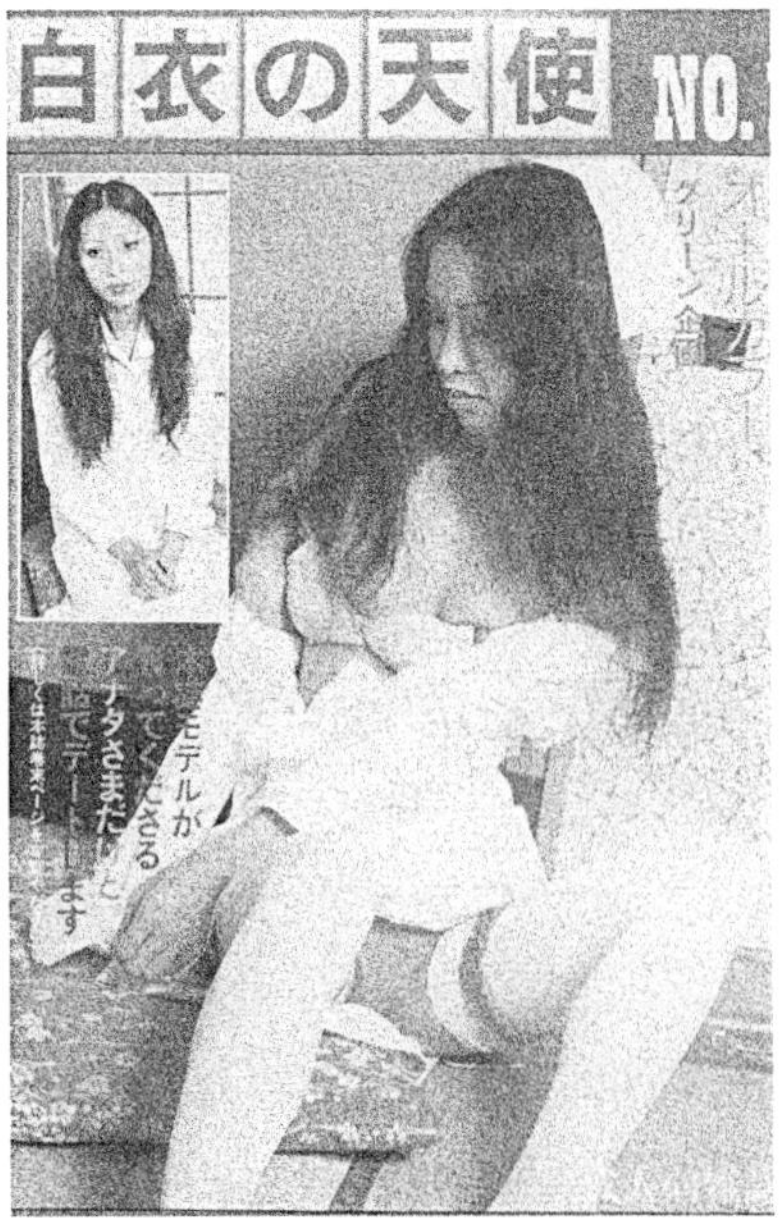

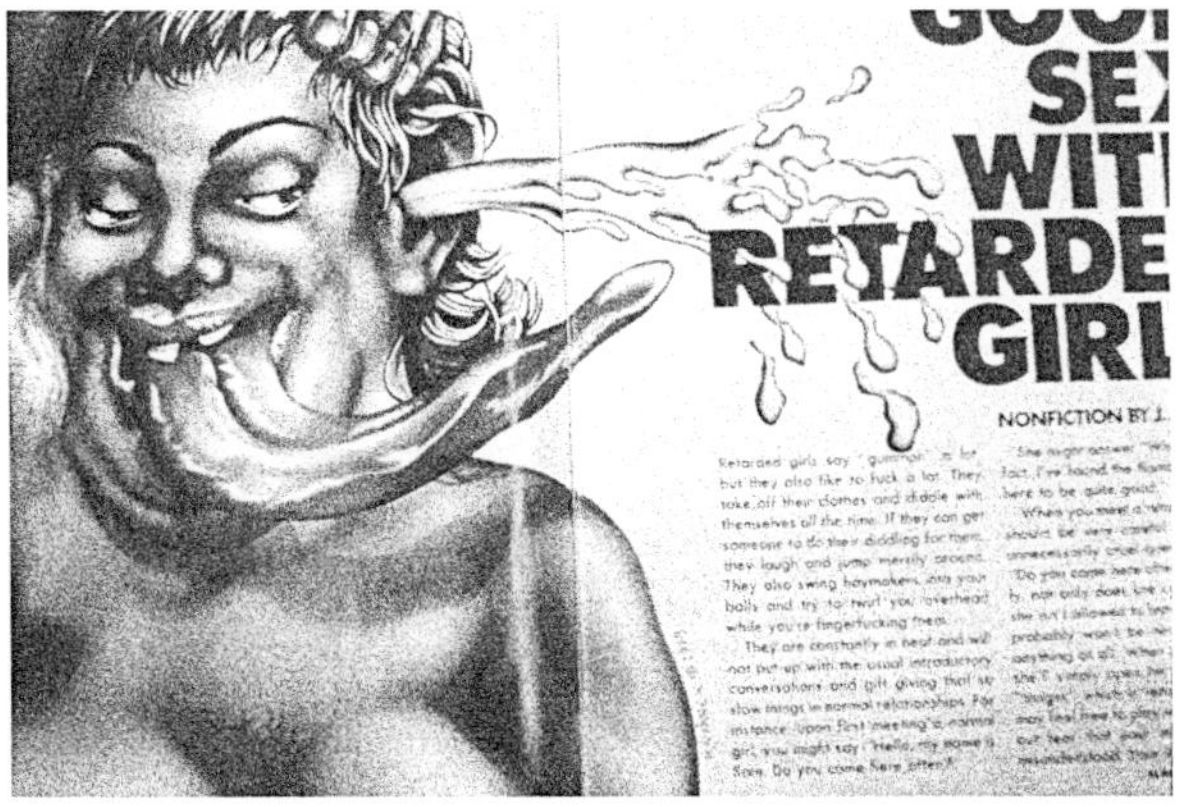

■写真 35

36 レズビアン Ⅰ

~~そして、レズビアン。~~とりわけレズビアンはセックスの部分のみが強調され、'女と寝る女'としてポルノの中だけでなく社会においても性的部分以外の全てを無視されています。~~「乳くり合っている２人のバカで幼稚な女。」~~この中に割り込んで'本物'のセックスを教え、征服者となる という男の願望をこのレズビアンポルノは満たすのです。そして ~~セーラー服~~少女もの と並んでポルノでは最もヒンパンに使われています。

コレクトＣ－642

■写真 36

37

37 レズビアン II

「女が女を肯定し、性をも含めて作り出す女同志の関係が
男社会ではこのスライドの1枚で表現されてしまうのです。
そしてこのイメージはそのままいわゆるレズビアンとして
社会に定着しており、'ポルノは本当の女の姿ではない'と
激怒する女たちでさえもレズビアンはポルノそのままだと
思っているのが現状です。男の性的対象物となるのを
拒否した女レズビアンが、逆にポルノにとじ込められて
いることこそ女の現実なのです。」

カット

これは「禁男の幻影・レズビアンラブ」というフォトエッセイの一枚。ここには'死'のイメージがあります。そしてこの物語も「二人の愛は死ぬでしょう」と終っています。つまり、女は'男なしでは生きられない'と言っているのです。

FC－642

■写真37

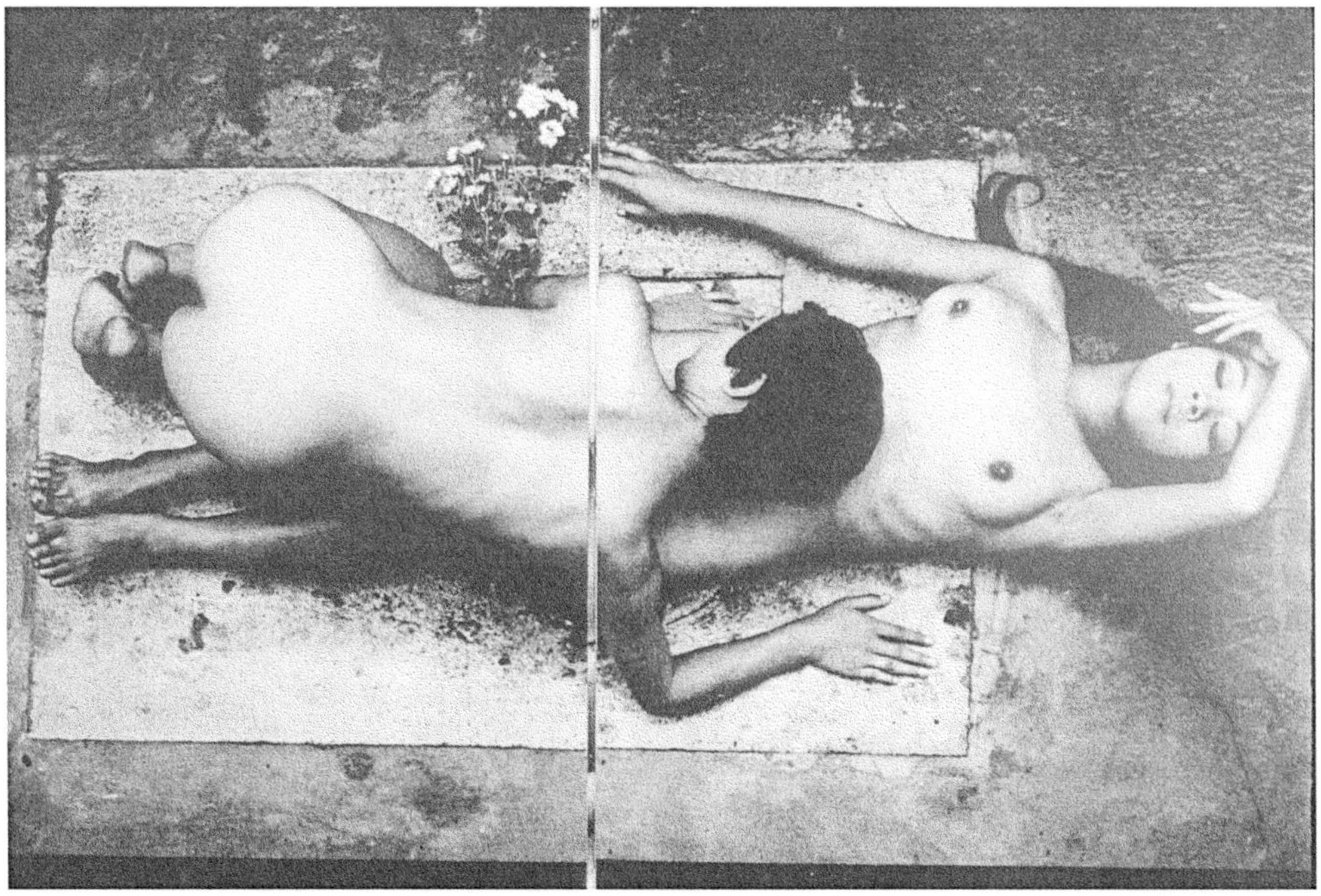

38 戦場の女「日本の私刑」

戦場で中国の女が日本兵に犯されています。

これがポルノの一シーンであることをちょっと考えてみて下さい。そして、これで性的に興奮している男たちを。

39 日本拷問史

「男が女への暴力に慣れてしまうなんて信じられない』と言う人は戦争時の男たちの行動を考えてみることです。ほとんどの男が侵略の名の下に輪姦や女の拷問に手を下しています。

■写真 38

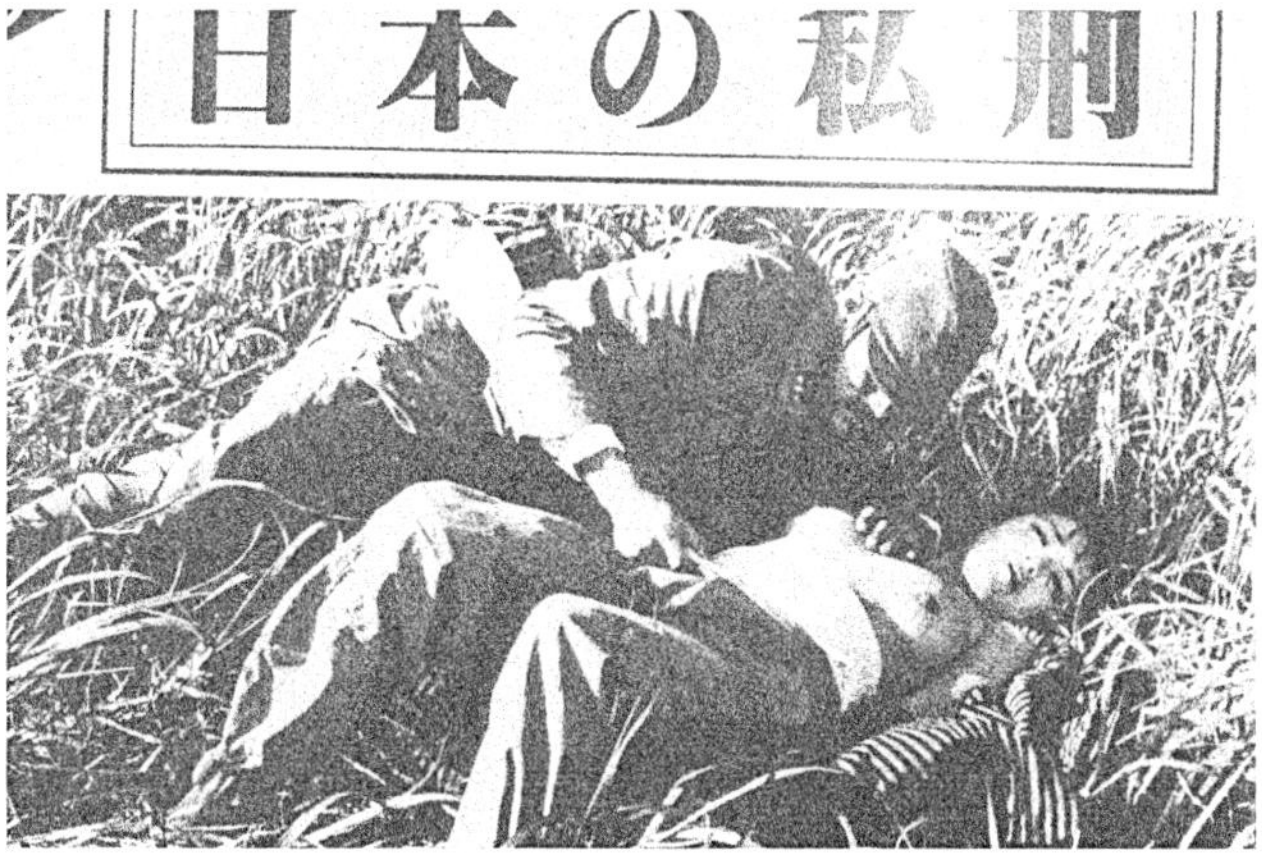

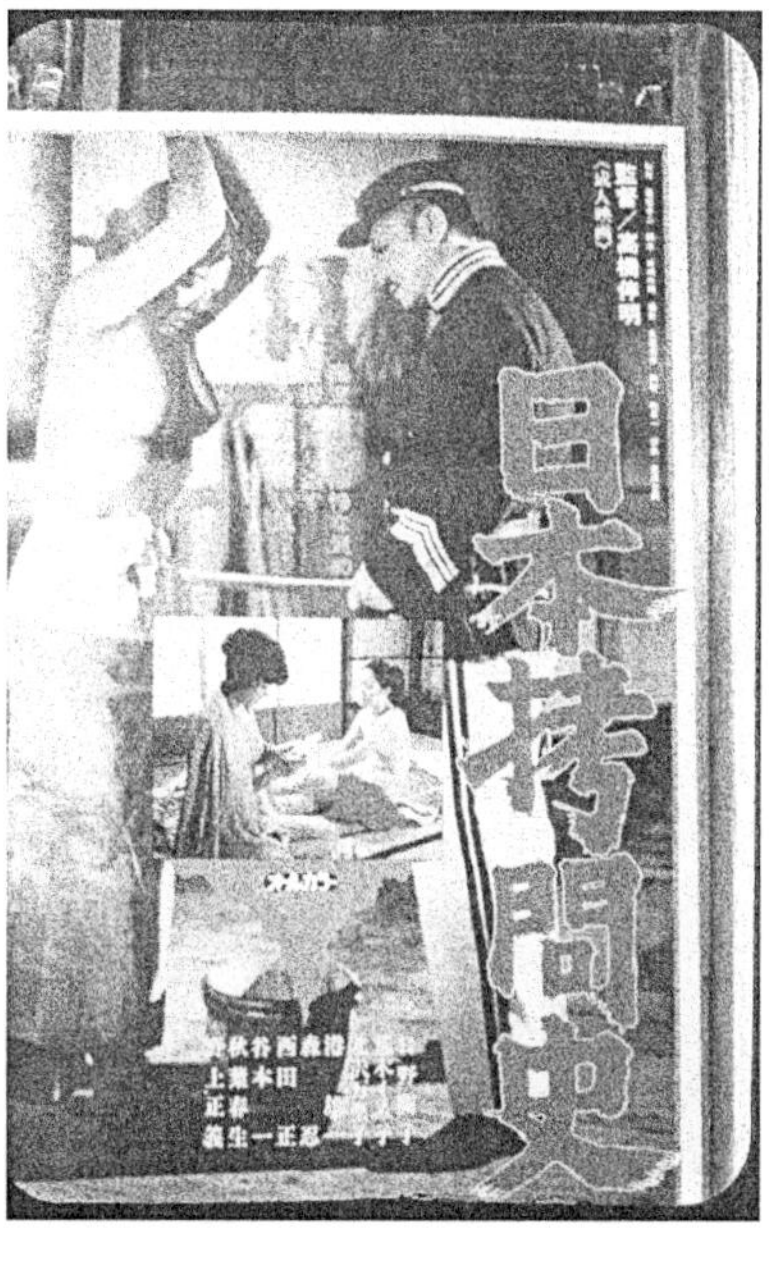

■写真 39

40・41

40 一コマ・マンガ

子供たちも男の性的餌食となっています。これは「プレイボーイ」の一コマ・マンガ。少女が「ヘェー、これがイタズラされたってことなの？」と言いながら年配の男のアパートを出てきている所です。つまり彼女は’あんなどうってことないことがイタズラなの’と言いたいのです。ここでは明らかに子供への強姦をけしかけています。

41 幼女たち

陰部の毛が未だはえていない幼い少女のヌード写真集が、芸術品として一流書店の店頭を飾っています。

（これは新宿紀の国屋の芸術書コーナーで撮りました。これと同じものがポルノ店にも並べてありました）

G-642

■写真 40

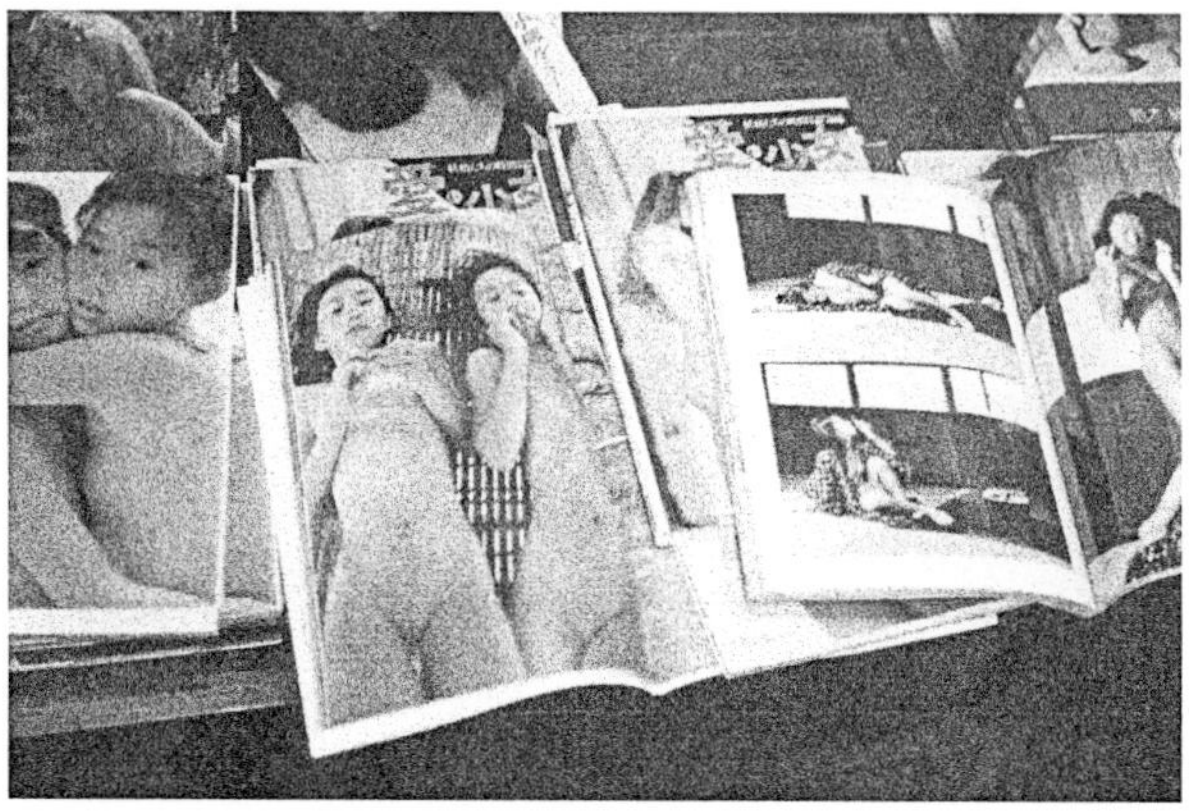

■写真 41

42. マーちゃんの夏休み

これはマーちゃんという4〜5才の女の子が売春婦をしているというストーリーのマンガです。幼い子供でも大人の男を相手にし~~十分~~セックスを楽しむといった非常に悪質で危険なメッセージを含んだものです。

642

■写真 42

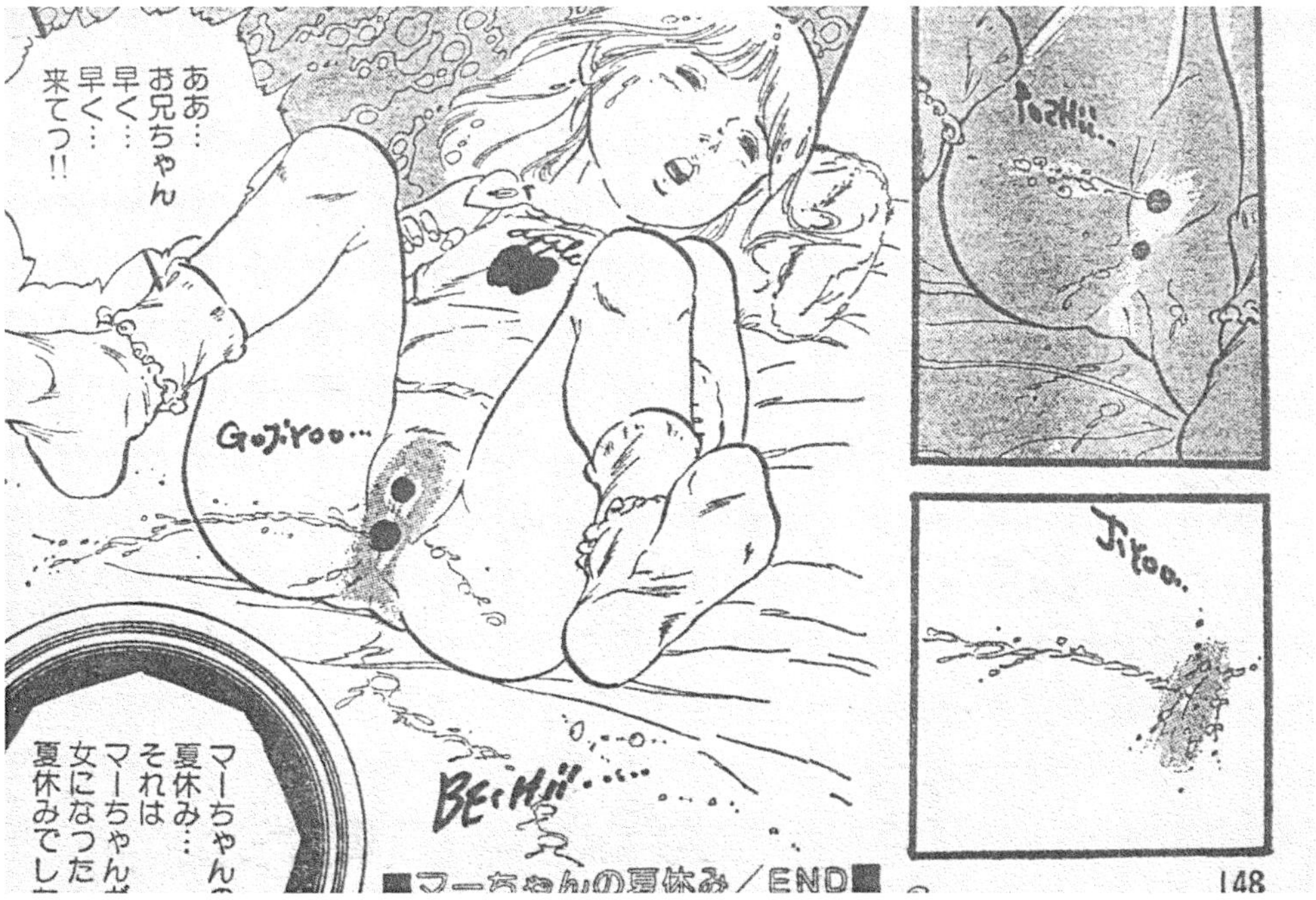

43

43 ザ・ウーマン（映画）

男文化が求める女像には ~~セーラー服と~~ [少女] もう1つ
'解放された女'がいます。この映画の宣伝文句は
「女であることを最高にエンジョイした女。200年前に53人もの
男と関係したスゴイ女がいた」というものです。
何人もの男を相手にしたり、どんな性行為にも応じる女を、
男たちは 強い女、~~解放された~~ [すすんだ] 女 と呼びます。ハイトは
ハイト・レポート 男性版の中で「男たちは 女が ~~いかに~~ 社会的、
経済的に抑圧されていても 性的にだけは自由に ~~なれる~~ [なっている]
と思いたがっている」と言っています。

C 642

■写真 43

44 スナフ・リブ

前に 韓国 香港で いろいろな事件が起きています.

このタイトルは '女がウーマン・リブなら男はスナフ・リブだ' スナフとはスナフフィルムのことで、女性を切り刻んで殺すという~~ストーリー~~の映画を扱~~ってい~~(るやで)で実際に女優をバラバラにして殺してしまい、上映禁止になった映画のことです。つまり、女がリブをやるなら、男はスナフ解禁運動をやるぞと言っているのです。このスナフフィルムを真似たものが沢山作られ、日本では「スナフポルノ」とか「ポルノ殺人」という題で上映されています。

45 NYファッション

このスリリングなイメージがどこからきたか、もうお判りで~~しょ~~(すね)?

■写真 44

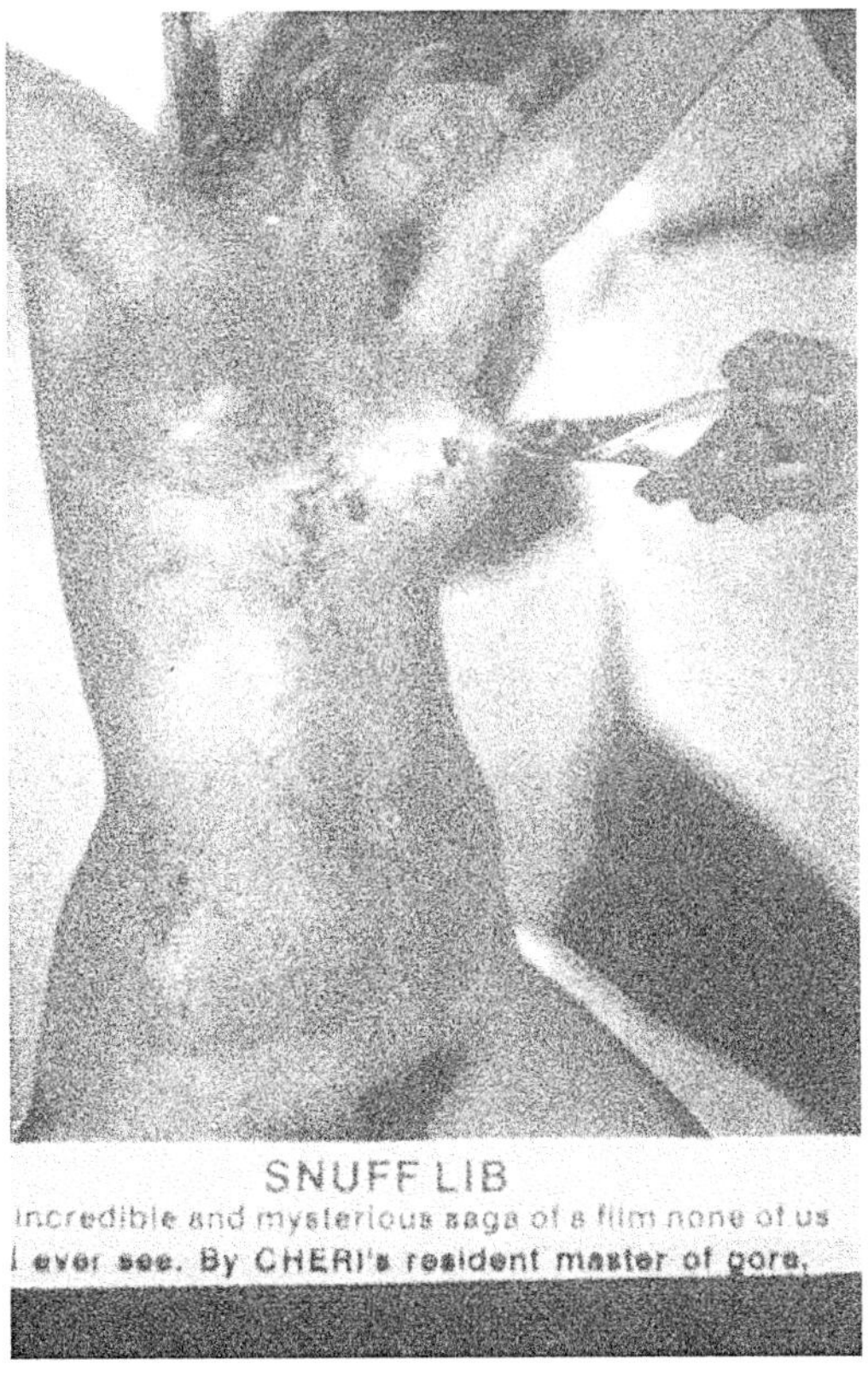
SNUFF LIB
incredible and mysterious saga of a film none of us
l ever see. By CHERI's resident master of gore.

■写真 45

46 ポルノ女優（AV

ポルノ女優が単に生活のために仕事をしていることは疑う余地はありません。今の社会で女に稼ぎのいい仕事は限られているし、ポルノ（AV）女優はその一つなのです。モデルは通常、カメラマンや監督の男の手中に握られており、要求される演技がイヤでたまらないこともよくあります。時には縛られ、さるぐつわをかまされ、承諾もしない乱暴にさらされるのです。

ポルノモデルは1日5〜6時間働いて 4万〜8万円の収入。その雑誌は2万〜3万部印刷され1冊1300円〜1500円で店頭に出される訳ですから ポルノ業者がいかに儲けているかが判るでしょう。ポルノで儲けているのは女ではなく男たちなのです

C－642

■写真 46

47 街角のシンフォニー

宣伝やポスターの中には、何故だかハッキリしないが不快な印象を受けるものがよくあります。それは大抵の場合、作者が潜在意識のレベルで影響を与えるような、微妙な細工をしているからです。送られてくるメッセージを拒むためには、この微妙な細工を見破ることがとても重要です。言葉、服装、色、小道具、体の位置、その他諸々の事はすべて計算されているのです。

この Little Funk Machine の「ストリート・コーナー・シンフォニー」が何を言っているか考えてみましょう。

- ショーツを引っぱっているのは男の手。
- ピストルにもペニスにも見えますが、実は巻きネジで、この女性が操られているという暗示。
- 題名「街角のシンフォニー」から連想されるのは、この女性が街の女、つまり売春婦で、ピストルとペニス、つまり暴力とセックスに支配されているということ。

C－642

■写真 47

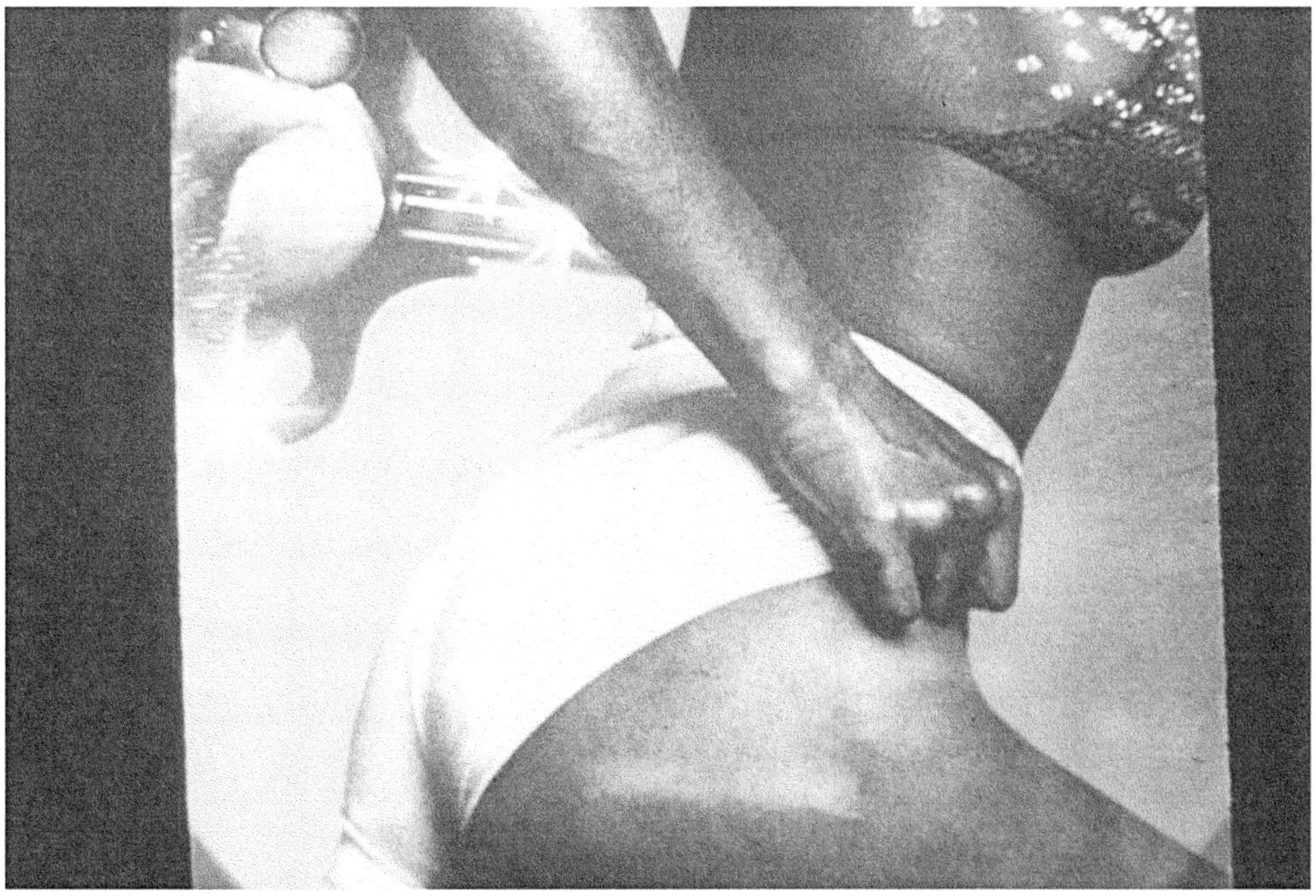

ポルノグラフィに仕組まれた傾向は社会全体に
広がっています.

48 ビールの宣伝 女がビールにされている.
スペアリブ

49 ナイフの宣伝 (参照) スイス陸軍の記事で同じ物が使われていました

50 ギンザ・マツヤ '81 お中元の宣伝. 女が贈り物にされている.

50-1 時計の宣伝
50-2 カンパリソーダの宣伝
50-3 レストラン…肉の半額サービス
開店

コレクトC-642

■写真 48-1

■写真 48-2

■写真 49

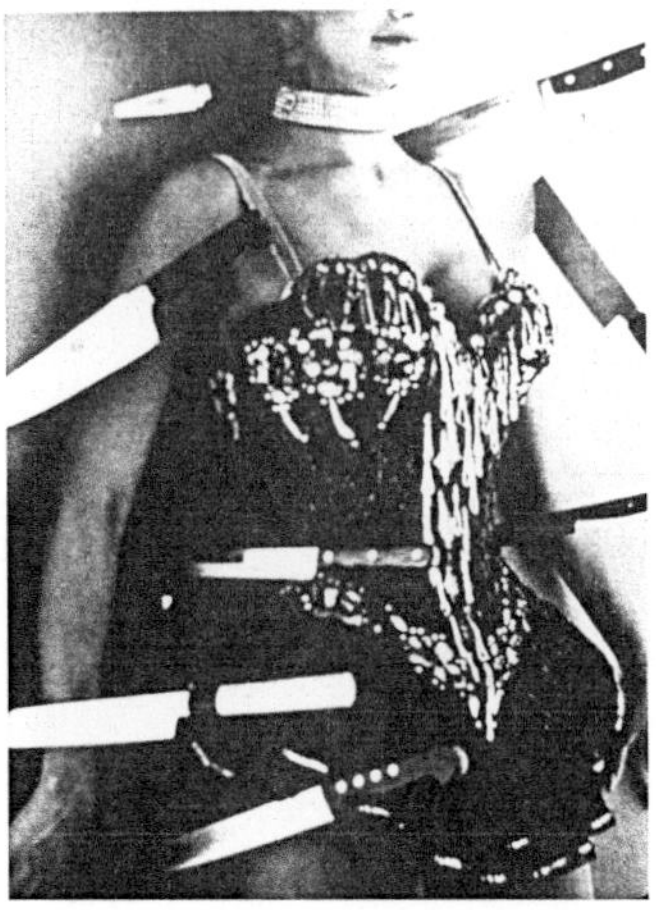

■写真 50

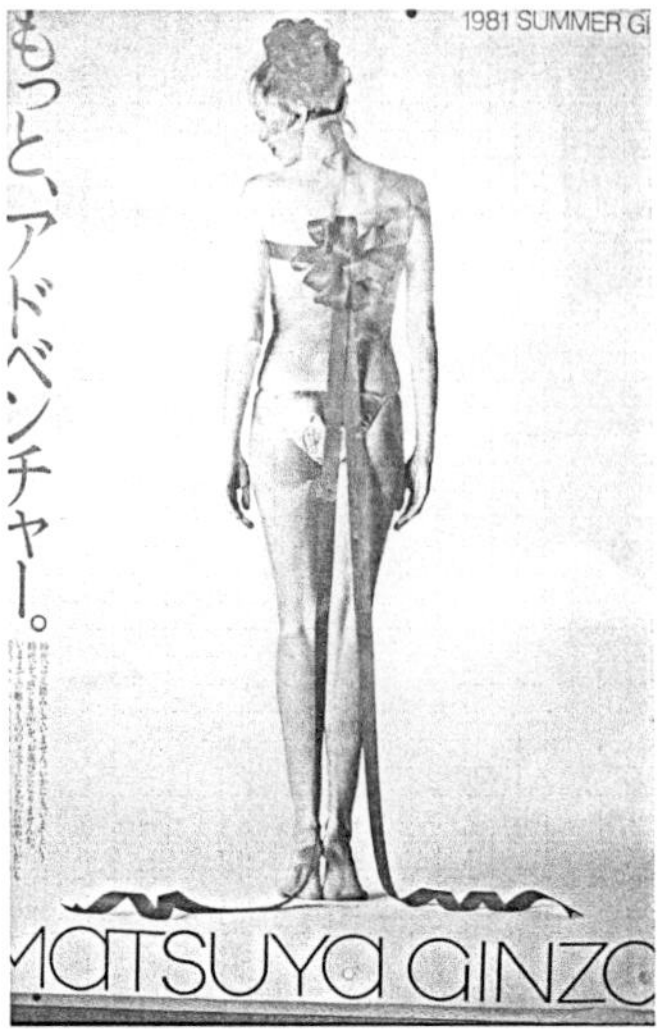

51 森花恵

東京・原宿の目抜き通り表参道の森花恵ビルのショーウィンドウ.
オリの中に動物のようなドレスを着たマネキンがくさりに
首や足をつながれている。 Don't Feed the Animals
"動物にエサを与えないで下さい" と表示してある.
('81 夏)

■写真 51

52 「シンデレラ」サマー

'81 JAL沖縄ツアーの宣伝。水着姿のピンナップガール
に加えてシンデレラ・サマーというキャッチフレーズ。私たちが
子供の頃親しんだ童話の主人公シンデレラが象徴するもの
は'女は美しくなくてはいけない'と'玉の輿こそ女の
幸せ'というものです。した 着飾っていなければどれが
自分の恋した娘かも判らず足のサイズで探すという いい
かげんな王子との結婚にとびつく娘シンデレラに
なることが女の願望というのでしょうか?

C－642

■写真52

53 ポルシェ・サングラス

メガネの宣伝

〔誰か、この宣伝がどんなメッセージを送っているか解りますか？〕

私たちのような資本主義国では、人間より企業利益や製品の方が重んじられ、人々は力のなさと疎外感に苦しんでいます。そして男は不満や怒りを政治・経済体制よりも、女や子供にぶつけがちです。しかし、強姦や女、子供への暴力は何も資本主義国や工業発展国に限られてはいません。

コレクトC－642

■写真 53

54 ヒットラー

私たちは男至上主義こそ、暴力行為の基盤だと考えます。ポルノグラフィは男は女に対して力を持っている、という考えを抱かせます。そして長い間、男たちの女への接し方のパターンを作ってきたのです。

55 日の丸

性と暴力と支配の危険な結びつき、そして憲兵・ナチスもの に象徴される絶対的支配、軍国主義、男至上主義こそポルノの本質であり、私たちはそれを見逃してはなりません。

End

C－642

■写真54

■写真55

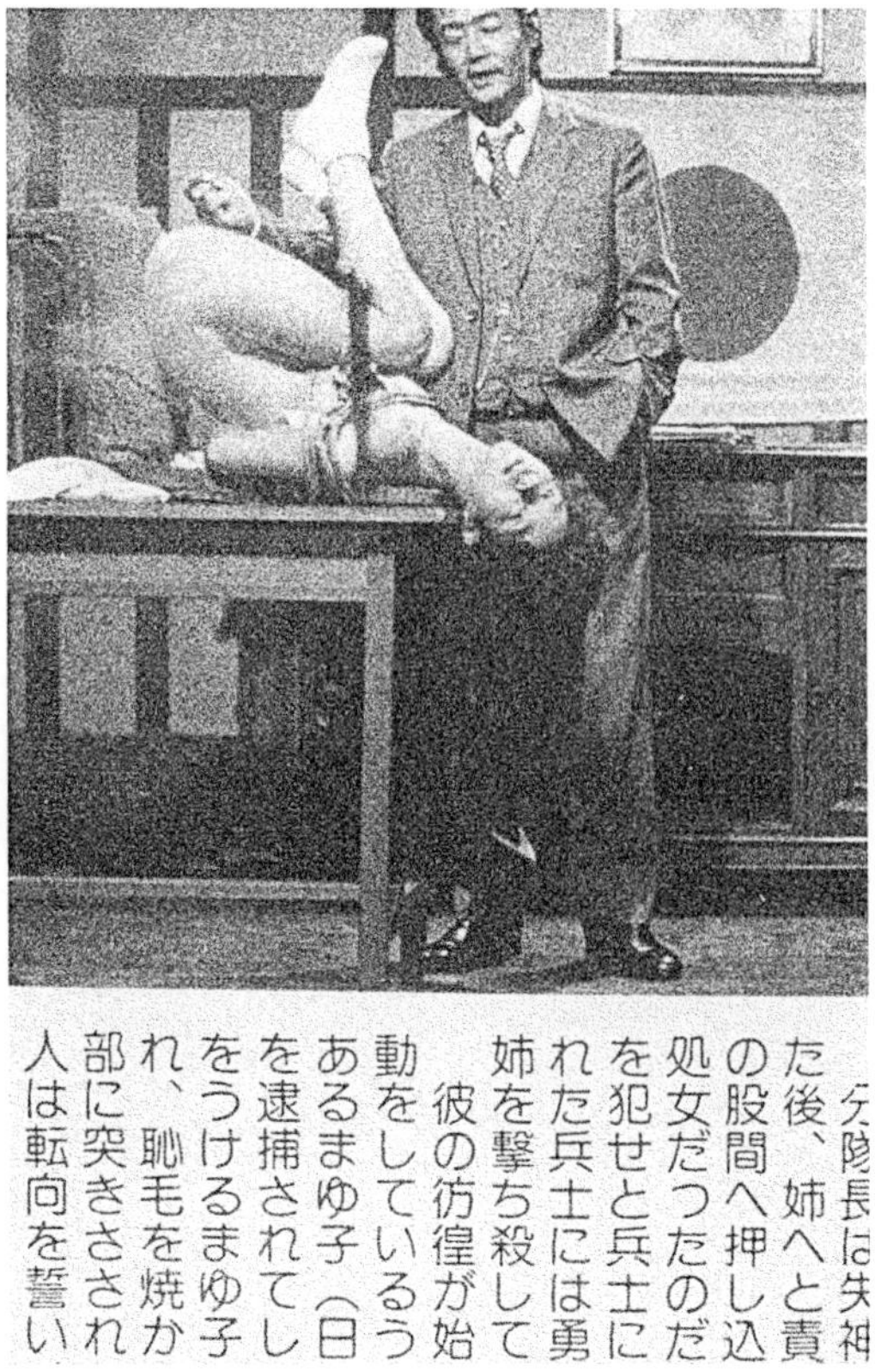

隊長は失神
た後、姉へと責
の股間へ押し込
処女だったのだ
を犯せと兵士に
れた兵士には勇
姉を撃ち殺して
彼の彷徨が始
動をしているう
あるまゆ子（日
を逮捕されてし
をうけるまゆ子
れ、恥毛を焼か
部に突きさされ
人は転向を誓い

56 ポルノ店
57 ポルノ店の男 I
58 〃 II
59 ポルノ雑誌

これは神田のポルノ雑誌店。お客はごく一般的な男たちです。若者から中年、ジーパンから背広まで。この事は、ポルノが場末や変質者だけのものでないことを物語っています。この書店では月に8～9万冊売っているそうで、この店のベストセラーは、一位少女・女高生もの、2位SMもの、そして3位レズビアンもので、男女のからみはほとんどありません。
こう云った本が約120種類、月間130万冊出回っています。ポルノ店は都内で3,500軒。自動販売機は全国で2万もあるそうです。（80現在）
スポーツ新聞は900万部を突破しました。（82現在）

56 ポルノ店
57 ポルノ店の男 I
58 〃 II
59 ポルノ雑誌

これは神田のポルノ雑誌店。お客はごく一般的な男たちです。若者から中年、ジーパンから背広まで。この事は、ポルノが場末や変質者だけのものでないことを物語っています。この書店では月に8～9万冊売っているそうで、この店のベストセラーは、一位少女・女高生もの、2位SMもの、そして3位レズビアンもので、男女のからみはほとんどありません。

こう云った本が約120種類、月間130万冊出回っています。ポルノ店は都内で3,500軒。自動販売機は全国で2万もあるそうです。（80現在）

83年 スポーツ新聞は 900万部を突破。
ポルノビデオの普及と共に ポルノ産業は兆単位の産業に発展しています

コクヨ C－642

60・61

60 Take Back The Night

'Women take back the night' 女が夜一人で歩けないことに抗議するデモ。(1978年10月 サンフランシスコで 3000人のデモ)

皆さんも女への暴力に対する怒りを行動で現わしましょう！

61 タイトル

レズビアンフェミニスト・センターでは、このスライドをより内容のあるものにするために、皆さんの参加を希望しています。

是非一緒にやりましょう！

■写真〔スライド上映の最終コマ〕

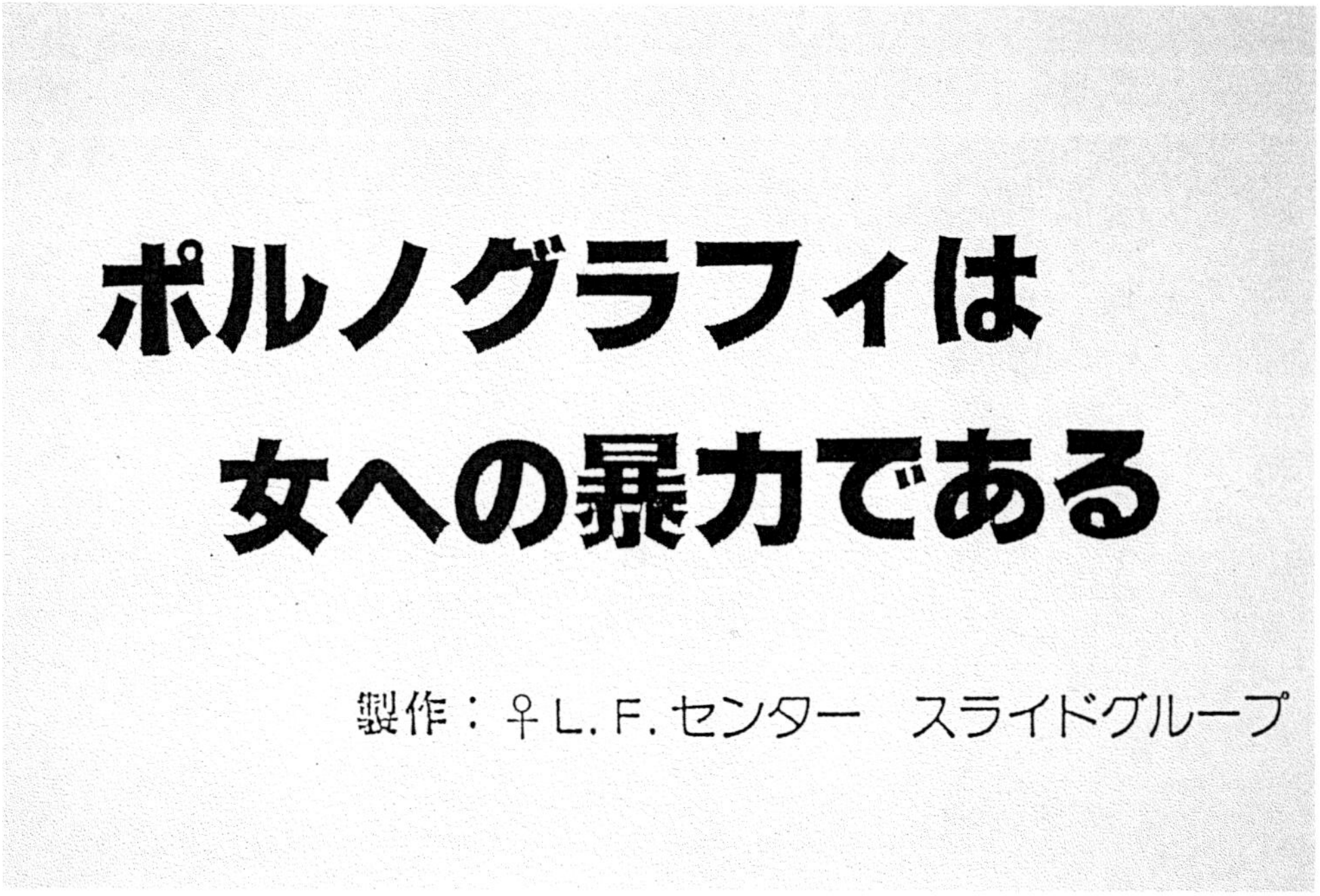

ポルノグラフィは
女への暴力である
製作：♀L.F.センター　スライドグループ

性的マイノリティ関係資料シリーズ1

レズビアン雑誌資料集成

編集・解説
杉浦 郁子

第6巻

●

不二出版

□『すばらしい女たち　レスビアンの女たちから全ての女たちにおくる雑誌』創刊号表紙（絵：楽白雀）。

□『Eve&Eve』第１号表紙。

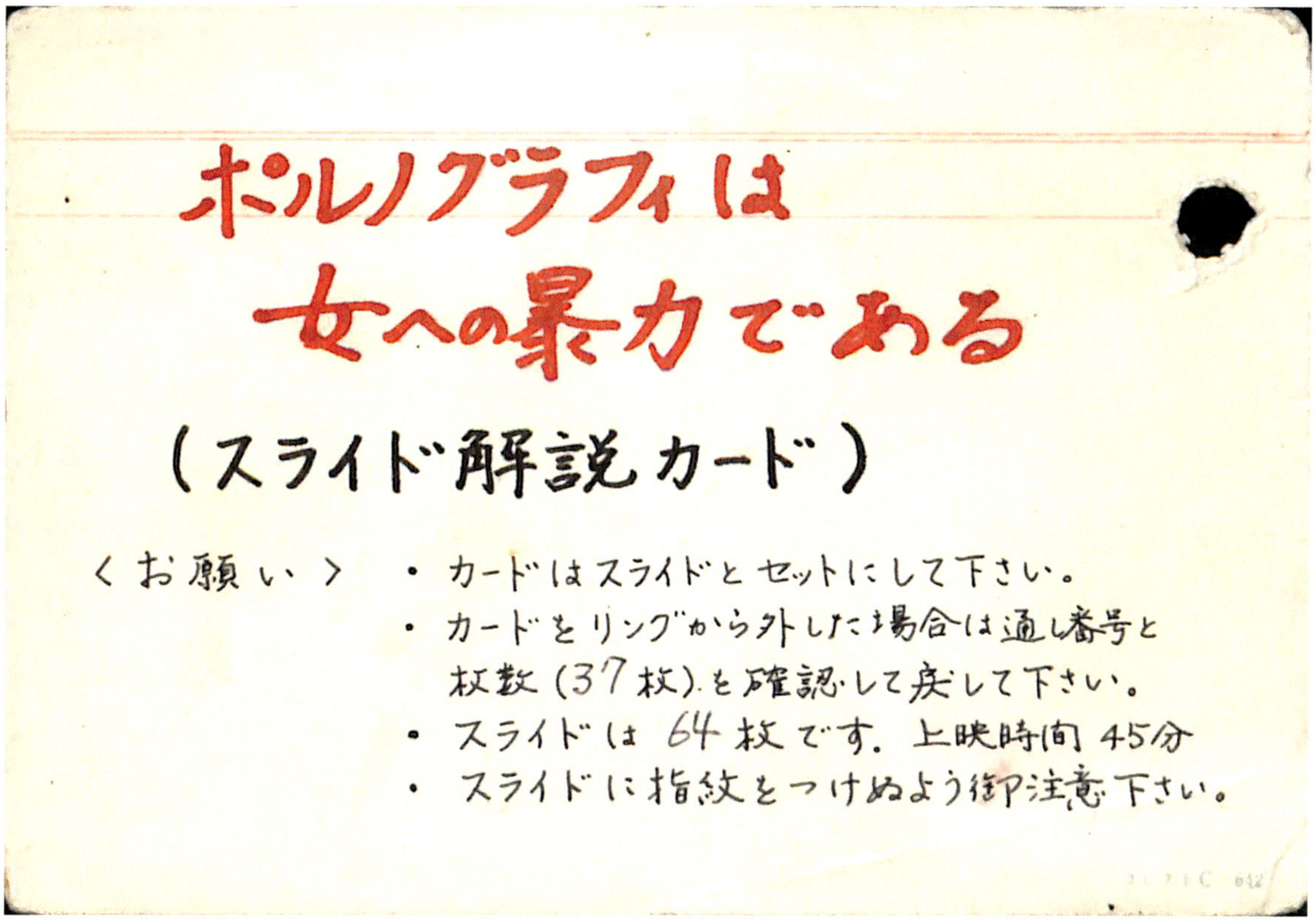
ポルノグラフィは
女への暴力である
（スライド解説カード）
＜お願い＞
・カードはスライドとセットにして下さい。
・カードをリングから外した場合は通し番号と枚数（37枚）を確認して戻して下さい。
・スライドは64枚です。上映時間45分
・スライドに指紋をつけぬよう御注意下さい。

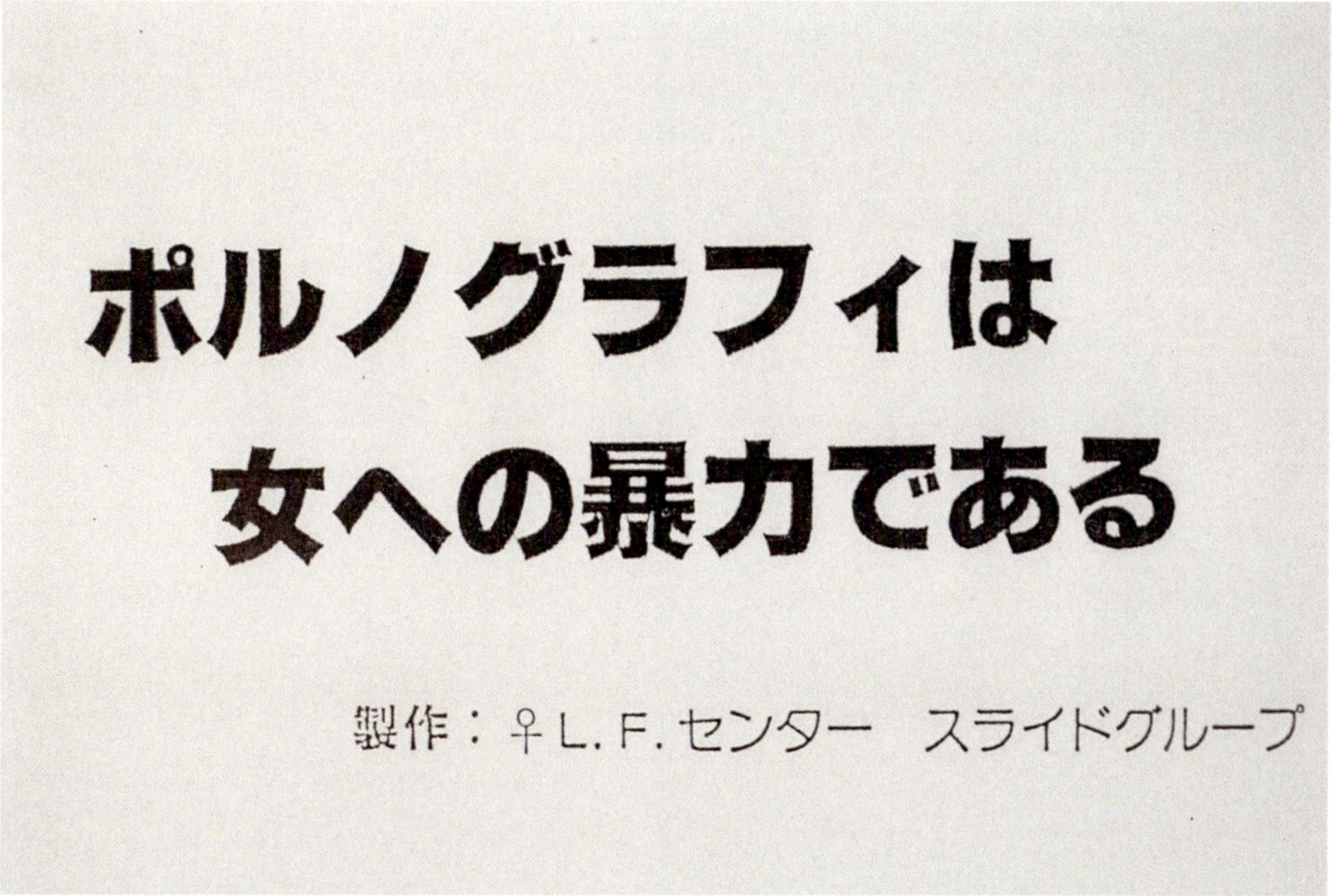
ポルノグラフィは
女への暴力である
製作：♀L.F.センター　スライドグループ

□「ポルノグラフィは女への暴力である」のスライド上映会用カード（上）と
スライド写真（下）。この上映会は日本全国で大きな反響を呼んだ。

凡例

一、『レズビアン雑誌資料集成』全7巻・別冊1（性的マイノリティ関係資料シリーズ1）は、一九七〇年代後半から九〇年代前半まで、主に首都圏で展開されたレズビアンによる表現活動・社会運動の軌跡を、ミニコミ誌ほか関連論考、運動史料などと併せて集成、復刻する。

二、本集成の主な構成は以下の通りである。

第1－5巻　『れ組通信』／『女たちのエイズ問題』等の冊子・資料

第6－7巻　『すばらしい女たち　レズビアンの女たちから全ての女たちにおくる雑誌』ほかミニコミ誌及び論考／レズビアン・フェミニスト・センター関連資料

三、本集成の収録内容については各巻冒頭の収録内容一覧に記載する。

四、配本は第1回配本（第1・2巻）、第2回配本（第3－5巻）、第3回配本（第6・7巻）の全3回からなる。

五、編者（杉浦郁子）による解説及び総目次を別冊として、第3回配本に附す。

六、原則として原本扉（表紙）から奥付までをモノクロで収録した。その際、紙幅の関係から適宜拡大・縮小ほかの調整を行った。また原資料の状態によっては一部、版型や組版が不統一な箇所、判読の困難な箇所があるが、そのままとした。

七、氏名、住所等、個人の特定によりその権利が侵害される恐れがあると判断された箇所は削除ないし伏字等とした。

八、本集成には一部、性的な写真・表現が含まれるが、批判すべき対象として当事者が参照したものであり、当時の社会状況を理解するうえで不可欠の資料であると判断し、これを収録した。

＊　刊行にあたって、れ組スタジオ・東京、沢部ひとみ氏（パフスクール共同代表）には本集成に多大なご理解をいただき、資料提供をはじめとする編集協力を賜りました。また織田道子氏（東京・強姦救援センター相談員）からは貴重な資料をご提供いただきました。ここに記して、深く感謝申し上げます。

＊　収録資料の著作権などについては調査いたしておりますが、未だ不明な点もございます。お気づきの方は小社までご一報下さい。

『レズビアン雑誌資料集成』第6巻

収録内容一覧

資料NO	誌名（発行元／執筆者名）	号数／掲載書誌	発行年	発行月日
6	『すばらしい女たち　レスビアンの女たちから全ての女たちにおくる雑誌』（「すばらしい女たち」編集グループ）	創刊号	1976年	11月
7	『すばらしい女たち別冊〈レスビアンに関するアンケート〉集計とレポート』（「すばらしい女たち」編集グループ）	—	1976年	11月
8	『ザ・ダイク』（まいにち大工）	第1号	1978年	1月
		第2号		6月
9	『ひかりぐるま』（ひかりぐるま）	Vol.1（創刊特別号）	1978年	4月5日
		Vol.2（秋季号）		9月1日
10	『レズビアン通信』（麗頭美庵通信）（シスターフッドの会）	第1号（創刊号）	1982年	9月15日
		第2号		10月17日
11	『Ｅｖｅ＆Ｅｖｅ』（若草の会）	第1号（創刊号）	1982年	8月5日
12	「ポルノグラフィは女への暴力である」（織田道子）	『あごら 女と情報』第25号（ＢＯＣ出版部）、186―187頁	1981年	12月
13	「ポルノグラフィは女への暴力である／女のエネルギーを女へ！」（レズビアンフェミニスト・センター・スライドグループ）	『女・エロス』第16号（社会評論社）、5―19頁	1981年	5月
14	〔ポルノグラフィは女への暴力である〕（レズビアンフェミニスト・センター・スライドグループ）	＊「スライド解説カード」とリバーサルフィルム。	—	—
15	『声なき叫び』（「声なき叫び」上映グループ）	—	1982年	〔11月〕

＊『レズビアン通信』は第1・2号ともに全頁を確認できず、現存頁のみの収録とした。また第1号「№４」（見開き）頁は別号の可能性もあるが、本集成では第1号とした。

6

すばらしい女たち　レスビアンの女たちから全ての女たちにおくる雑誌

創刊号

（「すばらしい女たち」編集グループ 発行）

レスビアンの女たちから全ての女たちにおくる雑誌

すばらしい女たち

創刊号

わたしたちは、七五年暮れから七六年の始めにかけて、二種類のアンケート調査を行った。ひとつは、女性同性愛を自分の性的傾向として自覚している者を対象とした。もうひとつは、女性解放運動に参加している女性たちや、関心を持っている女性たち、男性たちを対象とした。その後、アンケートの結果をもとに、数回の座談会を開いた。参加者は17名に及んだ。その時の参加者が主体となって、この雑誌は編集された。

女らしさとか男らしさが、社会的訓練のタマモノであるように、女と男の関係が唯一の性愛関係であるとする考え方は、男中心社会が秩序維持のために必要とした幻想である。わたしたちの性愛感情に限界はない。しかし、二十年だか三十年だかの時間の経過の中で、わたしたちは女として女を愛し、それを積極的に受けとめ選び取るようになった。現在の性差別社会の中で、わたしたちが女として女を愛するのはすばらしいことである。この雑誌を読まれるあなた方は、わたしたちの個人的な軌跡の中に、それを見いだすことができるだろう。そして、ごくあたりまえの女たちが、男を必要とせず、みのり豊かな人生を築き始めているのを見ることができるだろう。わたしたち女性同性愛者の存在は、女の中にある可能性であり新しい生き方への試みなのである。

女から女への出会いを求め、わたしたちはこの雑誌をつくった。

誌さ女たち
(手伝った人)
狩戸
B.L.B
バ・ハ
人生には 私たちのわからない
ことがたくさんある。
でも、私は無我夢中で人生を
知りたいのだ。可能なかぎり
他人から学び 批判を受け入れ
新しい道を切り開きたい。そして
このことが私を変え たえまなく
のびてゆく可能性をもたらすことを
期待している。
麻川
黙すればノイローゼのはてに狂いいく
しかないならば、なぜに、語らずにいら
れましょう。
すごく、やさしいことばがあります。
語りかけるのは愛の初源的な行
為であると。
梁 白雀
教室の小学生を見ていると、
リラックスした時、男同志、女同志
が、ひざの上にすわったり、腕をま
わしてぴったり隣合わせにすわっ
たりすることがごく自然に行
なわれているが、これもあと数年後
には、社会の悪習に従がって「あっ
いやらしいの」とやめて不自然な意
識に支配されてしまうのかと思う
と、残念!!
SUSAN
SAPPHO
私は、自分を
レズビアンとして
肯定するのは、何
よりも大事だと
思う。
岩田 由美
よく人がいうOL
(こんな言葉は英語に
はないのだそうだが)
などという職業をやっている。安月給
なのに2万円の屋賃を毎月払わなけ
ればならないため、夜はバイトをし、
忙しさに追い廻されている。
社会に働くようになって初めて性
差別で満ち溢れている社会組織
に気づいた。そのことを当たりまえのこと
して考えている性差別的男性の
態度を知り、女性も差別に対する
意識がきわめて低いことを知った。
そしてレズビアン・フェミニストの女性
達と知り合い、彼女等の力強さ、
バイタリティを素晴らしいと思って
いる。

この雑誌作った

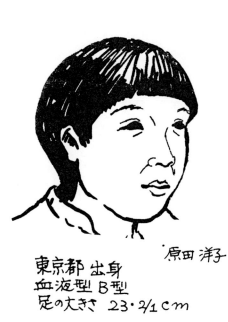

原田洋子

東京都 出身
血液型 B型
足の大きさ 23・2/1cm

田部井京子
▶職業 女子事務員
▶年令 25才
▶趣味 数学、煙草、ゼニ儲け
▶好きなもの 掃除のすんだ部屋、陽なたのにおい、風の唸り、真冬の冴えた夜空、一人の時間、惰眠、ナイフ
▶願望 人類の滅亡を見とどけること。

織田道子
技術職というより肉体労働者。無法地帯の中で朝から晩までコマネズミのように働いています。この雑誌を続けたいとにかく続けたいという思いです。初めて語れた喜びを感じています。

本田則子
レズビアンたちに会いたいと思っていたし、女性解放運動のことも知りたかった。その両方であるすばらしい女たちにお会えたことは、とてもラッキーだったと思う。

もくじ

雑誌の発刊にあたつて……1
編集前記……2
目次……5
座談会〝レスビアン大いに語る〟……6
私の中のリブへのめざめ……岩田 由美 34
私の大好きなウルフへ……本田 則子 36
詩〈凍幻〉……田部井 京子 42
私の歩いてきた道……田部井 京子 44
メモランダム……原田 洋子 49
詩〈火曜日のブルース〉……本田 則子 50
どこまで行こう……かわはら 狩戸 52
転換期……ジェリー・シュタイン 56
レスビアン、この女達は何者だ？……バーバラ・リー・バーバラ 58
Lesbians who are these women B.L.BARBARA
声……66
井戸端ジャーナル……68
アピール・告知板……70
編集後期……72

※アンケート集計結果は別刷です。ほしい方は連絡ください。

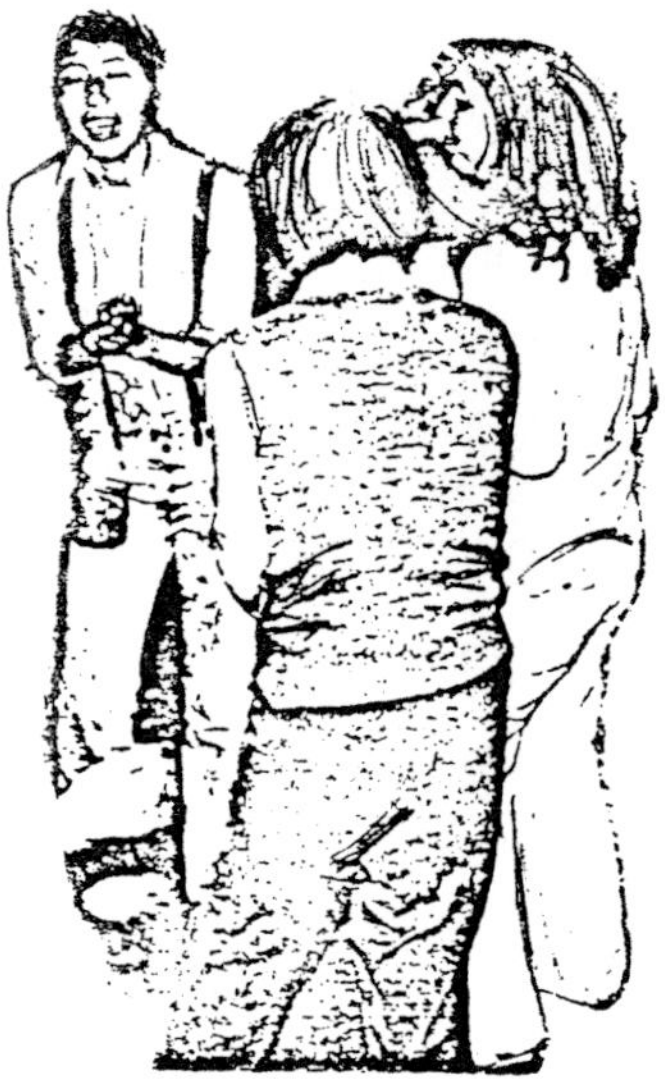

座談会

わたしたちは、後掲のアンケートの回収がすんでとりまとめのおわった時点で、アンケートについての座談会を企画した。三月から五月にかけて計三回を、多数の参加を得て開くことができた。記録は全部テープにとどめてあるが、ここでは内容的にいちばんまとまっていると思われる第二回めの座談会のもようを紹介することにする。

ふつう、アンケートの結果に対しては編集者が分析しコメントするのであろうが、編集者の主観が入りすぎるのもよくないので、そのかわりにアンケートの集計結果を提出して、それを材料にひろく女性同性愛の問題について討論してもらい、それをコメントのかわりとすることとした。以下はその第二回座談会の記録である。

時　七六年四月十七日（土）
場所　リブ新宿センター
出席者　A（司会）、B、C、D（以上四名アンケート編集者）、E、F、G、H、I、J、K、L、M、N、O、P、Q、以上計十七名（内、外国人四名）
但し全員、同性愛者または両性愛者（バイ・セクシュアル）である。

おおいに語る。

司会A　（初めにアンケートの説明及びレジメを説明し、テーマを提出。テーマ＝関係性についての障害、生むこと、女性差別の認識、「役」の問題）
えっと、非常にかたくるしくなったようですけれど……（一同笑い）
一応テーマをしぼった方が話しやすいと思って、例示的に出したわけです。それで、どうですか。このテーマにそって話しをしていったらどうかと思うんですけど、どうでしょう。
では、まず、女どうしの関係を育てていく上で何が障害になっているかについて。

I　たぶん人によって、ときどき家族が一番問題、両親は理解できない。たいへんでしょう。人によって問題はちがう。

司会　たとえばPさんは何が一番問題だと思いますか？

P　経済的な問題だと思う。二人で何とかやっていけるようだといいけど、たとえば片方が女性的っていうか、何もしないで家にいるとか、そういうことであれば生活は無理で、貧しいと思うし。二人が同等にやっていかなかったら成り立たない

んじゃないかと思う。

D　家で待ってても子供がいるわけじゃないしね。家事っていったってね。育児だったらまだ何だけど。

B　子供がいても家にいない方がいい……。

G　親は子供が異常だとかそういうことよりもすごく苦労するだろうっていうことがね、やっぱり結婚しなければ、たかがしれた収入で、たよりにならない同志があつまって何ができるっていうふうに、ね。経済的な問題を第一に親も心配するんじゃないかしらね。

D　子供がいないと将来さびしいだろうとかね。孫とか、親にしてみれば。

G　でも女の子に子供生ませて跡継がせるって感じはないでしょ。男の子にはそうさせたいけれど。

D　でも女の子だけだと。

G　いや今の親はだいたいあきらめてるんじゃないですか。女の場合は、結婚させてもどこかへやってしまうというふうに。

司会　回答では、いわゆる社会の無理解と偏見というのが五三%、過半数の人がそれを思ってるわけね。これは回答をひとつだけ選べだからこうなったと思うんだけど、みんなこれをひとつには思っていると思うんですよね。

Dさんはどう思いますか？

D　そうねえ、社会的なこと、経済的なことはいろいろあるけれど、まず、女と女の関係の中に積み重ねていくものっていうのがないんじゃない？本質的に。

何か他へ向かわないかぎり、ただぼうとしていたらば時間というのも重ならないし、その瞬間瞬間が刹那的で、それが将来これだけの何かになるとか、夢とか、そういうものが生まれてこないんじゃないか、そういう関係なんじゃないか。

司会　そうすると異性間にはそれがあると？

D　そうね、子供も生まれるし、ずっとそのつながりが将来につながっていくということもあるし。

それに、なんていうのかしら、ちがう者だから。

B　歴史っていうものがあること？　ちゃんと変化していく。

D　やっぱりこう、弁証法的な対立によって（笑い）

みんなが認めるってこともひとつの要素よね。

司会　今、Dさんがいわれたのは、異性関係だと子供が生まれるとか、ふたりの間でつくっていくもの、あるいはつづいていくものというか……。

D　自然の秩序の中に。

司会　自然？　自然の秩序の中に……？

D　そう。自然の秩序の中に。自然でしょ？　やっぱり。

司会　で、同性愛は不自然だと。

D　うーん、不自然じゃないけど、生産的じゃないわね。ただただそのときだけの関係じゃないかしら、くりかえし十年生き

ても百年生きても同じことっていうふうな。

G　でも、男と女だったら、まあ子供っていうのは目にみえるけど、それ以外に、子供をぬかすとふたりの間ってのは努力しなければ、ただ年重ねていくっていうことはいえるでしょ。

D　でも二〇才のときの関係と、五〇才のときの関係とでは、それなりにいろんなふくざつなつみ重なりがあるし、いろんな横にひろがる関係とか、祖先から受けてきて孫へ伝えるものっていうのも何か有形無形のものがいろいろ出来てくるだろうし、人が認めないっていうこと自体でも、女同志は孤立して、そこだけで生きて死んでいくしかない。認められるとまた少しちがってくるけれども。

G　自然っていうのは、生物的自然というよりも、社会的自然の……

D　生物的な自然の中でもね。

G　だから、その夫婦の歴史があるようにみえていてもね、それは、ほんとに人間としての歴史を二人がつみかさねているとはね、あんまり思えない。外からみた場合に、あそこはこういう夫婦であってというふうに、みんながそうだと思ってみてる分に支えられて、こう、いってるんじゃないかとね。だからそういうのだったら、女同志の間でもね……。どうなのかしら、やっぱりつづいていかないとだめなのかしら、ある二人が。

D　そうね、拘束もないし、簡単に愛情だけで、一見純粋にみえるけれども何のきずなもないから別れやすいし。

G　で、会ったり別れたりのくりかえしでは何も生まれないってわけ？

B　それが悪いとかはいってないでしょ？事実としてこうだということでしょ？　別にそれはいいんじゃないの。（一同笑い）拘束っていうのは、拘束されないと人と人との関係が成り立たないかっていうと、ほんとは拘束されないで成り立ちたいと思うわけじゃない。

D　拘束っていうより、支えかな、きずな。

B　子はかすがい？

D　子はかすがいでしょ、やっぱり。

B　子はかすがいですか？

G　わたしなんかは別に、全然そんな（笑い）「別に」って、子を生んだ人がいってる

B　（笑い）

G　だって、自分とは全然別の人間が、別に生きてるんだからしょうがない（笑い）しょうがないっていうか。

A　本来、人間の関係は異性間であっても同性間であっても緊張の連続だと思うんですよ。だけどもそういう緊張には耐えられないから、子供とか家庭とか、そういう形をつくっちゃうとそこで一定相手にかかわらなくてすむみたいなね、緊張しなくてすむみたいな安定が生まれると思うんですよ。

G　そう、そう。

A　だから夫婦というのはうまくやってきたし、きたんだろうと思うけれども、同性の場合は、そういう形に安らげるってことがないから、それだけシ烈といえばシ烈なんだろうと思う。だから、愛情しか結びつけるものがないっていうのは、すごく不安定なのね、たしかに。だけど、それだけ、そういう意味ではほんとだという気もするわけね、人間としてね。

G　二人が同じ仕事っていうか、何かそういうことで形をつくっていける人というのはすばらしい！　そういう人たちがいる。

D　そっちの方がつみかさなっていけばね。

G　そうそう。それでね、しょっちゅう別れをくり返していた同志がね、何か仕事で

A　もっていっしょにやるようになった。バラバラで、いろいろあった人たちが、たまたまその二人が出会ってね、カップルになったところが、非常にそれこそすばらしい歴史がね、生まれたんだと。やっぱり女同志でもね、何かそういうものがなければだめじゃないかと思うわね。まあ、非常にめぐまれた例になりますよね。やっぱり一生の間にね。ひとりっていうことの方が、不自然だと思うから、無理をしないで、もし二人の間に、何かつくりながら希望っていうかそういうものがあってつづいていくんだったらいいけれども、それがなくなったところでなおかつ二人の形をつづけなければいけないっていうのは不自然だと思うんですよね。夫婦の場合は、男女の場合は、二人の関係自身には何もなくなっても、子供がいるから結びついていられるみたいなね、わたしは、ダラクしていると思うんだな。

G　そう、子供がいるとね。家っていうかな結局、ハコがあるからね、子供がいない夫婦もけっこううまくいっているけど、それはまあ形があるからでしょ。

A　だから、もし子供が生まれないということが障害になるとするならば、その障害というのは、たぶん、同性愛だからとか、異性愛だからとかいうことじゃなくて、人間の存在そのものというか、やっぱりずっと緊張をつづけては生きていけないみたいなね、そういう弱さの問題じゃないかと思う。

D　子供が生まれない夫婦でもね、子供が生まれない女同志とはちがうと思うのね。

A　どうしてだろう？

D　やっぱりなんか支えあってつづいていくっていうのの中には、何か許しあえる凹凸関係みたいなのが無意識に、こう意識的に男役・女役っていうのをつくらなくてもあるでしょう。

A　役割があるっていうこと？

D　いや、役割っていうか、男と女だったらね、男女だったら。

G　男女だったら、何ていうの、男はこれこれやってりゃいいと、女はこれこれやってりゃいいっていうのがあるでしょ。

D　それはほんとに役割だろうか、役割じゃなくて、それが、もう自然に許しあえる生きているだけでつながっていくような、なんかじゃない？

A　わたし、それはつくられてきたもんだと思うんですけどね。

G　わたしはまあね、教えられたもので、なにしろそれをやってりゃいいと、

D　犬なんかみてても、メスとオスじゃあね。

（一同笑い）

G　いや、そりゃあ自然にちがう分てのはあるでしょうけど。

L　いや、だけどね、男と女の人でさ、いっしょにくらしている人なんかでこのあいだ来た五〇才になるZさんていう女の人と、そのおつれあいっていうのはね、お連れあいの方が家事をしたり育児をした

りするのが好きでね、Ｚさんはほとんどそういうのが好きじゃなくて、やらないとかね、役割ていっても、性関係だけじゃなくてね、男が主体的主導的で、女はそれに従っていく、従属的だとかね、そういうのは個々のケースの中でちがうんだと思うの。今の社会では男社会だから一般的に男の方が引っぱるような、そういうふうな役割をもっているかもしれないけれども、それもやっぱりつくられた関係だから、安定してるわけじゃあ全然ないと思うのね。何ていうか、いつわりの上に安定したお互いの役割を演技しているところでうまくバランスをとってるだけの話だと思う。だから女同志の関係においてもね、つまり性的なところで役割が全然規定されてるわけじゃあないし、個々の二人の関係でつくられていくんだと思うしね、だから、わたしは別に安定してるとは思わない。

A　Ｌさんは、同性愛に対する障害は何だと思う？

L　まあ、人の数が少ないからじゃない？ねえ。

A　はっきりしてますねえ！（一同笑い）

F　それがいいよ。それが。

A　そうねえ、もっとふえてさ、社会が容認せざるをえないようになればさあ、もっとちがってくるわよね。

D　Ｓ学会じゃないけど、一人一殺じゃない、一人が一人ずつ。

A　オルグすんの？（一同笑い）

L　責任もてないもんねえ。

H　ほんとに少ないと思う？　みえないんじゃない？

L　いやだからほんとに多いか少ないかじゃなくて、自分がレスビアンだと公言することをはばかるわけでしょ。さしひかえさされていることだってやっぱり少数派だからだと思うしね。別に大多数になればいいということではないけれども、ただ少数派で落としこめられてる感じがするのよね。わたしなんかが問題なのはさあ、相手がなかなかみつからないってことなのよね。（一同笑い）男の相手をみつけるのもなかなかたいへんだったこともあったけどもさ。

F　女の方がもっと数少ないんだもん。

A　そうよねえ、いえてるわ。

L　日本の社会でさ、すごくちがう点があると思うのね。男も女も積極的じゃないでしょう、性関係について。だからさらに問題が深まってる感じがするんだけれど。

G　女の人もね、とにかく女の人の生き方がね。女の人がもし一生ひとりでいても、結婚してもしなくてもね、ひとりでいても男と同じように生活できるんであればね、全然かわってくると思うのよ。

D　そうね。

G　もうそれが第一のことね。

A　それが基本的なことね。

G　だから女の人に同性愛をおすすめできない面がある。（笑い）あの、イバラの道を歩きなさいっていえないものね。（一同笑い）だけど結婚してもね、そっちの道もこっちの道も同じであれば、どんどんひっぱりこめるのよね。

A　そう、そう。

G　まあ、まずはひっぱりこまなくてもね。だけど、こっちはたいへんで、こっちは楽ですよと、あきらかにわかっていたら、とても悪くていえない、そういう感じ。

（一同笑い）

ふやそうたってねえ。

L　吸血鬼みたいに血をすってふやしていくってね。（一同笑い）

G　だからね、まず、わたしは、女の人が当分の間、ものすごくたいへんだけれども自分のしたいことがあったらやろうっていうか強い意志をもってね、それがまず第一だと。それがね、ほんとはこうしたいんだけれどもこっちはたいへんで、あれでこれでというふうな迷いが個々心の中にある間はとにかく同性愛の関係っていうのは年がら年中こわれるんだろうと思うのよね。だからまずひとりで生きられるってことが第一だと思うの。

A　それがないと自由に選択ってことができないわけだから。

G　だから、相手がみつからなければひとりで生きると、そう思ってなければ。

A　強いわあ（笑い）

G　いや、ほんと、そう思ってなければ絶対できないのよ。

誰かいたらばいっしょにくらしてやっていけるけど、みつからなければ結婚しようかしらんみたいなんじゃ、とうていできない。だめだわね。まずしっかりしてくれっていうことなんだけど。（笑い）

それの中にはもう非常なさびしさに耐えるとか、貧乏するとか。

D　でも、男でもあるじゃない。男でも、男が好きだけれども結婚するっていう人ずいぶんいるでしょ。社会的な面でね。

G　うん、でも男の人の方がまだ楽ね。話聞いてると。まあ、銀行員だとかね、非常に体裁を考えなければならない人は別だけど、でも、まあいいや俺はこれでも、っていうようなね、もっと女の人より楽な気持でやっているわよ。女の人の方がとっても追いつめられた感じだっていうことあると思うの。

A　やっぱり男の人は一定自立しているから。

G　とにかく自立しているってことで強いのよね。

L　司会、話まとめたら？

A　はい、今出てる話は、同性愛の関係において何が障害になっているのだろうかという話をしてたわけです。今まで出たところでは、まず、経済的問題、ひとりでも生きていけるだけの経済力とか、それから精神力にしてもそうだけれども、そういう基盤が非常に弱いということ、それが障害になっているということ、それから男女間のように子供が生まれない。ひきつづきどうぞ（何が障害になっているか）

F　ひとりの人をずっと愛することに自信がない。ふたりでずっと生活をしていくこと、経済的精神的にも。

D　でも経済的といったら社会的な問題でしょう、ちょっとちがうんじゃないの。

L　美意識を含めて全部なんでしょ。つまり一生を通じてひとりの他人とずっと生活するなんて考えられないってことでしょう？

F　そうなの。

G　アンケートでちょっと確認したいんだけど〃女性同志の関係を守り育てる〃とあるけど、これはずっとつきあっていくっていうのを前提としてるわけ？

A　いいえちがいます。

G　夫婦みたいにするにはどうしたら良いのかという方向に話がすすんでしまったみたいなので（〃そうそう〃と一同）

F　私もそうなら自信がないからと思ったの。

A　司会がしっかりしてないので混乱がありました。育てられるものも育たない、めぐりあえる可能性も狭ばめられていると

いうことです。しかしDさんは、わりとそういう考えを持っていらっしゃるようなのでどうですか。

G　それでなけりゃむなしいって感じ。

D　でもそれは個人個人の問題だからね、どっちでもいいんじゃないの。だって逢うまえからそんなこと考えないでしょ、その人と一生なんて。

B　思わないよ一生なんて。（笑い）続けようという努力をするけどうまくいかなければし方ないよ。

D　じゃ理想はこのくらいだけど足りない部分を他の人で埋めるっていうわけじゃないのよね。

B　そういうことはできないでしょう。

A　ひとつの関係に執着してどこまで深められるかというやり方ね。ふたりの関係から生み出すものがなくなって、形だけやそういう執着がないのに続けるのが問題だと思う。

G　ただ男と女の場合は続けるようになっているわけよね。

D　まわりが説得したりね。

G　とにかく印を押してしまえばという……。

A　日共にいわせれば恒常的な結合、正しい結婚観！日共の資料が手に入りました。同性愛についてはあまり触れてなかった。ただ一サイガッサイ否定してるけど。

L　ただひとつの関係一夫一妻制以外はね。

D　ローマ法王と同じことをいっていた。考えられない不自然なことだとかなんとか。

A　関係に何を求めるかというのは個々でちがうから、出逢いをうばわれているとか、経済的問題とか圧力がなければ育てられる関係も育たないという問題など障害について話してるわけです。

B　障害が自分自身の問題だとなると皆に共通なものでなくなるよね。自分さえしっかりしてれば良いということじゃない。まずふえることでしょうね。変なのがふえてもしょうがない、おカマとかおナベとか遊び人とか、週刊誌的にね。

H　レズビアンの障害、すごいじゃない。ずっとレズビアンは動物といっしょと思ってた。普通の人はまずそう思ってる、アメリカでは。

B　どうして？

H　あたりまえは、宇宙のセンターは夫婦男と女、陰と陽。だから陰と陰はもう絶対自然じゃない。それから、レズビアンの人に会って、すごいというよりも、いい、魅力的、精神的にも、独立しているという感じ。

だから、へんな人のステレオタイプがこわされて、わたしもあいう人になりたいという感じ。わたしがもっていたステレオタイプがあのときにこわされた。「ほんもの」に会って。その前にはテレビとかメディアとか、親からレズビアンというのは人間じゃないほどヘン、あたりまえじゃないと。まだ残っているかもしれない。

A　そういう偏見というのが一番大きな障害であるということ。アメリカなんかでは日本と宗教的背景がかなりちがいますからね。Jさんの国ではどうですか？

B　あんまりかわらない？

J　そうね、ちがわない。

G　日本はね、歌舞伎の役者にしろ。

D　男はね。

G　それから女はね、要するにあまり問題にされなかったということがあると思うの。わたしの行っていた女学校なんてのは、いいかげん大っぴらにやってましたもの

ね。だけどそれはなぜそうかっていうとそれはどうせ子供の遊びみたいなもんでね、そのうち親のいうこと聞いて嫁行くだろうっていう黙認ですよ。男とかかわるとうるさいけど女同志だったらどうせたいしたことないんだからやらしておけばいいぐらいのね。でもあんまり深入りするとお嫁に行けないよっていうおどかしはあったけど。だから女性同志でもうラブレターかいたり、なんだかんだけっこうやってね。（笑い）

A　女学校時代。この人戦前だから。

G　そう戦前の女学校。

N　ああ、戦前か。（一同笑い）

G　要するに戦前の女学校というのは、男と女のつきあいを禁止したから、だから男同志、女同志ってのはある程度黙認でやってたわけよね。そんなに異常っていうふうにはね。だから、それはね、どう思うかっていうと、たいしたことどうせできやしないっていうのがあったわけ。女がやることなんか、やらしときゃいいといずれはみんな男のとこ嫁行くんだからっていうふうなね、あたしはそれだと思う。問題にされなかったということ。

A　それはすごく日本の場合大きいと思う。

H　男がホモセクシュアルというのは問題、調べようかなという。レズビアンは、冗談。

G　やっぱりね。男がホモだと、女とやらなければそれこそ子孫ができないけど、女は別に、とにかく男をあてがっておけば自分がどうであっても子供はできるから女のレズビアンは問題にならないっていうね、（一同笑い）そういう意味もあって男だけはっていう、ね。

A　Nさんなんかはどう思いますか？　障害へ

N　ちょっとまって、あとで。

A　Qさんなんかは？

Q　えっとね、まずひとつはね、出会える場所がないことね。たとえばこういうふうに会えるっていうのはほんとにめぐまれたことで、めったにないと思うのね。わたし地方の出身なんだけど、Wの会のことは全然知らなかったし、そういうふうなことは口にも出さなかったし、レズビアンバーというようなものもないと思ってたからすごく孤独だったから、そういう場所がまずどうしても必要で、今あるレズビアンバーというのは男のためにあるから、あれは絶対おかしいから、どうしても場所がほしい。場所が、たとえば仮に飲むとかそういうことがなくてもね、会える場所がほしい。場所や時間とかそういうことがほしい。

それから、もうひとつは、わたしの友だちでやっぱりレズビアンの女の子なんだけど、二五才なんですね。その子がずっとレズビアンバーにつとめてたんだけど、あんまりひどくこきつかわれて体をこわしてやめちゃったんですよ。それで、今田舎に帰ったんだけど、その子はどっちかっていうとほんとタチの方で、男なんて目もくれないような子だったの。ところがその子が結婚するっていううわさがたってね、それをわたしはどうしたことかと思って、この間そこまで行って話したんですよ。そしたら、それは、はじめのうちは、そんな不道徳なと思いましたよ。（一同爆笑）

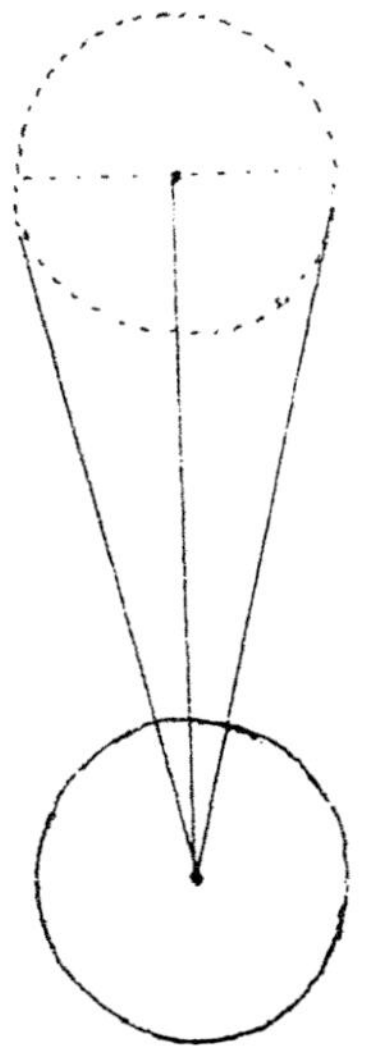

A　結婚が不道徳ね。

G　そう、不道徳だと思いましたよ、最初は。どうしたことだ、その理由をお聞きかせ下さいっていったわけですよ。ところがその子の話を聞いてると、あんまり私にはしゃべらないわけ。というのは自分でもそう思ってるわけ、不道徳だって。ところが、どうして不道徳でもしなきゃいけないかっていうこと、わたし考えたらね、ああこりゃあただじゃないなと思ったのは、つまりその子は結婚しないと食っていけないわけですね。つまりその子は高校中退、職業も何もできない、たとえば水商売はできても、セールスマンとかね、ダンプの運ちゃんやったこともあるけど、事故おこして免許はとりあげられちゃうし、それで経済的に自分で食っていけないのね。

D　体弱いの？

Q　うん、体、今弱くなっちゃった、もう、こきつかわれて。

G　いったん体こわすとそういうことになって結婚考えるようになる人多いわよ。

Q　それともうひとつはね、親が年とっちゃっててめんどうみてくれないし、だからどうしてもひとりで食っていかなきゃいけないけれどもひとりで食っていけないという事情があって、もう残されたのは結婚。で結婚しても性的にうまくやっていけない。そういうことがあって、結婚っていうのがその人にのこされたもうほんとに、ね。わたし、その人をとがめられないってことがあったわけ。で、結婚っていうことが、ものすごくレズビアンにとって大きいと思う。それと、さっきいった、場所がないっていうこと、それから、共通して仕事がない。やっぱり仕事はありません。あんまりいい仕事はない。それから学歴のない人はよけいにはみだしてしまうでしょう。そういうことがあって、それで、かなりそこらへんから、わたしは、女の人の問題が、女の人の問題とレズビアンの問題が、仕事と結婚というところで重なりあっていると思ってます。

D　なんか、たすけあう場所があればいいのにね。

Q　うん、ほんと、そう思った。で、なんだかんだいっても、わたしね、「がんばって」なんていってもさ、どうにも、その人ならないでしょう。

A　力になれないもんねえ。

Q　うん、だからその人は田舎で、誰にも話せなくて。

D　動ようするんだね。その人少し体を休めて健康にしてそれからまた働くよりないね。結婚しない方がいいんじゃない？

G　で、その人に具体的な結婚相手っていうのがいるわけ？

Q　うん、いるの。

G　いなきゃその人も必死になって考えると思うのよ。でも、たまたまもらいたいなんて男が来たときに、もうグラグラっとなっちゃうわけよ。

Q　またその人がすごくやさしい人なの。

（一同笑い）

G　どんな女の人でもね、結婚したいっていう男の人が必ずひとりやふたりは出てくるのよね。（一同笑い）

L　割れナベに閉じブタっていうねえ。

G　絶対出てくるのよね。出てきたときに必ず迷うから、迷いはじめるのはそのときよ。こっちだったらやっていけるのになあっていう時が必ずあるのよね。二〇台の後半ぐらい。そこらへんで迷って、やめるというか、いろいろ重なってね。

Q　だからわたしね、さっきGさんがおっしゃったように、結婚をしなくてもやっていけるっていうのをね。たとえばじゃあ、あなたもほんとレズビアンになると、こうこういいことがありますっていってもさ、（一同爆笑）そんなことないでしょう。苦労ばっかし。それで、そのために、仕事がいいのがあるっていったところで、レズビアンバーなんか勤めてみてごらんよ。ほんと、もう、おもしろいことなんかないから。男にこびへつらって、そいでこきつかわれて、安いでしょう。

G　ほんと安いらしいねえ。

Q　だからあんなバカなことやめて、何か仕事をはじめるとかさ、そういうのがあったらさ、ある程度自分が、どうしようかどうしようかと思ってる自分が一歩前へ出せたりすると思うのよね。

A　リブ・センターで女の仕事を確保するとかさ、そういうことやらない？　やってほしいわ。

L　そういうの、ぜひね。いっしょにやりましょう。出会いの広場なんかだったらさ、たとえば毎週何曜日かにレズビアングループの人たちが何人かでミーティングみたいなのを重ねていくとか、そういうのでつくっていけるんじゃないかと思うの。

D　今、商売始めるっていってもさ、やっぱりものめずらしさとさ、動物園のパンダみに来るようなつもりで使われるだけでさ、お客が来なくて結局のところ食いつぶれて行くっていうのがたぶん見通ししてあるだろうと思うのね。体もこわすしね。

A　で、出会いの場所としては、Wの会っていうのがあるんだけど、あそこに行っている人と個人的に話すと、残念なことにほんとに楽しんで来てるって感じがあまりしない。誤解かもしれないけど。

D　やっぱり飲みに行ってね、あのう……

B　わたし、飲むっていう形じゃないところで人と話したい。

A　全員レズビアンで、そしてレズビアンの人があれだけたくさん集まってるっていうのはすごいすばらしいことなのね。でもあまり共通の話題が出なくて、みんな話したいのに、自分のことも話したい、相手のことも聞きたいのに、そういう話にならないでしょう。ほんと、残念なの。だから行ったら何か出会いがあるかと思って行くんだけど、そのたびに失望して帰らざるをえないみたいなね。

Q　それ、どうしてでしょうね。どうしてだと思います？

A　自分で何かやれないのよ。

B　それから、やっぱり、ひとつ、もしまちがってたら悪いけれども、私がはじめて行ったときはね、わたしは女役だと思われたわけ（一同爆笑）、笑うなよな、ほんとだもん。それで、ふつうのGパンはいてもね。（笑いやまず）

M　まあまあ、せいしゅくに。

B　それで、役っていう問題すごく大きいんだけどさ、すごく無言の強制がある。正座してると「わあ、あなた女らしい」とかいわれたわけね。で、アグラかいてみ

てもさ、最初にそうみられた偏見てのはなかなかとれなくて。今はもう全然ちがうけどね。女同志でありながら気に入られたいとか、気に入られなくちゃいけないとか、そういうのが残念ながら、少しあるんじゃないか。

D　でもそうしたい人もいるでしょ。あなたはちがったけど。

B　うん、そうしたい人もね。でも、なぜ何かこういうふうに迫ってくるものがあるんだろう、と思うと、多分そういうのがたまたまそういう人にみられたからじゃない。

D　だけどそういうのがホメことばだと思ってる人がいるわけよ。わたしはそういうのはホメことばじゃないわけじゃない。

B　だから、いわゆる男が女をほめるみたいにね。そういう、いろんな意識の人が来てるから、いろいろふれられていいんだけれども、そういう面が残念ながらあるんじゃないかと思う。

A　わたしなんかが行ってて思うのは、この人と話そうかなと思っても、その人がどういう考えを持っているのか全然わからない、だから何を話していいのかわからない、ということがひとつ大きくあるわけです。

G　カードがあるじゃない、あなた。ウラに意見が書いてあって、意見をみると、けっこうそれなりに意見があるのよ。あるんだけれどもあそこの場所だけじゃあ、一か月に一ペン会うだけで、そうならないのね。

B　アンケートやったって、実際みんな持ってるわけじゃない。カードの裏に自由に書くらんがあって書いてるわけじゃない。つながりたいなと思えることだってものすごくあるわけよ。だけどもあそこではなかなかそういう話にならない。

G　あそこの場所ではひき出すっていうのをやらないわけね。

A　それで一度提起したことがあるの。みんなで三々五々雑談してるんじゃなくて、みんなでひとつの話題について話しあいましょうと、提起したんだけれど、結局提起だおれになっちゃって。

D　でもあれはあれでいいっていうか、あそこにはじめてああいう会が出来たわけでしょ。あれしかないと思うんだ。いろんな種類の人がいるでしょ、やり方としては、その内なにかまた分かれて出てくるかもしれないけれども、あれしかないと思うね、やり方。

B　だからそれは自分たちでいってつくるしかない。

G　あそこでたまたま気が合ってね、つきあってるとあそこへ来なくなるの、ということがあるの。まああそこで、ひとり、知っている人でずっとつづいている人がいるのね。そうするとあそこへ出なくなっちゃうわけよね。

D　だから、そういう利用のしかたよね。そういうお見合の場所があるっていうだけでもものすごく救いであるわよね。

G　まあ、中に何人かでもカップルが出来たというようなね、友だちだけでもできたっていう、ね。

D　で、またいつか行けるっていう気もあるでしょ。あそこでは続いているんだからって。

A　やっぱり、相手がほしいっていうのは理屈ぬきにあると思うの。ひとりの人は。

G　まあ、話しだけでもしたいっていうくらいでね。

B　自分と同じ想いの人がいるということを

知りたいわけよ。そういうのができるわけでしょ。レズビアンバーか、そこか、っていったらさ。やっぱり商売じゃなくてさ、飲んで、本音ではないかもしれないけれども少なくともそれに近いところで話せるっていったら今のところあそこしかない。

A　だからそういう場っていうのは、つくりたいと思う人たちで、つくっていくよりしかたがないと思う。

で、話がかなりひろがりましたのでもとに話をもどしたいんだけど、今、同性愛に関して何が障害になると思うかっていう問題について話してたんですね。で、いろいろ話はあると思うんですけど、時間的制限があるので次にうつりたいんですけど、よろしいですか。子供のことなんですね、要するに、生む性である女性にとって同性愛が子供を生むということを除外した関係である、ということをどうとらえればよいか。

B　アンケートの結果では子供をほしいとは思わないっていうのが圧倒的に多い。

A　過半数ですね。

B　で、よそからもらってきてでも育てたいという人がなかった、そういう結果が出てます。

G　まあ、回答者の年令が若いってこともあるかしら。まあそれはわからないけれども、まあ、わたしが思うのには、男の人と関係もってもさ、子供がほしいからこの人とかかわっていこうとは思わないでしょ、最初に。ただ結果として生まれるけれどもさ、その間で考えるだろうけどさ。まず最初のときからそこまで考えないわよね。

D　でも好きになれば欲しいと思うでしょ。

G　わたしはわからないわね。そりゃあわからないわね、別に。（一同笑い）そこまでならないんで。

A　この問題は、結局、抽象的になるけれども、性（セックス）と生殖の問題みたいなね。すごく抽象的な根本的な問題にも関係してくるみたいな気がするんです。で、司会がまずいんですみませんけれども、この問題に関してはちょっととばしまして、女性差別に対する問題にうつりたいと思うんですけど。

M　質問、何でとばすんですか？

A　えっと、この問題で話はつきない……

M　だけど、わたしがひとつ考えるのはね、生む性であることはたしかだけれども、生むことを選ぶ性だと思うの。生む性っていうと全員が生むみたいに聞こえるけど、女の人は生むってことを選ぶ権利があると思うの。

A　そのつもりで書いてますけれど。

M　そのことをわかっていけばね、男と女の間で子供を生むのが正常だなんて考えは、それはただのウソッパチで、そういうふうに信じさせると、男と女の関係が歴史的につながっていくわけよ。わたしは女です、恋しました、あああの人の子供が欲しいですっていうふうにさ、小さいときから育てるわけ。ね、だからあんなのちっとも自然じゃないんだよ。そこらへん把握すればさ、レズビアンだってちっともおかしくないしさ、男を好きになった、生む、なんていってる方がちょっとおかしいんだよ。（一同笑い）そう思わない？

G　別に、そんなに、今の女の人が生んでも生まなくてもいいように自分で選べるようになったからか、なんかよけい生むことに非常にこう執着しているような気がするのね。

B　ああ、そういうのあるよね。

G　まあできたからしょうがない生むか、みたいになってたわけじゃない、ついこの間まではね。堕胎もできなければ避妊もできないでね、そんなときには、欲しいから生むなんて女の人がいたかどうかと思うのね。

M　でも生めないとウマヅメってすごく自分で屈辱感じるし世間からもそう感じさせられるわけでしょ。

G　まあそういうこともあっただろうけどね。それは少数でね。ほとんどの人は、できて困ったっていうか。

M　でも最初のひとりができたときはよろこばない人たいていいなかったんじゃない？

G　どうかしらねえ。

M　やっぱりさ、女だって証拠をみせつけるっていうかさ。

G　さあどうかねえ、わからない、わたし。それほどだったかどうかねえ、ま、みんな、考えなくてもほとんどの人は子供を生んでたんで、そのことについて一生懸命考えだしたのは最近でしょ。だからわたしは別に、生まないって方を選ぶ自由がせっかくあるんだから、おおいにみなさんがそうやってくれればいいと思うんだけど、なんか非常に子供だけはほしいみたいなね、なんか、生む性だってことをあまり強調しすぎるような気がする。

M　うん、そうですね。

G　生む性っていう言葉からしてあんまりそれを前面におし出しているから。

F　それは生むことが可能であるということね。

A　どうでしょう。このふたりあたりから。

（NとOに）

N　わたしは自分自身が同性愛だという認識が、もちろんとってもあるわけだけれども、でも、こういうふうに並んでいるみたいな形で同性愛だっていうふうにはあまり理解されていない。まあ、わたし自身が、八年間の結婚生活と三人の子供をわたし自身が生んでごく最近そういうところから抜け出したっていう……、だから、もちろん、今とっても同性愛というところですっきりしているし、それはいいわけだけど、子供の問題でね、なんか、語られ方がとっても。

O　抵抗がある。

N　抵抗があるわけね。

O　切ってしまえるっていうところにね。わたしは、なんか、抵抗っていうか、そこに本質があるっていうふうな気が逆にするけどね。

A　もうすこしくわしくいってくれますか、

N　そのへんのところ。
だからたしかに生むことを選択できるとか、性と生殖の問題だっていうふうに、こう、同性愛と男と女っていうふうに、こう、関係を比較してみた場合、そういうふうな論理がたてられるわけだけれど、だけど実際に生きてみてね、もちろん男というることが不道徳あるいはおもしろくないことだというふうなことは、わたしが今立っているところからそういうふうにみえないことはないわけだけど、実際にひとりの人間が生きていく中でね、男と出会っていく過程っていうのは、すべてつくられたものとして、たとえば女は結婚するもんだとか、子供を生むもんだとかつくられたものとしての自分自身というのがもちろん外的にあるわけだけど、だけど、それだけじゃない。やっぱり自分が生きていく中で男と出会って子供を生んでいく過程っていうのはそれだけで切りきれない、つくられたもんだって切りきれない、そしてそこにできてしまった存在として子供があって、そこのところで、なんか、今話された感じっていうのは。

G　でも、わたしも子供二人生んでるんですから（笑い）、むかしね、そいでね、切りすてられちゃうっていうんでなくてさ。

N　いや、事実の問題じゃないんだな。

G　でもね、子供もってる人はこういうけど、とかね、もたない人はどうとか、そういういい方があるでしょ。

N、O　いや、そんなことじゃない、そんなことじゃない。

B　やっぱりそれはそうよね。男と女の出会いっていうのは、すべて出会うべく、教育のたまものだとか、そういうことじゃないとは思うのね。わたしは結婚しなかったし、男を好きだったけれどもきらいじゃないけれどもそういう形にならなかったんで、そこまではわからないんだけれども、ただ自分はちゃんと男を好きになったときはちゃんと好きになったと思うしね。ちゃんと選んだし、そういう瞬間ていうのはあったし、だけども今はたまたま女が好きだけれどもね。だからそんなにかんたんにはいえないことだと思うの、それはね。

A　Oさん、さっきいったこともっといってくれない？

O　いや、男でも女でも子供でもただそこにこれと思った、自分にとっての自然な必然があればいいと思うだけ。

B　自分にとっての必然があったっていうこと、男と暮らして来たのも、今女を選んだのも。

O　そう。

B　ただそうやって育てられたからそのままに動いてきたつもりはないのよね。

O　うん、それはない。それは自分が選んできたということだと思うの。

A　今の論点は、生む性っていったら語へいがあるかもしれないけれども、要するに生理機能的に生むことを、まあ、はらむ性とでもいいますか、そういう女性にとって、同性愛関係からは子供は生まれないっていう事実をどうとらえればよいのかと、そういうことなわけで、テーマの出し方自身が非常にあいまいなんですけれども……。

O　それは、同性愛関係の中で何を生むかっていうことで、やっぱし生めないからどうだっていうことじゃなくて、何を生むかってことでしょう。

A　Dさんどうですか。わりとこだわってら

っしゃると思うんですけど。

Ｄ　同性愛関係の中で何を生むかっていうと抽象的なことでしょう。子供のことにしぼっていうと？

Ａ　うん。

Ｂ　子供はやっぱり欲しいとかさ。

Ｄ　うん、まあ、欲しくないって人もいるけれども、大多数の女の人はやっぱり欲しいと思うと思うの。そりゃあね、自然に。

Ｇ　それがわかんないのよね。（笑い）

Ｄ　やっぱりちがうと思うんだ、ここにいるひらけた女の人たちは。

Ｇ　わかんないなあ。

Ｂ　でもアンケートの回答は半分以上、子供は欲しいとは思わない、だよ。

Ｄ　いやそれは今までのいろんな経験で、負担とか抑圧とか、あきらめとかいろいろあるんじゃないかな、もし自然に異性愛だろうと同性愛だろうと、欲しいと思うような間柄に生まれるならさ、やっぱり欲しいと思うんじゃないかな。愛情の中には何か、はらみたいっていうようなのがあるんじゃない？

Ｂ　それがどうして子供って形になるんだろう？

Ｄ　いや、ほかのものだっていいよ。その一部として子供、もっとも自然でさ。

Ｂ　何かをはらみたいって欲求っていうのはあるのよね。だけどもそれが子供っていう形になるのはどうして？　子供っていうのは、生きていて、ちゃんとした存在じゃない。

Ｄ　だって二つの血がつながってさ、延々とつづいていくなんてのは。

Ｂ　血がつながってくなんて（一同笑い）。

Ｄ　なんか神秘じゃない。

Ｂ　だけど子供は人格をもつよ。

Ｇ　血のつながりなんて全然考えられない。子供が大きくなったら全然考えられない。小さい時からもそう思ったけれど。

Ｄ　相手の人を愛してないからでしょ？

Ｇ　ちがう、全然そんなこと関係ないわよ。誰の子だなんて、わたし思ったことないもん。どの男の子だなんて思ったことないもん。わたしが責任をもたなきゃならない小さい命だっていう感じをもったけどね。

Ｄ　と思う人もいるね。

Ｇ　うん、そういうふうな、わたしはね。まあ、ほかの人がどうだかはわからないけど。血のつながりっていう考えはわからないなあ。

Ｂ　（Ｏさんに）Ｙちゃんとだけになる前にもいっしょに住んでたじゃない。でも別にＹちゃんのお母さんはＯちゃんだけだと、そういうことはなかったでしょう？

Ｏ　それはたまたま五年間それぞれ別々の大人といっしょにいて、その間にはぐくまれたものあるかもしれないけど、その五年間がたまたまあって、というところでね。共同生活っていうか。

Ｎ　ちがいだけね、そのちがいも大きいけれども。

Ｄ　Ｂさんこの人が、なんか、こう、意見があると全然逆というか、なんでみなさんこうなんだろうっていってるよ。

Ｂ　ああ、わたし、ええ？　どうして？

Ｅ　だって、好きな人の子供って欲しいんじゃない？

Ｇ　そりゃ、わかんないよね。

Ｂ　（みんなに）ねえ、好きな人の子供ってほしい？

Ｄ、Ｅ　それが男だろうと女だろうと。

Ｄ　ふつうの女の人ってそうだと思うけどね。

Ｂ　わたしはそうは思わない。好きになった

E　人の子供ってほしいと思うっていう人…

D　ここにはいないんじゃない。

G　ここにはいないかもしれないね。

D、E　自分の好きな男の人の子供を……

G　いや男じゃない、男でも女でも。

　でも、まあ、男としかいえないわね。好きな人の子供を欲しいとふつうは思うという……

Q　わたし、子供ほしいよ。自分と相手の子供ほしいと思うこともある。だから二人で生んでさ、その子供をさ、結婚させて、孫あたりで血が近づくとかさ（笑い）真剣に考えたことあるよ。

E　うん考える、考える。

D　そんなこと考えるよ、やっぱり。ほんとに好きになると。

Q　それでね、若いとさ、わりとそんなことああだこうだというけどさ、自分がたとえば六〇くらいになったとき、もしかりに自分の子供じゃなくても、自分のものの考え方とかそういうことを伝えられる人っていうのは欲しいなあ。

B　それは自分の子供じゃなくても。

G　子供じゃなくてもいいのよ。それは、子供がひきつぐなんてことはとても考えることはないよ。

D　でも血がつながればなおいいよ。

Q　（Gに）それはそうかもしれないね。でも子供がもしそういう形でひきついでくれたらすごくいいなあと思うよ。

D　それが一番いいよ。

G　それはいいけれども、ちょっとそれは考えられないよ、子供とかぎっては。

H　わたしは思わない、そうは思わない。

　（Qに）

A　なんとなく所有欲っていうふうな感じ…

E　いや所有欲じゃなくて。

D　育てていくものに対する願望だよ。

B　それはあるんだよ。

G　それは命っていう感じでね。

B　自分を伝えたいって、自分を残しておきたい気持ってあるんだよ。

D　今ここに生きたんだっていうあかしみたいなものって、絶対人間であるかぎり、あるよ。

B　だけどわたしはそれが子供である必要はないと思うの。

M　わたしは抵抗感があるなあ。

D　抵抗する人もいるだろうけどそれは意識でしょう。

M　だって、ほしいのも意識じゃない。

D　でもそれは本能でしょ。

M　それを本能と考えるか考えないかっていうのはその人の意識じゃない。

H　子供であっても子供じゃなくてもいいんじゃない、関係ないんじゃない？　何を伝えたいの？　名前？　財産？

A　子供である必要はないわけよ。

B　何を伝えたい？

G　子供に自分が伝わっているなんてのはわたし全然思わない。

Q　そうかなあと思うねえ、わたし。子供ほしいんだよね、わたしは。

G　子供には一番伝わっていないと思うよ、わたし。

Q　ほしい、ほしい、自分の子供がほしいですよ。（笑い）

L　子供がほしいだけだったらば人工受精だってあるじゃない。

Q　あんまり理屈でこられると腹が立っちゃうなあ、わたし。

A　ただここの回答は五〇％以上が別にほしくないと答えてるわけですよね。これについてどう思いますか。

G　別にそれでいいんじゃないかっていう感

じ（笑い）。

B　だからDさんはね、別に子供ほしくないっていってもそのひとことですんなり○をつけられた人はいないんじゃないかっていってるわけ。

Q　あのね、ひとついうとさ。子供がほしいけどさ、もしほんとに子供が出来て育てられる自信とか経済的な余裕とか、そういうことだと話が別だよ。やっぱりものすごくきついと思うよ。女が二人でどっちかの子供を育てていくことって。まわりからああだこうだいわれるにきまってるしさ、いろんなことでものすごくむずかしいと思うけど、でも気持としてね、わたしがいってるのは。

G　わたしの知ってるわたしよりずっと年上の女の人二人がね、友だちが育てられなくなった子供をもらって育ててたわよ。

D　そういう人もいるよね、何人かね。

G　とてもいい感じだった。

D　パパなんていわせちゃってね。

G　いや、そんな、いわせなかったと思うけど（笑い）、なんとかちゃん、なんとかちゃんっていってやってたけどね。

N　いわせるの？　いうんでしょう子供は。

（笑い）

G　わたし、あんなのいいなあと思ってみてたけどね。

D　いやあ、悲劇だよ、あれ。

G　いや、悲劇的じゃなかったのよ。いい感じだったわよ、それは。

A　子供っていうのは個人にとっても、あるいは関係にとってもすごく重要なことだとは思うけども、あまり、その、実体としての子供を重要視しすぎるというか、そこに集中しすぎるのも危険だと思う。子供である必要は、必ずしもないのよね。

D　そりゃあそうだよ。

B　子供である場合もある。

A　そう、子供である場合もある。で、実際に子供に託するものとか、子供がほしいっていう感情というのは、やっぱり多くの場合、世間一般にはひろくあるだろうと思うしね。でも、それに対抗するっていったって、それに理論的思想的に対抗したって無意味だと思うから……。

B　対抗するもんじゃないでしょ。

A　そう、対抗するもんじゃないと思うの。

B　自分の欲求として具現化して、あらわしたい、つくりたいってことでしょ。

A　ただ、わたしが思うのは、子供を生まないってことを引き受けるならば、それだけのむなしさとかきびしさとか、そういうものは引き受けなくちゃだめだと思うのね。わたしも子供ほしいわけ。感じとしてはあるのよ。だけど現実には不可能だしね。というのは子供を生むっていうのは男とねなくちゃいけないってことで。

L　いや人工受精だってあるよ。

H　子供がほしいというのは、子供を生みたいということ？　それとも子供と住みたい？

A　わたしは自分の子供がほしい。

Q　わたしは住みたいな。

F　じゃあ誰の子でもいいわけね。

H　わたしも子供と住みたい。でも全然生みたくない。

G　そういう考えもあるわね。

H　誰でもいい、子供だったらわたしのじゃなくていいよ。

M　子供っていったときにね、それが受けるイメージって、ひとりひとりちがうと思うのね。

G　そうね。

M　たとえば、向かい会った二人のおとなが

愛しあったときに、何かその、人間が真剣に愛しても疎外感みたいなものがある、要するに、自分の愛を相手にたたきつける、それに相手が返してきてほしいとか、いろいろなエゴがあるでしょう。そういうときにむなしさを感じたりすると、もっとてっとりばやく自分がすべてを投入できるもの、それが子供っていう形で、自分の血がつながった子供っていう形であらわれるときもあるし、それから、生命の神秘って形で、自分が生みたいっていうふうな形もあるし。それから、自分の愛した人と自分との愛の結晶（一同笑い）、要するに、どっか似てたりして、ああこういう時期もあったと想い出になるのか、それともどっかちがうのか、わたしはわかんないけれども、とにかくそういうのとか、それから、かわいらしい、優柔不断、それでこうこれから未来がひらけていく、希望のあるかわいい生きもの。それでだんだん年とるにしたがって考えが自分たちに、えっと話が出来るようになってくる。ねこやなんかかわいくても話せるようにならないし、考えが通じあうようになれないね。そういうような人間関係って、子供とおとなの間にあるわけですね。そうするとね、ひとくちに、子供がほしいっていうアンケートとると、それが全部含まれてて、すごくバクゼンとしてて、それが実際に何をいってるのかっていうのがわからない。

A　だから、これは非常にあいまいな設問だと思うし、話したらどんどん抽象的にならざるをえないみたいなとこあると思うのね。だからわたしとしては、女性差別についての問題に移りたいんですけど。いいかしら？

B　いろいろひろがりをもつような話でいいのよ。

N　ただ問題としてはね、現実的な問題としてはね、彼女との関係の中で、今まで自分が生んだ三人の子供を育てようとしたときに、同性愛の関係の中に子供たちを置くことはできないというものすごい圧力があったわけ。で、実際、それに屈しちゃったわけではないんだけど、子供をわたしちゃったんだけれどもね、そのときに、やっぱり、いわれつづけてた同性愛に対する偏見とか、いろんな問題と同一の問題だけど、子供を育てることが、同性愛だから子供を育てることができないし学校に行ったらどうするんだとか、そういう形でその圧力はものすごかったわけね。偏見をなくすことが一番だと、かんたんにいっちゃえばそうだけど、そのへんで、わたしはそれ（育児）を保障していきたかったし、同性愛だからなんていうところじゃなくて、子供だって、子供が、同性愛の関係の中でもどんな関係の中でも存在できるっていうことを示したかったというのがありますね。それはとっても思いがあるから。

A　子供は集団で育てるのがいいなあ。（笑い）えっと、いろいろ話もあると思うんですけど、女性差別に対する認識の問題に話を移したいんですが、よろしいでしょうか？

アンケートの結果からみますと、たとえば役割＝男役女役に関してわりと肯定的に受けとめている方が五〇％あるわけです。自分自身は役はないといいながら、一般に男役・女役に分かれていることに関しては別になんとも思わない、肯定するというような意見が半数いるということにたとえばあらわれているように、それから女性の地位に対する考え方とか、社会に対して何がいいたいか、ということにあらわれている回答とか、からみまして、わたしたちが受けた印象は、女性差別に対する批判的な認識が思っていたほど強くない。というのは、どういうふうに思ってたかというと、レズビアンというのは、女はこうあるべきだというふうな女性差別の社会から二重の意味で疎外されていると思うわけですよね。つまり結婚しなくちゃあ女は一人前にみてもらえないわけでしょう。その結婚が、同性愛者の場合は、自分に誠実であろうとしたら結婚なんてできないわけだし、職業に関しても自立していけるだけのそういう場がほとんどない、というところで、だから女性差別に対してはごくふつうのお嫁さんとか、ごくふつうのお嬢さんよりはもっと敏感に反応してもいいんじゃないかと思える基盤があると、思うわけですよ。にもかかわらず現実にはそういう女性差別に対する批判的な認識がそれほど強くないようにみうけられるのです。で、それはなぜだろうかということについて意見を出していただきたいと思うんです。

G　Aさんはなぜだろうと思った？

A　わたしねえ、誰を好きになるかという問題と、社会に対してどう思うかっていうのとは、たぶん、一番底のところでは切れてるんだろうという気がするんです。たとえば、思想的にフェミニストであれば、女性差別についても同性愛についても同時に理解できるけれども、思想以前の問題にたちかえれば、誰に自分が魅かれるか、それが男であるか女であるか、っていうことと、それから、女性が差別されているということとの間には、要するに社会と個人的な問題みたいな、ちょっといい方悪いですけれども、そういうところで切れてるんじゃないかって思うんです。だから、女は好きだけれども、そのことによって直ちに女性差別について批判的に考えるということには結びつかないんじゃないか。

G　結びつかないのね。ま、ふつう、だいたいの人が、どうやら自分のしたいようにして生きてるわけでしょ、この回答をよこした人たち。相手がいるいないにかかわらず、とにかく今は自分は同性愛をつらぬいていこうと思ってるわけでしょうけど、一番悩みはだいたい相手にめぐり会わないとかいうことで、まずほとんどの人が戸場口に立っているだけで、ずっとつづけていこうと、いかねばならないと…、でも、相当悩んでいる人もいるわけよね。障害に出会ってるんでしょうね。でも個人的な問題としか思えないのかなあ。

B　個人的な問題だと思ってると病気になるよ。

H　うん、うん。

G　そう思ってるから批判的にもなれない・・・。

B　でもそれじゃあ自分のこういう状態からちっともかわらないじゃない、明るくなれないでしょ。

G　だと思うわね。

A　で、ある人と話したときね、勤めてたりしたら、職場とか収入の面で女性差別というのは感じるけれども、それが自分の中で一番問題というんじゃなくて、一番自分に問題なのは同性愛の問題で、で相手がほしいっていう問題で、男らしさ、女らしさとかどう思うかって聞いたら、やっぱり女らしさとか男らしさとかあると思うし、自分は女らしさに魅かれるし、それは個人の好みの問題じゃないかって、そういうふうにいわれたわけね。けど、女らしいのが好きとか男らしいのが好きとかいうのを個人の好みの問題にしちゃうとねえ

B　けど、好みっていうんだったらまだいいんじゃない？

A　女らしさとか男らしさとかが自然なものであるならば、たしかに好みの問題も成り立つでしょうけど、ちがうわけでしょ。女らしさというのははっきりつくられてきてるし、男らしさというのもはっきりつくられてきてるし。

B　だけどその人は、「らしさ」じゃなくてその人個人に魅かれるんだみたいなところになったじゃない、話し込んでいくとね。

D　言葉がないのよ、まだ。同性愛で何役っていっても、暗号みたいなもので。

B　ふつうそういうふうにいってるからそういう言葉でいっちゃうのよ。話し込んでいくと少しちがうのよ。

D　その人個人じゃない？　個人の性格。

B　やさしさに魅かれたりするのを「女らしさ」だというふうにいっちゃう人もいるしね。

A　それはそうね。

M　あのね、Bさんのいうことすごくわかるんだけどね、言葉をつかわせているものがあるわけでしょ。それは社会っていうか、わたしたちがうけてきた伝統みたいなもんでしょ。そこらへんに気がつくと、いてもたってもいられなくていつもいらいらするわけよ。

B　だからね、そういうところに気がつく、いつでも個人の問題にしたくないわけよ。

A　で、なぜなんでしょうね。

B　すべて自分が社会と関係のないとこで存在できると思ってるとまちがうのよ。給料少ないのをみたらすぐわかるはずなのに。ところがそういうところからとんだところで自分の精神はっていうところですぐ切りはなしてね、そいで自分の内的な面って形で、内的なのと外的なのと分けてしまうわけよね。どうしてそんなふうに、かかわりのないところで生きられる？　自分の毎日の生活をみてたら、そんなのわかると思うの。

A　だけど、それがやっぱり現実にはわからないわけでしょう。

B　わからないんじゃないじゃない、それ。

A　経済的に、職場で賃金が低いとか、そういう意味で女性差別が存在していることはほとんどの人が認めているわけだけれども、それと、同性愛に対する抑圧との間に、別段関連をもたせてないってことがあるわけですよ、ひとつには。それを共通の根として考えてる人は非常に少ないんです。

G　そうみたいね。

A　それはね、もともと女性問題を考えてる人が同性愛者になれば、共通して考えるんですよ。だけども、もともと同性愛者であって、女性差別について別に考えてなかった人、ない人にとってはね、そんなに結びつかないんですよね。それがなぜだろうかっていうのが、話してほしい問題なんだけど。

G　だからなぜだろうかなって思うけどもね、ほんと、なぜかね。(笑い)だから、ね、なんかね、自分が一生そうやって同性愛者として生きていこうと思ってるかどうかはっきりしてないんじゃないの？　本人が。

Q　そうね、そう思うね。そこらへんきちっとしたらね、いろいろみえてきちゃう。

G　そうなのよ。ところが、追いつめられていけば逃げ道もあるわけだし、だから、そこらへんでね。まあいい人がみつかったら、みつかってうまくいきそうだったらやろうかな、やりたいんだな。もしだめならやめてもいいっていうか、いつも逃げ道つくって、ある程度日和見的でいるんでしょう？

Q　そう、それで、若い人多いとさあ、いつでも結婚の可能性に恵まれてるでしょう。だからなんだかんだいっても結婚すればさ、一応くらしていけるってのがあるでしょう。

G　そう、そうなのよね、あるよ。だから、そんなに意識しなくても頭のどこかにそれがあってね、つきつめないんじゃないの？

Q　わたしの場合はそうだったと思う。というのは、わたしやっぱり結婚しようと思ってってさ、そう思ってるときはすごく不安だったのね。そいで、レズビアンの問題と女の問題がどうしてくっつくか全然わかんなかったね。ところが、ああ、この道に立った、いこう、なんて(笑い)思ったらさ、みえてきちゃったね。(一同笑い)

G　わたしもね、やっぱりそうだと思うの。やろうと思うとみえてくるのよ。

B　ちょっと待って、ねえ、どの道？(一同笑い)

A　あなた、わかってて聞いてるんでしょう？

B　ちがう、ちがう。わたしはわからないのよ。というのはね、わたしは、レズビアンに、今はそうだけどね。この先さ。

G　わからないわけ？　先のことは。

B　そうよ。男が好きになるかもしれないと思ってるわけ。というのはかつて男を好きになったわたしがいたからね。男がきらいじゃないわけよ。今でも。ただね、今は女を選んでるでしょう。前は男を選んでたの。で、女を選べる自分てのを発見できたわけでしょう。で、女を選んでるわけじゃない。だから今度男を選ぶかもしれないってのがあるわけ。だけどわたし、この道でやっていこうってのは、ちがうかもしれないけどあるわけよ。というのは、わたしは、やっぱり自分で働いてね、自分で食ってさ、何があっても自分で生きたいってのがあるの。だから、わたしにとってその道ってのはそれなの。レズビアンになろうと男を好きになろうと自分はやっぱり誰かに寄生したくないという思いがあるわけ。あなたの(Qに)この道ってのはちがうわけ？　レズビアンとしての道？

Q　えっとね、わたしもそう思ってた。今、この人を好きなのは、たまたまこの人を好きだけれども、それがたまたま女だと

思ってた。ところがさあ、よく考えてみたら、なんだかんだいってもやっぱりそれしかないんだね。わたしには。それしかなかった。だから、ああそれだったら色気を出すのはやめて（一同笑い）この道行こうと思ったよ。で、そう思ったら、やっぱり働かなくちゃあいかん、そしてたとえば親が結婚を強要してこないためにはわたしは経済的に自立しなくちゃいけない。それから相手に迷惑をかけないためにもやっぱりわたしは食べていかなくちゃいけない。それから健康だって元気でいなくちゃいけないとか、そういうこと思うようになって、そしたら、やっぱり仕事場行ったらなんだかお茶くみばっかりさせられるわ、そんなのやられると腹がたって来てさ。ああやっぱりこういうことかと思うね。

B　つながるでしょう？

Q　うん、つながるんだけどさあ。

G　そう、つながるのよね。そこまでみんな考えないんだ。

Q　だから、結婚っていうのはすごくそういう眼をくもらせると思うね。

A　そうね。あなたの場合はね（Bに）同性愛者である前にフェミニストだったからなのよ。だから矛盾なくつながる。

G　そう、そう、そうなのよね。そういう人はいいんだけど、そうじゃない人は。

B　だけどわたしは、これから男にかわる可能性があるかっていうと、だんだん、だんだん少なくなってきてる。（一同笑い）

G　あなたはどっちにしてもとにかく自立していくんだから、いいわけよ。

A　わたしが最初に自立を考えたのはね、個人的な話になりますけれども、最初に思った動機はね、わたしはどうせ結婚はできないと、わたしをもらってくれる男なんかいないと、（一同笑い）思ったの。思った。それと、親が貧乏で、親にかいしょうがないと、（一同笑い）、親にもたよれないと、そしたら、まあなんとか成績はよかったから（一同笑い）たよるのは自分のここ（頭）しかないと、ほんとにね。当時真剣にそう思ってましたもの。中学のとき。

G　まあ、そういう人、ほんとにいますよ。
（笑い）ほかにもいたよ。

Q　もう中学のときにそう思ったの？　えらーい（一同笑い）

G　そう思ってやってきた人が二八でころんと結婚したけどね、（笑い）ちゃんともらう人があらわれたらね、急に迷いはじめちゃったわけ。

Q　うーん、わたしもそれは思うね。

G　その人もそう思ってた。いろいろこうして、こういうふうにとやってたわけ。ところがほんとに結婚したいって人が出てきたらね、はっとしちゃったらしいのね、
（笑い）、それで。

D　いままで出てこなかったわけ？二八まで。かわってるよ、その人（笑い）。

H　そんなの関係ないよ（笑い）。

A　ちょっとまって、あなたはね（Dに）、女としての商品価値がね。

D　ほんとに女の人が好きだったらね、結婚しないよ。

G　いやあ、でもその人女の人が好きだったわよ。それまでにもずいぶん恋人いたんだもん。

A　やっぱり今の社会に生きてる以上ね、よっぽどのスーパーウーマンでなければ、弱い部分もってるしさ。

G　さっきの話のように体をこわしましたとかね。いろいろあって、そしたら結婚し

たもの。あとは知らない、どうなってるか。

D　できるのかな。可能なのかな。結婚してうまくやってけるわけ？

B　可能だよ。

G　可能よ。うん。なんというのかな、生活の安定を結局は求めたというか、それから、囲りの人がほっといたというかね、もらい手がないと思ってたのがあらわれた証拠を、なんていうか……

M　世の中に肯定された形の、まあこういういい方すると語ヘイがあるけどさ、売春行為に似たものと考えると、生活を成り立たせる、それから、社会がすごく拍手して送ってくれてさ、そういういい方ほんと悪いけどね。（一同笑い）

G　ほんと、女の人は結婚できるものね。がまんしてやらせとけばいいっていうこと。

（一同笑い）

A　この人そうだったから（大笑い）。

G　できるもん、女の人は。だって楽しまなくったっていいんでしょう、がまんしてればいいんだから。

B　ふつうの夫婦だって楽しんでるのってそんなにないでしょう。

G　楽しんでないわよ、別にね。

M　お茶くみやるのと同じでさ、いやなものがまんしてやるわけよ。

A　いえてる。（笑い）

D　でもそれでがまんしてる男もいないでしょう。いやなのわかるでしょう、相手も。

Q　いや、それでいいんだよ。

G　そりゃどこかでわかるけれども、まあまあ。

D　男の人にはいいんじゃない。ごはんつくってくれて、子供つくってくれて。だけどだいたいはだめになる話多いけどねえ。

G　うん、結局はね。だめになるけれども。

まあそこには悲劇が（一同笑い）

A　テーマは、女性差別に対する認識が……。

D　それが逃げだとしたら甘いよ。最後に病気してさ、どこにも行く道がなくて、なんとかかんとかで、最後に結婚がひとつ残ってるぞ、なんてのを肯定しちゃあいけないよ、やっぱり。それはまた悲劇が悲劇を生むよ。

G　そうね、必ず悲劇をはらんだ生活がそこにあると思うのね。

D　で相手にも悪いしさ。

G　そう相手に悪いよね。

A　今ね、そういう批判的な認識が意外に弱いのはなぜだろうかということに対して、結婚で目をくもらされているというのがあるんじゃないかということと、それから、個人的に自分が誰に心を魅かれるかということと、社会的な女性差別とは直接的には結びつかないというのがあるんじゃないかということと、だいたいこのへんが出てるわけですね。

G　えっと、それとね。女同志で生活するっていうことをかんたんに考えてるんでしょう。なんとかなるんじゃないかというくらいに。

A　いっしょにくらすとかいうことになってくると、生活っていうのが現実にのしかかって来ますから。

G　だからそこまでやってみないうちっていうか、彼女ができればいいなあぐらいで思っているときなんてのは、そこまで現実的につきつめない状態でいる人が多いんじゃないの。

A　で、たいていは、レズビアンじゃないふつうの人に片想いで、心ひそかに想いをよせて悩んでいるというふうなのが。多くはそうでしょう。

H　うん、わたしそう思う。

G　そのへんでとどまってるから、まあ、なんていうのかなあ。

Q　それと、あとひとつさあ、レズビアンていうのはあまり問題にされないでしょう。趣味だとかいわれるでしょう。趣味だとか風俗だとか。そうするとどうして自分がレズビアンだか、そういうことを意味あるものにする意見はないのね。意味がないのよ。

G　そう、趣味ね。趣味であれば別段そう大げさにさわぐことはないという。

Q　だからレズビアンであることに意味があるっていうような、あとおしするような意見はまるでないよ。だから、結婚の方が、子供も生まれるし、もしかしたら意味があると思うよ。

A　じゃあ、同性愛の方がよりプラスである。あるいは意義があるという積極的なそういう意義について出してもらえないかしら。

G　同性愛の方がなんていえないじゃない。（笑い）同性愛者であればそりゃ意義があるわよ。

M　同性愛的傾向をもってるのにそこを開発しないでね。意固地になってる人がたくさんいるわけ。

G　それはあるわね。（一同、そうそう）

M　それは残念なことよ。自分の可能性を閉ざしちゃうってことでね。

D　開かなきゃ。

M　そう、おかしいんだよ。「いやぁ気持悪いっ」なんてさ。

A　ただ逆にね、男に対して非常に、その、生理的嫌悪とでもいいますか、そういう人が一部ありますでしょ。

（テープここで切りかえのためとぶ）

G　だからわたしは子供を生みたいなんて思わないうちに持ったでしょう。

D　受け入れなくても子供はできるんだね。

G　子供ができたからまずかったのよ。(笑い)。ほんとにもう因果なもんだと思ってね。ほんとに、生む性だなんて、腹立ってね。

Q　中絶はしなかったの？

G　しなかったの。できなかった。わたしが妊娠して三年めぐらいになってからかな。どうやらやってもいいってことになったのは。だって、ついこの間までは、ろうやに入れられた行為でしょう。まだ法律的にやれなかったんだもん。だからできたものは生んだのね。避妊の方法ってあったけど、要するに未熟なもんだから、指導もなければ何もないからね。失敗しちゃったってこと。できたから生んだ。まずそこからはじまっちゃってるから、もう話にならない。どうにもならないけどね。(笑い)

D　ノイローゼなんかによくならなかったね。

G　なっていられないわけよ。

M　子供がいるから？

G　うん。それでまあ、その人とは子供ができて十ヵ月めに。その子を抱えて別れちゃったの。やっぱりうまくはいかなかったのね。それを前面に出したわけじゃないけれど、でも、そのほかに親をかかえるとか、いろいろかかえこんだために、二度めの結婚しちゃったの。どうも申し訳ありません(一同笑い)。つまり、そのころはね、男が好きかとかそんなこと考えていられなかったのよ。恋人なんてもつとか、なんにもないし、そういうときは、生きてる感じがしなかったの。全然。今は生きてる。前は生きてなかった。

D　自分が女の人を好きだって知ってたの？

G　好きだって知ってたって……、もう女の人とは経験があったんだけれども、それがどのくらい重要なことかなんて、そういう認識はなかったの。わたしの全生涯を支配するようなものであるっていうような認識がなかったの。今のように話にも何にも出なかったしね。むしろ学校時代に黙認されてたっていうことで、自然にしか受けとらない。重要なことだとは思わなかったの。だから、まるっきり認識不足で、(笑い)今だったらもっと考えただろうし、こういうふうに話ができるってことはすごくいいことだと思う。

B　どうして重要なことだと思うようになったの？

G　え？　経験してからよ、こりゃあもう。

D　まず社会的にそういう人たちが、だんだん生きる場所をせばめられていくような体制を、解放していくことが大事よね。

A　そりゃ、結論からいっちまえばそうなんだけど(笑い)。

D　なんかつくらなきゃ、社会保障を。

(一同笑い)

B　助けあう会とか？

G　とにかくレズビアンであろうとなかろうと、女の人がもう少しひとりで生きるのが楽であればねえ。

B　さっきの聞きたい。なんで自分の一生にかかわるようなものだって思うようになったの？

D　好きな人があらわれたから？

G　うーん、ずっと思いつづけていたよ。その、昔のそういう感じを。でもわたしはもう全部そういうものを捨てたんだと思

いきかせてきたわけ。

B　だけど離婚したじゃない。

Q　何年くらいそうやってきたの？

G　離婚の可能性がちらっとみえはじめてから、もう離婚したいしたいと思ってたのは、子供が大きくなってきてからなの。子供が大きくなったから、もう今ならば両親が別れてもいいだろうと思ってから積極的になったの。

D　今、子供さんといっしょ？

G　ううん、別にくらしてます。もう大きいしね。

D　お母さんがそうだと知ってるの？　子供は。

G　うん、知ってるわよ。

D　男の子？

G　男の子も女の子もいる。えっと二六と一九かな。

Q　ふたり？　へえー。（一同へえー）

G　上が二六で下が一九、男の子で。男の子は今となり同志にゝますけどね。別にぜんぜん。

D　干渉しない？

G　しない。させないもん、それはね。それに夫婦で、両親でいたときにみているっていうか、いろんなことがあったのは骨身にしみてるでしょ。いやでしょ。今のほうがよっぽどわたしが生き生きとしてることがわかるから。

Q　へえー、そういうこともあるだろうねえ。（一同へえー）

G　だからほんとにそんな死んだような親たちをみてるといやでしょ。男の方も新しく結婚してね、そっちはそっちでうまくやってるらしいから、子供は行ったり来たりやってるわけだから。だからいいんでしょうね、たぶん。だけどやっぱり子供の養育のために、世間的ってことじゃなくて、やっぱり子供に対する影響はね、ちょうど思春期、中学、高校に入る年に離婚したのかな。もうそこまで行ったらいいだろうと思って。そのまま三、四年はもめてね。

D　子供がぐれたりしなかった？

G　うん、だから、ぐれさせない、大丈夫だっていう。

A　同時進行中のがいたのよね、そのとき。

G　うん、だからそのときに、恋人がいたりいろいろなっちゃったの（一同笑い）その前に別居してたのよ。別居になってから今度は彼女ができたりなんかして、いろいろになってて、そのあいだじゅう子供をある程度みながらね。それから、夫婦ってそうそうかんたんにもう十何年もいっしょにいたら、別れられないわけ。両方とも、具合悪いの。いろんな影響がでるでしょう。そんなもんだから両方とも形だけはつづけようかっていう気持があることはあったのね。だけどやっぱりそういうことは不自然でやってられないってことで結局別れたけれども、子供の様子はもちろんみてた。ぐれるとか変なふうにでもなるんだったら困るけど、それはそうさせないっていう気持がわたしはあったわ。わからせていこうっていう。

それはでもはっきりいわなかったわよ。いわなかったの。そんなこといわないけど、暗黙にわからせていっちゃった。面と向かっていってね、理屈でいったからわかるってもんでもないでしょう。いってわかることとだめなこととある。だから暗黙のうちに事実でこうだんだんだんだん重ねていけばいいんでね。

A　えっと、それでは九時になりましたので、一応きょうの座談会はこれでうち切りたいと思います。あと残りたい人は残って自由に話して下さい。

A　すごく感激したのは、たぶんわたしの経験では、レズビアンの人がこれだけ一堂に会してしかも討論をするというのは、はじめてなんですよ。まあ、この間第一回めをやりましたけれども、非常にこれは意義があることだと思うんで、こういうふうな場がもっとどんどんできていけばすごくいいと思うの。それでもしできることならば、定期的に集まりをもって話しあいをするというふうにしていきたいんですけども、（一同同感）。

N、〇のアピール（雑誌「ペロ」の紹介）

N　わたしたち、ふつうのじゃないけれども結婚生活をしていて、それから、出方はちがうわけだけど、それぞれ出会いながら出て行く四ヵ月ってのは、子供が、まあわたしが三人、彼女が一人で、男との関係や子供とのつながりで相当シレツな四ヵ月ってのを送ったわけですね。もちろんこの中、同性愛ってことだけじゃなくて様々な差別とつながっているわけで、女一般の問題から満載されている四ヵ月だったんですね。そのことを、まあ語りつくしてはいないかもしれないけれども、事実の中でわたしたちが苦闘してきたことを一応全面展開したつもりなんです。ぜひ、三〇〇円でちょっと高いけど、中が読みにくくて申し訳けないんですけど、ぜひ読んで下さい。

座談会についてのお問い合わせは
渋谷区代々木4の28の5
東都レジデンス410リブセンター
「すばらしい女たち」編集グループ

れずびあん ふぇみにずむ

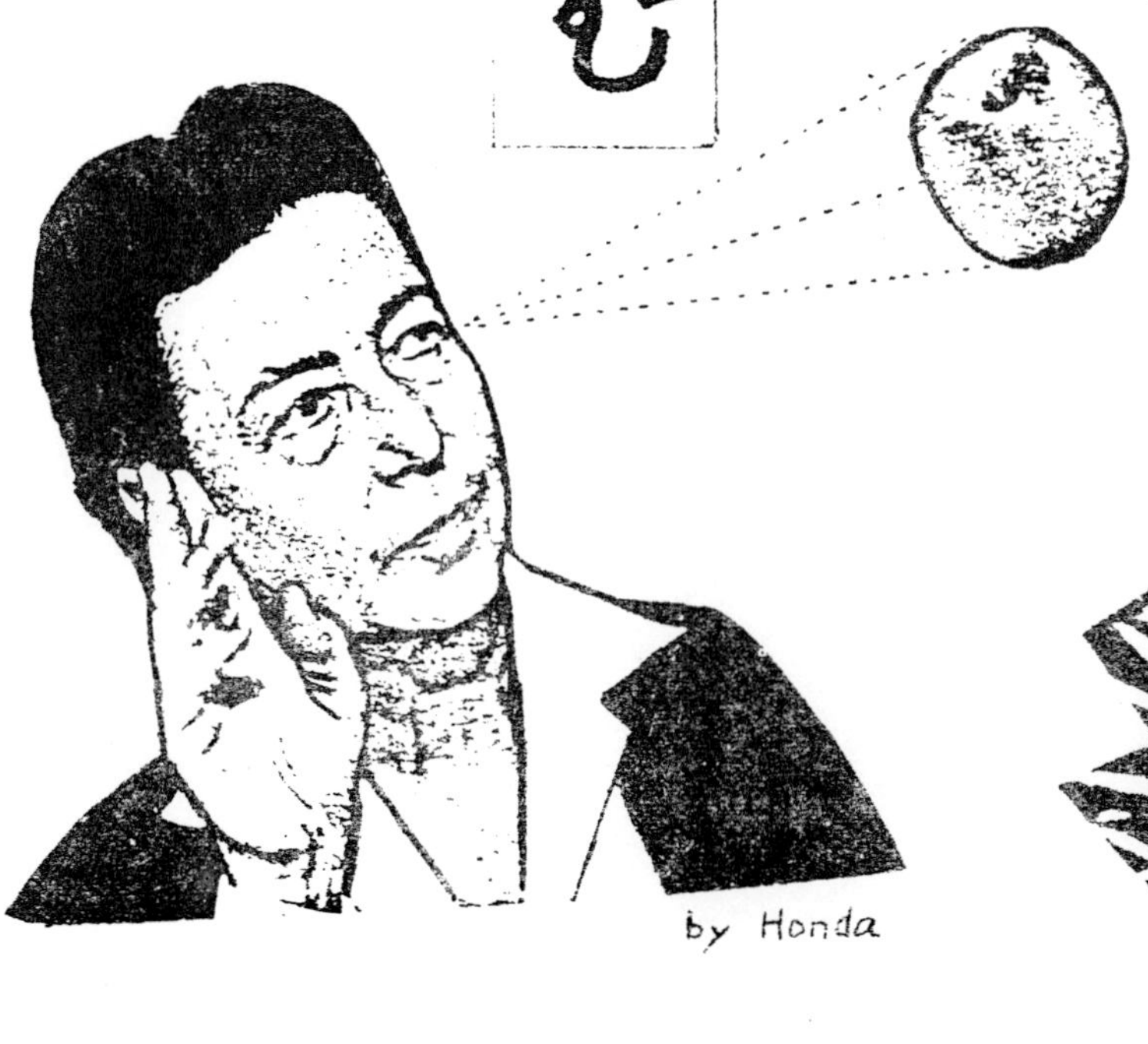

by Honda

私の中のリブへの芽生え

岩田由美

19才の時、一つ年上の女性を愛した。

彼女もレズビアンだったため二人の仲は急速に進展し、いわゆるレズビアンの関係になるまでに長くはかからなかった。しかしこの愛を生涯貫き通して男と結婚せず二人で暮らそうという強い決意を私達は持つことができなかった。いつか彼女が結婚し私もまた結婚するであろうと思っていた。私は当時学生であり、経済的に全く独立していなかったし精神的にも独立していなかった。彼女の方は、私に輪をかけて独立心がなく依頼心が強く、虚弱体質で、自立して生きていこうという強い女性とはほど遠かった。私達は外部から全く孤立していた。同じ仲間が存在するはずだと信じていても見つけられず、また存在したとしてもごく少数であり、この愛は貫き通すことはできないという諦めの気持があった。同じ仲間を求めてレズビアンクラブなるところにも行ってみたが興味半分でやってくる男の客が多く、そこは我々が安心して楽しめる場所ではなかった。当時、彼女を愛すること、レズビアンであることには苦痛が伴っていた。もしこの時にウーマンリブ思想に根差した考えが心の中に生まれていたならもっと違った道を選ぶことができたであろうにと悔やまれてならない。こんなに切なく苦しい恋愛はもう二度としたくないという言葉を残して彼女は結婚し、私から去っていった。

自分が同性愛者であることを早くから意識してきたにもかかわらず、長い間このこととウーマンリブとを結びつけて考えてこなかった。四、五年前からウーマンリブという言葉がマスコミで盛んに取り上げられるようになり、アメリカのリブ運動に関する記事があちこちの雑誌に掲載されるようになり、多くのレズビアンの女達もこの運動に参加していることを知った。そして日本にもリブ新宿センターができたことを知った。新聞や雑誌に載せられている活動記事を興味深く読むだけで、フェミニストではなく、リブ運動もよく分からない私にとってリブセンターは近寄り難いものがあった。もちろん関心はあったのだが。

一年前、ある会をふとしたきっかけで知った。こういう会が存在することを知った時は大きな喜びだった。女同志の愛を真面目に考える会ということでためらいなく会員になった。会合に出席して気づいたことは、街を歩いていても男としかみえない男装をした男のような女や結婚している家庭の主婦が多く、そこに集った人はレズビアンという一つの共通点は持っていても、思考も状況も個人々によって全く違うということである。数回会合に出席したがなかなか友達を見つけられなかった。隣に座った人同志の個人的な話ししか行なわれず、出席した人全体の結びつきがなかった。会で友達になった人を通じ数人の人と知り合った。彼女達は以前その会に入ったことがある人達で結婚している人も何人かいた。

彼女達と話して感じたのは結婚して家事に専従している女にとって、どう肯定してみても

レズビアンであることは遊びにしかすぎないことである。心の中では夫を裏切りながらもその温室から抜け出せないのである。私は憤りを感じた。ステレオタイプの（型にはまった）結婚を肯定し、結婚の中での女の役割を肯定しつつしかもレズビアンであるということは当然矛盾するはずである。彼女達からこの矛盾を痛切に教えられたのである。

同性愛者は男と女の関係に基く結婚制度を基礎にしている社会の組織からはじき出されているのだということに我々同性愛者はまず第一に気づかなければならない。我々が経済的にも精神的にも自立して男に依存しなくてもやっていけることを示してこそ初めてレズビアンの市民権を要求できる資格ができるのである。リブセンターでレズビアンの女たちのミーティングをやっていることをその会で知り参加した。その会ではみられなかった有意義な討論が情熱的に行なわれた。そこにはその会でみた男装の女はいなかった。質素で活動的な服装の女達ばかりであった。男装した女は男と女の関係に基く社会組織を肯定的に受け入れてそのままそっくり男の役割を演じ、男が女にするように女を扱っているのではないだろうか。この考えはフェミニストの考えと相反する。我々はこういう考えは絶対に受け入れない。我々は異常者でも変わり者でもない。愛する対象に男ではなく女を選んでいてその数が今の社会の中では少数だというだけである。我々の立場を正当化できるものはリブ運動以外にないのではないだろうかと私は最近思うようになってきた。この小冊子を作成するために集った仲間、そしてこの小冊子の読者も加わって、さらに大きなグループになり我々の運動が大きな輪になって広がっていくことを切に望んでいる。

私の女好きなウルフ

本田則子

「女が真実を語りはじめたら最後、鏡にうつる男の姿は小さくなってしまい、その世界を支配する資格が減じてしまう」（ヴァージニアウルフ私だけの部屋より）

男女平等を自明の理と考える人たちの中にも、ことウーマンリブへなるとマユをひそめる者が多いことは事実だ。また女性解放運動を自明の理と考える人たちの中にもレスビアンフェミニズムとなるともはや行き過ぎだといいだす人々が多いのではないだろうか。同性愛を資本主義社会の堕落した退廃的な一面と考え酒池肉林と同じくらい卑らしい意味での快楽と考えるのは、かなりもののわかった人々の中にも多いし、「女らしさバンザイ」の男たちやマスコミにとって、レスビアンフェミニズムとは女性解放運動を非難し嘲笑する上で恰好の材料となりかねない。「そら見ろ。彼らは女として欠カンがあるのだ。」このように、あっちこっちで非難され嘲笑されることの余りにも多いレスビアンフェミニズムのかかえている問題は、非常に根源的だと私は考える。これほど社会をささえている女と愛という土台にかかわりのある、それに打撃を加えることのできる問題は、他には見つかりそうもない。女は男しか愛さないという鉄則の上に男社会はつくられており、この社会では、「男同士の友情は美しい」が「女の敵は女」なのだ。

タブーの持つイメージはおそらく作られたものだ。私が生まれてはじめて聞いたレズビアンという言葉は、メンデルスゾーン並の甘美な音楽のように響いたし、実際サッフォーの伝説からなるこの言葉は青い空と海の香りがする。同性愛を自らの想像裡で誇大妄想し「不潔だ」「きもちわるい」と、むしろきいているほうが当惑するほどわめく人々にその後出会ったが、彼らの唯一の論拠は、「不自然」ということだった。だが、様々な愛のかたちがあるなかで、生殖に結びついた異性愛だけが許可されていることのほうがおよそ「不自然」であり、「不自然な」諸現象を引き起こすもとでもある。現実に、異性愛は許可されている。そして同性愛は禁止されている。愛が自然にあるのではなく、統制され抑圧されていることは容易に察しがつくはずだ。「性欲は本来多角的倒錯的である。性本能の社会的な組織は生殖に奉仕し、生殖を準備しないような性本能のあらわれをすべて倒錯として禁止する」（マルクーゼ、エロスと文明より）。

この許可され奨励されている異性愛と男社会の鉄則は非常に密接に結びついている。この社会の根底には、「女は男しか愛さないし愛さないはずがない」という鉄則が充分すぎ

るほど行きわたっていて、特定の関係でもないのに、男対女でありさえすれば女は男に対して愛されるべき生意気でない女を演じなければならない。演じる女はまだマシだ。数々の努力と忍耐の末、愛されるべき女に仕たてあげられた女の意識は完全にゆがめられ、「不自然」にされている。例えば、彼女の働く職場に数々の男性に混って、きわめて有能な女性がたった一人いるとする。「不自然」なゆがめられた愛らしい女は、決してこの有能な女性の才能に目をとめるということはない。数々の平凡な男たちの諸長所や諸欠点を愛情をまじえながらこまごまと他の女たちと共にダベるのだ。この男以外の何ものにも真先ぐに人間的関心を持って向けられることのない女の眼は、男社会の異性愛讃美によって作られ増長されつづけている。「女性解放主義による分析と合わせて始めて、フロイド理論の全体構造が完全になるということである。そのときはじめて、同性愛や抑圧的な近親相姦のタブーの本質のような双方に関連している重要な分野が明らかにされる」（ファイヤーストーン、性の弁証法より）。

レズビアンとは同性の魅力や能力を発見し愛する感受性をそなえた女性を意味する。レズビアンは少くとも抑圧されることの痛みに敏感であるという獲得形質をそなえている。レズビアンは同性への愛情に誇りを持ち自分でものごとを選択し人間としての資格を充分にそなえた女である。

「女性は自己として生きているようにではなく男からこうだときめられたふうに自己を認識し自己を選択するようになる」（ボーヴォワール第二の性より）。「生きのびるためには男に仕え男を敬い男に従うことに妥協しなければならない。そのあげくに手に入るものといったらうまくいっても影の人生がせいぜいだ」（ジョーフリーマンビッチ宣言より）。このような女が、名前と人格と個性と顔を持ったひとりの人間として生きることは困難だ。実際、数々の忍耐と努力と男性への絶大なる愛情の末、「もっとも完全に社会に組入れられた女はもっとも権利を所有しない女だという矛盾」（第二の性より）にぶちあたる。だが自業自得ではないかという気もしないではない。結婚し　夫にやしなわれることを選んだのだから。女は結婚するべきであり、女にとって結婚は生涯の一大事であるといった男社会の鉄則を、一大事であればこそ検討すべきではないのか。この鉄則を無視し、自分を大切にし、自立しようとしている女にとって結婚は諸悪の根源という気がする。しかし三

食昼寝つきの文化的な家庭生活は女にとってすこしの給料とくだらない仕事しか与えない会社よりずーっとお得だ。問題はこの女の昼寝つき結婚が社会的にひとつの権力となって自立をのぞむ女の経済的基盤をおびやかしているということだ。私たちの身のまわりで自明の理のことのように「なぜ結婚しないの」といった問いが何百遍さえずられつづけているだろう。この結婚という神話を検討しなおさないかぎり、女性の解放はありえないし、事実それは障害である。レズビアンフェミニズムの持っている社会機構に根源的にかかわる問題として、この女の結婚という神話の無視がある。異性愛を制度化した結婚制度を無視することによって想像以上に解放された新しい社会制度の必要性が明るみにだされる。女性解放運動のかかえている問題は、家庭の仕事を夫がすこしでも手伝ってくれたら、といったような生やさしいことで解決できるものではない。ウーマンリブをかなり軽々しく考えているカチカチ頭の学者は多いが、女性解放論の持っている視点は、これからの社会、政治、歴史、芸術、人間のすべて、を考える上でますます重要となってくるだろう。「われわれ女を台なしにする要因は社会機構そのもののなかにくみこまれている。だからこれまで地上に起ったどんな革命よりもラディカルに現社会体制の基礎構造を攻略し人間の意識を徹底的に変化させるもっとも根源的な社会変革だけがわれわれとわれわれから生まれでる人間たちを解放するという課題を担いうるのである」（Mタックス女の心情より）。

幼ない頃の思い出として「続、私の大好きなウルフ」をつけたします。

「忘れたるにあらねども、
得がたくて、
のこしたる
紅き林檎の果のように」
（サフォー）。

私にとっての世界の中心は、母親だった。母親のそばにいることが最高の幸福だった。その他には猫や犬に夢中だった。本を読むことや絵を描くことも楽しかった。学校にはなんの魅力もなかった。本当の病気の時もあったし、仮病もおおいに使って出来るかぎり私は母親のそばにいた。フロイト理論に反して女の子である私は母親しか愛さなかった。

父と母は時々ひどい喧嘩をした。そんな時は耳に指をつっこんで泣きながら眠った。「いちばんいやなこと」というテーマのホームルームの時間に「お父さんとお母さんが喧嘩をすること」という意見が出て、みんなゲラグラ笑った。私は笑うのが恐ろしかった。母親はたいていいつも哀しげで、「死んでしまう」か「どこか遠くへ行ってしまう」と言っていたし、チラッとでも本気で考えたことなのだということが私にもわかっていた。毎日学校に行っている間に、母親が「死んでしまう」か「どこか遠くへ行ってしまう」のではないかという恐怖が下校時間になると必ず私を襲った。ある晴れた朝、母親は私をつれて教会の扉をたたいた。たどたどしい日本語を話す牧師に、「神さまの話を聞かせて下さい」と言った。ともかくそこまで追いつめられていた母親だった。

　中学校に入ると、六年間ウンザリするほどつきあった連中の他に新顔が三倍ほど加わって活気を帯びてきた。新しく知り合う友だちがみんなひとりひとり魅力的で、その中にひどくおしゃべりでドジばかりしている女の子がいた。彼女のすることがなにもかもおかしくてたまらなかったし、好きでたまらなかった。彼女に借した鉛筆を私はお守りのように大事に持ち歩き、帰る時は必ず彼女のカバン持ちをした。私はできれば彼女が常に使用している「鉛筆」か「カバン」に変身したかった。私の世界の中心は母親から彼女にとってかわり、浮き浮きするような活気と新鮮さに満ちた毎日が始まった。お互いに熱烈にひかれあい、私たちは「親友」を誓いあった。男の子からのラブレターや、彼女と某君との噂等は、たいして気にもならなかった。そのうちに夢の中に彼女が現れるようになった。切なくてたまらない気持のする夢で、私は彼女を抱こうとするのだった。眼が醒めると、ものすごく哀しかった。私は彼女を触れてはならない女神のように思っていたし、ものすごくひかれていたが、どうすることもできないと思っていた。

　そうした頃、父母が突然、私を「女の子として躾る」宣言を下した。男の兄弟しかいない私にとって納得のいかないことばかり起こりはじめた。兄たちはTVを見ていていいが女である私は食事の後片づけをしなくてはならない、兄たちは黙って父親より先にお風呂に入っていいが女である母と私は父親に「お先に失礼しました」と言わなければならない女はなるべく戸口に近い末席に座らなければならない等々。無理矢理にも従わせられることが多かったが、お茶わんや窓ガラスを破壊して抵抗した。「女は可愛いけりゃそれでいいんだ」と笑いながら話す父親の声に、体の底から身の毛がよだった。私はだんだん反抗的になっていき、それがまた父と母との争いの種になっていった。

　中学を卒業する頃までに、何人もの女の子を崇拝した。欲望がなかったわけではないが文字どおり崇拝した。私には同級生の女の子たちがひとりひとり、その子にしかないキラッとしたものを持っているように思われた。そうした面が見えはじめると、私はもう好きにならずにはいられなかった。反抗的な私の性質を見守るような男の子が現れた。私たちはカップルだという噂がたった。かなり好きだし、趣味も合うし、尊敬できたし、ホロリとした気分だったが、そんな時にも、崇拝している女の子の方にずっと激しくひかれていた。やっと私は自分だけがおかしいと思いはじめていた。

　高校に入学すると新しい同級生たちは、い

よいよ眩しく美しく私の眼に映った。私は同級生の女の子たちすべてに対して「あったかい気持」を持っていた。男の子は邪魔者という気がした。私は自分をヘンだと思いはじめていたし、言動も男っぽくなっていたが、それでも上級生のボーイフレンドと交際するよう努力した。

同じクラスのxという真面目に勉強する女の子が私のまわりをうろつきはじめ、隣の席に座った時などいくぶん苦しげなのがわかったが、私はなんとも思わなかった。二学期が終るまでその状態が続き、私は何とも思っていなかった。あと一ケ月で春休みになろうという頃、突然、熱烈な愛情が湧き上り、xがまばゆいばかりに美しく可愛くかけがえのない人に思われた。一日一日が大切な記憶となるような毎日だった。

春休みになると、xはあるボーイフレンドとデートをするのだと言った。私は死んだ魚みたいな気持で旅に出た。旅先でxの夢を見た朝、飛んで帰って彼女に会った。夕暮れ時で、星が綺麗で、私たちは何も言わなかった。翌々日、xからのラブレターがきた。読みながら、自分の体がふるえているのがわかった。

新しい学年になると心配していたとおり私たちは遠い教室へ別れ別れになった。xがクラスにいないのがひどく空虚に思われ、少々退屈しながら学校へ通った。そのうちにxとA君との噂を耳にするようになった。私は信じなかった。だが駅に向うバスの中で、ふと気がつくと私の真前にxとA君のふたり並んだ後ろ姿があった。私はまっ暗な気持でバスを降りた。生物室や化学室の机に二人の名前を刻んだあいあい傘が見つけられるようになった。二人は公然のカップルだった。私とxとの愛情とも友情ともつかないあいまいな関係も続いていた。私はただ自分の気持をたしかめるより他にどうすることもできなかった。私はxの幸福を願っていた。A君との交際に文句を言う権利があろうはずはなかったし、なんでもないことも大切なことも、もう何も言葉にして言い現わすことができなくなってしまった。

同性愛ということであれば、誰にも相談したりうちあけたりするわけにはいかなかった。私はxへの愛情に少くとも誇りを持っていたので、病気だとしても、治したいとは思わなかった。私はただひたすら黙っているより他になかった。そのうちにかつて交際していた上級生のボーイフレンドが、「どうしたの?」と心配するようになった。私は友だちのことで悩んでいる、とだけつげた。彼はカラカラと笑い、友だちのことなんか忘れて自分たちのことを考えよう、と言った。x以外の人を考える余裕は私にはなかった。男なんか大嫌いだった。余裕のない、何ひとつ手につかない苦しい毎日が続いた。一年もたつと、私は苦しみと暗さに慣れっこになっていた。

xからは何通もあいまいな手紙がとどいた。ある日xは私を呼び出し、彼女のことをどう思っているか、たずねた。そしてA君がキス

をしようとしたがいやだったので抵抗したと、そのいきさつを私に話した。冷静に考えれば悪い話ではなかったが、その時の私にはなんでも苦しいようにしかうけとめられなかった。とどめの一発をうけた気持で泣きながら帰った。

それから数日間、壁に自分の頭を打ちつける夜が続き、食事がのどもとを通らない日々が続いた。それにしても、いったいどうしたのときいてくれる人はいても、本当のことを話せないのがつらかった。私はその頃から、東京へ行こうと決心しだした。東京へ行けば「ミロール」を唄う三輪明宏や「青い部屋」の戸川昌子や自分と同じきちがいに会えると思った。私は自分をきちがいに思いはじめていた。

生きていることが苦痛でしかない時がきた。なんで生きなければならないかわからなくなった。死なないためには宗教的にでもなるより他になかった。私は長いこと自分を死にそこないに思っていた。

このあたりにひとつの墓標がたっていて、それから以後、私は世界の中心を喪失したままだ。

凍幻

田部井京子

おまえがわたしを訪れた夜
細い月が西の空にかかっていた。
そうして
ときどき冷たい雨が降って
わたしたちは笑っていた。

闇が沈んで
けだるい陽が部屋をぬるませ
また凍闇がおりて
幾度の夜の炎上をむかえただろう。
雨がいつか雪片となって舞い
わたしたちは笑っていた。

それは

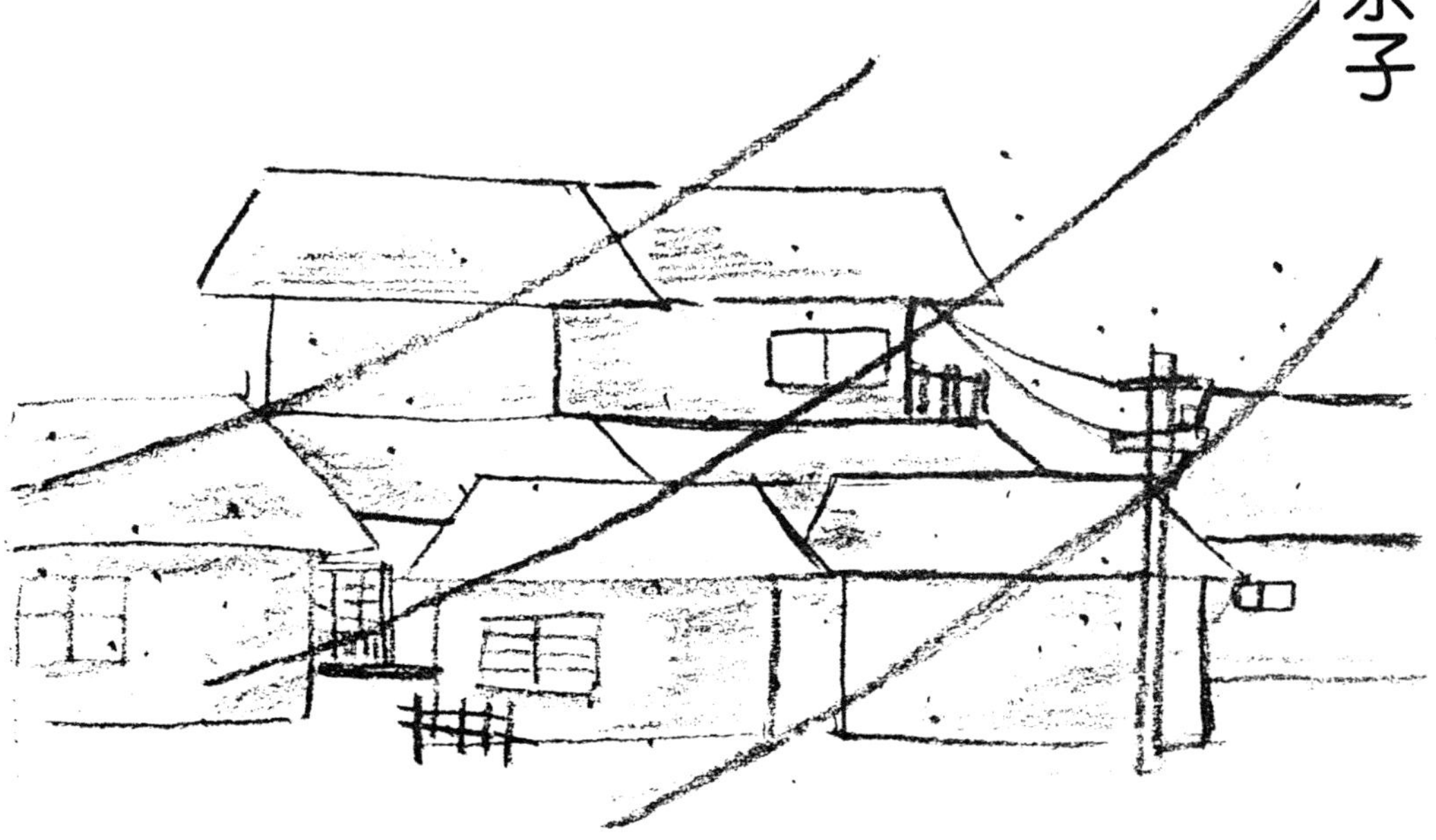

ガラス戸一枚にささえられた笑いであった。
けれども
茶碗の底に月を追いやり
こおったガラス戸にはりついて
わたしたちは笑っていた。

やがて必ず月が満ちる。
部屋が洸々とくだけちり、
夜がびんびんとくだけちり、
そのときおまえはこなごなになって
片らひとつも　すべて
はるかな闇に失せるだろう。

そのときを想いながら
静かに茶碗をかたむけ
わたしたちは
今夜も笑っていた。

わたしの歩いてきた道

田部井京子

同性愛という場合に、二とおりある気がする。ひとつは、「同性なのに、こんな気持になるのはおかしいのだ」と思っても、それでも奪われた心をどうすることもできない、そんな魅かれ方である。それは、「たぶんふつうの人は男性に対してこのような好きになり方をするのだ」と思わざるを得ない、ある、友情のごときものとはちがった、特殊の感情である。

友情のごときものとはちがった、と書いたのは、友情というのは、わたしの経験では、その人（たち）の性格や考えなどが自分に好感を与え、共鳴したり批判したりいたわったりいたわられたりしながら、会ったり話したり酒を飲んで泣いたり、または遠くから近況を思いやったり、そうしてその人（たち）とのそういう交わりが自分にとって生活の一部であり、貴重な一部を占めていて、互いの成長を望んでいるというふうな、そういう関係がいつでも自分の一部として自覚できるというふうな、そんな感情であり、それは遠くなったり近くなったりしながらある距離を保っていて、どれだけ自分が自分でしかなく人がみなひとりであるかを、やさしさときびしさのいりまじった愛情とともにしみこむように教えてくれるのである。そこには痛みはあるが乱れは存在しない。

しかし「恋」というのは少しちがう。交わっているうちにだんだんその人の性格や思想に魅かれていく自分を発見するということもあるが（そしてそれは実際よくあることだし、ほんとうのあり方だとも思うのだけれども）、ときには、一目で「なんてきれいな人なんだろう」などと、そんなことはその人の中味には全く関係がないのに、一目で「恋におちる」ということもあるのだ。そしてどちらの場合にしても、いったん自分の感情を自覚してしまうと、もはや意志の力でそれを白紙にもどすことはできなくなる。距離をおいた自己認識もなければ、距離を保った冷静な好感などもあったものではない。まさに心は、「千々に乱れ」るのだし、自分の中で格闘して、想いを打ちあけるか、時間の流れが感情を薄めていくことを念じてじっと黙って耐えるかしかなくなるのである。

こういう感情は、友だちに対する好意とは少し異質だと、わたしは思っている。恋に混乱はつきものだけれども、友だちに対する感情に混乱は存在しない。また、たとえばその人の手が肩にふれたとたんにすべてが停止し、自分の性的情熱を思い知らされる、というよ

うな感情のつきあげは友情には存在しない。

ところでわたしはこういうことを書くことによって、それが恋愛だとか愛することだなどと言うつもりはさらさらない。人を愛するという場合、いろんな愛し方、魅かれ方があって、その中でこういう魅かれ方を「意志に関係なく」同性に対して感じる女たちがいるということである。そしてこの種の魅かれ方が、従来一般的に「同性愛」ないしは「同性愛的」と呼ばれてきた感情なのだと思う。

わたしはそういう意味で同性愛者であった。子供の頃からずっとそうであった。この感情は、自ら積極的に愛の対象に同性を選んだという出発がないから、それを不自然だとする周囲の「常識」にこだわらずにいられない。それは性格にもよるし、べつにそれで悩んだということのない人たちもかなりいるけれども、そういう人たちは特別なのではないかと思う。まるでだれにも知られてはならない負いめのように思って人知れず悩んだことのある人は多いはずだ。そういう場合は結局「人を愛するのに男も女もないじゃないか！」というふうに結論づけてそれによりかかるしか肯定の道がない。その肯定には実は底にあきらめに似た気持がまじっているのだけれども。

これがひとつめである。これをかりに「生来的同性愛」と呼ぶことにしたい。この表現はよくないと思うし語弊もあるけれども、今うまい言い方がみつからないので、あえて使っておく。

これに対して、「積極的同性愛」と呼び得る同性愛がある。これは、もともと女の方が好きだったというわけではないが、何らかのきっかけで同性への愛にめざめたというような人たちにみられる。そのきっかけは、たとえばたまたまこのうえなくすばらしい女性に出会って心が開かれたとか、あるいは何らかの理由で男というものに愛想をつかしてしまって、一方で女性のよさを発見するようになったとか、思想的に女性の自立をめざす過程で同性に対する友愛と連帯の深まりが「わたしたちは同性をこんなふうにも愛することができるのだ」という感動をともなった再発見を生み出していったとか、いろいろであろう。共通していえることは、愛の対象として同性を選んだ（＝発見した）といいうる出発をもつことだ。

従って、こういう場合は概して否定的な悩み方が少ない。もちろん自分の発見した新しい感情に自分自身とまどって悩む人たちも多いけれども、それはだれしも社会の偏見からすぐには自由になれないというところにおいてであって、とりわけ「積極的に選んだ」といえる人たち、すなわち女の自立と女への愛が結びついていった人たちは否定的な悩み方はしていないようだ。またこういう場合は、友情と恋愛の区別などないという人たちが多い。

そのへんのところが、「生来的同性愛者」と「積極的同性愛者」の間でときどき話が通じにくくなる一因のように思う。

けれどもほんとうに両者の間は理解が一致できないのだろうか。

よく考えてみると、それが生来的な「恋」

によって生まれたものであろうと、たまたま(あるいは積極的に)女を愛するようになったのであろうと、現に愛しているときにはその感情に何らかわりはないようにも思われるのだ。はじめの経緯がどうであったにしても、あるふたりが愛しあうようになってそこに生まれていく深い心のひきずられ方や性的情熱や、失ったときの苦しみなどは同じだと思える。

わたしのような「選べないで同性愛者であることの苦しみをよくも悪くもひきずってこざるをえなかった生来的同性愛者」としては、「積極的同性愛者」に対して、なんとなく「男の方に向かおうと思えば向かえるのだったらそうすればいいのに」とか、選んでそうなった者にそうでない者の苦しみがわかるか」とか、「ほんとうに同性を愛するという感情をわかっているのだろうか」とか、「いずれまた男の方に戻っていくのではないか」とか、そんな反発や不信をややもするともってしまうのだが、ほんとうはそんなふうにこだわるのは低次元の安っぽい被害者意識で、それこそ自分がせまい偏見と他に対する無理解にしばられているからではないかと反省するのである。わたしが学ばねばならないのは、むしろその積極性なのだ。多くの「生来的同性愛者」が閉鎖的な苦しみの次元にこだわりつづけてきたのは、実に、自分自身で「異常だ」と思っているからであって、自分の愛や生き方に受身にしか対応してこれなかったからではないか。

わたし自身そうであった。わたしはものごころついたころから女の方にどうしても魅かれて、いくどかほんとに人生まっ暗になるほど激しい片恋をしてきたけれども、そういう自分の愛の向かい方を「同性愛」(この言葉はあまりにもよごされて、いかにも「特殊」なといういやなひびきをもつようで今でもほんとうは好きでないのだが)として認識し、そしてそれを肯定的に受けとめるようになるまで、幾段階も経てきた。女を愛することは全く異常でも何でもないのだ。それに気づいて「なあんだ」ところころ笑い出したのは全く最近のことだ。

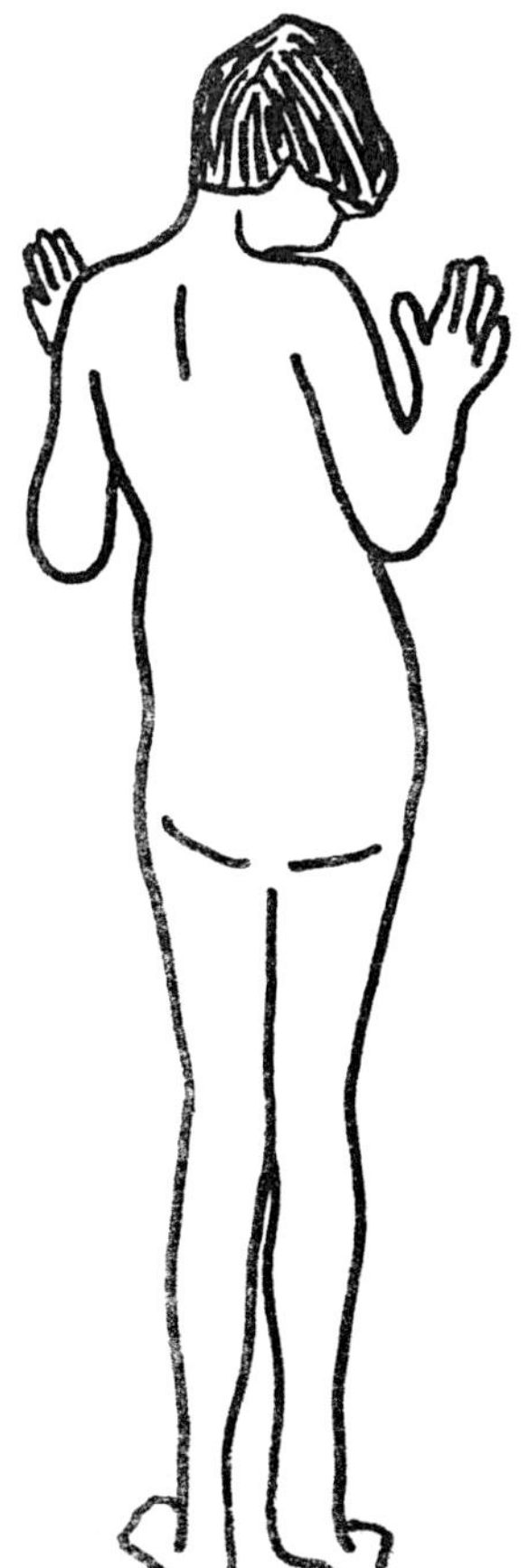

小学校の頃はまだ「恋」という言葉を知らないまま年上の女の子を好きだったし、中学のときは「恋」という言葉を知っていたけれども、そして日記を全部燃やしたりして初めて「自殺」なんぞを考えたけれども、自分はまだ未熟だからでそのうち男の子を好きになるようになると自分に言いきかせてきた。高校時代、わたしはある先生への想いで三年間を灰色にぬりつぶした。わたしは、その先生がたまたまわたしの肩へ手をふれたときの想いを忘れない。一度めは一年の冬、当時まだ改築されていなかった吹きさらしの通学駅のホームで、何人かの仲間とその先生とどやどやいっしょに電車を待っていて、わたしは後ろ向きに誰かと話していて、そのとき先生が「うーさむいさむい」と言いながら茶色の手袋をはめた両手を後ろからわたしの肩にかけ

た。先生が水色とくすんだ茶色が好きだということを知ったのもその頃で、水色と茶色の手袋を片方ずつ姉につくってもらってはめた。

二度めは、二年の夏クラブの試合で競技場のベンチにすわっていたとき、先生がやってきて、「どうや調子は」と言いながら後ろから両手でしっかりわたしの肩をつかんだ。この二度だ。両方とも後ろ向きでよかった。正面を向いていたら顔など見られなかっただろう。

それでもわたしは、この想いは生徒として先生を好きなだけだと思い込もうとしていた。わたしは生徒のひとりとして先生を好きなだけなのだ。だから先生もわたしをかわいい生徒のひとりとして愛してくれればそれで充分なのだ。先生は生徒のひとりとして他の生徒と同じようにわたしをかわいがってくれた。それでわたしは幸せだった。充分幸せだった。二年晩秋以降の不幸な発見さえなければ。先生にとりわけちかしい存在が出現し、先生の愛情の多くがその存在にふり向けられるのを見なければ、少なくなったとき、わたしはどんなにその人にとってかわりたかっただろう。

これがわたしが胸に初めて穴をあけた経験であった。この穴はもうかわいたけれども、決して埋まることはない。一生埋まることはないだろう。それはそれでいいのだ。

さてわたしがこの想いを「同性愛」だとやっと認めたのは、大学に入ってからのことである。おりからわたしはあるサークル活動を通じてひとりの人に出会い、坂をころげおちるように魅かれていった。もちろん片想いであったけれども、このときはじめて相手に自分の想いを告げている。友人としても失うかもしれないという恐怖があったけれども、どうにも告げずにおれなくて、一か八か賭けたのである。その人はさらりと受け流して「あなたの気持はありがたいけれど、わたしはそれに応じられない。」と言った。それからも何ら変化はなくわたしとその人は親友でありつづけた。その年のあけた冬、わたしは自分の気持をおさえこもうとしていた無理がたたって精神のバランスがくずれ、精神科の医者につれて行かれて一か月ほど自宅で静養ということになったのだけれども、それを境に彼女に対する想いはうそのように消えた。

再び大学に戻ったわたしは、その人や他の友人たちと女性解放に関するサークル活動をはじめ、やがて、現在のわたしの恋人(?!)に出会うこととなる。

いったい、わたしが「同性愛」について直視し、それを自分にはっきり認めるようになったのは、彼女との現在に至る関係と女性運動への関わりがあったからである。

彼女との関係ははなから同性愛を自分の中に疑いようもなくするものであったし、わたしが自分の立場を語るときの前提ともなった。ただわたしの最初の規定は「異常者」ということであって、「わたしは異常者だ」という自己認識を自分の痛みとして闘いの原点にす

えようとする、まことに誤った、思いあがった青くさい発想であった。最近、何人もの、女性解放、同性愛者解放をこころざす女性同性愛者（英語でレズビアン＝フェミニスト）と知りあい、ミーティングをしたり、同性愛に関する論文をいろいろ読んだりするようになって、はじめて「あら、異常なことではないんだわ、今まで何を屈折していたんだろう」などと、目からウロコがおちるような気持でいきあたったのである。それはとても爽快な気分だ。

わたしはこれまでいつのときも男嫌いであったことはないが（ただ不思議に女の方により強く魅かれてきただけなのだ）、「異常」だと思っているうちはどうしても男を「異性」として意識し、なんとなく「男の方にも向かわねば」という屈折したこだわりがあった。けれども、なんだかさらっとしてしまった。女でも男でもそんなことはどうだっていいのだ。ということは、べつに男にこだわる必要もなければ無視する必要もないのだ。ただその性差別のゆえに、いい男が極端に少ないのは残念だけれども、男がみんな大なり小なり女性差別者だからといって全体をバッサリやるのは逆の排他主義だろう。大事なことは、

そういう排他からではなく、女と女の関係がとても人間らしい愛の可能性をとりもどし切り開いていくだろうということなのだ。未来永劫。なぜならば同性愛は人間にとって本来自然なものだから。そしてそれは女の自立を要求するから。

同性愛がなぜ自然といえるのかについては次の機会に述べることにしたい。

はらだようこ

中学生の頃、一人の女性に恋をしました。好きで好きで大人になったら性転換手術を受けて、彼女と結婚したい。と思ったことがあった。その時は、こんなに女を好きになるのは、自分は異常性格者じゃないか？という気持が先に立ち、彼女を忘れるため、今思えばまったくバカなことをしたと思うが、絶交状なるものを彼女に送ったのである。

その後、男に自分の関心を向けるように、努力に努力を重ね、一昨年の秋、結婚。三ヶ月後、離婚。この時、今まで私のおできについていたかさぶたが取れたような、スッキリした感じを受けた。これからは自分の一番したいことだけをしよう。我慢するのはもうやめにしようと決心した。自分を長いこと同性愛者ではないかと疑っていた。この事に決着をつけたいと思っていたその機会が来た。

今、私は一人の女性を心から愛している。中学生の頃のあの女性に抱いた感情を越えるほどのものを求め続けて来て、いまそれを手に入れている。彼女は、まったく私の体の半分のような気がする。彼女の声、考え、感情、思うこと、話し方、行動、すべてを受け入れることができる。

私はとっても嫉妬深い性格。だから、彼女がいろんな人と会ったりすると、その一人一人に嫉妬を感じる。私が彼女の部屋を訪れる時、彼女が他の誰かと会って遅くなるということがわかった時、私が折角行くのに、何故時間をあけないのかと腹を立てた。その時、男が女に対して持つのと同じ感情を、自分も彼女に対して要求しているではないかとドキッとした。自分はいろんな友人達と会ったり、食事に行ったり、その間の何もない日に彼女の所へ行く。その時間帯に彼女が合わせないといって腹を立てるなんて、なんと勝手な人間なのだ。何故、女性を相手として選んだのか。男性と違って、ある平等――精神的、物理的平等があるんじゃないか。つまり、自分はマージャンをしたり、酒を飲みに行ったりして夜中過ぎに帰えって来て、女房が寝ていたら腹を立て、起きていてあたりまえといった顔をして、翌朝は、一時間も亭主より早く起きて朝御飯の仕度をさせてあたりまえ。満足、満足、そして、自分は昼間仕事をしているのだ。自分はこんなにも愛されているのだ。といった男達と縁を切ったはず。そういう精神的、物理的圧迫から縁を切ったはず。それなのに、それと同じことをしようなんて、まったくもって恥かしいことだ。

自分のしたいと思うことをして、それを無理なく受け入れてもらい、相手の意向も受け入れることのできる関係が、同性愛の間では成立するのではないかと、日々努力している。

火曜日のブルース

本田　則子

真夜中のプレリュード　イン　E　マイナー
Rの詩
ほろ苦いのが身にしみる
自分自身についていうなら
「行ってしまってくれ」と何度か思った。

カクテルピアノや花オルガンみたいに
かいているえんぴつの先から
変身するわけにはいかないものか？

ゆえに七色仮面みたいに正体不明としての
迷宮としての𝔵への手紙としての
とびらをかぎりなくたたく。
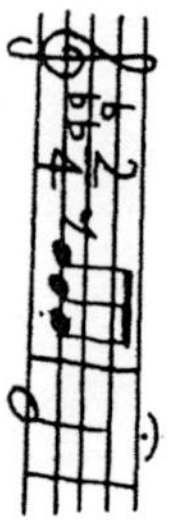ほどおおげさでなく
けれどかぎりなく熱っぽく
そして冷たく暖かく
なつかしさと優しさで
いつも空洞な愛にもめげず
まっしぐらに駆けたい人、いる？

どこまで行こう

かわはら 拧戸

欲望があった。頭のテッペンから足の爪先まで火を噴いて駆けまわってた。ネタイ、ネタイ。

新宿の歌舞伎町で一晩立ちん棒をした。それでも誰一人つかまらなかった。イヤ、ジョーダンでなく。そのくらい、その項の私は身心ともにひどかった。

魂の依拠するものが何もなかった。自分が何をしたいのか？どう生きたいのか？過ぎゆく時を忘れるたった一つの希求として、私はＳＥＸにつないでた。だから・・・・。

自分のために何かしたいというコトなど何も無い、一人の女が私を抱いた。「肉体の欲望を充足するものは男も女も一人も多勢も変わらない」この当然にして、あたり前のことを私は認められなかった。自分がダメで、だから淫乱で邪まなＳＥＸをイイと思ってしまうのではないか?!

その後、すぐに化粧品会社に入社した。ただの化粧品を手に入れ、汚ない服から市民的服装に衣替えし、男に好かれる態度、話し方を身につけた。（本当、よくやったよ！）体

重を10Kgも減量し、〈コンチクショー〉自分が飲むお茶ぐらい自分でくめよナと腹で怒って顔はニコニコお茶をくむなんてネ！

一年もたったうちに、会社の男どもから、ホイホイ声がかかるようになった。そして、男はアンマリ私の成長の助けにはならないナという立派な反面教師になってくれた。そして、自分はたった一人だ。たとえ男からオルガスムスを与えられたところで、魂の餓えは癒せはしない。まして、市民的モラルに鈍感に従属してる男なんて、魂の孤独をも知ってはいないクダラナイ存在なんだと教えてもらった。

「愛してるんじゃないけれど、君を抱きたい、今夜は離さないよ」と唄う歌詞が、男らしさのエゴイズムの極限などと、あたしは欺されていたけど、こんな男らしさなんていうのは、男と女の相互関係を男は受容できないヒヨワな存在で、女が人形みたいじゃなければ振る舞えないんだという、「男の泣きごと」なんだ。

女と寝たい男は山程いるけど、決して彼らは、女が男を抱くことを認めようとはしない。男は〈女はカクあるべきだ〉という、それぞれの意識的潜在的にある認識をもとに、女をアツカイ、女の体に排せつする。もし、女が能動的になり、男の考える〈カクあるべき女〉という範ちゅうを女が飛び超えると、それに対処する術が見つからず、対処できない自己を否定するのではなく、「この女は、女らしくない、自分が相手にするにはフサわしくない」と能動的になった女を否定する。

シュラミス・ファイアーストーンは「男は女を愛せない」と言っている。あたしは肉体の欲望を充足するには、愛が前提なのダなどとはハナから考えていない。ダッテ、「愛って何？」でしょう?!

プレイとして、スポーツとして、スキンシップとして、etc.……、とにかく誰かが誰かと未知の出会いをするSEX（好奇心からでも何でも）裸で交わるその時に、体はそうでも、魂はちっとも裸にならないという男のクダラナサがイヤなのだ。市民的モラルに纒られた、あたり前の男からはそんな真剣さを感じられなかった。何となく、ヒトハダの暖かさを心のウツロさにしのび寄らせて、男は女を抱くのだ！

四人姉妹の三女であるあたしの顔には、生まれつき、赤いアザがあった。差別を生きてゆくなかで、嵐が襲ってくると、私の身心はスッポリ耐熱樹脂の透明ドームに包まれ、外の景色が変わるのを待つという自己保存の習性がいつかそなわっていた。

白雪姫の冷たくなった魂を揺り動したものは大学闘争だった。あたしだけが差別を生きているのではない！そして、白馬の騎士ならぬヘルメット・ゲバ棒に身を固めた男の子に出会って、あたしもあたり前の女の子だと気がついた。

小さい時から「オマエは結婚できない、一人で生きてゆかねばならない」と継母ならぬ、実の母に耳タコで育てられたこのあたしは、「自活」のレールを脱線して、何としてもこの男と結婚しようと動転した。妊娠までしていたのに、ナゼか男は他の女に心をうつし、私は中絶。

「不幸のドン底」でワラをも握むつもりでしがみついたのが、当時、「便所からの解放」というパンフレットをまいていた田中美津さん。

たまたま遇然、アザがあったり、石にけつまづいて、自分はこんなヒドイ目にあったと泣いていたところで、アザがかき消えるわけでもないし、ケガが元通りになるわけじゃない。この痛みをバネにして、沈むんではなく浮上し、光り輝くのだと彼女は教えた。光り輝くのは己れの主体であって、誰かが肩がわりをしてくれるのでもなく、たった一人で生きてゆく私がやらなければならないと田中美津さんは冷たく突き放した。

ペタッと寄り添うやさしさも、心の安定を得るドームも崩壊してしまったあたしは、一夜のＳＥＸで燃焼するのを希求した。それも女からではなく男からの。

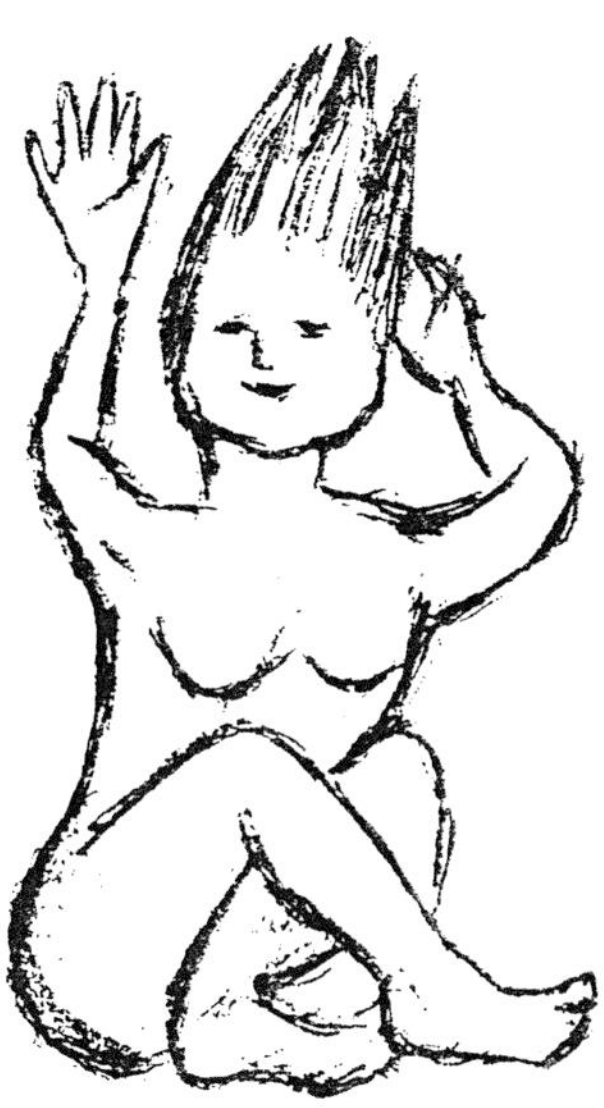

女と男の会話

あたしは自分のやりたいことがあるの。今は遊びとしてしかあなたとの間を考えてない。あなたも後で妊娠したとか性病になったとかめんどうになると困るでしょう。だからコンドームをつけて。

コンドームはめんどうくさいよ。

自分の体験を話すのは、楽しみを二重に味わえて素晴しいわ。でも会社のウワサ雀に突っつかれると、お互いの関係がまずくなるから二人のことは内緒にしておきましょう。

酒飲みながら友達と話すんだからジョー談だよ。大丈夫さ。

飲んで帰ると暖ったか〜いみそしるが待ってるの。女房もっててよかったなァと思うんだ。でも君みたいに独立独歩で生きてる女の人とは息が合って楽しいよナ。

あたしは金の採れない売春婦ってとこネ。

二十五前のションベン臭いのは話が合わなくてイカン。オマエみたいに男と女の話が手っとり早くて、肩がこらないのはイイ。今度ヤランかね。

会話を楽しむだけでイイじゃない。持ち上げるだけじゃなくて、その上オンブにダッコじゃシンドイわ。

結局、話しが合って、気持ちが通じる男はホモセクシャルの人だけだった。しかし彼は自分がホモであることをひたかくしにした。なぜ自分のセクシャリティを公然とだせないだろうか？社会的生命を失う危険があるのかしら……。

あたしが、バイセクシャルであることを肯定できなかったのにはいろいろあった。あたし自身のＳＥＸ観を自覚できなかったこと。リブはイイ男に出会うために、自らがイイ女になる空間だと思ってて、イイ男に出会えない自分はイイ女ではないのだと、自分自身を自己肯定できなかったこと。最大の理由は、あたしの身近にバイセクシャルやホモセクシャ—レズビアンがいなかったこと。

ＳＥＸは魂と肉体のお祭だ。人間が一人で生き、一人で死んでゆく、その孤独な生の営みに、火花と化した魂が融合し、肉体を通して、エネルギーの核融合を起こし、再生する永ごうの一瞬なのだ。

だから、魂の電極は科学の凹凸ではなく、融合しえるものすべて、女同志、男同志、女と男、二人以上と無限であってあたり前。そして、魂と魂が核融合するＳＥＸは、一般的モラルをとびこして、「淫乱で邪ま」な一瞬をくりひろげる。一般的モラルとやらが本当は淫乱で邪まなのじゃないかしら。

だが、魂の孤独を知りえぬ、時間つぶしのアイマイにイチャつく、男や女には、それはわからぬことだ。わかんないだろうな、やっぱり。

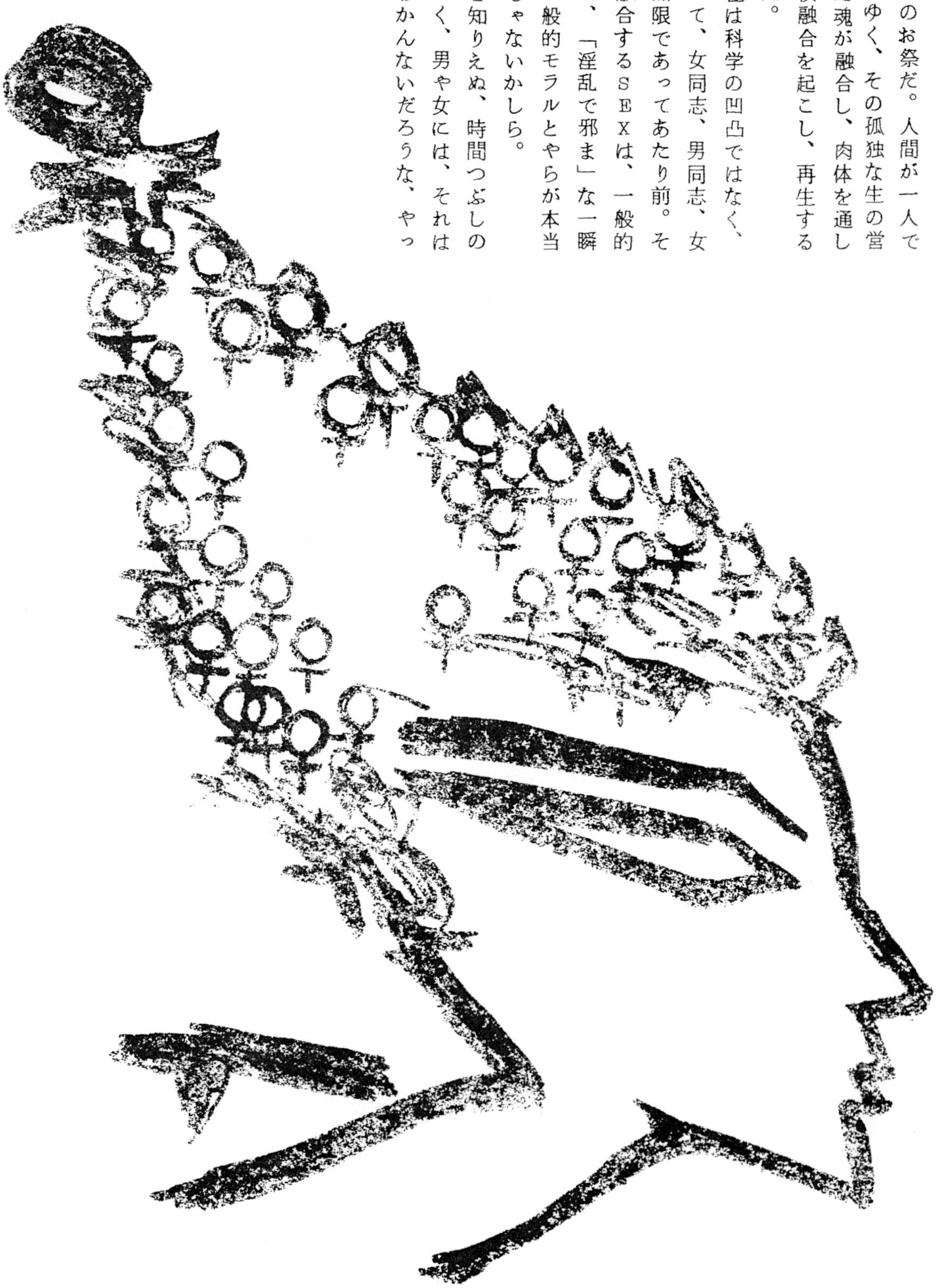

転換期

GERI STEIN

私は子供の項から自然に女の方へ心が惹かれてきたいわゆる生まれつきのレスビアンだが、それはなぜかと聞くことは、異性愛者はなぜ異性愛者になったかと聞くのと同じように無意味だと思う。ただとてもluckyだったと思う。つまり、この男性中心的、性差別から成り立っている社会の条件を素直に受け入れられず、「女の役割」に納得できなかったため、女性解放運動の中で自分らしい生き方をみつけて、運動の仲間とふれあって自立と人間的関係を求める女性の力と美しさをみてうれしかったのだ。

かつてレズビアンであることをよろこばなかった時があった。心の中にひそんでいた同性愛と社会が恐れて抑圧する同性愛との間に大きい矛盾を感じていた。"We are the people our parents warned us about." （私たちは、親が「ああいう人は悪い人だよ」と教えてきた、その「悪い人」であるのだ。―― Gay Liberation のスローガン。）

学生時代までは負ける一方、弱っていた。それに、女性解放に関心をもってもそれを積極的に生かそうとはしなかった。

そして日本へ留学に来た時に、運動とは関係ないけれどとても強くてすばらしい日本人の友達を愛するようになった。彼女に告げるのがこわくて、片思いに過ぎなかったが、ようやくその愛情は否定する必要がないということがわかって、come out（自分をレスビアンとして認めてその可能性を表現する）する勇気を得た。つまり、この愛なら、社会に変な目でみられるからといってわずらわしい思いはしないと決心した。そして女性を男性に付属するものとしてみる社会に対して怒りも感じるようになった。

留学が終って帰った。自分の国では一応の発言権があって自由に活動が出来るということもあって、すぐ活動に入った。新しいウィーメンズ・センターが出来たところに帰ったので、それをつくっていく努力と集まった人達とのつきあいでいきいきして、女の強さを感じた。ところでまた片思いをしたが、今度は彼女に告げた。よくわかりあって、恋人どうしにはなれなかったが、暖かい友達でありつづけた。

しかし何となく日本から離れるのが勿体ないと思ってきて、その上帰るすぐ前に出会った人から日本の運動のことを初めて知ったから、日本でもその関係があれば私にとって良い生活が出来ると考えて、今年また日本に来た訳だ。具体的に何が出来るのか、何が一番やりたいのかまだ自分でもはっきりわからないけれど、リブセンターやこの雑誌のグ

ループの女達と知り合ってそのいきいきとした気持を確かに持っている。

やはり生まれたときから受けてきた教育からそう簡単には抜けられないけれど、ある程度単なる反発・反対から抜け出して、社会の前提と価値観を忘れていろんなことを試みる。(もちろん抗議して闘う必要もあるが、少なくとも恋愛においては、レスビアンはその必要からもう個人的には解放されているのだ。)この社会が本格的に変わるまで何年かかるだろうか?(何十年、何百年かと思う時もある。)しかし、いつかこの長い抑圧を知らない世代が来る。その時の社会を私は想像できないけれど、生まれてくる彼女達にはわれわれの語っていること(抑圧)の実感がわからないだろう。

今は転換期で、"Revolution is the festival of the oppressed"

(「革命は被抑圧者の祭りである。」)

(Germaine Greer)

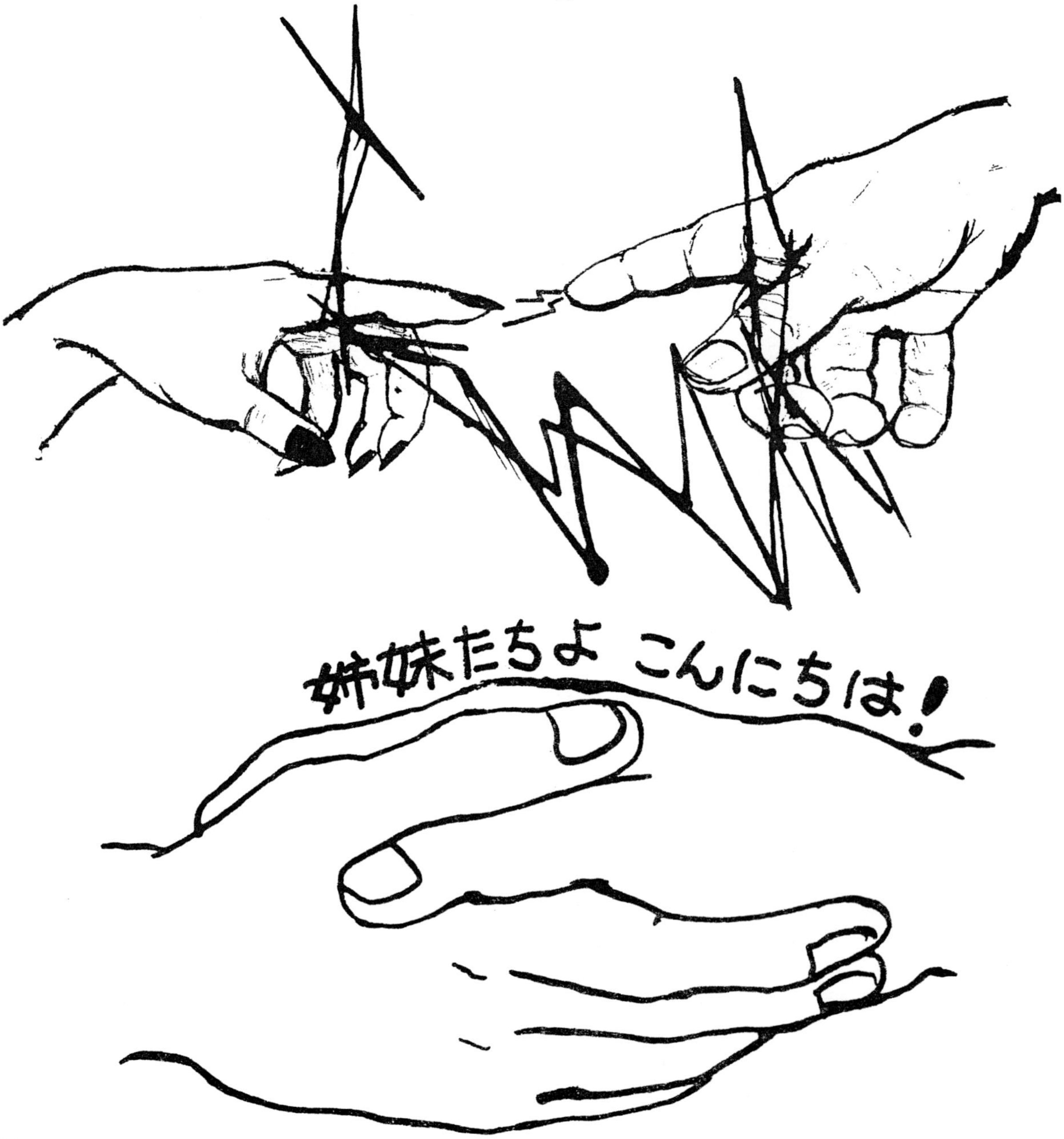

レズビアン この女たちはなにものダ？

B.L.B バーバラ・リー・バーバラ

すべてのレズビアンは他の女と同じように女と男のセックスによって生れた。だから、すべての女はレズビアンになりうる可能性をもっている。これを無視してはならない。

異性愛の姉妹達と同じようにレズビアンたちは女であるからこそ、そしてレズビアンであることによって一層迫害をうけてきた。この歴史の中で、すべての女におしつけられてきた女に対する神話とステレオタイプ（固定観念）は、簡単にはぶちこわすことのできない不当な抑圧を女に与えてきた。

　このレポートでは、一九七五年五月ロスアンジェルスに住んでいる三八人のレズビアン（フェミニスト「※注 アメリカではリブの女たちは自らをこう呼んでいる」とフェミニストでないものを含む）を対象にした35の質問からなるアンケートの中から、レズビアンを誕生させた数多くの理由のうちいくつかを分析してみた。

　このアンケートは無作為に抽出して行われたが、これに答えたレズビアンたちの出身は地理的に広域にわたっており、様々な人種と宗教的背景をもっていることがわかる。

　例えば、彼女たちの出身は大都会、小さな町、農村と巾広く、アメリカ以外の国で生れたものも何人かいる。この点からみて、いなかや大都会という環境的要素がレズビアンを生み出す決定的な理由にならないことがわかる。次に、人種的にみても、メキシコ系、アメリカ、インディアン系、白色人種、アジア系と多人種に及ぶ結果がでている。又、宗教的背景をみてみると、彼女たちが様々な宗教背景をもっており、大多数のレズビアンが組織だった宗教に属していないが、個人的に信じているものは「ＳＥＬＦ・ＢＥＬＩＥＦ（自分を信じること）」だという点が強調されている。この調査の答えの中に、宗教に関して、「ええ、私自身の信じ方でね。」「わたしにとって宗教は自分を信じることです。」というものがあった。

　次に、出身階級をみてみると、大多数のレズビアンは中産階級出身で、次に中産階級の上、そして中産階級の下、下層階級とつづいている。大多数が中産階級出身としても、広範な層にわたっていることから、社会経済の背景はレズビアニズムに決定的な影響を与えていないことがわかる。

　又、このアンケートの結果は大多数のレズビアンが大学教育をうけていることを示しているが、そのうち少数は高校生であり、教育レベルも又、レズビアニズムに決定的な影響を与えていないことを示している。

　これまでみてきたように、レズビアンは様々な異なったバックグラウンドをもっている

ことがわかるが、レズビアンとそうでない女の違いを示すものとしてあげられるのは、受動的であることがよしとされる伝統的な「女の役割」に対して、レズビアンたちはそれがあまりに制約が大きすぎるということに気がつき、その役割を拒絶していることである。

このアンケートに答えている女たちの半分は、子どもの時には「攻撃的、活動的、積極的」とされている男の役割の方が「受動的、消極的」であるべきとされる女の役割より、より自分にとって近く、親しみをもてたといっており、約三分の一は自分にとって「女と男の役割」の両方は切離せないものであったといっている。しかし、この中で九分の一の女は、自分にとっては伝統的な「女の役割」がより近かったと答えている。ともあれ、伝統的な「男の役割」はこの社会で、生きていく上でもっとも好都合にできていると、このアンケートに答えたレズビアンはみなしている。

さて、「女の役割」とはどういうものかという質問に対して次のような答えがあった。「すすんで他者に心を開放するよろこびをもち、自己の満足のみを追求するのでなく、相手を思いやる気持の深さをもっている」「より繊細で、人間関係に対して洞察しうる」「優しい気持で、よりリアルに打ちとけて話せる」「いつもありのままの自分でいられる自由がある」ｅｔｃ。これらの答えは、思いやりにみちた暖かい女との関係をもつためにレズビアンは男を拒絶し、女とのかかわりを選んだことを示している。そして、このような関係は又、かかわりをもつ女たちに常に自分自身でありつづけることのできる自由をもたらす。女でありつづけることは、女としての自分を肯定し、他の女のフィーリングを理解することをより可能にするのだ。

「ＳＩＳＴＥＲＨＯＯＤ（シスター・フッド＝女同志の友愛）」ということばには、女同志の関係ではぐくむことのできる〃感情を表現する力〃、〃深い理解〃、〃優しさ〃、〃柔軟さ〃が含まれており、それはレズビアンの関係の中で得られる最も大きな利点である。

次に、この社会が規定している「男の役割」「女の役割」について具体的にみてみると「女の役割」としては否定されることが「男の役割」としては社会から肯定されることがわかる。例えば、女の劣った立場を示すものとして「いつも尽くすこと、拘束、経済的な抑圧、補佐的な仕事をする、依存」があげられ、それと反対に「男の役割」として、「力、自由、経済的優位、社会的評価の高い仕事、独立」があげられる。それに対して、アンケートに答えた女たちは次のようにいっている。「わたしは女にかせられた役割の中にある限界がきらいです。あえていわせてもらうなら、わたし自身を表現するのに〃ダイク〃（一般社会ではレズビアンのことをさげすんでこう呼んでいる）ということばをつかう。」「男たちは女が男と平等でないと主張し、巧妙な方法をつかって女たちをおとしめるのです。」「男にはいつも罠をかけられている思いだ。」「自分がいつもそうしたいと思わないのに、女としての役割を演じさせられてきた。」

レズビアンたちは、もはや「光り輝くよろいかぶとの騎士」を待ちうけ、消極的な態度で、誰かが決定してくれるのを待つことを望まない。男たちがこの社会から否定されずに表現しうる強さをレズビアンたちは欲しており自分自身の人生を誰の手にもゆだねることなく自分の手で切り開こうとしている。

このアンケートに答えた68％の女たちは、多くの男が男の優越性として示す「マッチョ（男らしさの強調）」のフィーリングを不快

に感じている。又、次のような答えもみられる。「この父権制文化は男が自分の感情に忠実になることを選べさせなくしている。」「（男たちは）同情の余地なし。あまりに傲慢である。」「男の自己中心主義はわたしをうんざりさせるし、わたしを抑圧し、関心をひかない。」男との関係でこまやかな感情を共有できぬことはレズビアンが同性と関係をもつにいたったひとつの要素になっているのだ。そして、又、レズビアンになることによって、女同志が主従でない平等の関係をつくりあげることの可能性をかんじ、みせかけにすぎぬ男の優越におびやかされることもない。

　このアンケートの中で、大多数のレズビアンは一対一の関係を信じているが、29％のレズビアンは、関係は状況によって規定されるから必ずしも一対一の関係のみに執着しないと答えている。答えの中に、「どのような関係もその場かぎりでなく、お互いを思いやるある程度の深さをもったいつくしみあうものであるべきと思う。」「関係はその場その場の状況による」「まったく一対一の関係をもたないということは不可能ではない。」というものがある。しかし、全体的にみて、これらの答えから、レズビアンの一対一の関係に対する態度は現状社会の大多数の人々と何ら変らないということがわかる。

　結論として、このアンケートではレズビアンは社会の中のあらゆる階層、教育レベル、人種民族、宗教背景から生れてきており、様々なタイプの仕事の分野で異なった政治信条をもっていることがわかる。異性愛の人々がそのライフ・スタイルをとらえなおしているように（開放的な結婚と自由恋愛に関して）、レズビアンについても同じことがいえよう。このアンケートでは、レズビアンの間でも一対一の関係がいまだに好まれていることを反映はしているが、29％の女たちはそれを固定したものでなく、その場の状況によるといっている。レズビアンは社会が彼女に押しつけている限界と抑圧を受入れることを拒否し、伝統的な受動的な「女の役割」を選ぶより、彼女により自由をもたらす積極的な「男の役割」か、もしくは「女と男の両方の役割」をもつことをえらんでいる。「女と男の役割」のいい面を両方とりいれることによって、レズビアンは相手に対する暖かい思いやりを深め、同時に自己の主張を強く貫くことができるようになるのだ。そういった意味で、レズビアニズムは男社会からの抑圧に対する女からのひとつの〃アンチ〃の意味の含まれた答えであり、しかしそれと同時に、矛盾と強い可能性をもっているのだ。

　レズビアンが彼女のもっている溌剌としたすこやかな個性、独立性、自信にみちた積極性で自己を表現する時、社会はそれが女であるという理由から、レズビアンたちをゆがめ不自然なものであるとみなす。性差別と家父長制に支えられたこの社会は、女と男に服従と支配の関係をおしつけ、レズビアンたちはこれらの決められた役割を演じることを放棄し、彼女のための人生を始めた。そして、又、レズビアンたちは、女にたったひとつ与えられた名誉ある仕事〃結婚〃を拒否し、世間が何といおうと特定の男や、その他の男に自分自身の人生をゆだねることを拒否し、男の優位によって築かれたこの社会から自分を解放したいと希っているのだ。自分たちの運命を自分の手で築くことは、か弱い生き方や男の寄生虫になって生きることをやめることであり、それは社会が長い間、女を洗脳しつづけた〃服従と人間性の剥奪〃の状態から脱することなのだ。

　「この社会で、女たちが意識を変えていきそれぞれの感情を共有しようとした時、レズ

ビアニズムはそこから生れたひとつの反応である。」（引用その一）この引用が示すように、レズビアンたちは男との関係で得ることのできなかった、感情的なバックアップ、理解、感受性、おもいやりに満ちた暖かさを他の女との関係で得ることができた。そして、もはや、社会がおしつけてくる女としての役割を演じることにあきあきし、この二つの役割のうち、彼女がもっともよいと思ったものを選びとったのだ。

「矛盾にみちた現実社会と、理想社会この二つの間にある葛藤は苦しみにみちたものである。」（引用その二）

レズビアン、この女たちは何者だろう。彼女らはあなたの娘であり、母であり、姉妹であり、妻であり、愛するひとであり、教師であり、友人である。そして、又、あなたの隣人であり、職場の同僚でもある。

「わたしはわたし以外の何者でもない。わたしは素晴しい。あなたの中にある恐れをとりのぞいて、このわたしを見てほしい。そしてあなた自身を。」（引用その三）

おわり

㊟・引用その一とその二はロビン・モルガン編「リブ運動からのアピール」より、その三はこのアンケートに寄せられた回答よりそれぞれ引用した。

（訳　はざま　夏）

LESBIANS - WHO ARE THESE WOMEN?

Since every Lesbian is born from a heterosexual union, the possibility that any female child could be a potential Lesbian definitely cannot be ignored. Just like her heterosexual sister, the Lesbian has been tyranniyed, but even more so; first, because she is a woman and second, because she is a Lesbian. For much too long myths and stereotypes have caused unsurmountable injustices to all women. The Lesbian, in particular, has an extremely hard time living in and dealing with a sexist, patriarchal society. This paper will attempt to explain a few of the numerous reasons that go into the "making of a Lesbian".

A thirty-five question survey was given to thirty-eight Lesbians; feminist & non feminist who were living in Los Angeles at that time (May 1975). The survey showed that Lesbians come from a large geographical crosssection, and have a multitude of ethnic and religious backgrounds. Lesbians come from large cities, small towns, farms, and a few samples show international birthplaces. Therefore, rural or urban environment is not a determining factor in Lesbianism. Ethnic background also proved to be insignificant as a determining factor. The women were Chicanas, Indians, Caucasians, Asians, and others. A religious background is also evidentally insignificant in Lesbianism since the women came from a wide range of religious backgrounds. The majority of Lesbians do not belong to an organized religion now, but there is a strong emphasis on "self-belief" as a personal religion. Some of the replies to the survey concerning religion are as follows: "Yes, in a personal way". "Yes, self religion".

The majority of Lesbians came from middle class families, with upper-middle class next on the hierarchy. The sampling also showed a few of the women came from lower-middle and lower class families. Therefore, socio-economic background has no effect on the causation of Lesbianism.

The data gathered shows an overwhelming majority of Lesbians have gone to college. However, a few of the women were very young and were still in high school: showing thateducation has no significance in Lesbianism.

Lesbians come from every type of background. One of the differences between Lesbians and other women is that Lesbians as children rejected, for the most part, the " traditonal" female role which they found too restricting. Half of the women surveyed identified with the "traditional" male role and about one third identified with both. Only one ninth identified with the " traditional" female role. Also, the "traditional" male role was found to have the most advantages in this society.

"Sisterhood", which included expressiveness, understanding, sensitivity, warmth, sincerity, gentleness, and tenderness, was found to be the greatest advantage in a Lesbian relationship. Similar responses were given when asked what was liked about the female role. Some replied are as follows: " The willingness to be open and not forever performing for ego-satisfaction." "More sensitive, more compassionate." "Soft, felling, more real, more communicative". "Freedom to be yourself". Therefore, in order to have a sensitive, warm, relationship Lesbians have rejected the male and have chosen to be with women. This type of relationship also allows more freedom to be oneself. Being a woman enables her to understand a womans feelings.

The survey shows what is disliked most about the " female role" is in contrast to the things most liked about the "male role". For example: The " inferior position" of women, which includes subservience, restriction, economic suppression, menial jobs, and dependence. These are contrasted with the "superior postition" of men, which includes power, freedom, superior economics, prestigious jobs, and independence. The women expressed their views in the following manner: "Limitations; the way I'm characterized as a "dyke" if I'm assertive" . "Men assuming women are not their equals; the subtle way they put us down". "Trapped feeling" . "Being forced to play a role that I don't feel".

The Lesbian is tired of never being the "knight in shining armor", she does not want to sit back and wait for someone else to take action or to make an important decision. Therefore, she has rejected what she does not like about the "female role" and has taken on the desired attributes of the male. The strength which men are allowed to show without being rejected by society is greatly desired by the Lesbian and is acted out by taking command of her own life.

Sixty-eight per cent of the women surveyed felt the "Macho" felling of superiority which many men display is most undesirable. Some replies are as follows: "Culture has denied him the option to be a truly emotional person". "No compassion and too arrogant". "The ego-thing, it is boring and oppressive, I am not impressed". This lack of emotional empathy is another factor which causes the Lesbian to relate to a member of her own sex. In this way she at least has a chance to feel equal and not be intimidated by the male's assumed superiority.

The data gathered reflects the attitude that the majority of Lesbians believe in monogamy, with twenty-nine per cent believing the situation determines the relationship. Some of the replies are as follows: "No relationship should be just passing, it must be a caring relationship of some depth". "Depends on the situation". "Not possible, the human beast just ain't monogamous". The above indicates that the Lesbian is no different in her attitude towards monogamy than contemporary society.

In the final analysis, Lesbians are human beings that come from all walks of society, every economic class, every educational level, every racial and ethnic group, every religious background. She is in every type of work, every political persuasion and in every part of the world. Just as the heterosexual society is re-evaluating it's lifestyle (in regard to open marriage and "free love") so is the Lesbian. Even though the data reflects that monogamy is still preferred, twenty-nine percent of the women believe it "depends on the situation."

The Lesbian refuses to accept the limitations and oppressions laid upon her by society. As a child, instead of identifying completely with the "traditional" female role she chose to either identify with the "traditional" male role or identify with both which gave her more freedom. By identifying with both roles the Lesbian could be warm and sensitive yet could also be strong and assertive, Lesbianism is one answer to the freedom from oppression by men; it has it's own conflicts and advantages.

When a Lesbian displays the characteristics of a healthy individual such as assertiveness, independence, aggressiveness, and confidence, it is magnified much more because she is a woman. Consequently, these healthy traits are looked upon

as gross distortions and "un-natural". The sexist patriarctical society has dictated a pattern of submission and domination which the Lesbian has rejected to the point of casting off some of these rules of role playing and has started being herself.

Lesbians have rejected the only "honorable" career for a woman, that of traditonal marriage. She refuses to devote herself to a particular man or any man, even though it is required by public opinion. Lesbians want to free themselves from the oppressing dominance that male supremacist display in this blatently, sexist, patriarchal society. Lesbians want to take charge of their own destinies; They do not want to be weak, nor parasitic. Lesbians do not want to exist in a constant state of subjugation and degradation. They have realized the programming, that society has tried to coerce them into, does not leave them with an honorable feeling.

"Lesbianism is one reaction on the part of the growing female to the emotional understanding shared by all females, of what it means to become a woman in our society.[1]" The Lesbian relates to another woman because she finds emotional support, understanding, sensitivity, and warmth which she has not been able to attain with a man. The Lesbian is tired of society dictating what her role should be and has chosen what she considers best from both roles. "The conflict between society and sanctuary is agonizing when one needs both".[2]

Lesbians, who are these women? They are your daughters, mothers, sisters, wives, lovers, teachers, and friends. They are your neighbors and the people you work with.

"I am me, I am beautiful. Let down your fear and see me. See yourself."[3]

1 & 2 are quotes from 2 women in the woman's movement.
3 is a statement from an undenified woman who filled out a survey.

声

レズビアン向けアンケートから

次にかかげるものは、私たちが行ったレズビアン向けアンケートのうち、最後の「もし社会に対して何か言うとすれば、何が言いたいですか」という問いに対するこたえ、およびその他の自由意見などからの抜粋です。

▼現在のような家族中心の社会政策ではなく、個人優先の社会政策を望む。女性はこうあるべきだという古くからの根強い思想を根絶したい。

▼法的、制度的、社会的に、異性間、同性間を含めて、一切の人間関係、個人的、集団を含む）を規制することをやめよ。人間関係のルールは、唯一、自律だけでたくさんである。

▼あらゆる女性差別に反対。

▼女ががんばるしかない。もっとかしこく、強くなろう。まちがっても籍など入れないこと。そういう女がふえなければ結婚制度はまもりぬかれていくのだ。自分がレズビアンだと公言してはばかうない社会をつくるぞ！

▼女と女のエロスが、子を生まなくても、歴史にどうかかわり、そのことが、性によって拘束される家族制度とのかかわりがひとつのたたかいになれば……。

▼男も妊娠すればいいと思う。そうすれば体制が、変わらざるをえない。

▼他人の生き方に口出しは無用。

▼人間全体、優しさと思いやりが少ない人が多いのでは。社会への注文以前に、我々一人々々が信念をもち強くなり自立しなくては。

▼誰かを愛すのに同性も異性も関係ないということ。単なる好奇心でなく心からの理解する態度をもってほしいです。

▼もっと、のんびり、やさしく生きましょう。

▼フリーセックスを口に出す人が多いのなら、同性愛も一つの愛のパターンとして理解すべきである。

▼もっと同性愛に対して理解と寛容の精神がほしい。もっとフリーになれて世間をおおきな顔をしてどうどうと歩ける日がはやくきてほしい。

▼一人では生きられない女性たちも、二人で力を合わせれば生きて行けるから、私たちは自己の心に忠実に生きているにすぎないのに……。団体的な行動と考え方しかできない世間の人たち！個人個人を大切に見てほしい。

▼自由に愛する女性と一緒に生活ができることを一般の人たちに認めてほしいと思うのです。

▼いろいろな、このアンケートにあるような話をしあいたいと思っています。お互いに仕事においてもまた愛に関しても苦労がありますね。けれど負けずにへこたれずにがんばろうネ。

▼人を愛することが自然なことで、それが同性だと不自然だという一般の意見をこれから先の人間にうえつけないでほしいと思う。

▼お願いですから同性愛を認めていただけませんでしょうか。

▼女を愛し、自由に生きてる、私は幸せなひと。

▼私たちの愛にふれないでほしい。人間はすべて自由であるから……。

▼偏見。別に理解してほしいとは思わない。女性を愛しているからといってその人を異常視（すべてに対して）することは耐えがたい。

▼すべての女が女らしいことをすると思うのがまちがい。女らしくないとバカにするが、うるさいのです。なぜこんなに人のことにうるさいのでしょうか？

（傍点 編者）

▼この世の中に、男、女の区別が大きいこと。経済的にも生活していくにも色々な面でハンディがありすぎるということです。

女性同志、男性同志、好き同志であれば偏見ない自由な世界が望みたい。

▼女性の地位向上を望んでいます。

▼同性愛の結婚、入籍等をみとめてほしい。結婚というものは、男女間だけのものではない。同性結婚を認めないのなら、何故、男女間の離婚を認めるのか？一度結婚すれば二度と離婚できないようにすればよい。私たち同性愛は、一時的な感情で結ばれたのではない。

▼異性を愛する人が大多数だからといって、少数（？）である同性しか愛せない人を軽ベツ、偏見の目でみるのはまちがっていると思う。同性同志の結婚を法的にも認めるべきだ。（傍点 編者）

▼なぜ結婚は男と女と決めるのですか。僕は不思議でなりません。人を愛するのに男も女もないと思う。世の中男と女としかいないのだから、同性を愛する苦しみは、男女の愛よりもふかいものだと思う。一般の人たちにもわかってもらいたい。

▼この会（※注・あるレズビアンの会のこと）を
知った時 私のからはやぶれた
新しい一歩をふみだせたんだから
だけど淋しい 囲いがあるようで
自然に愛せる もっと自由になりたい
よこへのつながり……
安らかな毎日を送れるのはいつ
何ものにもしばりつけられない愛がくるのは
愛の形はちがうけれど それが何
こんなに苦しいものなのでしょうか
いつも不安をいだく愛は
やっぱり不自然なのでしょうか
私たちの愛をわかってくる人は
またこんな苦しみにたえる人にしかわかってもら
えくない
空しいじゃありませんか 包んでくれるものがな
くて
このアンケートに答えましょう
それが明日の前進になるのなら
咲くに幸せを!!
自由な日々を!!

（※注・編者）

井戸端ジャーナル

IDOBATA-JANARU

Sえっ、ほんと?・S ゴシップあれこれ

▩いまはなき、かのスーパースター、ジャニス＝ジョプリンは、わが同志であった！ あの魂の底からしぼり出すようなジャニスの〃叫び〃、地上によくもあのように歌うことのできる女が、思えば同性愛者でないはずはなかったのだ。くわしくはジャニスの伝記「ブルースに死す」を読もう！

▩ご存知マリア＝シュナイダー、彼女も同性愛者であること、すでに周知の事実である。「男中の男」ジャック＝ニコルソンとラストタンゴ・イン・パリで共演した彼女、「ヘドが出るわ」といったとかいわないとか。

▩そして、今をときめく〃世界の恋人〃アンマレー。なんとやはりわれらが仲間であるそうな。彼女には夫がいるが、世間に対するカモフラージュなのか、それともバイ＝セクシュアルとしてそれなりに愛しているからか、そのへんはさだかでない。七月NHKの〃世界のワンマンショー〃をみた？ 多くの女性歌手にみられる男に対するこびなどかけらもなく、堂々としたすてきな歌いっぷり、さんぜんと輝いていた。

▩海外版のしめくくりに作家をもってこよう。ヴァージニア＝ウルフはいわずと知れたこと、「青い麦」のコレット、「私生児」のルデュックも有名だ。ところが、少し時代をさかのぼって、サッフォーやジョルジュ＝サンドは別格としても、エミリー＝ブロンテがそうであったらしいというのは「アッと驚くタメコさんではないか。

▩こちらは国内版、女の話をさがすのがむずかしいとは、ちと残念な。そこで「男の世界」をのぞいてみれば。

▩玉三郎は左手の小指に指輪をしていた！この意味ワカルかな？ワカルだろうナァ。歌右衛門の例をひくまでもなく、歌舞伎の女形は私生活すべてにおいて、つまりは内面自体から「女形」になりきらなければだめなこと、通説である。菊五郎が女形の系譜をひきながら立派な女形になれないのは、「女形」になれないからなのだ。

　ところで、平幹二郎がシェークスピア劇「マクベス」で玉三郎と「念願」の共演をは

たし、あんなにうれしそうにはしゃいで悲劇をぶちこわしたのはなぜだろう、なぜかしら
▨往年の美青年長谷川一夫は、その世界では知らぬ者なき〝大御所〟だとか。郷ヒロミ君が長谷川一夫のひきたてで舞台に立ったことどう解する、ん？

▨古典の勉強をしよう。「彌次喜多珍道中」でおなじみの彌次さん喜多さん、これ衆道。ホントにホント。先生もマッツァオ。

海外だより

▨アメリカはサンフランシスコに行ってみよう。街で目につく若者のカップルは圧倒的に同性どうしが多い。一説によれば、サンフランシスコの若者の八割方はホモセクシュアルまたはレズビアンであるという。八割とまでいかなくても、非常に多いことは極めて確かだ。

▨ニューヨークには同性愛者の結婚式をつかさどる教会や、同性愛者たちが暮らしている地域があるそうだ。またある州では、同性どうしの「結婚」を法的に認めている公証書を出すところもあるという。アメリカは広し。

▨ふたたび、アメリカは広し。そして力強し。アメリカには各地に女だけのとても安いバーがたくさんあって、そこでは男の性差別的な視線にわずらわされることなく、さまざまな女が、飲んだり踊ったり話したりして交友をあたためることができるのだ。日本にもそんな店がほしい。痛切にほしい。

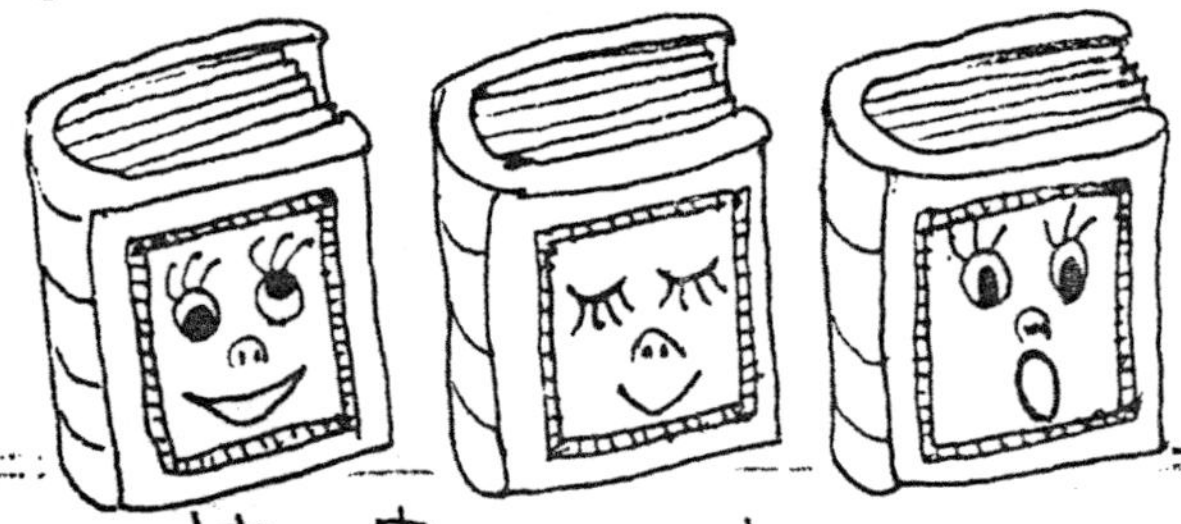

読書コーナー

○「ブルースに死す」（ジャニス＝ジョプリン伝）晶文社
○「私生児」バイオレット＝ルデュック著　二見書房
○「人間的異常の考察」宮本忠雄著　筑摩書房
○「ジュリスト増刊」―性―思想・制度・法―　有斐閣
○「現代のエスプリ別冊―現代人の異常性―性と愛の異常―」至文堂
○「女・エロス二・三号―アメリカのレズ論―」社会評論社
○「エロスとダナトス」―M・O・ブラウン　竹内書店
○性の弁証法―S・ファイヤストーン　評論社

※注　これらの本はかならずしも内容的に肯定できるものばかりとはいえませんが、同性愛を考えるうえで資料として価値が高いと思われるものを掲げています。

♀こんな企画催しがあるよ!
☆女だけのダンスパーティー　毎月一回
☆座談会「レズビアンの問題」
☆女の体についての講習会
☆勉強会(レズビアンをめぐるいろんな問題について勉強するよ)

♀レズビアン向けのアンケートについて
お知りになりたい方はリブセンター気付「すばらしい女たち」編集グループへ。
アンケートにおこたえ下さった方には集計結果を別途お送りしております。
お問い合わせはリブセンター気付
「すばらしい女たち」編集グループへ
東京都渋谷区代々木4の28の8
東都レジデンス410号
リブ新宿センター気付

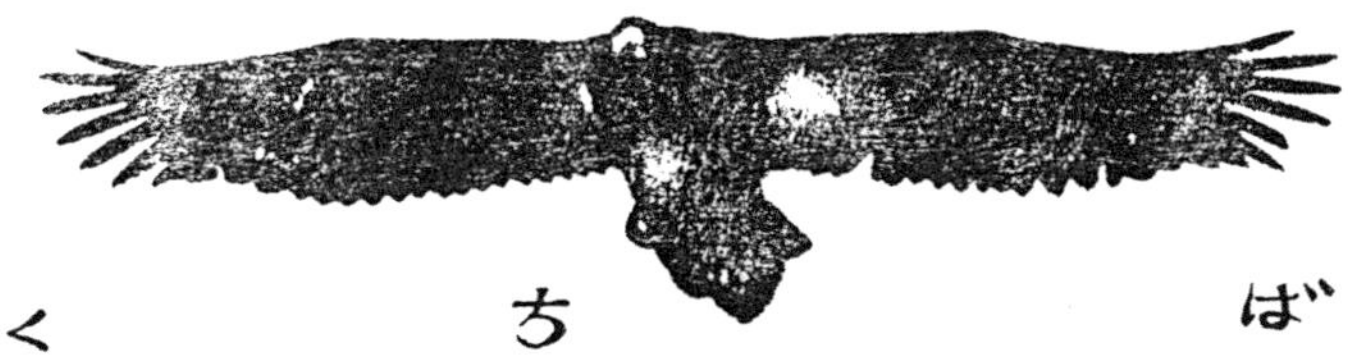

告知板（こくちばん）

♀この本の題名を決める時集まったアイデア一欄表
・夢じゃないよ・女の愛が世界を変える・
・りぶらふぁいん・愛と自立・ほれる・女たちよ自分を知ろう・火の輪・美しい強さ・紀元以前・女が女を愛する時・パンドラの箱・さっふぉ・レズビアンてなんだろ・飛べ女たち・アフロディテ・砂糖菓子は虫歯のもと・女への音坂・人間の根本的な関係を問う・女たちよその手を高くかかげよ・広がれる心・女を抱きしめよう・男がなんだ・愛する女たちへ・女同士・女たちの誕生・姉妹たち・世に隠れている仲間たちへ・あなたに言いたい・いとしい女たちへ・女のいぶき・選ばれる性から選ぶ性へ・女らしさのまっただ中で犬死しないための方法叙説・自然な愛・女たちよその手を高くかかげよ・明日の女たち・すみれ族・ちょっちょう。すばらしい女たち。

「広告」
女性同性愛を考える会に若草の会というのがあります。
大田区蒲田郵便局私書箱36号
若草の会

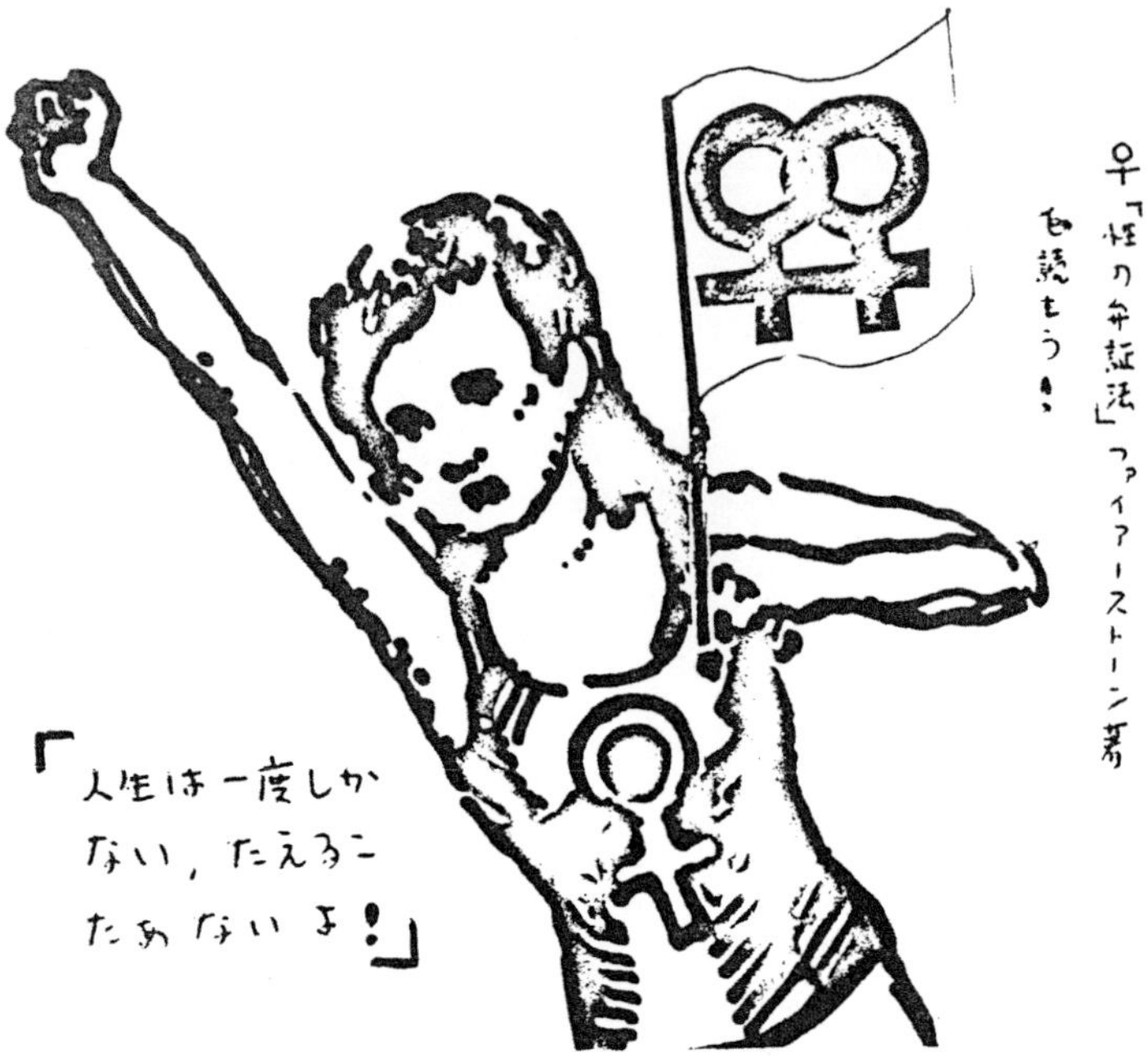
♀「性の弁証法」ファイアーストーン著
を読もう！！
「人生は一度しか
ない，たえるこ
たぁないよ！」

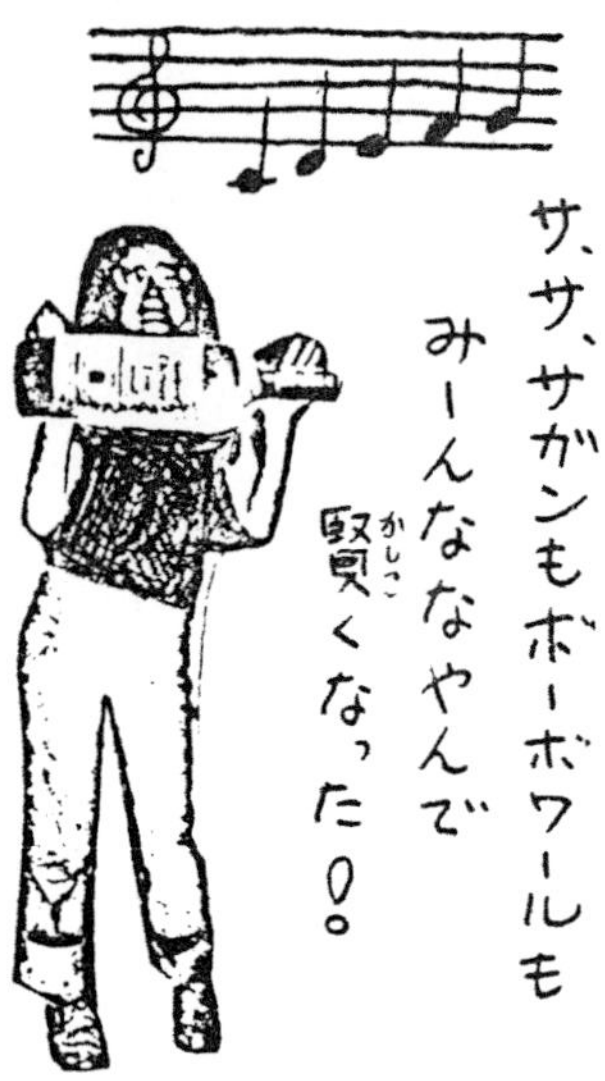
サ、サ、サガンもボーボワールも
みーんななやんで
賢(かしこ)くなった0。

HOT・ホットニュース

「良き妻」でなかった(?!)ために処刑の危機の江青女史。

毛沢東主席の死後、華国峰首相が主席に就任した中国で今、許せない事態が起きている。女が生きてゆくのは妻であるためでも、革命家であるためでもない。一人の女としてそれが選んだ道をゆくのだ。この自明にしてあたり前のことが「政変」の男に支配された中国では死刑に値する罪だとは0。その上彼女はインモーラルを生きたのではなく充分天命をまっとうした毛沢東主席の病床を移動したが故に死期を早めたという難くせをつけられた罪なのだ。

♀自己紹介

私は昭和十九年に米国で生まれて日本に来たのは昭和四十四年五月です。四年ほど前に日本で知りあった男性と結婚し夫の両親と一緒に二年間住みました。今夫と娘と一緒に都内の小さいアパートで暮らしています。娘が生まれるまで勤めましたのでお産してからも勤めつづけています。二年ほど前に日本の国籍を取得して今は週に五、六日働きながら日米女性と同性愛の解放についていろいろと研究中です。

大泉純(三十二歳)

■「このあいだ会社を辞めたA子さん、Dさんと結婚するんだって」「やっぱり。いいわねーえ。私も早く相手をみつけて、会社なんか辞めたいわ」。つい最近の会社での女子社員の会話。
　自分とはまったく違った考えの人達に囲まれていることによって生じる疎外感、孤独感を幾度か私は体験してきた。

　でも今は違う。仲間ができたから。

　同性愛の気持を押し殺し、そこから抜け出そうという空しい努力は捨てて、仲間と共に、新しい女の生き方を捜し求めていこう。

　あなたが、私と同じような体験をしているのなら、私達、すばらしい女達に会いに来ませんか。 ——I

■深慮遠望 ——Y・H

■「すばらしい女たちパートII」乞う御期待！ ——N・H

■私の姉妹たち、私はあなたたちの存在をうれしく思う。たのもしく思う。私たちの未来は私たちの手でつくりあげていこうではないか！ ——O

編集後記

■以前あるフェミニストの雑誌をつくったとき、印刷屋に、レズビアンのマンガのところに、ヒゲを入れられたことがあった。そのため二千部をいそいでなおさなければならなかった。今まで雑誌をつくる経験としてそれしかなかった私には、今回の雑誌をつくる作業はとても建設的であった。 ——ミ・ケ

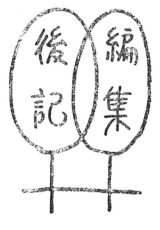

■始まりは幾度でもある。幾度もの始まりへ向けて、力が今、ほしいネ。 ——麻川

■一年かかってやっとここまで来ました。わたし自身はこれを、外にはたらきかけるという意味では何ら運動だとも思っていませんし、また今のところそういうつもりもありません。ただわたしたちはほんとうにバラバラで、ひとりひとりでこっそり苦しんできたように思います。それが、これだけ仲間がいた。その声をあつめて、形にすることができた。これほどうれしい発見とよろこびがありましょうか。これがきっかけになってもっともっとお互いを発見できたらと思います。 ——T

発　行「すばらしい女たち」編集グループ
連絡先　東京都渋谷区代々木四-二八-五
　東都レジデンス四一〇号
　リブ新宿センター気付
発行年月　一九七六年十一月
頒　価　三〇〇円

☆女らしさのまつただなかで犬死にしないための方法序説　頒価300円

7 すばらしい女たち別冊 〈レスビアンに関するアンケート〉 集計とレポート

（「すばらしい女たち」編集グループ 発行）

すばらしい女たち別冊
〈レスビアンに関するアンケート〉
集計とレポート

今ちょっと思うこと
―アンケートへの疑問―

麻川まりこ

A

私がこのアンケートに関わった経過は、後で述べることにして、私の持っている〝ちょっと違うな〟という感じについて、新たに考えてみた。私はレズビアンであるが、このアンケートの前文にあるような「あざけり」や「好奇」や「追放」に「身のすり切れるような不安」など感じていない。心に愛情を自覚したとき、大多数の人間がそうであるように、その愛情への強い自負と行方のわからぬ愛の関係への不安は当然あった。愛のかたちが社会通念と対立するのは、いつの時代でもよくあることだ。社会は不公平と偽りに満ちていて、そこで自立して生活を営む女は、なによりも自分の判断に価値をおく。世間の目などというものは、いかにしてそれを欺き自分に必要なものをとるかと考えるさい考慮される程度のものである。こんな社会で女を愛することを必要とし、それを実行していく女たちは、本当はとても強い女たちだと私は思う。

C

彼女たちにとってレスビアンは他人事なのだろうか？それとも……？。私はこのアンケート作成に関わったひとりである。そして今、私はこのアンケートを承認できないと思っている。無責任だろうか？あまりに不誠実だろうか？　そうじゃない。私はだんだん変わってきた。そしてレスビアンの問題がわかってきた。

当初、四人でアンケートを作ろうとしていたとき、私にはあまり語ることばがなかった。なぜだろう。ひとりひとりが問題を持っていた。私はといえば、これをやりたいという目的も持てず、無気力な心をかかえ、しかし、善良な一市民を演じられるほど荒廃してはいなかった。私は、自分に何ができるのかも知らず、知りたいという意欲もわき起ってこなかった。同じレスビアンであり、そのことを考えようと集った四人の関係の中でも私のこんな状態は変らなかった。私という孤独な壁をゆする魅力的な出来事は起らなかった。触発する光はなかった。私はいつも思う。私が「私はこんななんだよ」とリラックスして表現していけるためには、私の選択や行動を理解し、支持してくれる、よい友人たちの愛情が必要なのだと思う。そして、私も友人たちに愛情をもって向うだろう。私一人では私はなんでもない。からまわりしていくばかりだ。私は共感できるレスビアンの友人たちがほしかった。

B

例えば、あるレズビアンの会に集まる人々の中に結婚し子供を持ちながら、なお女との愛を求める女たちがいる。最初、私には理解できなかった。女を愛したいと求めつつ、なぜ結婚できるのか？　ごまかしや裏切りや、卑劣な弱さをそこに感じていた。でも彼女たちは、私とは違う方法で生きてきて、私とは違う方法で考える女たちだと知った。現実の社会で女が自立して生きていくことはむづかしい。大多数の女たちの両親や彼女をとりまく環境は、彼女が自分の手で生活の糧を得る方法を教えない。生活を営むために結婚という方法しか知らなかった女たちが、その結婚制度と相対立する女への愛情を持ち、それを実行する。そこに彼女たちの選択があり、強さがあると思う。私は彼女たちのその強さを支持したい。レスビアンの女にして、始めて持つことのできたその強さに、自信を持ちなさいよと言いたい。

　このアンケートを最初読んだとき、私はセンチメンタルな感じだなと思った。そして、今思う。このアンケートを作った人々は、とても親切な人たちだったのだろうと。作者は、アンケートを作ったり、他のレスビアンに呼びかけたりする人たちだから、多分とても積極的に「レスビアンである」ということを考えている人々なのだろう。強い人々なのだろう。しかし、彼女たちは、その親切のあまり、以下のように考えたのではないだろうか？。「この社会で同性愛（レスビアン）は、私がそうでございます、なんて広言は、まあ憚られるものだ。女は結婚するものだとか、子供を産むものだとか言われている現状では、レスビアンはきっと身のおきどころがないだろう。重い苦悩や疎外感にうちひしがれているだろう。」このように、社会やら世間やらがレスビアンについて考えるのと似たりよったりの発想で、彼女たちは、他のレスビアンたちのことを考えてみたのではないだろうか。

D

私たちは四人の集りの枠をこわし、もっとたくさんのレスビアンたちに呼びかけた。そして座談会をもった。何回かのミーティングの間に、そして雑誌づくりや、夏の週末Barや、月一回のダンスパーティーの間に、私は愛する人と愛するすばらしい友人たちを知った。彼女たちと語り、いっしょに作業していく中で、私は私のことばがひき出されていくように感じた。私がレスビアンで彼女たちがレスビアンであることの理由が語り出されていく。レスビアンであることのすばらしさが語り出されていく。私たちはこの集まりの中から最初のレスビアンの雑誌を作った。出会いの始まりであろう。ここから私たちは、さらにたくさんのレスビアンや、他の女たちに向けて語りかけたい。女であることはすばらしいことだと。

E

さて次に、アンケートの質問事項について疑問と思える点は書きだしてみた。

質問Ⅰについて‥

「あなたが同性に対して好意以上のものを抱くようになったのはなぜだと思いますか」

　この質問はとても不明確な質問である。まず、「好意以上のもの」ということばが、性欲を伴なった愛情ということなのか、それとも性欲の自覚のない段階での強くひきつけられる感情をも含むのか？という点で回答者はとまどうだろう。そして両者いずれの感情でもいいが、その感情をもつことと、自分を同性愛者として知ることとは別問題である。

F

人は、同性に対してであれ、異性に対してであれ性欲をともなった愛情をもつことができると私は思っている。しかし今、私は同性愛者である。同性愛者として自分を知るとは、日々、それを生きていることであり、人生の途上の選択なのである。選択ではなかった、あらがいようもなく、ひきつけられる感情があったという意見もあるが、その感情をひき受け、その日々を生きているところで、人は選択しているのである。この質問は、次のような2つの問いに分けてみたらどうだろう。

☆：あなたは、何才のとき自分を同性愛者であると知りましたか？

☆：それは、どのようなきっかけで（どのような出来事で）わかりましたか？

質問IIについて：あなたが同性を愛するようになったのはなぜだと思いますか。この質問でまず疑問なのは、答えを用意して回答者の自由な思考を制限した点だろう。そして、第二点は、人は愛することの理由など答えられないということ。しかし、愛したのが男ではなく、なぜ女であるのかという点で聞くことができるだろう。この質問は次のように変えて答えは自由に書きこめるようにしたらどうだろう。

☆：あなたが、男ではなく女を愛するのはなぜですか？

質問IIIについて：

「あなたは男性をどう感じますか？」

なぜこの質問が必要だったのだろうか？　あの男をどう感じますかという質問には答えることができるかもしれない。（しかし、こんな質問は必要ではない）、男性という全体に対しては感じるのではなく、ある意見をもつのではないだろうか？。ここに用意された答えは男へ対しての〃ある意見〃として見ることもできるが、このように通俗的

H

このような予断にみちた質問は多くのレスビアンたちを強迫してきた無神経なストレート（異性愛者）たちの発想そのものである。

問IXは問VII「そのときどうしましたか」の項のさまざまな模索の例のひとつとして書かれることがあるかもしれないという程度のものである。男性を愛したことがありますか？という質問には、次に「なぜ男性を愛することを止めたのですか？」という質問が続く必要があるだろう。

XII：「同性の人を好きになった場合、何が一番気になりますか」。

異性愛であれ同性愛であれ人を愛した場合、不安や気づかいは、さまざまにある。無意味な質問だと思うが、しいて問うとすれば、同性を好きになった場合は、異性を好きになる場合と違って特別何が気にかかりますか？と問うことはできるだろう。

XIII：「同性から子供は産れませんが、これについてどう思いますか」

この質問は、一行の文章ではとても答えられないことだと思う。同性愛の当然の結果だから、どう思う？と問われても答えに窮するだけだ。考えられる質問は、

☆あなたは、子供がほしくないですか？

☆どんな方法を考えますか？

XIV：「女性どうしの関係をまもりあるいは育てようとする場合、何が一番障害になると思いますか」

私は、「守り育てよう」という発想は持たない。私たちは生活を営んでいくのだと思っている。この質問は次のように変えたらどうだろう。

I

に単純化して選ばせ何がわかるのだろうか？。同性愛者は〃性別の違い〃に関して、通常、異性愛者より敏感であり得るし、ユニークな意見を持てると思う。この質問は次のように変えられるだろう。

☆：あなたは男性に対して、どんな意見を持っていますか？

質問　について：

問　から問　までは、関連した質問だと思う。男と女の関係だけを絶対とする人々の中で、女を愛する女がひとり悩むときを経てくることは確かにあるだろうと思う。しかしこの質問の方法でなにが得られるだろう。質問者の見解に対してYes or Noと答えるだけではないか？レスビアンの女たちはひとりひとり彼女のユニークな方法で、その悩むときを越えてきたのだろうと思う。そのひとりひとりの方法を問うことで、私たちはすばらしい示唆を得られるのではないだろうか？だからこの問いは、次のように変えてみたらどうだろう。

☆：自分が同性愛者であることを、異常だと思ったり悩んだりしたことがありますか？　A、はい　　B、いいえ。

☆：その場合、なぜそう考えたと思いますか？

☆：その時、どうしましたか？

☆：身近に自分が同性愛者であることを話せる人がいますか？

例えば――

問X：「あなたは男性を愛したことがありますか」。

問XII：「男性を愛そうと努めた（自分は異常だからなおさねばならないと思った）ことがありますか」　なぜこの質問がここに唐突に出てくるかわからない。推測するに、アンケートの制作者たちは、「異常」であると悩む理由のひとつにレスビアンは男を愛せないという「欠陥」があると仮定して、この質問をつくったのではないだろうか？

☆あなたが同性愛者として生活していくことで何が問題になりますか？また、どんな利点がありますか？

XVI：「同性愛者の間では一般に＜男役＞と＜女役＞に分かれているようですがどう思いますか？」「あなたの場合どうですか」。

「一般に……のようですが」と、はっきりとした事実ではないものを前提として、どう思うかと問われても困るのである。大切なことは「あなたはどうですか」、そして「それはなぜですか？」である。また、「男役」「女役」ということばが、どのように使われているのかわからない。服装や態度を男のようにする人をさして男役といい、〃女〃らしい人を女役というのだろうか？。それにあてはまらない人はたくさんいるし、まず私たちに疑問なのは、男がなぜ〃男〃らしく、女がなぜ〃女〃らしくなのかという点である。そして女どおしの同性愛の中にも〃女〃らしいとか〃男〃らしいとかの区別があるとしたら、それは何んなのかということである。積極的と消極的の違いなのか？力関係があるのか？　むずかしい問題だと思う。学習会のテーマとして考えていきたい。

XVIIとXVIIIは、別に必要なかったのではないだろうか？

XIX：「男性との結婚についてどう思いますか」

この質問も何を聞きたいのかよくわからない質問である。もし、質問することの意味を得たいと思うなら、次のように変えるべきだろう。

☆（結婚したことのある人に対して）：なぜ結婚しましたか？

☆（未婚で結婚を考えている人に）：なぜ結婚したいですか？

不十分で言及しきれなかった所もあるが、以上がアンケートを読みなおして考えたことである。気づくことは、アンケートを作ったとき、私たちはレスビアンの問題が何ひとつわかっていなかったことである。単純なことではあるが、レスビアン＝私＝にはレスビアン＝私＝の存在理由があり、レスビアン＝私＝のプライドがある、ということから全てが出発するのだ。

みんなで雑誌をつくってみた……。

河原狩戸

Ⓐ

「時間を守ることがそんなに大切なことなの」という麻川の問題提起は、私をギョッとさせた。

そうなんだ！私達は首から＜コチコチ時計＞をぶらさげた従順なウサギなんだ。時計のコチコチと鳴る音におびやかされて、自分を賭けることも、燃やすことも忘れて、ただ、ただ駆けずり回っている。問題があっても目をつぶり、結果の中味に深く自分を同化させることもせずに、時のすぎゆくままに、見過ごそうとした。

私がこのアンケートの集計をもとに、「レズビアンの雑誌」を作るグループに参加したのは「寂しかった」という理由による。

私は麻川が好きだ。だから、彼女が創るという「レズビアンのための雑誌」の編集会議に参加した。内容はどうでも良かった。私が参加することで手助けをしてあげられればよかった。

最初は各自の持ち寄りの原稿の読み合わせだった。それぞれの人格が表現されていておもしろかった。しかし、織田さんの書いた原稿はチョットひどかった。織田さんに言わせれば、愛情の表現だというコトバが納得いかない。今、彼女がカップルを組んでいる相手への表現がやさしさを感じさせないものだった。あたしは「愛って何？」という疑問を持つ女なのだが、自分の好きな女に対して、決してそうは表現しないだろうと思った。

Ⓒ

私はカッとした。

「バカ言っちゃいけない。あなたの時間はあなたのものだ。麻川が来ないから、あなたの時間が無駄に減ったなんて言わないで、他の人と作業をするとか、話をするとかして有意義に使うのがあたり前じゃないか。」

麻川が好きで参加した、このグループの一人一人の女が私には見えてきた。そして、私はとっても寂しがり屋で甘ったれなので、できるだけ皆にチヤホヤされたいから、嫌われないようにうまくやった。「正しいこと」のみ、口に出し、見たくないものは目をつぶり、関心の無いものは一切、興味を示さなかった。

この「素晴しい女達」という私達の雑誌の表紙のイラストを描いた白楽雀という女はとってもマジメな女だ。彼女は怒鳴ったりすることのあまり少い女だと言うが、何度も全身を賭けて、討論した。それで彼女はぐったり疲れてしまうのに……。

[redacted]さんは黙々と作業した。寡黙な女で、昼間会社づとめ、夜、英語学校やバイトとビッシリ彼女のスケジュールはつまっていた。そのつまったスケジュールをつめて作業にやってきた。彼女はいつも身ぎれいにしている女なのだが、遂に、一週間以上も風呂屋に行けないのが悩みだともらした。私達の作業はリブ新宿センターでほとんどやっていた。彼女が一言、それを言ってくれたら、センターの風呂を使ってさっぱりできたのにと私達は残念がった。

本田さんは作業の次の日には持病のぜんそくをこじらした。作業中、部屋はタバコの煙でモウモウとしていた。それでも彼女は怖気ずにやってきた。最終のページ数の張り付けを彼女は夜中の二時すぎまでかけて頑張った。

B

原稿の中味について討論はしないという申し合わせだったらしいのだが、二回程ミーティングは重ねられた。そして、織田さんが書き直すという結果がでた。

次に活字やグラフだけでなく、私達をもっと表現したいのでイラストを盛り沢山にしたかった。色んなイラストやカットが集まった。各自の趣味と多彩な才能の集計だ。

そして原稿のタイプが打ち上った。清打ちというのだが、それを本にするため、並べ方を考え、割り付けた。

作業はみな、よくやった。ほとんどの女は8時間労働の職についている。勤めが引けてから、来れる女は来るというようにして、一月近く、ほとんど連日やった。

田部井さんは実に「役に立つ」女だ。川向こうから一時間も電車を乗り継ぎ、毎日、台紙や原稿やイラストの入った大きな袋を腕が抜けそうになりながらやってきた。つけ加えれば、カッキリ、彼女は時間を守り、モクモクと作業に取り組んだ。座談会のテープ掘り起こし、グラフづくりのシンドイ、インビな仕事を美事にやったのは彼女だ。

しかし、田部井さんは「時間を守る」ために「時間を創る」ことを知らなかった。

麻川が仕事がら、編集・版下に詳しいということで、彼女が作業リーダーみたいな段取りをしていた。麻川はフリーランスなので待ち合わせの7時には来れないことがシバシバあった。

田部井が爆発した。

「麻川さんが来ないと作業が始まらないのに、いつも麻川さんは遅刻する。大切な時間が無為に終ってしまう。ちゃんとしてよ。麻川さん。」と彼女は怒った。

D

私達は切り抜きや張りつけの手作業しながら、一人一人リラックスして自分はこうなのだと語らい合ってきた。だから、本田さんがゼンソクの持病があると聞いた時、彼女が作業に参加してる時は別の部屋でタバコを吹かすことにした。

織田は江戸文字のレタリングをした。彼女の仕事は朝の九時から夜の九時まで拘束される現代女工哀史みたいなヒドい仕事だ。彼女は手に職を身につけて、将来一本立ちをしたいためにそれに耐えてる。そして、作業に来たいけど、来れないことをとっても残念がっていた。おそらく、仕事でヘトヘトになって家に戻って、眠い目をこすりこすり描いたような気がする。

私は千葉の田舎から車を飛ばして飛ばして渋谷に来、又、とんぼ帰りをする毎日で、よくまあ、交通事故を引き起こさなかったと自分の頭を撫でている次第だ。

白人のスウザンとジェリーは、白熱の飛び交う日本語になじめなくて、討論はつまんないと言い、又、そのような顔をしていた。それでもバーバラの英文の張りつけをしたのはスウザン。ジェリーは内気さと闘いながらトツトツと日本語で話をした。私は白人とは民主主義を怒鳴って植民地支配をするものと信じてたが、白人にも良い奴はいるんだと教えてくれた。外国語で私もスウザン、ジェリーと話ができたらと残念だ。

原田は青梅の山奥からでてきては作業に加わった。

作業を通じて、討論を通じて、私達はお互いを理解してきた。テンデン、バラバラに分断されて生きてきた、レズビアンという孤独の暗闇に光をあて、お互いの手を結んで、結びあっていこうとしている。

E

しかし、作業のシンドサはそんなカッコイイことばを拒絶した。台紙に清打ちの活字をはり、イラストを描き、題名を描き込んだ時、私達はもうこの作業とオサラバできると喜こんだ。麻川一人を除いて……。

麻川が口走った。

「この雑誌はできがよくない。統一性がない。私達の創る雑誌は素晴しいものであるハズなのに、イラストや内容がマチマチでよくない。最初からやり直すべきだ。」と彼女は言った。

私はみんなの顔色を見た。私のお腹は決まってた。もうシンドイ、嫌な作業にこれ以上かかわれるか！私はみんなの顔色を見た。

「よく言うよな。私達はレズビアンだというだけで共通の考えも方向も無かった。その上雑誌づくりのドシロウトばかりの寄り合いだ。本当にここまでよくやってきたと思う。そんな良いモノを創りたかったら、麻川さん、あなたスタッフ募ってやったら？ 私は雑誌づくりにはアンマリ関心がもてないんだ。」と怒りの声を発した。

G

この質問に答えたレズビアンの多くは、これに乗せられ、尋ねられ尋ねられるままに答えている。しかし、質問のアイマイな点を鋭く突いているものも二〜三あった。今現在、レズビアンの解放をめざすつながりがないので、レズビアンの多くが、男社会の不等な弾圧（分断と孤独とレッテル貼り）の受難の犠牲となっていることを示している、今は！

私は最近まで自分をレズビアンとは言えなかった。私はバイセクシャルだと主張してた。二十歳くらいまでご多聞に漏れず、〈女は男を愛するものだ〉とこの社会が女に押しつけている神話におぼれてた。女との魂のふれあいや肉体の交流を介して、〈私は（女は）男だけでなく女も愛せる〉になった。男に積極的にアプローチする体験の中で、〈男は女を愛せないのではないか?!〉という疑惑が真理になった。

男は女を母か妻か排せつの便所か有能な秘書かというようにしか扱わない。男と女の関係では「肉体だけの関係よ！」がいくらでもゴロゴロしてる。私も男との貧しい関係の中で洗脳された一人だ。

私はとっても傷つきやすい心の持主なので相手に心開くことを極度におそれる。そのあまり、相手の女の魂には触れないで、肉体の欲望だけは充足したいと居直った。そして、自分の心と体のバランスを喪う程に無惨な体験を踏み、女同志ではセックスはコミュニケーションなのだという原初的セックス観を学んだ。

F

一週間後、白楽雀から、『ナゼ、レズビアンの雑誌にレズビアンでない女のアンケートを載せ、レズビアンの女のアンケートはオマケ風に雑誌にはさみ込むのか』と聞かれた。

このアンケートは一年前に田部井と織田と麻川ともう一人の女で創られた。そして、アンケートの集計をもとに座談会が何回か開かれて、じゃあ雑誌を創ろうになったらしい。私はアンケートに関心が無かった。だから深く考えなかった。アンケートの中味が気に入らなかったのでアンケートについて考えたくもなかったからだ。作業中、レズビアンの女を対象にしたアンケートの集計がどうもマスコミを喜ばす内容で危険だと感じた。

男社会の中で＜男はいらない＞と感じ思う女の存在は男社会を危機に陥し入れる。だからマスコミは危険を予知してレッテル貼りをする。＜レズビアンの女は異常だ。レズビアンは男にもてないから、女同志で男役・女役と役を演じて自己満足してるのだ。等々＞

そこで臭い物にはフタと雑誌からレズビアン向けのアンケートを削除した。「レズビアンの雑誌」でいろんなレズビアンが居るんだと存在をなりふりかまわず明かすことこそ意義があったのに、私はそれを忘れてた。

白楽雀は耳元でアンケートを読み上げた。アンケートの内容にひっかかる点がいくつもでてくるのでビックリした。レズビアン自身が作ったアンケートかしらと思ってしまう誤解しやすい設問だ。曲解すれば「レズビアンは幼児体験が悪いために発生する。レズビアンはカップルとして存在する。レズビアンは男役・女役の役を演じる……」ととれないこともないのだ。

H

＜男だけを愛せる＞と信じる女は、男から「性（＝生）」を与えられる状況に甘んじていられる鈍感な女なのだ。もし女が性（＝生）において積極的で自立していたら、男からの評価や役割の押しつけをうとましく思うはずだ。男からの評価や役割の押しつけをはねのけた女は、生き生きと自己の能力と可能性を開花させるだろう。私達は男社会に生かされている。私達の中には不自然な男社会の残影がこびりついている。私達は自然な社会だったら、たぶん、女だろうと男だろうと共に性にこだわりなく愛せるはずだ。しかし、今は私の中の男から押しつけられた偏見を拭い捨てるためにレズビアンを生きたい。そう私は私の生き方を選択した。

まじめにこのアンケートに真向かった時、私達の大多数は雑誌から、レズビアン向けもレズビアンでない女向けのも両方雑誌から削除することにした。

レズビアン向けアンケート集計

回答率　57/85＝67％

◎最初に、あなたのご職業・年令等をお聞かせ下さい。

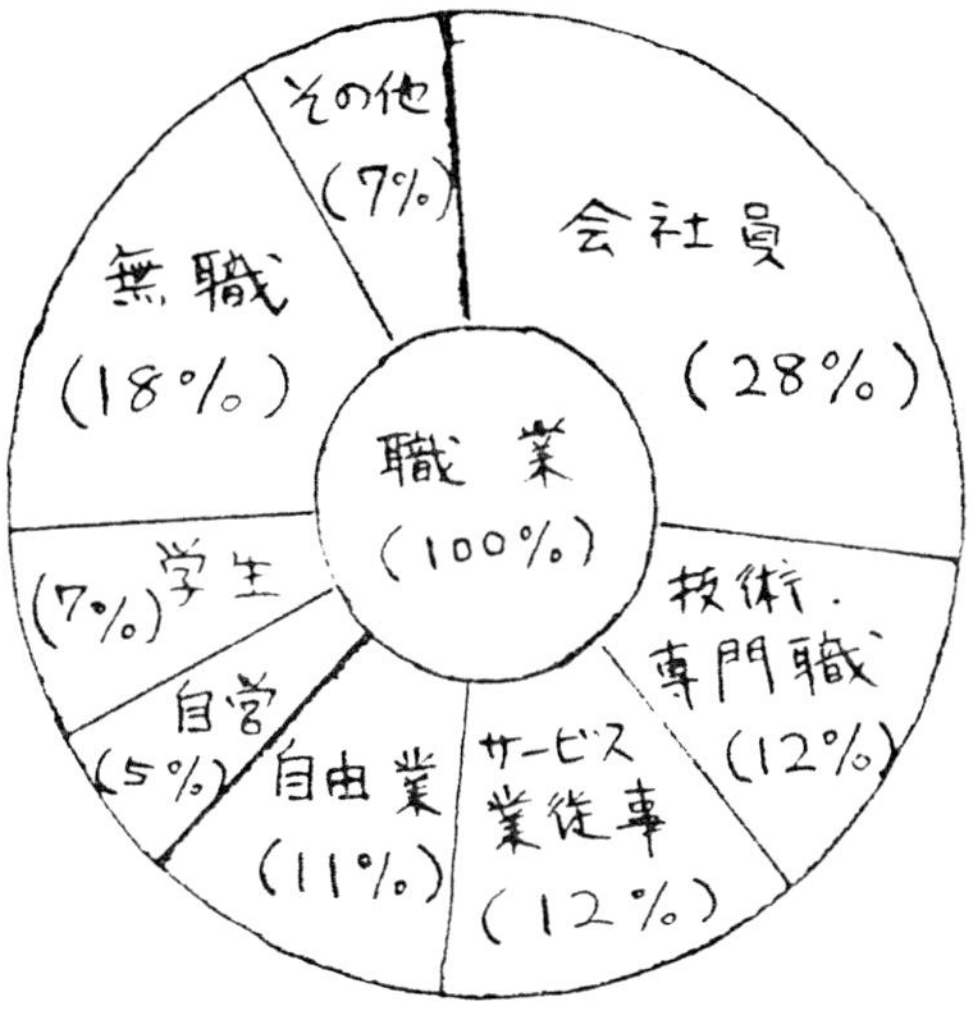

I　あなたが同性に対して好意以上のものを抱くようになったのは、何才ぐらいのころからですか。

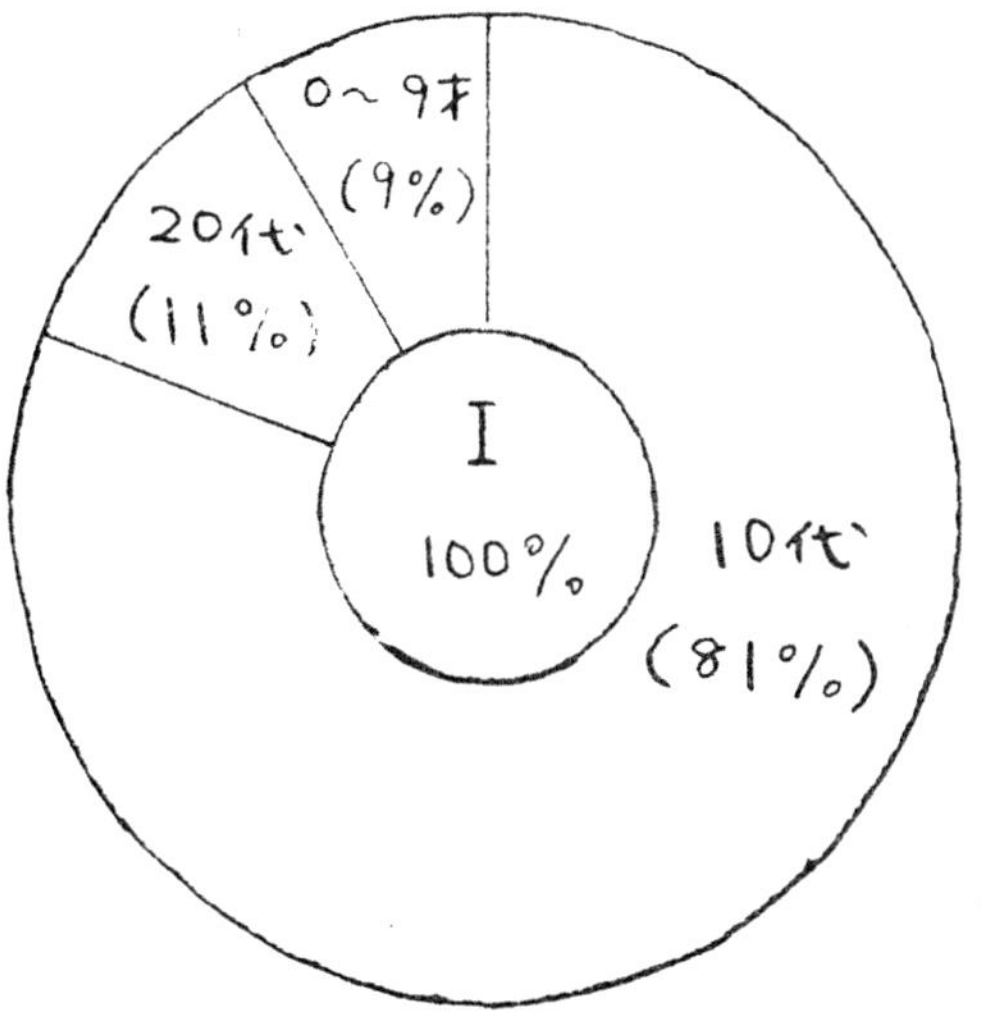

II　あなたが同性を愛するようになったのはなぜだと思いますか。（いくつでも選んで下さい。）

1.　個人的に男性を嫌いになるような経験があった。

2.　男性にくらべて女性の方が理解や親しみをもてた。

3.　最初に魅かれたのがたまたま女性であった。

4.　女性は美しい。

5.　全くなぜだかわからないが、物心ついたころから同性に魅かれていた。

6.　家庭環境に思いあたる点がある。（た

○母性愛の薄さ、母親の厳しさ、母親の存在の薄さ等から、年上の優しい女の人にあこがれた……四人

○親兄弟から離れて育てられ、たまに話してもあざ笑いと軽ベツばかりであった。

IIの(8)＝その他（一〇人）

○父親に対する嫌悪感が全男性へ。

○小学校のころよく男の子にいじめられ、助けてくれたのは女の子ばかりだった。

○自分は女に対しても男に対しても同じ様に友人として接しようとしたのに、男は自分を友人として受け入れず、いつも「女」として対し、扱った。……二人

○男は誰れも自分にふり向いてくれず「女」として強迫的な劣等感をもっていた。

○男性より女性により魅力を感じるように生まれついた。

○精神的に自分は男性的。

○男性とのセックスは燃えない。

○初めて経験したのが女性だった。

○年上の人に知らないうちに教えられた。

III　あなたは男性をどう感じますか。（一つだけ選んで下さい。）

1.　身心ともに憎悪（嫌悪）を感じる。

2.　精神的には愛せても、肉体的にはだめだ。

3.　嫌いではないが、女性に抱くほどの愛情を感じたこともない。

NO.5

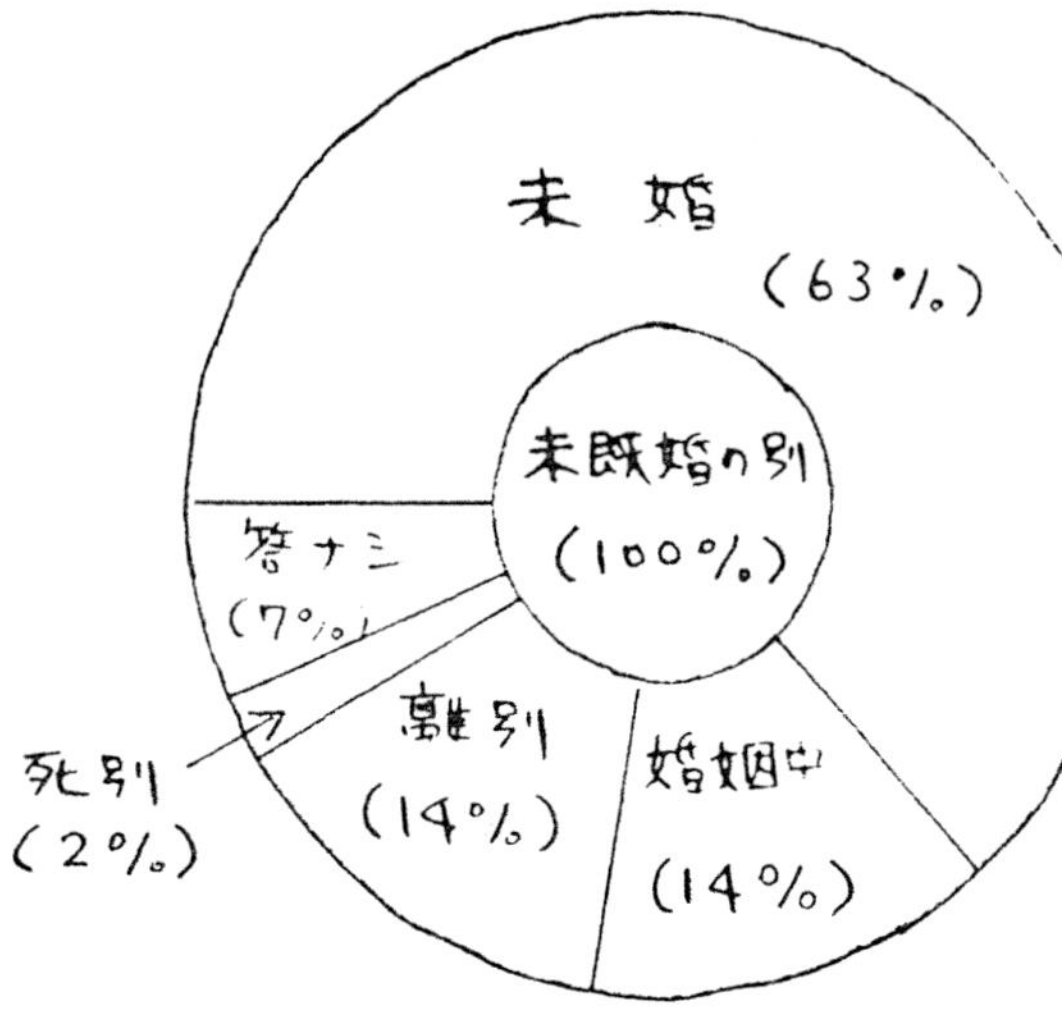

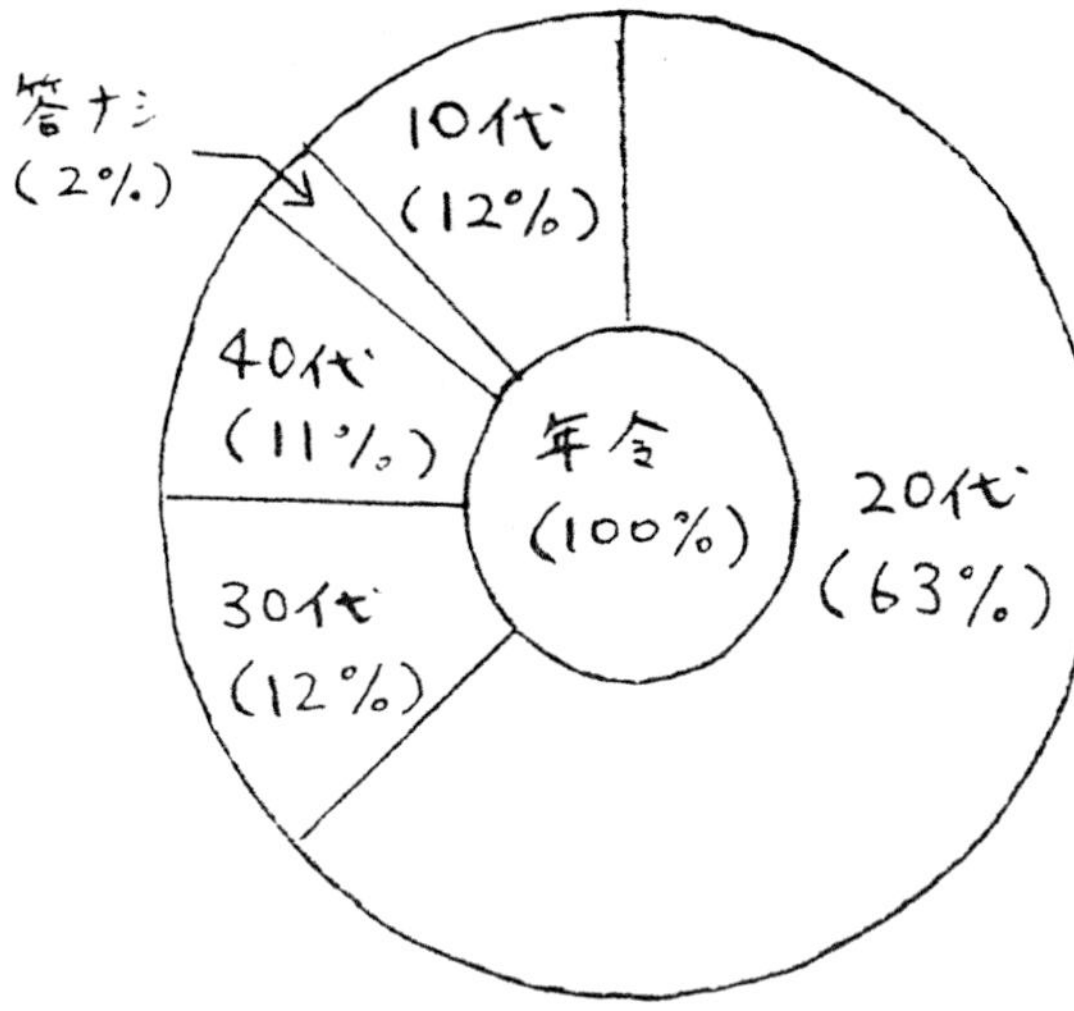

とえば・・・・」

7. 今好きな人がたまたま女性だというだけで、その人がすきだからにすぎない。

8. その他

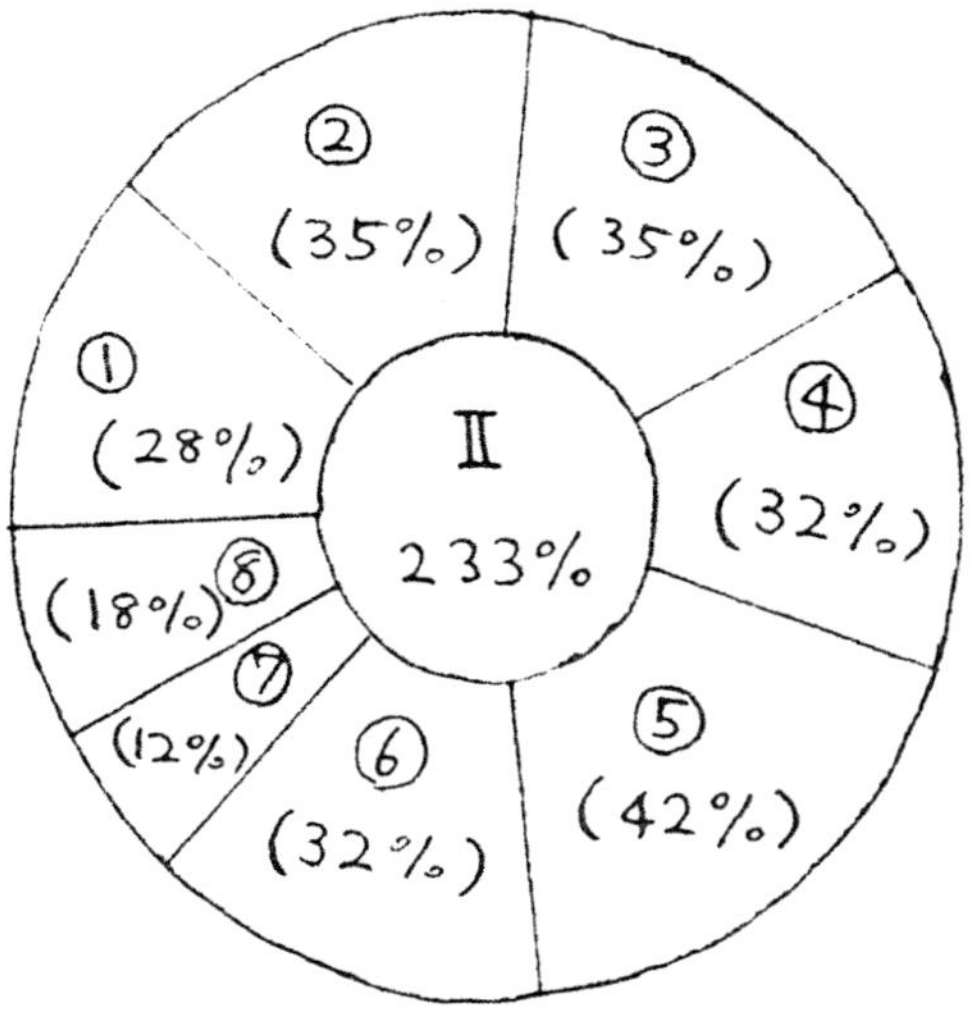

4. 身心ともに男性も愛せる。（バイ＝セクシュアルである。）

5. 男性には〃異性〃を感じない。

6. その他

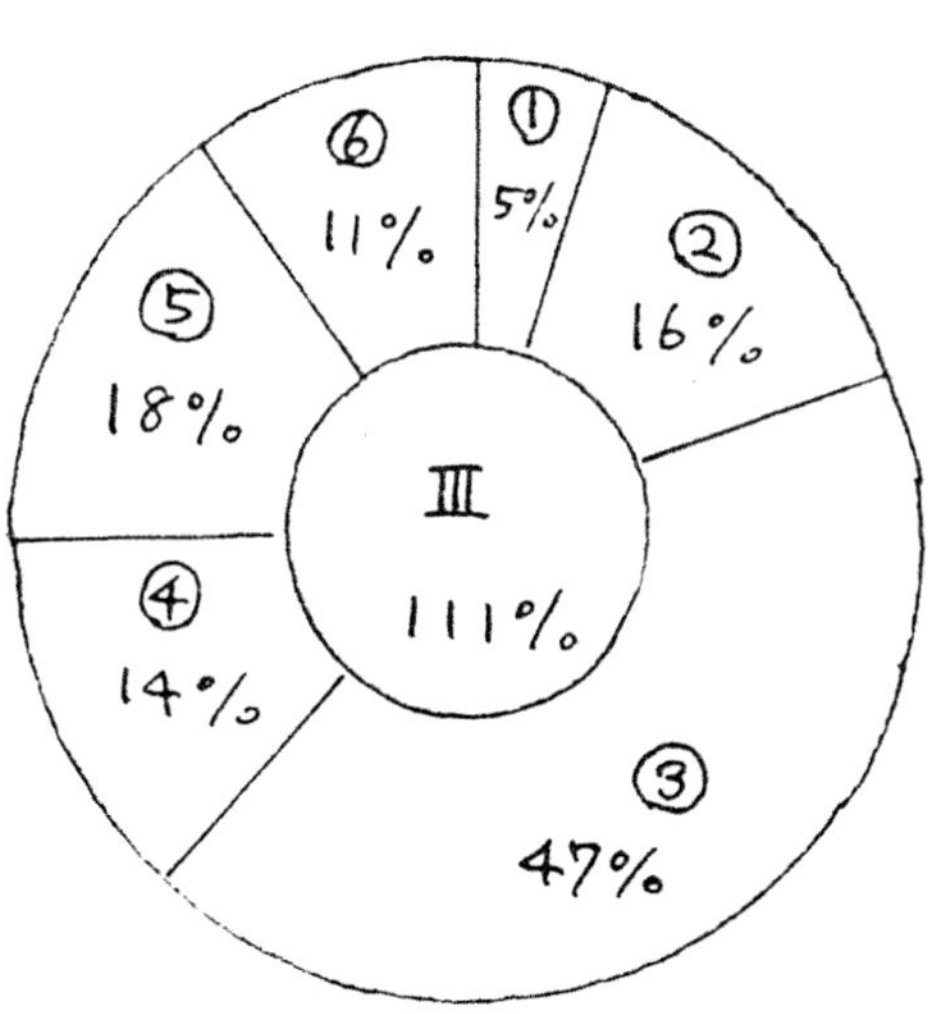

Ⅱの(6)＝家庭環境（一八人）

○父親の横暴、暴力、酒乱、経済力なし等・・・五人

○異母兄に暴力をふるわれた。

○義父に対する不信感。

○父親の教育が厳しすぎた。

○父親が異性との交際を禁じていた。

○女ばかりの中（姉妹・友人）で育った・・・・・二人

○母が父を男として愛していなかった。

○母の死。

○母親ベッタリに育った。

Ⅲの(6)＝その他

○友人のみの関係で、愛の対象とはならない。・・・・・・二人

○性的な対象ではあるが、愛の対象ではない。

○肉体的には異性を感じるが、精神的に嫌悪感。

○身心ともに愛せるとは思うが、男とセックスしたことがないのでわからない。

○人によっては少しなら好きになれることもある。

Ⅳ　それはなぜですか。わかるはんいでお答え下さい。（全く理由に思いあたらない人は「理由なし」又は「わからない」でけっこうです。）

Ⅳ　(1)〜(3)、(5)〜(6)の場合（五一人）

○女の人とは対等な人間同志として愛が生まれるが、男は女に対して、常に「男」を主張する。全人間的な関係がつくれない。心を許したり、やさしくしたいと思わせない人種である等……三人

○男性に対して嫌悪せざるをえないような封建的な教育を受けたし、現実に男は女に卑屈さを要求している。

○乱暴で人の気持を考えず行動する。野蛮精神的に軽ベツ出来る等……三人

○同性でなければ細かい心理まで理解できない。心から安心して甘えられない。

○信頼出来ない。

○過去の経験において……四人

○強く魅力を感じる男性に会ったことがない。

○女性を愛し肉体を結ぶことが自分にとってはふつうになったから。

○いつも一人ぼっちでいたため、一人ぼっちの人を愛してあげたいと思った。

○性格が男性的、同性のように思える……二人

Ⅵ　ノイローゼになったり、精神科の医者にかかったり、自殺（あるいは他殺）を考えるまで追いつめられたことがありますか。

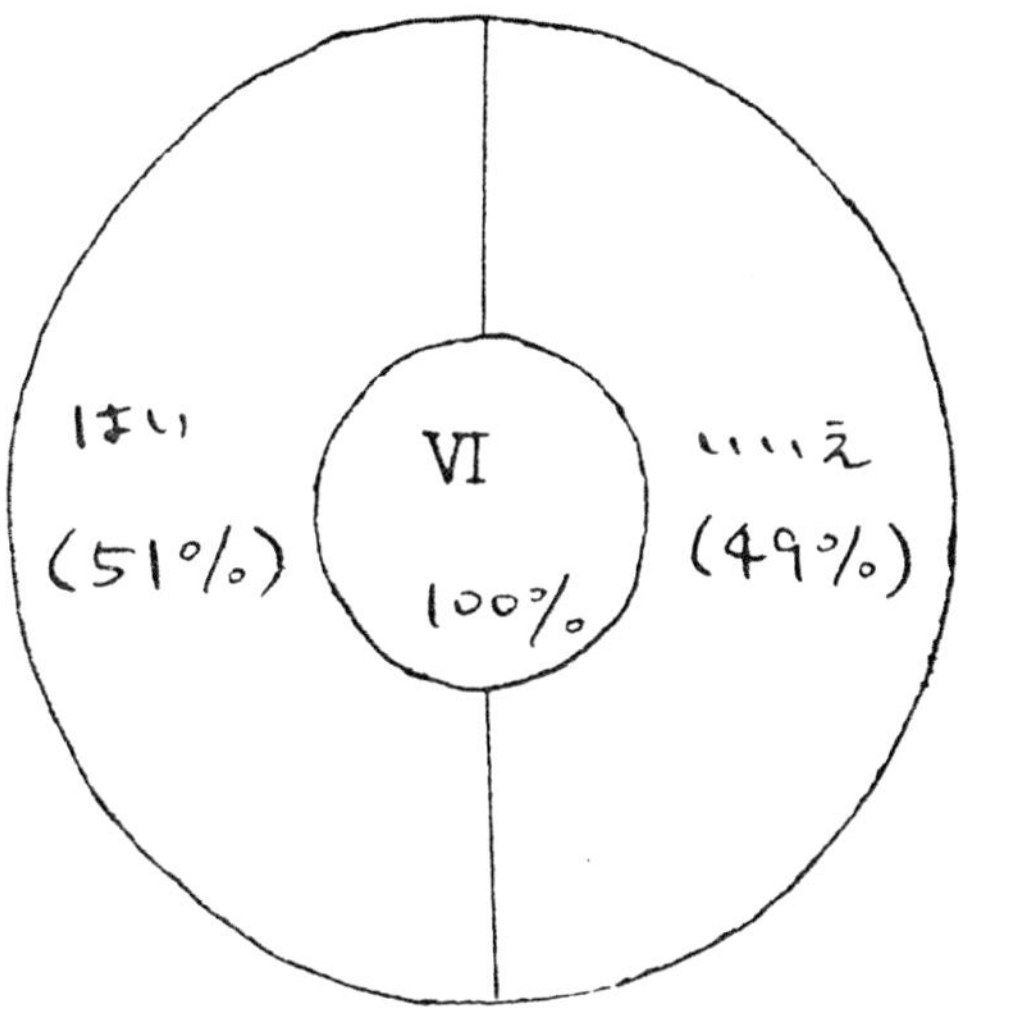

Ⅶ　Ⅵで「はい」と答えた方について、その直接の原因は何でしたか。

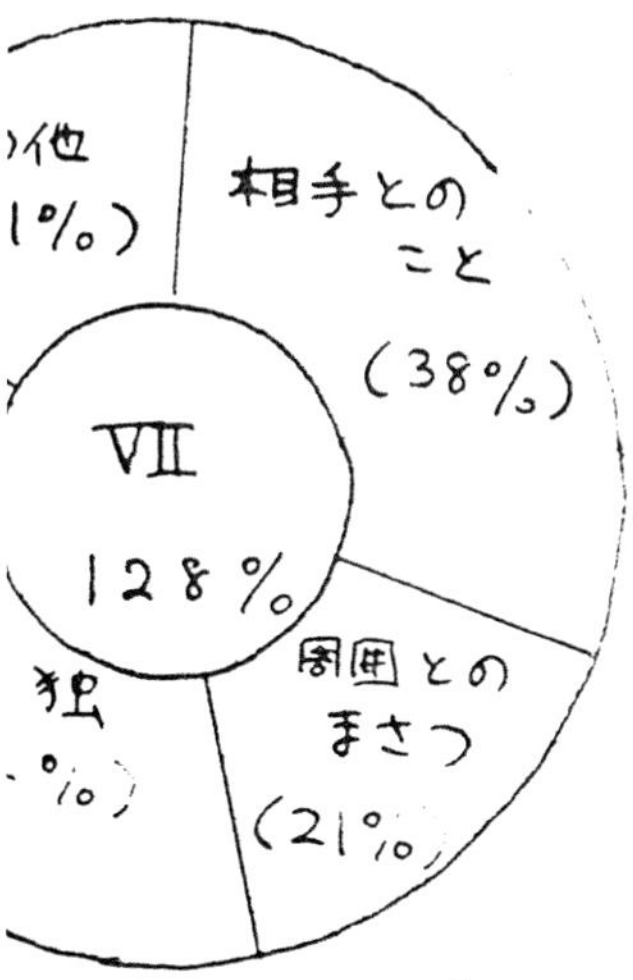

Ⅸ　あなたが同性愛者であることを周囲の人は知っていますか。

①家族友人等周囲の人はたいてい知っている

②一部の人だけ知っている

③「若草の会」以外誰も知らない

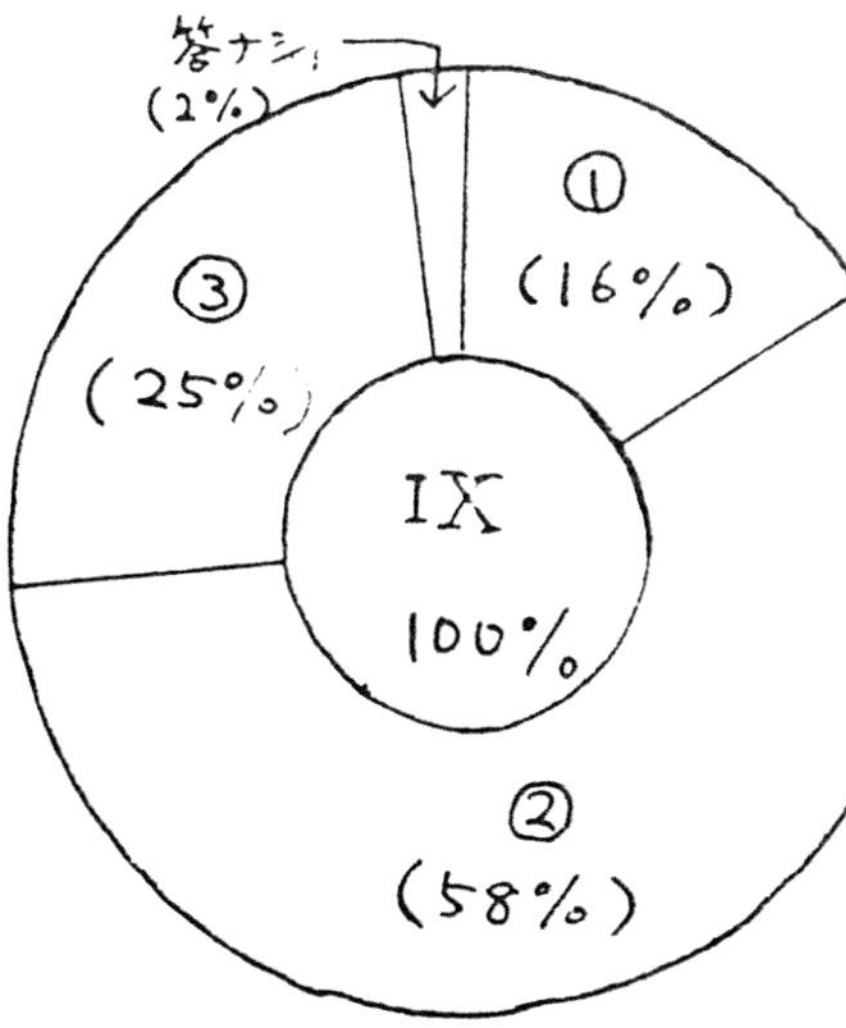

Ⅹ　男性を愛したことがありますか。

NO.6

○男兄弟に囲まれて育った。
○養女であるという家庭環境
○理由としてはわからないが、
女に感じるほどの激情を男には感じない
……四人
心から好きになれない……二人
性的に愛を感じない……三人　等
○理由なし、わからない、理由になっていない。……三二人（五一人の六三％）

(4)（バイセクシュアル）の場合（六人）
○愛を感じるのは性別に規制されない……
……六人

V　自分の同性愛的傾向について、異常だと思ったり悩んだりしたことがありますか。

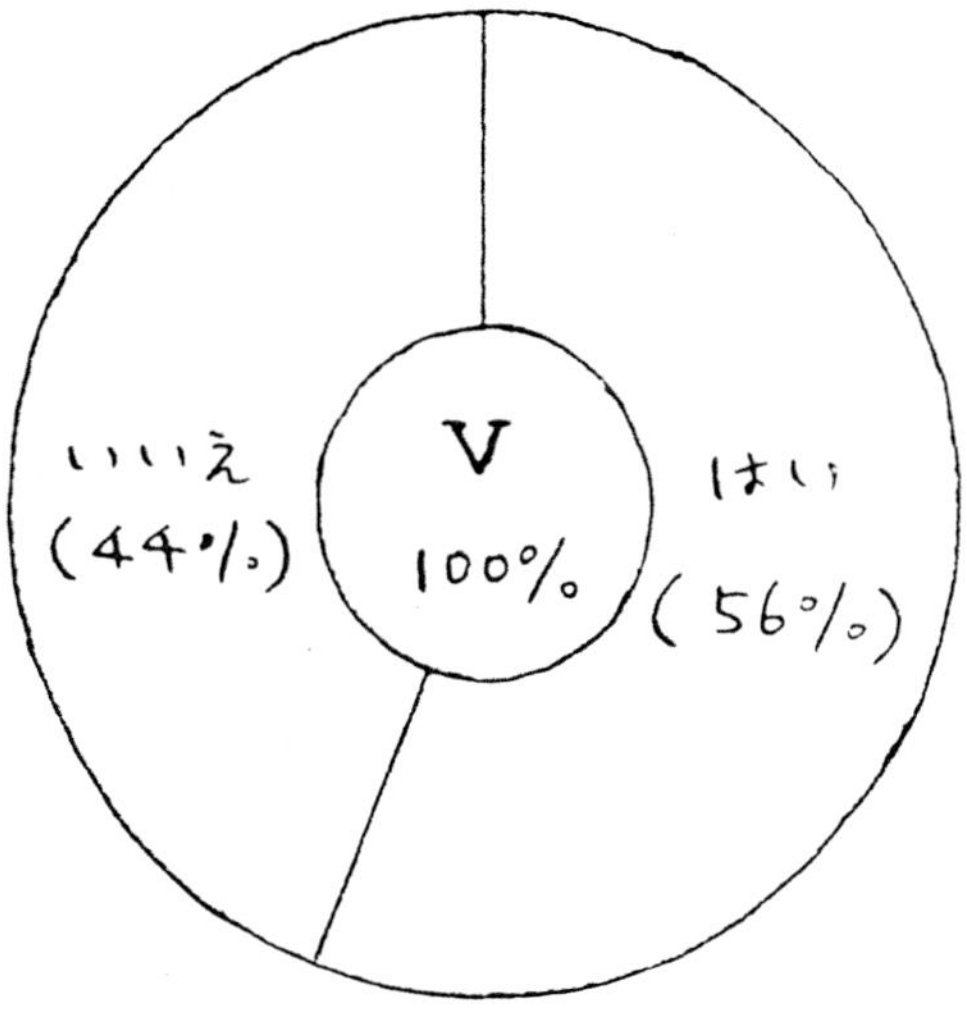

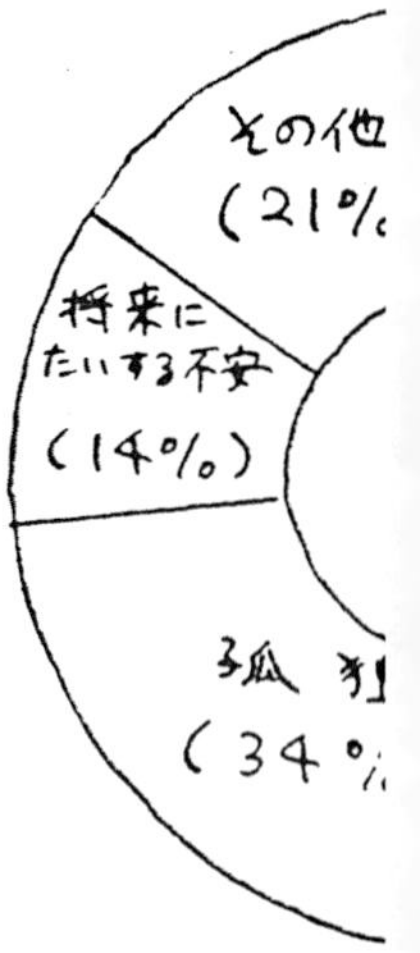

VIIの(5)＝その他
○自己嫌悪　○罪悪感
○自分がパーセンテージの上で異常だから。
○夫と同性の恋人との板ばさみ。
○性格のちがい。　○うまく表現できない。

VIII　身近に、悩みをうちあけたりできる人がいますか。

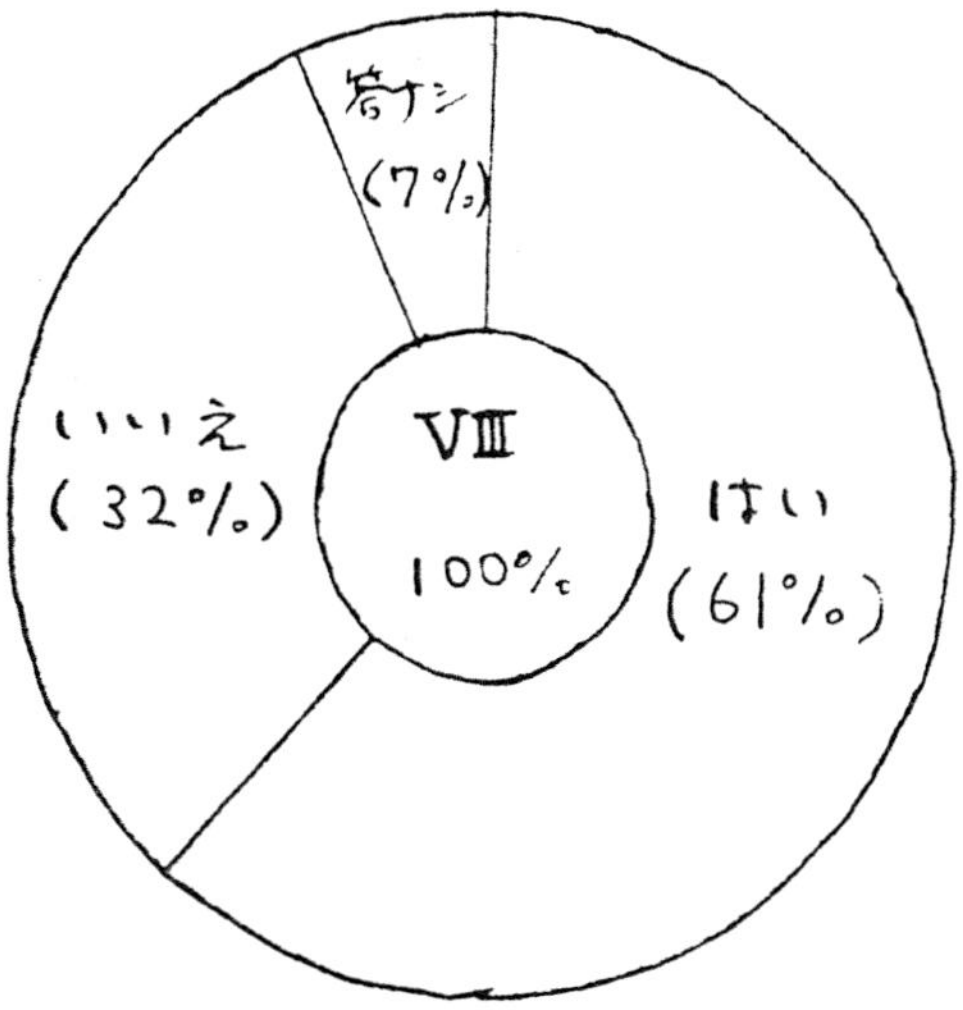

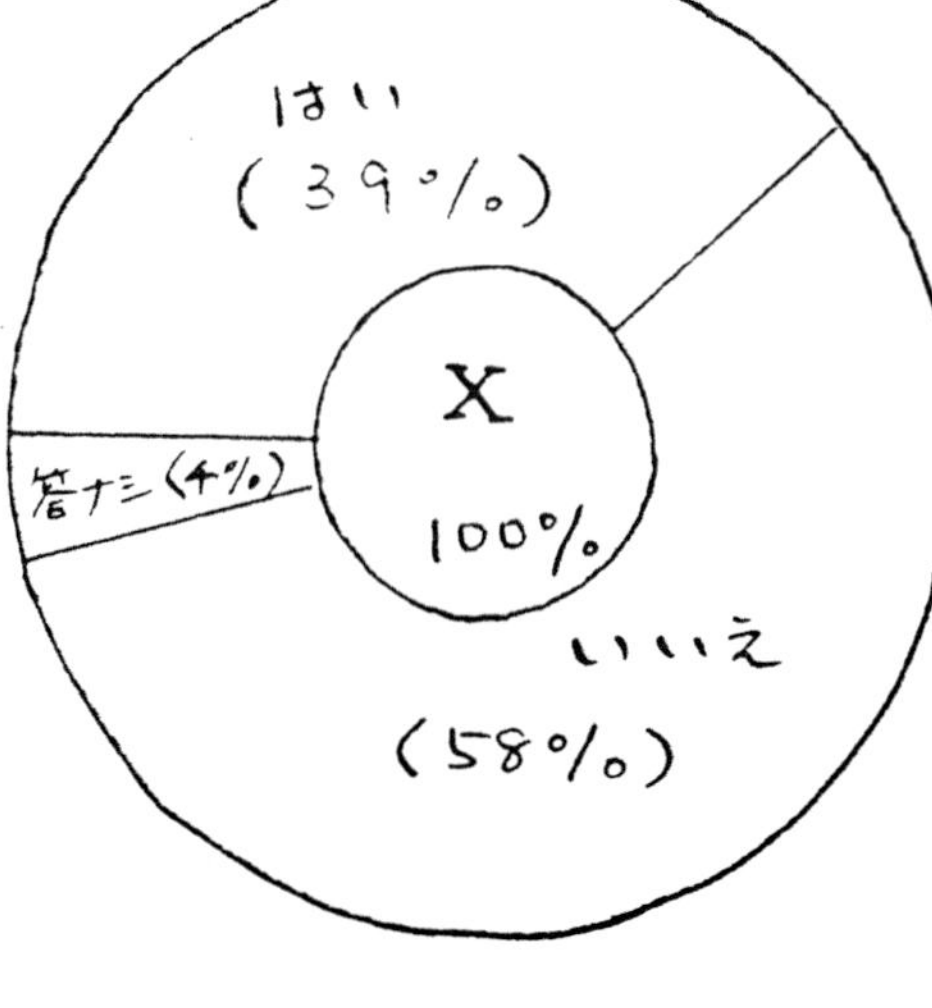

XI
(1)　男性を愛そうと努めた（自分は"異常"だからなおさねばならないと思った）ことがありますか。
(2)　今もそうですか。

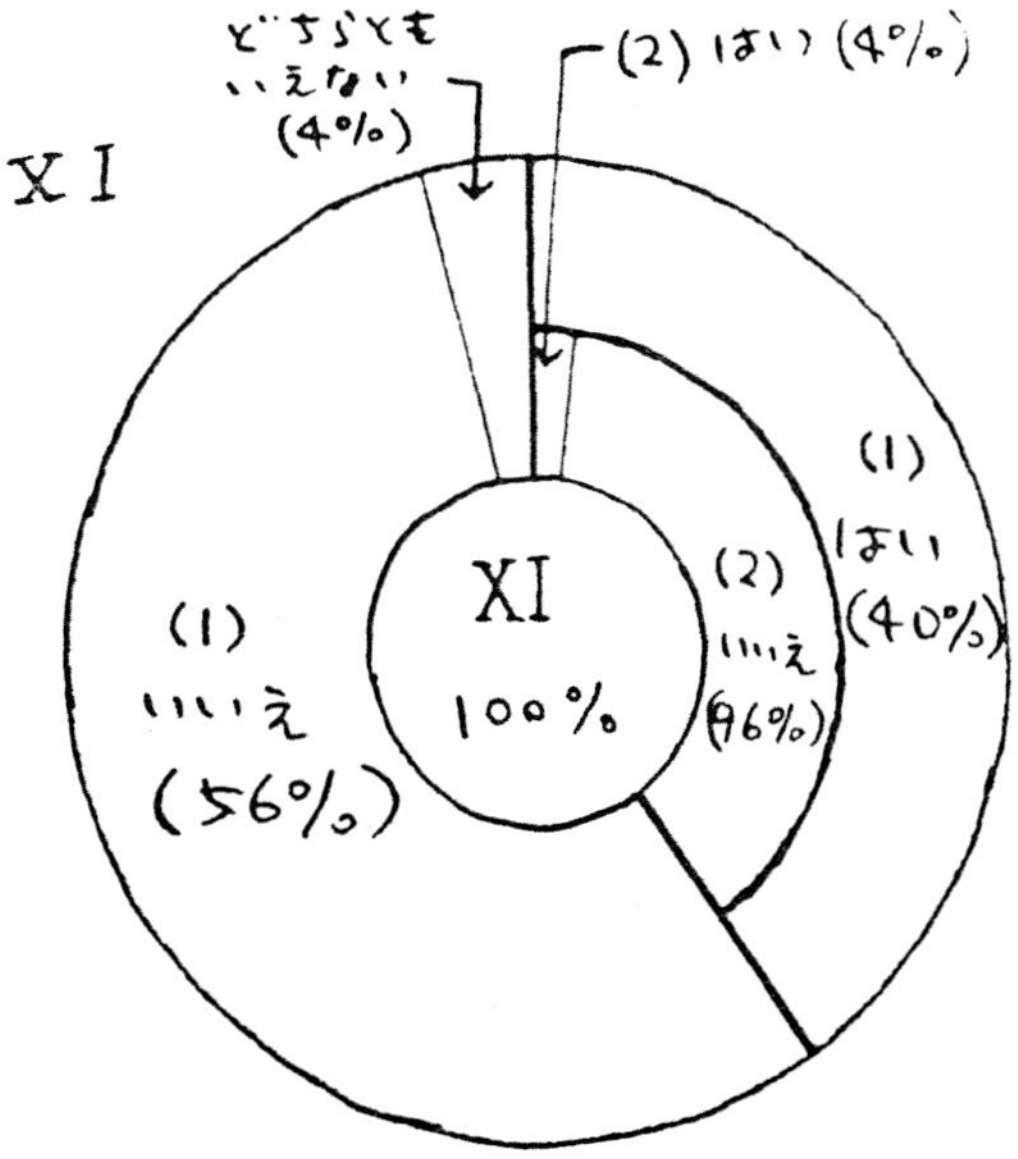

XII　同性の人を好きになった場合、何が一番気になりますか。（一つだけ）

1. 相手や周囲が知ったらどう思うだろうか。（けいべつされないだろうか、友だちづきあいをしてくれなくなるだろうか、など）
2. 相手は自分を愛してくれるだろうか。
3. どうすれば相手を獲得できるだろうか。
4. その他

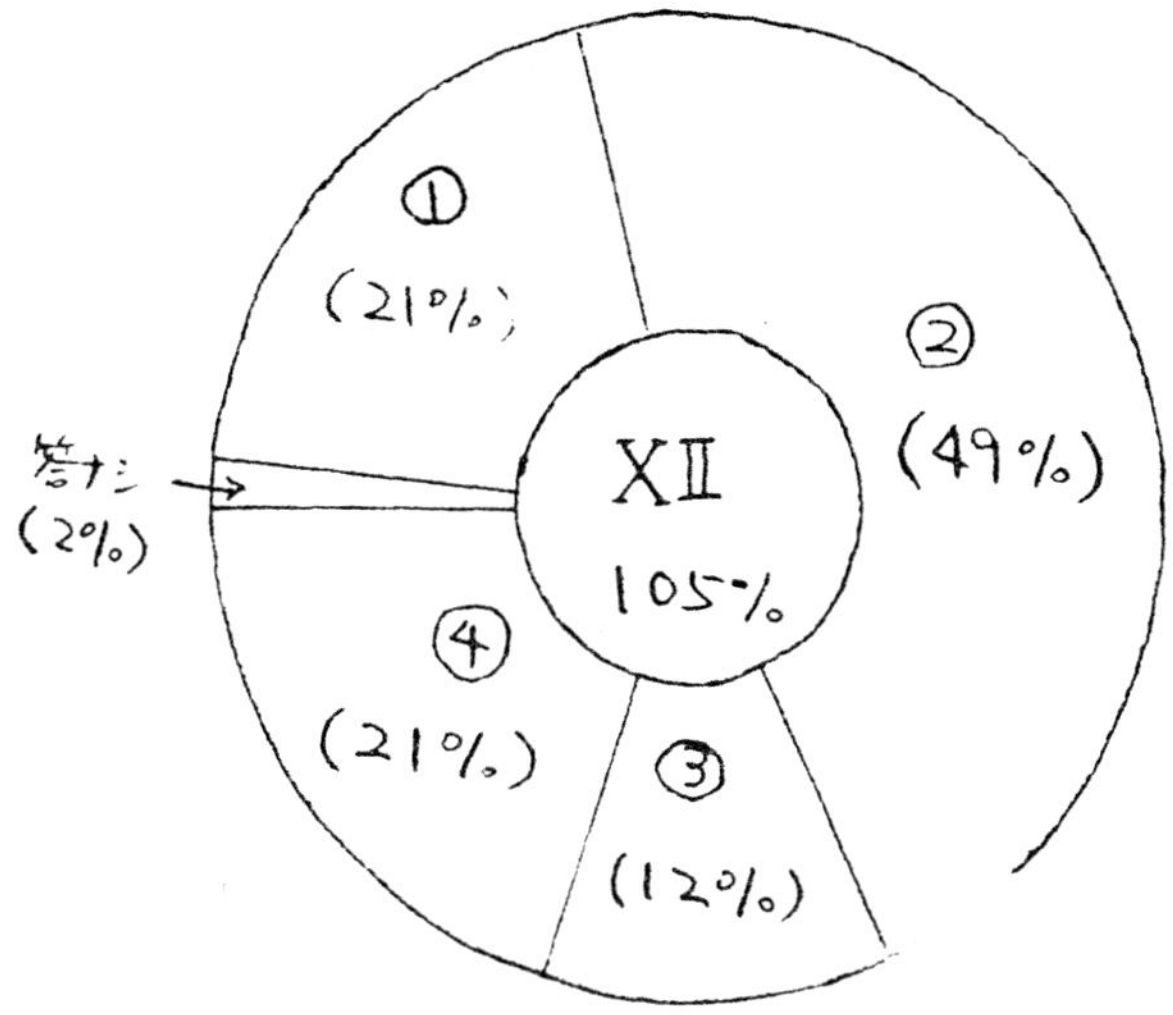

XIIの(4)＝その他
○あまり気にならない……四人
○相手の望んでいるものが自分にあるかどうか。
○夫の存在。

XIIIの(5)＝その他
○現在すでに子供がいる……五人
○やっぱり子供はほしい。
○子供にかぎらず、何か「想い出」になるものをもちたい。
○恋愛と子供をつくることとは何の関係もない。
○愛していなくても男だと出来て、どんなに愛していても女同志だと出来ないとは不思議。子供が出来ないから同性愛に走る人もいると思う（本人が気づくかどうかは別にして）。また、精神的に大人になりきらず、女の方がわがままを聞いてくれるから同性愛になる人もいると思う。等。

XV　自分の同性への愛情をすばらしいと思いますか。

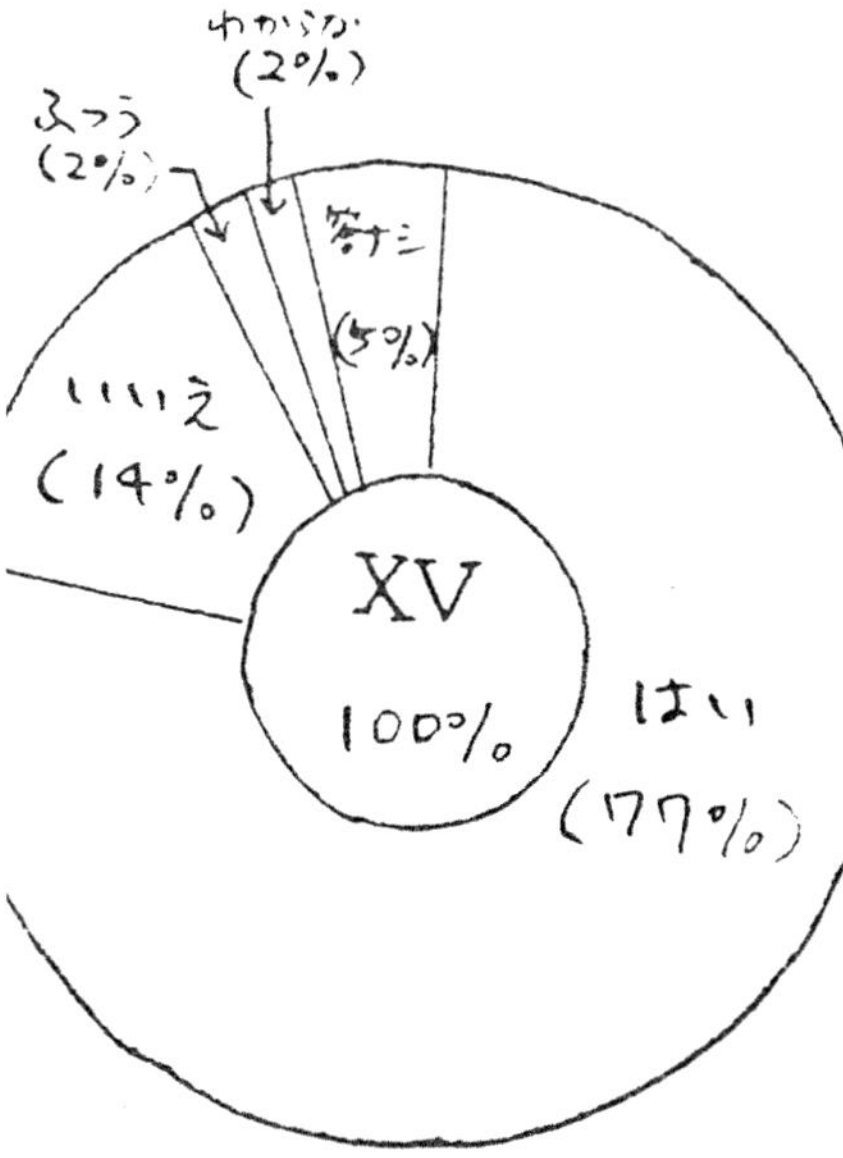

○自分の生き方の自覚、自立心の不足が問題。
○自分自身の心が最大の敵（ふっとわいてくる空しさ等）
○(1)に加えて、お互いを縛りすぎて疲れてしまうこと。
○親、　等。

同性愛者の間では一般に「男役」と「女役」とに分かれているようですが、

(1)　これについてどう思いますか。

1. 同性愛も心理的には異性愛だから当然だ。
2. 別にどうということはない。かまわない。
3. ある程度やむをえない面がある。
4. そういう風に分ける（分かれる）のはおかしい。不自然だ。
5. わからない。
6. その他

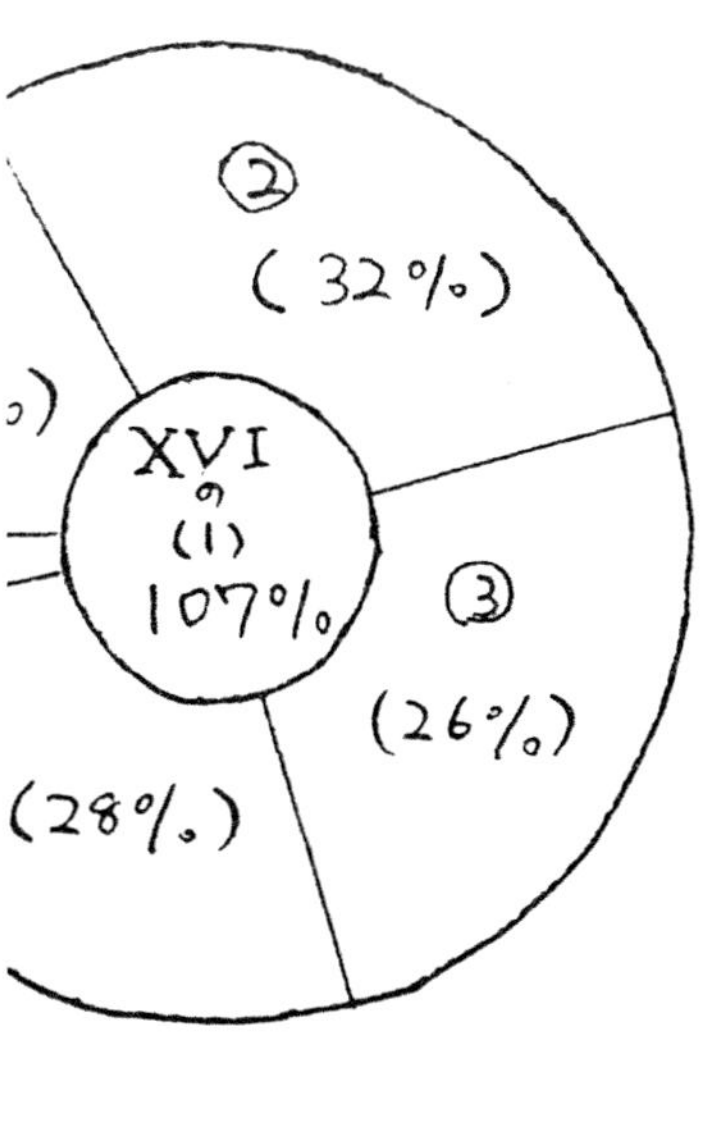

○相手との交際に将来まで希望がもてるか。
○自分のひたむきな気持をわかってくれるだろうか。相手がこの世界を理解し認めその中で生活できるかどうか。
○結婚・出産へと結びつくものがなく社会的に不安定。
○自分の感情が本当に愛なのかどうか。
○一言では言い表わせない、　等。

XIII　同性愛からは子供は生まれませんが、これについてどう思いますか。

1. 子供をほしいとは思わない。
2. 自分はかまわないが、相手がほしがればもたせてやりたい。
3. あきらめざるをえないが、とてもかなしみ（さびしさ、むなしさ）を感じる。
4. よそからもらって来てでも育てたい。
5. その他

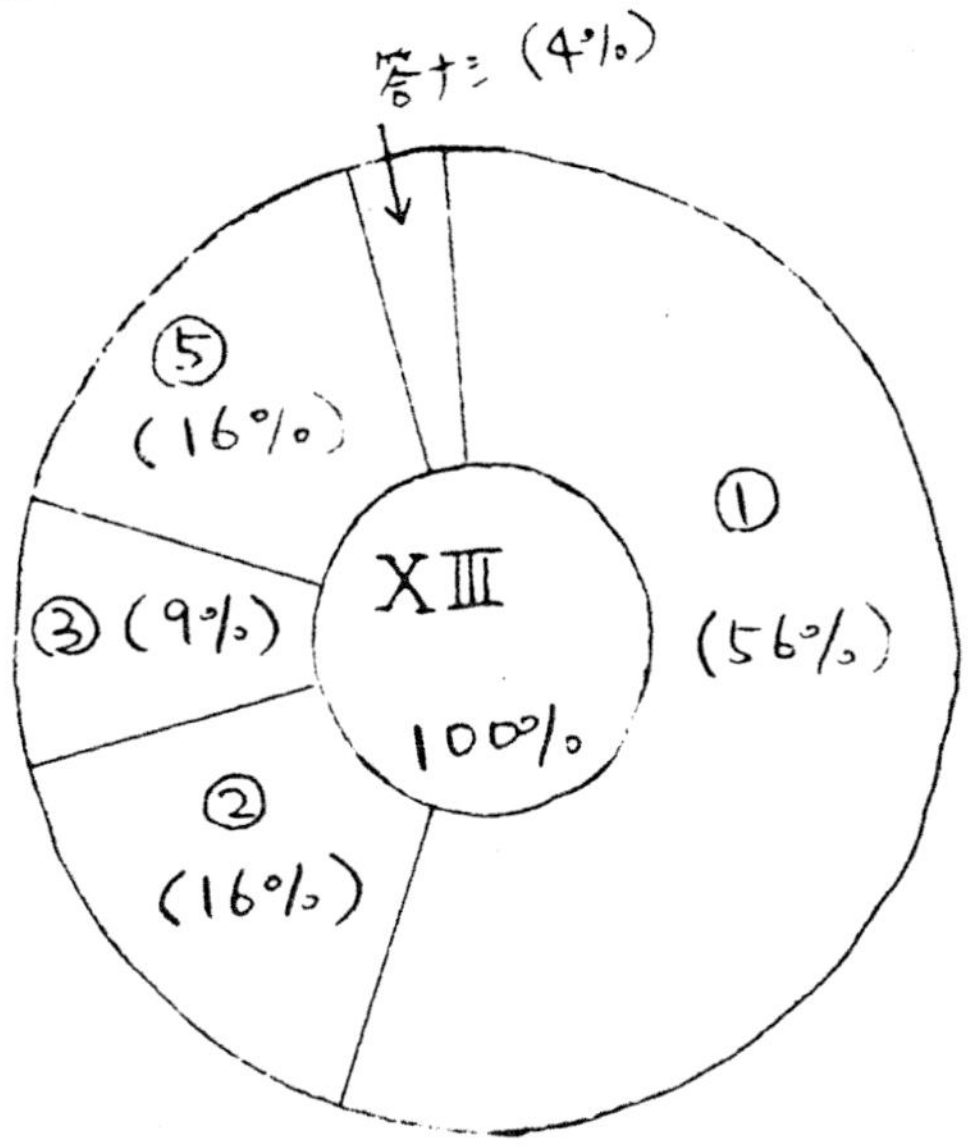

XIV　女性どうしの関係をまもりあるいは育てようとする場合、何が一番障害になると思いますか。（一つだけ選んで下さい。）

1. 周囲（社会）の無理解と偏見
2. 経済的問題
3. おたがいの愛情しか結びつけるものがないこと。（たとえば〃家庭〃や〃子供〃などの「形」に支えられることがないなど。）
4. その他

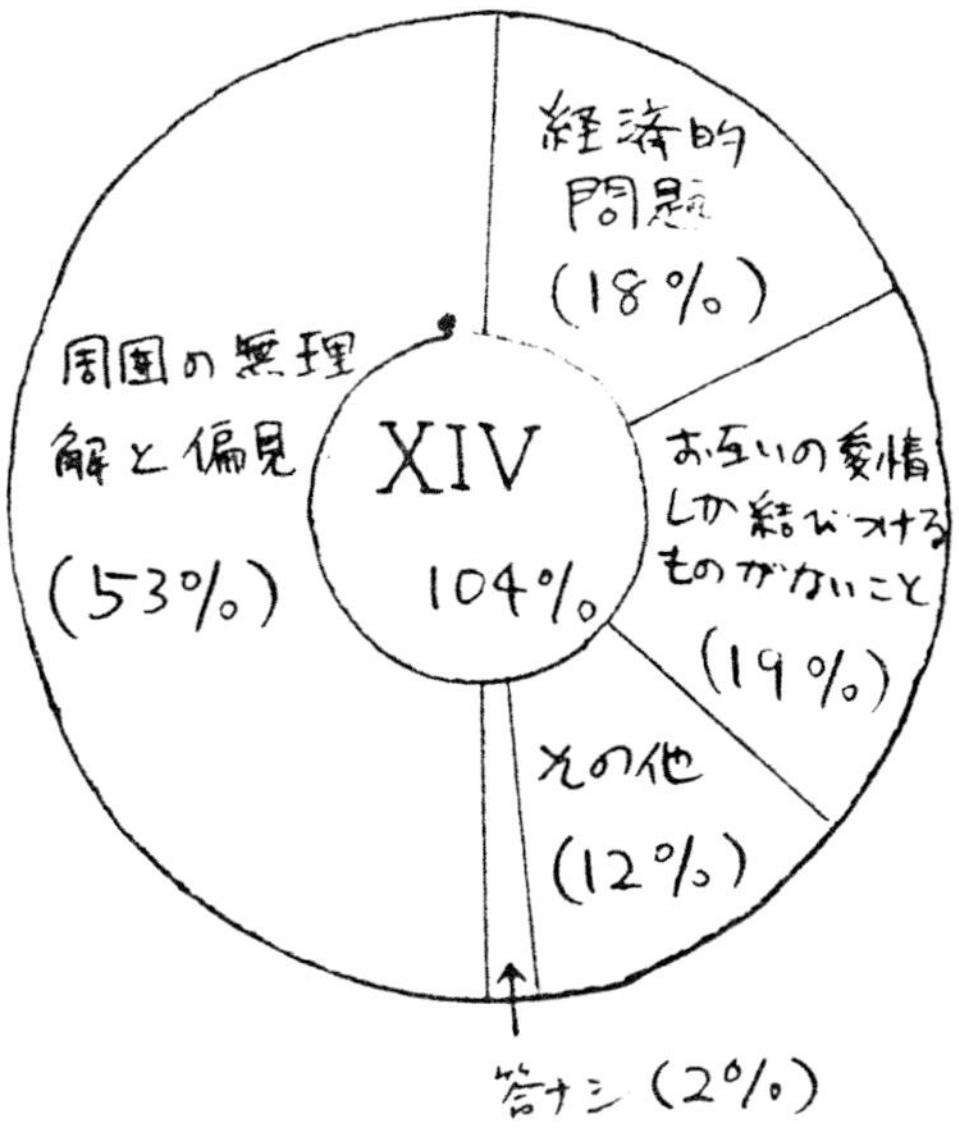

XIVの(4)＝その他
○別にない。
○本人の気持の強さだけが問題。

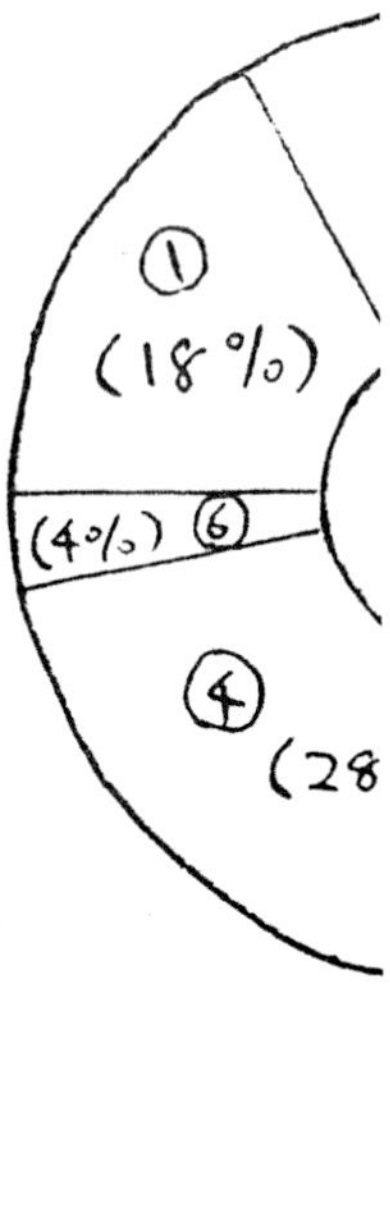

XVIの(1)の6.＝その他
○ほんとうは同じ感じが一番いいと思う。
○不自然とは思わないが私自身は好まない。

(2)　あなたの場合、どうですか。

1. 自分が「男役」（あるいは「女役」）であることに満足している。
2. 自分の「役」にむなしさを感じることがある。
3. 自分には「役」などない。
4. まだよくわからない。
5. その他

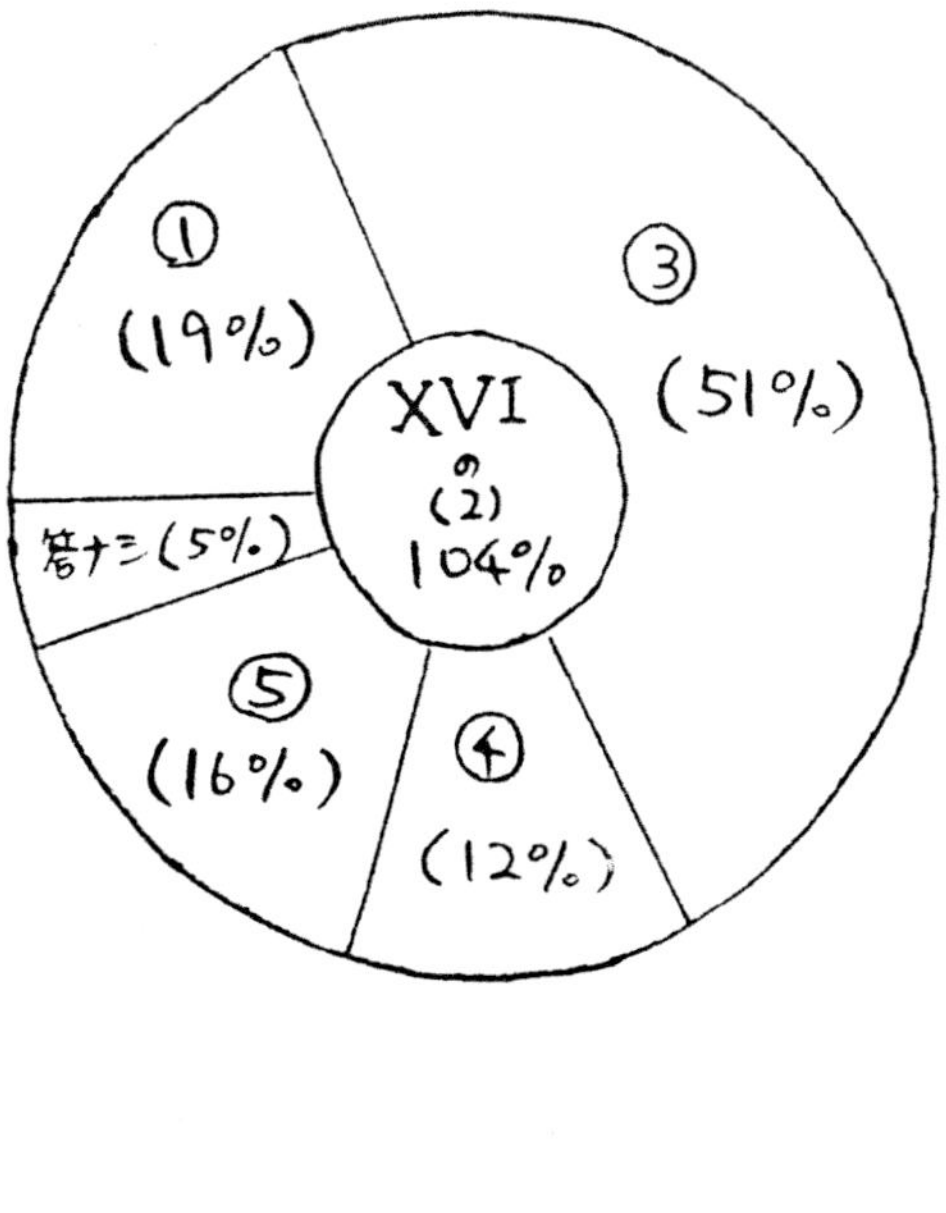

XVIの(2)の5.＝その他

○女のようでもありたいし、男のようでもありたい。自分の中に男と女が同居‥‥‥二人

○男役としてならごく自然にしていられるが、女役になるとしたら非常に不自然な作られた気持になると思う。

○社会的通念がなければ男役をはっきり表にしてみたい。

○相互の弱さなどを補えればよい。

○自分に出来ることをやっているだけ。

○「経験」がないので答えられない‥‥‥三人

XVII　あなたの実家（または主に育った家）の家族構成をお聞かせ下さ　。(例‥‥祖父、母、私、弟)

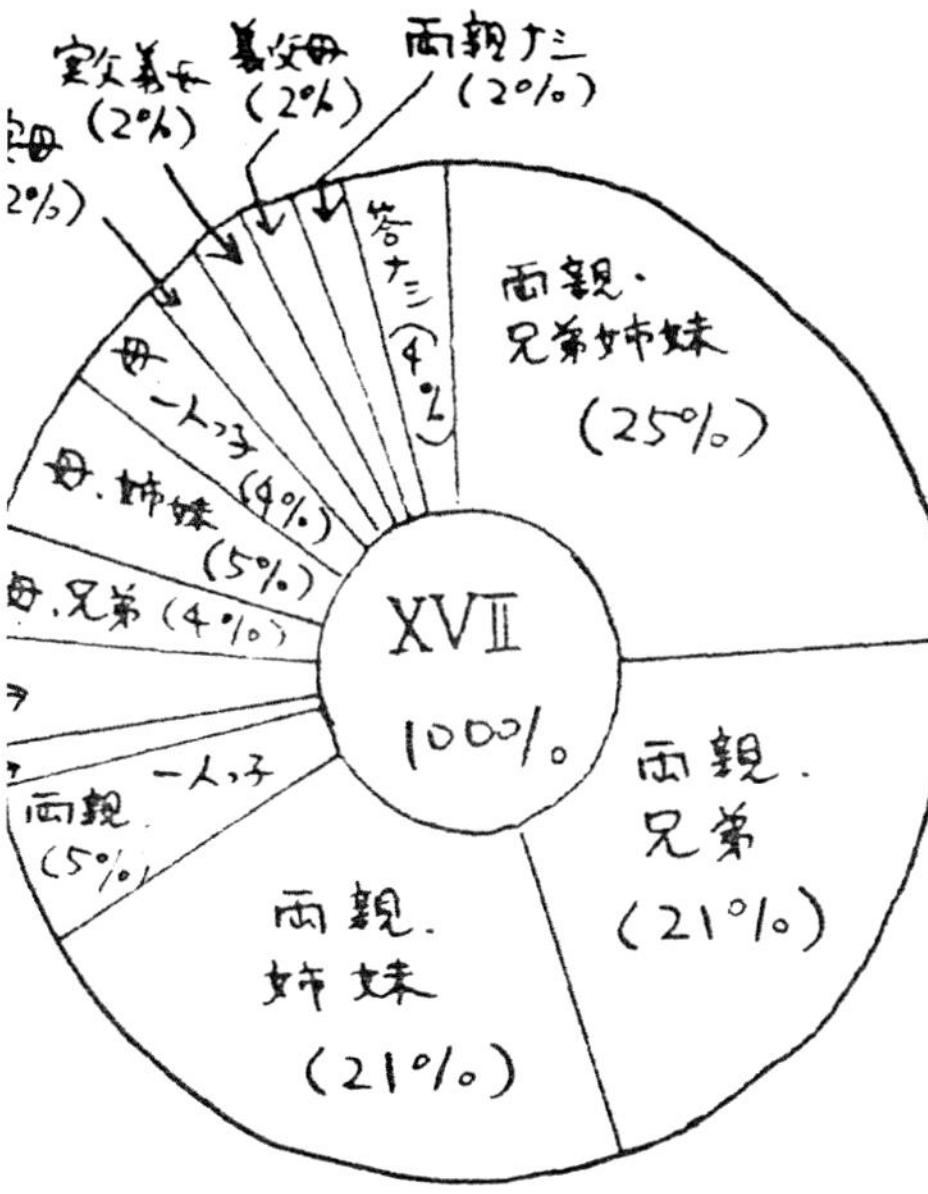

XIX　男性との結婚についてどう思いますか。

1. 社会通念上、さからえない。
2. 経済的に自立できなければしかたがない。
3. 結婚は結婚としてわりきればよい。
4. 形式結婚ならしてもよい。
5. するべきでない。将来もするつもりはない。
6. その他

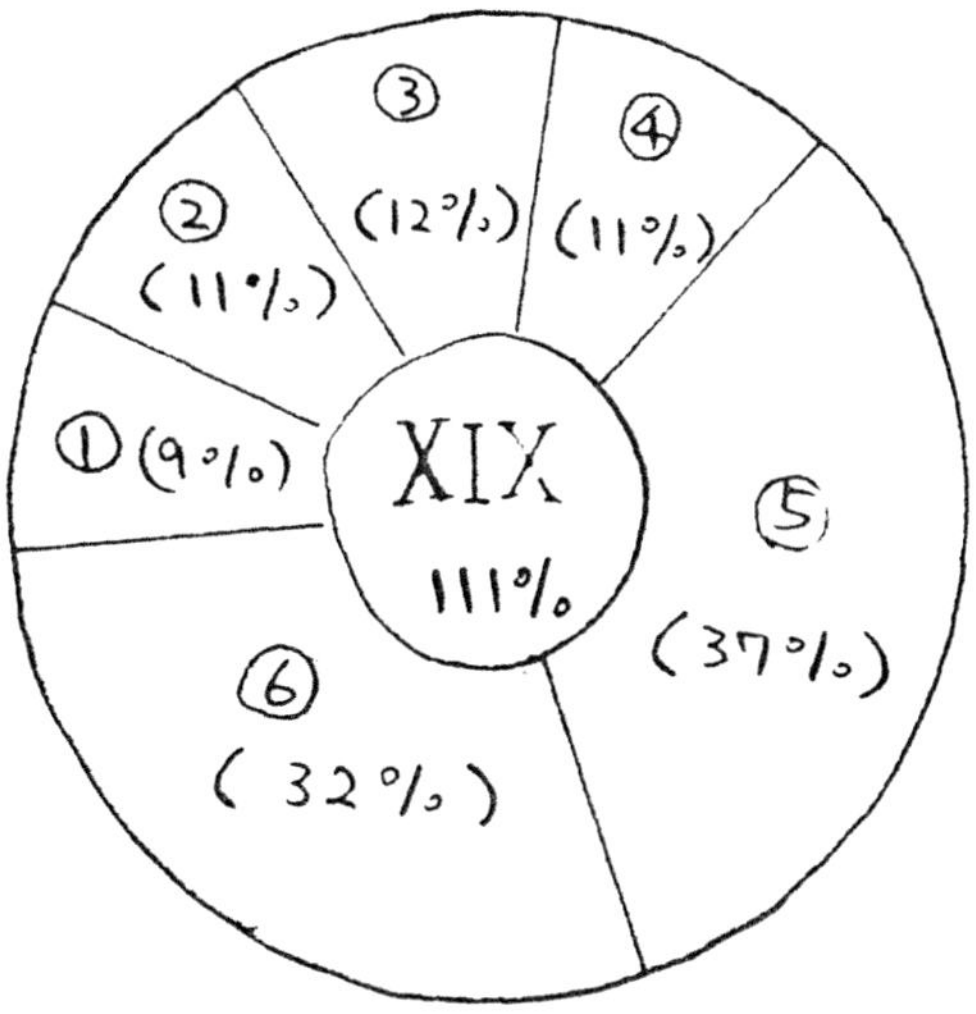

XX　女性の社会的、経済的地位についてどう思いますか。

XX

○経済的にはかなりよくなっている。しめ出し等はあまりない。今のままでまあよい‥‥‥八人

○自分は自分、他人は他人、口出し無用‥‥‥三人

○回答ナシ‥‥‥一五人

※（意見は適宜分類し、まとめた。）

以上、ご協力本当にありがとうございました。

XVI（男役女役について）の補足
(2)で3をこたえた人 (1)では

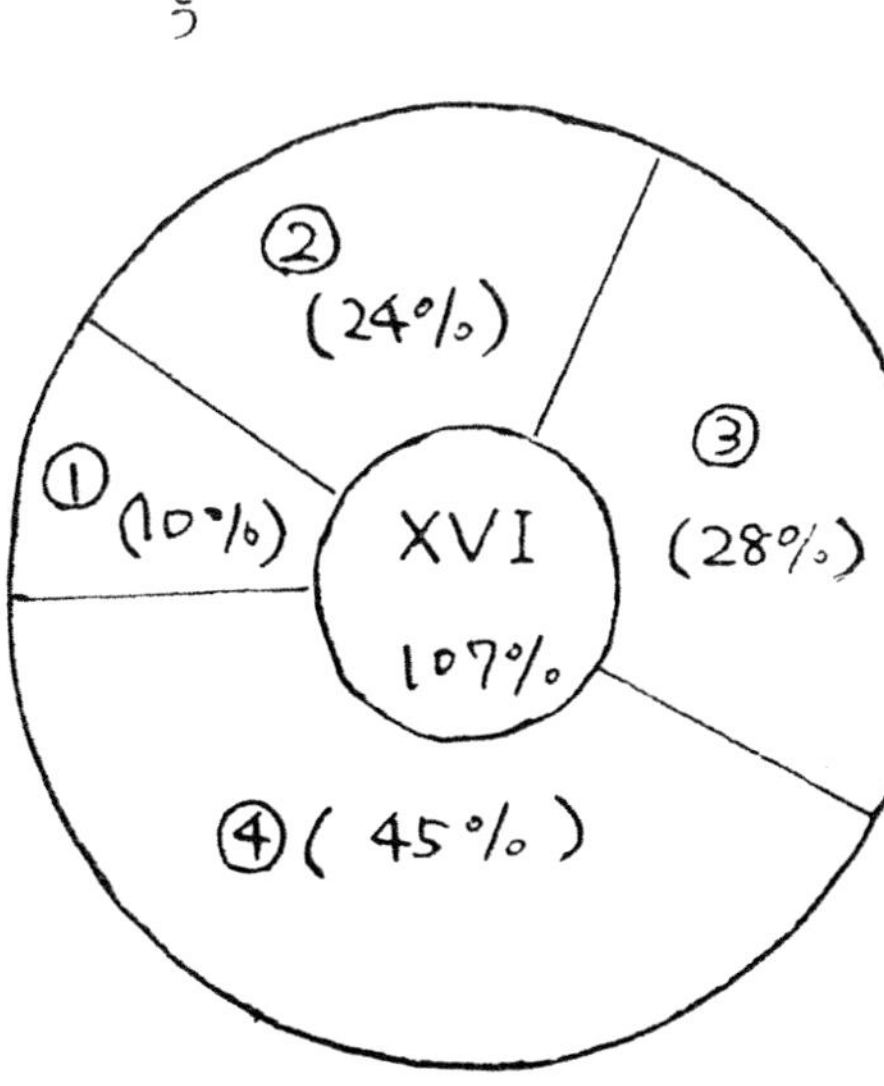

NO.8

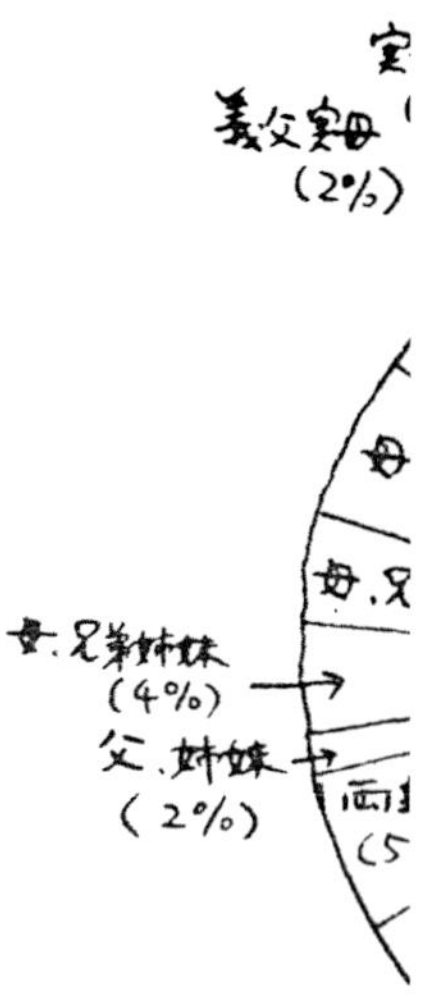

XVIII 上記の家族のうち、あなたは誰に一番強く影響されたと思われますか。

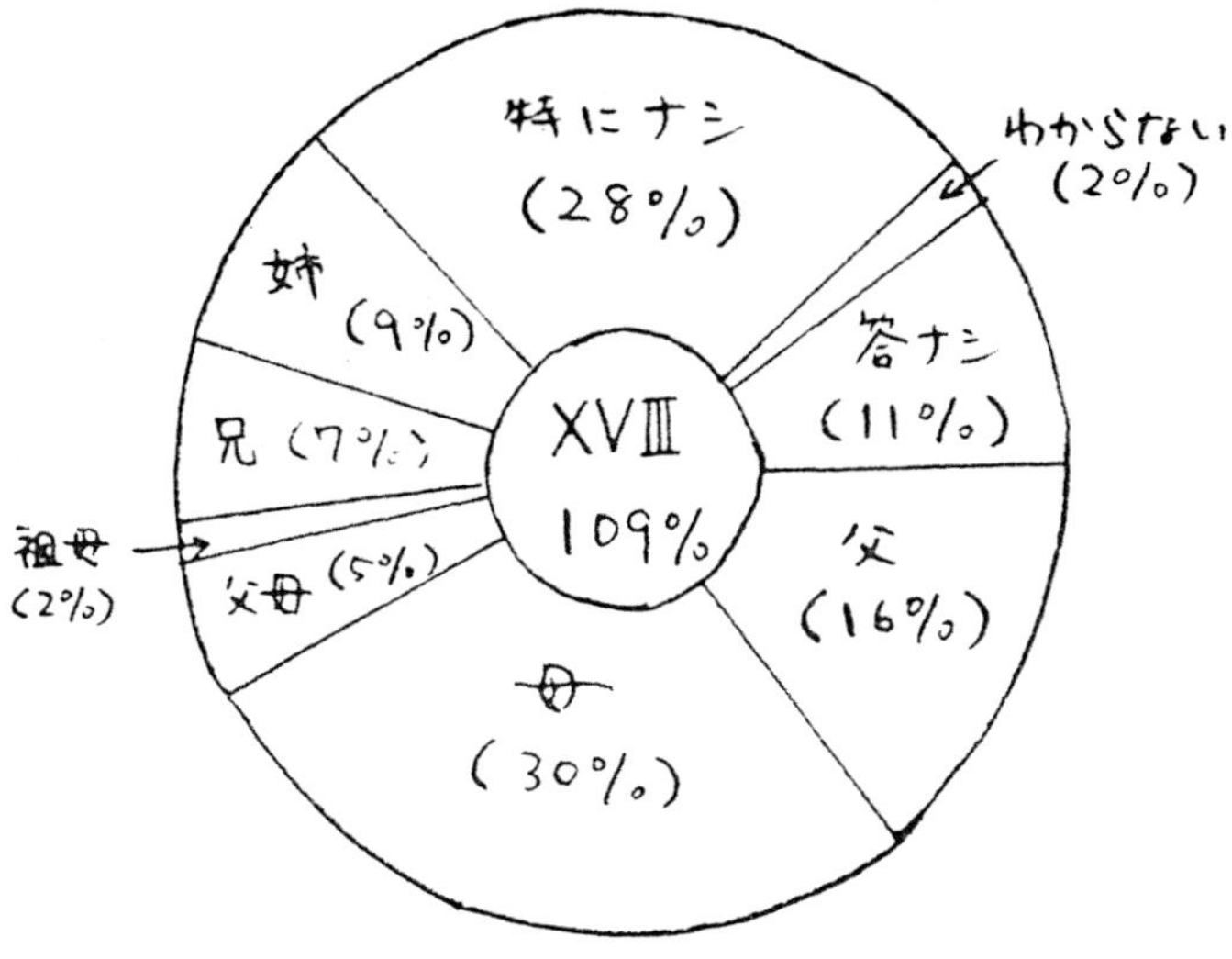

XVIII の回答のうち

○「父」を悪い意味であげたと認められるもの……四人

○「母」を悪い意味で……二人

○「父母」を悪い意味で……二人

い……八人

○何かにつけて差別され、地位も低い。対等に扱われていない。……三二人

○社会的な問題ではなく、本人しだい……三人

○回答ナシ……一一人

XXI もし社会に対して何か言うとすれば、何がいいたいですか。

XXI

○偏見をなくし、もっと理解してほしい……一七人

○同性との結婚を認めてほしい……五人

○理解してほしいとは思わないが、人のことにふれないでほしい……三人

○社会に言うことはない。自分が悲しいだけ。

○社会への注文以前に自分が強くなる……二人

○差別的な社会を打破する必要……五人

○男も妊娠すればいい、そうすれば体制もかわらざるをえないだろう。

○女性差別がなくなってほしい……三人

○マイペース型、自由に、のんびり……二人

◎対象無差別アンケート

問いとこたえ　◎　◎　◎

I、「レズビアン」という言葉を聞いてどう感じますか。

1. 理解できる。　2. 理解したいと思う。　3. 好奇心を覚える。　4. 不快な感じがする。　5. 異常だと思う。　6. 何とも感じない。　7. その他〔　　〕　8. さっぱりわからない。

（回答者構成）〔未既婚の別〕

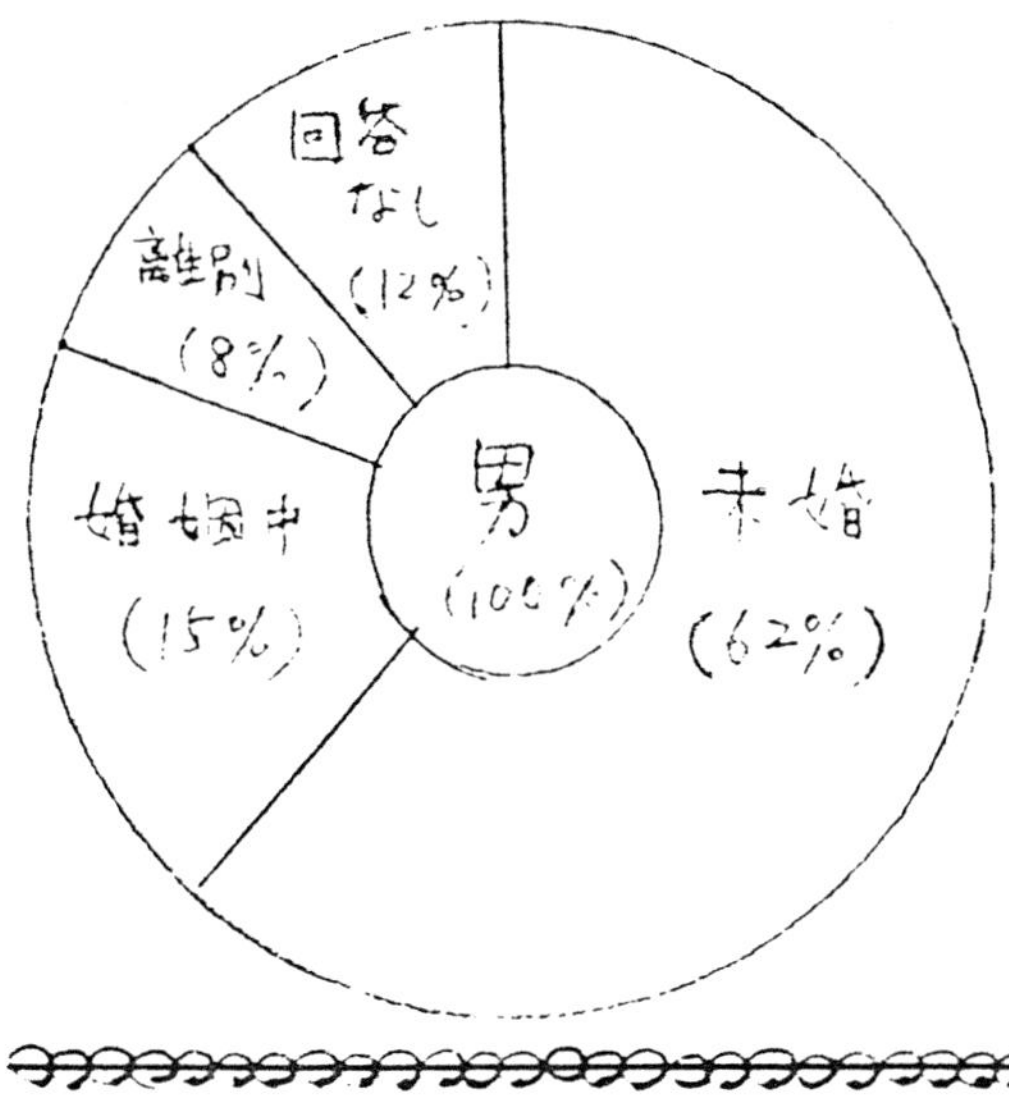

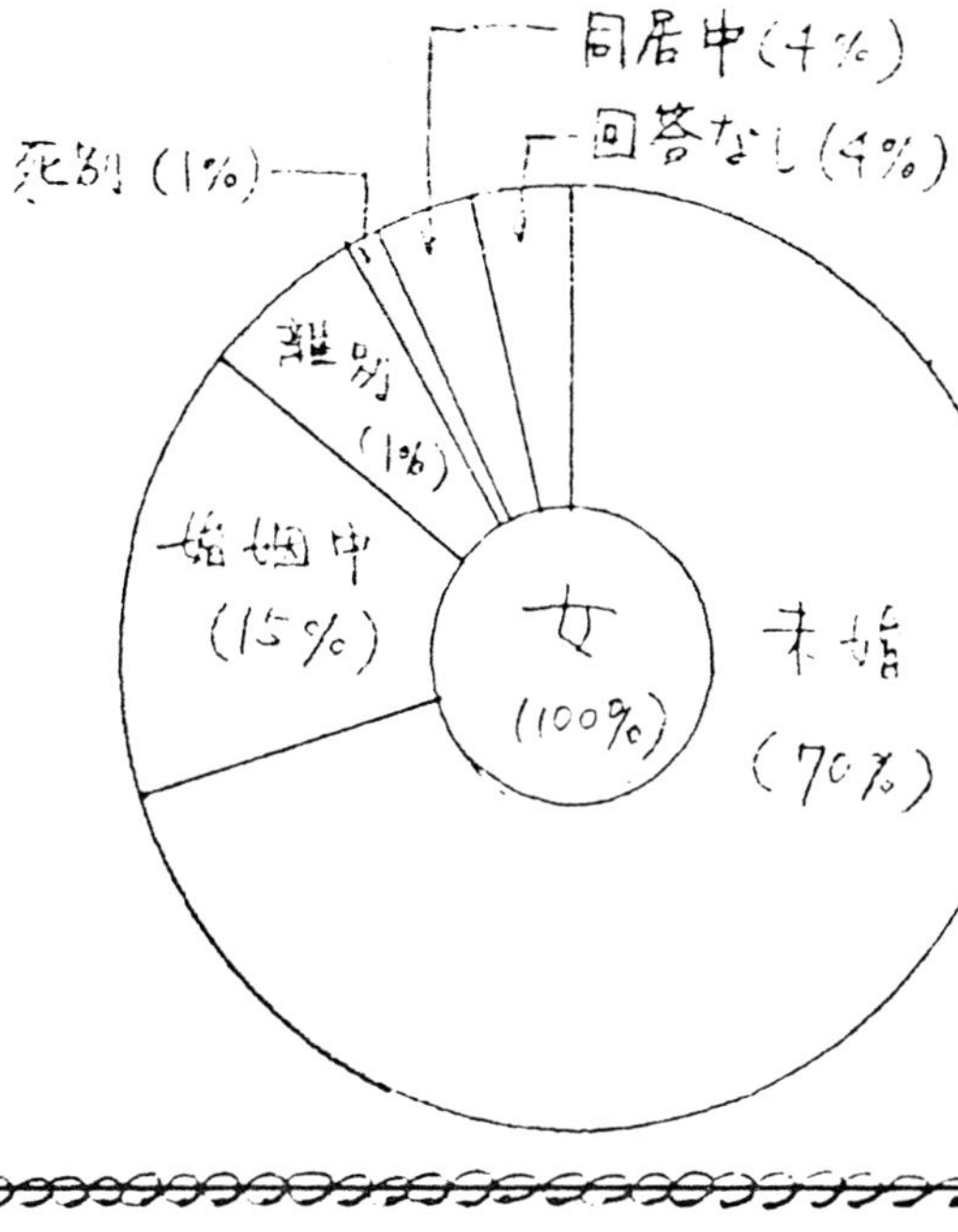

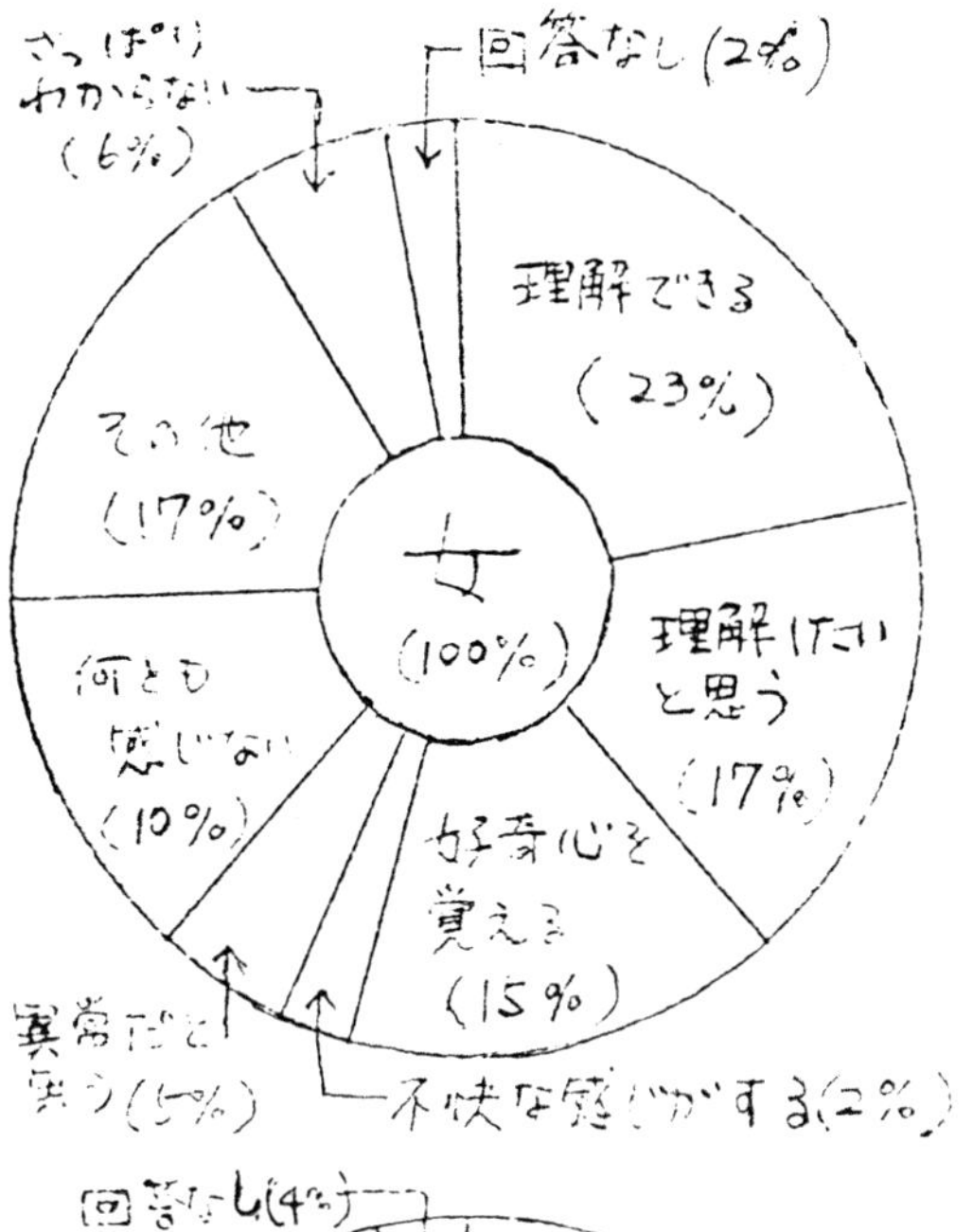

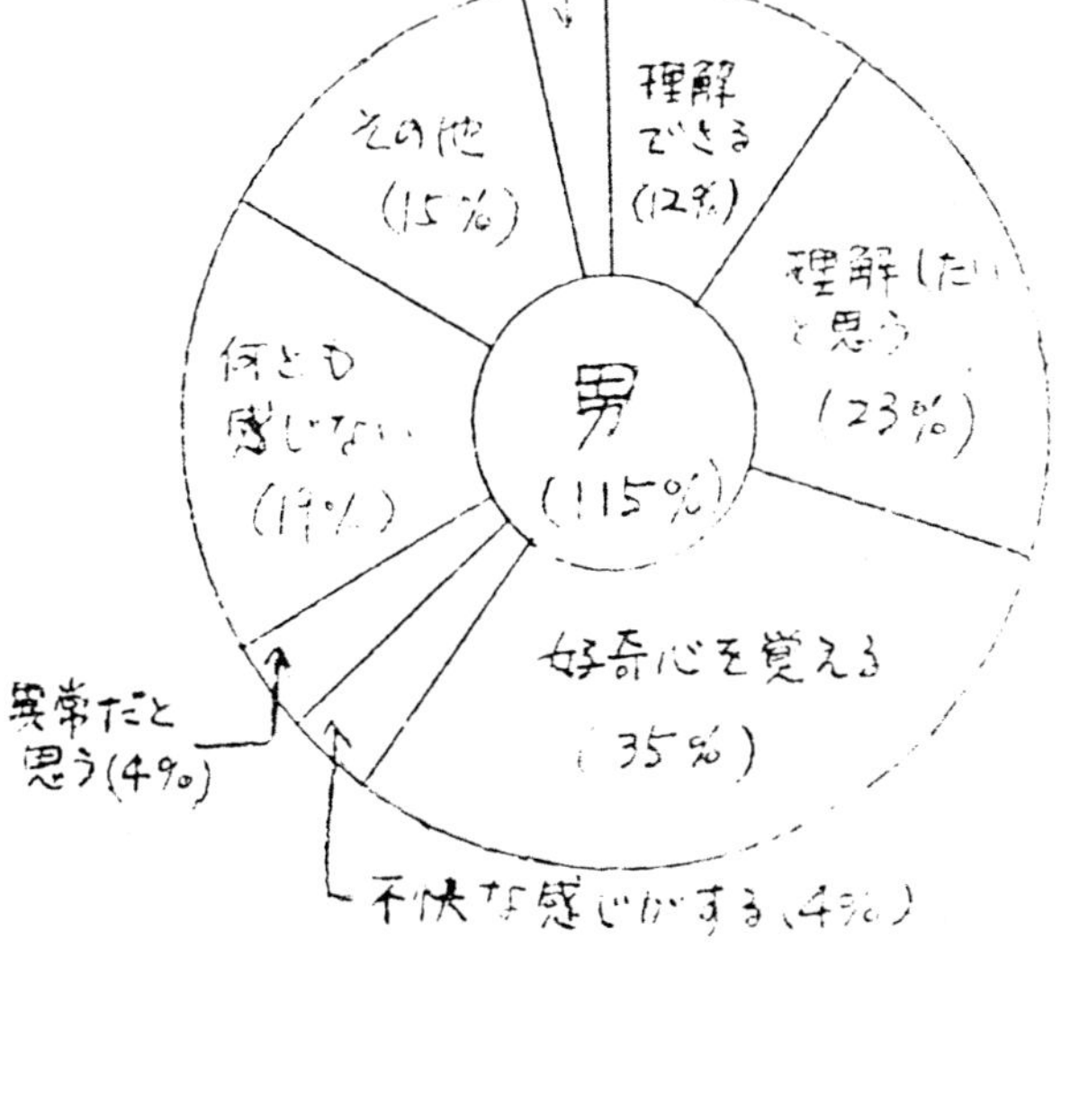

Iの(7)＝その他の意見

○世間でいやな意味で使われていて言葉として汚されている……（女七）

○自然に聞ける。自分の可能性を感じる。そういう関係をもってみたい。しんどいだろうと思う、等……（女）

○サッフォーやお伽話を連想する。ストリップを思い出す。男であることが残念。語源に興味がある……（男）

NO.9

Ⅱ (1)「レズビアン」を扱ったテレビや映画、小説などを見たことがありますか。

1. はい　2. いいえ

(2)「はい」と答えた方について

ア、題名は何でしたか。〔　　〕

イ、そのときどう思いましたか。

〔　　〕

Ⅱの(2)―ア

	人数	女・男
エマニエル夫人	七人	（四・三）
卍（まんじ・谷崎）	五人	（五・〇）
私生児（ルデュック）	二人	（一・一）
うわさのふたり	二人	（二・〇）
春の訪れ	二人	（二・〇）
ポルノ・ブルーフィルム	四人	（三・一）

レニー・ブルース、モア、11PM、週刊紙、サテリコン、アメリカのレズ論、姉妹、レズと呼ばれて（女・エロス）、悪い夏（倉橋）、二つの庭（宮本百合子）、ベルバラ、ジャン・ジュネ、女狐、ペルソナ（ベルグマン）……以上各一（女）

ビリディスの歌、サド、二尼物語、ストリップ、沈黙（ベイルマン）……以上各一（男）

(1) ○描き方が風俗的、表面的、興味本位、不快、グロテスク、いやらしい、という印象多い（女）

○異様、疎外、こっけい、性的興奮（ホモだったらどう感じたかわからない）、うれしがってみていた等……（男）

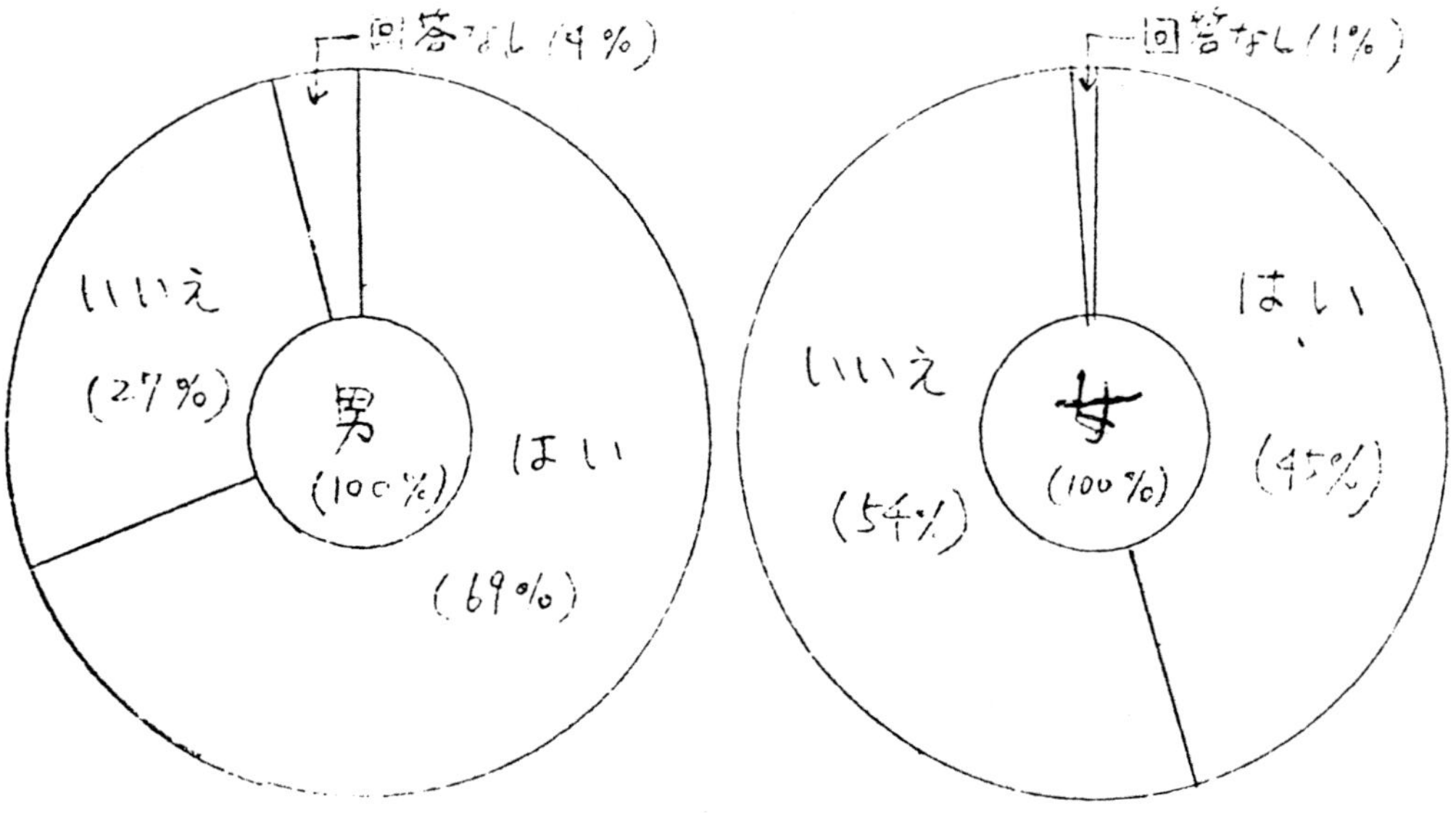

Ⅲ (1) 知人に同性愛者（女性）がいますか。

1. はい　2. いいえ

(2)「はい」と答えた方について、そういう人をどう思いますか。

1. 共感をもつ。　2, 理解に苦しむが悪感情はもたない。　3, その人の自由だと思う。　4, 興味をそそられる。　5, なんとなくこわいような変な気がする。　6, 異常だと思う。　7, その他

〔　　〕

Ⅲの(7)＝その他の意見

○肯定的・好意的にみている。

○どういう感情なのか全くわからない。

○何とも思わない。

○彼女が自らレズビアンと言って、うしろ指さされない日を願う。

○できる相手ときっかけがあることがうらやましい。

○わかるような気がする。

○苦しんでいるなら何が協力できるか友人と一緒に考えてみたい。

（グラフは次のページへ。）

Ⅳの(5)＝その他の意見（はい）

○ホモは女が介入しても救えないが、レズは救えるというから。

○夢で同性と寝たことが何度かあるし、そのような感情を感じたことがある。

○知らないから関心がある。

○女性解放―性解放の問題の一つとして、

○同性を愛しても何ら不思議でない。

○女、男だから。

○全般的に同性に深い親しみを感じるから。

○誰でも、そんな感情を持つことがあるし、少し追求してみたい。

○なぜいけないこととされているのかに関して不思議で関心がある。

○電車の中で時々あうことがある。（男）

○社会問題として関心あり。（男）

Ⅳの(5)＝その他の意見（いいえ）

○やはり男性の方がいいような気がする。

○環境に自分が左右されていること、また異性愛に今のところ満足していること。（ただ、女の友人を好きになることがある。）

○現在の自分には関係がない。

○今のところ、そういう感情をもったことがないから。

○興味がない。

○生物的でないと思うから。（男）

☆関心がある、ないがはっきりしない（どちらともつかない、答がない）人の意見

○特別関心はないが、知人に同性愛者（女）がいて、生い立ちや理由など話を聞いてたらおもしろいと思った。その人の気持も理解できる。

○自分が豊かになる感じで愛したいし、愛せるなら男でも女でもよい。

○関心はあるが、問題にすべきことでもない。（男）

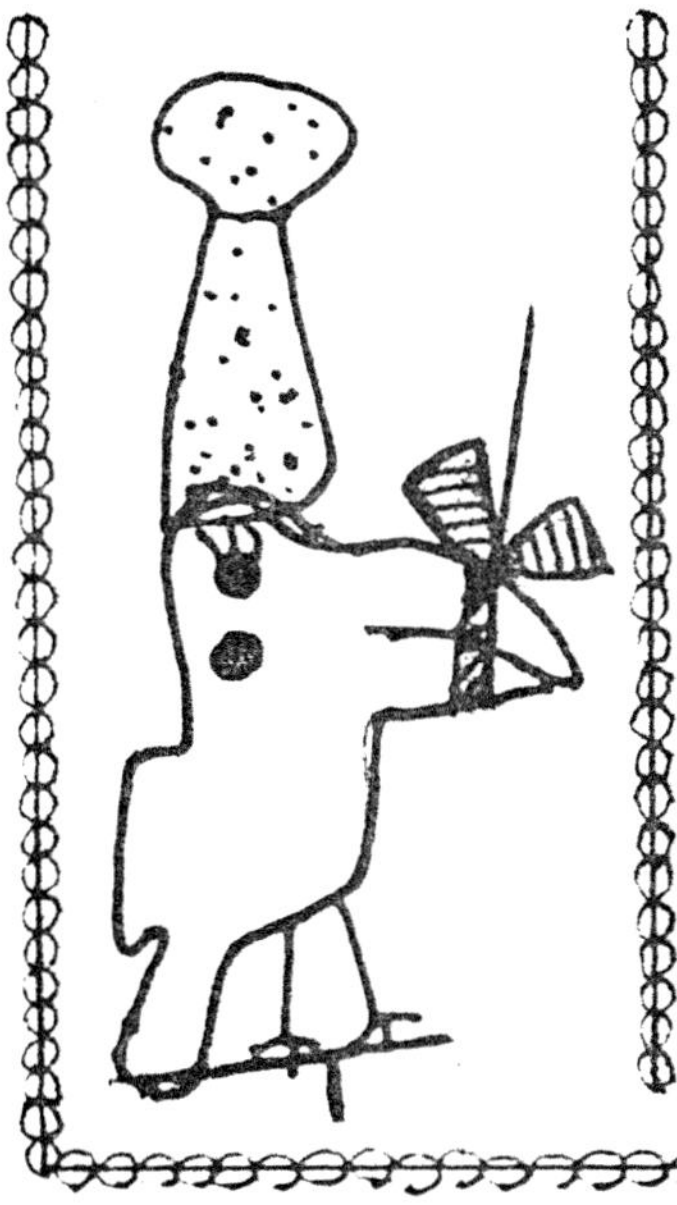

Ⅴ　同性（男→男、女→女）に対して友情をこえた感情をもったことがありますか。

1，はい。　2，いいえ。

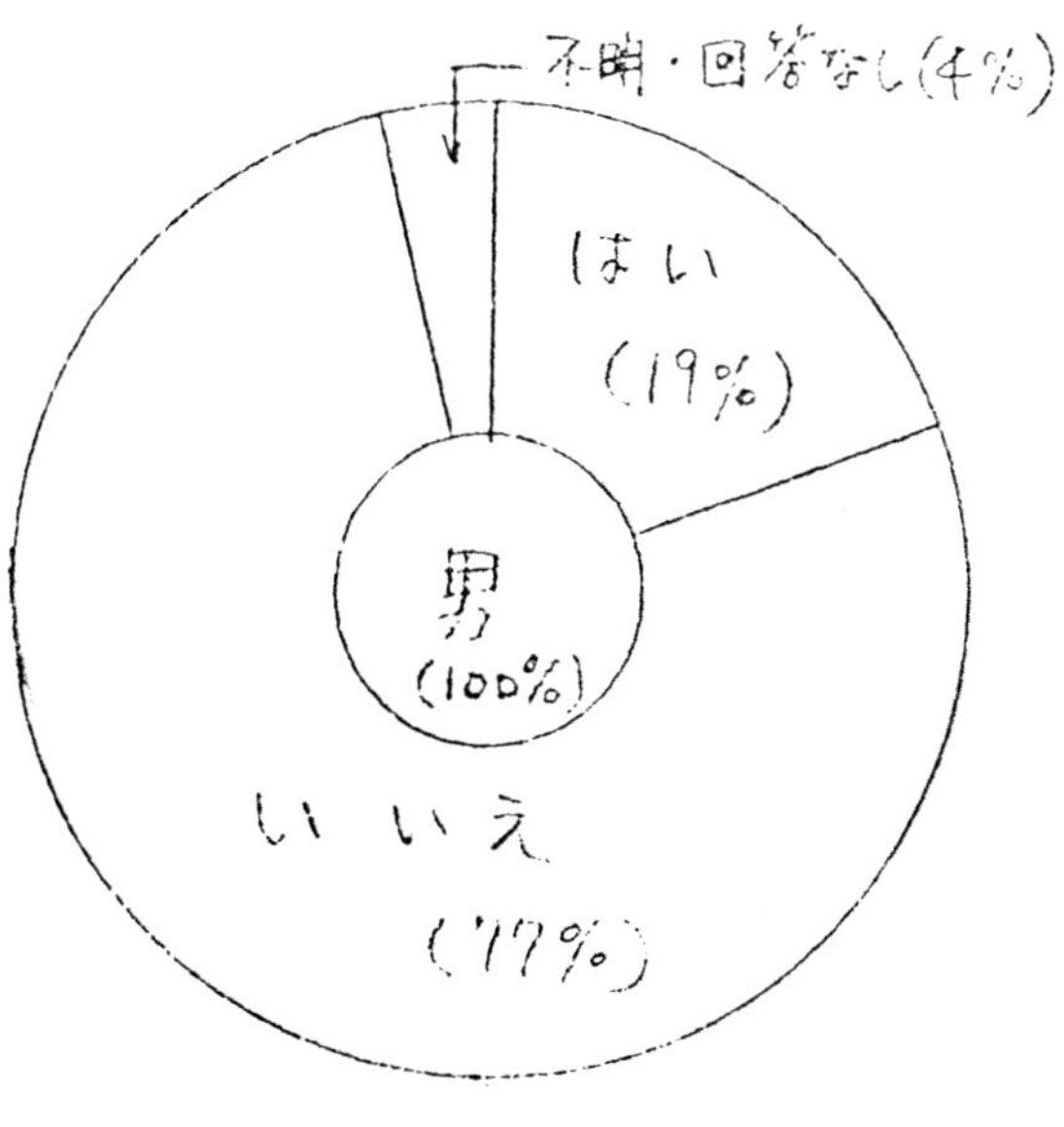

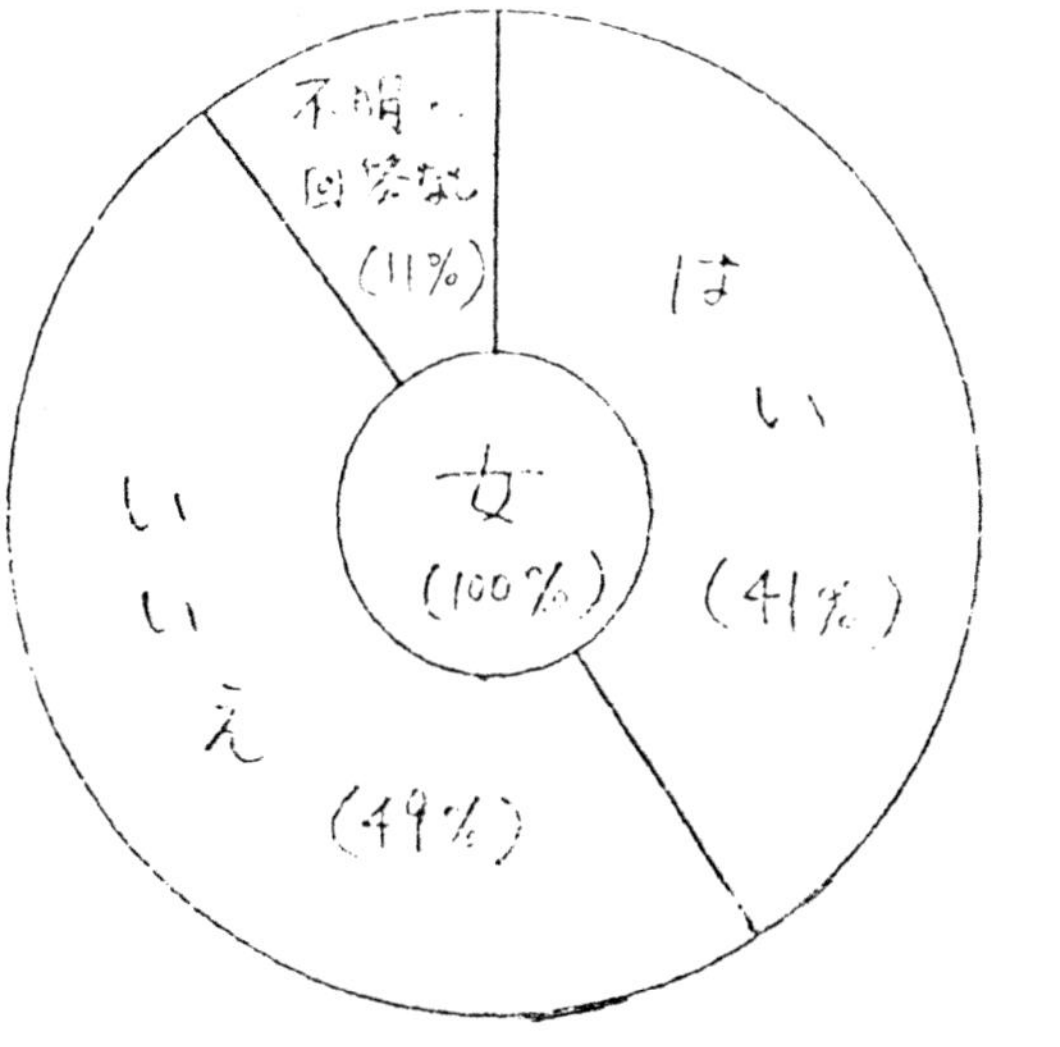

Ⅵ もし、あなたの好きになった人が同性愛者だったらどうしますか。

〔　　　　　　　　　　　　〕

Ⅵ （女）

○別にどうもしない、かまわない。（七）
○その時になってみないとわからない。（七）
○現実に考えられない。答えられない。（三）
○多分避けるだろう。（一）
○別れる。他の相手をみつける。（五）
○困る。悩む。耐えがたい。悲しい。ショックだ。いやだ。（自分を愛してもらえないから）（九）
○どうしようもない、あきらめる。（八）
○なんとか何らかの関係がもてるよう追求したい。（六）
○理解しようと努める。（五）
○相手が同性愛者であろうとなかろうと自分の気持を主張するしかない。（三）
○性的には好きにならないだろう。性的関係以外でつきあう。（三）
○関心をむかせるよう努力する（たとえば肉体の魅力で）。（一）
○それはそれでいいが、女の良さも教えてやる。（一）
○おもしろそう。よけい興味がわく。（三）
○相手と別れてほしいと思う。（二）
○同性と異性を同時に愛することは不可能だとは思わない。（二）
○相手が同性愛者であるかどうかが問題ではなく、私自身をどう思うか、互いに関係がつくり得るかどうか次第である。（四）
○すばらしい経験ができるかなと期待する。（一）
○答ナシ（六）
○自分の愛を主張する。何らかの関係を追求する。（三）
○おおいに歓迎する。（一）

※答は適当に内容で分け、あるいはまとめた。

Ⅵ （男）

○別にかまわない。干渉しない。（五）
○あきらめる。（一）
○悲しむ。悩む。くやしいと思う。（四）
○その人による。その人が誰を愛するかが問題。（二）
○求愛しないが「忍ぶ恋」（一）
○理解しようと努める。（五）
○やめさせる。考えをかえさせる。（三）
○治療する。（一）
○異性愛者の異合とかわらない。その人の幸福をのぞむ。（一）

Ⅶ もし、あなたの身内に同性愛者がいたらどうしますか。

〔　　　　　　　　　　　　〕

Ⅶ （女）

○別にどうもしない、本人の自由、干渉しない。（四八）
○話をしてみたい、聞いてみたい。（四）
○理解したい、出来るだけ力になりたい。（二〇）
○その人格に興味はもつ。
○そのあり方によってかわる。
○「世間的」に知られることを恐れると思う。
○関心をもってながめる。
○おもしろそう。
○良い。愛する人が出来ればと思う。すばらしいと思う。
○わからない。答ナシ（一一）

○どうもしない、かまわない、干渉しない。（七）
○話をしたい。（二）
○理解したい。力にならざるをえない。（五）
○存在、生き方を認める。（二）
○わからない。（二）
○やめさせる。（二）
○同性であれば二人きりになるのをさける。（一）
○自分の子供の場合は考えこんでしまう。（一）
○妹だとすると理解できるかもしれない。父だとブッとばす。母だと父が少しかわいそう。（一）
○目の前でベタベタされるとドギマギするだろう。（一）
○世間に明らかにしない方がよい。（一）
○答ナシ（一）

Ⅷ もし、同性から求愛されたらどうしますか。

「　　　　　　　　　　」

Ⅷ（女）

○ことわる。拒否する。逃げ出す。（一五）
○困る、とまどう。（六）
○感覚としてわからないので答えられない。考えられない。そのとき考える。わからない。（一七）
○頭から交流を断つようなことはしない。
○友だちとしてつきあう。
○相手による。（四二）
○応じてみる。（二）
○おもしろそう。（二）
○答ナシ（四）

Ⅷ（男）

○拒否する。逃げる。（一二）
○とまどう。（三）
○肉体愛としては拒否する。（五）
○わからない、ピンとこない。（二）
○そぞくした感じがすると思う。（一）
○相手による。（二）
○自分の愛として考えてみる。（二）

Ⅸ 女性同性愛について、または同性愛一般について考えた場合、どのように思いますか。（あてはまるものにはいくつでも○つけて下さい。）

1, どう考えても同性の間に本来的な愛が成り立ちうるとは思えない。
2, 社会の腐敗の落とし子ともいえるもので、人間性の堕落を感じる。
3, 何か個人的に特別な原因があって異性を愛せなくなったのだろう。不幸なことだと思う。
4, 社会にある男女関係のひずみから、男性というものを拒否する女性が愛の対象を女性に求めるのだろう。（女性が解放され――男性も解放され――れば、解消していくだろう。）
5, 愛した対象が同性だからといって、いちがいに異常視するのはおかしい。真剣な愛ならいいと思う。
6, 人間は本当は、異性・同性のどちらをも愛しうるのではないか。同性愛も一つの愛のあり方として存在しうると思う。
7, よくわからないが、やはり倒錯しているのではないかと思う。
8, よくわからないが、変な目でみることもおかしいと思う。
9, その他「　　　　　　　　　　」

No. 11

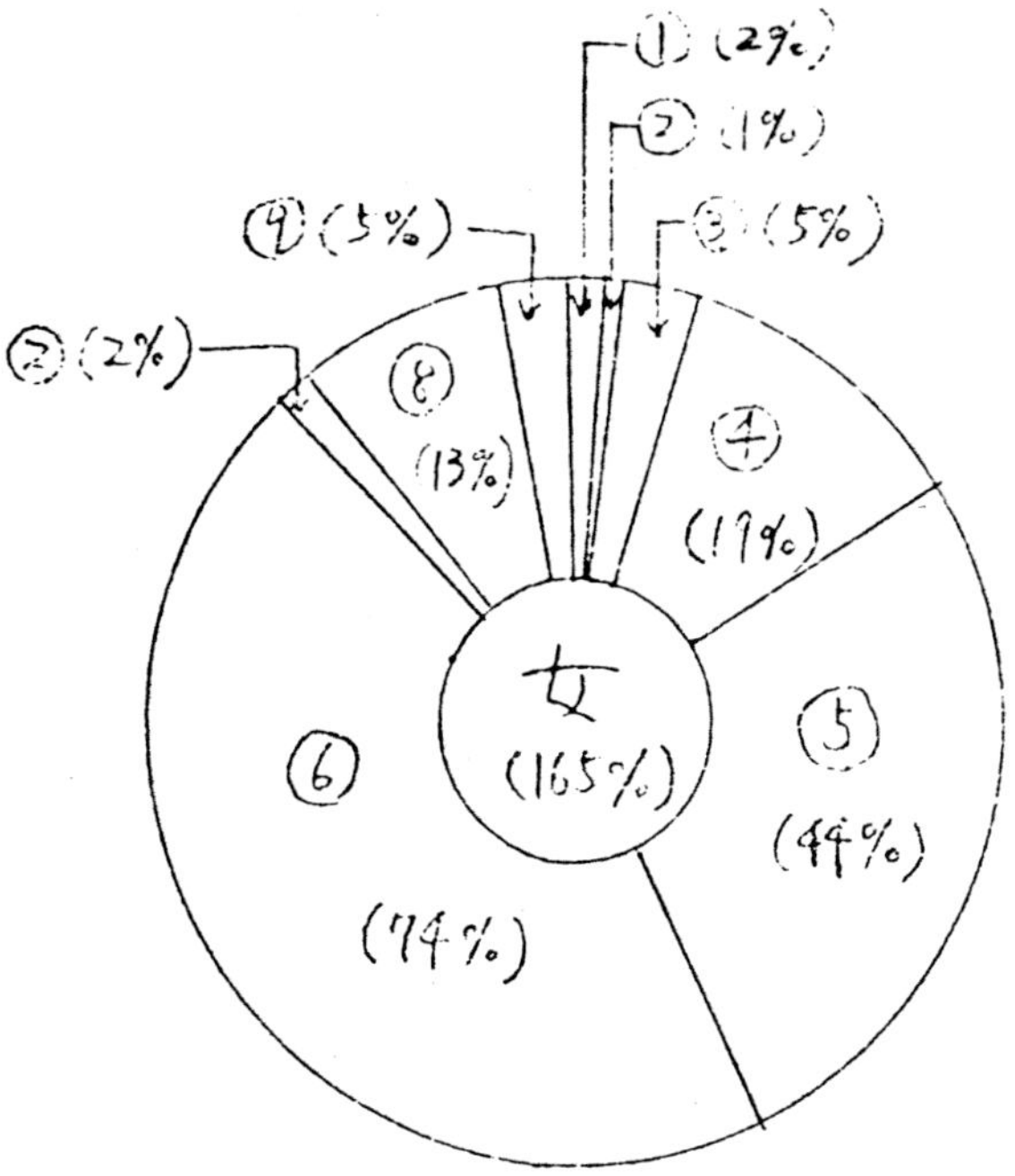

Ⅸの(9)＝その他の意見（女）

○前提として男か女かという問題をたてる必要はない。ある人間に興味をもち関係性を深めていくとき、その人間がたまたま女でありうることも男でありうることもあるし、コミュニケート・やさしさの表現の一つとしてねることもあるはず。

○同性同志の真の関係も、女と男が解放されないと困難と思う。現在の男女関係のひずみが同性関係にも投影している場合があると思う。

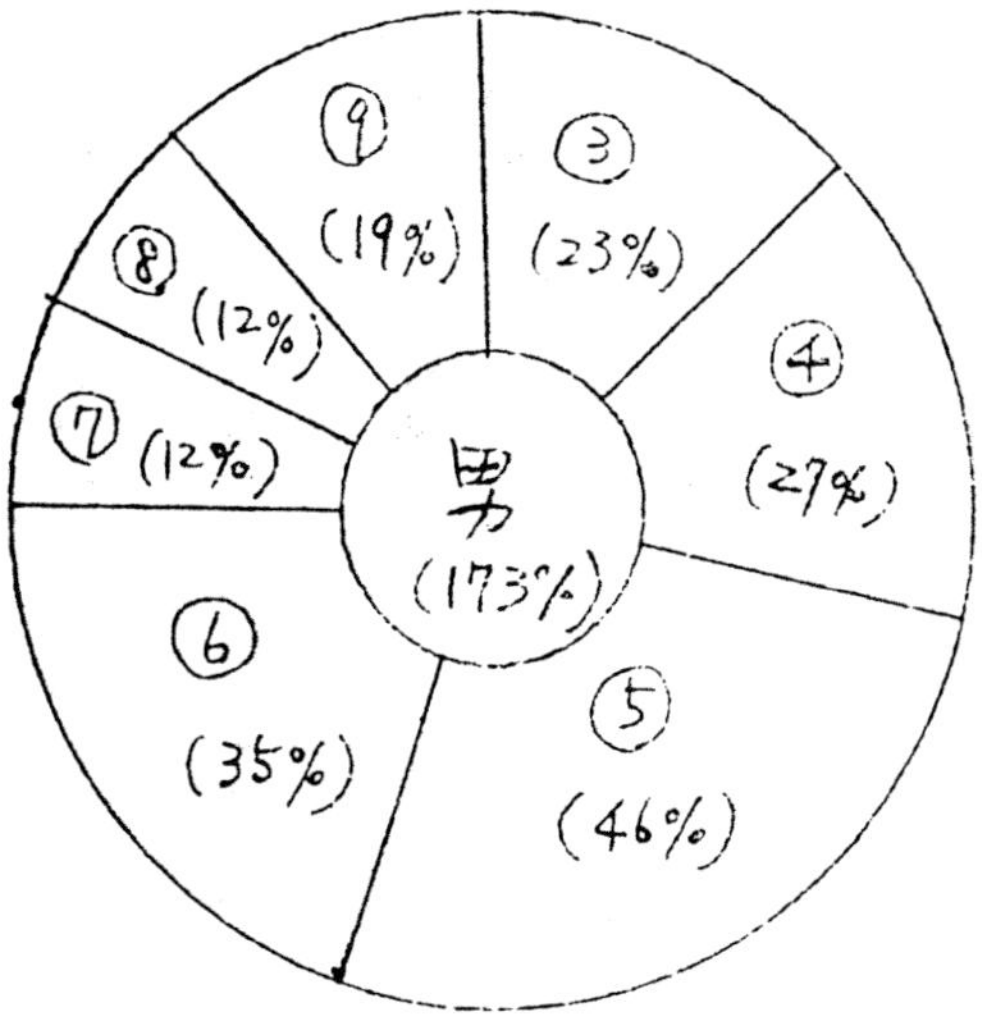

○セックスに関しては、異性とでも同性とでも気が向かないのはいやだし、美しくないのはいやだ。

○女性同性愛者が相手を独占したがるのはよくない。愛とは一方的なものであってはいけない。自分は男とねて気持がよい。

○自分は男とねて気持がよい。やっぱり答える姿勢に真剣味がかける。

○誰れも同性愛者たちの愛を否定することは出来ないと思う。

○自分が男に対して燃えるのと同じように女に対して燃えるというのは信じられないぐらいだ。

○同性愛が現在否定されているのは、性愛を生殖に切りちぢめるからで、少なくとも抑圧はとり除かれねばならない。

○将来解放されれば同性愛がなくなるという考え方は男の精神分析学的見地と思う。将来どうかはわからない。

○レズビアンの愛というものを知らないから、説明してほしい。

○同性愛の中には、心理的な傷に由来するものもあると思う。

※「真剣な愛」という言葉に対する疑問、批判が七件あった。

Ⅸの(9)＝その他の意見（男）

○同性愛等異端視されている愛もその人の生きていく必然性から生じたものと思う。そのような愛や生き方が認められる自由な社会になれば逆に真の男女の関係も生まれてくると思う。

○セックスは愛の大きな要素としても、「同性愛」という言葉がセックスを連想させないようになってほしい。

○生殖生物の持つイメージの中での愛情をとらえ方に注目すべき。自然か不自然かで、異常正常を論じるのはおかしい。愛を社会的規範のもとでしか測らないところに問題がある。

○男の場合は倒錯だと思う。女の場合は友情という段階でとどめておけない何か激しい心理がはたらくのではないか。

○ファッションでもあるだろう。性の生殖的意味を捨てさせることは人間には出来ない。

○肉体的・精神的な結びつきには個別性があると思う。

X 「結婚」についてどう思いますか。

1, するのがあたりまえだと思う。

2, 今の社会のしくみからは、やむをえないと思う。

3, する・しないは本人の自由だから、どちらでもかまわない。

4, 結婚制度には反対である。

5, その他〔　　〕

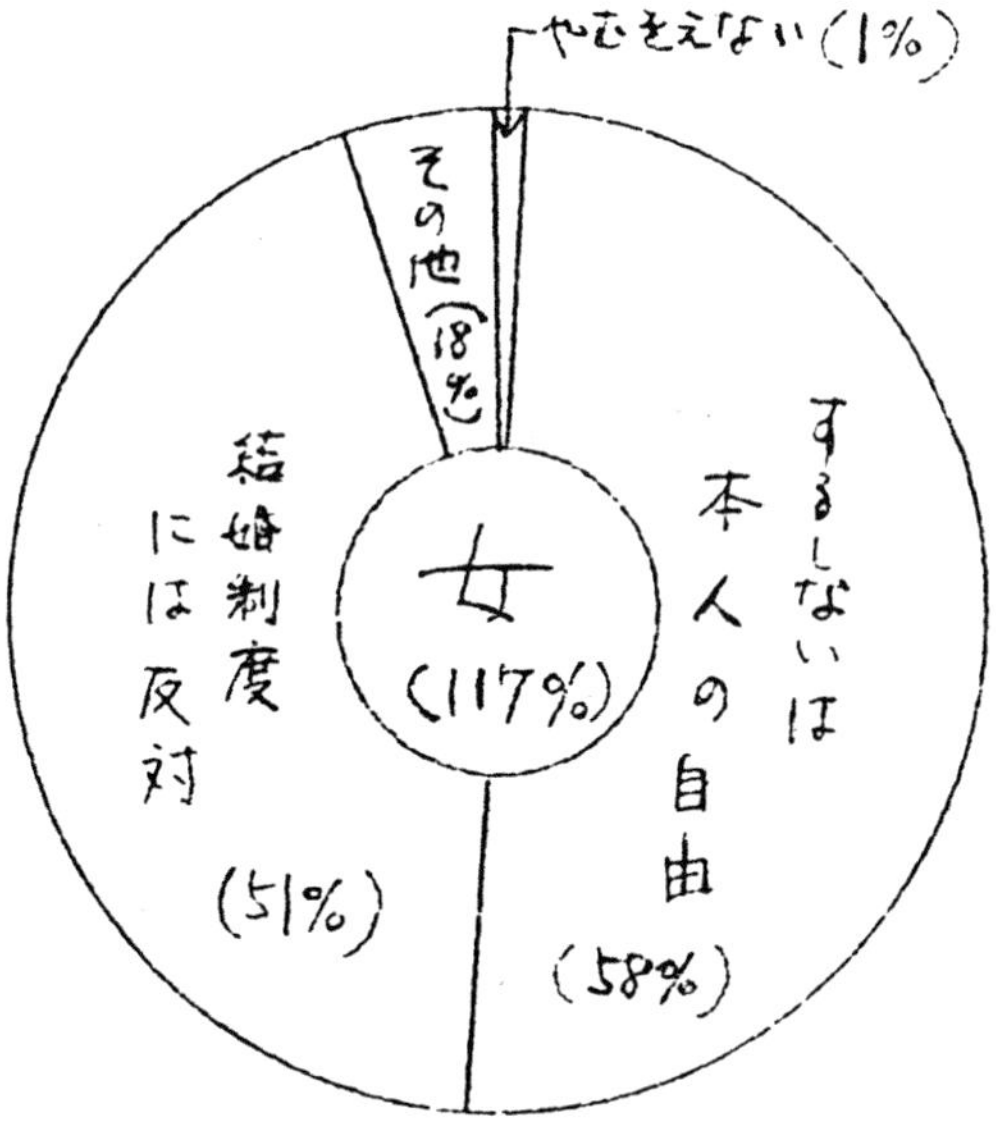

〈の(5)＝その他の意見

○制度としての結婚には疑問を感じる。

○人間は本来一人で生ける力をもつべき。

○否定したいが入籍をいちがいに否定しきることもできない。

○食べるためにする。

○他によい方法はないだろうか。（男）

○出来るだけしない方がよい。（男）

○社会的変革と共に変革されていくべき。（男）

等

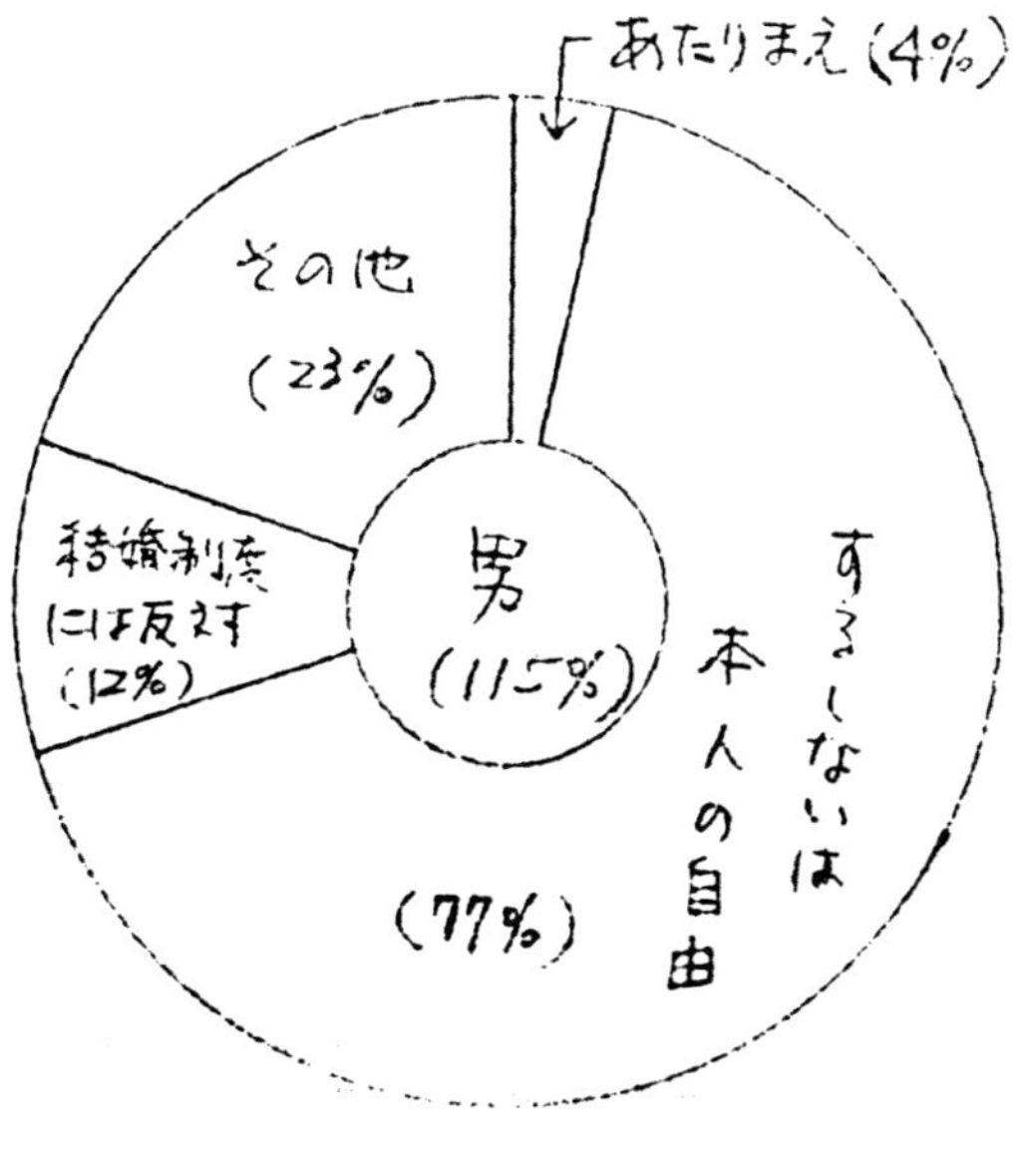

NO.12

XI 同性愛も市民権を与えられるべきだと思いますか。
1, はい。 2, いいえ。 3, わからない。 4, その他「 」

XIの(4)=その他の意見
o「市民権」という言葉の意味がわからないので答えられない。
o現在の社会で市民権を与えられてもゆがめられるだけだ。社会制度のワク内で考えるべきでない。

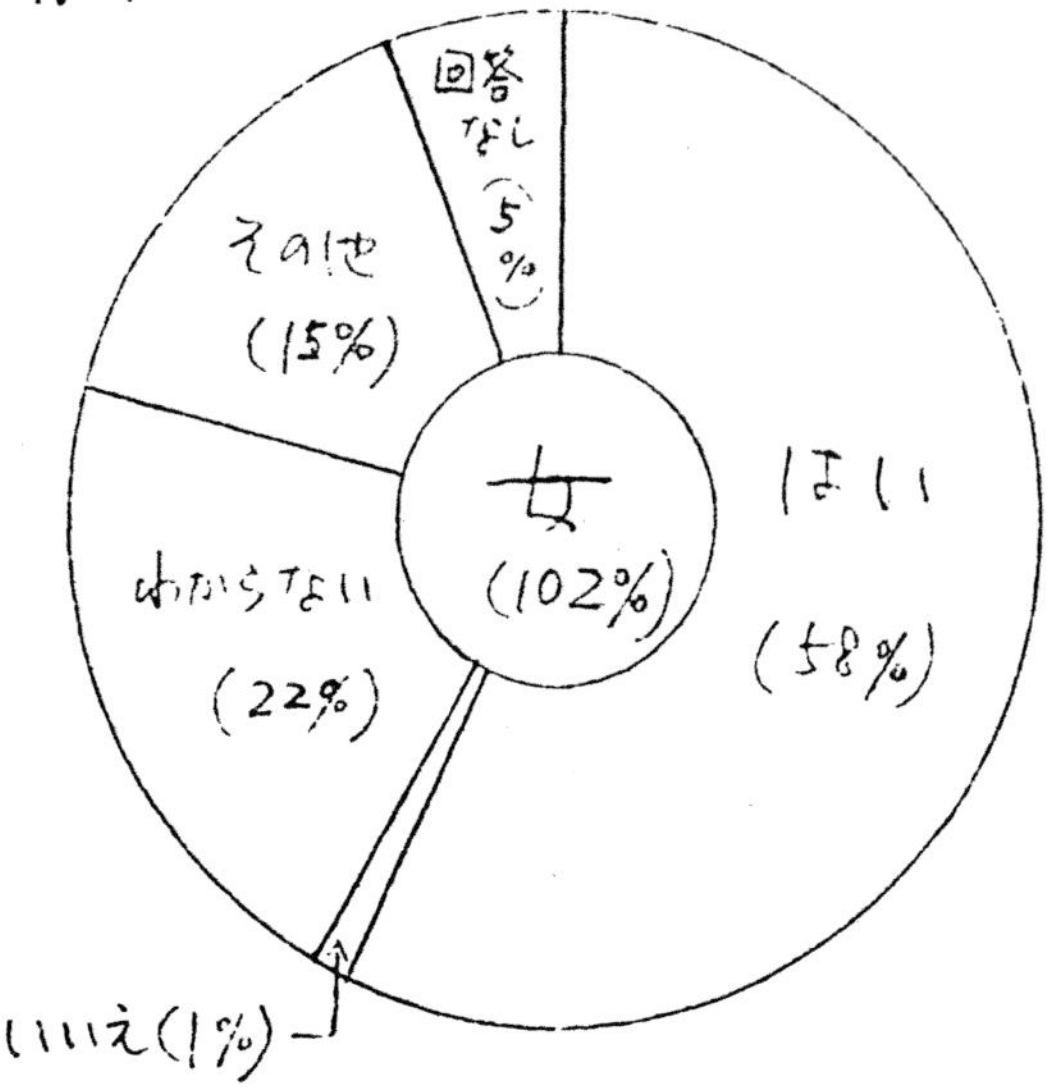

o法律的保護を求めるのでなく、実質的に存在をおびやかされないように闘争していくべきだ。

o愛に市民権云々とはおかしい。

o同性愛は社会のしくみに組み込まれない唯一の愛ではないか。

等(女、男共)

以上のような「市民権」という言葉・内容について疑問、批判等が一六件あった。

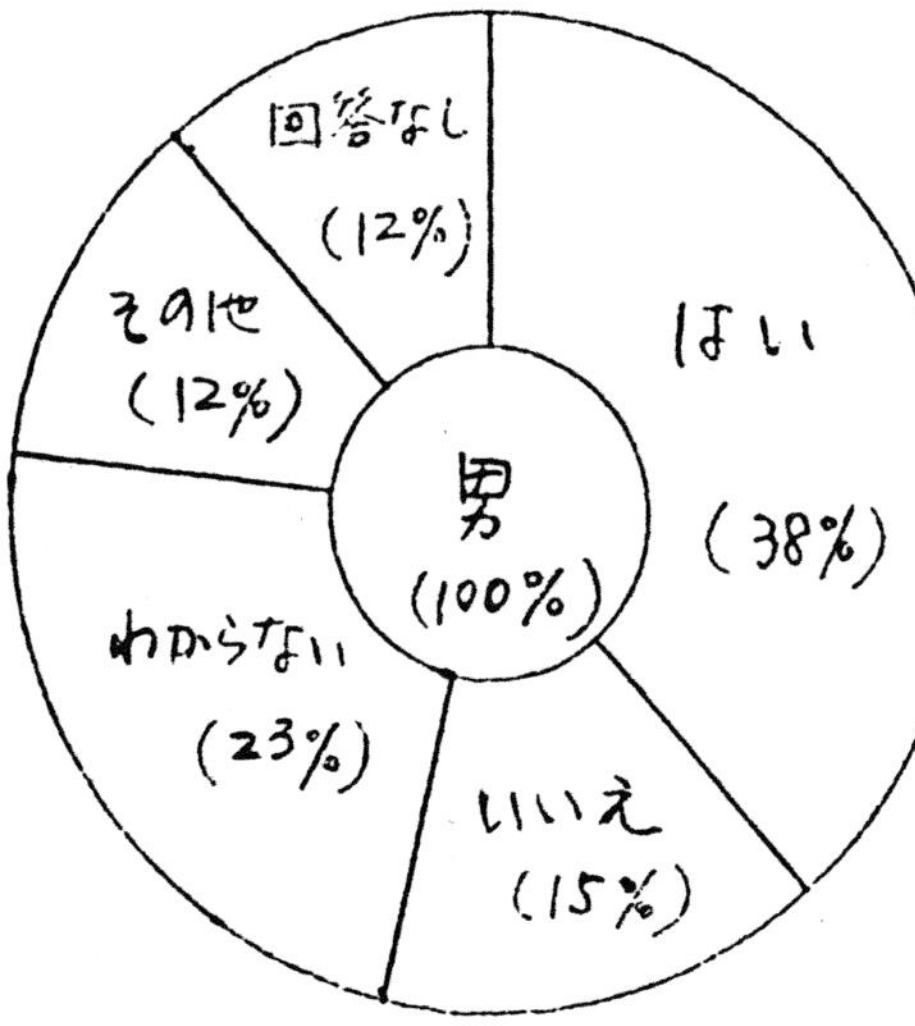

XII あなたの実家(または主に育った家)の家族構成をお聞かせ下さい。
(例ー祖父、母、私、弟)
「※省略」

XIII 上記の家族のうち、あなたは誰に一番強く影響されたと思われますか。
「※省略」

XIV その他、同性愛について、またこのアンケートに関して、ご意見、ご感想をお聞かせ下さい。
「 」

XIV……(女)

(アンケート自体に関して)

o設問や解答例が意外に古風、規格にはまりすぎ、ぴったりくるものがない。系統だっていない、等。

o設問に被害者意識的傾向がある。世間体を気にしすぎているよう。

oアンケートの対象がはっきりしない。リブの方面だけでなく公共機関等いろんなところへ出す必要がある。

(同性愛者に関して)

○男女の形態を模倣しているようにみえる場合が多々ある。

○同性愛者の中にも、女性差別を当然とした価値観がそのままもちこまれている場合が多いように思う。

(例えば、男以上に差別的に、「女らしい女や、商品的な「女の価値」を讃美するような。)

○このように社会の影響――権力・抑圧関係から自由でなく、解放されていない。独自の(ラジカルな)関係の追求を望む。

(…以上のような意見　五)

○ごく素朴に女が好き、という人と、何らかの原因がある人とがいると思う。原因のある時は、それをはっきりさせる必要がある。

○生立ち、家族関係など、どういう過程で「女」につくられていくかに結びつく点があると思う。

○男に対してオエッとくるのはよくわかる。

(同性愛、社会等について)

○女と女の方がより対等で、やさしい(深い)関係ができうるのではないか。

○女と女の方がしんどいのではないか。

○男も女も解放されれば同性愛がなくなるというのは、男の手になる心理学等から導き出されたものと思う。

○(女が解放)されても)解消するのでなく、また別の質をもった同性愛が生まれると思う。

○精神的に解放されれば女と女の関係は持たなくなるのではないか。

○異性だけを愛の対象としてきたことはゆがんだ教育の結果であろう。感性にはばがもてなくなっている。

○男女ともに愛せるのはすばらしいことだ。

○人間がみな中性であればいいと思ったことあり。

○社会的病理現象であり、研究するのはよいが女性解放に役立つとは思えない。

○性関係については、その機能どおり男―女がおそらく自然ではないか。

○同性愛が人間だけにあるとしたら、やはり何らかの社会的抑圧の倒錯のはけ口であると思う。

○同性愛は、可能性として誰れでも持っている。異性を同性の延長として愛することもあるし、またその逆も成り立つ。

○自分も女友達を熱烈に好きになったことがある。

○豊かで美しい女性が身近にいればあこがれを持つのは自然だ。

○いい男はなかなか出会えなかった。身ぶるいするようなすてきな女に出会った方が多かった。

○理解したいが、実感としてついていかない。体の方がついていかない。

○自分の中で無意識的に避けている面があると思う。

○本人の自由であるべきで、それでやっていける社会になればよいと思う。(一〇)

○同性間だと日常生活でも全く対等になれるのだろうか。

○どういう過程で同性愛者になったのか知りたい。

○女と女ならきれいだが男と男なら気もち悪い。

○レズビアンの女性は異性ともつきあうことが出来るのかどうか。

○昔から大なり小なりあることで、問題にするほどのことではない。

○同性愛について小冊子を出すほどの(それほど大げさな)ことだろうか。

○もっと同性愛者たちの生の声を白日にさ

らしてこそ第一歩と思う。
○もっとキャンペーンをした方がよい。
○真剣に考える会があるのはよいことだ。
○集計をはやく知りたい。小冊子をぜひ読みたい。　　等
○答ナシ（三一）

XIV……（男）

（アンケートに関して）
○アンケートの対象が「一般」といえないのではないか、作為的に選ばれた感じ。
○設問　回答例とも被アンケート者の主観が強すぎる。

（同性愛に関して、その他）
○男にとってのレズビアンは猟奇の対象でしかないようだ。自分の本音にも好奇の念が混じる。
○日本においては公認はされていないが歴史的文化的に素地が十分ある。
○この問題は性の解放と平行して進んでいかねばならないと思う。
○実に有意義な作業である。どんどん主張すべし。但し「対話」は拒否すべし。
○同性愛について正しくケイモウする必要あり。
○具体的イメージがわかない。
○美しいものは意味性を超えたもの、社会とは無縁。エロスの可能性にかけるための運動としてならよいが、社会的認識の上にたつ運動はつまらない。
○同性愛から子供は生まれない。これはすばらしいことだ。
○女性同性愛者は子供を生み、育てることをどのように考えているのだろうか。
○同性愛であれ何であれ、迫害・差別する方が醜い。
○同性愛に対する差別が現実にどのようなものかわからない。
○「結婚」に関する新しい問題提起のように思う。
○経済・政治ではない美的価値（芸術）が主導する社会に変わらねばならない。
○男としての好奇心から女性同性愛には興味あるが、異性同性愛はきたないという感じ。
○健全でないように思う。
○日陰で生きよ、いかなる主張もするな。
○男女の役割、らしさに全く関係なく結びつけるのかどうか。
○男同志・女同志の結びつきは似ているのか。
○ふと人生にむなしさを感じたとき、人恋しさに同性であれ異性であれ何かを求める状態がある。

（以上）

※レズ女性向けのアンケートも実施したが、ここでは省略します。

8 ザ・ダイク

第1号―第2号

（まいにち大工　発行）

1号

ザ・ダイク

1978／1月
創　刊　号

レズビアン解放のために

＊　基本方針・・・・・・・・・・・・・・・・・・・・・・・・・P 2
＊　闘う女たちへ・・・・・・・・・・・・・・・・・・・・・・・P 3
＊　解放への理論的こころみ・・・・・・・・・・・・・・・・・・P 4
＊　催しもの、集会情報・・・・・・・・・・・・・・・・・・・・P 5
＊　レズビアン宣言・・・・・・・・・・・・・・・・・・・・・・P 6
＊　レズビアン考・・・・・・・・・・・・・・・・・・・・・・・P 7
＊　おすすめ本・・・・・・・・・・・・・・・・・・・・・・・・P 8
＊　池田理代子の「クロディーヌ」考・・・・・・・・・・・・・・P 9
＊　新聞記事から・・・・・・・・・・・・・・・・・・・・・・・P10
＊　青春前記・・・・・・・・・・・・・・・・・・・・・・・・・P11
＊　おんな、レズビアン、車イス・・・・・・・・・・・・・・・・P12
＊　表紙写真説明、編集後記・・・・・・・・・・・・・・・・・・P15

まいにち大工

「まいにち大工」の紹介と方針

「まいにち大工」は、女性同性愛の問題を中心に、女の自立と解放を考えていこうとする女たちによって結成されました。

「大工」というのは一種のかけことばで、英語でダイク＝ＤＹＫＥとは、米国で世間がレズビアンを軽べつして呼ぶときのことばです。けれどもレズビアン自身が使う場合は、むしろ誇らしい意味をもっています。また、日本語でダイク＝大工とは、文字どおり大工さんのことで、建設にたずさわる者の意味をもっています。

わたしたち「まいにち大工」は、次のような方針のもとに活動を行なっています。考えを同じくする女たちの連絡をお待ちしております。

「まいにち大工」の方針

1. 「まいにち大工」とは、自立と解放をめざすレズビアンを中心とした女たちの集団です。
2. わたしたちは、レズビアンに対する一切の差別と抑圧に反対します。
3. わたしたちは、あらゆる女性差別と抑圧に反対します。
4. わたしたちは、社会のあらゆる差別と抑圧に反対します。
5. わたしたちは、男女間に多く存在する支配ー依存の関係に反対し、同時に、これを模倣する「男役」「女役」という役割の思想に反対します。
6. わたしたちは、レズビアンの問題を個人的問題に解消せず、社会的政治的視野からとらえていきます。
7. わたしたちは、自分たちの力で生活を築いていくことをめざします。
8. わたしたちは、以上のような立場から、ひろく情報を交換し、討論を深め、連帯を獲得していくため、当面、次のような具体的活動を行ないます。
   (1) 機関誌を発行します。
   (2) 「女のパーティ」をひらき、いろんな女が気楽に集まれる場を提供します。
   (3) 雑誌づくりを準備します。
   (4) 資料をあつめ、紹介します。
   (5) 読書会、学習会、討論会、座談会などをひらきます。

闘（たたか）う女たちへ

織田 道子

わたしは、女を愛する気持ちを、いけないことだとか、おかしいことだとか、恥ずかしいなどとは思いません。今まで男と女のカップル文化の中で少数者であることから無視され、きり捨てられてきたのです。

今まで日本のリブや婦人運動で語られてきた「性差別」とは男女の間の性の差別（異性愛を前提とした多数者）の問題にとどまっていました。わたしは確かに女です。だから女性の就労差別、社会的道徳的差別などには当然怒り考えてきました。しかし今までの対男社会への変革をうち出した女性運動では語りきれない、まだ落ちこぼれる淋しさもどかしさを感じます。自分が女を性愛を含めて好きなのだと、世間様にはもちろん友人にも、女性差別の闘いをしている女たちにさえ語ることの許されないタブーだったのです。彼女たちにはもっと大事なことが沢山あったのです。

わたしは初めから友人や運動をしている女たちにかくしたりはしませんでした。わたしは19才の時、初めて女と愛しあい自分が肉体的にも女を愛せるのだと発見し、その輝かしい出あい、男とはまたちがう限りないやさしさ、いとおしさ、自分の体内から生命力がわきあがり、からだ中に力がみなぎってくる思いを感じました。そして決して恋愛につきものであったかけひきやこび、自分以上にみせようとする見栄や見てくれによるきれいさ、他の女と相手を競いあう必要はありませんでした。

わたしはありのままのわたしであれば良く、自分の感情に正直であれば良いだけでした。わたしはだれにおそわらずとも自然に腕がのび触れたいと思うところに触れることができました。いやな思いなどありませんでした。そして何よりもわたしは自由でした。人が人を愛することはとても自然なことなのだということがわかりました。生きていることのすばらしさを感じました。

わたしはこの解放感・飛躍を女たちに伝えました。しかし女たちはこう言いました。

「べつに誰を好きになろうと勝手だけどあの（レズビアン）女のとなりには寝たくないわ、だって夜中に腕がのびてきたらいやだもの」

「レズビアンは悪いことではないけど、対男との葛藤や努力を避けて安易な生き方に逃げているような気がするの」

「ただでさえ女の問題は多様で闘いきれないのに、今レズビアンの問題までもち込まれたら皆が混乱するだけだわ」

「レズビアンは階級闘争とは別の問題よ」

「女性差別とは無関係だわ」

「だって倒錯じゃない？！」

これらは7年前わたしの耳で直接聞いた進歩的なリブの女たちの声でした。それ以来わたしは、重大なことは一切論じ合わないように注意しそのかわり、それほど気のりしないが必要と思われるレズビアニズム以外の女性問題を話題にしてきました。

たまたま（男以外の）女を愛したために、どうしてこんなに嫌われたり理不尽なしうちをされるのか、かなしみといきどおりでいっぱいでした。これはひとつの差別でありました。わたしの輝きは一転して暗やみにぬりかえられ、まわりの目を気にし、まちがっていなくとも言わない方が円満な人づきあいができるのだと思いしらされてきました。

しかし、わたしはあらゆる差別の根は共通しているとしっています。朝鮮人に対する差別、部落民に対する差別、障害者といわれる人々に対する差別、女に対する差別など、これらの差別を許さない正しい姿勢をもった人々がなぜ、レズビアンに対しては差別できるのでしょうか、同性愛に対する差別があると認識していたならば、こういう発言はありえなかったでしょう。

わたしは同性愛差別はすこぶる階級闘争と関係が深いと思うし、女性差別とも密接に結びついていると思っています。それを思想的に体系化し深化していくことはこれからのわたしたちの課題であると思っています。

人間は平等だというウソと、恋愛は自由だというウソが重なったのがレズビアンへの侮蔑と偏見です。わたしは差別と闘う女たちを信頼します。わたしは今、自立をめざすすべての女たちに傷つくことを覚悟で心を開きます。わたしはレズビアンです。女の解放を考えています。ともに手をつなぎ力をあわせて女に向けられた差別と闘っていきましょう。

解放への理論的こころみ
―わたし自身の創刊の辞―

田部井京子

これまで女性同性愛の問題が正面からとりあげられたことはなかった。人間に対する抑圧と解放の問題として見据えられたことはなかった。あらゆる差別とたたかう人々、とりわけ女の性と生に加えられてきた歴史的な凌辱と圧制に抗してたたかう人々の間ですら、それはかわらなかったようにみえる。

社会にどんなひずみや圧制があるにしても、こと女と男に関しては、女は「女」であり、男は「男」であり、おのずから持ち分があり、女は力は弱いがやさしく、子を生み育て、男は力強く、そのような女を保護しやしなうという思想。女と男は時代を超えて愛しあい、不可分に結びついてきたという思想。

この一見おおらかな伝統的ロマンは、しかし、女の独立性をうちつづけ、しいたげ、女を人間ならぬ「第二の性」におとしこめてきたという現実に裏打ちされている。

このような「女と男の神話」の前半部分は、女の独立と尊厳を捨てることのできなかった人々によって、少しずつ打ちくずされてきた。

「女らしさ」「男らしさ」と、それにもとづく「分業」の思想が、実に、この世の「力」を握った男たちを居心地よくたもつものではあっても、決して女の独立と尊厳を求めた女たちにとって居心地のよいものではなかったという真実。「女」をていよく美化する甘言は、女の犠牲をまるめこむものでしかなかったという真実。

真実を見ようとし、真の性と生を生きようと欲した女たちは、この支配的な「世の考え」とたたかいつづけ、もはやそのからくりをあまねく暴露し、くつがえしつつある。

しかしながら、「女と男の神話」の後半部分はどうであったか。

女は男を呼びつづけ、男は女を呼びつづけるという神話。

この神話はいまだ打ちくずされずにある。なぜならば、わたしたち同性愛者はたたかってこなかったから。

神話におしつぶされるのがいやなら、ほかならぬわたしたち自身が、それを打ちくずさねばならない。同性愛の復権を、人間全体の性愛のゆたかさの回復へと道づける方向で、わたしたち自身がたたかいとらねばならない。

わたしは、異性間の愛の呼び声を否定したいとは思わない。けれども、それが異性愛至上主義、すなわち、愛は異性間を「本道」とし、同性間におけるものは、それからはずれたものとみなす姿勢をかためるとき、異性愛それ自身も本来の愛のゆたかさを見失うように思われる。

一体、同性愛を「本道からはずれたもの」だとする考えの論拠は何であろうか。「生殖に結びつかない」ということであろうか。

けれどもこれは、わたしには、全く何の理由にもならないように思われる。人間は、他の動物と同じレベルで性交を営んできたのではないからである。

人間にとって性愛とは、個が個に対して感じ、わかちあう情動の奔出であって、生殖のために求めるわけではない。生殖を目的とする性愛だけが「本道」であるとすれば、世の中のほとんどの性愛は、それからはずれることになってしまうではないか。

生殖は、性愛のうちに含まれる場合がありこそすれ、そして多くの場合その結果でありこそすれ、その目的ではない。人間にとっての性愛の自然とは、もともとそういうものだと思う。

わたしの言いたいのは、性と生殖の機械主義的分離論ではない。そうではなくて、性愛が生殖を本来の目的とするわけではないにもかかわらず、そのように言われ、また、同性愛を攻撃するとき決まって持ち出される、そのおかしさを言いたいのだ。

それはなぜか。この、正当な根拠のない「常識」はどこから来たのか。

それは、現実に人間が営んできた性の歴史と無関係ではない。

実際、古来、男権中心の世界が成立して以来、つねに性愛は性愛としてではなく、男の肉欲の排せつと、あととりを生むことを中心として営まれてきた。相互に対等な愛の呼びあいではなく、男による、女の性の一方的な収奪が、性行動の中心であった。

私有財産制と暴力による支配権争いが、もしこの世に生まれていなかったら、このようなゆがんだ性の独占も、またあり得なかっただろう。

富の偏在が生まれ、暴力としての力にまさる者が悪しき欲望を満たせる世の中に移行するや、性愛のやさしさは、奪うこと、支配することが「男の表明」であるとい

った、ゆがんだ肉欲に変質し、男による女の性のじゅうりんが、この世のものとなり果てたのだ。

　力において他を圧するためには、自らひきいる集団の人口が多ければ多いほどよい。女は子生みの道具と化し、略奪の対象と化し、さらに女は、男が子を生ませる女と、肉欲を満足させる女に分けられ、性行動の主導権を独占した男につかえることによってのみ、生きながらえた。

　こういう長い歴史があったからこそ、性愛のよろこびは、男が女に与えるものだという考え方が定着させられていったのだ。

　女性同性愛が、長い間その存在を無視され、存在をあきらかにするにつれて、今後はまるで化けもののようにけなされるのも、この長い歴史ゆえである。支配権を握った男たちや、それに心まで奴隷化させられてしまった多数の女たちにとって、女が男によらずして生きることなど、まして、男によらずして性愛のよろこびを持ち得ることなど、つゆだに想像もできないことなのである。

　このように、現実に人間が営んできた性行動は、本来のゆたかさ、やさしさからはずれ、ゆがんできた。異性愛を至上とし、その異性愛さえも一方的な収奪におとしこめてきたものと、同性愛を否定してきたものとは、同一である。まして、多くの同性愛者に、愛は「女」と「男」の間でしか営まれないと思い込ませ、ゆがませてきたものも同一である。

　人間は、女であれ、男であれ、等しく愛を交わせるのだ。

　人間の性がゆがませられることから解放され、性愛のひろがりが人間の手にとりもどされるならば、異性間における性愛のいつくしみと等量に、同性間における性愛のいつくしみも存在することができるのだ。

　人間の性の自然は、本来そのようにひろがりといとおしさを交わすことができるものだと思う。

　今日、アメリカの女性解放運動を中心として、女性同性愛を積極的に肯定する声が高まってきたのも、このような性愛に対するとらえかえしと無縁ではないと思われる。女の独立性の回復への熱望が、性愛における主体の回復へも目をひらかせ、一部にレズビアン至上主義的な行き過ぎを生み出しているとしても――わたしが行き過ぎだと思うのは、同性愛も異性愛も「それ自身、同じ限界をもつ」（ボーボワール）と思うからであるが――、全体として、同性間における愛の可能性を新しく切り拓かせているのだと思う。

　日本においては、女性解放運動の主流は、異性愛の中での女の性のとらえかえしを一つの大きな課題としているようだ。

　それはそれでよい。絶対必要なことだ。けれども、わたし自身は、同性愛者として、彼女たちに隣りあいながら、追求するつもりだ。

「異性を呼ぶ声」（森崎和江）ではなく「同性を呼ぶ声」の中にも、女の性はなまに息づくものだということを。それは、女の世界の中で自己完結してしまうという危険性を秘めてはいるが、それでもなお、これまで語られることのなかった「ありのままの」女の性の一つの可能性が、脈々と脈打っているのだということを。

　性の、そして性愛のひろがりは果てしない。自己完結することなく、しかも「女」をほり下げていく作業の新しい地平として、わたしの（あるいはわたしたちの）表現へのこころみを、今、はじめたい。

●次号予告●

☆アメリカのレズビアン・フェミニストの論文「ウーマン・アイデンティファイド・ウーマン」邦訳題名「レズビアン宣言」その（下）をお楽しみに！
☆D・J・ウェストの著書「同性愛」を徹底紹介！同性愛について考えるのにいい資料です。
☆その他、女の性愛を語る会のレポート、宝塚「男役」論など満載。乞う御期待！
☆発行日は未定。悪シカラズ…
☆投稿大歓迎！

催しもの・集会情報

●女のパーティ
毎月第三日曜日夜六時～十時／主催「まいにち大工」

女たちの出会いを求めて。ディスコ、ブルースで自由に踊ろう。アピールやミニコミ販売もできます。
●女の性愛を語る集い。レズビアニズムを中心に。
場所・ホーキ星（新宿御苑）電話・三四一―一九三六四
●世界女性映画祭
今秋開催予定。女が作った世界中の映画が集まります。様々な女たちの手で準備進行中。
●語ろう女たち――リブの大集会／一月二十八日昼一時～夜七時／渋谷山手教会（パルコ並び）
ミューズカルあり、映画あり、女が変われば政治が変わるを合言葉に、新春に放つ女の大集会です。／主催「政治を変えたい女たちの会」
●若草の会
女性同性愛を考える会で、東京と大阪で定例会を開き、会誌・会報を発行しています。連絡先・東京都大田区蒲田郵便局／私書箱36号「若草の会」まで！

「レズビアン宣言」(上)

ラディカルレズビアン

飛田悠子・岩田由美　訳

レズビアンとは何か？レズビアンとは爆発点にまで達したすべての女たちの怒りである。レズビアンとは社会が容認するよりももっと完全で自由な人間になろうとする（それはしばしばかなり小さな頃から始まるのだが）内的衝動に従って行動する女である。これらの欲求と行動は幾年にも渡り人々状況、そして考え方感じ方行動の規範との苦痛に満ちた葛藤となる。それは彼女の周囲のすべてのもの、そして通常彼女自身との絶え間なき戦いに至るまで続く。彼女は個人的必要性として始まったものが政治的意味を含んでいることに十分気づいていないかも知れないが、しかしある段階において彼女は社会の最も基本的役割、つまり女の役割によって負わされている限界や抑圧を甘受することができない。彼女が経験する混乱は自分は社会の期待にそわないと感じる度合に比例して罪の意識を引き出し、そして自分以外の社会が大体受け入れるものに疑問を抱かせそれを分析するにまで至らせる。彼女はしばしば人生の多くを一人で暮らし、異性愛の女たちよりずっと早く人生の本質的孤独（これは結婚の神話が覆い隠しているのだが）や幻想の本体について知る。そして自分自身の生活のパターンを作り出すことを余儀なくされる。社会による女への規定を追放することができないうちは彼女は真に安らぎを見い出すことは出来ない。何故なら社会の彼女に対する見解を受け入れること、（その場合彼女は自分自身を受け入れられない）この性差別社会が彼女に何をやってきたか、そして何故そのことが性差別社会にとって機能的で必要であるのかを理解し始めている丁度中間にいるからである。それを克服してきた女はずっと早く高い意識を持つようになる。それらから得たもの、自己の解放、心の安らぎ、自己とすべての女への愛はすべての女たちと共に分かちあうべきものである。

レズビアニズムは男のホモセクシャリティと同様に厳しい男女の役割分担に特徴づけられ男性優位思想が勢いを持つ性差別社会に於いてのみ存在可能なカテゴリーのものである。このことが先ず理解されるべきである。これらの役割は男を主人とし女を彼等に仕える階級の者として限定することにより女たちの人間性を否定するのである。そして又経済的、政治的、軍事的機能を効果的に遂行するために男たちに肉体的、感情的に無感覚になることを要求することにより彼等を感情的に片輪にする。ホモセクシャリティは性別を基盤とし役割を作り上げるある特殊な方法の副産物である。男が女を抑圧しない社会では、又性的表現が感情に伴うことが許される社会では同性愛、異性愛という言葉はなくなるであろう。

しかしながら、レズビアニズムは男のホモセクシャリティとも違っており、社会に於いて異なった機能を果たしている。ダイク（女性同性愛者）はファゴット（男性同性愛者）とは違った種の蔑視の言葉である。両者共それぞれ決められた役割を果たしていない、つまり本当の女ではあるいは男ではないということを暗示しているのだが。おてんば娘への不本意な賞讃と弱虫な男の子に対する不快感は同じものである。それは女あるいは女の役割を演ずるものが捉えられている侮辱である。女をその侮辱的役割の中に留めておくためになされている投資は大きい。レズビアンとは女をつなぎとめておく言葉であり、レッテルであり、状況である。この言葉が投げかけられる時、女は自分が規格外にはみ出しそうであることを知る。彼女は自己の規定役割の境界線を越えたことを知るのである。受け入れられようとして彼女は後ずさりしたり、抗議したり、そして行動を矯正したりする。レズビアンとは男と平等になろうとしたり、男の特権に（男たちの間で女を交換物の一部として使う特権も含む）挑戦したり、自己の欲求を第一のものとして主張するあらゆる女たちに投げつけるために男が作り出した言葉である。ウイメンズ・リブで活動的な女たちにこのレズビアンというレッテルが貼られるのは長い歴史の中でほんの最近のことである。年長の女性はそんなに古いこととしてでなく、成功した女や自立心のある女、又男の方に全人生を向けていない女たちにこのレズビアンという言葉が投げかけられたことを思い起こすだろう。何故ならこの性差別社会では女が自立することは女ではないということと同じことだからである。つまり彼女はダイクに違いないというふうになるのである。このことは女が一体どんな状態にあるかを知らせてくれるはずである。つまり女であることと人間であることは両立しないということを。従ってレズビアンは〃本当の女〃ではないと思われている。しかしながら通俗的にはレズビアンと他の女たちとの唯一の本質的相違は性的好みであると思われている。つま

るところは女であることの本質とは男にペニスを挿入されるということなのである。

レズビアンとは、男が人間性を分離することにより生まれた性的カテゴリーの一つである。女たちは性的対象物として人間性を否定されている一方、男たちからある種の代償を受け取っている。男の力、エゴ、地位、保護（他の男からの）、本当の女のように感じること、女の役割に固執することにより得る社会的受容などである。女が他の女と出会うことにより自分自身との出会いを経験するなら、人間以下の状態への恐怖から逃れるための合理性、つまりその恐怖を緩和する手段はなくなっていく。ここに我々は女の手によって性的対象物として利用されることに対する多くの女たちの過剰な恐怖を見い出すのである。女の手による女の利用は男と結びついた代償を持たらさないばかりか女の真の状況である空虚を露わにする。この人間性の否定は異性愛の女が同志がレズビアンであることを知った時顔を出す。彼女はレズビアンの同志を性的対象となりうる人間とみなし付き合いを始める。しかもレズビアンを男の代役に仕立てて。このことは自分を性的対象物とする異性愛の習慣をあからさまにする。そして又一人の人間としてのレズビアンの人間性をも否定する。特に運動の中の女たちがこの男の固定観念を通じてレズビアンたちを見ることは男の文化的習慣を受け入れることであり、自分たちが男によって抑圧されてきたのと同じようにレズビアンを抑圧することである。我々は性的関係だけをみて女を分類する男のやり方を継承などしない。一個の人間として生きようとしている女のみならず女の真の愛、女の真の連帯、女の主体性にレズビアンのレッテルを貼ることは女を分裂させる方法である。それは又女性的役割という限られた範囲の中に女を閉じ込める制約であり女たちを連帯、団結、グループ結成から遠ざけるおどしの言葉である。

（ニューヨークラジカルレズビアンが発行した「ウーマン・アイデントファイド・ウーマン」ペーパーに載った記事でありレズビアンによる最初の声明書である）

かえうた　織田・田部井
犬のお巡りさんの節で

迷子の迷子の子猫ちゃん
あなたのおうちはどこですか
名前を聞いても教えちゃダメよ
おうちを聞いても教えちゃダメよ
ニャンニャン〜
だってお巡りさんは怖いのよ
犬のお巡りさん見抜かれてしまってワンワンワン〜

レズビアン考
——性の認否を考える——

（一　休）

レズビアンとは、女性同性愛者のことである。つまり「女」である。しかし、その女であるはずのレズビアンの中には、自らの性を否定あるいは、拒否している者が多くみうけられる。又、中には、男を模倣する者もいる。それは、一体どういう訳だろうか。

まず考えられることは、性差別に対する曲折した怒りである。男という人間又は、個人に付属するものとしての「女」、女という性によって、さまざまな点で男と分けられ差別され、その人間性をもふみにじられているもの「女」、決して一人前に扱われることなく生まれたときから半人前となるように教育されてきたもの「女」、そういった性差別に対する怒り、自分だけは、差別されたくないという強い欲求、女である限り決してのがれることはできないという不安等々。それらが渾然一体となって、女という性そのもの、あるいは、その可能性を否定させてしまう。

次に異性愛に対するコンプレックスおよび同性愛に対する意識の欠如ということが考えられる。それは、彼女らが意識的あるいは、無意識的に異性愛こそ人として最高かつ自然な形態であり、同性愛は、異常とは思わないまでも、不自然な関係だと感じているためである。だからこそ彼女らは、自分が女であり、しかも女がスキだということをなかなか認めようとは

しないし、その関係にまで、男女の役割を導入するものもでてくる。

自らの性を軽視し、その可能性をも否定してしまう女たち、現実にはレズビアンと生きながら、自分の選んだ愛に自信がもてず、異性関係をまねた役付なしには、女を愛せない女たち、おそらく彼女たちは、男社会のワナにはまってしまった自分に気づいてはいないだろうし、その男たちの片棒をかついで、他の女たちをも侮辱し傷つけていることにも気づいてはいないだろう。女という性を否定することは、すなわち、女を劣った性とみなし、男を優れた性とする多くの男たち同様のあやまった認識をもっているということに他ならない。差別される性からぬけだすために、差別する側に回わろうとする。彼女らは、目先のことにとらわれて、性差別をなくそうとする努力をおこたり、自分だけが男の側につき、他の女たちに対して男と同様の意識をもち、男としてふるまい、女を女としてのみ扱うことで、問題を安易に解決しようとする。そしてまた実際、彼女らは、それでことがまるくおさまったと思い込む。しかし、女は、それ以下にもそれ以上にもなれる可能性を秘めてはいても、決して男になれるものではない。例え、彼女らが血のにじむような努力をしたところで、せいぜい「男みたいな女」にしかなれないし、自らの性を否定してみたところで現実には、生まれついた性は、死ぬまでつきまとう。彼女らは、まず、自分が女であるということを認めてしまわなければならない。そして、もし差別される性がはなもちならないのならば、差別させなければいいのである。自分の手で差別を排除し、権利を確得すればいいのである。それは、おそらく女であるということ、レズビアンであるということを個人的問題としてのみにとどまらせることなく、社会的問題としてとらえることができたときに、同じ問題をかかえ解決しようとしている他の女たちとの連帯によって除々に現実のものとして確得してゆけるものだと思われる。また同様に、レズビアンであるということ、女でありながら女がスキであるということもすなおに認めてしまう必要がある。同性としての女を愛しながら、片方が男を演じ、もう一方が必要以上に女らしくあろうとするのは、彼女らの意識の底に女は男を男は女を愛するものだという世間一般の概念が深く根ざしているためである。

また、異性関係をまねた役割は、この男社会、あるいは、男によって支配されてきた女の可能性をさらにせばめる結果となる。社会においても、家庭においても、女を軽視し、おとった性として扱い隷属物と考え、伸びようとするとよってたかって足をひっぱり奈落の底におしこめておこうとしてきた男をまねることは、同性に対するこのうえない侮辱であると同時に性をも含む自分自身を否定してしまうことに他ならない。

さらに、必要以上に女らしくあろうとする者は、自ら進んで男たちが用意した男たちのためのあやまった女性感にそうよう努める。それは、特定の男に対する自己犠牲と献身であり、男に気に入られるためには、なんでもしようという自己をもたない、あなたまかせ依存の作られた女である。

彼女らは、自らが自らの意志によってではなく男社会のワナにすっかりはまって生きているということに気づくべきである。そしてもし、彼女らが女であり、レズビアンであるがために生きにくく、そのためにかかえている問題があまりにも多いことに気づき、それが何によるものなのかを考えていけば、きっと目の前に個人の力では、ゆるぎもしないとほうもなく厚いカベが歴然とそそり立っていることに気づくだろう。そして、そのカベを打ち破ることができるのは、自分と、そして他の女たちとの連帯による他ないことを身にしみて理解することになるだろうと思う。そのとき、彼女らは、自らをいつわることをやめ、本来の姿に戻って自分自身に正直であることができるだろうと確信する。

おすすめ本など

◆本

☆「ハイト・レポート」(全二巻)
シェア・ハイト著、パシフィカ
各巻九百八十円
同性愛についての偏見をぬぐうのにとてもよい本です。目のさめるような読後感。女の体の発見。

☆「同性愛」(全一巻)
D・J・ウェスト著、
人文書院、二千二百円
多方面から同性愛を考察。資料として役に立ちます。

◆雑誌

☆「すばらしい女たち」(ミニコミ)三百円、販売問合せは「まいにち大工」へ。
日本のレズビアン・フェミニストが創った、おそらく初めての雑誌「まいにち大工」の何人かも創刊に加わりました。

☆「WOO!」(ミニコミ)
大阪のレズビアンたちが手作りした同人文集。

☆「朝日ジャーナル」一九七七年八月十二―十九日号No.33
ボーボワールが「究極の女性解放」の中で女性同性愛について言及。

◆新聞

☆「婦人民主新聞」一九七七年十一月十一日号
レズビアン対談集を掲載。一つの参考として。

池田理代子の『クロディーヌ』考

比命

「マーガレット」4・5合併号、6号に掲載された池田理代子の漫画『クロディーヌ』をよみましたか。これは数少ない女性同性愛の漫画でありますので、私的展開をひとつ書いてみました。

簡単な荒筋――主人公クロディーヌは8才ぐらいより自分は男だと宣言する。父は息子として彼女を可愛がる。美しく聡明に、男として成長した彼女はいくつかの恋を経て、そして最愛の人をえる。しかしその女はクロディーヌの兄と密通し、クロディーヌは自ら命を絶つ――。

＊私は男だ

クロディーヌ10才で登場。私は男だといいきる。正直ドキリとする。これぐらいの頃、私は男になりたかった。萩尾望都の『11人いる！』のフロルのように、どちらの性につくのも可能に思える頃だったし、男の子の方が広い世界を約束されているように思えたから。

クロディーヌは男として成長する。理代子の作品の中には男の子ぽい女の子が活躍するものは多い。『ベルサイユのバラ』『ふたりぼっち』『桜京』『ゆれる早春』等。でもこれらの主人公は男ではなかった。自我強くプライド高い人格を表わす時のパターンとして利用したものだった。今回のようなものは初めてだ。

最近、少女漫画で男の子の同性愛を扱かったものがブームとなっている。なぜ男の子を書くのか、なぜ女の子を書かないのか、このことは何かおもしろいものを含んでいるように思うのだが。

＊なぜ、クロディーヌを男にするのか。

女同志が愛しあうものを書く時に理代子はクロディーヌを男にしたてあげなければならない。あのオスカルにしても、ロザリーの思慕に気づいた時、はっきり女に別れを告げる。私は女だと宣言することによって、女であるが故に女を愛せないと語る。女は男しか愛せないという偏見から、同性愛を異性愛の代用物としてとらえ、クロディーヌを半男にしたてる。そのために父と少年のエピソードをそえて、フロイト理論を引用する。父の愛を一身に受けていたこと。9才の頃の記憶に父と少年の愛を目撃したことまで加えて、すべての要素が父との少年との同化を示すことを忘れない。これでやっと、女（半男）と女の恋愛がイメージ出来るのだ。人と人が愛しあうパターンは男と女にしかないという固定観念になんと毒されているのだろうか。女の女が愛しあうことは、それはごく自然なことなのだ。ただ人々は、その出合いのチャンスを、「正常」でありたいという思いから失なってきただけなのだ。（何が正常なのかと、問いかけたいが）

漫画にもどろう、成長したクロディーヌはシレーヌと出合う。彼女らは共にくらし幸福な時を過ごす。がしかし破局がくる。シレーヌとクロディーヌの兄との密通のため。シレーヌは兄を選ぶ。その兄はクロディーヌに語る。

「シレーヌと結婚しようと思っている。おまえとのことは許るせるつもりだ。おまえは女なのだし、彼女が深みにはまらないうちに：：」結婚して幸福に出来るのは僕で、僕は理解があるからおまえの異常な行為は許せる。彼女が同性愛の深み（？）にはまらないうちに救いたいと、彼はいいたいのだろう。

＊何が悲劇なのか

そして破局がくる。愛するシレーヌが兄を選んだ時、打ちひしがれたクロディーヌは精神科医に電話する。そして君は男だ、ただし肉体が不完全なだけのという助言をうける。そのことばに啓示をうけたような表情をつくる。そうだったのか私は肉体が不完全なだけの男なのだと自分にいいきかせる。

シレーヌに最後の手紙を書く。私をとるか、兄をとるか。男として兄と同列に立つ。そして不完全な肉体をした男性は愛をえられずに、死をえらぶ。

これほどの悲劇はあるだろうか（ひにく）。ほんとにこれほどの悲劇はあるだろうか（まじめ）。生身の女と女が愛しあうことが信じられない、理解できない世界の中で、なおも女を愛し、そのため男であると宣言し、いくら男のまねをしても、でもあなたは女でしようという拒否のことばにでくわし、なおかつ女を愛しつづけることは止められなくて男として生きる。しかしギマンはギマンでしかない。愛人は本ものの男に寝返えられる。そして死。

でもまあこれが偏見にみちみちた人間がおもいつくストーリ展開なのだろう。しかし一つのたたき台にはなるだろうけれども。

女が女を変することが理解が出きなくて、悲劇をしたてあげる。人が人を愛する、あの若草の崩えるようなものはイメージ出来ないのだ。

なぜこうも偏見であるといいきれるか。偏見は、差別をうみだすものだが、その偏見をこれっぽっちも恐れないのは、数の逆転があれば、あるいは数がふえれば、（実際にアメリカの現状などひとつの答えを提示している）、彼女の確信などもろくもくずれるだろう。それは少数者への差別だから。

それでは何故少数なのか、何故表面に出ないのかは、次の課題にしようと思う。∧この漫画をお読みになりたい方は比命まで…∨

新聞記事から

本田則子

同性愛反対運動の旗頭であるアメリカの歌手アニタ・ブライアントは、独唱会のインタビューの席上で、突然飛んできたフルーツパイを顔のド真ん中にうけた。これを投げたのは、「同性愛に市民権を」と叫んでいるトム・ヒギンスという人。アメリカでは、「ホモセクシュアル」の男のことを「フルーツ」と言い、このトムヒギンズ君が投げたパイは、バナナフルーツパイだった。アニタの顔のド真ん中に命中したのもうれしいけど、バナナフルーツの酒落もたいへんうれしい話。アニタは、キリスト教協会をバックに、同性愛に猛烈な攻撃をしており、具体的な活動としては、フロリダ州のかつて廃止になった「法律」――居住権の剝奪（同性愛者だという理由で大家は借家人を追い出すことができる）、職権の剝奪（同性愛者だという理由で教師を免職にできる）、――を復活させた。この法律を復活させることについて、もちろん猛烈な抗議運動が湧きおこり、最後的に住民投票で決着をつけることになった。結果は残念ながら、法律の復活に決定……。だが、少くとも住民投票に持っていくくらいまで抗議運動は大きくなり、人々の関心は高まったのだ。この抗議デモのとき、アニタがフロリダ州原産のオレンジジュースのCMをしていることを皮肉って、オレンジの顔した女二人のイラストの下に一〇〇パーセントナチュラルと文字の入ったTシャツをみんなで着て歩いたんだとか。

ところでフロリダ州は、アニタのイメージがあまりに同性愛のイメージと結びついて、オレンジジュースを思い起こすより同性愛を思い起こさせるので、CM契約を解消すると発表した。しかしどこで和解したのか現在もアニタはオレンジジュースのCMで活躍している。フロリダ州原産のオレンジやレモンは、日本でも輸入されているから、もちろん、不買運動をしようではないか。

自殺・心中

「十一日午後二時ごろ、岐阜市方県佐野の山道で、車の中に若い女性の二人が死んでいるのを、農協職員が見つけ、岐阜北署に届けた。この二人は京都の看護学校生で、車のマフラーから排ガスを引き込み、一酸化中毒死していた。車の中には父母あての遺書があったことから愛情問題で同性心中したものらしい」（日日新聞、77年6月12日より）

同性愛の心中、自殺、殺人についてわたしたち「まいにち大工」が集めた記事は、昨年一年間で十数件にのぼった。このうち思春期の自殺が最も多く、次いで二十代前半の心中が目立つ。思春期の自殺の多さについては、同性愛の問題に限らず一般の自殺の中でも高いパーセンテージを示しているが、それにしても、「十七年間生きてきて、君より好きな人はありません」とノートに書き残した高校生の自殺の記事などを読むのは、胸が痛む。死を選択することが最終的には、個人の人生観のあらわれだとしても、そこまで追いつめられていった状況ぬきにその死を考えることはできないだろう。

実際、同性愛であるために「追いつめられる」ことが世の中にはいっぱいある。同性愛者だということで家を追い出されたり、家族によって恋人同士が引き離されたりすることが身近に起っているし、経済的に独立していても、同性の恋人がいることを大びらにすれば、職場にいづらくなることは容易に想像がつく。しつこい結婚制度や家族制度のしがらみで擬装結婚するより他にどうしようもないといった話もよく耳にする。（薔薇族等の雑誌に擬装結婚の募集がのっていたりする）。

住むこと、食べること（働くこと）、愛すること、この人として最低限の権利が、差別によってメチャクチャにされている。アメリカのように法律という形でハッキリとではないが、わたしたちをとりまく差別は、もやもやとしかも根強い。今年に入ってまだ一ヶ月たたないというのに、女子中学生二人が飛びおり自殺した記事を切りヌキした。新聞は自殺の原因として、自殺を賛美した少女小説のことをあげ他に心あたりがないと言う。同性愛の問題をだれもが忌避している。こうした記事を見るたびにかけがえのない命を捨てるなんてことだけはしてくれるな、と思う。

「青春前記」

幸村真矢

今までに二度ギクッとした記憶がある。それを意識した時、自分がとてつもない大きな罪を犯しているみたいで気が狂いそうだった。

　私の初恋は中一の時。その人は女性で保健体育の教師だった。私は女子校だったから級友達も先輩にあこがれたりしていたので、はじめのうちは先生への気持ちをあこがれと考え皆と騒いでいた。けれど二月の体育の時間に、たまたま先生が白いソックスをはいていて―その足元をみた時に何だかわからないけれどドキッとした。初めて性的情熱を知らされた―というのか…それからどう考えてもあこがれではなく、恋愛的に好きなのだと思いはじめた。思いはつのる一方だった。女の人をこんなにも好きになっていいのかと思いもしたが、もはや気持ちはとめられなかった。けれどこの時にはまだ高校に行って先生を忘れれば男の人を好きになるかもしれないという望みがあった。つまり―今は好きになった人が、たまたま女性だったんだ―と考えていた。

　高校に進んだ私はこれを機会に、先生の事は忘れて男性に目を向けようとしていた。しかし、そうすればするほど自分は、いわゆるレスビアンなのではないかと思いはじめていった。理屈ぬきで女性が好きだった。女性に多くの美を感じていた。クラスメート達が好きだった。そのかわいらしさに魅かれた。先輩達が好きだった。そのやさしさにあこがれた――自分が同性しか好きになれない事を、おぼろげにも自覚した時の戸惑い!! 常に自分はクラスの皆とはちがう―異常者なんだ―という異端者意識があった。中学の時から、結婚はしないで自分で働いてくらしていこうという気持ちはあったのだがその気持ちが確定していった。自立とかそういうのではなく、ただばく然と。結婚だけはしたくなかったから―長い間、選べる事なく物心ついた時から同性愛者である自分の身を呪っていた。自殺も二、三度考え実行もした。けれど死ぬこともできず重い心をひきずったまま生きるしかなかった。私だけじゃない、他にもきっと私と同じ想いの人がいるはずだと思ってそういう記事の載っている週刊誌等買いあさった。(同じ想いなら男性でもいいと思って薔薇族も買った。)だがそこには三文小説程度の内容しかなかった。そんな中である会(同性愛を考える会)を知りこの「まいにち大工」のメンバーと交流をもっていった。ミーティングを重ねていくうちに自分の中での罪悪感等なくなってゆき今では自分を―レスビアンである自分―を率直にみつめる事ができる。何でもないことなんだって言いきれるようになってきた。

　苦しんできた日々から、まず現在したいことは自己の存在表明だ。特殊でも何でもない人が―レスビアンとして日々生きている。確かに自分達の生活を築いていこうとしている―私達はここにこうして存在しているんだ――そう、言うことが私の自己肯定での第一歩なんだと思うのです。

♀・♀♀・

おんな・レズビアン・車イス

一休

　中学一〜二年のころ、レズビアンという言葉をはじめて耳にしたとき、私は自分がそのレズビアンであることを実にあっけらかんと納得した。無論そういう言葉を知らなかったというだけで、それよりずっと以前、一番古く確かな記憶では、小学校の一年くらいのときから女性の方により強くひかれていた。男性がきらいなわけではなかったが、スキとかキライとかいう恋愛感情めいた気持ちの対象にはならなかった。そのへんのところの原因は、自分でもよくわからないのだが、レズビアンという言葉を知ったときに、私は、はじめて自分がいつも女性にばかり心ひかれていたことに気づいた。もし、今だにそういう言葉を知らなかったとしても、私は恋愛の対象としては、女性を選んできたにちがいない。気がついたときには、女性がスキだったということになるのだろうが、それは私にとっては、ごく自然ななりゆきであったから、自分が異常だとか、女は男をスキになるものだとかいうような屈折した考えは、浮ばなかった。異常だと思うのは、女は男へむかうものだという概念が、自分自身の中にあるからだと思うのだが、私は、幸か不幸か心理、思考面で人よりだいぶおくれているから、世間一般では、女は男へ、男は女へむかうものであるということに気づいてはいなかったのではないかと思う。その後、はっきりとそういう常道を知ったが、それでもやはり私は、女性の方がスキだった。小学生のころは、まだ口に出して相手に気持ちを伝えるということはなかった。それは、かくしていたということではなく、伝えたいという欲求がなかったということにすぎない。

　中学に入って、レズビアンが女性同性愛者という意味であることを知り、そこではじめて自分がレズビアンであることを認識した。悩みも苦しみも全くなかった。実にすんなりと「ああ、私はレズビアンなのだな。」と認めた。そのころ、友人からキスしても子供は生まれないのだとおそわって、少なからずショックを受けた。赤ちゃんの出生の秘密をきかされたときは、それこそ天地がひっくりかえる程びっくりして、こんなことは、他の女の子には決してきかせてはならないと固く固く決意し、しかし、翌日さっそく女の子たちの前で、黒板に図入りでその秘密をときあかした。生命誕生の秘密を知り、ひどくショックを受けた私は、両親は、五人も子供があるのだから、最低五回は、あのいやらしい行為をしたのだと確信し、両親はもとより、成人の男女、老人、妊娠、子係、ポルノ映画のポスター、動物、その他とにかく、見るもの、聞くもの少しでもそういう㊙のにおいのするものには、吐き気のする程の嫌悪を感じ、こんな乱れた世の中では、とても生きられないとひどくかなしい気持ちになりながらも、一方では、のぞき趣味、やじうま根性まるだしでやたら、そういう関係の本をかき集め、休み時間ともなると、その道の先輩と共に㊙道をきわめようと、熱心に意見を交換し合った。おかげで助平ベスト5に入るという輝かしい栄誉を得たのであるが、そのあたりからSEXにおいて、たいてい受身である女の立場というのが、とても気になりだした。まだ、性的欲求というのをそれ程強く感じてはいなかったのだが、頭の中で考えただけでも、受身というのは、身ぶるいする程イヤだった。侮辱だと思った。そんな目に会うのなら死んだ方がましだと思った。それからは、前にもまして男らしくあろうと努めた。外見はもちろん、行動、思考にいたるまで、常に男らしくしたいと思った。男らしいとされていること、そう言われていることは、そのまま鵜のみにして、精一杯それにそうような行動をとった。一体そうしたバカげたことが、何年続いただろうか。少しは、「考える」ということをするようになった頃、私は、ひどくまわり道をしてきたことに気づいた。私は、常に男らしくあろうと努め、その肉体までもが、男性化してしまうことを神に祈り続けてきたのに、やはり私は、男にはなれなかった。私は女だったし、今でも女である。どんなにあがいても、女は女で男には

なれない。そのあたりまえのことに気づいたとき、私は自らをとじこめてのいた男の化面をぬいだ。とたんに心が軽くなった。そこには、新しい自分がいた。男になりきろうと無駄な努力をしてきたウソの自分が、ガラガラと音をたててくずれ去った。男になりたいと熱望しつづけてきた私は、異常なまでに、自分の女を意識していたのだったと思う。女、一つの人格をもつものの呼び名ではなく、男に対しての女、人間としての男に対して、その人間性を認められていないもの、男と一体になって、はじめて、その相手が男という人間であるがゆえに、その恩恵をこうむって、少しだけ人間性を認めてもらえるものとしての女。中学生の私は、そこまで考えるだけの頭はなく、しかし、肌でその女というものの立場を理解(直感)していたにちがいなかった。しかしその怒りとか不満とかをどうやって表現したらいいのかわからないままに、男の模倣を続けてきたのだと思う。今にして考えれば、実に情けないことではあるが、私の女性観は、全く男のそれと同じだった。私が、女という言葉を口にするとき、そこには決して自分は含まれていなかった。女性というのは、従順で、その言動はひかえ目で、常に自分を殺して相手(男)をたて、家庭にいて食事を作り家の中をきれいに保ち、せんたくものには、きちんとアイロンをかけ、男が帰宅したときには、玄関まで出向え、着がえを手伝い、夜は、どんなにおそく帰っても起きているか、寝ていたとしても一応起きてきてあいさつをし、朝は男より早く起きて、朝食を作り、くつをみがき、やさしく送り出す。ざっとこんな調子であった。自分が同じことをしろと言われたら、火ふきだるまのように真赤になってわめきたてるくせにである。私も男性同様女性の人格は認めていなかったのだと思う。女性を自分の隷属物程度に考えていたと思う。しかし、自分が決して男には、なれないのだと気づいたとき、調子よく、コロッと考えを考えた。泣こうがわめこうが、どうしても女でいなければならないのならしかたないから女でいい。そのかわり人格をもった女でいたいと思った。とにもかくにも私は、女だった。男に対しての女に属してしまった。すると、自分以外の女性の立場、自分が属してしまった女性というものの立場が気になりだした。なぜ、どうして男に対しての女なのだろうか。なんで男がえらくて女はダメなのだろうか。なんかヘンだ。どっかおかしいと思いはじめた。考えていくうちにハタと気がついた。男というものは、一応はだれでもが自立をめざしている。ところが女性の多くがめざしているのは、自立ではなく、結婚とかいうものだ。子供のころから、なぜか自分は結婚なんかしない、一人で生きるんだと思い込んできた私は、女性が仕事をすて、結婚にはしっても、人は人、私は私なのだと思ってさして問題にもしていなかった。しかし、最近、人はみな、女でも男でも一応は自立しなくてはいけないのではないかと思いはじめた。人はたいてい一人で生まれてきて、一人で死んで行く。結婚しようと、べったり寄りそって暮そうと、どんなに近くにいようと人はやはり独りである。人は人格をもつ。男と女、女と女、男と男という関係の前に、人と人、個人と個人という関係が先行するのではないだろうか。自己を確立し得ていない者が、他の者にズシリと全身で寄りかかって生きようとする。それは、まちがえではないだろうか。人は、精神的にも、経済的にも独立し、一人でも生きられるという強い意識をもたなければならないと思う。男と女という関係ではなく、人と人、個人と個人という関係を築くためにも、人は、自立をめざすべきではないかと思う。この社会は男の手で作られてきたのは確かだろうし、絶対的男社会だと思う。女性にとっては、非常に生きにくいところだろうし、特に自立をめざす女性にとっては、なにかとしゃくにさわるところだろうと思う。女性は人間として認められていないみたいなところがあるから、私は一人でやって行きますっていう女の人には、かなり大変なところだろうと思う。実力の世界といいながら、その実力を認められるのは、男性であって、女性の力は、あまり認められない。しかし、それでも人は、特に女性は自立しなくてはいけないと思う。自分というものをしっかりとうちたてなければいけない。人によりかかって生きようとするひきょうなまねはしたくないと思う。自力で生きること、そうしようと努力する気持ちがあって、はじめて一個の人格をもつ人間となりうるのではないかと思う。女から人へ、女から個人へ、人対人の関係へ。

さて、先程今の社会では女性は、非常に生きにくいということと、

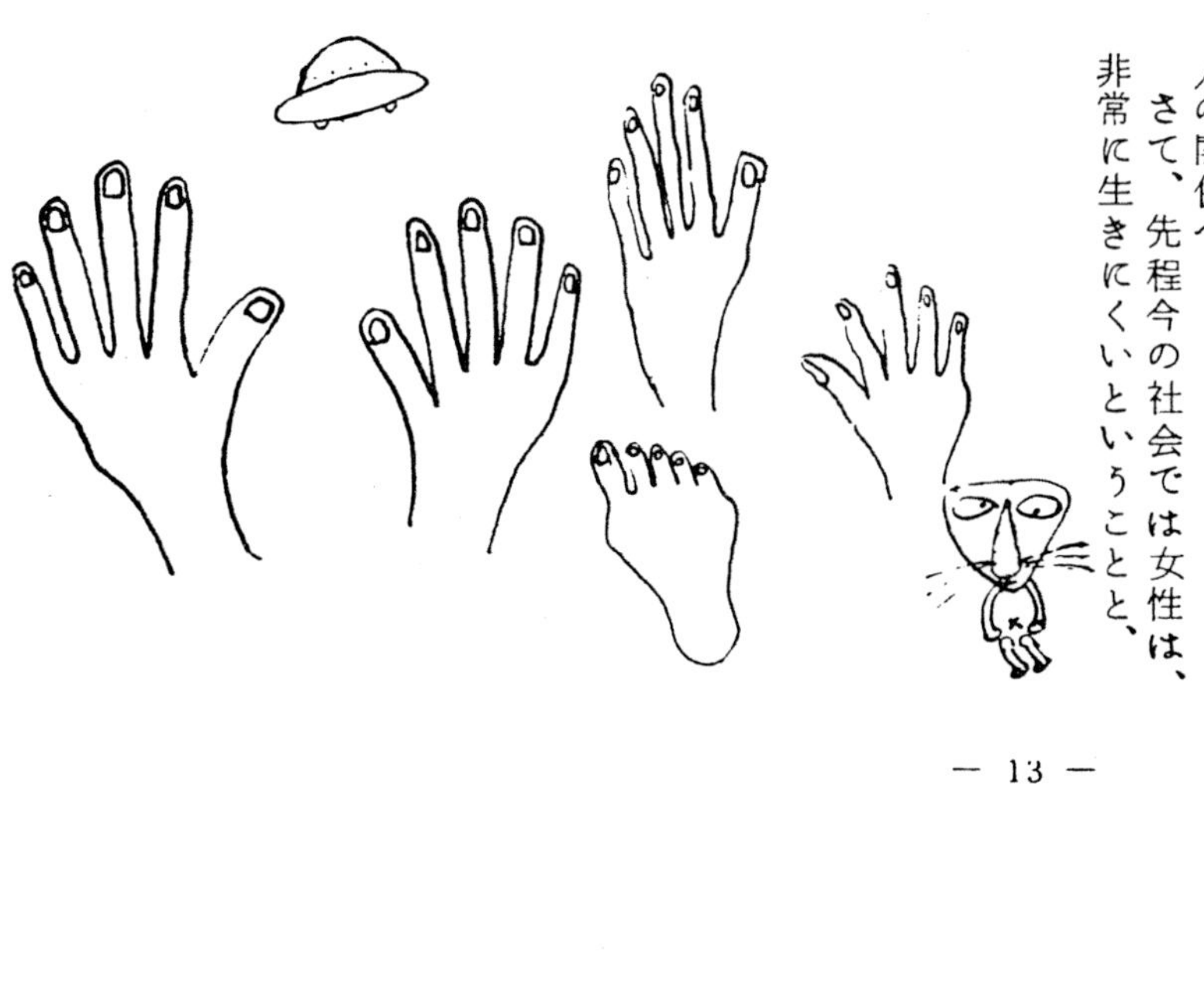

人間として認められていないみたいなところがあると言ったわけですが、そういう女性よりもさらにその人間性をふみにじられている人たちがいる。心身障害者という名の弱者である。私自身第二種四級の判定を受けた障害者であり、人間らしく生きにくいという状境にある。在宅障害者である私は、他の障害者と会う機会もなく、従って他の人のことは、あまりよくわからないので、自分自身の直面している問題について話してみたい。私の病気は、変形性股関節症である。簡単に言えば、骨の病気で、関節を動かす度にそこの骨がすりへるのである。医者は、とっくの昔にサジを投げた。私の場合運悪く痛みがともなうのだが、それは、横になっていても常に痛む。座われば、圧迫するから痛む、立てば、もっと圧迫する。歩けば、極端な言い方ではあるが、一歩ふみだすごとに骨がすりへるから、当然炎症をおこし、さらに痛みが増す。骨は、丸みを失ないネズミにかじられでもしたかのようにギザギザ、医者の言によれば、立つていられるのが不思議とか。病院に行けば、即日入院を命じられる。ところが入院したら最後、トイレにも行かせてもらえない。ただ、動くな、ねてろ、おとなしくしろ、そして、寝るときも両足に計四キロのおもりをぶらさげたまま。そして薬、ひどいときには、一日三十錠もの薬をのんでいた。今は、一日二十〜二一錠。でも、のまない。のんだってきかないし、胃をやられる。手術にしても一〇〇%の成功率は望めないし、私が身障になったもとはと言えば、手術の失敗からであるから、そうそうすなおに信用できない。とにかく、できることと言えば、シップと安静しかない。しかし、それも痛みをやわらげるという程度で、決して痛みはなくならない。くる日もくる日もじっと寝たまま動けないというのは、つらい。しだいに神経がおかしくなってくる。気持ばかりあせって体がついてこない。なにをするにも人の手を借りなければならない。いいかげん頭がおかしくなったころ、私は、無理を承知で外へでてみた。健康人と同じことをしてみたかった。精神的に限界にきていたのだと思う。いままでかばってきた体をダメにしてもいいから心を開放してやりたいと思った。

外の世界は、やたら魅力的だった。横断歩道があった。信号が青にかわり、私は精一杯歩いた。車のクラクションの音。信号は赤にかわり、私はその横断歩道を半分も渡っていなかった。私は、すごすごと自室のベットに戻った。外に目をむけはじめたとき、はじめて自分が一人前でないということをイヤという程思いしらされた。自分だけの世界にとじこもっているときには、さほど感じなかった身障者という言葉が、重みをともなって身にしみて理解された。やがて、気をとりなおした私は、また外の世界へ目をむけはじめた。高一の秋に手術を受け、翌年身障となって退院してから、すぐに復学を希望して学校側から断わられた。それでも、しつこくたのんで一年人よりおくれて復学した。朝一人で制服に着がえられなかった。タクシーで学校まで行き、そのまま、母におぶってもらって教室にたどりつく。イスにすわる。六時間の授業を受ける。その間、一人でトイレに行かれない。仮りに行けたとしても、和式のトイレなどとてもじゃないが入れない。足が曲げられないのである。だから、朝は、水ものをとらない。昼食は一切とらない。授業がおわると二十メートルくらい離れた事務室へ電話をかけに行く。母がむかえにくるまでの十分間、必死になって、体を支えている。そして、母が現われたときには、もう口がきけなくなっている。そんな状態だから、三日間続けて通えるなんてことはなかった。一日行っては、二日休みというありさま。それでも、学校へは行きたかったから泣きごとなど言わなかったが、健康人と同じことを要求されてできなければ、排除されるというしくみは、確かにまちがっているとは思っていた。実際、もしも、身体障害者が学校へ行こうとすれば、健康人とは比較にならない程の苦労を強いられる。人はみな平等であるならば、身障者もまた学校へ行かれるはずである。ところが、現実には、そうじゃない。養護学校とか、その他中学までは、確かにある。入れる人は、ほんのひとにぎりではあるが。でも、その上がない。あっても数える程である。高校、大学へ行きたいと思う身障者は、ため息がでる程、高い階段と気も遠くなりそうな長い廊下のある、普通の学校へ入らねばならない。そして、そういう普通の学校というのは、身障者を毛嫌いする。世話のやける手のかかるやっかいものにしかすぎない。運よく入れたとしても、私のように通算六年も通い、成績は及第点に達していても、出席日数がたりないということで、いつまでたっても卒業できないというはめになっては、ふんだりけったりである。学校だけじゃない。横断歩道だけじゃない。年金にも言える。都バスの無料パス、国鉄の割引、福祉事務所の階段、数えあげればきりがない。全て間がぬけている。どう考えてもこの社会は、健康な人間を基準として、そうでない病人、身障者、弱い立場のものを切りすてているとしか思えない。人間に与えられている全ての権利が、身障者には与えられていないと思う。国鉄は無料あるいは、半額のパスを与えそれで満足している。福祉を行なったつもりでいる。あの長い階段せまいトイレ、ホームと電車との段差のことを忘れてである。福祉事務所を

利用するのは、身障者だということを考えていれば、二十段以上もの階上に事務所をおくはずはない。上野動物園にただで入れても、あのイソップ坂なる急勾配を何とする。薬代交通費共に月二万円はかかるのに、一万七千五百円でどうやって生活したらいいのだろうか。歩けないから車イスの申請をするのに、どうして、新宿まででかけて行けるだろう。身障者用住宅でどうして車イスの巾より戸口の巾のが、せまいのか。車イス用トイレの蛇口は、どうして立ちあがらないと手のとどかない高さについているのだろうか。なにもかもが、中途半端で心の中が、みえみえである。お前ら身障者にこれだけの恵を与えているのだからありがたく思え、そう言っているのと同じである。健康人の感覚、健康人の考えをおしつけてきて、少しも身障者の身になって考えてはくれない。白いつえを一本あげるから、それをたよりに目をつぶって歩いてみたらいい。家から職場まで無事に行きつくかどうかためしてみて、それから考えてほしい。松葉づえを二本かしてあげるから、両足の力をぬいて、駅の階段をのぼってみてほしい。車イスを一台かしてあげるから、車道から十五センチ程高くなっている歩道に自力であがってみてほしい。たった一日でいいから両手を一切使わずにすごしてほしい。全て、それからにしてほしい。もし、身障者も同じ人間だとするならばである。

しないというのと、できないというのとでは、ものすごくちがうのである。水をのむにも、いちいち人をわずらわせなくてはならないということが、人の心をどんなに情けなくみじめにしめつけるか。できることなら自力で何もかもやりたい。自力でなんとかしたい。そう思いながらも今だに親のしなびたスネをかじっているので、あまりえらそうなことは、言えないのだが、心底自立したいと願い、除々にではあるが、そういう方向にむかっているということで、私という人間を認めていただきたい。

注―この文章は、一九七七年の夏の終わりに書いたもので、身障の問題についての箇所は、ほとんどが、在宅の肢体不自由者である筆者個人の経験からの発言であることを付記しなければなりません。さらに、文章を書いた次点での状境と現状との間に多少のくいちがいが生じましたので訂正させていただきます。

新宿心身障害者福祉センターでの再判定により第二種四級から、第一種二級へ。年金増額の可否不明。外出用車イス、心身障害者医療費受給者証、国民年金手帳等の受給資格者になるも、現実には、さしたる変化ナシ。

表紙写真について

本田則子

メキシコ・シティにある革命博物館のステンドグラスである。まいにち大工のT氏が旅行の際、撮影したものだが、戦う女の凛とした姿が美しいので表紙に使用した。

手に弓矢を持っていることから察して、女神パラス（ミネルヴァ）だろうと思われる。（まちがってたらごめんなさい）。パラスはゼウス（ジュピター）の娘で「戦い」の女神であると同時に「知恵」の女神でもある。わたしたちはあまりにも長い間、抑圧され差別されつづけてきた。レズビアンの性を肯定することはわたしたちの権利である。この戦いの女神のもとに集まり、ひとりひとりが抗議の声を上げ、広がっていくことを熱望する。

☆御意見・お問いあわせ等
ドシドシおよせ下さい！

◆編集・発行　「まいにち大工」

◆東京都足立区足立郵便局
(〒120) 私書箱23号

編集後記

✿今日が、しめきり日、という日やっと出来た。ザ・ダイク。やっと・・やっと！・・・ 沢田

✿ページ数は少ないけど、中味は濃いのダ。お買得なのダ。絶体全部読むのダ。 田部井

✿あめあがりのまちかどふゆのさえたくうきあきのひのやわらかなひざしふかいうみのそこまっかなばらけえきまっさおなそらあけはなたれたまどえとせとら・・・おおぞらにむかってはばたきたいなあ 幸村

✿「大正衛生ぬれナプキン」のいろいろな使い方。お風呂に行けない時、こまかいとこ洗えない時、アノあと、その他いろいろ。 本田

✿ひめは　あんこが　だあいすき 比命・ひめ

✿「レズビアン宣言」〈下〉をお楽しみにね!!飛田さんと一緒に頑張ります。 岩田

✿新鮮なコイを砂糖をたっぷり使って焼きあげます。それをきれいに洗った笹の葉に盛りつけましてこれが甘い恋のささやき・・お味はいかが？ 一休

✿なみだ・なみだ・またなみだで、無理やり一月末につくりあげましたぺあいだ工房〉に感謝！ 織田

1978年１月発行
発行グループ：まいにち大工
東京都足立区足立郵便局
私書箱23号

定価 200円

ザ・ダイク

1978／ 6月
第 2 号

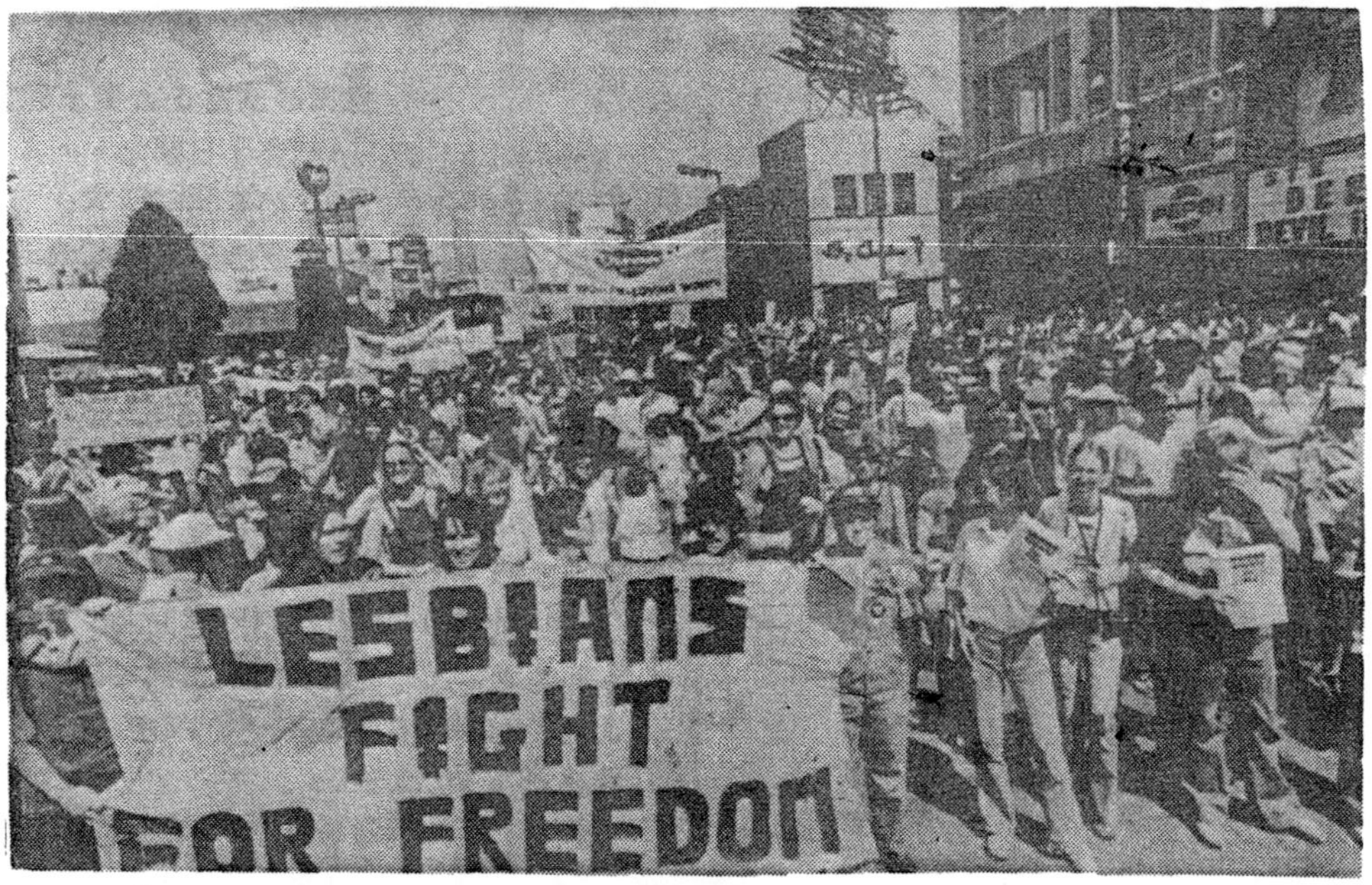

自由~~のための~~への レズビアン闘争.　　アメリカのレズビアンのデモ

も　く　じ

特集　平塚らいてうと尾竹一枝(紅吉)
——共同研究　連載第１回——・・・・・Ｐ　３
☆翻訳「レズビアン宣言」（下）・・・・・・・・・・・・Ｐ１４
☆比命のマンガ論（その２）ー大島弓子の世界ー・・・・Ｐ１８
☆集まろう女のパーティ・・・・・・・・・・・・・・・Ｐ１０
☆１・２８集会手前みそレポート・・・・・・・・・・・Ｐ１２
☆観劇記ー「Ｇ線上夢の草かんむり」・・・・・・・・・Ｐ１７
☆読者からの手紙・・・・・・・・・・・・・・・・・・Ｐ２０
☆女の場・本の店・・・・・・・・・・・・・・・・・・Ｐ　２
☆女の集まりいろいろ、ニュース、おしらせetc・・・・Ｐ２２

まいにち大工

女の場・本の店

「ザ・ダイク」を置いている所

ホーキ星、あごら、シコシコ模索社（新宿御苑）、婦人民主クラブ（原宿）ウニタ書房（神田）、ホビット村（西荻）、ウーマンズハウス（名古屋）、シャンバラ（京都）、プレイガイド・ジャーナル（大阪―予定）、ヒラヒラ（札幌）、その他。

☆ ☆ ☆

すぺーすＪＯＲＡ

☆女のフリー・スペース。さまざまなイメージと使い方で、どんな空間にもなる不可思議な空間です。

☆たとえばＪＯＲＡでやれること

ミニコンサート、ダンスやバレエや芝居のけいこ、ヨガ体操、作品展、集会、パーティなど

☆月例「女のパーティ」もココになる予定。

☆ＪＯＲＡのスタッフは四人の女たち。さあ、あなたもすぺーすＪＯＲＡでためしてみませんか？

☆地下鉄早稲田（神楽坂寄出口）駅前。電話二〇三―六〇二二

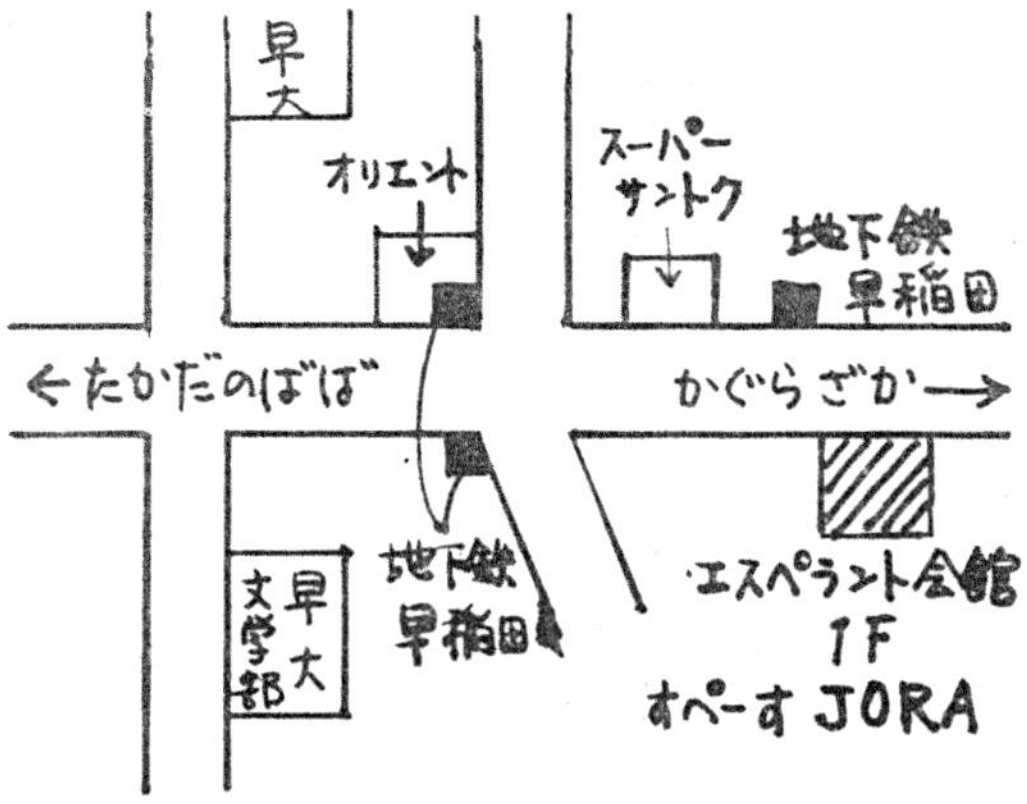

☆ホーキ星

☆知らない女同志がふと出会ってしまえる場。共に考えたり話したりしながら新しい女のイメージがふつふつと湧いてくるような場。

☆一階は喫茶と食事、それに女の本やミニコミがたくさん。二階はミーティング・ルーム。催し物もいっぱいです。ぜひ立ち寄って下さい。

☆開店時間午後3～11じ、火曜休

☆新宿御苑前（新宿寄）下車徒歩四分。電話三四一―九三六四

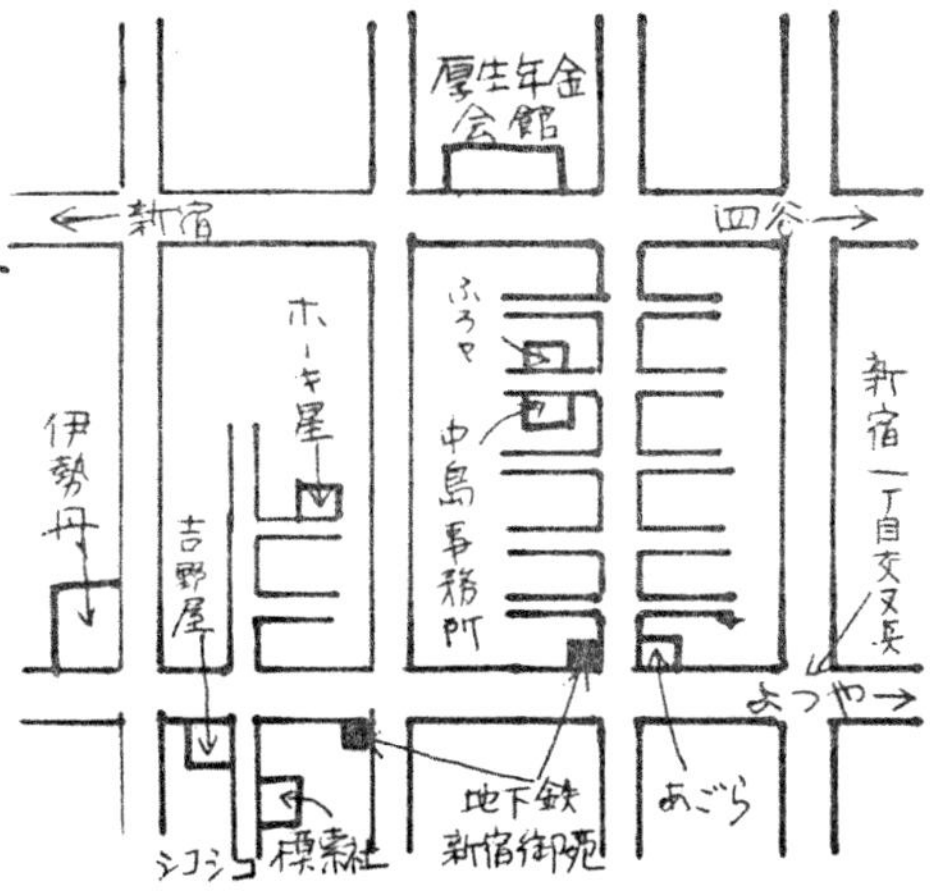

名古屋のウーマンズハウス

☆お茶、お酒、たべもの、レコード、本、ミニコミ、女が生きていくためのものアレコレ、企画沢山。

☆開店時間午後3じ～11じ（土、日は午後1じ～11じ）月曜休み。

☆名古屋市千種区池下町一―二　電話〇五二―七六三―三五七一（地下鉄池下下車、徒歩五分）

京都のシャンバラ

☆京都にはじめて出来た女のためのたまり場。のんだりたべたり、女の本、ミニコミ、催物情報など。

☆開店時間午後5～11じ、月曜休。

☆円町（西大路と丸太町通の交差点）から東へ20ｍ、円丸市地地下。

からくり絵箱

☆女のビデオスタジオ。女の眼で女の手で、女の活動をビデオを通じて記録しています。

☆杉並区成田西二―五―十六　電話三一九―三三一九（井ノ頭線浜田山下車徒歩十分）

どてかぼ一座

☆ご存知、女のミューズカル一座。楽しみながら女の解放を考える。渋谷区代々木四―二八―五東都レジデンス四一〇号（あいだ工房内）電話三七〇―八四四〇

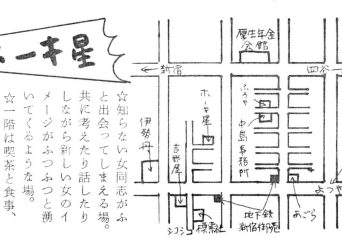

私の少年
—紅吉譚—

本田則子

✡プロローグ　「出会い」

一九一二年四月、やわらかな春の太陽をあびて、尾竹紅吉（一枝）は本郷の曙町にあったらいてう宅を訪れた。当時十九才。画壇の巨匠として有名な尾竹越堂の長女である。

大きな円窓のあるらいてうの部屋に入ると「まるで禅寺の書院に通された心地がした」。かたくなって暫くは眼を伏せていたが思いきって眼を上げると、「真すぐにのびた胸があった。ひざにかさねられた小さな象牙のような美しい手があった。そうしてあの端麗な気品の高いすばらしく美しい平塚さんの顔に眼をつけた時、平塚さんは年若いものに対するあふれるような好意をやさしい微笑でかえして下すった。この人だ、この人だ。」――。

「青鞜」や「元始女性は太陽だった」であまりにも有名な平塚らいてうと、当時、美術を志していた尾竹紅吉との恋愛について、あらゆることを知りたくて、わたしと比命はついに国会国書館まで資料さがしに出かけた。暖かい土曜日の午後。カバンには大きな穴があいていたが、ともかくガムテープを貼って出かけた。

らいてう I 紅吉

ダヴィンチやミケランジェロは同性愛者であった。サンド、コレット、ウルフ、サッフォーもそうであった。ヴィヴェントチェリーニも、マーラーも、アラビアのロレンスも。誰か偉大な人物が同性愛者であったことを実証することはたしかにわたしたちを元気づけるが、そのこと自体はたいして重要ではない。

では、らいてうと紅吉について国会図書館くんだりまで出かけてわたしたちは何を知りたかったのか?　図書館の閲覧室の柱にギリシア文字が彫ってあった。Η Α ΛΗΘΕΙΑ ΕΛΕΓΘΕΡΩ ΜΕΙ ΓΜΑΜ　（真理が我らを自由にする）。

情熱の真実とその時代や個人の限界によって失われた可能性について。レズビアンの存在が持つ根源的なエネルギーが青踏の運動に与えることのできた可能性について。

らいてうが後の自伝で、「わたしの心のなかに占める紅吉の姿は小さなものではありませんでしたが、それが同性愛でなかったことは奥村に大きく傾いていったわたくしのそれからの心の動きが正直に物語っているといえましょう」と弁解がましくのべているものを、わたしはひとまず、七十六才のらいてうの正直な気持とうけとめておこう。

そしてこのぼう大な資料の中から、「青鞜」の青春と情熱を発掘するのだ。やがては疎縁になっていった彼女たちの関係が、どんな豊かさを内包していたか?また何が欠如していたのか?

「青鞜」第二巻四月号の表紙絵に、紅吉の製作した木版画が使用された。グリーンと黒の基調でブルーストッキングと記された黒い壺の上に、黒い太陽が昇っている。それまでの長沼千恵子製作のエジプト風な表紙絵と違って、「気味が悪い」と不評であった。この壺について、紅吉は次のような説明をしている。

「あれは私が勝手につくりあげた伝説から取ったのです。世界の人間が最も欲しがっている物は不思議な国に蔵されている真黒な壺だった。その壺はたった一つしかりない。その壺を得たものは、どんな強さでも弱さでも自由に使い分けることができる。けれどその壺がそれ以外にどんな不思議な力を有っているか誰一人知っているものがない。只その真黒な壺の上には白くＢＬＵＥ－ＳＴＯＫＩＮＧと説明されているばかりで。」

壺といえば、例えば絵画の場合壊われ瓶は非処女を象徴するように女性の性器を意味する。現代においてはモニックウィッティグが自らの性を自らの主体性において管理しようとする女たちを、「歩きはじめた壺」という言葉で美しい散文詩に描いている。意識的にというよりは、鋭い感受性を持つ紅吉が直観的に描いたものだろう。

十九才で、すでにジャーナリズムには新人女流画家として未来を有望視されており、自由に闊達に洋服が女のものになるには、まだまだ遠かった時代、男の洋服ではないが男袴をはいていた。女の解放を服装という身近な具体的な例から考えていくとき、室町以来男の性的対象物として女を縛りつけてきたキモノからの解放を紅吉の男装は、無意識のうちに問題提起し、飛び越えていたように見える。

「久米留絣に袴、または角帯に雪駄ばきという粋な男装で、風を切りながら歩き、いいたいことをいい、大きな声で歌ったり笑ったり、じつに自由な無軌道ぶりを発揮する紅吉。それが生まれながらに解放された人間といったかんじで眺めているだけで快いほどのものでした」（元始女性は―より）

この時、らいてう二十六才、当時エリートの中のエリートとして日本最初の女子大学に学び、閨秀文学会の講師、森田草平との塩原心中未遂事件でジャーナリズムに騒がれた四年後のことである。すでに大学在学中から禅を研修し、空の高みにすべての喧操とした世界から遮断されて、充足し光り輝やく太陽を志していた。

息子のいない越堂の長女として将来を期待され、当時の女性としては破格の自由のなかでのびのびと成長していた紅吉を、「ツァラトゥストラ」を愛読し、「久しく家事に従事すへく極め付けられていた女性はかくて其精神の集注力を全く鈍らして仕舞った」「女性とは斯くも嘔吐に値するものだろうか」と書いてきたらいてうが、それまで出会ってきたどんな女とも違う魅力をかんじとったのは当然のことだろう。

その少年のような姿を眼にする

II

以前から、らいてうは「青鞜」社に送られてきた紅吉の手紙に、出会いの予感をかんじている。「わたしはともかく、こういう変わり者の入社をよろこんだ。案外平凡な手応えのない女ばかりな網羅したようなS社に飽きたらなかった私は、この新入社員の上に多くのことを我知らず期待していた」（一年間より）

そして実際、邪気がなくそれゆえなんでもおしゃべりしてしまう紅吉の存在は、たしかに「青鞜」を、その自我中心の内へ内へと向かう閉ざされた世界から、世間の制度や道徳の眼と個人のかかわりという開かれた世界へ、飛躍せざるをえない状況に立ちむかわせていくのである。

✡第一章―資料紹介

一九一二年、七月十一日から四日間にわたって次のような記事が国民新聞に掲載された。

「雷鳥の明子と尾竹紅吉、中野初子の三人が中根岸なる尾竹竹波氏の家に集まった時、一つ吉原へ繰り込もうじゃないかと女だてらに三台の車を連ねて勇しい車夫の掛声と共に仲の町の引手茶屋松本に横着けし、箱提灯で送らせて大文字桜へと押上り、下に色里の気分を味った」

「赤い酒青い酒を重いものから上へ上へと五色につぎ分けて飲みあった―略―そうして其洋盃に透明な色を飽かず眺めた面々は思ひ思ひにハ・イ・が・っ・た言を云ひ乍ら焼けつく様な酒に舌を鳴らしつつ其香に酔ふて思うさま享楽したのである」

イプセンやズーデルマン等ヨーロッパの近代戯曲で、新しい女について盛んに話題にされていた当時、この格好のニュースはあっという間に世間に知れわたり喧喧ごうごうの非難をあびた。

「昼間だけでなく夜間に石を投げられて、それが杉皮の屋根にパラパラと当ることもありました。なにか得体のしれない男が面会を強要して動かなかったり、どこそこで待っているから出てこい、などという脅迫状も舞い込んできます」

「このあとホワイトキャップという名の脅迫状か社員を殺すといってきたり―略―新聞記者の面会強要も少なくなかった」（青鞜の女たち）といった具合である。

このスキャンダルの原因になっ

た紅吉の文章を二、三あげてみよう。そこから読みとれるのは紅吉の人を惹きつける独特の感覚、エキゾチックな洋酒の色や透きとおるグラス。そして紅吉の大好きならいてうのこと、である。

「あねさまの中に男一人位あってもいいと鴻の巣に行ってから思い出した。カクテールを見て、長沼氏のうちわ絵を又強く考えさせられた。酒の真中に突さした桃桜を見て。五色につぎわけたお酒を青いムギワラの管で飲みながら私と私はこんな話をした」

「らいてうの左手でしているラブについては大分色々な面白い疑問を蒔いたらしい―略―其美少年は鴻の巣で五色の酒を飲んで、今夜も又氏の円窓を訪れたとか」（共に二巻七月号より）

この美少年とは、紅吉が自分のことを描いたもので、五月十三日のミーティングでの出来事と考えあわせて読むと、おもしろい。

また紅吉の叔父で、粋人であった尾竹竹波から吉原見学の誘いがあり、例の三人が吉原で最も格式高い「大文字桜」の「栄山」という花魁の部屋に上った。

この一夜のことが紅吉のおしゃべりから東京日日新聞記者に知れることとなり青鞜社員の私生活を書きたてられるという結果を招いた。

「誰れかの言い分ではないが自分は新聞の記事に対して両陛下と両殿下の行幸啓の記事以外に殆ど信を置かない迄にいつかなっていた」（円窓より）と書いているように、ジャーナリズムの最も卑劣なやり方は「新しい女」の問題とまっとうに取り組むのではなく些細なことをあげつらって風紀問題にすりかえたことである。

III

「新しい女の名は全国を風靡し―略―いままでいう赤の呼び名のようにこの名は若い女性をことごとに萎縮させるものとして大正、昭和頃まで威力をふるった」（女の歴史　高群逸枝著）こうした状況の中で脱退者がふえていく。

青鞜社内の批判攻撃は結局、紅吉の軽はずみに集中した。まわりの無理解(?)、病気（肺結核）への不安、らいてうへの熱い思慕が重なりあって神経を高ぶらせていた紅吉は、このとき、自身の腕をらいてうのナイフで切り裂いた。

こうした状況の最中、「茅ヶ崎へ〳〵」と題されたらいてうの「円窓より」が発表された。

この五色の酒、吉原登楼事件やそれをきっかけとして続けられていく新しい女の闘いについては様々な人たちが注目し言及しているが、また事実、女性史上大きな契機を与えたのであるが、その最中に発表されたらいてうのエッセイ、紅吉との恋愛を堂々とうたいあげた「茅ヶ崎へ〳〵」がこうした事件の影に隠れてしまったのはいったいどういうわけなのだろうか。この事件のみにスポットをあてるとしても、自由奔放な女が突き当る世間の壁というものを無意識的にせよ、紅吉の存在は、彼女が生きていることとそのものを通して問題提起していたはずである。

また、女性史の重要な時期に初めて現れた女から女への力強い愛の宣言を顧みるとき、仮りにこれだけの熱情と確信とによって、自身の同性への愛が社会の構造を照らすところまで発展したならばとつい考えてしまうのだ。

「五十八日目の夕。ふたりの記念すべき五月十三日の夜から数えて。私の心はまたもあのミイチングの夜の思い出に満された。紅吉を自分の世界の中なるものにしやうとした私の抱擁と接吻がいかに烈しかったか私は知らぬ、知らぬ。けれどあゝ迄忽に紅吉の心のすべてが燃え上ろうとは、火になろうとは」。

「善と言わず悪と云わず所有ものに好奇の眼を放つあの若々しいフレッシュな絶えず躍っているやうな純な美しい心、無邪気な、大胆な、熱心な生一本な態度を認めている私は過去の自分の長所美点を今に懐しいものに思う心にかうした紅吉とかうも速に接近した私はどうしてこれ位の些少の過失？を似って紅吉を咎める気になれやう。―略―

『退社してお詫びします』

『馬鹿』

私の少年よ。らいてうの少年をもって自ら任ずるならば自分の思ったこと考えたことを真直に発表するに何の顧慮を要しやう」

紅吉への愛情と社会に向って闘う人間としての矜持が重なったこのエッセイは紅吉だけでなく現に

動揺している青鞜社員、非難のさなかにある女たちに熱い闘志を伝わらせたであろうし、文芸中心であった青鞜の近代的自我の問題の中に、社会的視野を発芽させる前ぶれにもなったのだが、それ以上にこのエッセイは紅吉とらいてうとの魂の惹かれあいの総集なのだ。

「『淋しい？どうした』と言いざま私は両手を紅吉の首にかけて胸と胸とを犇と押し付けて仕舞った。―略―私は自分の身体に烈しく傳ってくる心臓の鼓動を静にきき乍ら小唄のやうに。『ね、いいでせう。あなたが病気になれば私もなる。そしてふたありで茅ヶ崎へ行く。ね、私の好きな茅ヶ崎へ。星の光る夜、ボートに乗って、たったふたりきりで烏帽子島の方へ漕いでいく。沖の方へ沖の方へと漕いでいく……』―略―あの忘れられない十三日の夜、あの夜の後、始めて来た手紙と速達の朱印のあるもの二つ三つとを撰んで再び読んだ。手紙を見詰めて座ったまま其夜はとうと明けた。同性の恋といふやうなことを頻りに考えて見た。」

その速達の手紙というのは次のようなものである。

「五月十五日、らいてう様。よく眠れといくらさとして頂いても私はもうだめです。私はとても貴女に会ってしまはなければ安眠など思ひもよりません」

ただひたすらいますぐに会いたいという紅吉にらいてうの返事。

「私はあなたを抱くことを接吻することを欲している。けれど孤独のたのしさ、深林の静けさを更に更に欲している、さらばさらば」

紅吉への愛情は変わらない、しかし今しばらくは自身を高め、より緊張した関係の中でお互い成長していきたいと願うらいてうの余裕の前に、紅吉は半狂乱となる。

「私の神経はズタズタに切りさいなまれてしまった」

「私はこれから独りでどこかへ行ってしまいます」

「あの屏風（文部省へ出品のため紅吉が打込んでいた作品）をズタズタに裂いて死んでしまいます」

「『さらばさらば』涙もかれよと泣きつづけています―略―これから思い出すかぎり二月十九日からのまぼろしと追憶にふけりましょう。今どこかに姿をかくそうとしている女の出たことを断って置きます」

悲しみに濁った眼をして影のように人が変わってしまった紅吉。あるいは肺結核と診断されたかもしれない紅吉との待ち合わせの日に、読書に耽り、「自分の思想に深く埋もれてしまって―略―只一人の人の生死さえどうでもいいような気になっていた」ことを冷静にみつめるらいてう。

野上彌生子がらいてうについて「もうすこしシンセリティなところがあればいいと思いますよ」と評した一面がのぞかれる。らいてうはその名のとおり孤高と厳しさを欲した人だった。

「私は悲しい、高湖の最極度に達せずして半途にしてこんな打撃をうけた紅吉が悲しい。―略―私の少年、らいてうの少年は又この位のことによく堪え得るものであって欲しい。私は人から慰められるのは大嫌いだ。私の少年だって嫌いにちがいない」

これに対して紅吉は必死の立ち直りを計る。

「御許し下さい。なおったら、一生懸命になって勉強します。私の勉強があなたへの送り物なのです―略―文部省の出品は倒れるまでやってみせます―略―ね、一度はあなたの愛を受けたことのあるこの少年の生と働きを。」

茅ヶ崎の南湖院に入院する前夜、紅吉はらいてうの両腕に抱かれて泣きながら眠ったという。

「どんな夢を見ていたのだろう身体は幾度か物にでも駭いたように震えた。翌朝紅吉のお母さんと紅吉と私は茅ヶ崎へ行って帰った」

これほどまでの愛の高まりがありながら、その関係を力強いものに育てることのなかったらいてうと紅吉。後篇は、同性愛を社会的視野でとらえることのなかった時代の限界と、おそらくは無意識のうちに存在そのものが革命的要素を含んでいたにもかかわらず発展することのなかった紅吉の限界。

快いものだけから成る紅吉の美意識が逆に彼女の才能を枯らしていった点を中心に紅吉の結婚までの過程をのべることにする。

つづく

らいてうのこと

比命

『青鞜の女たち』井手文子著で平塚らいてうと尾崎紅吉のことを知った時は、とってもとっても激しい驚きだった。けれども『元始女性は太陽だった』で、晩年は、「わたくしの心のなかに占める紅吉の姿は小さなものではありませんでしたが、それが同性愛でなかったことは奥村に大きく傾いていったわたくしのそれからの心の動きが正直に物語っているといえましょう」と言う。

『青鞜』の「茅ヶ崎へ茅ヶ崎へ」では、あのように誇り高く紅吉への愛をうたいあげたのに、晩年のらいてうにはどのような思いがあって、女を愛したことをこのように否定しなければならなかったのか。

この紅吉への≪愛の讃歌≫「茅ヶ崎へ茅ヶ崎へ」が発表されたのは、発刊一ヶ年もたたない2巻8月号。『青鞜』は文学誌として出発し、社則にも女流文学の発達をはかりとあるが、らいてう個人の原案は「女子の覚醒を促し各自の天賦の特性を発揮せしめ、他日女流の天才を生まんを目的とす」とあったという。この思いが、小説のならぶ紙面の中で、「元始女性は太陽だった」と語らしめるのだろう。らいてうの関心は自我に集中していたのではないだろうか。

これは一つの時代ともいえるのか、自我の実現をめざした『白樺』も『青鞜』より5ヶ月はやく創刊されていたのである。もっともこの二つ、出身階層が似ていることがおもしろい。

彼女は自己の内面に深く入り、確固たる自我の確立をはかる。

そしてこのらいてうが、紅吉の「日常性からとき放たれ、妖精のように研れた感覚の世界を思い切りわがままにとびまわっている性格を愛した」のは当然だった。

おりしもその時、五色の酒、吉原登楼で、自我の興味のおもむくままの行動が社会に攻撃され、マスコミに石のツブテを投げつけられ、あまつさえ、そのころの死病である肺結核であると診断された紅吉を、らいてうはこの一文を発表して、強く烈しく護った。

自分を信ずるが故にあなたを信ずるという、自我の強い確信から書いたこの文章は、人間の真の声として人々の心を動かしたろう。

「このエッセイは、らいてうのそれまでの文章とはまったく異質な、爆発しそうな愛の記録であり、抑えがたい感情に身をゆだねている素直な記録である」『青鞜の女たち』そして彼女は同性の恋というようなことを頻りに考えて見た」という。

なんらためらうことはなかった。いや、自分にわきあがってくるこの感情を書きしるしておくために、記念碑にするために彼女は書いた。それが彼女の素直な内面の告白だった。

彼女は既成の価値観に左右される人ではなかった。自らのうちに新しい価値観を作り出し、自己の信ずるものを信んじた人だったのだ。だからこそ、この人と人との失なわれてしまった（陰蔽されてしまった）同性愛という関係性を自己のものとしたのではないだろうか。

同性愛は、人間と人間の失なわれてしまっている（陰蔽されている）関係なのだ。人は人にひかれる。なぜなら人は昔から、同性にひかれる心をもっている。

なぜそれが自然の発露として表わされないのか。それは家父長制の中で女性が抑圧されてきたようにこの関係性も抑圧され「家」の中に陰蔽され、押しつぶされてきた。もっとも戦前の「S」は、女は結婚していくといった大前提の中で結婚までの期限つきのものとして、社会の中で寛容されてはいた。

何故、晩年の否定につながっていくのか。

あくまで自己の確信にそって生きていくらいてうにとって、紅吉はこのもしい女として目に入ったが、恋愛の過程で、紅吉は動揺と混乱におちいる。

この混乱と動揺は、一見恋人同志特有のものとみえるけれども、らいてうがいずれ去っていくだろうことを予感し、「私のこれからと現在の病気を引合せて泣いています。もしそんな時が事実となって出て来たなら、…私は病気が病気ですから、もう我儘はいいません、そんな時の来るのが、あたりまえです、きっとあたりまえです」という。

そこにあるのは、自分の恋は命は与えられていないと感じとった紅吉の叫びであったし、自己肯定を失ったことばではないだろうか。

私はひとり紅吉のアホとはいえないのです。

らいてうの家に寄宿していた、保持研子は、「らいてうは一つの物に熱中している。たとえば恋を作っている時には、全部そこに働いてもいよう。けれども、今夕、外に或る集中物が生じると、今迄そこ迄作り上げてた恋でも、すっかり打捨てて、後ふり向こうともせぬ、又その後から思出そうともせぬ」という。

このあとすぐにくる、夫奥村との運命的出会いがらいてうの中で紅吉を払拭してしまうキッカケになる。

紅吉の予感は、適中してしまう。

井手文子も、「のち、らいてうはこの時期を回顧し、『同性愛的な気持で』紅吉を受け入れたのではないといっているが、少なくともさきの文章からはそう思えない。これ以後につづく紅吉の隔りについて彼女独持の自己正当化のように思われる」と指摘している。

この隔りとは、そののち紅吉が、みながアッと驚く電撃結婚をして「習俗に殉じたような、その振袖、高島田姿の写真に私はあきれるだけでなく、紅吉にかけた期待が大きかっただけに失望をさらに新にしました」『元始女性は太陽だった』といったことだろう。

しかし紅吉個人の否定と、同性愛という関係性の否定とは話しがべつである。

私はらいてうが、レズビアンと嘲笑されるのをきらって書きなおしたとは考えない。

むしろ、らいてうと紅吉の限界として把握するより、〃時代〃によってあたえられた同性愛に対する理解の限界として把握したい。

らいてうにとって、男を選んだということは、紅吉とは同性愛ではなかったことなのである。

高群逸枝は、らいてうとは個人的にも共に闘った同志であっても、『女性の歴史』の中で青鞜の頃のことで、紅吉は登場しない。書かない。奥村については、やさしさあふれる筆致で多くの誌面を作っているのに。

井手文子にしても「ごくたあいのないレズビアンの遊びだったのだろう」という。

彼女らの研究は女全般のたくさんの問題に及ぶのに、一つ、同性愛については言及しない。

らいてうが、観念中心の世界から、社会的視点を発芽していくのに、母性保護を唱えたエレン・ケイの影響があげられるだろう。そして、「母性」の尊厳をとき、発達しはじめた資本主義体制の中で無防備におかれた母子の社会的保護を戦いとっていく。

これは、女の戦の中で主流となってきたのだが。

そして、彼女のなかで、母性と、同性愛は矛盾するものとしてあったのではないだろうか。

だからこそ「同性愛でなかったことには……」という表現になったのではないか。

「母性」を語る時、これは私の独断と偏見だけれども、あまりに男との関係性、子供との関係性に集中しすぎるのではないか。

「母性」に内在する、愛、豊かさといったものより、現実的な、孕むこと生むことに短絡される。

でも相手あっての自分といった感じで、女自らにとっての母性というものを問題にしたい。そして私は孕むということより育てるという過程をこそ語りたい。

同性愛と母性は、私にとって、はっきりしているわけではなく、あまり語れないけれども。

以上、らいてうのことを私なりに、ツラツラ書いてみた。

女自らが叫びをあげて戦ってきた過程を知ることは、力になる。

そして今、過去の女たちが耕やしてきた土壌の上に立ち、自らの存在表明の時がきた。

紅吉、あなたは今生まれてくればよかったのに。

逢ったあと　田村とし子

紅吉、
おまいはあかんぼ——だよ。
この——の長さは
おまいの丈の高さと
おんなじ長さ、さ。

紅吉、
おまいの顔色はわるいね、
まるで、すがれた蓮の葉のやうだ。
Rのために腕を切ったとき、
それでもまっかな
赤い血が出たの紅吉。

紅吉、
おまいのからだは大きいね。
Rと二人逢ったとき、
どっちがどっちを抱き締めるの。
Rがおまいを抱きしめるにしては、
おまいのからだは、あんまりかさばりすぎている。

紅吉、
おまいの声はとんきょだね。
けれど、金属の摺れるやうな声だ。
おまいののっけに出す声は
火事の半鐘を
ふと聞きつけた時のやうに人を
おどろかせる。

紅吉、
おまいは可愛い。
おまいの態のうちに、
うぶな、かわいいところがあるのだよ。
重ねた両手をあめのようにねじって、
大きな顔をうつむけて、
はにかみ笑いをした時さ。
（青鞜2巻10月号）

→尾竹紅吉（一枝）

→平塚らいてう

《ひかりぐるま》創刊号

——爽やかで力強いすべての女たちへ

「わたしたちはレズビアンだ。わたしたちは、この生きた世界に向けてみずからの存在を賭ける。」≪レズビアン宣言78≫

あくまでも爽やかに、きっぱりと言い切るレズビアンの新聞ができた。

レズビアンとは、鎖をたち切ろうとするすべての女たちの回転するエネルギーの車輪だ。この車輪が文字通り〈ひかりぐるま〉であり、同時にわたしたちひとりひとりの呼び名でもある。

レズビアンは、この社会の基本的な構成要素としての家族や性役割の外側に立つために、社会そのものの抑圧構造をやすやすと見抜いてしまう。

レズビアンに対する異端視、片輪扱いは、女が真に自立できない状況を表わしているのだ。男と結びつかない限り、この社会から何の保証も得られないのだから。レズビアンとは決して特殊な女のあり方ではなく、女全体の問題である。

わたしたちが拓きつつある可能性の地平を、いますべての女たちと分け合うために——。

≪ひかりぐるま創刊号≫VoL.1
一部一八〇円。隔月刊。
（連絡先　東京都中野区　白鷺一―三一―一七″ひかりぐるま″気付）

きみが生れつきコウモリに造られているとしたら、ダチョウになろうなどと思ってはいけない。きみはときどき自分をふうがわりだと考え、たいていの人たちと違った道を歩んでいる自分を非難する。そんなことは忘れなければならない。

集まろう!! 女のパーティ

岩田由美

狭いホールで互いにぶつかり合い、
汗だくになり、
かけ声をかけながら、
女たちが踊っている。
何だかわけもなく、
力がみなぎってくる。
女たちと肩を寄せ合い、
手と手を取り合うことによって、
女の連帯感が生まれてくるのだ。
私はこの感覚が大好きだ。

☆パーティーの経過☆

女のパーティを始めたのは、二年前の夏からである。

当時「すばらしい女たち」というレズビアンの雑誌を作ることがきっかけで、何人かのレズビアンの女たちが出会った。そして、私たちは同志と知り合うことによって力を得た。私たちはこの出会いをもっと広げたかった。多くの女たちとの出会いを望んだ。レズビアンであるなしにかかわらず、いろんな女が集まる女の空間を創りたかった。

目新しかったし、新しい出会いもあってパーティは盛況だった。しかし、回を重ねていくうち、パーティに参加する顔ぶれがいつも同じで新しい顔がみられなくなったり、参加者が少なくて赤字になったこともあった。場所も継続的に貸してくれる店がなかなか見つからなくてあちこち転々と変わった。

そのうち、パーティに関する考え方に違いがでてきて、最初から一緒に企画してきた女たちの何人かは、スタッフから抜けた。

およそ一年前、〝女のパーティ〟を「まいにち大工」が主催することになったのはこんな時期だった。

パーティ以外に、私たちはやること、話し合うことが一杯詰まっていた。パーティの準備に貴重な時間がさかれるため、パーティを隔月に催そうかという話もでた。

しかし、討議を重ねた結果、私たちは月一回のパーティを続行することを決心した。何故なら、こういう女の空間を定期的に持つことは絶対必要に思われたからだ。

☆パーティーのねらい☆

パーティにやってくるのは、ほとんどがレズビアンの女とリブの女である。私たちがこのパーティを運動の一環として継続してやっていきたいというねらいは、一つには、今のところ日本に、女が主体的に参加して楽しむ場がないから、そういう場が欲しいこと。また、私たち自身が創りあげることに価値があること。（アメリカには、女だけが気楽に集まって楽しめる安い店がたくさんあるということをアメリカに行った人たちから聞いて、私たちもぜひそういう場が欲しいと思ったのである）

もう一つは、リブの女たちとレズビアンの女たちが交流することによって、お互いがもっと広がるだろうということなどである。

☆パーティーで起こったできごと☆

ある日のパーティで、他の女を性的対象物とみるような態度をとった女がたった一人いたことで、パーティのイメージがぶち壊しになったことがあった。

私たち女が、一番嫌だと思っている男のような態度をとったレズビアンがいたことが残念だったし、それに対して、嫌なのに嫌だと言えない女の態度も残念だった。しかし、こういう状況を傍観してすませてしまった、その場に居合わせた他の女たちも（私たちも含めて）反省しなければならないだろう。

☆これからのパーティー☆

私たちはこのパーティを、女た

ちの活気がみなぎり、みんな同志であるという意識を高め、アピールや女の集会もできる場にしたいと思っている。

これまで、パーティでやってきたものは、ミュージカル、詩の朗読、歌、ギターの弾き語り、演劇の紹介、古着のオークション、女の運動グループ・アピール、カンパ（三里塚とハンディキャブ）などである。

これらに加えて今後は、アピールやミニコミ販売などでもっと情報を交換し合い、参加した女たちみんなで、このパーティを創っていきたいと思います。

♀　♀　♀

「まいにち大工」の方針

一、「まいにち大工」とは、自立と解放をめざすレズビアンを中心とした女たちの集団です。

二、わたしたちは、レズビアンに対する一切の差別と抑圧に反対します。

三、わたしたちは、あらゆる女性差別と抑圧に反対します。

四、わたしたちは、社会のあらゆる差別と抑圧に反対します。

五、わたしたちは、男女間に多く存在する支配―依存の関係に反対し、同時に、これを模倣する「男役」「女役」という役割の思想に反対します。

六、わたしたちは、レズビアンの問題を個人的問題に解消せず、社会的政治的視野からとらえていきます。

七、わたしたちは、自分たちの力で生活を築いていくことをめざします。

八、わたしたちは、以上のような立場から、ひろく情報を交換し、討論を深め、連帯を獲得していくため、当面、次のような具体的活動を行ないます。

(1) 機関紙を発行します。

(2) 「女のパーティ」をひらき、いろんな女が気楽に集まれる場を提供します。

(3) 雑誌づくりを準備します。

(4) 資料をあつめ、紹介します。

(5) 読書会、学習会、討論会、座談会などをひらきます。

一・二八集会手前みそレポート

レポーターは田部井京子ちゃん

女の大集会ひらかれる

今年一月二十八日、渋谷は山手教会で、「政治を変えたい女たちの会」主催の、女の大集会がひらかれた。テーマは「女が変われば政治が変わる。語ろう、女たち！」

これまで黙りがちであった女たちが、自ら語りはじめること、それが自分を変え、世の中を変えていくことの第一歩であると念じて、全国から集まった女数百人。

花で埋まった会場は――実はこの集会の前にケッコン式とやらがありまして、教会の中は花、花、花だったのです。教会側の不手際でとり去る時間がなかっただけのことなんだけど、冗談キツくてとってもよかったんだわ――、さてその会場は、二階席まで熱気にみちあふれ、ミューズカルあり、ヨガ体操あり、映画あり、多数のグループ・アピールと、会場からの殺到する発言の中で、土曜日の午後から夜までまる半日を、とにかく楽しく、おもしろく、かつ真剣に過ごしたのである。

とくに何がおもしろかったかというと、たくさんあるけれど、まず、女はかりの劇団(?)「どてかぼ一座」のミューズカル〝女の解放〟。深刻な顔して女の状況を語るばかりが能じゃない、笑ってぶっとばすのも一方法さ。男の甘えやダメさかげん、男社会が期待する「女性像」、規格化された「女の人生」、奴隷的な女の姿、政治や事件、などなどを見事に喜劇化して会場に爆笑の渦が巻く。しかも決して単なる笑いに終わらせず、ちゃんと女の主体的な力を呼びさまし、連帯の必要を訴える声が伝わってくる。「おもしろくてためになる」とはこのことでした。

レズビアンの映画上映される

集会の終わり近くに、二本の短編映画が上映された。

一本めは、主婦が自立に目覚めていく過程を描いたもの。二本めが画期的なものだった。

一人の女がレズビアンとして自分を肯定していく過程を描いた、「ホーム・ムービー」という好短編である。女の集会でレズビアンに関するテーマが登場したのは、――後述するわたしたち「まいにち大工」のアピールを含めて――日本ではこれが最初であろう。

主催グループの女の多くがレズビアンだったわけではない。ではなぜとりあげられたのか。

「政治を変えたい女たちの会」に、レズビアンも参加していた。その一人がこの映画を入手していて、上映作品に推した。試写会がひらかれた。とてもよかった。で、全員一致で上映を決めたのである。

その背景には、女の運動の中でレズビアンの存在がみすごされなくなってきたアメリカなどの影響もあるだろう。これは、大きく見れば、レズビアンの闘いの一つの前進といえるだろう。

では、この映画のどこがよかったのか。自分自身を掘りあてたレズビアンの女の、とても明るく生き生きとした姿。彼女たちの連帯のようすの、底抜けの晴れやかさと力強さ。そういったものが、現にレズビアンであるとないとにかかわらず、ひろく女に感動を与えたからである。

実際、集会でも、この映画は断然好評だった。これは、つい三、四年前まで、レズビアンのことなどほとんど関心もあつめなかったリブの状況を思うわたしにとっては、画期的なことだった。

「まいにち大工」初登場

さてさて、もっともっと画期的に違いないこと。それは、「まいにち大工」の登場デス。ジャーン！

映画に先立って、多数のアピールや発言があったのだけれど、そこに出ました、「まいにち大工」。とってもカッコよかったのだ。とっても感動的だったのだ。なんせこれは、日本の女の運動の中で初めての、レズビアン・グループの声明だったんだから。歴史に残ることだったんだから。（声明の内容は後に全文掲載します。）

たしかにこれは、勇気のいることだった。マスコミだって来ているし、職場に知れたらたいへんだし、攻撃から防衛できるだけの力はまだないし。変な言い方だけど、だれが職業的に大丈夫かという点が問題だった。

最終的に、職場を追われたとしてもすぐ次に行けるという、手に職をもった人間が立った。

さて、彼女の発言の前にちょっとした騒ぎがあった。彼女が次、というとき、一人の男がマイクを握った。いわく「みなさんは男を敵だと思っているようですが：」

そのあとが続かない。場内騒然として、ヤジがとぶ。「敵だなんて言ってないわよォ」「女に発言させろォ」「いや聞こうよォ」。男、しどろもどろとして「えっとあのォ」をくり返すばかり。

　そこで彼女の登場。

　横からスッとマイクをとって、男に話しかける。第一声「わたしはレズビアンです。でも男を切ったことは一度もありません」「今は女が主張できる数少ない機会です。発言の時間を女にゆずることか、今あなたにできる協力ではないでしょうか。話したいことは、別に場をつくって呼びかけて下さい。ね、共に闘いましょう」。これで場内は静まり、男も納得して着席した。（あざやか！）

　さてそれから彼女のアピールは始まった。感情過多と思われる程の大熱演で、見事な初舞台である。

　メンバーが声援をおくる。会場のあちこちから、好意的な人たちが拍手する。あとはシーンと聞いている。そして終わったところで、万雷の拍手。

　他のアピールのときには多少のざわめきもあった会場が、しんしんと水を打ったように静まりかえったことを、必ずしも頭から喜ぶわけではない。多くは、どう受けとめていいかわからないゆえに静まりかえったということであったかもしれない。あるいは、差別の告発という部分があったがゆえに、静まりかえったのかもしれない。

　けれども、とにかく、みんなが聞き入った。そして万雷の拍手が来た。機関紙「ザ・ダイク」がとぶように売れた。

　アピールのあと、それに感動したという発言があった。アピールをしたメンバーのもとには、何人もの女がやって来て、口々に「よかった」を連発した。行く先々で知らない女たちが話しかけてきた。

　これらはすごい反応である。発言してよかった、そうみんな思った。これは充分な第一歩だ。わたしたちは道を切り拓いた。わたしたちを支持してくださった人々に、あらためて感謝と連帯のあいさつをおくりたい。

　アピールの原稿は「まいにち大工」全員で考えてつくった。時間制限があったので、充分語り尽くせてはいないが、わたしたちの考えの一部として読んでいただきたい。ご意見、ご批判をお待ちしています。

「まいにち大工」アピール全文

　「まいにち大工」は、女の自立と解放をめざすレズビアンのグループです。わたしたちは単に、レズビアンの差別を問題にし、抗議することを決意しているだけではなく、わたしたちの経験することそのものが、この世の中でひとりの女が生きていくということはどういうものなのかを、あらわに問題提起していると考えています。

　わたしたちレズビアンが、自分に正直であろうとすれば、当然、男との結婚は望みませんし、自分の力で生活していくことは、わたしたちにとって、もっとも大きな課題なのです。女が、対男や対子供との関係の外で、ひとりの人間として人生の本質的孤独に気づいている、自立した人間として、自分自身を考え、抑圧や差別と闘っていこうとするとき、レズビアンの存在自体が、女の本質的状況をより露骨にあらわしているといえるでしょう。

　なぜなら、わたしたちレズビアンは、ひとりで、あるいは自分と同じように、抑圧された女と共に生きることを、選んでいるのであり、女の解放がないかぎりレズビアンの解放もあり得ないからです。

　わたしたちの闘いには、切実に自分自身の生活がかかっており、それだけに、レズビアンの解放運動は、女の解放の中で、永久にパワフルであるといえるでしょう。

　しかし、わたしたちが女の解放を共に闘っていこうとするとき、連帯しあわなければならない、同じ女たちの間に、レズビアンに対する無知と偏見があることを、わたしたちは、ここに告発します。

　頭の中では差別の問題についてよくわかっているようにみえる人間が、言葉や行動の中でどんなに差別的であるか、わたしたちはこの目で見てきました。

　女が女を愛するということは、きわめて自然なことであり、女と女の関係の可能性をゆたかに切り開くものです。

　わたしたちは、自分たちがレズビアンであるということを積極的に肯定し、そこから自分たちの闘いに出発したいと思います。

　わたしたちは、ここに、「まいにち大工」の方針を述べることによって、すべての闘う女たちへの連帯の表明といたします。

　（以下、方針および機関紙・パーティなどの紹介をしました。）

レズビアン宣言(下)

ラディカルレズビアン

岩田由美 訳

運動をやっている女たちは、長い間、レズビアニズムの問題の討論を避けてきたし、直面することを避けてきた。この問題は、人を神経質にさせる。彼女等は、この問題に敵意を持ち、避けたがり、この問題について話したがらない。もし話さなければならない時には、腐いものはフタ式に、簡単に片付けてしまおうとする。

しかし、この問題は、付けたしの問題ではない。この問題が論じられることは、ウィメンズリブ運動の成功と達成のためには絶対に不可欠なものなのである。

〃ダイク〃(注)というレッテル貼りを恐れるあまり、女が闘争心をなくし、互いに分断され、男や家族以外のものに主要な関心を向けないとしたら、そのような状況は、女は男社会に支配されているということになる。女がお互いの中に、性愛を含む主体的な関係を創る可能性を見つけるまでは、男にはたやすく与えた愛や価値を、女には与えずにおくだろう。そして、女の二流の身分を肯定することになる。男に受け入れられることが、個人にとっても、全体としての運動にとっても主要な関心事である限り、レズビアンという言葉は、女に敵対した効果的意味で使われるであろう。女たちが体制の中での権利の拡大だけを望む限り、女たちは男権力を敵にまわすことは望まない。女たちはその変わりに、ウィメンズリブが受け入れられることを求める。男に受け入れられることとの最も本質的なことは、レズビアニズムを否定することである。若いラディカルな女たちが、真面目にレズビアニズムを討論し始めたと言えば言えるが、これまでレズビアニズムは、主に性的に男の代わりとして選ぶもう一つの方法でしかなかった。彼女たちの考えは、今なお男を第一に考えているのである。何故なら、女とより完全な関係を創ろうとする考えは、男に対して否定的な反応として起こっているからであり、レズビアンの関係はセックスだけで特徴づけられているからである。(これは、分断的、差別的であるが)

個人的にも、政治的にも、ある段階で、女は感情的、性的エネルギーを男から取り戻すかも知れない。そして、生活の中で、これらのエネルギーを様々な形にして使うであろう。それとは違った、政治的、心理的段階では、男によって定義された反応パターンから、女が自らを解放し始めることが重要であることが、理解されねばならない。我々自身の精神の奥底で、この感情的束縛を徹底的に切り裂かなければならない。

何故なら、我々の性的エネルギーがどこに流れていこうが関係なく、もし我々が、男が創ったイメージの中で我々を見るなら、人間としての自立を得ることができないからである。

しかし、何故女は男と関わりを持ち、男を通じて生きて来たのだろうか? 男社会の中で育てられたことによって、我々は男文化によって定義された〃女〃を内在化してきた。この定義は、我々を性的、家族的機能にゆだねさせ、我々が自分の人生を自分で築いたり、定義づけたりすることを不可能にさせる。我々の精神的奉仕と、社会では利益をもたらさない役割を担う代わりに、男は我々にたった一つのものを与える。つまり、この社会の目には合法的な奴隷的身分である。これは、我々の文化の中で〃女らしさ〃とか〃本当の女などというあやふやな言葉で呼ばれている。同じ姓を名のる男の所有物である限り、我々は確かなものであり、合法的であり、本物である。どんな男のものでもない女でいることとは、存在も見えない、可愛想な、不確かな、実体のない、女となる。男によって受け入れられるために妥当である、女に対する自分のイメージを男は固める。しかし、それは本当の我々自身ではない。男は女らしさとは何かを固める(男との関係の中で定義するのだが)。しかし、我々の人間性を、あるいは一人の完全な人間としての我々自身を固めるのではない。我々が男に定義されたり、受け入れられることを求めて、男文化に依存する限り、我々は自由になることはできないのだ。

女の役割を内在化した結果は、

莫大な自己嫌悪となる。このことは、いわゆる意識化された自己嫌悪のことを言っているのではない。事実、ほとんどの女は自己嫌悪を否定している。自己嫌悪は、役割に対する不快感として、あるいは空虚感、無感覚、不安として感じられるかも知れない。代わりに、それは役割を賛美し、防御して、かん高い叫び声をあげる形で表現されるかも知れない。しかし、自己嫌悪は存在しているのであり（しばしば意識の端に）、女の存在を毒し、自身から（自身の必要から）疎外させ、他の女から遠ざけてしまう。女は抑圧者である男と同じ考えを持ち、男を通して生き、男のエゴ、力、業績から地位や身分を得ることによって逃避しようとする。そして、自分と同じような空虚な存在の他の女と自分が同じだということを認めない。女たちは、自分の抑圧や二次的地位、自己嫌悪の反映されている他の女たちにあらゆる面で、関係を持つことに抵抗する。何故なら、他の女と向かい合うことは、ついには長い間避けてきた自分自身と向かい合うことであるから。そして、その鏡の中の創られてきた女というものを、実際には尊敬したり、愛したりできないことを我々は知っている。

自己嫌悪や本当の自己の欠如は、男によって与えられた存在の中に根差しているので、我々は新しい自己を創りださなければならない。我々が〃女〃であることの観念に縛られている限り、まだできかけの自己、自分という意識、一人の完全な人間である意識との葛藤を感じるだろう。女であることと一人の完全な人間であることは両立しないということを受け入れることはむずかしい。女だけが互いに新しい〃自己〃を与え合うことができる。男との関係の中ではなく、女自身でその自己を発展させなければならない。意識というものは、そこからあらゆるものが出てくるのであり、我々が目指すのは根本的革命だから、この意識は革命的力になりうる。

この運動を支持するために、我々は互いに助け合い、主体的に関係を持ち、愛や感情的援助を与え合わなければならない。我々のエネルギーは抑圧者の方にではなく、同志の方に注がれなければならない。ウィメンズリブが、抑圧者との一対一の関係に我々を縛りつける基本的異性愛の構造に対抗することなしに、女を解放しようとする限り、どうやったら男といいセックスができるかとか、男の頭を切り変えられるかとか、つまり男を〃新しい男〃に変えることに莫大なエネルギーが注がれるだろう。そして、自分が〃新しい女〃になったような錯覚に陥るのである。このことは、あきらかに我々のエネルギーや主体的関わり合いを分裂させ、我々を解放する新しいパターンの建設に全力投入することを不可能にさせている。

女の解放の核心となり、文化革命の基礎となるのは、女と関係を持つ女、互いの新しい意識を女同志で創造する女が主導性を持つことである。我々は共に、本物の自己を見つけ、強化し、固めなければならない。

我々がこのことを行う時、我々は互いの中に闘う力を確認し、誇りや力が生まれてくる感覚を確認し、お互いを分断する柵がなくなるのを確認し、このことが同志との連帯を高めるのを感じる。

我々は自分を第一に考え、自分の中心を自分の中に見い出す。我々は疎外感、切り離された感じ、鍵のかかった窓に隠れている感じ、内にあるものを外に出せない感覚が薄らいでいくことを感じる。我々は実在感を感じ、ついには自分自身と一致していると感じる。その本当の自分、その意識でもって、女に強制された身分の押しつけをなくすために、人間的表現の最大限の自治権を獲得するために革命を起こすのだ。（完）

(注)柵から飛び越えた山羊の意味があり、女の役割の境界から抜け出たレズビアンへの蔑称として使われるスラングである。

＊訳者からひとこと＊

原題「ウーマン・アイデンティファイド・ウーマン」はアメリカのレズビアンフェミニストの最初の声明書です。「リバレーション・ナウ」という邦訳本に「女の方を向いた女」という題で載せられていることを最近知りました。その訳文の中で、誤訳を見つけ重要なところなので、ここに指摘しておきたいと思います。以下、すべて「レズビアン宣言」＜上＞に載せられた訳文に相当します。

(A)・（英文参照）

「レズビアン宣言」の訳・・・・・・・
彼女はしばしば人生の多くを一人

で暮らし、異性愛の女たちよりずっと早く、人生の本質的孤独（これは結婚の神話が覆い隠しているのだが）や幻想の本体について知る。

「女の方を向いた女」の訳

彼女はたえず孤独感に襲われながら生活し、自分の〃きちんとした（異性愛の）姉妹たちよりずっと早くから人生の本質的な孤独感（結婚の神話がそれをみえなくさせているのだが）と幻想の実体というものを知る。

❀　❀　❀

傍点の部分は文章のつながりからいっても、当然一人で暮らすと解釈すべきである。「女の方を向いた女」では、レズビアンというものは孤独感にさいなまれ、社会の異端者として生活し、さぞ寂しい人生を送っているだろうという訳者の意識が反映されているのではないかと思います。

（B）

「レズビアン宣言」の訳

この人間性の否定は(1)異性愛の女が同志がレズビアンであることを知った時顔を出す。彼女はレズビアンの同志を性的対象となりうる人間とみなし付き合いを始める。(2)しかもレズビアンを男の代役に仕立て。

「女の方を向いた女」の訳

この人間性喪失の恐怖は(1)きちんとした女性が自分の姉がレズビアンだと知った時に現われる――彼女はレズビアンのセックスの対象になりうるものとして(2)男役の役割をしながら姉とかかわり始めるのである。

❀　❀　❀

まず(1)の部分で straight はもちろん異性愛と訳されなければならないし、a sister は姉ではなく、同志又は仲間という意味で使われなければならない。straight をきちんとしたと訳したということは、レズビアンがきちんとしていない、ふしだらな女だと読者に誤った考えを植えつけかねない。(2)ではきちんとした女性が男役の役割をすることになり、意味が全く逆になっている。

以上は語学力があっても、事情に精通していなければ誤解が生じる一例だと思います。語学力などあまりなくとも事情を一番よく知った人間の手にかかったものの方が、より正確な情報が得られると思いました。

ことば

フェミニスト

日本ではフェミニストというと「女にやさしい」とか、レディ・ファーストみたいな意味で使われているけれど、これはまちがい。女の自立と解放を求める人のことを言う。

(A) She is forced to evolve her own life pattern, often living much of her life alone, learning usually much earlier than her "straight"(heterosexual) sisters about the essential aloneness of life (which the myth of marriage obscures) and about the reality of illusions.

(B) This dehumanization is (1) expressed when a straight woman learns that a sister is a lesbian; she begins to relate to her lesbian sister as her (2) potential sex object, laying a surrogate male role on the lesbian.

☆☆マ〇の観劇記

G線上ー夢の草かんむり

三日間通いっぱなし

本田則子

歩いているところ々に赤い野バラがワッと咲いていて、あ、五月なんだ、とうれしくなるそれよりほんのちょっと前の不安な気候の頃、青い鳥公演の「G線上ー夢の草かんむり」を観ました。

美とは嫌悪の集積であるーと古い昔の誰かが言ったけど、青い鳥の場合、嫌なものを一切排除した心地良い世界というよりは、もっと人をげんげん元気にさせる「希望の星」かなんかが秘められている気がして四日間公演中三日間通いつめました。

主人公の岡の上キラは何年か前に失踪した水道局に勤める父を探して、母親のトラ、妹のアラと共にイスタンブールへ旅立つ。そこで案内人の女サラと手品師ハラハラに出会い、それぞれの想いを胸に、昔泉の底に沈んだという村（ユートピア?）を探しに砂漠の長旅に出る。

キラがじつは女で、そうとしらず恋してしまった女の子がいったんは動揺するけれど、「男でも女でもかまいません。わたしはキラさまが好きなんです」といった台詞もあります。

すーごくジンときたのはハラハラが例の手品でキラとサラに泉の底の村（やがて見出すべきユートピアに解釈）を見せるシーン。禁を破って井戸に髪飾り（女らしさのすべての象徴に解釈）を落した換わりに鍵（それ自体では意味を持たないが何かを解決するヒントに解釈）をひろって、囲りからも自らも男であるように育ったキラが、出現した美しい村の中でこんな台詞をいいます。

「ぼくはわたし
わたしはわたし」

キラが本当に自分らしくなる場面。マッハのスピードにのって青い世界の中、飛び比べをするキラとサラ。二人の目的（ユートピアを出現させること）が一致し、肩を抱き合って歩いていくところ。

そして誰もが試みては死んでいった火の国の火を盗み出すことについに成功し（革命のことに解釈。この場面、闘いを想わせるカッコイイ舞踏で表現）、さがし求めていた村についた時、それはどこにでもあるようなただの騒々しい街でしかなく、しかしキラとサラはそれならばこの街に砂漠を探しそこにある泉の底の村を探そうと再び旅立つシーン。

人の営みとは常に完結することのない創造的進化なのだと思ったりして、キラの握っているものが完結でなく「次」のある鍵なのだということが、なんか闘志わかせました。

趣味や嗜好といった快感的要素から突いても美しかった、女だけで作られたこの芝居は、さらに原始の昔、羊が丸々と太って大きいということが美の本来の意味であったように、わたしたちにとって美の定義が世界観と同義であることを示してもいました。

女性解放を、さらには人間の解放をめざす段階において、今日のような絶対的異性愛社会の中で、女らしさ男らしさに強烈な疑問の光をあてることのできるキラの存在（レズビアンの存在にわたしは解釈）が、解放へのヒントを握っていると考えさせたこの芝居は、たとえ男と女が同じ未来をめざしているとしても男の例からは決して語られることのないプロセスを表現するのに成功しており、これが今回「G線上ー夢の草かんむり」の最も重要な点だったかと思います。

ラストは、まだ失うものを持っていない、それだけ若いアラの台詞でしめられます。

「かあさん、あたし近道知ってんだ。ヘイ、タクシー」

ーー暗転ーー

芝居に現れるすべての女たちがそれぞれの立場から、ひとつの未来社会（かつて泉に沈んだ村として表現）をめざして旅出ち、その世界を開く鍵を握るのはレズビアンであって、後からやってくる者にはちゃんと歴史の加速度的スピードまでついていて、なんか自分ががんばっているみたいに一種のカタルシスのある芝居でした。

青い鳥の次回公演は、七月ですが（立川市とタイアップして児童向きなので）、十二月に期待して下さい、とのことでした。

比命のマンガ論—その二
メタモルフォーゼ譚
☆☆大島弓子の世界☆☆☆☆

大島弓子のマンガとってても人気がある。あの人の漫画、やたら、女の子が男の子のカッコしたり男の子が女の子のカッコしたりする。

「七月七日に」、「ジェカへ」、「ピーピー草」、「リベルテ一四四時間」、「すべて緑になる日まで」、「キッベツちゅろちょ」、最も新しくは「パスカルの群れ」

『男になって男を愛したいなんていう夢はすてる』すべて緑になる日のセリフ。

男に姿をかえたり女に姿をかえたりのこの仮装は単に異装趣味とはいえない気がする。男と女の性の差をあまり意識しないといった風な描き方が多い。「七月七日に」ではあきらかにホモとして描かれているけれど、「ピーピー草」ではひろわれた男の子が少女三人の中で育てられる時、生活の便のため、姉の洋服をきせられる。そして学校では彼はツメエリをきてたまに女ことばが出てしまうが女学生には人気がある。家に帰れば女の子の洋服を着るから隣の人はフシギに思っている。

こういったもの（異装趣味）が単にストーリーへの色づけといった程度のものでないと思う。

大島民子の世界そのものなのだ。

この人のマンガを読む時、つぎはどんなドンデン返しがあるのかなあどんなふうに私の予想をくずしていくのかなあといった期待感がある。

『食料の問題もあって変装して買い物に行ったりしているあいだに、ぼくの変装ぶりに自信を持ってしまった』リベルテ一四四時間。

そしてあのガラス細工のような絵でいともあっさりと表現してしまう。かならず、ドンデン返しがあって、男の子と女の子が教会の結婚式でめでたしめでたし。

でもさあ、自分自身まだ女を愛する（SEXをふくめて）ことを気づかなかったころは、ああそうか、おやまあ、おやそう、まあおもしろい、あら?結婚、ってなぐあいだった。そしてなぜだか結末になるとドウキの早くなった胸をなでおろして安心したりしたけれども、私が女を愛するという新しい世界を知ってしまった時、この決して変わることのない法則はとってもゆるせないものになってし

まった。

　前の私はストーリーの途中の異装とか、男の子が女の子になってうまく周りをだまして―私もだまして―それが大島弓子のワナだと気づくこんな時がだあいすきでドキドキしながら読んで、結末にはあんまし興味なかったけど…。

　今はそれでドウナルのかなってかんじで異装をといたあとが知りたく、そしてそれは変わることのない法則にいきつくのだろうと思うともうつまんない。もっとも最近のストーリー、とってもシビアになられてきましたが。


『こうなったからにはずっーと一生女装でくらすってのはどう？』

『そりゃむりだよ、今のところはばれないけどさ（クックックッここがまたよいーひめー）長期にわたってだませるわけはない』

　大島弓子は男になったり女になったりの異装をするけれど、これは洋服すがた形をとりかえるだけのことでしかない。実に女の装い男の装いということを無視するということで逆にガンジガラメなくらい、男と女の性差の意識をよびおこす。登場人物は自由奔放に都合のいいように異装するが、解釈がつけば、ドンデン返しになり、異装をとき、自分の性の中によろこびをみつけていく、それはしばしば結婚として表わされる。決して性差が不満の根源とはならない。彼女にもっともだいじな事柄は人生いかにいくべきかであって女であるがため制限される時（男であるがため制限されるとき）異装してしまえばよいのだ。だから彼女の異装は明るい。その分、現実逃避型の思考形態をもつ人には、う

けるのではないでせうか。（ひめもふくめて）
　彼女はこの男と女のカキネをひょいひょい飛ぶ。実際にはかなわないことだからこそ、このカキネをとびこすことはとっても胸のワクワクする遊びだし、見果てぬ夢だからこそとってもたくさんの想像を生むのでせう。

　彼女は同性愛をしばしばかくけれど（デビット・ボウイ風の男もよくそえもので出てくる）これも異装と同列に扱かわれることが多いみたい。ホモかと思えば兄弟だったり（アホストロフィーS）、王女さまの変装だったり（すべて縁になる日）、お母さんかと思えば父を愛した男の人だったり（七月七日に）、あたかもめまいの感覚におちいるけれど、ちゃんと結婚とか同性愛者ておもったのはちがったとかの強心剤が用意されている。

　このカキネを前にして池田理代子の場合、これはひめの独断と偏見だけれど、オスカルの場合、男装をえらび、男の世界に切りこむ。ユリウスは財産争いの中で男として育てられたため、彼女は苦悩する。

彼女の異装は決して明るくない。それは簡単にとくことが出来ないためと、異装をとらざるをえない女の状態に言及するからだろう。彼女は人間いかに生くべきかの問題の前で女のカセが強く意識されるのだ。


　大島の軽妙さは、彼女の独壇上なのですが、ほんとひかれてしまうのれす。

生活化粧品シリーズ　―その1

洗顔について

○化学的洗顔法（石けん使用）
　石ケンはアルカリ性の強くないもの、できれば弱酸性で無香料のもの、量は少なめに使うこと、ゆすぎは充分すること、肌のつっぱりの原因の一つはゆすぎを充分しないことによっておこる場合が多い。（肌は弱酸性であります）

○物理的洗顔法（石けん不使用）
　ぬるま湯で動物毛のブラシを使いマッサージしながら洗顔する。メイクアップをしていないかぎり、これで汚れはかなり落ちるはずであり、新陳代謝をさかんにすることにより、皮脂の分泌をうながし、自然にうるおう状態を早める。

※注意　メイクアップをしている場合は、使ったファンデーションの量に比例してクレンジングクリームの量もふやすこと、その後、必ず石けんによる洗顔を行うこと。

※※メイクアップをする場合、長時間はさけること、必ずきれいにおとすこと、そうでないなら、するべきでない。

読者から

——(1)成田から——

次に紹介する手紙は、成田空港反対闘争にかかわる中で、三年前反対同盟の農家の青年と結婚し、成田と成田の闘いに骨をうずめることを選んだある女の、あるメンバーへ宛てた私信です。紙面の関係で、約半分を割愛しました。

✽ ✽ ✽

○○さん

あなたの手紙を読んで、とってもうれしかったです。ずっと御無沙太していたにもかかわらず、「ザダイク」を送って下さったことも。

あなた（たち）はもう、私のことなど忘れているかと思っていました。レズビアン＝フェミニストとして多忙な日々を送っていることだろうし、自分をそう位置づければする程、私のようなありようは、遠い世界のものになっていくのだろうと、思っていましたから。

私は今、孤立した自分をいやでも認めねばならない立場に立っています。女と女が、その人格を通して関係を作っていくのではなく、「誰々の奥さん」というところでしかつながるキッカケがなくて、又、それ故に、常にその夫を意識した、ワンクッションおいた関係しか作れないという現実を、日々思い知らされています。―略―。

子供を産んだことは、私にとっては限りないプラスでした。―略―しかし又「子供がいる」ということが私の位置の保障であり、女同志のつながりにしても、「子持ち」ということが一種の十分条件になっている―略―。去年二番目の子を妊娠したとき―略―流産ばかりしていて何年も産めず、つらい思いをしてきた人とか、子がないことによって痛い思いをしてきた人達と接することができて、出産が選択ではなく強制であるということによって、どんなに女たちが身をけずる思いをしなくてはならないかということを痛い程知りました。―略―女と男が対になるのがあたりまえとされるが故に同性愛者が差別されるように、産む女があたりまえのように産んでいくことによって、産めない女、産まない女は迫害されるのです。―略―けれども産んだことが、自己の主体的な選択であったように、産まないこと（産めないことも含めて）が、個人の自由な選択であり個性なのだということを、認めきることによって、敵対させられる関係をうちこわしていきたいと思います。―略―。

女達は「妻たち」であり、男たちは「だんなら」であって、一国一城の主なのです。―略―重要なことは男同志の間で決まってしまい、―略―たまに私がつっぱれば頭をおさえられるか、不快感をもってむかえられる―略―一人の男を批判すれば、その妻が一生懸命かばう―略―いくらいろいろ話をして関係を深めようとしても、もう一歩入れない。最終的なところでは男をとってしまう女たち―略―。

女たちだけで、仕事をしたり、何かを作ったりしたいと思います。「ザ・ダイク」ができるまでにはずいぶん苦労があったでしょう。でも女たちだけであぁいう立派な雑誌が作れることが、とてもうらやましく思いました。その内、こちらでも回覧板のような形ででも何か出して行きたいと思っています。―略―。

けれども私は、ここの人間関係に絶望しているわけではありません。私はやっぱり、ここの人達が好きなのです。女も、そして多分男たちも。―略―、テレビ等でご存知でしょうが、二月六、七日と横堀の要さい攻防戦がありました。あの時、氷点下の寒さの中で断え間なく放水され、空腹やねむ気に耐えつつ鉄塔にかじりついている四人の男たちを見ながら、彼等は今仲間だ、同志だと思っていました。権力に対して、持てる力をすべて出して闘う中で、男は、まぎれもなく「同志」としてあります。けれども、この矛盾…。

惜しみなく男を愛せたら、と思います。もしもその日がきたら、女同志も後ろの男の影を気にしたりせずに素直に心をひらきあえるでしょう。

とりとめもなく矛盾だらけのことを書いてごめんなさい。私の今の状況を率直に書いたつもりです。あなたにとても会いたい。「闘う女たちへ」の中のあなたの勇気のある言葉が、私に、もう一度自らの姿勢を問い直させました。私も又、女を信頼し、傷つくことを恐れてはいけないのです。

○○さんや○○によろしく。元気でやっていると伝えて下さい。

―略―

二月十七日

○○○

○○○○様

——(2)大阪から——

「まいにち大工」さま、

「ザ・ダイク」「すばらしい女たち」とても面白く読みました。

私も又、性的には常に男とかかわってきながら、精神的には満たされぬ思いを、女と女との関係（かかわり）の持つ「可能性」に賭けてみたいと思い続けて、そのたびに傷つけたり悩んだり居直ったり逃げたりしてきた者の一人です。

そんな自分の生を、究極的には肯定してみせるぞといった誇りがあったとはいえ、周囲にそんな人間が全く居ず、孤立していた私にとっては、この本の中のどの文章も、どの人も、とても近いものに思えて、心おどるといった風です。

本当に、一般に最も純粋な（と思われている）、人間が人間に〝惚れる〟という行為そのものの中にも、これまでの人間の歴史的なもの社会的な要素がはいりこんでいて、ゆがんだ背景そのままに〝惚れる〟という行為をゆがめてしまい、現在（いま）の男女間の「愛」とやらの神話の裏側は、差別と偏見と支配と服従にぬりかためられたうすら寒いものばかり。どんな〝いい男〟でも、彼が歴史的社会的「男」の内のひとりなのだという事実をつき破れない。「共に闘う主体」として女を愛し、女に愛されることは、正に私にとって「可能性」であり「未来」を感じさせます。

では又。　四月十二日　〇〇〇

——以下、この方からは、大阪のミニコミ取扱店の紹介と、彼女が仲間と作っているミニコミ「紅箋（あかせん）にゆうす」をいただきました。あらためてお礼申します。✿

——(3)京都から——

次は、京都宇治市で子持ち女の運動をしている方に「ザ・ダイク」を贈呈したところ、「名なしつうしん」というミニコミといっしょに送って下さったおたよりです。

✿　✿　✿

「まいにち大工」ありがとうございました。すっかり返事が遅くなってごめんなさい。あなたたちの勇気と素直さに乾杯。

人間には、どんな人も、異性に向かう感覚と同性に向かう感覚を（多少の差はあれ）両有しているものではないでしょうか。

いこじでもなく、のびやかで、素直な、ありのままの人の姿を感じとれる人間が好きです。

自分は、というと、なかなか、いこじだったり、つっぱってみたり、ふさぎこんでみたり、思うようにならないけど、私には三才になる息子がいます。

子どもはとても性的な存在です。子どものからだにさわったり、だきしめたりすることはとても気持ちがいいことです。子どもは生命力にあふれているからです。

私は最近、ギターでひきがたりを始めました。そのなかで作った唄に〝石は語らない〟という唄があります。タブーになっていることや、問題や事件の禍中にある者には言葉がない、語らない、語れない、でも……、石よ語れ、ことばをとりもどせ、というような内容です。

のどもとまでこみあげる叫びを口に出すことは、とてもたいへんなことです。つらいし、何でこんなことまでせんならん、という気持ちです。でも、やっぱり、自分の手でしか自分の解放はできないから、自分で何とかやっていくより仕方ないのですね。

お互いにからだを大事にして、がんばって、かせいで、しつこく生きていきましょう。のんびりと。

お元気で。（5月14日消印）✿

……………………

そのほかにも各地からお手紙をいただきました。心からお礼申します。なお、(3)の手紙につきましては、了解の確認が未着のまま掲載しました。ご理解下さい。

みなさんお便り下さいね。（田）

ポッとニュース

雑誌「あごら」に「まいにち大工」載る

6月上旬発売の「あごら」第18号に、「まいにち大工」の紹介が2頁にわたってのってます。

内容は「まいにち大工」ができるまでの動きを何年かさかのぼって紹介してます。新しい書下ろしなので、ぜひ買って読んで下さい。大きな本屋とか社会問題関係の本を置いている本屋へ行けば売ってます。問合せはあごら事務所へ。

電話　三五四—九〇一四

急告！

女のパーティの場所と日時が変わります。
✽場所JORA（2頁参照）
✽日時つぎは6月24日（土）
午後6じ半〜10じ半
✽以後は毎月第3土日曜日
今度の場所は広いのでもっとのびのびできるよ。映画や歌や芝居などイベントもどんどんふやせる。ぜひ来てね!!
✽案内状のほしい方はご一報下さい。

ケイト＝ミレット

週刊朝日5月26日号に、アメリカのレズビアン・フェミニストで、著書「性の政治学」で有名な、ケイト＝ミレットのインタビュー記事がのってます。インタビュアーがワカッテナイのか、編集長がなってないのか、記事のまとめ方はお粗末だけど、ケイトはとってもいいことをたくさん言っているから、興味深く読めます。二百円。

新刊書から

▼**「魔女の論理」**駒尺喜美著
エポナ出版、九二〇円
女と男の全人的関係（エロス）の不毛、女性差別の構造を、文学作品にそって切りまくる。わかりやすくて明快、絶対おもしろい。とくにレズビアンには格別おもしろい。吉屋信子も出てくる。必読！
▼**「のびやかな女たち」**松本路子写真集。話の特集刊。一七〇〇円
いきいきとした女の表情が実によく撮れている。とくに、リブの八年を記録した前半がいい。

（以上、田部井提供）

あめりかにゅうす

アメリカには、レズビアンフェミニストが主体となった女だけの出版社や女の映画プロダクションやレコード会社があるんだよ。
ダイアナプレスという出版社からは、女の問題やレズビアンの問題の本がたくさん出版されているし、アイリスフィルムという映画プロダクションは「ホームムービー」をはじめとして、たくさんの女の映画を創ってる。あるレコード会社（名前は忘れたけど）からはレズビアンだけで作ったレコードが出ていて、女を愛する女の心情や強さを、高らかに誇らしく歌ってるんだ。私も聞いたけど、本当によかったよ。
アメリカの女たちは、女の文化を着々と創ってるんだなあ。私たちもがんばろうヨ！（岩田提供）

無料法律相談

女の問題に懸命にとりくんでいる中島通子弁護士が、無料で法律相談をやっておられます。満員なので予約を。
☆新宿区新宿一—三一—四リブル葵三〇一中島法律事務所
電話三五二—七〇一〇
☆毎月第二・四木曜日
午後三〜五時。一人三十分。

売りまスゥ買いまスゥ

☆青鞜の名文「茅ヶ崎へ茅ヶ崎へ」ほしい方、コピー、製本しておわけします。ご希望の方は比命まで。
一部二百円、三十二頁。

たくさんの人に読んでほしい。
☆わーん、青鞜の復刻版もっている人ゆずって！もしくは売ってる本屋をしらせて下されい。ひめ

あなたも 行ってみヨウ!!
女の集まりいろいろ

よみ方 ①＝日時、②＝場所、③＝様子

★女の映画祭

①隔週木曜日（次回６／１５）６：３０ＰＭ ②ホーキ星（２頁参照） ③今秋、女のつくった映画を女たちの手で上映しようと準備中。試写会もときどきやる。スタッフ及び賛助会員を募集中。

★政治を変える女たちの会

①第２・４金曜日（次回6／23）6：30PM ②あごら（新宿御苑前TEL354—9014） ③昨年参議院選挙のときできた「政治を変えたい女たちの会」が前身。女の未来像や今後の方針について討議中。年齢、職業等バラエティにとんだ女たちが集まっている。

★国際婦人年をきっかけとして行動を起こす女たちの会

①世話人会（公開）第１月曜日６：30PM 定例会 次回6／24（土）1：00PM ②中島法律事務所（世話人会）（２頁参照） 地域センター（定例会）東中野 ③労働、教育、政治、マスコミ、主婦などの各種分科会がある。地道かつ活発に活動。会員多数。8／19,20 に埼玉国立婦人会館で合宿の予定。

★歴史講座

①次回6／24（土）2：00PM ②千駄谷区民会館（原宿）③後期。次回は江戸から明治へ。「庶民の女の素顔をさぐる」講師永井路子。問合わせは婦人民主クラブTEL402—3244

★フェミニスト・スクール

①③（講演）6／3 吉田ルイ子、6／10中島梓、6／17,24 花柳幻舟、7／1川野清美、7／8山田明子。②牧神社（本郷）TEL815／5674

★ビデオ撮影会

①次回6／24（土）3：00PM ②ホーキ星 ③表現と伝達の手段として映像の可能性を追求する女のビデオ。撮影技術も学べるよ。

★ドテカボー座公演

①7／1（土）②JORA（２頁参照）③とにかく面白い女のミューズカル。女の状況をコミカルに問題提起する。必見！

★まいにち大工のミーティング

①隔週火曜とか土、日とかいろいろ。6：30PM（日曜は昼間）②亀戸、高円寺、小岩 ③議論と爆笑でにぎやか。たまに静か。

〝女だから〟は許さない！

性による仕事差別・賃金差別と闘う鉄連裁判闘争

▼新日本製鉄など鉄鋼会社がつくっている日本鉄鋼連盟（鉄連）は、男女別の差別賃金体系をとっていましたが、労基監督署から是正を勧告されると、今度は仕事別の賃金体系にかえたうえ、事実上男女差別賃金を維持するため、専門職についていたSさんを補助職に配転しました。鉄連は、大卒男子は基幹職員、女子はすべて〃その余の職員〃であると放言しています。Sさんは、この不当な差別と闘うため、女の同僚六人と共に裁判をおこしました。

▼このような性による仕事差別・賃金差別は「どこでも同じ」です。そのため女は窒息しそうです。女の自立のおおもとを抑圧され、一人前の労働と賃金を奪われている。

▼この闘いは、はじめてこの基本的な差別に真向から立ちむかう、大きな意義ある闘いです。あなたも闘う会の会員になって、共にこの状況をきりひらきましょう！

▼公判日程 6／16（金）午後三時、東京地裁民事三号法廷。7／31（月）午後四時、六号法廷。

▼連絡先「鉄連の七人と共に性による仕事差別・賃金差別と闘う会」中島法律事務所内

▼会費 毎月二百円以上百円単位

（文責・田部井）

ハンディキャブ基金

一休希夢子

▼社会は体の不自由な者の行動の自由を奪い、社会への参加を拒否しています。たとえば国鉄は、高い階段等で私たちの歩みを妨げています。民間の運動として広まりつつあるハンディキャブは、私たちの当然の権利、行動の自由を保障する一つの動きです。運行は一世帯毎月百円の基金でまかなわれています。ぜひご参加下さい。

▼口座振替 第一勧銀新宿西口支店 番号〇六二一一五八三二九八 ハンディキャブ基金 新宿福祉の家 宛

編集後記

◆T氏の洋風個室には、あの、なにわちえこでございますのオロナイン軟こうがあります。

O氏は話がのるとオシッコに行きたくてもガマンしてしまいます。ベンジョ行きたいなあとつぶやいています。フト気づくと半時間ぐらい経過しています。オマエ大丈夫かと問えば、大丈夫でないと答えます。ハヨイケと申しますと、絶対話するなとおどしたあと、30秒で帰ってきます。

——比命（ひめ）

◆まいにち大工のメンバーは猫が大好きで、猫のボスターを見つけると奪い合いで大騒ぎ。通りで猫を見つけると、これまた大騒ぎ。そしてもう一つ共通しているのが大のマンガ好き。でもどうしたわけか、私一人だけこのどちらにも興味を示さないので、話題がそちらに向くと、一人ボッンと取り残された感じです。

——岩田由美

◆最近とてもめげていて、何にも手につかなかったの。この落ちこんでいる状態から、立ち直らせてくれたのは昔からの私のあこがれの先生。けれど立ち直った時にはもう、編集後記しか残っていなかったのです！三号めは、ジャンジャン原稿を書くの↘↘だあ〜！

幸村真失

◆私は、レズビアン↘↘の問題をまず告発というかたちで主張しました（ザ・ダイク創刊号や一月二十八日の集会で）が、それは人生にいどむ積極的な姿勢の一歩であると思っています。それは被害者意識から発するものではなく、闘いの宣言なのです。「主義」としてレズビアンなのではなく、自分の自然な感情から女はすばらしいと思うし、女を選んでいるのだから、それを外側から、おかしいだとかささいな問題だなどと強制されたくありません。だってそれは、私自身をより鮮明にし、強く生きさせるものであったからです。次号には「闘う女たちへ」の続編を出します。

——織田道子

◆二月二十六日、新宿はホーキ星において開かれた「ザ・ダイク」創刊号読後感想会は、十名の参加者を得、盛況のうちに幕を開けた。と言いたいところであるが、実は読者側からの参加者、わずか三名、あとは全て「まいにち大工」のメンバーという、泣くに泣けないありさまを呈したのである。なぜこんなにも集合状態が悪かったのだろうか。おそらく、読み手にとっては、興味をそそられる内容ではなかったということなのだろうと思われる。おもしろいとか、役に立つとか感じなかったのだろう。創った側としては、中味に自信があったし、それを裏づける様に、機関誌もよく売れていた矢先のことで、少なからずショックであった。人が集まらなかったという厳粛なる事実は、読み手の反応を如実にもの語っているとみていいだろう。そういう反省の上に立って、二号発行にあたっては、討論につぐ討論を重ね、創刊号とは、ひと味ちがった、新しみの持てるものになったと思う。乞一読！

——一休希夢子

◆体中にまとわりつく湿気。闇。とかげの尻尾が再生するというのは、あれは嘘だ。

——田部井京子

◆発行がたいへん遅れたこと、おわび申します。また多忙のさなか、あいだ工房のみなさんにはずいぶんご無理を申しました。感謝いたします。　——まいにち大工一同

編集・発行　まいにち大工
〒120東京都足立区足立郵便局私書箱23号
印刷　あいだ工房
定価　二〇〇円（送料六〇円）

9

ひかりぐるま

Vol.1—Vol.2

（ひかりぐるま 発行）

春になれば花が咲く
一面に広がる花畑は
時間の中で無限にくり返され
種のエネルギーを誇るかのようだ
花は個として咲くのではない
種の鎖の中のひとつの環として
咲く
それは不安もなく　疑いもない静かな調和の世界だ
わたしたちは花のように安らかに
生きていればよかったのか

レスビアン宣言 '78……………………………2
ひかりぐるまを探して……………………………4
けじめちゃんの人生相談…………………6
女のれんしゅう問題…………………………6
世界からの風……………………………………6
星占い・HOTインフォメーション7
カレンダー…………………………………………8
編集後記……………………………………………8

創刊特別号 VOL. 1

定価 180円

レズビアン宣言'78

〈拡散から収束へ〉

三つのひかりぐるま

木の十字架が見える
どれひとつとしてまっすぐなものはない
地面から引き抜かれて
あるものは斜めになり
またあるものは土の上に倒れている

塚には墓碑銘も名まえもない
みぞれが降っている
その先端は泥の中に沈んでゆく
ひなげしは濡れながら立っている

沈む陽のもと
野と運河と　すべての街はあかねにこがね色に燃える
世界は眠る
このあつい　光　のただなかに

あれほど愛したゆえに
今なおわたしは生きる
あのひとのうちに

Monique Wittig ; Lopoponax

わたしたちはレズビアンだ。わたしたちは、この生きた世界に向けてみずからの存在を賭ける。わたしたちは世界のなかの問いそのものだ。わたしたちは、社会が容認する見せかけの自由を信じない。わたしたちは、みずからの内的欲求の真実をこそ信じる。

レズビアンとは、鎖をたち切ろうとするすべての女たちの回転するエネルギーの車輪である。わたしたちの欲求と行動は風をはらみ、世界との長い葛藤へと導く。わたしたちは、小さいころから周囲のひとびとや社会がおしつけてくる考え方や行動規範と、自分の内部の声のあいだでひき裂かれ続けてきた。とまどい、怖れ、社会に受け入れられようとして後ずさりし、自分の行動を矯正しようとした。自分が社会の期待にそわない人間であると感じれば感じるほど、いっそう罪の意識で身動きできなくなっていった。価値を与えてくれるものは何もなかった。社会はもちろん、自分自身さえも敵にまわさなければならなかった。わたしたちは、自分自身と未来とを憎んだ。

この絶え間ない消耗する戦いの中で、多くの女たちが破滅した。引き抜かれ、土に倒れた十字架が、塚の上に積み上げられた。わたしたちは、自分の力のなさに焦立ちながらも、こうした女たちが滅びてゆくのを手をこまねいてながめていた。やがては自分にも同じ運命が待ちうけているのを予感しながらもひとりぼっちであると感じるほかはなかったのだ。

しかし、わたしたちにはひとつの有利な視点をもつことが許されていた。社会が定めた境界線の上をさまよっていたわたしたちは、その舞台裏のからくりがまる見えになる位置にいた。わたしたちははじめ、自分の個人的な欲求が政治的な意味を含んでいることに気づいてはいなかったが、ある段階において、自分の葛藤が社会のもっとも基本的な役割、つまり女の役割が負わされている限界や抑圧を甘受できないために起こってくるのだという事実に気づいた。葛藤が、自分の存在を拒む社会そのものに目を向け、それを分析することを学ばせたのだ。

わたしたちは、この社会を支える基本的な構成要素としての家族や性役割の外側に立つために、社会の提供する居ごこちのよい椅子の中で目かくしされている女たちよりも、ずっと早く人生の本質的孤独と向き合う。わたしたちはすでに、結婚の神話や愛の幻影におおい隠されることのない世界のむき出しの姿を見つめることができる。

♀♀

もともとレズビアンということばは、男たちが人間の資質を自分に都合よく切り分けるためにつくり出した性の仕切りにすぎない。男が女を抑圧しない社会においては、あるいは、自然な感情のままに性的な表現をすることが許される社会においては、同性愛、異性愛という分類そのものがなくなるだろう。レズビアンやホモというレッテルは、厳しい男女の役割分担によってがんじがらめにされている男性優位の性差別社会においてのみ存在するものだ。

こうした役割自体は、当初純粋に人間が自然の中で生き残るための必要から生じ、歴史の中でそれなりの機能をはたしてきた。しかし、必要から生まれたはずのものが、その社会全体の変質によって、その中に生活するひとびとのエネルギーを処理しきれなくなり、形骸化しはじめたとき、その形は逆にひとびとの首を絞めるようになる。固定化した役割は、女を男に仕える付随的な階級の者として限定することによって、女を人間としての可能性への挑戦からしめ出す。一方で、男たちにはこの社会や国家を効果的に維持するための政治や経済、文化を担う役割が与えられるわけだが、感情や肉体の面では鈍感になるように仕向けられる。いずれにせよこのままでは、男も女も片輪なのである。

しかし、ここで注意しなければならないのは、両者の役割のあいだにはっきりとした価値の格づけがなされているということだ。たとえば、いわゆる＜やり手の女＞には不本意ながらある種の賞賛が与えられるが、＜なよなよした男＞には不快感や嫌悪しか投げつけられない。つまり、社会の本音は、女や女の役割を演ずる者をつねに二流の存在としてしか見ていないということだ。女たちは、表面的には文明の衣服を身につけ、男たちのつくり出した価値の恩恵に浴している。しかし、女たちに与えられた役割の本質は、あくまでも種の維持、社会の再生産というくりかえしの機能にほかならないのだ。

春になれば花が咲く。一面にひろがる美しい花畑は、永遠の時間のなかで無限にくり返され、種のエネルギーを誇るかのようだ。花は個として咲くのではない。花は種の鎖のなかのひとつの環として咲く。それは不安もなく疑いもない静かな調和の世界だ。わたしたちは花のように安らかに生きていればよかったのか。しかし、それはもはや不可能なことだ。ヒトという種族が社会をもち、歴史を歩きはじめたとき。すでに恐るべき特権を手に入れてしまったのだから。おまえのいのちは種のためにあるのではなく、おまえの好きなように使えるのだ、というこの予言は、ひとびとをおびやかした。彼らは、すべての決定権が自分の中にあることを認めるのをためらった。むしろ神という絶対者が、そのはかりしれない巨大な手ですべてを決めてくれることを願った。しかし、もし神がいないのなら、ひとびとはいやおうなしに自分の手で決めなければ

ならないのだ。

男たちはこの特権をもてあましている。彼らは、自分たちが突然おちいった孤独の意味をはかりかねているのだ。少数の例外はいるかもしれないが、彼らにしてもその意味を完全に知ってはいない。レズビアンとして生きようとして、種の鎖からも社会の枠からもはみ出したわたしたちは、別の道すじを通ってこの孤独の意味と出会う。それがどんなに恐ろしいものであろうとも、ヒトという種族の行く末を決めるのはヒト自身でしかないという事実と勇気をもって真向うこと、これが本質的孤独の意味だ。わたしたちの運命は、わたしたち自身が決める。わたしたちは、この世界に生きることを意味を自分たちの手にとり戻す。この選択においては、他のだれにも頼ることはできない。もちろん男たちにも。

⚢

社会が女たちに目かくしをし、侮蔑的な役割の中にとじこめておこうとするやり方はいかにも巧妙だ。彼らはあらゆる手を使って、女たちの真の状況である空虚をおおい隠そうとする。それは、あるときは平凡ではあるがしみじみとした〈女のしあわせ〉であり、男を待ち続けることの美徳であり、主体的な努力をせずに金や地位や保護を受けられる結婚という安楽椅子である。もういっぽうの極は、わたしたちが小さいころから骨の髄までたたきこまれているあの恐怖、規定の役割の境界線を越えたとたんに、すべての社会的特権が失われることへの身も凍るような恐怖という鞭である。レズビアンというレッテルこそ、この恐怖の別称であり、女たちの状況そのものなのだ。男と結びつかない限り、この社会から何の保証も得られないというのは、女が真に自立できない状況であるということだ。レズビアンということばが効果的なおどしとして通用する限り、女たちの自立もない。

だが、わたしたちは男への憎しみや拒否反応から、女と結びつこうとしているのではない。わたしたちが女を愛するのは、それが人間のなかにある自然な感情であるからにすぎないが、たとえ肉体的に女と結びつくことがあっても、社会による女の規定や侮蔑を払いのけ、自分自身と向き合うことができないうちは、わたしたちは真のやすらぎを見出すことはない。奴隷たちは真に愛し合うことはできないのだ。多くの女たちがあれほど同性から目をそむけようとするのは、自分自身と向かい合うのを恐れているからにほかならない。女たちは、鏡に映る自分の姿を憎んでいるのだ。ほとんどの女はこの憎しみに気づいていないが、与えられた女の属性をむりやりに自分自身の一部だと思い込もうとすることは、潜在的な憎しみをはらむ。この感情は、時おりわけのわからない空虚感や不安という形で唐突に現われることが多い。

女たちは、さまざまなやり方でこの感情から遠ざかり、自己肯定をはたそうとするが、これがはっきりと防衛的な形をとる場合は、女の役割をむきになって肯定しようとしたり、自分は幸福なのだと思い込もうとする。より攻撃的な性格の女は、自分は他の女とは違うのだという形で、しゃにむに前に進もうとする。後のほうの女は、頭の良い女によく見られるタイプなのだが、自分以外の頭のカラッポな俗物たちと同類であると思われないために、男の価値体系のなかに自分の地位を築こうという道に身を投じる。しかし、これはひとつの罠だ。この種の女たちは、自分の内部の空しさの声に耳をふさぎながら、男の権力やエゴ、社会的な達成物から、可能な限りのものを盗みとり、自己肯定の糧を得ようとして、他の女たちと敵対してゆく。この罠にはまった女は、自分が他の女と結びつく必然性を見出すことができないままに終り、ついに自分の空しさのほんとうの意味に出会うこともない。

いずれにせよ、この両者が自分自身と向かい合うことを恐れていることには変わりがない。彼女たちは、自分の欲求や行動のエネルギーの水路を、いちどねじ曲げた形で流れ出させなければならないわけである。これは莫大な量のエネルギーの損失だ。わたしたちは、自分自身と出会うことを恐れることなく、新しい自己と社会をつくり出す道に身を投ずるべきである。そして、それは女だけが互いに与え合うことができるものだ。その力は、男や社会に対する無方向の反逆や体当たりによって浪費し、拡散させるべきではなく、自分たちのために育ててゆくべきである。この意識は革命的な力であり、そこからすべてが始まる。

⚢

わたしたちは一ぽんの木だ。わたしたちの呼吸と、あたたかな血液の流れるからだは、わたしたち自身のものだ。わたしたちの水脈は大地を通して他の女たちとつながり、地を栄えさせる。わたしたちが女を愛することで開けてきた地平を、女たちの可能性を、いま、すべての女たちと分け合いたい。わたしたちが、長く苦しかった戦いのなかで得てきたひとつの視点は、女たちの確信を強めるだろう。わたしたちの〈とき〉は近づいている。あらゆる方法がためされるのだ。

わたしたちは、風をはらんで激しく回転する光のくるまを掲げて進む。悪しき世界の夕暮れは近い。わたしたちのエネルギーは、すべての女たちとらせん状に出会ってゆく。それは回転しながら急激に収束し、そこから世界を根こそぎ変えてしまうような全く別のひとつの体系が生まれるだろう。それは新しい太陽の誕生にもにている。世界中に散らばっていた闇の中のわたしたちは、いま光の中に立とうとしているのだ。

了

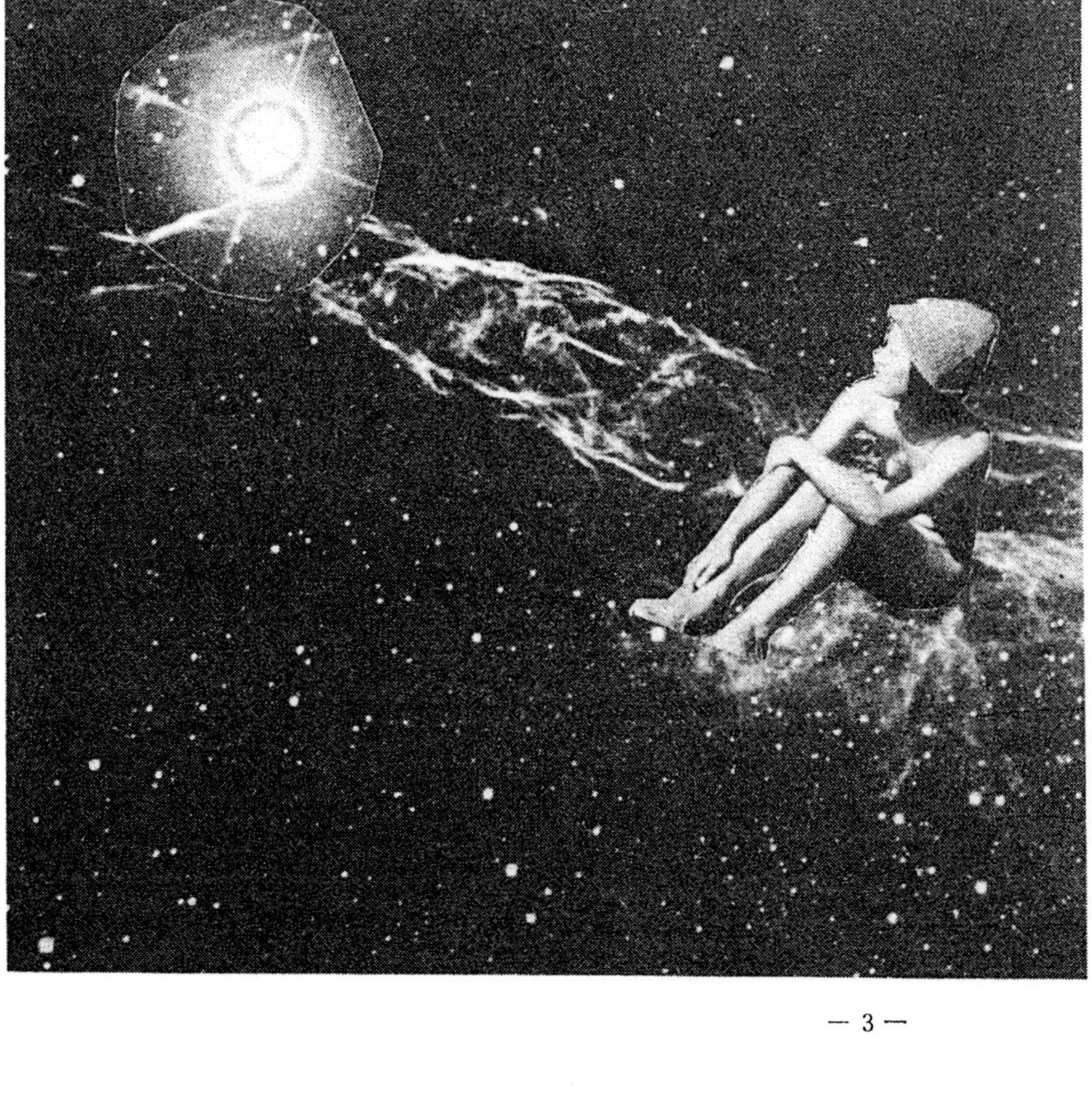

ひかりぐるまを探して

4月の顔・公務員S（26才）

はじめに

小さなひとつひとつのひかりぐるまと出会うことで、より大きなひかりぐるまになりたいという願いが、長い間わたしの中にあった。今回、春一番に迎えるゲストは、今年から公務員になるS（二十六才）。彼女も、やはりひかりぐるまを持っている人だ。Sは、陽当りのいい六畳のアパートのコタツに、ちょこんと座って、とっておきのマドレーヌとコーヒーを出してくれた。

聞き手・クロ

なぜ自分をレズビアンと思ったか？

本当に女のひとのことが好きだから。そばにいるだけでうれしくなる。気の合うひとなんかといっしょにいると、好きなレコードを聞いている時みたいにのびのびしてくる。男のように《女》の役割を押しつけてくることがないから、ありのままの自分でいられるのだと思う。ああ、わたしは女のひとが好きなんだな、と自分ではっきり認めた時、体がふっと軽くなった。

はじめて女を好きになったのはいつか？

高校1年の時の同じクラスのひとだった。はじめて彼女にキスした時世の中がまるで違って見えた。こんなにすばらしいことがあったのかと思った。

でも彼女は、ずっと逃げ腰だったし、じらすようなことをよくしたので、わたしはいつも不安でびくびくしていた。友だちにも言えないし。その頃の日記を読むと、聞きかじった《倒錯》とか《異常性欲》というようなことばで自分を責めていた。

どうしてそのひとと別れたか？

大学受験の時期だったことと、彼女が男を好きになったこと。やっぱり、という感じだった。女を好きになるということが、いつもこんなふうに終るとしたら、空しいなと思った。彼女があとで、わたしとのことを少女期の一時的な気の迷いで、それは男を好きになるまでの、ひとつのステップにすぎないというようなことをちらっといった。わたしが彼女に注いだエネルギーは、彼女にとってはそんなちっぱけなものでしかなかったのかと思うと悲しかった。わたしは出し惜しみなんかしなかった。自分の全部を彼女に注いだ。

それに彼女は男といても幸福そうには見えなかった。わたしと会うとよく愚痴をこぼしていた。わたしは今でも彼女を好きだけれど、やはりどこかで切っているところがある。わたしだって生身だから、そう無制限に傷つくのは耐えられないし、彼女が本当に何がほしいのかを自分で考えるのを避けているうちは、彼女とは出会えないのではないかと思っている。

とにかく、それからしばらくわたしは女を好きになるのが怖くなって、自己防衛的になってしまった。自分を無理に男を好きになるようにしむけようとしたのも、彼女から受けた痛手や徒労感が大きかったからのように思う。

男を好きになったことは？

大学に入ってすぐ。多少彼女への面当てのようなところもあった。しばらくひとりの男と続いた。その男はかなりアクの強い男で、うんざりするくらいたくさんの言葉を持っていた。ちょっとした思想家気どりで、よくしゃべった。わたしがぼんやりと気づいていて、まだ形になっていないようなことを横合いからかすめとって、理論化と称して勝手に自分のコトバで解釈し、キミの考えてることはこういうことなんだと、わたしに教えこもうとした。わたしは、いつもその解釈からぼろぼろこぼれてしまう自分を感じながらも、コトバのない悲しさで、黙りこんでしまうしかなかった。わたしは、コトバが暴力になりうることをその時はじめて知った。

わたしは、彼女を愛したようには決してこの男を愛することはできなかった。わたしは出し惜しみした。面倒くさかった。それでもわたしは、**この男**がダメなのであって、ほかの男はもっとマシなのだろうと思って何人かの男と寝た。ひとりの男（M）は少し可能性がありそうに思えた。この男とは今でも気のおけない友達だが、やはり女との決定的な違いというものに気づかずにはいられなかった。

男との関係で何か得たか？

わたしはいつも、相手にやさしさを求めていたが、男のやさしさというのは、たとえそれがどんな男であっても常に条件つきなのだ。男が考えている女というものは、おそろしく狭いものだ。その幅は多少の個人差はあるにしてもたかが知れている。男がやさしいのは、女がその男の考えている枠の中にいる時だけだ。

こんなことがあった。最初の男と暮らしはじめて二年目に、わたしは妊娠した。わたしはどうしても産みたくなかったので、ひとりで堕ろした。その男は自分の子かどうかわからないといって、陰湿にからんだ。わたしは感情をねじ曲げられて、かなりまいっていた。わたしはこの男ときっぱり別れて、Mを選ぼうと思っていた。アパートにMがやってきて、三人が顔をつき合わせることになったが、目に見えないところで二人の男が所有欲をむき出しにして権力争いをやっているのが感じられた。わたしは問題なのは自分の気持ちだと思っていたから、Mが来た時うれしそうな顔をした。それがいけなかった。Mはしらけてしまったのだ。

あとでMが言ったところによれば、あの日わたしを迎えに来たのだそうだ。結婚して田舎に連れて帰るつもりだったという。わたしはものの見事にMのイメージを裏切ったのだ。Mは、卑劣な男に傷つけられオロオロしているひとりのかわいそうな女を迎えに来たのであって、いやな男と別れるうれしさに元気でピンピンしてるようなわたしを迎えに来たのではなかった。Mは、わたしのたくましさ、生きてゆく図太さにあきれ返って、うんざりしてしまったのだ。このほかにも、こんなことは言えばきりのないほどある。男の女に対する想像力というのは、驚くほど貧しいのだと思う。

女との新しい出会いはあつたか？

もう結婚もしないし、恋人もつくるまいと思っていた。でも大学二年の時の友達と思いがけずにいっしょに住むようになった。彼女とは、大学の闘争の時に知り合った。本当に幸運な出会いだったと思う。彼女と暮らしてはじめて自分のコトバで話す快感を知った。男との関係でもつれ合っていた感情の糸がほぐれていくのを感じた。大学で同じような経験をしたせいか、彼女とは意識の持ち方が似ていた。わたしたちは、自分たちの持っている問題を話し合って、女性解放の思想ととても近いところにいると思いはじめた。

それでもずいぶん長い間、彼女と

性的に結ばれることはなかった。わたしは自分をおさえていたし、彼女は同性と性的な関係を持つことを怖がっていた。しばらくして彼女は、つき合っていた男と別れた。あなたといっしょにいる方が、自分が生き生きできる、と彼女はいつも言っていた。毎日たくさんのことを話した。少さい頃のこと。親のこと。結婚のこと。たわいなくておもしろそうなこと。つらかったこと。世間はおかしいということ。疲れきってコトバがなくなったある日の明け方に、わたしたちは初めてキスした。幸せだった。わたしは、自分が本当に望んでいたことを知った。

問題は彼女の不安だった。彼女は、わたしは好きだが他の女は性的に好きになれないと言い張った。たまたまあなたが女だっただけで、もともと男が好きなんだと言った。このひともやはりどこかに行ってしまうひとなのだろうか。わたしは高校の時の苦い経験を思い出さずにはいられなかった。彼女がおどおどと男の方に未練がましい視線を向けるたびにわたしは不安になった。

もっと自分に似た人に会いたいと、わたしは思った。わたしの手に入る情報は限られていた。わたしは、雑誌で時折目にするレズ・バーというところで働いてみようと思い立った。

レズ・バーで どんな女と会ったか?

わたしは背広を着てネクタイをしめて働いた。何か芝居をやっているようでおもしろかった。わたしは最初、男のマネを楽しんでいた。

夜の11時から明け方の5時までの奇妙な時間帯に出入りする女たちは、昼間の光の中ではみんなただの平凡なひとだった。マスコミに出てくる、都会の夜に蠢く隠花植物といったイメージは作られた一面にすぎないと思う。わたしは彼女たちにむしろ、田舎の気のいい姉さん、兄さんを感じた。彼女たちは安月給と不規則な生活で体をすりへらしていた。趣味と実益をかねてるからいいのよ、とそれでも彼女たちは言った。彼女たちの多くは、どうも男になりたがっているらしかった。身なりから物の考え方に到るまで、自分をできるだけ男に近づけようとしていた。わたしは、その冗談まじりのやり口をおもしろがりながら、やはりどこかついて行けないものを感じた。わたしは男ではない。男のマネをしてどうなるというのか。わたしには彼女たちが、決してあるところから出て来ようとしないように感じられた。わたしと一番気の合っていたKは、昨年家の事情でいやいやながら結婚していった。

なぜアメリカに行ったか?

アメリカにレズビアン・フェミニストという人達がいるという話を聞いた時、わたしは一緒に暮らしているひととアメリカへ行こうと思った。わたしには予感があった。何かわたしと彼女の生活のヒントになるようなことがつかめそうだった。彼女はわたしがレズ・バーで働き始めてから、よけい不安をつのらせていて、ほとんどノイローゼに近い状態で、家に閉じこもってばかりいた。彼女にとってもアメリカに行くことは必要だった。わたしたちは貯金を始めた。

レズビアン・フェミニスト をどう思ったか?

まず圧倒的な数に驚いた。彼女たちは社会の影ではなかった。確実に存在感を持って社会の中に生きているひとたちだった。彼女たちは、自分たちの新しい生活のスタイルを創り出しつつあるようだった。

わたしたちは3ヶ月を、ほとんどレズビアンの女たちの間で暮らした。色々なタイプの生活のかたちを見た。一軒の家を借りて共同生活をしながら、自分たちのラジオ番組をその地域に流しているグループ、弁護士とデザイナーのカップルのニューヨークの優雅なマンション暮らし、同じ町に住んでひんぱんに往き来する教師、ウエイトレス、施設職員などの女たちのコミューン、恋人とは別の、気の合った同志でロフトを改造し、アトリエやスタジオに使っている芸術家たちの生活、それぞれが自分たちの現実感を大切にしていた。わたしたちもやっていけるんだと思った。うれしかった。それでも、あるとまどいが残った。こうした生活ができるのは、アメリカが豊かで、めぐまれた住宅事情だからではないか。日本人とは孤独に対する考え方も抵抗力も違っているのではないか。レズビアン同志が固まることで、社会の中で孤立してゆくのではないか、彼女たちは楽天的すぎるのではないかetc…。いずれにせよ、わたしたちは強烈なアメリカのレズビアンたちの存在感を受けとめた。

日本に帰って 何が変わったか?

はじめは、何をしていいかわからなかった。しばらくして、わたしたちはふたりという生活のかたちを選んでいた。わたしたちは、ふたりの結びつきを一層強めて、社会の圧力からガードする体勢を取りはじめていた。それは、一定の成果を収めつつあった。彼女は落ち着きを取り戻し、自分のやりたいことを始め、わたしは着実な仕事を見つけた。すべてが理想的でうまくいっているように見えた。しかし、わたしたちの目に見えないところで何かが始まっていた。

なぜ今までの恋人と 別れたか?

他に好きなひとができてしまったから。

わたしは今まで築き上げてきた彼女との安定した関係や生活が壊れることを恐れた。せっかく積み上げた積み木を全部ひっくり返して、一から始めるのは怖かった。また同じところまで積めるかも確かでないのだ。

わたしは新しい恋をあきらめようとした。遊びなんだと思おうとした。けれども不思議なことにわたしの欲望は正直で、彼女に対してピタリと性的な情熱を感じなくなってしまった。それでもわたしは彼女のもとにとどまろうとした。わたしは自分の気持ちの中に不純物が入りこんで来るのを感じた。どこかにウソがあった。わたしは、自分に正直でありたいと思って彼女と別れた。

彼女と別れたことに どんな意味があったか?

いろいろなことがはっきりしてきた。わたしがあれほど彼女との生活に執着したのは、単なる性的な関係でない恋人を他に見つけられるだろうかという不安と、二人で働いていたことで、ある程度うるおっていた生活が不安定になってしまうことが怖かったせいだと思う。

自分の生き方やその中の孤独は、最終的には自分が引き受けるのだという当り前の事実を、ふたりでいることで知らず知らずのうちに曖昧にしてきたのかも知れない。これは、他の女たちとグループを組んでやっていく場合にも絶えずチェックしなければならないことだろうと思う。

女のれんしゅう問題

1．あなたが一番幸せと感じる時は？
- (a) 自分の愛している男と結婚できた時
- (b) 自分の愛している女と結婚できた時
- (c) 自分の赤ちゃんを腕に抱く時
- (d) イヤな相手と離婚して　自由を感じる時
- (e) 自分の能力を十分発揮できる仕事を得た時

2．あなたの望む人生を可能にするライフスタイルは？
- (a) ひとりでいる
- (b) 結婚する
- (c) レスビアンでいる
- (d) バイ・セクシャルでいる（男とも女とも）

3．女が年をとるとどうなると思う？
- (a) 醜くなり、あらゆる魅力を失う
- (b) 経験を積み、より魅力を増す
- (c) もはや女ではなくなる

4．あなたが自分を頼もしく感じる時は？
- (a) 男を思いのままにあやつる時
- (b) 男と同等の能力を持っていると感じた時
- (c) 自分のことは自分でできるとわかった時

5．あなたが喜びを感じる時は？
- (a) 男に愛され支えられている時
- (b) 女を愛し、彼女も自分を愛してくれている時
- (c) だれにも頼らずにやっていけると感じた時

☆正解はなし。自分で採点してみよう。

けじめちゃんの人生相談

私は三年前に大学を卒業し、現在旅行会社に勤めています。私には、大学時代から好きな人がいます。その人は女の人で、私たちはそれをひたかくしにして来ました。

二十五才という年令もあって、昨年の秋、親のすすめを断わりきれずに見合をしました。先方では私のことを大変気に入ってくれたようですし、親の話ですと、収入も多い真面目な人だそうです。

私自身、現在の恋人のこともあり、また相手の男の人を精神的にも肉体的にも愛せないのではないかと不安です。彼女とこのまま、このような関係を続けていってよいものか、先のことを考えると、いっそ自殺でもしようかという気にさえなります。どうか、よきアドバイスをお願いします。

（東京・A子）

答え

このことをあなたは今の恋人に相談しましたか？

あなたにとって今一番必要なのは、あなたの気持ちをよくわかってくれる相手です。そして、あなた自身がどうしたいかを確かめることです。

結婚の話はしにくいでしょうか、こうした話ができるかどうかが、二人がこれから力を合わせて生きていけるかどうかの鍵なのです。まずは今の恋人とこの問題について、できるだけ感情的にならずに話し合ってみて下さい。

その結果、あなたが親への遠慮や世間体、経済的不安というような理由からでなく、結婚を選ぶのであれば、結婚してみるのもいいし、やはり今の恋人との関係を続けたいのであれば、そうするのがいいでしょう。

とにかく、最終的にどうするかを決めるのはあなたです。あなたの正直な気持ちに従うようお勧めします。もし今の恋人との関係を続けることに決心がつきましたら、またお便り下さい。その時のことは、またいっしょに考えましょう。

世界からの風

「ハイト・レポート」の翻訳をめぐって

最近わが国でも話題になっている『ハイト・レポート』は、アメリカの社会学者シェア・ハイトによる何千人もの女の性体験レポートである。これは、「文化的制度としての性」を初めて女の観点から見たもので、女性解放運動の波の高まりの中から当然のごとく生まれた本である。現在、日本を初め10ヶ国で翻訳され、世界中の女たちに高く評価されている。だが、この男文化の中で女の性に関する本を出すことのむずかしさを、ハイトは痛感している。

一つには、これらの国々のほとんどの出版社が、男を対象として本を売ろうとしたことである。イタリアでは、左翼系といわれる『エキスプレソ』という雑誌に、「オルガスムス」の章のみが抜粋して売られた。それには、「ミスター・オルガスムス、キミを待っている女がここにいるよ」などという見出しがつけられ、ポルノまがいの写真入りという、女のためどころか女の性を商品化したひどいものに変えられてしまった。その上、10ドルもの高い値（アメリカでは2・75ドル）で出されるなど、買い手は女ではなく、明らかに男であることがうかがえる。

これに関連して出てきたのは、翻訳の問題である。日本、スペイン、ドイツ、フランスでは、訳者は男である。特にスペインでは、巧みに男の見解をおり混ぜてあり、単に「男の訳者は不適当」では済まされなくなっている。あるフェミニストが、訂正を出版社に要求したが、受け付けてもらえなかった。理由は簡単。彼らは早急にしかも高い値で売り出したかったからである。しかし、多くのフェミニストたちが、立ち上がって抗議したため、当の出版社は、フェミニストのカルメン・グラウが新たに翻訳した廉価版を出すことにした。

またイスラエルでは、男の訳者がレズビアンの章を削除し、「人間は生まれた時はバイセクシャルである」という部分の翻訳を出し渋っている。

ハイトは出版社を決める時点で、女たちが全面的に主導権を持てるフェミニスト出版社と、かなり妥協の必要があっても大きな読み手市場を約束する大手の出版社という、二つの選択に迷った。結局、後者を取った彼女は、それによって生ずる問題に取り組む覚悟をしていた。

本のタイトルにしても、もともとハイトは『ダイアナ（注：月の女神・自立の女神）は昇る』とつけたかったが、出版社側が『私たち好みのセックス』を押したため、両者の妥協案として『ハイト・レポート』に落ち着いたわけである。もちろん、ハイト自身はこれに満足していない。『ハイト・レポート』というと、大勢の女たちの報告にもかかわらず、一人の女の報告書のような響きを持つからである。

ハイトは、現在おきている問題に真剣に取り組んでおり、男による翻訳は、女によって再翻訳されるか、あるいは大幅な修正が行なわれるよう各国の女たちと連絡を取っている。

星占い

めひつじ座
3／21〜4／19

何事にも情熱的なあなたは恋愛においてもこれと思った相手にはトコトンほれ込んでしまうタイプ。そんなあなたには同じく情熱的なしし座がお似合い。★本の整理をしよう。女の本のコーナーを作って陽当りのいい場所におこう。

めうし座
4／20〜5／20

ふだんはノンビリとしていても、いざ決断をせまられると闘牛のようにハッスルするあなた。決意は固く、忍耐力もあるが、近視眼的見方をしやすいから注意。だいく座と相性良し。好きな人にさわるのをこわがらないこと。あなたのやさしさが、きっと伝わるはず。

ふたご座
5／21〜6／21

臨機応変で第三者的目を持っているが、頭の中に色んな考えがあり過ぎて本命に打ち込む迫力に欠けるよう。そんなふたご座はいて座と合うよ。★新宿のホーキ星に行って、一番最初に会った人に話かけてみよう。

かに座
6／22〜7／22

自己防衛本能が強く、心の平静を乱されるのが嫌い。でも一度思った人には母性的で献身的愛情を捧げるのがあなたの特徴。うお座、めうし座が相性良し。★「第二の性」の読み返しを。彼女はやはりわたしたちの生まれてきた海。

しし座
7／23〜8／22

指導的立場に立つのが好きなあなたは、他人に誤解されやすい性格。でも元来は遊び好きで世話好きな明るい人。めひつじ座とは理想的な恋が生まれそうだけれど、客観的な目を忘れずに。★女の裁判の傍聴に行こう。なぜ男ばかりで女を裁こうとするのか！

おとめ座
8／23〜9／22

神経がこまやかで、批判力観察力にすぐれたおとめ座。取るに足らぬ相手の欠点が気になったりしがちだから気をつけて。実質的で建設的なあなたは、だいく座と気が合い安定した関係が期待できそう。★だれかに「あたしレズビアンよ」と言ってみよう！

てんびん座
9／23〜10／23

理知的なてんびん座は、人に対して平等であろうとして、大切な決断の機をのがしてしまうことがある。トラブルを恐れず、思い切って行動をしてみたら?ふたご座と相性良し。★天気のいい日に、自分のポートレートを撮って、部屋に飾ってみようよ。

さそり座
10／24〜11／22

仕事も恋愛もとことんやるのがさそり座の特徴。大胆な決断力と自分に忠実な生き方は、悪くいえばエゴイスティック。かに座、めうし座と相性が良い。★だれかの役に立つのはうれしいもの。ボランティアをやろう。そのエネルギーはきっとあなたに返ってくるよ。

いて座
11／23〜12／21

野性的で哲学的という一見相反する性格を持ち、きままな生活をしたがるあなた。愛情面ではおくびょうで逃げ腰になりがち。てんびん座、ふたご座に愛されそう。★ゆったりとおフトンの上にねころんで新聞を読もう。気に入った記事があったら切り抜いてスクラップを。

だいく座
12／22〜1／19

実質的で自我意識の強いあなたは思索家タイプ。孤独の中であれこれ考える傾向のあるだいく座は、ともすると孤立しがちだが、人間的には信頼のおける人。一番相性が良いのはめうし座。だいく座同士の恋愛はみじめな結果に。★たまにはスカートをはいてみよう。

みずがめ座
1／20〜2／18

独創性に富み、活動的なみずがめ座は芸術的才能を秘めた人。でも突発的行動や移り気が出てきそうだから要注意。てんびん座と恋が生まれ、しし座に愛される。★あなたの恋人との役割がいつも同じになりそうだったら、一度、持ち物を全部とりかえてみたら?

うお座
2／19〜3／20

やさしい性格で、多くは語らないけど、親切で同情心の強いあなた。でも否定的になると夢と幻想を追う傾向があるから気をつけて。かに座、おとめ座と相性がよい。★捨てるものでもまだ役に立つかも知れないよ。何か作って好きな人にプレゼントしてみよう。

スタッフ募集!!

★もちろん女のひと
★自己紹介文・イラスト等を送ってください
★あて先 〒165 東京都中野区白鷺1の31の17 ひかりぐるま気付

カンパ・情報大歓迎!!

新聞おきば

☆ホーキ星 東京(341)9364
☆シャンバラ 京都(821)3579
☆ウーマンズ・ハウス 名古屋(763)3571
☆模索舎 東京(352)3557

《 HOT インフォメーション 》

BOOK

〝女ゲリラたち〟 M・ウィティグ著 白水社刊
☆女たちに与えられたあらゆる象徴を捨て去り、既成の秩序をくつがえす女たちの、比類なきアジテーション

MOVIE

〝ジュリア〟 ジェーン・フォンダ主演
☆〝噂の二人〟の作者リリアン・ヘルマンの自伝的エピソード

THEATER

〝G線上`夢の草かんむり〟 劇団「青い鳥」公演
☆女が創った女の芝居、笑いとロマンの女の童話
☆4／28〜5／2 新宿ライヒ館にて
☆連絡先 0425(43)1197 ホーキ星でも可

GROUP

〝まいにち大工〟 東京都足立区足立郵便局私書箱23号
☆レズビアン解放のための機関誌「ザ・ダイク」を発行。
☆毎月第3日曜日「女のパーティ」を主催

4

MON	TUE	WED	THU	FRI	SAT	SUN
					1	2
♪ はみだし情報 4月16日 合同ソフトボール大会 連絡先 あいだ工房 TEL. 370-8440			☆彡 ホーキ星にこ 			
3	4	5 ライヒ読書会 ✝ 6:30～	6 ★ FEMINIST ENGLISH 7:00～ ☆彡	7	8 ボストン大学女性運動の会 7:30～ ☆彡	9
10	11	12 ✝	13 民法を考える会 P.M. 6:30～ ☆彡 ★	14	15 避妊と女 P.M. 7:00～ ☆彡	16 ♀♀ 女のパーティー P.M. 6:00～ 徹夜組 訪中国M.T. ☆彡
17	18	19 ✝	20 ★	21	22	23
24	25 Blank Space	26 ✝	27 ★	28 女とビデオ 7:00～ ☆彡	29 ひかりぐるま 創刊号 読後会 P.M. 1:00～ ☆彡	30

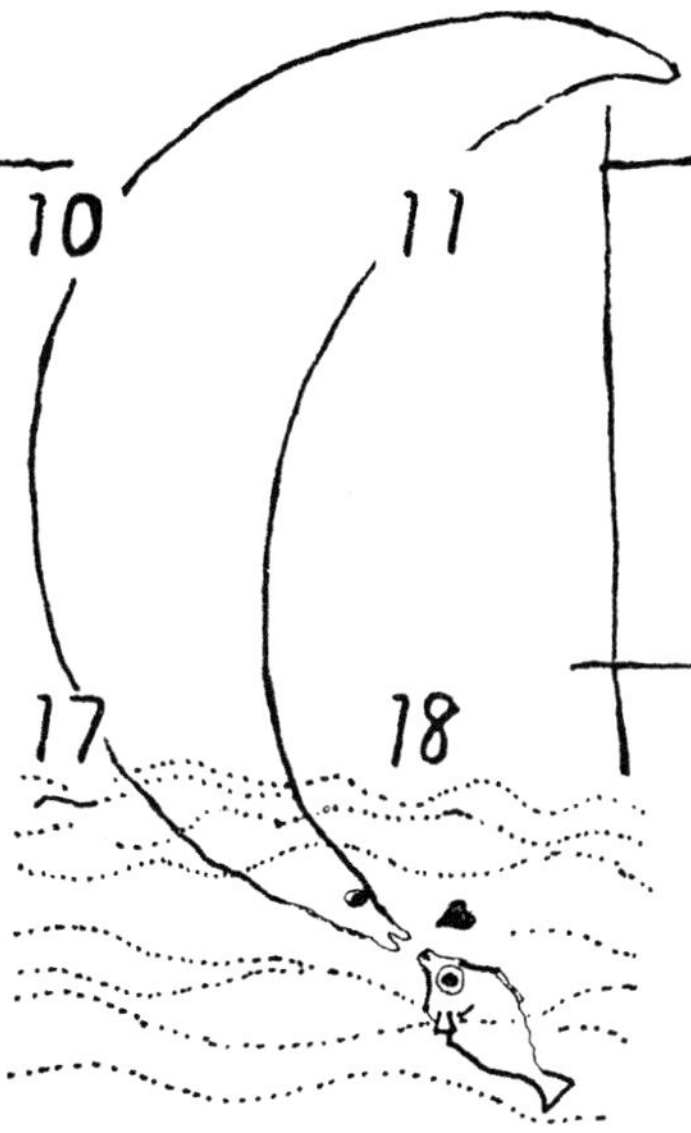

編集後記

この新聞を出そうと思ったのが十二月だから、もう四ヶ月もたってしまったことになる。スタッフや資金不足に苦しみながら、やっとという感じでこの《ひかりぐるま》ができあがった。

四ヶ月という時間は、直接新聞づくりに入るまでの話し合いがいかに大変だったかということをあらわすものだ。わたしたちは、ひとりひとり違った経験や感じ方をしていたし、ことばが通じないこともあった。それでもわたしたちを結びつけていたものは、この新聞をつくることで、自分たちが生きるのだという確信だった。

もちろんわたしたちは、レズビアンであるという共通の基盤をもっている。しかし、それだけでは十分ではない。差別されているレズビアンという立場を社会から認めていただくという媚びた姿勢はとりたくなかった。むしろレズビアンであることで何が始まるのかを知りたかった。

わたしたちはこれからも、レズビアンであるという事実によりかかることなく、そこから何かを創り出すという姿勢において結びつきたいと思っている。この新聞に協力して下さった方々に、心から感謝します。

《ひかりぐるまスタッフ一同》

VOL.1
1978年4月5日発行
ひかりぐるま
〒165 東京都中野区
白鷺1-31-17
ひかりぐるま気付

2号

ひかりぐるま

こがね色の空間のすきまに
緑の砂漠がある
それは夢みられ　語られる

乳房をもつ胸のなかの
火　死　そして歓喜
独り身の
輝ける自由な不死鳥たち
ひろげられた翼の羽音がきこえる

叫び　笑い
女たちは勝ち誇って断言する
すべてをくつがえすのだと

—Monique Wittig "Les Guerilleres"より

凸凹を越えて……………………………2
ひかりぐるまを探して…………………4
けじめちゃんの人生相談………6
HOTインフォメーション……6
世界からの風………………………7
クロスワード・パズル…………8
編集後記……………………………8

秋季号
VOL. 2

定価200円

凸凹（でこぼこ）をこえて
―性役割の罠―
三つのひかりぐるま

どこから唄がきこえる。男と女の唄だ。夜ならば、＜花が女か男が蝶か＞とうたい、朝には夜明けのコーヒーを飲む。昼には昼の歌があり、五月の空に鯉のぼりが翻る。大きい真鯉はお父さん、小さい緋鯉はお母さん……。

人類二千年の歴史に裏打ちされた様式美だ。確固として揺らぐことなく、空気のように皮膚の毛穴から入り込んでくる無数の男と女、凸凹物語のバリエーション。このおさまりの悪い凸凹の木組みに、水飴をまぶしたようなベタつくメロディーが、わたしたちの社会の主旋律だ。

テレビから、無数の活字から、パチンコ屋の店内放送から、洪水のように溢れ出してくるこれらのメロディーによって、わたしたちは、無意識のうちに自分の感情をつくられ続ける。

男らしく、女らしく、社会人らしく、主婦らしくｅｔｃ。あらゆる＜らしい＞人々が、＜らしい＞顔付きで街を歩く。＜らしさ＞言い換えれば社会が期待する何らかの役割ということになるが、こうした役割期待からはみ出した者は、社会にとってうさん臭い存在とならざるを得ない。

わたしたちレズビアンは、こうした役割の中でも特に、＜女＞という役割からはみ出してきた。わたしたちは、社会に適応することに失敗した者と見なされた。

しかし、もはやわたしたちには、適応という言葉は何の力も持たない。何故なら、わたしたちが知りたいのは、あくまでも、＜何故自分はここにレズビアンとして存在しているのか＞ということの意味だからだ。

わたしたちが、社会の与える＜不適応者＞というレッテルを恐れなくなり、あるがままの自分を見つめたいという欲求を持ち得た瞬間から、わたしたちは、自分を守ることだけで精一杯の受身的な地点から抜け出し、社会が平然と受け入れている男女の役割関係そのものを、根本から問い直す能動的な地点へと、はるかに旅立ってゆくだろう。

それはまた、レズビアンだけでなく、既成の役割関係の矛盾を痛感しているすべての女たちと力を分け合うことであるはずだ。

♀♀

わたしたちは、小さい時から、男と女という役割に適応するように訓練されるわけだが、この社会の男女の役割関係は、キュウリとトマトのように、単なる＜違い＞として存在するのではない。むしろ、この社会が重要な価値を与えているところには女は入れないという、上下の支配関係であると言える。

これは何も、会社に行って机に八時間はりついている方が、家にいて掃除や料理をしていることより価値があるというような短絡的な比較をしているわけではないし、個々の男や女を見れば、ひとそれぞれの条件があるだろう。

夫婦仲良く煙草屋の店番をしている爺さん、婆さんが、ことさら支配関係にあるなどと言いたくもないし、大学出の女が、日雇いのオジさんに支配されているというのも、おかしく聞こえるかもしれない。

しかし、エリートと言われ続けてきたある女が、ふともらした次のような言葉は、この複雑そうに見える網の目が、どこでどのようにわたしたちを絡め取るかを知る鍵である。

それは、「その辺にいるたいていの男より、わたしはましだと思うのよ。でも、男の中でも最高のレベルの男には、どうしてもかなわないと思うことがあるね。」というものだ。

彼女は、明らかに問題の立て方を誤まっている。何故なら、彼女のいう最高のレベルの男とは、野原のまん中にひょっこり生えてきた竹の子ではないからだ。竹の子は竹藪に生えるものと相場がきまっている。男たちがつくっている巨大な竹藪は、無数にはりめぐらされた根を持ち、互いに緊密な関係を保っているひとつの社会的な共同体だ。彼女のいう、その辺のあたり前の男たちこそ、その欠くべからざる構成員なのである。

しかも、ピラミッド形をしたこの竹藪は、めいめいの家族という穴倉の中で次の世代を用意しつつ、それぞれの社会的な機能を果たし、それがあたかも巨大な人格であるかのように有機的に結びつきながら、全体を動かしてゆくのであるから大変なものだ。

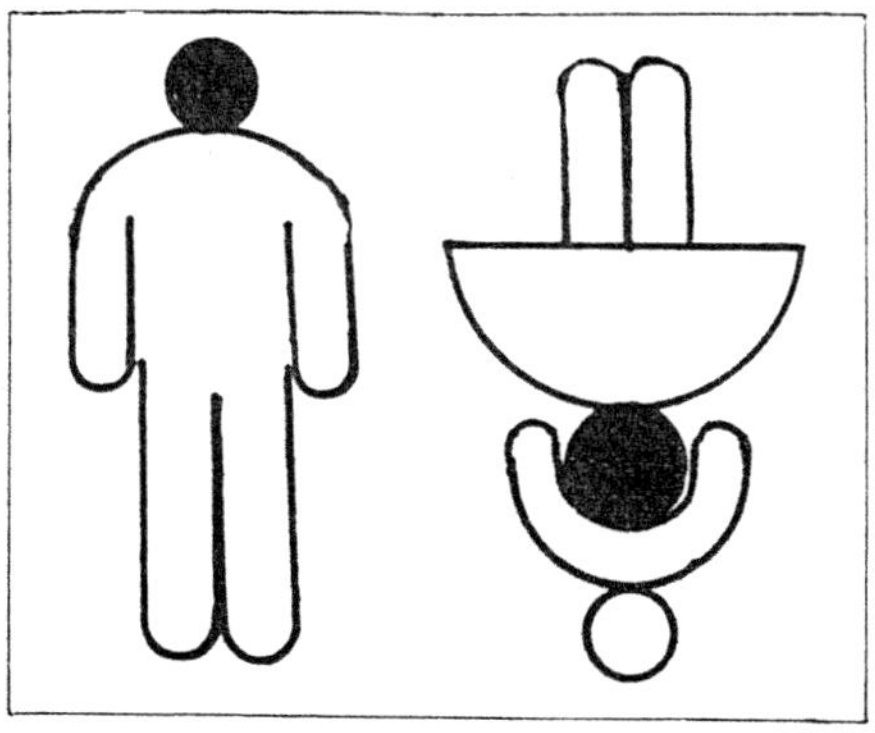

これに太刀うちするのは容易なことではない。彼女がよほど能力に恵まれていたとしても、たったひとりで山に立ち向かうようなものだからだ。この構造そのものを見抜けない限り、彼女は、何故自分が＜最高のレベルの男＞にかなわないか、ついにわかりはしないだろう。

裏返せば、今のわたしたちに真に必要なのは、他人を押しのけてのし上がってゆくひとりの女ではなく、わたしたちのあいだに、ある日に見えない協力関係を打ち立てることなのだということである。そして、新しい樹林によって、竹藪の構造そのものを根こそぎ変えてしまうことだ。その試みは、あらゆる分野でもう始まっているといえる。

♀♀

すでにわたしたちは、社会の押しつける男と女の役割が、単に生物学的な違いを越えて、社会的な機能を果たしていることを知っているが、この役割が、わたしたちの性意識にまで及んでいることにはほとんど注意が払われていない。

いまどき、わたしたちの意識や欲求のすべてが、本能に支配されていると信じている人々は少ないはずだ。しかし、こと性意識に関しては、相変わらず本能が過大視され、男と女は内なる本能によって呼び合うのだという凸凹神話が大手を振ってまかり通っている。人々が、自分の性をあるがままの姿で見つめることをあれほど避けようとするのは、それが人間の秩序意識の最後の砦に、根本から揺さぶりをかけるものであるからかもしれない。

改めて言おう。わたしたちの性意識は、本能とは全く別のところにあり、いまや完全に社会的、文化的なものとなっている。つまり、レズビアンであるということは、自己を実

現し、他者と結びつきたいという、生への願望のひとつの人間的な表現なのだ。

　したがって、支配や強制を極端に嫌い、既成の女の役割の中に取り込まれることを拒んで、自分自身であり続けようとする女の多くを、レズビアンの中に見い出すことができるのは極めて当然なのである。彼女たちのほとんどは、自立心に富み、自分のことは自分でできるのだという、生きる上での基本的な態度を、自然に身につけている。

♀♀

　レズビアンに対する社会の攻撃材料のひとつに、男っぽさということがある。これは社会の用意した〈男〉の役割の中の、活動的、能動的というような価値の多くが、女にとっても当然必要な要素である以上、批判にもなるまい。

　しかし、中には、女の役割を拒んではみたものの、一体自分は何者なのかという新たな問いの答を見出す術を持たず、この世には〈男〉と〈女〉しかいないのだから、〈女〉でなければ〈男〉だ、という凸凹式の短絡をした女たちもいないわけではない。彼女たちは、いわゆるタチと呼ばれる人達であり、男装して男になり切ろうという不毛な罠に陥った女たちである。

　女同士のカップルの中にさえ、男と女の役割の影を見ようとする、この社会の強制力の網の目から逃れるのは、レズビアンにとっても容易ではない。背広を着た男らしい女と、スカートをはき、やさしく女らしい女の組み合わせを見つけるのはたやすい。

　わたしたちをレズビアンと知って、人々が向けてくる最初の無遠慮な視線は、いつも、どちらが男役（タチ）か、というものだった。レズビアンに対する偏見も、寛大さを装う侮どりも、すべてここからきている。男のマネをする女より、本物の男の方がいいにきまっているというわけだ。

　彼らの頭の中には、類型化された男と女というパターンを絶対的なものとした上で、男との正常な関係を持てない片輪の女が、男女のカップルの代償物としての同性愛に陥るのだという図式があらかじめ用意されている。

　彼らの土俵に誘い込まれて、凸凹の罠にはまったら最後、出口はない。タチの側は、より男らしくふるまおうとし、ネコの側は、相も変わらぬ女らしさを演ずることになる。しかも、本物の男と女にはかなわないという空しさに、たえず付きまとわれながらである。

　かくして、わたしたちは、肉体としての男と女、凸凹にはじまり、意識、欲求、役割関係、社会や文化構造すべてを包みこむ、高度に抽象化された凸凹をもって閉じる、一連の価値体系の環の中に再び閉じ込められ、身動きできなくなる。

　わたしたちは、ひとつの罠を逃れながら、もうひとつの罠に陥る愚を犯してはならない。わたしたちは、自分たちを、男役、女役という狭い枠の中に押し込めようとするあらゆる圧力を拒否する。レズビアンが、この社会の性役割の罠にとらわれて既成の男女関係の戯画を演じているうちは、わたしたちの中から何も生まれはしないのだ。

♀♀

　わたしたちは今、自分たちの目の前にあるハードルを見極める必要がある。わたしたちのハードルとは、まず、自分自身をも含めて、この凸凹に矮小化されてしまったすべての価値を解き放つことだ。

　ペニスに象徴化された凸の極限は、軍国主義であり、権力と統制、異常なまでの〈男らしさ〉讃美となる。この対極には、不自然な〈女らしさ〉の強制や、母性賛美があることは言うまでもない。

　わたしたちは、性が極端に類型化、画一化された社会が、いかに危険なものであるかを知るべきだ。核心は、男と寝るか女と寝るかという性器の問題なのではない。いかにして、この凸凹の価値体系の環を突破するかということなのだ。

　同時にこれは、わたしたちが、社会における奇態な変種として、せいぜいその無害性ゆえに市民権をいただいて、自己の被害者意識を撫でつけてもらい、仲間うちで肩を寄せ合って暮らすか、あるいはまた、広い世界と直結しながら、何らかの本質的な価値の創造に立ち合うかの分かれ目なのだと言える。

♀♀

　おそらく道は無数にあるだろう。ひとはそれぞれの道筋をたどって自己を実現し、他者と結びつくやり方を見出す。わたしたちは、様々なやり方で他の女たちと結びついてゆくだろうが、そのめざすところは、画一的なイズムを提出することにはない。建て前と化したイズムのかたまりなど、わたしたちに用はない。わたしたちが欲しいのは、常に、わたしたち自身のひとつの生身の生なのだから。

　それぞれのやり方を試し、考えつく限りの発明をすることだ。不必要に攻撃的になることもなく、逆に卑屈になることもなく、たえず糸を繰り出す蚕のように、静かに、他の女たちに向かって糸を張りめぐらしてゆくことだ。

　糸の総量が、充分な量に達した時、わたしたちのひき起こす変化は、単発的な火山の噴火としてではなく、地殻の変動を伴う大規模な変化として起こってくるだろう。それは、現在の地表を覆っている凸凹の痕跡をきれいに消し去ってしまうはずだ。

　わたしたちは女を愛する。これは、わたしたちにとって、最高に有利な点である。女を愛せるということは、エネルギーのすべてを女に注ぐことができるということだからだ。

　多くの困難はあるが、女の間にひとたび生まれた平等感は、それこそ掛け値なしだ。わたしたちはすでに、その中で呼吸しつつあるし、それは、日常生活から、精神的、肉体的なあらゆるレベルにおける実感でもある。

　わたしたちは今、レズビアンとして、それを心から誇りに思う。


〈了〉

ひかりぐるまを探して

8月の顔・文筆業Q（49才）

はじめに

わたしたちは、日頃同年代のレズビアンと会うことは多いのだが、四十代、五十代の人達とは、ほとんど接する機会がなかった。

今回ゲストにQさんを迎えて、わたしたちが将来直面するであろう様々な問題を、すでに切り抜けてきた、先輩の貴重な体験をうかがうことができたのは、大変幸運だったと思う。Qさんは、女のための本を出版される等、盛んな執筆活動をされている。

これからも機会を設けて、色々な立場の方々を紹介したいと思っている。

聞き手・文責〈編集部〉

結婚

——Kさんは、関西の方ですよね。

ええ、大阪です。

——家族とは、いつ頃までいっしょに住んでいましたか？

十八才の頃まで。最初京都に家出して、二回目に東京に家出したの。

——両親や周りから結婚しろとか言われなかったですか？

時代がよかったんですね。敗戦のドサクサで、みんな食べ物を口にするのに必死だったから、そんなよその娘の結婚話なんかする余裕がなかったでしょう。それに、適齢期の男が少なかったことが重なって、降るような縁談とかはなかったわけよ。

でも、いわゆるデモクラシーが入って来て、男の人との恋愛があっちでもこっちでもいっぱいということはあって、チャンスはありましたよ。

——自分では結婚したいとは思わなかったわけですか？

そうね、思わなかったわね。いかにして逃げるかということばかり。

端的に言ってソンという風に思っていましたからね。私が大阪の人間だからかもしれないけど、どういうわけか、女の人は結婚したら損だということが頭にこびりついてましたね。ソンというのは、金の事じゃないのね。精神的な損ということだったと思うの、今考えるとよ。結婚した方が楽なんだからね、経済的には。

——損というのをもう少し説明してくれませんか。

私はおそらく、二十代にそれを直感として感じていたのよね。戦後、民主化の世の中でね、今と同じような状況があったわけですよ。男たちは、掃除もする、洗濯もするって言ってきたけど、男と女が生活してるのを見て、そんな事できるはずないって思ったのよ、直感的に。自分の父親とか近所のおじさん見てね、どんな事言われたって、そんなことできるはずがないと思ったわね。

今でも覚えてるけど、友達が女学校卒業して、次々に結婚していくじゃない。すると、学生時代にはあんなにハツラツとしてたのに、あの人もとうとう駄目になったか、という感じでね、かわいそうに、と本当に心からそう思った。だから、結婚する気なんか全然なかったね。結婚なんて葬式みたいな感じだった。

——結婚したくない理由に、女の人を好きだということがあったと思いますか？

当時は、そういうことは、はっきり論理的には考えてなかったわね。

Kさんとの関係

——今まで一番長く一緒にいた相手はどういう人で、どのくらい続きましたか？

二十五才くらいからきょうまで、二十五年間位。Kさんと。

婦人連を主催したのがあの人だったわけよ、私も手伝ったりしていて。初めは、私の知り合いに、「こういう婦人運動をしている人がいますよ」と紹介されて、事務所に出入りしているうちにだんだん知り合って、仕事してて、そのうちにいっしょに住むようになったのよ。Kさんは、私と二十才くらい違うのよね。結婚もしたし、子供もいるの。

——Kさんは、もともと女の人が好きな人だったんですか？

全然知らなかったみたいね。人間って、知らなくても好きになったら触れたくなるじゃない。それが本当だと思うの。昔、私の憧れてた人だって、別にいっしょに寝たいなんて思わなかったけど、何というのかな、横にいきたい、触りたいとかね、そういうのがすごくあるじゃない。そういう感じですよ。特に何かしなきゃというわけじゃないのよ。

——Kさんと結婚できれば、したいと思いました？

そうね、そう思ったね。

——制度みたいなものに保障されたいと思いました？

そんなことは思わなかったわね、全然。何というかな、女同士ができないということに腹が立つだけよ。つまり、男と女ならできるけど、男と男、女と女だとできない。だから、アメリカでゲイ・パワーが男同士の結婚を認めろと言ってるような運動、あれはあれでいいと思うの。何も私は、国家に保障してもらおうとは思わないけどね。

——Kさんといてよかった点は？

ずばり平等感ね。同じように気を使うもの。愛し合った気の使い方なのよ。男と女というのは、役割的な気の使い方でしょう。向こうもそれをしないと不満なのよ。それが女同士だと、してやらなくちゃ、してもらわなくちゃみたいなことが全くないのよね。

男役・女役

——レズビアンの中には、女同士でも役割を持っているタチとネコという人たちがいるのですけど——。

それは、やっぱり今の世の中のパターンに批判的にならなければそういう風になるのかな。

私の友人でね、タチの人はデーンとあぐらをかいてすわってね、お客さんと話するわけ。それでネコの人がね、ちょこちょことお茶を運んだりしてね。あの頃、今みたいにクーラーがないでしょう。だから横に座ってね、ウチワでふわりふわりとあおぐわけよね。

そんなことをやるぐらい男と女のパターンになっているわけよ。だけどね、親しくつき合って見てると、いくらパターンになっているといってもね、男と女とは違いますよ、やっぱり。私は男みたいな女の人を毛嫌いしないよ。

——男と女の関係と女同士の関係は決定的にどこが違いますか？

やさしさが違うんじゃないかなあ。やっぱりやりますよ。男が皿洗いも手伝いますというのより、すんなりやる。やってやってると思わないものね。つまり男だと、言わなくても何となく恩に着せてくるのよ。でも女同士だと、いくら男役やってても女だからね、恩には着せない。

男と女って、決定的な上下関係だからね、社会的に認められた。個人の問題じゃないのよね。その男がい

くらやさしくてもね、コケンだとか周りの目とかで、男が男役演じるように、女は女役を演じるわけでしょう。気持ち自体が男を演じてるからね、そんな気もつかないし、すんなりやさしさが出ないと思うのよ、助けるということがね。

━最初の人との関係には、そういうパターンは全然なかったですか？

私？ なかったですね。その人は男役だったんだろうけど、露骨じゃなかったし。でも酒飲みだったから、一緒に住んでも続かなかったでしょうね。私は料理が嫌いだし、そういう意味では、一緒に生活してたらトラブルが起こってたでしょうね。

結局女役を演じてしまう人も悪いのよね。最初にそういうパターンにはまり込んでしまうから、そうなるのよ。二人の責任というのも大きいんじゃない。

レズビアニズムの必要性

━最近の女性解放運動との関連で、女の人が好きだということが積極的な意味を持っているのではないかと思うのですけど。

そうね、主張に変えて行くっていうかね。これまで単なる好みとして、赤が好きだってブルーが好きだっていいじゃないかっていうところで生きてきた私たちは、それをそうじゃなくて主張として持ってゆくという、それは重要なことでしょうね。

男と女がセットになれば女は損だからね。屈辱関係だからね、男と女の関係って。

＜愛＞という同じ言葉を使っているけれども、男の愛のかたちと女の愛のかたちは違うんでね。抽象的に＜愛＞というと、同じみたいに聞こえるけど、もっと具体的に生活の中で見てゆくと、女の愛って、お茶汲んであげたり、洗濯してあげたり、食事作ってあげたり、つまり奉仕ですよね。だから女が男を愛した時はね形として表わすには奉仕の形をとるしかないじゃない。女がね、「おい、布団しけよ」って言った場合よ、男がどう言うかというと、「俺を何だと思ってるんだ。俺を愛してるならお前がしけ」って言うでしょうね、おそらく。＜愛＞っていう言葉のトリックにごまかされたらいけないのよ。

わたしは、男の愛は支配の愛だと思ってるの。人間と犬の愛情だってそうでしょう。飼い主は自分の犬を本当に好きですよ。それは何もウソじゃないけど、関係が違うんでね。要するに飼ってるわけだから、満身の愛情を注いだって、結局人間と犬でしかないんだからね。

本当に困れば捨てるだろうし、犬は捨てられりゃ食って行けないじゃない。犬はその辺で残飯あさって生きてくかも知れないけど、人間はそうもいかないしね。社会の構造が支配構造なんだから、それに乗っかってる限り、どんなに個人の誠意とかがあっても、そんなもんじゃないと思うのよ。

━時々、女は何もしなくて、男が何でもやってやるという、いわゆる尽くし型の男がいるようですが。

ある意味で、谷崎潤一郎さんみたいに楽しんでいる人がいるかもね。

でも、男がやってる場合は芝居なんですよ。気が向いて学問はやるけど、気が向かなくなればやらないですよ、そんなの。いつでも逆転できるわけなんだから。

━自分自身が作家で、演出家で、役者であれば、いつでも止められるわけですからね。

でも、私は殴る芝居よりは、奉仕する芝居の方が好きだけれどね。殴ってね、「僕は本当に君を愛してるんだよ」っていう男よりいいですよ、なんぼ芝居でも。

老後

━若い時に、老後のことを考えましたか？

全然考えなかったわね、残念ながら。

━経済的なことは考えませんか、健康のこととか。

何も考えない。なぜかっていうとね。三十代に四年くらい病気してしょう。脊椎カリエスで。今だと治るけどね、その当時は死に病だったでしょう。

その病院はね、三年の人は新入りで、あとは六年とか十年とかすごく長い人ばかりなの。その人たちはね、医療保護というのでタダなの。つまり国家からもらっている人ばっかりなのね。私ともう一人の男の人だけが自費で。私は、実際にそういう人たちとベットを並べて一年いたわけよ。

その時にわかったわけよ。一銭もなくっても、病気になったら「あっこれか」って。それを体験したわけ。

自費でも、一銭も払わなくても、食事は全部一緒なの。その人たちには、チリ紙や何か買うお金もくれるわけよ。そういうお金を貯めて、たまにはお寿司でも食べなくっちゃ、なんていってね。

その人たちを見てると、結構楽しくやってるわけよ。ペンキ屋のお兄ちゃんと恋愛したりね。何年もそこにいると、それなりの世間があるのよね。だから、人が考えてるほど悲劇じゃないのよ。私はね、どういうわけか、病院で出してくれる三度三度の御飯をやれ、ありがたくてね。

いっそ一銭もなかったら、今の福祉でいけますよ。

いまどき家族だって、病気だからって喜んでみてはくれませんよ。私の年令だとその問題ばっかりよ。片方がいなくなって、子供がいるばっかりに頼りにするでしょう。子供の方もそう負いきれないし、タライ回しにされたりして、それこそ悲劇ですよ。

生きるヒント

━レズビアンとして生きてきて、世間の目は気にならなかったですか？

コツというかな、何でもそうだけど、世間は意識すれば辛いからね。多数と違うことをすれば……。だけど、気にしなきゃなんともないことでしょう。

━でも、あまり周りから女同士の関係は楽しくないと言われ続けるといやになりますね。今の時代は、男にも権力的でないのがいるんだという形で、おいしそうに出してくるし。

そういうのは、いいわねと言っといてね、実際に聞くとか、見に行くとかすればいいのよ。おそらく見たらね、百パーセントないと言い切れるわけよ。

結局、決定的にこの方が楽しいと思えるかどうかよ。どう考えても、どう転んでも、あれよりはこれの方が楽しいと思ったらよ、人がどう言おうといいじゃないですか。

そこは紙一重なんだけどね。私の言葉で言うと、自分にとってその方がトクだってこと。私は人生一回しかないと思ってるからね。 ＜了＞

けじめちゃんの人生相談

≪昭和五十年十二月八日付読売新聞より抜粋≫

人生案内

同性愛にふける妹

アパートに住み、一生続けると

担当　平井富雄（精神科医）

二十四歳の主婦、一歳下の妹のことで悩んでいます。妹は女友だちと二人で商売をし、アパートに住んでいます。ところが、妹は姿形も全く男のようにし、考え方も生活態度も男そのものです。

ただ一人の姉の私にうちあけてくれた秘密は、その女友だちと肉体関係を続けており、二人は愛しあって一生生活していくつもりだということで、私はぼう然としてしまいました。「生活については、将来を考えて切りつめて計画をたて、着々実行しているけれど、親をあざむいていることだけが心苦しい」と涙を浮かべます。

実は、私は十六歳のとき、五、六人の男に山中に連れだされて乱暴されました。心身ともにぼろぼろになった私を見て、妹は「男はきたない」と思い込んでしまったようです。私自身はその後結婚して子供も生まれ、現在幸福な生活に恵まれています。

それだけに、なんとも心苦しい思いですが「二人でなんども話しあったけれど、この生き方しかできない」と真剣な妹を見ると、何と言ってよいか分からなくなります。（埼玉・H子）

答え

「レズビアン」という専門用語があります。女性同士の同性愛（肉体関係まで発展する）をいいます。いま、あなたの妹さんは「同性愛」における男性の役割を果たしている、と考えられるのですが、ご幸福なお姉さんには、なかなか理解できぬことでしょう。たしかに、いまの妹さんの「性愛」の仕方は異常です。しかし、そのほかの「生き方」は正常な気強さにあふれています。ただ、妹さんの場合、あなたが青春期に受けた五、六人の男による乱暴事件を、さらに若い身空で聞かされたショックは「男ぎらい」あるいは「男への復しゅう」として、心に残っているかも知れません。逆にいえば、そうあなたが考えられるから、よけいご心配になるのではないでしょうか。恐らく、昔から仲のよいご姉妹だったと思われます。

「同性愛」の治療は専門的にもむずかしいのですが、「相手」が性愛の対象として、よき夫的役割あるいはよい妻的役割を果たしているとき、とくにそうです。妹さんの場合は、この後者に当たるようですね。だから、二親の悩みがあなたの心の負担となるのです。仲のよいお姉さんとして、いまお二人の間に干渉されず、静かに見守ってあげてはいかが。妹さんもお相手も若いので、あるいはどちらかに好ましい男性が現れるかも知れません。その折こそ実のある相談にのってあげて下さい。

◯

今回の≪けじめちゃんの人生相談≫は、昭和五十年十二月八日付の読売新聞の人生相談を、あえてそのまま取り上げてみた。

平井氏の回答は、精神科医としてはさほど保守的とは言えないが、それは単に同性愛をむりに矯正しようとしないという意味においてである。

氏が医者として述べたことは、「同性愛の治療は専門的にもむずかしい」ということだけであり、あとはすべて氏の＜良識＞の範囲内で処理されている。彼の口から聞かれるのは、「静かに見守ってあげては？」あるいは、「妹さんもお相手も若いので、どちらかに好ましい男性が現われるかもしれません。」という曖昧なものだ。

さらに問題なのは、「＜性愛＞の仕方は異常です。しかしそのほかの＜生き方＞は正常な気強さにあふれています。」という氏の考え方そのものだ。人間にとって、性愛が異常であるにもかかわらず、生き方自体は正常であるなどということがあり得るだろうか。＜性愛＞と＜生き方＞を切り離して平然としている氏の態度は、レズビアンであることを人生そのものだと考えている私たちには決して許容できないものだ。

この意味で、最も適した相談相手は、現にレズビアンとして生きている女たちの中にいるはずである。

答え

お姉さんにまず申し上げたいのは妹さんは＜異常＞ではないということです。

従来、同性愛は、性欲対象の異常と言われてきました。しかし、昭和五十年の日本精神神経学会の決議によっても、同性愛は病気ではなく、治療の対象とはならないということが、はっきり確認されています。

お姉さん自身が、過去の不幸な経験を乗り越えて、幸福な生活を営まれているということは、あなた自身の非常な自我の強さを物語っていますが、同じく妹さんも、強い自我によって自己の人生と恋愛を切り開いておられるわけです。形は違っても、等しく恋愛という人間的な表現であり、むしろ妹さんの生き方の選択なのだと言うことができます。

妹さんの御両親に対する思いやりの深さは、妹さんの人間としてのすぐれた資質を表わしてはいないでしょうか。さらに、相手の女性とも深い意思の疎通がはかられているとのことで、考えてみれば、並の夫婦にもできないような、可能性のある関係を作り出しておられるわけです。私は、妹さんの生き方を一人の人間としてすばらしいと思います。

どうかお姉さん自身が、勇気をもって世間の偏見の防波堤となり、妹さんたちの真剣な生き方を守ってあげて下さい。これほど重大な秘密を、いかにただひとりの姉とはいえ、あなたに打ち明けるまでの、妹さんの心中を思えば、どうしてもあなたはその信頼に応えなければならないでしょう。

しかし、ひとつ気にかかるのは、妹さんが、「考え方も生活態度も男そのもの」という点です。男性に依存せずに生きるということは、いきおい必要以上の気負いを持つことになりがちです。むしろ妹さんたちの孤立感を柔らげ、安らげる雰囲気の中で、妹さんの気負いをほぐす方向に持っていかれてはいかがでしょうか。

HOT インフォメーション

本

★キャリア・ウーマン

▽マーガレット・ヘニッグ＆アン・ジャーディム著　税所百合子訳　サイマル出版会刊　980円

▽男によってガッチリと固められた会社組織の中で、キャリア（地位）を得るには何が必要か。現在、アメリカで重役・社長クラスにある二十五人の女の証言をもとに、その生いたち、仕事場での人間関係などを探る。

レズビアン・グループ

★まいにち大工

▽機関誌「ザ・ダイク」発行。定価200円。

▽「女のパーティ」主催。毎月第3土曜日PM7〜10時半。すぺーすJORAにて。

▽十月よりレズビアンの問題について話し合い。毎月第1土曜日PM6〜10時。ホーキ星にて。

▽連絡先　東京都足立区足立郵便局私書箱23号

女の場所

★ホーキ星

▽女の本、ミニコミが置いてある。飲みもの300円。地下鉄丸の内線新宿御苑前下車。電（341）9364。

★すぺーすJORA（ジョラ）

▽20坪ほどの空間を使って、いろんなことができる。地下鉄東西線早稲田下車。電（203）6022。

世界からの風

アメリカ西海岸北部ワシントン州にあるシアトルは、カナダまで車で3時間足らずの、入江に囲まれた美しい港町である。人口50万のこの都市では、約1000人のレズビアンが、絶えず新しい動きを見せている。

今回の〝世界からの風〟は、この夏シアトルからやって来た2人のレズビアン・フェミニスト、Patty Kunitsugu（パティ・国次：日系アメリカ人）とLorene Senesac（ローリーン・セネサック）の話をもとに、彼女たちの町で行われているレズビアンの活動の一端を紹介しよう。

AMAZON MEDIA
アマゾン・メディア

ラジオ番組を作ってる、5人のレズビアン・フェミニスト・グループ。番組は、毎週土曜の夜1時間、KRABというアンダーグラウンドのラジオ局から地域に流される。聴取料は月$15（約3000円）。内容はもちろん、レズビアンに関する問題が中心だが、視点はきわめて豊富。これまで、階級や人種差別、女性に対する暴力、アルコール・麻薬中毒、アジア系レズビアンの問題などの他、レズビアンの詩、音楽も放送されている。

直接の番組制作には5人のメンバーが当たっているが、彼女たちは様々な女たちの助言や協力を受け入れる態勢を取っているので、番組そのものはコミュニティ全体が作り出しているものと言える。

Lesbian Femininist Radio Collective
レズビアン・フェミニスト・ラジオ・コレクティブ

〝We women everywhere（私たち女はあらゆる場所で）〟というタイトルで、女の活動についてのすべてを教えてくれる、ラジオ番組制作グループ。毎週日曜日に放送。

It's about time.
イッツ・アバウト・タイム

女の本屋。子供の遊べるスペースもある。

Lesbian of Colour Caucus
レズビアン・オヴ・カラー・コーカス

主として黒人やアジア系のレズビアンで構成している。

Working Class Dykes
ワーキング・クラス・ダイクス

労働者階級の女たちの連帯を呼びかけている。

GORGONS
ゴーガンズ

男との関わりを全く持たず、何軒かの家で共同生活をしている10人位のレズビアン・グループ。セパレティスト（分離主義者）と呼ばれる。外部との接触がほとんどないので、排他的なイメージを持たれがち。ミニコミを出しているが、彼女たちの生活を知ることは難しいようだ。

Lesbian Resource Center
レズビアン・リソース・センター

レズビアンに関する情報を教えてくれるセンター。

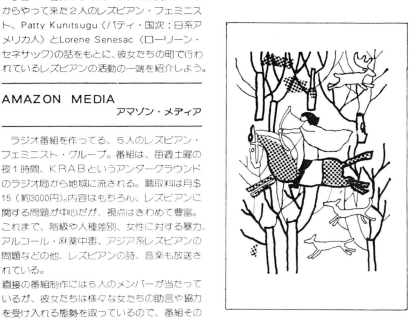

Rape Relief
レイプ・リリーフ

いかにして強姦に対処するか。ティーチ・イン、救援活動、空手の練習などを行っている。すべての女に開放されている。

Lesbian Healing Group
レズビアン・ヒーリング・グループ

東洋医学、自然食などの研究を行っている。

Lesbians against Trident
レズビアン・アゲインスト・トリデント

ワシントン州にある核潜水艦の基地に抗議している。

Lesbian Mothers Defence Fund
レズビアン・マザーズ・ディフェンス・ファンド

レズビアンであるために親権を奪われるおそれのあるレズビアン・マザーを助ける会。

Lesbian Press
レズビアン・プレス

レズビアンによるレズビアンのための印刷会社。

Out & About
アウト・アンド・アバウト

シアトル唯一の月刊新聞。6人のレズビアン・フェミニストが作っている。記事はほとんど投稿。1部¢25（約50円）。年間$3（約600円）。ただし、買う余裕のない人には無料。住所は次の通り。

4133 Lindon, N. #3 Seattle, WA. 98103 U.S

約1000人の中にこのように多種多様なグループがあることは、一見不統一な印象を受けるが、これは逆に、あらゆる視点や興味からレズビアンの問題に取り組む機会が保障されているのだと言える。

パティとローリーンはインタビューの最後に、次のように話してくれた。「たった4ブロック区間（約100m4方）に、約35人ものレズビアンが住んでいるなんて、想像もできないでしょう。もちろん、前からこんなに多かったわけではなく、私たちがレズビアニズムについて話し合うようになってから、だんだん増えていったんです。1980年にもう一度、日本に来るつもりです。その時に、日本のレズビアン・コミュニティが、どれだけ大きくなっているか楽しみですね。」

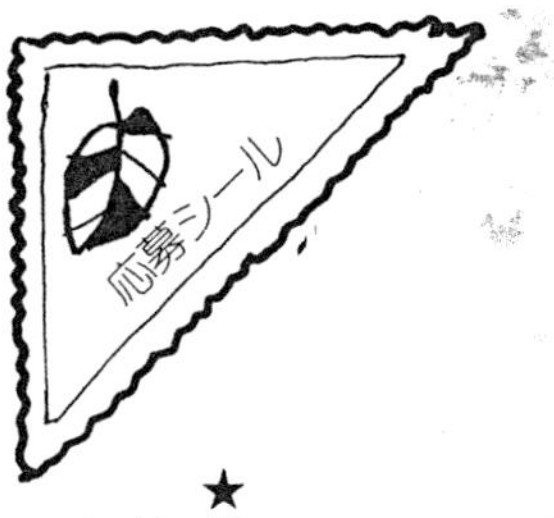

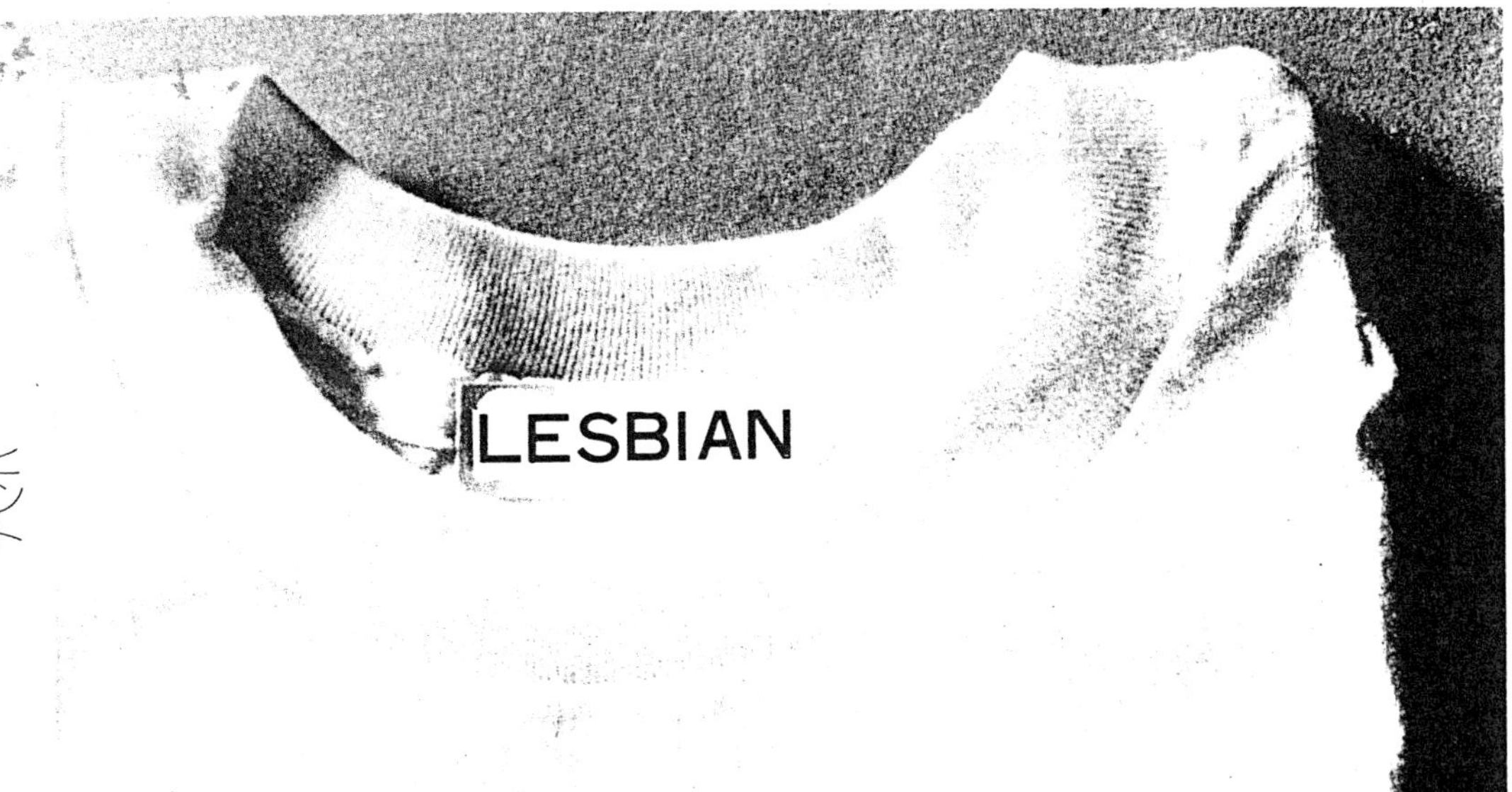

ヒント
夢は夜ひらきますが、
これは昼ひらきます。

★賞品
抽選で二名に〃キャリア・ウーマン〃か、〃女のパーティ〃招待券をプレゼント。

★タテのカギ

②ここに毛が生えている人もいる。
③タダ、無料のこと。
⑤タチ（男役）が締めたがるもの。
⑥ヘンルーダ科の常緑小高木。六月ごろ白い五弁花をつけ花実は水分が多く食用。（色は蜜柑色）
⑦毎日、毎日。
⑧地球・殺虫剤。
⑩香水の原料となるうす紫色の花。レズビアンを象徴する花といわれる。
⑫どうせやるなら「徹底的に」やろう。
⑬うるさいもの。気にするときりがない。
⑮釣った魚を入れるもの。
⑯□□をくくると、しっぺ返しを食う。

★ヨコのカギ

①ゼラチンを主体に、卵白や砂糖を加えて作った、ふわふわの洋菓子。
④絵画『笛を吹く少年』で有名なフランスの画家。
⑥けずり氷に蜜をかけた、昔なつかしい食べもの。
⑧愛する女には、□□□もエクボ。
⑨あてにならないが、人の相談にのって、助言する職業。
⑪□□を尽くす、というね。
⑬これをして仲直り。
⑭売るもの、但し、最近ははやらない。
⑯樋口一葉が比べたもの。
⑰自動販売機でジュースを買ったら、おつりが余計に出てきたとき感じます。
⑱日本酒は、人肌に限ります。
⑲おバアちゃんのオッパイに似ている甘い乾燥果実。

クロスワード・パズル

1	2			3	■	4	5
■		■	■		■	■	
6		7	■	■	8	E	
9	D		■	10		■	
	■		■	11 A		12 C	■
■	13			■	■	14 F	15
16		■	■		■	17	
18		■	19			B	■

応募の方法

★パズルの解き方
まず、クロスワードを全部解いてください。

次にA～Fのカギの中の5文字を順に拾っていくと、一つの言葉になります。

それを解答として封書にして送ってください。

★応募のきまり
◇必ず封書。
◇応募シール一枚を同封のこと。
◇締め切り　昭和53年10月30日。当日の消印有効。

★発表
◇本人あて通知。

★封書の書き方
◇あて先　〒165　東京都中野区白鷺一の三十一の十七　ひかりぐるま「クロスワード・パズル」係
◇①解答　②ひかりぐるま2号で、一番興味を持って読んだものの題名をあげてください。感想等もいっしょにどうぞ。
◇住所、氏名、年齢、職業、郵便番号を明記。

編集後記

今回は、テーマとして男役、女役の問題をとり上げた。この問題は、現在のレズビアンにとって、非常に重要なハードルであると思う。巻頭の文章は、完全にこの問題を言い尽くしているとは思わないが、レズビアンの意見交換のための、何らかの材料になればうれしいと思う。

創刊号が出てから、三ヶ月以上たって、もう秋風が吹き出すころにやっと二号というペースになってしまった。創刊号の時の、宙をつかむような感じに比べ、読者からの手紙や問い合わせなどを通して、確実に二号を待っていてくれる女たちがいることを知ったことは、二号を作る上での何よりの励みになった。

また、七月のはじめに、アメリカ西海岸北部のシアトルから、二人のレズビアン・フェミニストが訪ねてきたことは、この三ヶ月間の大きな出来事だった。〃世界からの風〃で最近のシアトルでのレズビアンの活動については触れておいたが、二人の、日本のレズビアンへのメッセージなどは、次号で詳しく紹介したいと思っている。

ともあれ、ここに二号が出来たことを読者に感謝したいと思います。

≪ひかりぐるまスタッフ一同≫

ひかりぐるま
VOL. 2
1978年9月1日発行
〒162 東京都中野区
白鷺1－31－17
ひかりぐるま気付

10

レズビアン通信

〔麗頭美庵通信〕第1号—第2号

（シスターフッドの会　発行）

〈ひとり言〉

野中路子

私は全んど恋愛経験がないので、「あなたは、まだわかっていないのよ」と言われてしまえばそれまでだが、このところ、ブッチとフェムという役割分担や、カップルの閉鎖性に対して疑問を抱いている。男であれ、女であれ、一個の人間の中には、男性要素と女性要素とがあり、恋人との間でうまくかみ合ってはじめて、良い関係が生まれるのだから、私は恋人との関係に、「私作る人、ボク食べる人」的な誤った価値観を持ち込むのではなく、もっとトータルな人間関係を持ちたいと思っている。また、レズビアン・カップルの閉鎖性も問題だと思う。恋人がいない時には、集会やパーティに出席していた人が、カップルになったとたんに、二人の世界に閉じこもることが多いような気がする。集会やパーティなどに恋人を伴っていくと、チョッカイを出されるからいやだ、と言う人もいるが、ちょっとしたハプニングで壊れてしまうような関係なら、長続きするはずがないと考えるのは私だけだろうか。

恋人と二人でいるのが一番楽しいという気持はわかるが、異性愛の原理と多数派としている社会において、生きにくい私たちは、自らの手で、数々の壁を少しでも壊していく努力を、力を合わせて行っていくべきではないだろうか。言い古されたことかもしれないが、これは去る8/14(日)に催されたスライド会のスライド「ウーマン・ラヴィング・ウーマン」を見て一層強まった。私なりの考えである。

なんたらかたら思うこと

小野れい

レズビアンには大まかに言ってふたとおりあるように見える。自分がレズビアンであることに何らかの思想的根拠を持っている人達と、そういうものを持っていない人達である。前者は女性解放運動に結びつきやすく、このレズビアン通信に関っている仲間はおおむねそういう人達に見える。（表現があいまいだが、なにしろ先回、お初にお目にかかっただけだからよくわからないのだ）私自身はどういう人間かというとこれまた、はなはだあいまいである。いい女もいい男も好きだし、思想らしきものを手造りのごくささやかな形で首にぶらさげてはいるが、言動は嘆かわしいほど直感的で、常に情にサオさして流されている。

おそらく私のような者は、このレズビアン通信の仲間の動きが運動としてラディカルなものになっていけば、いずれ落ちこぼれるであろうと思っている。自分が他の仲間とどのように同じでどのように違っているのか、落ちこぼれるとすればどういうところでそうなるのか、そのへんを見きわめたくて私はこれに関っている。仲間には若い人が多く、三十六才の私は最年長組なのでその意味でも楽しみがある。若者は常に年寄りを批判し乗り越えていく存在であるから、どのように批判され、どう乗り越えられるのかを、しみじみと体験してみたい。自分がどういう存在であるかは人と関らなければわからない。自分が何者であり、どういう事をなして一生を終るかということを人々に関る中で見きわめ続けることは楽しいし、そうしなくてはいけないのではないかとも思う。だからまぜてもらうことにした。まアよろしくお願いし

あいさつだけでは物足りないので、二、三つけ加えさせて下さい。

　まず先ほど私が女お男も好きだと書いたことについて。こう言うとすぐに「あなたはバイセクシュアルなのね」とくる。女とも男ともベッドインするにやぶさかでない人間という意味らしく、そしてレズビアンの中にはバイセクシュアルは不純であるキモチワルイという人がいる。そういう人にもなかなかすてきな人がいて私は大いに悲しいのだが、私のベッドインの基準というものを明らかにすると、「こりやすごい。すてきな人だ」と思ったら惚れて、惚れればそういうことになるというごく平凡にして単純なものである。女でも男でも素晴しい人は素晴しいのであって、男はすべて抑圧者で絶対素晴しい人はいないと決めてしまうのは、女はみんなアホでメスだと決めている男と同じように間違っていると思う。ただここで私が「間違っている」と言う場合、前記の「バイセクシュアルはいかん」と言う人が「なんらかの思想的根拠を持って」いかんとおっしゃる時にのみ私はそういう口答えをさせてもらうということである。


レズビアンの中には思想でなしに理屈でなしに、男は受けつけられないという感覚を生理的ともいえる形で持っている人がいる。そういう人が私をキモチワルイと言っても私は、そうですかというだけで口答えはしない。違うのだなと思うだけのことだ。

　自分と違う人達を「違うのだな」という形で認めることは大切であると思う。ここから話はもうひとつのポイントに移る。運動みたいなものに関っていると当然の成り行きとして自分達の主義主張と違う人々との差違を明らかにしていく、批判していくことになる。それがなければ運動は成り立たないのだが、その批判の際の態度について、私はひとつ自分ではっきりしていることがある。「違う」人達を侮辱してはいけないという事である。批判と侮辱とは違う。

　具体的に話をしよう。一例をあげれば俗に言う「タチとネコ」のタチの人達について、「男のコピーにすぎない」と言う人もいる。たとえ男のコピーのように見えることがあっても、その当人はその人なりの生い立ち、環境、考え方、また現在の生活の中から自分の生きる形をえらび取って、その人なりに真剣に生きているのである。自分が何者であるかを明らかにするために他を批判することと、軽蔑をこめてののしることとは違う。公的な場で（仲間だけでいても、運動の場は常に公的なものなのです）他を侮辱する言葉を発してはいけません。

　たとえば、パーティーなどに「相手さがし」に来てる人が多いのは事実だが、それよりも、自分がレズビアンであることを隠さずにいられる場、レズバーのように大金を払わずに気楽に飲んでしゃべれる場である事が楽しくてせっせと来ている人もいる。また相手さがしに来ている人達は、あの場でなければ相手が見つからないから、誰かにめぐりあいたいという切実な気持で来ているので――なにを隠そう私もその切実組の一員ですよ。いいおんなはおらんかなァ……。

　批判と言い運動と言っても、人は常に乗り越えられていくもので、誰でも先行き、いたしかたなく批判されてしまうものなのである。おのおのの存在のありかたは時代の制約から免れることはできない。

♀57.
♀創刊
〈発
シスターフッ
渋谷区初
代々木
私書
定価10

歴史というカラスは必ず私達にアホ！と鳴いておしっこをかけるのである。たまたま生れた時と所で自分なりに良いと信じた方向にむかって、自分の射程距離のぶんだけ精いっぱい進もうとするのが人間であり、その時こころざしを同じくする者が共に動くことが運動である。その自分と仲間の努力を大切にするならその分だけ、違う存在のありようの尊厳も認めなくてはいけないと思う。他が他として存在することを認めるのは妥協ではない。あくまでも違うものとしてこちらは生きればよいのである。

「レズビアン通信」

水川羊子

「わあ！、どうしよう、机の上に置いておけないわ」ニュースのタイトルが決まった時、仲間が発した言葉、私達がレズビアンであることを知られて、身近の者が悲しんだり怒ったりするだろうから、ほとんどはクロゼット（同性愛であることを隠している）のままだ。たまたま運よく相手を見つけられ、経済力もあれば、何とかそうして生きていかれるかも知れない。しかしレズビアンが、カムアウト（隠すことをやめる）しても、生きることを脅かされない状態が用意されないかぎり状況は変らないだろう。私たちは、まず集まる場を持って互に何かの力になりたいと思う。女というものが素晴らしく女同士の愛は平等で自由で強くなれるものということの中に私達が生きていることで、ストレート（異性愛）の女達の愛やセクシュアリティの範囲も、拡がり豊かなものになっていけばよいと思う。

〈秋の雨〉

Y・K

降る長雨の冷たさに
私は慄えてしまう
自転車に乗っても
傘をさしても
細かな飛沫が
空中で
氷のように肌を刺す
街は濡れている
葉群は泣いている
夏の終りがいつか
私は知らない

まず私の体から

水川羊子

八月十五日の草の根コンサートで一儲けしようと仲間と玄米弁当を出したが、となりのフランクフルトややきそばの方が売れて大損をした。フェミニストでも「口当りがよければいいの」とか「こんな環境にいるんだから、すこし位したって」と無関心な人。子供に菓子類をいつも持たせている母親などに逢う。生命や生存にかかわる運動をしているのに、一番元にある自分の体のことに無頓着ではその人の立っている場が信用できない。今まで男達の運動は、大状況と暮しを別のものにしてきたから環境はここまで破壊された。自分で料理を作らない男が流通を支配してきた。エコロジーをふまえない政治運動は根のないものだ。

今の子供達でアレルギーやぜんそくのない子供はほとんどいない。

白糖、白米、味の素と、運動不足、大気汚染の中で　それでも体は育つ。そして頭の中は様々の情報で力や生産への信仰と差別や偏見などを養う。

都会生活では体は局部的に使い、調味料漬けで味覚は麻痺している。味の素がないと物足りなく感じてしまう。食べものを全部（葉や茎なども）バランスよくとり入れ体の内部から動かすような運動をし、筋肉や血液の流れをよくしていれば味の素の味は気持悪くなり、あらゆる不必要な装飾もじゃまになるのではないか。いらないものまで作る必要はない。そんなに多くの石油はいらない。男的な歴史の中で作ってきた国家や人種という幻想の為に守るべき国土、恐怖と威嚇の為の軍事力、人間性とエコロジーの最大の破壊である戦争を拒否したい。自国の軍隊が市民を守らないことは沖縄の日本軍による住民虐殺で明らかだ。その為に私達は一番身近なもの、この私の体から養っていきたい。

"原稿募集"

たて……コピー用5ミリ方眼 15文字

よこ……制約なし

内容……自由

＜女たちの会＞

あたらしい友だち
仲間をつくろう

- 毎月第3日曜日（2月13日）
- 会場　スナック　詩歌句
  新宿区新宿5丁目1番19号
  市川ビル1F
  八千代信用金庫左側入り40m
  Tel(341)7740
- 会費　500円（食べ物持ちより）
- PM 15:00〜19:00

＜女のパーティー＞

- 毎月第3土曜日
- 会場ースナック・マコ
  （石川ビル3F）
  TEL 341ー4904
  新宿区新宿2ー18ー5
  ー都営新宿線.新宿三丁目駅
  NO.7 出口ー
- 1ドリンク　500円〜
- 時間ーPM 9:00〜

〈レズビアンは不自然か？〉

奥村葉子

私たちの多くは、自分がレズビアンだという事を隠して暮らしている。それはまず第一に、職を失なう等の社会的不利益が怖いからだが、第二には、人々の無理解や反発に傷つくのがいやだからでもある。

「私はレズビアンよ」。と言った時の相手の反応の典型的なものは、「わー気持ち悪い」。「いやらしい」。「そんなの不自然よ」。あるいは、せいぜい良くて「個人の趣味の問題よね」。などである。

前二者の反応は全く論外で、そういう人はちょっと頭の中味を直した方が良いと思うが、「不自然」という非難は意外にしこりとなって残る場合もある。そこで、今回は、その「自然」について考えたい。

人はよく肯定的意味で自然という言葉を使う。自然の牛乳はおいしく、自然の空気はすばらしい。その事に異論はない。だが、ここで多少考えてみなければならないのは、「自然の全てが良いのか」。という事である。「自然」な集中豪雨やいなごの大群を好む人がいるだろうか？もちろん、中にはいるかもしれない。が、大多数の人はもっと選択的に自然を愛している。いいかえれば、人が自然を良いと言う時、その人は、人としての自分の生存に適した自然環境を取り上げて、「自然は良い」と言っているのである。

この「人間の生存に適した事物＝自然」という基準に照らしてレズビアンを見ると、一「一体どこが不自然なんだろう？」と首をかしげざるを得なくなる。

私たちは人間的な良い関係を女と結び、「女」という狭い枠に閉じ込められる事なくのびのびと暮らしている。（もしくは、暮らすことができる。）私たちは、極めて自然に、自分の生存に適した環境を自ら選びとっている。

このどこが不自然なのか？すると返って来る答えは決まって、「だって子供ができないじゃない」。

そして、「種属本能が――」。と後に続く。

本能は、あるかもしれない。しかし、多面的な人間存在を本能のみで切ってしまうのは、何とも危険な発想に見える。

「あなたは、子供を作ろうと思って恋愛するの？」と訊いてみると良い。大体は不快そうな反応が返ってくる。

だが、ここで重要なのは、本能と生物の行動との相関々係だろう。

まず、本能とは何か一応考えてみる必要がある。

元来、本能とは、その生物が学習なしに自然にとってしまう行動のことである。

たとえば、食欲は本能だ。私たちはどうしたって食べてしまう。そこには例外というものは殆ど考えられない。意志の働く余地もない。これをふまえて、男との性交が本能だと仮定するとおかしな事になる。私たちは現に女を選んでいる。では、私たちには本能がないのだろうか?これが第一の点。

次に世の生物について考えよう。人間よりはるかに本能に支配されている筈の動物、たとえば、はつかねずみには同性愛行動が見られる。また、猿の例をとると、無論同性愛行動は観察されるし、さらに興味深いのは、群れから隔離されて育った猿は、自慰は覚えても性交はしようとしない、という事である。これはどういう事だろうか。もし、雌雄の性交が本能であるなら、その猿は、全く教えられなくても、自然に性交できるし、また、してしまう筈である。ところが事実はそうではない。猿は群れの中で学習しなければ性交ができないのである。

という事は、性欲は本能だが、性交は本能ではない、という推定が成り立つことになる。これはとても重要な事だ。人間は猿より本能的でなく、その差はケタ違いだろう。従って、本能としての性欲と私たちの性行動の間には、さほどの関連性がない可能性が大きい、これが第二の点。

この二点を考え合わせると、「男女の性交こそ自然、種属保存本能バンザイ!」といった発想は、どうも眉唾ものに思われてくる。

私たちは自分の選択の自然さには自信を持って良いが、一般に宣伝される「自然」な男女関係については多少の疑いを持ってみた方が良いのである。

私たちは、「自然」「本能」として異性愛という特定のセクシュアリティを学習させられている。が、それが本能でないのはすでに明らかだし、自然が他から強制されるものでないのもはっきりしている。

これらの点に関しては稿を改めて述べたいが、ともあれ今回は、レズアンは全く不自然でないという結論を出して終りにする。

女のキリストが

水川羊子

南米には黒いキリストが
韓国には黄色いキリストが
そして
私たちには女のキリストが
神の子を産む母でなく
言葉を吐く女のキリストが
いたか

食前に「父よ」と言いつづけ
平和を願う私たちの従順が
何を支えてきたか
何を認めてきたか

女は業が深かった
女は不浄だった
女は地獄の門だった

いつかではなく
今生きているのは
ただ女である私
ただ人間である　あなた

麗頭美庵通信

57.10.17

第2号
〈発行〉
シスターフッドの会
渋谷区初台1〜30
代々木郵便局
私書函16号

100 YEN

〈右傾化・騒音・自衛隊〉

水野笙子

この頃、我が家の上空を通り過ぎる騒音の塊の数が増えた。それは全く騒音以外の何物でもなく、そいつが通るとT.V.やラジオの音はもちろん、話し声すらも聞こえなくなってしまう。それどころか、時には窓ガラスがビリビリ震え、畳にすわっていると、おしりの方から震動が伝わって何とも気持ちが悪い。夏の暑い日などイライラしてしまい、石を投げてうちおとしたくなる。

さて、この騒音の塊は、何をかくそう自衛隊の飛行機なのである。家のすぐ近くに基地がある為、飛行機は日夜をとわず、もちろん深夜すらもわがもの顔で飛びまわっている。この"ゴォーッ"という音はまことに不気味で、深夜たった独りで耳にすると、空がうなっているようで思わず"ゾッ"とする。もちろん昼間でも、この音を聞

〈食らう〉

野中路子

植物さえ
むしられる時には
声をあげる
という

その声……
たぶんかすかな叫びを
聞きとれる耳を
持っていなくて良かった
と思うのは
卑怯だろうか

みずみずしいトマトが
切りにくいのは
まだ生きているのか？
命の抗いなのか

ようやく
半分になったトマトから
血の上澄みのような
果汁があふれて
切り口は
血管の断面にも見える

アダムの肋骨からでなく

水川羊子

私は生まれた
アダムの肋骨からでなく
人の女から
女の骨と血と
果てしない日常と
拒否とあきらめと
思いこみととらわれと
すべての生命を生命にして

「男の子が生まれなかったら動
かなかった」
七歳の頃、暗闇で聞いた父母の会
話
それでも私は愛した
親のためにいつだって
生命を投げ出した
私はあきらめない
人間の女であることをあきらめな

もちろん昼間でも、この音が聞こえてくると何とも言えず不安な気持ちになってしまう。ひどい時には三秒に一機の割合で飛びまわる飛行機は、毎日〱確実に私の神経を傷めつけている。

非武装の平和なんて理想論かもしれないが、自衛隊という得体の知れない怪物がこの日本に存在することは、あまり肯定できない。他国が侵略してきたら防衛するのだといいつつ、いざとなったら政府に楯つく国民に銃を向ける為に軍事訓練をしているのではと、いらぬ心配までしてしまう。

慣れというのは恐しいもので、最初は不快で気になっていたものもだんだん気にならなくなり、ついにはその存在をも忘れてしまうという事態すらひきおこす。そうすると私は、毎日この騒音に悩まされているおかげで、自衛隊という得体の知れない怪物の存在に慣れないでいられるのかもしれない。

どんどん右傾化しつつある日本を象徴するような自衛隊の飛行機の増加という、身近で体験していなければ、もしかしたらわからないかもしれぬこの事実を、一人でも多くの人に知ってもらいたく、文章にしてみた。就職と卒論のことでいっぱいの頭を叱咤激励しながら書いたので、わかりにくいかもしれません、おゆるしを……。

生きるために食らうなら
食らい尽くせ
一皿の向こうの
牛の
ブタの
ニワトリの
魚の
野菜の
まぎれもなく奪われた命を

〈魂ってなにかな?〉

藤崎 真里

見渡す限りのススキの野で思ったの。
空はまあるく果てしなくて、宇宙は無限で、私達は一部しか見えないし、宇宙的単位で考えれば、私達は、あまりにも小さいし、その一生はすごく短いもので、小さな私が悩んでみても、やっぱり悩みも小さくて、なんの役にもたたないようだけど、微生物も人間も宇宙もみんな同じなんだよネ。
　そんな私が（人間が）精一杯生きて死んだなら、他の諸々の人達と融合して、なんかの物体になれるよ、そんな時宇宙の家族だなってきっと思う時がくると思うの。

肯定することと
肯定と肯定が
豊かにつながれることを
とぎれとぎれの垂直の線と
ジグザグの横の線と
あなたや私を
そっくり認める
やさしいうなずきと
生きつづける抵抗と

人が死んだ時、それでも思いだけは残っているから、その思いを大切に、いつでも進歩するように生きなけりゃいけないよね、私達はいつか、星になるんだから
ノーマルだとか、アヴノーマルだとか思うことより、好きな人に思われてないとか悩むより、いつか私達は、いっしょになるんだよーって思ってみたりしてみてもいいんじゃないかな。

11 Eve & Eve 第1号（若草の会 発行）

Eve & Eve 目次

創刊のことば……………………… 鈴木　道子　2
インタビューコーナー………………… 小野　れい　4
愛でブラジル(劇画)………………… 中川　美樹　73
イヴにおくる三つの愛(特別寄稿)…… 山口　森央　95
　ロング・ロング・アゴー…………………… 96
　水の劇場………………………………… 101
　兎の記念日……………………………… 106
2999ねん……………………… 高峰　美雪　112
別れても好きな人……………… セーラム・ライト　116
思い出………………………… 小笠原　藍　121
孤舟…………………………… 元高　葉子　126
本の話あれこれ(BOOK LIST)……………… 138
手紙…………………………… 森　冬美　150
要石…………………………… 小笠原　藍　154
Hell Cat……………………… 咲坂　峡子　155
港の風景……………………… 森　冬美　159
逆風…………………………… 小笠原　藍　166
送春歌………………………… 森　冬美　187
イヴ通信……………………………… 191
●ヤジウマ●　銭湯はいいな 137　かかいも・電話ボックス他 164
スタッフ募集 42　モデルぼしゅう 54　Eve & Eveだより 72
若草の会(だより) 94　次号予告 147

Photo 岡崎克彦　Design 津田麻美

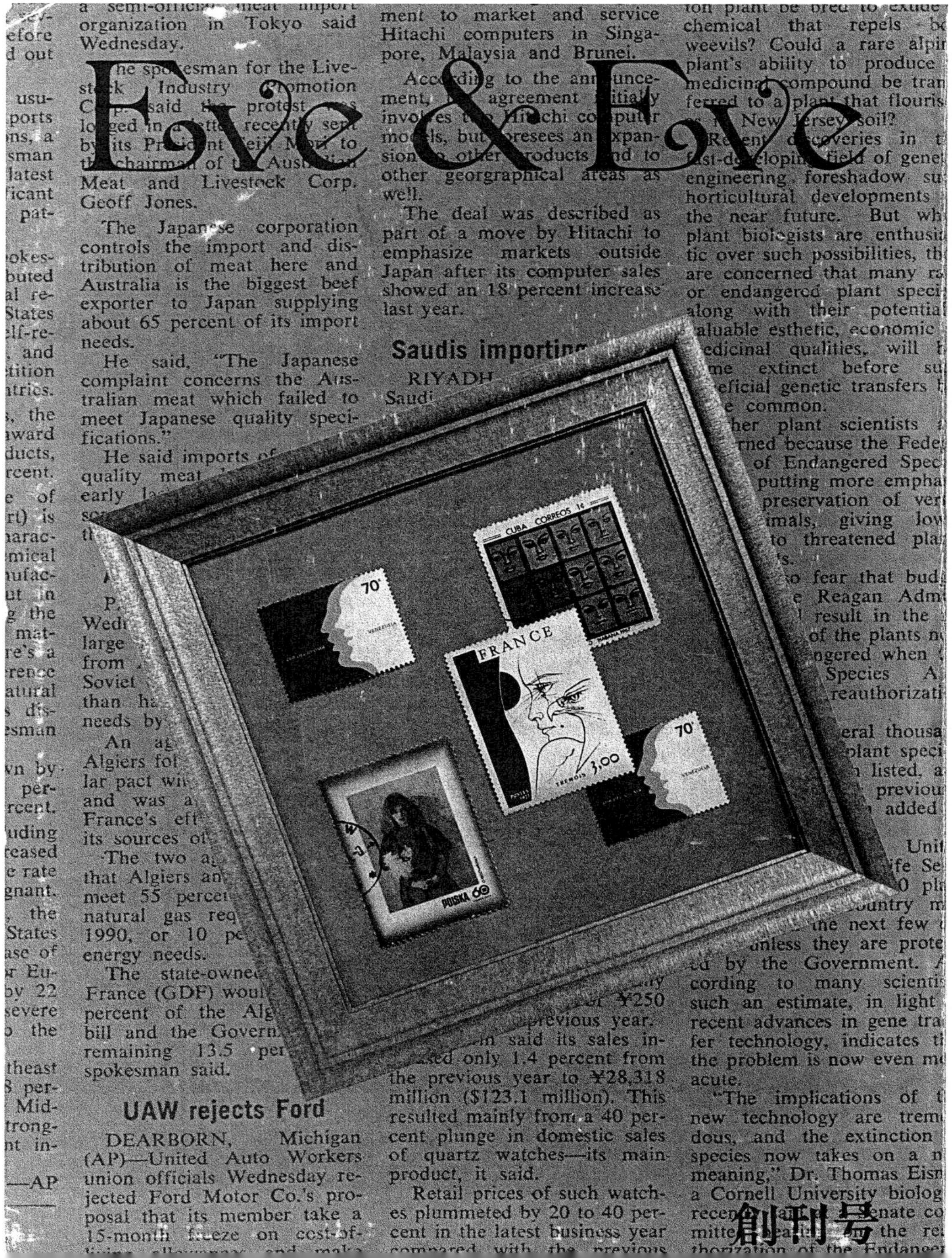

創刊のことば

皆様お待ちかねの日本最初のレズビアン雑誌『イヴ&イヴ』が誕生しました!! 昨年は、「若草の会」も発足して十年目――「ひとくぎりの感慨をなにかの形に……」とこの雑誌を計画、ようやく発刊の日を迎え、皆様の手にお届けできることはこの上ない喜びです。

これまで、何度か各方面の方々よりお話がありましたが、内容の点で合意出来ず（男性読者の興味に添ったエロ本的内容の依頼）、見合わせてきました。そのため、自費出版にいたしました。

今回、初めての試みということもあり、編集スタッフも十分ではなく、

皆様のご希望に添えるような雑誌ではないかも知れませんが、徐々に内容の濃い雑誌にもって行けるよう頑張ります!! 男性の雑誌は多数ありますが、女性の雑誌は『イヴ&イヴ』の誕生で、ようやく待望の幕あけとなりました。

この道に生きる女性たちのすべてが、迷いやためらいを捨て、強い信念をもって明るく伸び伸びと人生を歩んでいって欲しい……。その願いを込めて、『イヴ&イヴ』は創刊されました。

まだまだ小さな灯ではありますが、読者の皆様の強いご支持を得て、今後ますます……あかあかと燃えあがるよう、努力していきたいと思います。

「若草の会」代表

鈴木道子

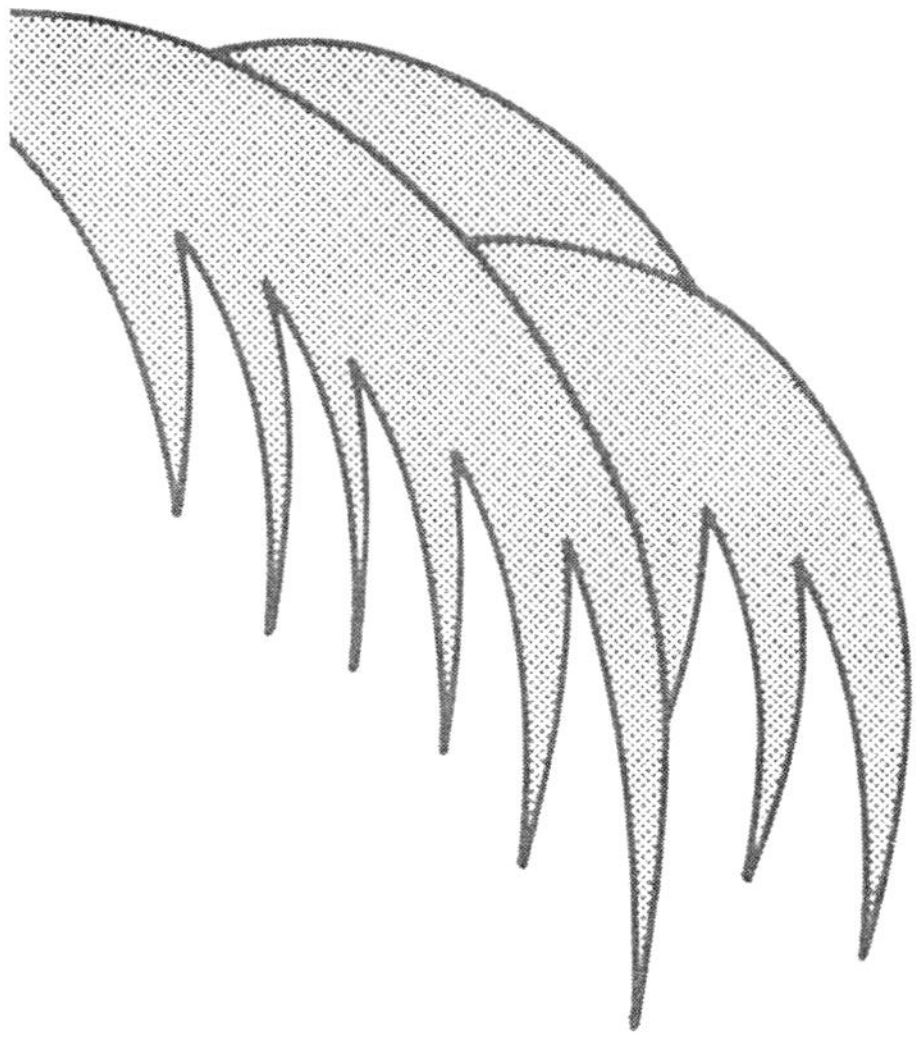

インタビューコーナー

ききて 小野 れい

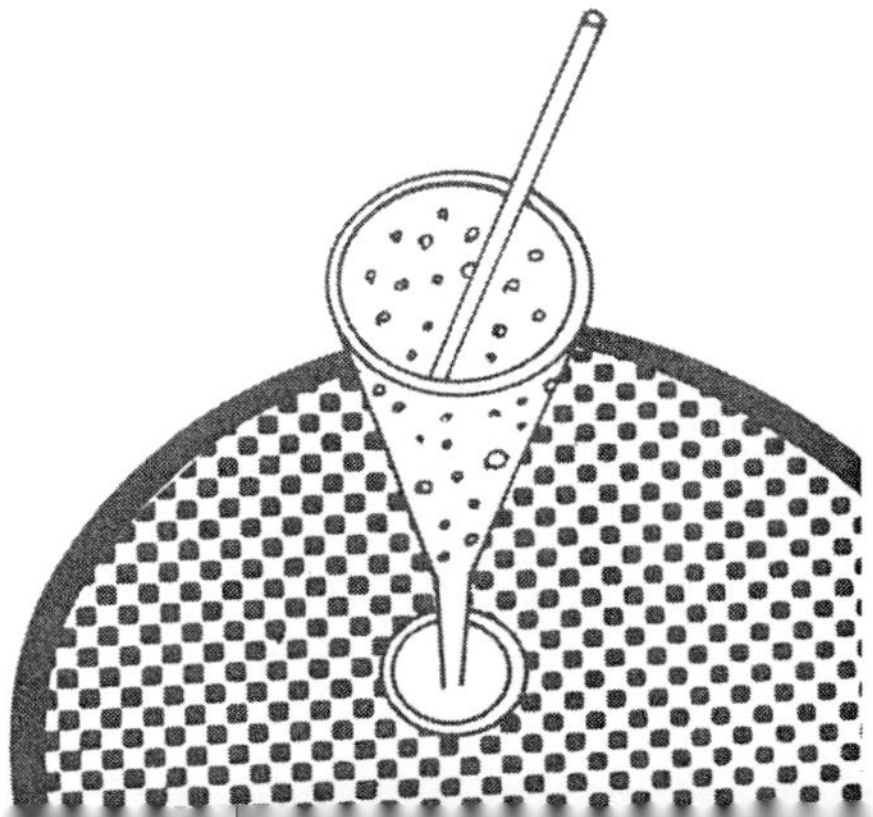

明るい世界だったから これは住み心地がいい……

小林 美也子（21歳）

——レズビアンだなーと……自覚されたのは？

小林 中学の終わりくらいから……。

——共学ですか？

小林 ええ。ずっと共学で、短大は女子校ですけど。

——うん。で、共学の中学校のときに、女の子が好きだったってこと……惚れた？

小林 そんなに好きだったって言うんじゃないけど、女の子がいいなあって……。友達もみんな女の子だったし……。

——ほのかに……。

小林 もうちょっと後になって、好きなような気がした人はいましたけど……。

——あとになってって？

小林 高校3年ぐらい……趣味が同じで。でもいろいろ考えてみると、ひとつには興味本位とか、そんな感じで……。

——恋愛関係じゃあ？

小林 いま考えてみると、違うと思うんですね。男より女の方が安全だとか……。

——安全ですね、ブッチャケた話。（笑）親も心配しないし。

小林 やっぱり話題性もあるでしょ。

——話題性って？

小林 男の人が好きだとかいうことより、話してて「実は女が好きじゃ！」「ヒェヒェヒェ！」とか。そこで一発、盛りあがるとか。（笑）

——向こうは別にそういう人じゃなくって？

小林 向こうは本質的にはすごく男の人が好きっていう人なんだけど、不安な時期だったんじゃないかと思う。あと、短大のとき、すごい綺麗な人がいて、もう見てるだけでいいって人がいましたけど……。

——普通のお友達関係で？そんなに美しい方。

小林 ええ。友達も「あれは美しい……」とか。

——で、見てるだけで良かったんですか？

小林 ええ。遊びに行ったりとかしたけど、でも別に……。学生時代、そんなことばっかり考えてるわけじゃないし。

——その美女を追いかけて、つきつめるということはなかったの。

小林 と言うより、いくとこまでいっちゃうと……、男と女の場合だと、いつまでも友達でいられないってのあるでしょ。で、恋人とか夫婦関係になるんだけど、女の子同士の場合だと、やっぱり、ひとつ友達って線をおきたいと、いつも思うのネ。それが肉体関係まで行っちゃうと、なんにも残んないでしょ。恋人とかって形まで、果たしてなれるか……。一緒にいるだけで嬉しいって感情が、肉体までいっちゃうと、どうなるのかわかんないから、いつまでもって思う人には、肉体までいっちゃうとどうなのかなって、いつも思うんです。いままでずっとそうだったから。肉体までいった人ってのは、私はもうつき合ってないし、喧嘩っていうか、憎みあって……。

いつまでもお友達で、これからも仲良くやりましょうとか、肉体関係をもっても、そうなれるってのは不思議なんですけど。

—— 肉体関係の経験は、何度かあるんですか？

小林 はい。何度か。

—— その時には、そういう関係に入る前に激しく想ったということですか？

小林 いま思うと、肉体が早かったと思うのネ。

—— いま、思うとネ。女の人のどこが好きなのかしら？

小林 女だっていうだけで、話が合う部分とか、いままでずっと女の中にいたから、安全圏を離れられないっていうのとか。

—— 男性との恋愛は？

小林 ありません。共学の時も趣味の方に打ち込んでいて、学校にあまり力を入れてなかったから話もしないし……。それに男性の方が精神年令が低いから、話にならないって感じがして、無視してたし。大学に入ったら、女ばかりで楽しかったし、いまの職場も女ばかりだし……。男性と接する機会があまりないってことです。それと、音楽が好きでその方で集まってきた人とは、もうボーイフレンド、ガールフレンドの関係っていうか……恋愛感情が入りこむスキがない。皆どうやって彼氏を見つけるのか……。昔は、道歩いてたら落ちてるもんだと。（笑）

—— 男の人に、巡り合うチャンスが欲しいなあとは。

小林 必死に捜してるって感じはないですネ。趣味が合ったら、楽しいけど……。

小林 心は揺れない？

小林 女の人だったら、多少趣味が合わなくても話せるって感じはあるけれど……。男の人で趣味とかなくて、平凡で会社や学校の往復だけやサーファーやニュートラの女の子がいいなーとか言う人なんてのは、見たくもないって感じで。そんな人なんか、話したって面白くもないし。私の家庭観てのが、根本的に男の人とズレるだろうし……。よっぽど趣味の合う人なら、別だろうけど。

—— どんな家庭観なんですか？

小林 やっぱりお互いが好きだから暮らしてるんであって、どっちかが浮気しても、それは責める権利はあるけど、責められた方は、改善する理由はないわけです。ある日突然、別れようって言われたら「あ、そうですか。別れましょう」って言うしかないし……。奥さんが家事をするなんて理由は少しもないし、家の中がグチャグチャでも、それは気がついた方が直したければ直せばいいし、仕事もしたければすればいいし……何も前提ってものは、少しもないって思うんですネ。子供も作りたくなければ、作らなきゃいいし。世間体とかそういうものは、一切無視したいと思うんですけど。ただ、別れるとかそういう問題は、ちゃんと手続き踏んでもらわないと、女の人はどうしても立場が弱いから……心配だけど。主人にギューギューひっぱってもらいたいとか……そういうことは全然ありません。

—— 家庭を維持していくためのお金は？

小林 仕事ってのは、私も好きだからお互いがやっていけばいいと思いますけど……。仕事の種類にもよるけれど、専業ナニガシってのは、人間を一辺倒にしてしまうと思うから、いろいろな分野で、できる人ってのはスゴイと思います。

—— ひとつの世界だけでなく……。

小林 一つの世界をもってる上に、いろんなことのできる人……。

—— 興味や関心が広くて、視野の広い人ですネ。

小林 そう。遊べる人っていうんですか……。

—— 柔軟な心をもってる人ネ。

小林 そう。

—— 面白いですネ。そういう家庭観に、「賛成！」という男の人は、いないんですか？

小林 話したことないの。家庭観なんていうより、趣味の話でほとんど終わっちゃうから……。ただ、女の子の間では、私の友達なんかは皆そういう意見が多いから……。世間の人は皆そう思ってるんだと思ってたら、案外そうでないんで……。

—— ビックリしてる、きょうこの頃なのネ。（笑）うん、その家庭観によると大切なのは愛情であって、それがなくなったら、すぐ別れるということですネ。

小林 ええ。ただ、打算的な考えで、恋愛と結婚は別と考えて、いい旦那を見つけて、自分は自由に遊ぶというのも賢いやり方だと思います。

—— 旦那には、ばれないように……。

小林 そうですネ。そういう演技ができるというのは、一つの役者だし。自分の生活は固持できるけれども、他のところでは大変エンジョイしてる、というか……。いまの人なんか、ほとんどそういう人が多いと思いますから。

—— 多いですか？

小林 多いんじゃないんですか？ 見合い結婚が、いまだに人気があるってのは、そういうことだと思うし……。スゴイいいやり方だと思います。

—— うん。気持の点では、どうでしょうネ？ やはり、嘘をつくわけですから……。多少の後めたさはあるんじゃない？

小林 友達なんかでもネ、家がスゴイ堅いうちで、お父さんお母さんがしっかりしてる家の娘で、話してみるとスゴイくだけた人で、「家では、どうやってんの？」って言うと、「家ではもう、シッカリ親に仕えてますよ！」とかって……。そういう、小さい頃からの二面性、三面性をうまくコントロールできる人は、結婚してもうまくやってけると思うし、むしろ、そういう人の方が柔軟性あると思いますネ。うちなんか、割と親に自分の好きなことは公認させてきたから、もう自分の好きなことしかやれなくなったから……スゴク狭い人間になってしまったと思います。

—— 二面性、三面性を併せもつということは、別の角度から見たら、例えば家庭なら家庭とかに、自分の全ての目的意識とか生き甲斐とかを負わせない、求めないということですネ。ここで得られるものはここで……。あとはこっちで実現して……とか、割り切って……。

小林 そうです。

—— うーん。いま、おっしゃったような家庭観というのは、女の人となら、むしろ実現しやすいのではありませんか？

小林 そう思いますけど……。でも、個性の強い人だったらお互いに衝突するだろうし、反対に優しい人なら、それで、腹が立ってくるんですネ。

—— ぐずぐずして……。

小林 そう。「えい、うるさい！」とか。だから、自分に問題がスゴ

くあると思うんです。

―― そうですネ。勝手な人ですネ。（笑）

小林 本当に勝手なんです。それでも一緒に住みたいとかいう人がいたら、もう喜んで住みます。

―― 相手にしてみたら、かなりの熱愛ですネ。（笑）いつか、そういう形が欲しいですか？

小林 一度やってみたいです。

―― ご経験はないんですネ。女の人と暮らした……。

小林 ええ。

―― じゃ、その肉体関係までいった人ってのは、それぞれの家庭にいて……。

小林 しょっちゅう往き来して、泊ったり……。

―― どちらかのお部屋とか？

小林 私の部屋とか……あと、下宿している友達の部屋を借りて。

―― いいですネ。友達ってのは……。

小林 でも、その友達は全然知らないのネ。（笑）知らないで、グーグー寝てるのネ。

―― そこに居るんですか!?

小林 熟睡してて、最後まで気がつかないの。そしたら、黙ってればいいのに……。その子が「これこれでネ……」とか言って。そしたら怒って「邪魔だって言ってくれれば、居なくなるのに」って。

―― 傷ついたりして。本当に狸寝入りじゃなかったんですネ？

小林 本当に寝てたの。

―― 健康な人ですネ。（笑）私なら、すぐ目を覚して熱心に見るけれどネ。（笑）

小林 熱心に寄ってきて……。（笑）

―― 混ぜて！とか……。（笑）お友達は、あなたがレズビアンであることを知ってますか？　いろんな友達……。

小林 興味があるっていうと、いいかげんに聞こえるけど、私の友達はホモとかレズとか、本質的に好きなんですネ。だから、誰がどうのこうのと言っても、特別視ってのがなかったし、レズだとか言われても、「おう、そういうことであるのか！」なんて、別の世界って感じはないんですネ。だから、女の子同士でも「あの子が好きである」とか、しょっちゅう言ってたから……。

―― 「へえ、あなたレズなの！」なんてことは？

小林 全然ない。学校の子も皆そんな感じで……。「おう、ナルホド、ナルホド」とかって。（笑）

―― 「よう、やるわ！」と……。

小林 そう。（笑）だから明るい世界だったから、これは住み心地がいいと。

―― あなたは、世をすねないで済んでるんですネ。

小林 全然すねてないんです。

―― ご両親はご存知なんですか？

小林 父親は知らないんですけど、一回、母親にばれまして……。それは大変な騒ぎで……。いまはあまり気にしないんじゃないかな。

―― 母親ってのは、割に現実的ですからネ。妊娠とかキズものにさえなってくれなければ……。まあ、ハシカにかかってるんだとかネ。（笑）そういう話はなさいますか？

小林 その辺、古い家だと思うんですけど、SEXに関しては……、男とか女とかに限らず、あまりしなくて……。妹のボーイフレンド

とかは歓迎してるけど、話まではしないので……。女が好きだなんて話したら、ビックリはするでしょうネ。

―― 黙認とか……。

小林 いやあ、普通の母親だったら一回くらい言っても……、胸に納めておくんでしょうけど。うちはもう、三日くらい、たてつづけに言われましたからね。「うわあ、もう家に帰れない……」って感じで。でももう、言っちゃったからネ。

―― しかし、お父さんには言わないでいてあげる、と。

小林 あ、そうですネ。父親に言わないこと、どこの家でも普通にいっぱいあるでしょ！

―― あるみたいですね。「ついたて」という感じでネ。あなたが女の人に魅かれるのは、原因というものはあると思いますか？

小林 ごく自然な形で女系家族だったし、友達が皆女だったから、その延長みたいな感じで……。

―― 何か大きな事件があって、キッカケになってとか……。

小林 ないですね。寄ってきたのが女だからって感じで……。（笑）親戚も皆、女で。いとことか皆女だから……。友達の女の子達は元気な人が多かったから、面白かったし……。むしろ、彼氏とかの話は話をするのは勝手だけど、聞くのは面白味がなかったし……。そういういろんなことやってる人ってのは、そのことだけに凝り固まるってこと、なかったし……。クリエイティブな女の人はいいなあと……。

―― あなたは仕事を大事にしてますネ。

小林 はい。しています。

―― するといま、恋愛にワッとのめり込んで、それだけになっちゃうっていうようなことは……。

小林 あるでしょうネ。

―― あるんですか！

小林 コントロールが下手だから。好きな人ができたら、のめり込んじゃうと思うんだけど……。女の人だったら、多少慣れっていうとなんだけど……あるから、その辺はコントロールできると思いますけど、男の人で好きな人ができたら、これは困ったなあと……。（笑）女の人だったら、オフはオフ、仕事は仕事で、ケジメがつけられると思います。

―― ペースを守って……。

小林 ええ。私はどっちかというと、両方いけると思うんですね。

―― バイセクシュアル？

小林　ええ。男の人も決して嫌いじゃないし、ただ、女の人の方が少し好きだと……。でも……。
——これから、いろんな体験をしてみたい?
小林　ええ、それはあります。
——男、女に決めつけないで……。
小林　そうです。好きになった人がたまたま男の人であったり、女の人であったりするってことで……。
——性格とか、結婚とか、こうでなくてはならんという、固定的なものが、あなたにはなくって……。
小林　ええ。
——その時の自分を表現できて、話が合って、刺激があるというか……互いにネ。それが大事なんですネ。
小林　そうなんです。
——うーん、良くわかります。結構ですね。(笑) さて、男女の愛と女同士の愛と同じだと思いますか?
小林　それは互いに、両方いいと思いますけど。女の人の場合は、いくとこまでいっても……肉体的に、最後がないわけでしょう?
——SEXの話ですネ?
小林　そう。どこが始まりで、どこが終わりか……。
——起承転結が?ハッキリしない?
小林　そう。だからその辺がしまりがない……(笑)という気がするんですけど……。(笑)
——しまりがなかったのね、あなたの体験では。あ、それもあるのかな?だから、寝ちゃうとつまんなくなっちゃうっていうのは、それもあるのかしら?

小林　あ、そうかも知れません。
——いいSEX体験ではなかったのネ。
小林　何回やっても同じって感じで……。毎回、違うことしようとかしても、ああ、またこれか……とか。特に感情が伴わない場合だと、もう全然面白くない。
——伴ってたんでしょう?
小林　伴ってない人もいたから……。あ、これは面白くねえなあと。(笑)
——好きじゃなくても寝られるわけネ?
小林　うーん。男も、子どもが生まれないって実証があれば……ひとつの遊びとしては、できると思います。
——女とも?
小林　初めから、遊びが前提で。その代わり、いかに楽しく……。
——遊びまくるか。
小林　そう。遊びまくるかと……。
——向うもそのつもりだったんですネ。
小林　ええ。
——でも、あんまり楽しくなかった。
小林　そうですネ。
——と、いうことは……いまは、どうですか?愛がなければ寝てもしょうがないやって、思ってるのですか?
小林　面白くないでしょうネ。
——女性との初対験の時、どんなこと思いましたか?
小林　みんなに言いまわりたい……。(笑)
——話題性ですネ。

小林　話題性。面白いことしちゃった……。平凡じゃなくなったぞって……。(笑)
——あまり長い時間、シッカリなさったってことじゃないのネ?
小林　ええ、いちばん初めは。
——お酒かなんか、入って?
小林　しらふで。
——しらふで……。それは、少しは好きだなあってことがあって?
小林　別になんとも思ってなかった。私がベッドに寝てたら、入ってきたので……強引に誘ったんです。
——強引にせまられたのではなくて……。
小林　入ってきたところを誘ったんです。(笑)
——入ってきたからには、それだけの覚悟はあろうと……。(笑) じゃ、あんまり、ひたすら愛して愛して、やっと寝ましたと……そういう経験はないんですネ。
小林　あ、ありませんネ、それは。
——今度、それもやってみたらどうですか?(笑)
小林　いいですネ。
——SEXのことで言ったら、タチとかネコとか……。
小林　あ、ネコ専門です。それで、あんまり私が動かないから、怒ってた時もありました。
——相手が怒った?
小林　ええ。(笑)「しんどい!」とか言ってネ。命令ばかりして。
——少しは参加して欲しいと……。(笑)
小林　そう。なんにもしないからネ。
——なんにも?じゃ、ただお任せして……。

小林　お任せして……。
——どうしてそうなんですか?
小林　そうですネ。どうしてかしら……。あ、皆違うんですか?
——いろんな人がいるみたいですネ。フィフティ・フィフティの人達とか……。
小林　それがいいんでしょうネ、本来は。
——あなたの逆で、相手にさわらせない人もいるし……。八〇%位のタチの人とか……。
小林　ふうん。
——各種、取りそろえてあるからネ。若草の会には……。(笑) ホントびっくりしました。すると、あなたはタチの方になる可能性は全然ありませんか?
小林　そっちの方にまわっても、全然楽しくないから……。これは面白くない。
——やってみた結果、面白くなかった。
小林　ええ、全然。
——徹底的に受け身だというのは、何か心理というか、その辺は。
小林　ただ単純に、楽だから……。
——はあ、そうですか。(笑) 相手に従いたいという気持があるわけじゃないんですか?
小林　それは別にないですネ。
——気持の上では、対等なんですネ?
小林　で、なければならないと思います。
——やることは、楽な方をとって!怠惰ですねえ!(笑)
小林　勝手です。(笑)

――それでもいいって人がでてきたら、これはもうホ・ン・モ・ノですネ。子供っていうことについては……？

小林　子供は、大嫌いです！

――いま、表情まで伴ってましたネ。(笑) そんなに嫌いですか？

小林　もう、嫌いで嫌いで。子供がたくさんいると、ヒステリーおこして錯乱状態になって……。あんなのは全滅してしまえばいい。自分が昔、子供だったってこと、思い出すだけでも気持悪くて……。

――できたら大人で生まれたかった？

小林　生まれた時から、大人だったって気がします。

――お母さんに聞いてみよう。(笑) そうすると、例えレズビアンのカップルに、あなたと誰かがなられたとしても……もしも、子供を生めたらなあとか、そんなことは全然……。

小林　でしょうネ。ただ、子供を育ててみたいとは思いますけどネ。

――体験として？

小林　ええ。

――いろんなことやってみたいうちのひとつ⁉

小林　そうです。

――結婚はしたくないけど、子供は生んでみたい、という女の人時々いますけど、そんな気持は？

小林　理解できます。ただ、現実問題としてやっていくには、経済的にも……。また経済的に楽だったとしても、そばにいてやれるだけの時間があるかどうかとか……スゴク難しい。それをやってる人ってのは、スゴイ人だと思う。

――もし、カップルになられたとしたら……長続きさせるには、どうやっていったらいいと思いますか？

小林　ただ長続きさせるんだったら、妥協だと思います。

――あ、いいことおっしゃいますネ。"ただ"長続きさせるんなら、と、おっしゃるのはチョット批判があるのネ？ つまり、ホントじゃなかったら……長くてもしょうがないんじゃないかって……。

小林　男女の夫婦でもいえることなんだけど、夫婦はもう愛とかそんなんじゃないんじゃないかって……。空気みたいに。それは、持続させることで意義があって、それが仕事であっても、なんであっても。好きな仕事っていうのは、ハードで長続きさせるには無理だろうし、結婚して子供つくっても続けられるのかどうか……。公務員の人なんかは、いつまでも続けられるのは、どういう意味であるのか……とかって良く似てると思うんですよネ。

――そうネ。単調にあるいはドラマ性が全然ないように見えても、長く続いていることによってしか、生まれ得ないものがあるともいえるでしょうし……。

小林　そうですネ。

――いま、おっしゃったように、ハードで本当に好きな仕事、あるいは恋愛相手であったなら、どうなんでしょう？

小林　一瞬に燃えあがってしまって、もう行くところまで行って、パッと散ってしまったら……別に、それに対する未練とかはなくなっちゃうから。あ、もういいやって、すっと冷めちゃうかも知れないから……それは、その時その時でしょうネ。同じ恋愛するんでも、パッと見て「あ！この人がいい」と思う人と、何年もつき合って「あ、やっぱりこの人はいい」と思う人と……。

――ありますネ。うーん。あなたが誰かを愛しているときに、相手が浮気をすると……あなたは？

小林　許す許さないの問題じゃなくて、それは相手の自由なんだから……それを責める権利はこっちにはないんだから。浮気をするのは勝手だけど、私といる時はその分、楽しければそれでいいし……。こっちも何好きなことやってるかわからないんだし……。そこまで独占しちゃうとネ。その人の範囲を狭めちゃうことになるし。

――しかし、隠しごとは嫌ですか？ 知っていたい？ 互いに。

小林　そうですネ。できれば笑いながら話してくれるような人がいいですネ。「こないだの人、どうのこうの……」とか、「でも、やっぱり、あっちの方が好きだ」とか。こっちも「ほほう、ナルホド」とか言って……。陰うつに隠したりなんかじゃなくて、「私の彼女はあなたよりずっといいぞ！」とか、そういうのがいいの。

――しめっぽく、二人っきりになっちゃうっての嫌なのネ。

小林　そう。できればみんな寄ってきて、ドンチャン騒ぎするとか……明るいのは、なんでも許します。

――どういう人を愛するんですか？

小林　優しい人です。なんせ向こうが私をスゴク気に入ってくれたらとっても嬉しいです。

――向こうの愛情が欲しいのネ。で、あなたがなんか我まま言っても……微笑みながら……。

小林　そうそう。

――わかりました。いい人が見つかるといいですネ。どうも、ありがとうございました。

大切なのは信頼です

松　井　は　る　み（23歳）

―― レズビアンで良かったなって思いますか？

松井 思います。

―― この次、生まれて来るときも？

松井 女で……。

―― 女で……。

松井 レズビアンの道を、ひた走ってみようと……。

―― この次は、リードしてみようとか？

松井 いえ、いつもリードされているという意識はないんですけどネ。

―― あ、そうなんですか。気持はどうなのかしら？

松井 相手によって、変わるような気がします。

―― 甘えたい、甘えたいというようなことじゃないんですネ？

松井 大体、甘えたいってのもあるけれどネ、私自身は経験ないんだけど、友達と話してて、割ともうイキがってる人っているでしょう!?男の立場って感覚で……。それより女性的な立場の人の方が、シッカリしててネ。裏いけば、リードしてたりしてネ。（笑）だから一概にそういうことは……。たまに、だらしないなって思うことあるもの。スーツとか着てる人達……。こっちの方がよっぽどりりしい、とか思ったりして。

―― 前の彼女のときの話、聞かせて！

松井 そのときは、知り合って一週間目くらいで、ワーと燃えちゃって、親にも宣言して……。もちろん、反対されるでしょ。だったら家出ますって、何もかも捨てて走っちゃうって感じだったのネ。それまでは、割とノホホンと育ってたから、経済的なこととかいろんなことで、ある程度の水準以上なきゃ自分は生活していけないみたいに、思ってたのネ。良く、手鍋さげても、とか言うでしょ。自分は好きになっちゃえば、そういう風になれちゃうんだみたいな発見があったのネ。極端な話、なんにもなくても幸せだったのネ。お風呂がない、湯沸し器がない、で、狭い部屋でって感じで。でも、一緒にいるだけで幸せで、インスタント・ラーメンだけ食べてても幸せだった。

―― そんなに一生懸命だったのに、どうして壊れちゃったの？

松井 それはいろいろあって……。

―― いろいろあってネ……。お互いにもう暮らしていかれないということ、わかりあって!?

松井 暮らしていかれなくて、別々になって……。何ヵ月間かまだ続いてたんですよネ。でも、一度一緒に暮らしちゃえばネ。で、ほんと大変だったですよネ。修羅場っていうか、一緒にいれば、どういう言葉いえば相手が傷つくかって、わかるでしょ。その相手の傷つく言葉だけを選んで言ったりネ。そういうこと、して……。

―― あなたがいくつのとき？それでどのくらい続いたの？

松井 二十一歳。一年ちょっと。でも、実質的には二人とも仕事しなくて、時間があるから、朝から晩まで一緒で3ヵ月間いたり…。

―― 密度が濃いという……。

松井 二、三年いたみたいネ。

―― 仕事に行きたくなかったってこと？

松井 私は、体が弱かったから。相手もたまたまそのとき、持病をもってて……。それがひんぱんに出て、発作とか起こしてたから。

―― カップルが長続きするには、大事にしなくちゃいけないものって？

松井 信頼じゃないかな。私は、一緒に暮らしてる間、常に不安だったですよ。相手がどっかいっちゃうんじゃないかって。非常にお酒飲むことが好きな人だったから。もちろん、レズビアンていうのは、はっきりしているんだけれども。男性にももてる人だったから。で、飲み友達とかで男の人と飲みに行ったりしてても、不安だったし、常に疑ってたから……。

―― 信じようと思って、無理に信じることはできないの？

松井 信じようと思えば、ある程度、信じきれると思う。

―― カップルにとって、浮気ってどうしても起こってくることだと思うのネ。そういうの、どうしたらいいのかしらネ？

松井 私は浮気とかされてもネ、百%私にわからなければいいんですよネ。だけど、言う人がいるでしょ！それとかすごく無神経なしかたをする人がいるでしょ。嘘が下手だとか、ネ。そういう風になると……。

―― あなたは、わからないように……。

松井 やるんだったら！

―― わかんないようにやろうと？

松井 もちろん！（笑）でも、口で言ってるだけなのよ。口で言ってても、実際になったら、なんていうのかしら……。

―― できない……。割と純情な方ネ。

松井 純情です。（笑）

―― それと、一途ネ。

松井 そうなの。だけど、それが怖いんですよ。

―― 一途になり始めたら、どこまでいくかわからないってとこありますネ。あなたは……。

松井 そうなの。だからいま思うのに、その一緒に住んだときってのがもう非常にのめり込んでいたから、逆にいまつき合ってる人に対しては、自分で押さえてるってとこある。

―― 自分をコントロールする……。

松井 かなり、してます。

―― 俗によく、タチとネコとか、そんな言い方をすることについて……。あなたなんか、これはもう誰が見ても受け身って感じると思うんだけれど。このことについては、さっき相手によって、どうにでもなるっておっしゃってたけど、どうですか？

松井 それが多分にネ、矛盾してるんですネ。女の人好きだったけど、つき合ったことなかった頃は、多分にリブ的な思想で、男装なんかっていう風で、そんな日がずっと続いていて、ある日レズ・バーに行ったときに、とっても男装の人に魅かれちゃったのネ。それからだんだん、なんかはっきりそういう風に分けることはおかしいけれども、割合として自分はどっちの方かに傾いているって……。そういうのがあるんじゃないかと思い始めて。どっちかっていったら、自分では受け身の部分てのがあると思うけれども、本当に好きだったらネ、やっぱり"抱きたい"って思うしネ。

―― 自分でも表現したい？

松井　うん。

――　それを相手が嫌がったら？　嫌がる相手と組む場合もあるし。

松井　そういう場合は、そういう風にするまで。根気よく説得します。じわじわ……。

――　自分がレズビアンであることを、自覚したのは？

松井　中学一年のときに、体育の先生がとても好きで、それが初恋だと思ってますけど……。それまで、割と女子校だったから、上級生に憧れるとか、そういうことは、お友達の間でもあったし。でも、二月のある寒い日にネ、その先生が、白いソックスをはいていたんです。体操のときに。その足音を見たとき、ドキッとしたの。〝抱きしめたい〟っていう感じ、初めてだったの。〝抱きしめたい、そばに行きたい、触りたい〟って、ハッキリとそういう性的な欲望みたいの感じて……。それから〝ちょっと自分は、皆と違うんじゃないかな〟と思い出して、それからですネ。

――　あなたがレズビアンになった、何か原因は〝これだ〟と、いうのありますか？　外側からの原因？

松井　別に、ないと思う。

――　先天的なものがあると思いますか？

松井　私の場合は、先天的なものだと思う。だって、小学校の頃だって、早く女子校に行きたくて仕方なかったですもの。女だけの世界で生きたいって。

――　宝塚でも……。（笑）ねえ、宝塚で一生過ごせたら幸せでしょうネー。（笑）ご両親は、あなたがレズビアンであることは？

松井　打ち明けるまで、知らなかったけど……。宝塚好みだったし、なんかおかしいな、とは思ってたみたい。

――　ご兄弟は？

松井　家族は全員知ってます。親戚は知らないけど。

――　お友達とかは？

松井　自分が長くつき合いたいなって友達には、ちゃんと伝えてます。そこで、切られたら仕方ない。でも幸せなことに、高校時代の友達でも、会社の友達でも皆認めてくれてる。そういう意味では非常に幸せです。これで、外見が男性的だったら、違うと思うんです。自分がそういう対象になるんじゃないかって、変な怯えを与えちゃうみたいな……。私の場合、そういうのないでしょ。だから。友達でいたんですよ。「そばに寄らないで、気持悪いから！」って言われたんだって……。

――　自分も好意の対象になりそうで!?うぬ惚れてますネ。こちらだって「選ぶ権利はあるわ！」って言いたくなりますネ。ところで、お母さんに打ち明けたとき、どうだったの、反応は？

松井　はじめは、「死んで下さい！」って言われたの。（笑）

――　そういう恥ずかしい娘を持って、世間体だとか!?そんなこと言って、あなたが家を出てから全然連絡なし？

松井　私はしなかったんだけど、母の方が机の中とかひっくり返して、住所探して、友達のところとか電話したりして、結局、尋ねて来たりとか……。

――　帰んなさい、帰んなさいってことは？

松井　ただ来るんですよネ。月に二回くらい。親だから私の弱点知ってるでしょ。「新しくワンピース買ったから、取りに帰ってらっしゃい！」とかネ。（笑）「缶詰（カニ等）を買い込んだから取りに来なさい！」って攻めてくるの。（笑）

――　お上手ネ！　好みで……。

松井　だから、しっかりとそういうときは、「帰って来ましたよ！」とか言って「どの洋服」とか、それだけ貰ってまた戻ったけれど。

――　貰うものは、貰ったのネ。（笑）親としてはいて欲しかったんでしょうネ、そのまま。

松井　でしょうけどネ。私には、言わないんですよネ。そのことについて。でも友達がたまたま電話かけてきたりするでしょ。そうするともう……、「あなたもレズビアンの仲間ですか？」って。

――　全部を関連づけちゃうのネ。

松井　自分の娘が望んで、そうなったとは思いたくないから……。友達に誘われてとか。

――　人のせいにしちゃうのネ。引きずられて……とか。いまは、ごく普通の親子関係で……？

松井　いまは峠を越しましたから……。それに、妊娠の危険とかな

いでしょ！だから、そういう意味では、外泊してもうるさく言いませんネ。その変わり、連絡場所だけはキチンと……。いまは一生結婚しないんなら、親の方も先に死んじゃうんだから、一生暮らしていけるだけの仕事をって……。

――　仕事に関しては、どうですか？

松井　三十歳までは、ひたすら貯蓄をします。

――　働いてるのネ？

松井　昼、夜ネ。いましかできないから。二十五くらいからまた、夜は専門学校に通いたい。いまの仕事、一生できるとは思わないから……。

――　えらいわネ！

松井　でも、昔ある人と住んでたときはネ、一緒に住む前はいまのように思ってたのに、一緒に住んでその人任せになったときに、自分が自分でなくなったっていうか……。その人の気に入るように気に入るようにって感じになって……。自分の言いたいことも言えない。その人が好きなものは、自分が嫌いでも食べる。もう、自分がなくなっちゃったの。そういうの、相手はとても嫌う人だったの。合わせてくれて嬉しいっていう人と、そんなに無理して合わせるんだったらって人と、いるでしょ！

――　個性がなくなっちゃうから……。

松井　相手の人が求めてるのは、一緒に生活しながらも、相手が趣味とか仕事とか、そういうもの持ってて一生懸命自分の生き方をしてる人、だったのネ。私は途端にそれがなくなっちゃって、あなた任せで……。考え方でも自分が相手と違うこと思ってても、「あなたの思うような感じネ……」とか、そんな風になっちゃったので……。

――　男の人なら、泣いて喜ぶタイプネ！それが、かえっていけなかったのネ。

松井　そうですネ。

――　レズビアンのカップルだけど、信じられますか？いつか誰かに巡り合って……。もちろん、いまの人がそうかも知れないけど、ずーっと愛し合っていけると思いますか？

松井　それは、二人の関係性の問題だと思うけれど、可能だと思う。

――　子供は産まれないし、よりどころは気持だけでしょ。男女の結婚で子供がいるから、愛はなくても別れないというのは、むしろ欺瞞ということになるかも知れないけど。しかし、レズビアンのカップルの脆さをみてる人もいるのネ。その点、どうですか？

松井　男女の結婚と、気持のもちようは変わらないと思うの。相手にとって自分がどれだけ大切か、自分にとってその人がどれだけ大切か、信頼できるか……、その辺で計るしかないと思う。でも、形式的に男女の仲は守られてるわけでしょ、法律で。だから、別れると籍に傷がつくとか、そういうものだけであって、それがなかったら自由に別れたりしてると思うの。個人差ってものが大きいと思う。

――　子供ということで、愛する人の子供を欲しいとか、そういうことは？

松井　私自身、子供ってあまり好きじゃないから……。それにヤキモチやきだから、自分達の子供でも、相手の愛情が子供に注がれると嫌だから。

――　子供にもやくのネ！（笑）

松井　百%、こっちを向いてて欲しいから……。

――　後からくるレズビアンに言っておきたいってことは？

松井　特にないけど、ただ、レズビアンで通そうと思ったら、生活の手段を第一に考えなくてはと思う。相手を食べさせるとか、そこまで考えなくても、自分の望む生活ができるだけの仕事をネ。

――　さっき、リブ的なことにかかわってたっておっしゃいましたが、どんなことだったんですか？

松井　すごく、窮屈なものでした。まず、男らしさ女らしさっても の、認めなかったでしょ。だから、スカートはくのもお化粧するのも、周りの目を気にして……。それでも、スカートはきたいときもあるから着ていくと、「どうしたの、そんな媚売って？」とか、お化粧なんかしていると、「目のまわり黒くしてどうしたの？」とか……。そういう感じで。私、やっぱりリブの人達って身なりとか構わないのネ。お化粧もしない、顔も剃らない……。そのときはそれが正しいと思ってたけど、いまはやっぱり……。

――　リブの運動みたいなことは、もう全部嫌ですか？それともあなたの気持にあった形のものなら？

松井　すべて嫌だとは思ってないけど、いまのリブとかそういうのは参加したくない。結局、リブってのは同じレズビアンでも、頭から入ってくるでしょ。水商売で男装してる人のことなど、「ああいうのを商売にしてる……」って、毛嫌いするのネ！私はネ、男装してる人はしてる人で、ああいう男装で街の中を歩くだけでも大変だと思うんですよネ。だから、その人達はそういう形で世間に対して運動してると思うの。だけどそういうもの、決して認めない……。

――　レズビアンは増えていくと思いますか？

松井　だんだん増えてると思う。増やしたいですネ！

――　どうも、ありがとうございました。

インタビュー雑感

小野れい

連日のように「インタビュー」をしていた頃は、またアルコールとの親戚づきあいも密度をました。インタビューの後で、どこかで酔わずには帰れないのである。どうしようもなく哀しい、うめきたくなるような気持だった。レズビアンは哀しいものであるのか？そうであるとは断じていいたくない。しかし、そうではないともどうしてもいいきれない。

人生の本質のところにある哀しさがレズビアンにはごまかしようもなく現われるのだろうか。男女のカップルの性には、繁殖のイメージが伴ない、家庭生活には社会的に容認されたある慣れあいがある。それがベールの働きをして人生の哀しさをおおい隠しているのだが、レズビアンにはそれがない。そこにあるのは、たった一度きりの人生、限られた時をただ互いの存在のみを愛しく想ってすごす、むきだしの愛のみである。やはり哀しい。

しかし、この哀しさには一種の厳しい美しさがないだろうか…。それは紛れようもない人生、むきだしの愛そのものの持つ哀しい美しさである。レズビアンは、是か非か、異常か倒錯か、原因はなにかといった問いのレベルでは、この美しさ哀しさには届かない。

ひとりひとりにとってかけがえのない人生を、かけがえのない人と共に生きる。それだけのことである。それだけのことがただひたすら美しくて哀しいのは、レズビアンのせいではなく人生そのものの本質のせいである。

すごく女の人が好き
親密感がわくから……

江田京子（24歳）

——女の人が好きだなーと、自覚なさったのはいつ頃ですか？

江田 中学二年のとき。同級生の女の子なんだけど、四人すごく仲のいいグループがあって、その中の一人がとても好きだったの！

——あなただけが、想ってらしたの？

江田 ええ、そうなんです。

——告白もしなかったの？

江田 告白はしてないんですけど、大体向こうはちょっと感づいてたの。だけど、すごく男が好きだったからネ。言えなかったの。

——そうよね。言えたのは、もっと大きくなってから？

江田 大きくなってから。

——他の人に？

江田 そう。

——初恋はいつ頃？

江田 多分、それだと思うんですよ。中学二年のときでしょ。で、その子が中学出たら東京に行っちゃったんですよネ、仕事で。私は地元の高校行ったから。大学はね、「あ、じゃあ東京の大学に行けば会えるんだ」と思ってネ。できたら、一緒に暮らしたいなーと思ったんだけど、彼女は私と入れ違いに田舎へ帰ってしまったの！（笑）

——なんか、悲劇ですネ。（笑）メロドラマみたい。

江田 まったく。こないだ結婚したんですヨ。

——あ、そう。いまだにちょっと心が痛んだりするような感じ？　結婚の知らせなんか聞くと……？（江田さん、うなずく。）そんなに好きだったの？

江田 ——て、いうかねー、すごく大事に思ってたんですよネ。でもその子、本当に男が好きだからネ。男と結婚して、別に、彼女は幸せだからいいと思うんです。でも、将来なにか私が力になれることがあったらネ、いつでも力になってあげたいなって思ってるんです。

——現在、恋人はいないの？

江田 いないんです。

——そうすると、いまあなたの心を占めてるのは、まだ彼女かな？

江田 いえ、違います。全然心は占めてないんです。

——あ、心は占めてないのネ。ただ、あったかい思い出を持ってるってことネ。

江田 そうなんです。初恋の人っていう、さっきの質問は、はじめに女の人を好きになったのは？っていうんで、彼女のこと言ったんです。

——いまは友達としての気持みたいなものを、その方に対して持っているんですネ。

江田 でも、チャンスがあれば！（笑）

——いまは恋人いないっておっしゃったけど、本当に全然いないの？　片想いの人とか……。

江田 好きな人はいるけど、別に恋人じゃないし…。いまはいないといってもいい。

——女性のどこが好きなんですか？

江田 安心できるから。親密感があるでしょ。私は、なんかすごく女の人が好きなのは〝親密感〟。

——わかり合えるってとこからくる、親密感ですか？

江田 そう！　うん、やっぱりこう、隣りにネ、女の子がいる場合と男がいる場合と考えたとき、女の子がいた方が落ち着くし、こう、リラックスできるしネ。男には、触りたいなーとか思わないけど、女の子にはちょっと触ってみたいなーとか…。（笑）思うでしょう？　だから……。

——男の人は、逆に言うと、落ち着かないわけネ。

江田 うん。

——理解しえない部分があると思うんですか？

江田 男でも、すごくいい人は、いっぱいいると思うんですよネ。でも別に……ネ、それ程思わない。

——男の人に恋愛感情を持ったことはないの？

江田 ない。

——寝たことは？

江田 ない。デートもしたことない！

——女の人とは、そういう体験なさったことありますか？

江田 デートですか？

——いいえ、SEXです。

江田 もちろん！

——それは、おいくつのとき？

江田 最初は、二十歳かな。

―― 初めてのときに、どんなこと感じましたか？

江田 とっても嬉しいと思った。

―― 嬉しい……？

江田 これこそやっぱり私の求めていたものだと思いました。

―― その方はやっぱり、激しく愛していらしたんですか？

江田 いや、そんなことないんです。そんなに……いま思うと、多分遊び人だったと思うんですけどね。

―― あちらが？

江田 そう。でも、私は初めてだったから、やっぱり感激したんです。いままでは、やっぱり女の人好きだけれども、自分から、そういうの何もわかんないでしょう……。どうやってやったらいいのかもわかんないし。それで、そういう経験したっていうのは、自分でもやりたいなーって思ってたことだから……。とっても嬉しかった。

―― こないだね、非常に若い方にインタビューしたときにネ「女の人だといきつくところまで、いきつかないでしょう!?」と、おっしゃって、私、別に反対もしなかったんですけど、その辺のところは、どう思ってらっしゃいますか？

江田 私は男とやったことないけれど、満足しています。

―― あなたはレズビアンになられたのは、原因があるとお思いですか？

江田 原因は……私の場合は、環境によってだと思います。

―― 何かお父さんが怖かったとか!?

江田 ううん、うちの場合全然そういうことはなくって、ごく一般的な家庭でネ。父親も普通の父親だし、母親も普通の母親なんです。私、長女だからネ。あの、何でも母親に、長女ってのは普通あれでしょ……。一般的にしっかりしてなくてはならなくて、母親のお手伝いをするとか、父親とはお互いに助け合ってネ。父親はそう思ってないかも知れないけど、私の父親の関係っていうのは、もう……何ていうか、対等な関係なんですよネ。割と。だから、いつも母親とか妹たちに対して、私は保護してあげなくちゃいけない!助けてあげなくちゃいけない!父親に対しては対等な立場で……。そういう風にしていたから、母親なんかも私のこと頼ってるしネ。そういう意味で子供なりに考えてたから、母親にあんまり甘えられなかったんですよネ。でも、やっぱり甘えたいってのがあってネ。だから、多分女の人が好きなんじゃないかなーと、思ったんですよネ。

―― 甘え足りなかった!?

江田 ええ。甘えたいけど、甘えられなかった!

―― うーん、いわゆるマザコン……そうなりますか？

江田 そう。だから割と包容力があるような、こう、母親的な女の人が好きだったんですよネ。

―― 割と年上で……。

江田 うん。

―― 包容力ってのは、気持の点ですか？やっぱり、見た目にも豊かなっていうか、そういうのも含まれている？

江田 ええ。最近はちょっと違ってきたんですけど……。昔は、中学のとき好きだった人なんていうのは、大柄でネ、こうフワーとした感じで、女っぽいような……。

―― 抱き止めてもらえるような人ネ!?

江田 そう。

―― 周りの人……ご両親とか皆さん、ご存知ですか？

江田 知りません。全然知りません。

―― 知らせようとも思わないですか？

江田 言っても、理解できないと思うんですよネ!

―― 反撥されるだけで？

江田 反撥もしないと思うんです。言ってもわからないと思うんです。ほら、自分の想像を越えることって、わからないでしょう。大人になっちゃうと……。

―― そうですネ。ストレートの友達はいますか？

江田 います。ストレートの友達は、私がレズビアンであるって、知ってますけどネ。

―― それは理解してくれる？

江田 うーん。

―― 「あなたは、あなたネ!」という感じで理解してくれるのネ。同感じゃなくてネ。

江田 そう。

―― 同感だったら、レズビアンですからネ。男女の愛と、女同士の愛と違うと思いますか？男性とは性体験の意味では、ないわけですネ!?

江田 そうです。でも、やっぱり女同士の方がいいと思うんですよ。

―― 女同士では、子供は産まれませんネ。愛し合って一緒に暮らしていても……。そういうことについて、また、レズビアン同士の子供観というところから離れて、子供一般について……。

江田 子供は、全然わかんない。子供は好きなんですけどネ。でもネ、同性同士でも子供できるんですよ!

―― えー、どうやって？

江田 昨日、新聞に出てた。哺乳類でやっとできたんですって。だから……。

―― 近々ネ。レズビアンであることは、良かったと思いますか？

江田 思います。

―― 来世では？

江田 同じです。

―― レズビアンであることで不安とか、ありますか？

江田 それはやっぱり、経済的なことと将来……社会的なことですネ。

―― 社会的なことってのは、マイナーな立場だからって意味？

江田 やっぱり、一人で生きてかなくちゃならないから。

―― あ、その意味ね。さっきの老後問題……。

江田 そうです。豊かな老後は、やっぱり望めないんじゃないかと。努力はしますけどね……。いまのうちから。

―― 愛とか性とかということで、さっき、初体験のところで、あまり愛してなかったって言ったけど、あなたは愛がなくても寝られる方ですか？

江田 寝られると思います。でも、愛がなくてもっていうか、例えばある程度好きだったら寝られるでしょ!最初、人と寝るときにね「あ、この人愛してるから、それじゃ寝ましょう!」という風には、なかなかならないと思うんですよネ。ある日突然、愛が芽ばえるということは、あまりないと思うんです。つき合っていくうち、愛が生まれると思うからネ。

―― と、いうことはあなた、“一目惚れ”は信じない方なんですか？

江田 一目惚れってのは、あ、あの人感じいいなー……、そういう

のはいっぱいあります。

—— それから、だんだん育っていって…。で、そういうことになったら「じゃ寝よか！」じゃ寝よかというのも、本当は変だけれど……。

江田　つき合って寝るっていうんじゃなくて、別に同時並行でいいと思うんです。あの、SEXっていうのは、やっぱり〝つき合いの一部〟でしょ!?

—— やだなー、と思ったら寝ない？

江田　そう、もちろんそれは……。別にいいなーと思ったら寝ちゃうし……。一般に、愛してるとか愛してないとかまで、考えないと思うんですネ。〝愛してる！〟ってことは、私にとって、とっても大きな事なんです。そういう言葉ってのは、なかなか出てこないんです！人によって感覚が違いますからネ。

—— 最後の言葉で良くわかりました。〝愛してる！〟っていうのは重大な、うーん、そうですネ。あなたはいろんな方とおつき合いがあったんでしょうか？一番長くつき合われたのは？

江田　長いの二年。

—— もう、終わってしまったの？

江田　終わりました。(笑)

—— 短かったのは？

江田　短かった!?自分でつき合って短かいとは思ってないけど、二カ月くらいかな。

—— 愛っていうか、おつき合いというか、長続きさせる秘訣がありますか？

江田　お互いに好きな間は、続くと思います。(笑)

—— 特に、ここのポイントを押えておけばとか、こういうことやってしまったら長続きしないんじゃないかとか、考えられたことありますか？

江田　お互いに束縛しないで、しかも相手を尊敬するということが大事だと思います。

—— もし、愛してる人が浮気をしたらどうしますか？

江田　私がその人のこと好きならネ……別に浮気をしようと、どうしようとかまわないけれどネ。もちろん、私が嫌な状態だったら、やめます。

—— 相手が男性と寝るってことは？

江田　つき合った人にバイセクシュアルの人っていないから、わからないんですけど……。

—— 想像でも……もし仮に……？

江田　……。

—— 何故、こういうこと聞くかっていうとネ、「男ならいい！」っていうでしょう。「男ならかまわないけど、女だと嫌だ！」という人が。

江田　相手が男でも女でも、その人の意志でやることだったらネ。私は、何も言えないと思うんですよネ。つき合ってるっていうのは、お互いの意志でつき合ってるんだし、自分の意志も大切にする代わりに、相手の意志も大切にしたいから……。

—— つまり、お互いの意志を尊重し合うことですネ。どうも、ありがとうございました。

女同士の愛には哀しい美しさがある

田　村　由　紀（26歳）

—— レズビアンの場合にネ、皆仕事持ってますネ。仕事持ってないと、レズビアンとして生きていくことってできないかしら？

田村　持ってないとっていうより、結局、自分の生活が安定してないと、つき合うにしたってむずかしいでしょ？何ていうのかな、受け身じゃないからネ。最低自分のことはちゃんとしとかないとって、感じですよネ。一人で生きてくから、何か持たないとネ。不安でしょ。とにかく、自分の生活をちゃんとしとかないと、つき合ったって脆いからネ。自分がちゃんとしてないと……。私の性格だと。

—— うん。そういう経験があるんですか？脆かった経験。

田村　あります。昔ネ。

—— そのとき、あまり働いてなかったの？

田村　働かなかった。何していいか、わからなかったもの、昔は。調理の道も、家業（食堂）を「やりたくない！」って、家飛び出しちゃったでしょ。また、同じ道に戻ったんですけどネ。結局、調理を取ったってことは……。遠まわりをして。

—— 家にいるときは、あまり好きじゃなかったの？

田村　そう。親の商売を目の前で見てると嫌なのよ。でも、結局、自分が社会に出て働いてみると、自分のできることなんだろうって、手っ取り早く。そう、調理ってなっちゃうのネ。身についちゃってんのネ。あ、嫌いじゃなかったんだなーって……。だから、いまはいいんじゃないかな、これで。

—— レズ・バーのホスト、そういう仕事は……？

田村　やったことありますよ。

—— なんで、お続けにならなかったんですか？

田村　合わなかったからでしょうネ。覗いてみたいって、そういう気持で入ったでしょ。そういうきらびやかな世界に憧れてさ。

—— どのくらい、やったの？

田村　九カ月くらいかな。でも、やっぱり合わないなって。狭められちゃう。

—— 狭められちゃうって？

田村　ああいう世界は、ああいう世界でなきゃ、生きてかれない。

—— 狭いのネ……。

田村　つき合いだってさ……。で、生活が派手になるでしょ。で、ああいう店って安いのよネ……給料が。で、結局、お客さんとネ…。来てもらうばかりじゃ、あれだからさ。食事に行ったりしなきゃなんないし……。で、飲んで帰ってくるからネ。次の日、仕事に行くまで寝てるときあるんですよ。そうすると今度は体がネ、駄目になってくるの。やっぱり合わないな。決まってっちゃうんだけど、どっぷりは、入れないな。

—— 恋人に会いやすいとか、チャンスがあるとか……？

田村　いやあ、私は、あの店にいて一人も見つからなかったわ。

—— 店が悪かったんじゃない？

田村　店もあれだけどさ、大体くる人ったらネ。ホステスとか……

で、ホラ、普通の子はこれないでしょ。O・Lとか……高いよネ、やっぱりああいうところは……。普通のスナックより高い高い。だから、結局、遊びとしては何回かあったけど、見つけたってのはないですネ。見つけられるんじゃないかって、入ったけど、全然。甘かったわ！

―― ときたま"いいなあ"って思う人はいた？

田村 ときたま、いたけどネ。

―― 相手がいた？

田村 男の相手はいたんだけど、結局、部屋まで行って一緒に寝たんだけど、何もしないで、終わっちゃったの。

―― どうしたんですか？

田村 知らない。一人で焦ったんじゃない？ 焦り過ぎてできないってとき、あるでしょ。

―― そんな、焦っちゃう人だった？ 冷静じゃない？

田村 冷静じゃないよ。できなかったんだよネ……。そういう目的で寝てるのに、手を出さないでさ。

―― どうしちゃったの？ 好みのタイプだったんでしょ？

田村 好みだった。相手の人が激しい性格だったからさ。喧嘩しちゃって……恐いからネ。恐い。女の人恐い！

―― 恐いものみたさで、やってらっしゃるの？

田村 いや、相手の性格がカラッと割りきるんなら割りきる。そういうことなら問題ないんだけど。もしネ、そのままいっちゃって…。

―― ものすごく追いかけ廻されたりして、しつこーく……。

田村 しつこいの、嫌いだネ。やっぱり、しつこいの……。

―― 初めて"女の人が好きになる人間なんだ"って、自覚ってのかしら、きっかけは？

田村 うーん。とにかく、幼稚園の頃からネ、女の子と遊ぶのが好きだったの。で、小学校のときも、もちろん好きな子がいたし……。二人ずつ寝るのよネ。小学校でも修学旅行なんか行くときさ。そう、変なことはしないけど、ただ、二人で抱き合って寝るとかさ。中学では、バレーボールのクラブに入って、お姉さんみたいな感じで憧れて。そんなときはまだ、女の人が好きっていうアレじゃなくて、憧れって感じだったかな。高校になってからさ、体の関係になったのは……。

―― 相手の人も、あなたのこと好きだったんですか？

田村 そのときは好きだったんじゃないでしょうか。私の場合ネ、好きな人は好きな人で別にいたの。その人の場合は、手を出せないでいたの。まあ普通に好きだなって感じの人と、そういう深い関係になっちゃったの。好きな人にはやっぱり手は出せなかった。

―― 告白もしなかったの？

田村 徐徐に、徐徐に…。（笑）

―― 相手はわかったんですネ。

田村 そうネ。最終的には肉体関係までいったんだからネ。その人は泣いちゃったけれどネ。

―― 感動して？

田村 自己嫌悪だったんじゃないの？ 向こうは初めてだったんだから。男とも女とも、とにかくネ。他にも、キスだけの子もいるし、手だけ握り合って終わっている子もいるしネ。その間にいろいろネ。でも好きな人ってのは、いつでも一人決まってるわけ。でも、その他にチョコチョコ、手を出しちゃうのネ。それは、いまも変わらないけど……。（笑）

―― じゃいまも本当に好きな人がいらっしゃるのネ。

田村 一応、つき合ってる人はいますけど……。

―― いえ、マドンナというか、本命！

田村 あの、何だろうネ。とにかくひとついいとこあればさ、それだけで好きになっていけるっていうか……。こっちの人はこっちの人で良いとこあると、そっちも目が離せないわけ。欲張りなのかも知れないけどさ。こっちの人には強さがあって、こっちの人には弱さがあって……。だから一人で全部ってのできないの。こっちの子の優しさにも、埋もれていたいなあとか……。

―― いろんな魅力を引き出すのが、お上手なのネ。（笑）

田村 そうねえ。（笑）

―― ものすごく良く解釈して言ってるんですよ。浮気ねえとか言わないようにして……。（笑）

田村 自分にしてみれば、それが正直な気持なんですよ。相手からみれば浮気とかってことになるけど、私は……。

―― 裏切ってるつもりはないのネ。

田村 ないの。その人にないとこが他の人に見えちゃったんだから。

―― ご両親はあなたがレズビアンであること、ご存知ですか？

田村 知りません。

―― お友達は？

田村 知ってる人もいるし、知らないのもいる。大体知ってるんじゃないかな。

―― 割合、オープンにして……？

田村 オープンていうか、とにかく気を許さないと、奥底までしゃべっていかないでしょ。つき合うのも遊んで楽しいっていうか、そういう人と話す人と分けてるから。

―― はっきり、いろいろお分けになる方ネ。（笑）

田村 分ける"ってわけじゃないんだけど、その方が生きていきやすいっていうか、身につけたのネ。

―― 自分がレズビアンになった原因というか、あると思いますか。

田村 家庭環境かな、半分は……。やっぱり、置き去りにされて……。

―― ご商売が忙しくて？

田村 そう、かまってもらえなくて……。それに、夫婦間も悪かったネ。親の喧嘩も毎日見てたでしょ。

―― もし生まれ変わったら、やっぱり女に生まれて……女を愛すると思いますか？

田村 そうしたいな。やっぱり女を愛して……。男に生まれたら、ホモになるんじゃないかな？（笑）

―― 異性愛じゃないわけネ。どう転んでも……。

田村 そうですネ。

―― 男女の愛と、女同士の愛と違うと思いますか？

田村 違うんじゃないでしょうか。きめが細かいっていうか、割とむずかしいなあ。女と女の愛ってのは、ある一種の哀しさがあるっていうか……。だから、魅かれるんだと思う。男とってのは、もう行先が決まってるでしょ。女同士では籍も入らないし、社会にも認められなくて、それがかえって神秘性があるっていうのかな……。

―― 男の人を愛したことはないんですか？

田村 好きになったことはありますよ、高校のときに。周りが思春期で男の人に目がいってるから……。まあ自分も、そういう風にな

ってみようかなって、周りの影響でネ。でも、女の人を愛するみたいにはなれなかったですネ。女の人って可愛いしネ。男の人って可愛さがないでしょ？

―― まあ、ないですネ。（笑）

田村 それと、男の人って清潔なとこないでしょ。不潔ったらしいって感じ、するんだよネ。綺麗じゃないから。

―― すると、女の人もさわやかな人が……。

田村 いや、ドロドロしてる人が好きですよ。（笑）

―― はあ、そういう人が多かったのですか？あなたの場合、種々雑多なんだっけ……。

田村 ハハハ（笑）……どっちかっていうと、昼と夜の顔が違う人がいいですネ。だから、昼は仕事もぱきぱきやって、わっとしてる人ネ。それが、夜になるとコロリと変わってさ。

―― 娼婦のように！

田村 そうそうそう！そういう感じが好きですネ。大体、つき合ってるとそういう感じにもってくみたいネ、私の方が。

―― 教育しちゃうのネ。

田村 教育ネ。（笑）やっぱり自分の好みになって欲しいって思うから……。

―― 年上の人っていうのは、ある程度できあがってるでしょ。これから年上の人がいいっていうのは……？

田村 つき合ったことがないからわからないけど。つき合いたいと思うんじゃないかな。三十五、六の人とネ。

―― 三十五ですけど…。（笑）年だけじゃ駄目なのよネ。

田村 年だけじゃ駄目ですネー。

―― はい、夜中に鏡見て娼婦かなー……と、調べてみます。（笑）あの、ひっぱりさん（タチ）になられた原因ていうのはあると思いますか？

田村 やっぱり、父親の影響じゃないかな。父親を追い越したいっていう、いまもありますけどネ。そういうところからきてんじゃないかしらネ。自分の父親を追い越して、何かを残したいなって……。商売だったら商売で、父親よりも成功したいとか。とにかく、目標は父親だネ。

―― ずいぶん大きなものを占めてるのネ。お父さんのことが……あなたの心の中で……。

田村 私、父親には嫌われてたからネ。

―― どうして、嫌われてたの？

田村 似てるからネ。考え方とか、顔とか、似てるんですよ。父親も私自身も、それはもう良くわかってるわけ。だから、父親も私に何か言うときには、遠まわしに遠まわしに……おふくろさんを間にはさんで……。で、私は私で父親に直接じゃなくて、やはり、おふくろを間にはさんで……。

―― ご両親は結婚のこと、言わない？

田村 もう、諦めたみたい。田舎にいるとき、結婚とか見合いの話とか……田舎ってホラ、親戚とか周りにいてウルサイのよネ。でも、見合いの話がこないようにネ、おふくろに「絶対、嫌だから！」って。そうすると、もうそれ以上強くは言わないのネ。親父さんは、私がこういう性格だって知ってるから。レズビアンだってことは知らないわよ。でも、性格から結婚しても、うまくいかないだろうって知ってるから……。諦めるって、そういう感じですネ。

―― 子供ってことは、どうですか？レズビアンには子供は産まれないけど……欲しいとか？

田村 子供は、欲しくないネ。自分が子供みたいだから……。あんまり、子供が好きってアレじゃないから……。

―― ひっぱりさんは、非常に精神力が大切だっていうか、そんな感じがするんですけど……。

田村 そう、どっかで冷めてんじゃないかな。

―― しているときも？

田村 そう、しているんだけど……している自分の行為をどっか冷静に眺めている、というようなところがありますネ。

―― 特にひっぱりさんの存在ってのは、男の人にはわからないと思うんですが、自分で〝いく〟っていうことは、ないんでしょ？

田村 いくことはありますよ。だってやり方によっては、体位によっては、いくことだってあるんですよ。

―― そうなんですか！（笑）ああ、ビックラこいた…。（笑）

田村 できるんですよ、それは。いろいろあるんです。やっぱりワンパターンでは、飽きるでしょう？

―― そういうことは、良くご研究なさるんですか？

田村 ご研究って…。（笑）してるときは、大いに二人で楽しみながらするってことかな。大胆になって、こちゃこちゃって感じでなく……。

―― 熱心に、一生懸命、そのときを大事にするわけネ。

田村 そうです。そうすると、自然といろいろ考えてくるでしょ。ああやってみよう、こうやってみよう、とか……。

―― そういうことは、恥じらってるとできませんネ。あなたには、羞恥心てのは全くないんですか？（笑）

田村 いや、根がスケベにできてるから……。ただ、ありきたりのじゃ駄目なんですよネ。心が燃えていかなければ、抱けないでしょ。別に自分が気持良くなりたくて、やるわけじゃないから。そうするとワンパターンのあれじゃ、心が燃えなくなっちゃうでしょ。した

いなあって気が起こらないわけですよ。やっぱりしたいなあって感じを起こすためには、いろんな体位っていうか、それを相手にやらせないと……。でも、心のどこかでは、シラーとしてるとこありますよ。

―― 好きでなくても抱けますか？

田村 できますネ。打算的にすることもできるみたい。すごい金持ちのおばはんがいてネ、自分の好きな人は別にいてネ。どっち取るかって考えたときに、もしかしたら自分は打算的になって、手っ取り早く店もできるし……。そういう感じにもなれるんじゃないかって、最近、そういう話したことあるんですよ。

―― 店を持った晩には、ポイと捨てて……。

田村 そうですネ。きっと、サヨナラでしょ。

―― "特技を活かして"なさるわけですネ。調理師じゃなくて、ひっぱり(タチ)士の免許というのを、あげたいような方ですネー。

田村 それを踏み台にして、男の人だってそうでしょ？

―― 財界なんて皆政略結婚ですものネ。そんなことないか？

田村 いや、そうでしょ。どんどん踏み台にして……。そういうの、してみたいなって気持はありますよ。

―― ああ、わかります。アメリカ的立身出世物語みたいな……ネ。ああいうのいいですネ、エネルギーがあって。

田村 ああいうバーっと、仕事っていうか自分の目的のために、ドンドンドンドンあれしたいなってこともあるんですよ。そういうときにはきっと、好きな人も友達も捨てられるんじゃないかって……。

―― あら、何も捨てなくても、こっそりと……。

田村 うまく？(笑)

―― ええ、そう潔癖にならないで、悪なら悪で、徹底的に悪くおなりなさいましよ。(笑)

田村 いや、それが徹底的になれないでネ……。中途半端だから、結局、ゴチャゴチャした問題が出てくるんでしょ。

―― 純情なところもあるのネ。

田村 隠せないからネ。顔に出ちゃうしネ。態度とか、さ。冷たいときなんか、ホント冷たいし、自分のことも含めて、冷めた目で見ちゃうとこありますよ。自分のことで相手泣かしといてさ、他人事みたいになっちゃうことあるの。黙ーったままで。まあ、黙るしかないから黙ってるんだけど……。すごい冷たく、自分の問題なのに、相手を冷たい目でみちゃうとこありますよ。

―― 冷たいというより、ちょっといじわるっぽくなるとこありますか？サディスティックというか……。

田村 ベッドでは、サディスティックですよ。でも、鞭でピシピシとか嫌いだけど。(笑)言葉でネ、相手の過去のこと、別に気にしてないんだけど、そういうときにそういう手段を用いて……。結局、それもひとつのプレイでしょ。

―― すると、相手は泣いたりする……。「そんなこと、おっしゃらないで！」とか……。(笑)

田村 泣きはしないけど……向こうもそういう心境にのってっちゃうんじゃないの……。

―― あ、のっちゃうのネ。マゾヒスティックになって……。

田村 そうそう。

―― ふーん、面白いのネー。どうですか、カップルの片方の人に惚れちゃうということは……？

田村 私は、できあがってるカップルを引き離してあれするってのはできないな。いいなーと思って、それ以上ならないですネ。私は素人の子の方がいいみたい。レズビアンじゃなくてネ。素人の子をこの世界に……。

―― 引きずり込んで……。

田村 そうそう！(笑)いままで、つき合ってきた子は皆、素人の子だったんじゃないかな。目がいかないの、レズビアンて子には……。

―― 抵抗がいいんですか？

田村 そうそう。やっぱり悩むでしょ。"こんな世界に入れていいのかな？"とか、悩むのがいいんじゃないかな。悩みも何もなければ、魅きつけられない！

―― うん、ドラマが好きなのネ。(笑)空気が抜けてるみたいなのは、つまらないのネ。何もなければ、わざとひどいこと言ってみたりして……。

田村 そうそうそう。(笑)

―― 悪い人ネー。(笑)

田村 染まってるとさ、一から染め直すのって大変でしょ。素人の子なら何も知らないしネ。自分の色に染めやすいでしょ。

―― 前の人と比較したり、しないしネ。

田村 そう。知ってる子は生意気な態度があるから、嫌なのよネ。素人なら比べるったって、男としか比べようがないでしょ。そしたら絶対勝つしネ。

―― うわー、これはアンダーラインですネ！(笑)これは、スゴイことを言った！なんてご立派なんでしょう。勝ちますかネ？

田村 勝ちます。絶対勝ちます！

―― そうでしょうネ、やはり。

田村 男の人は、最初からいかせられないでしょ。素人の子を、初めから……。

―― いかせますか？

田村 ええ。(笑)

―― すごいですネー。恐れってのは、ないんですか？うまくいくだろうかと……不首尾に終わったら、どうしようか……。あっ、それも男の人より楽かな？立たなければならない、ということなんかないわけですから……。

田村 精神的に駄目になってるときには、指が立たないということはありますよ。(笑)いや、あるんですよ。全然その気にならなくて、二週間も三週間も。女の人って精神的でしょ。だから気持がふるいたたないと、男の人のインポのように駄目になることありますよ。

―― 始まっちゃってから、駄目だったってこともありましたか？そんなときは、どうなさるんですか……。

田村 そうですネ、話でもして…。(笑)どうしようもなくやる気なくなっちゃうことありますよ。そういうときは刺激的な話でもして、もう一度か、じゃなければ終わっちゃうこともあるし……。

―― 愛していて、ワーと気持が高まっていれば、そんなことはないんですか？それとも愛していても、そうなることもあるんですか？

田村 あんまり気持が高まり過ぎて、何もできないってことあります。

―― あ、さっきのお話に……。

田村 そう、苦しくなっちゃうの。心臓が痛くなるっていうか。

―― そうすると、田村さんが"不発"に終わるときは、二種類あ

るわけですネ。うんと愛しているときと、全然のらないときと……。

田村　のらないときは、いくら相手に挑戦されても駄目ネ。冷たくなっちゃって。

――　レズビアンで良かったと思いますか？

田村　思います。女の人、大好きです。

――　幸せですか？

田村　そうですネ。嫌なことがあっても、それでもつき合ってるのは幸せだからじゃないかな。喧嘩なんかしてると、何でこんな人好きになったのかと思うけどネ。何で自分は女の人、好きなんだろうかなーって悩むこともあるけど、でもやっぱり女の人好きなのネ。女の人の可愛さとか、優しさとか……いい匂いするし、女の人って。こう、母親の腹の中に帰ってく感じ、故郷に帰るって感じですよネ……。女の人とナニしてるときって。

――　老後の心配というようなことは？

田村　ありますよ。一人で生きてかなきゃならないでしょ。だから、まあ、商売でもやって、それからある程度の年令になったら、養老院に入るしかないんじゃないかと思いますけどネ。養老院に行くにしても、ある程度お金がないと安定した生活できないでしょ。だから、お金を持って……あと、葬式は妹の子供に私が死んだら保険が下りるようにしておいて、やってもらおうと思ってます。

――　うーん、見事ですネ。幻想を抱いてないのネ、人生に。愛する人に看取ってもらって死にたい……とかネ。

田村　ありません。結局、一人だと思うもの……。いくら好きだって、愛してるっていったって、やっぱり自分しかないと思うもの。自分しかないと……。その上で、愛する人とうまくやっていきたいと……そういう感じですネ。最終的には養老院に行くってことを考えて……ネ。

――　どうも、ありがとうございました。

好きネ女が……女が大好き！

青　木　紀　子（27歳）

――　いつ頃から、女の人が好きになったと思いますか？

青木　幼稚園の頃にネ。家をアパート形式で貸してたのネ。そこのお姉さんが、水商売やってたのかな？いつも綺麗にしてるじゃない、そういう人。すごく憧れて……。母親は化粧しなかったから、化粧してる人にすごく憧れた時期だったのネ。そのときは「あ、綺麗な人だな！」ってことで…。大体、私の趣味ってのは、美しくて、滑らかで、円やかで、頼りなくて、というと女性に結びつくでしょ。男の人でも結構綺麗な人、いるけどネ。でも、あんまり男の人には結びつかないでしょ、そういうことって…。で、小学校、中学校ではあまり意識しなかったけどネ。高校が女子校だったからネ。その辺から目覚めてきて、結構アプローチしたのよ。私は積極派ですから、どっちかっていうと。

――　どうやったの？

青木　可愛い子とか綺麗な子に、お花プレゼントしたりネ、靴を磨いてあげたり、とか。でもネ、相思相愛になったのは高校三年のとき。行ったり来たりしてネ…。

――　キスも？

青木　もちろん、それ以上の話ですよ！お姉様…。

――　フルコースで？

青木　ええ。でも、タッチはさせなかったのネ。私はタチだったのネ。相手に触らせなかった！それのみに生きてきた、というか、相手に触らせるようになったのは、いまの人からネ。その高校三年のときの人とは、いまもおつき合いしているの。結婚して、子供がいるけどネ。今度、二人っきりになったら……（笑）期待してるんだけど、子供が小っちゃいからネ。四十歳くらいにならないと自由にならないんじゃない!?私も身軽でいなくちゃネ。（笑）機会があったらって狙ってるけど…。でも、いまは手が出せないわネ。子供二人いて、ご主人がいて……。家庭のいろいろ見てるところではネ、手が出せませんよ。

――　子供見ると、幻滅しませんか？

青木　幻滅しない。頑張ってるなーと思うわネ。でも、社会人になってからは、そういう話はしないわネ、彼女とは。

――　どのくらい、続いたの？

青木　半年くらいかな…。でも、卒業してからも会社に行く前、彼女の家に迎えに寄ったりとかしてたけど。自然に切れたのネ。だから、社会人になってからは、そういうこと全然なくって。ただ、高校時代の淡い……。

――　淡くないですよ。ベッドまでいくのは…（笑）でも、そのとき、彼女は抵抗なかったの？

青木　なかったわネ。私はその頃のこと、すごく記憶してるけど……。彼女はどうなのかしら？子供三人との生活において忘れてるのかしら。

――　聞いてみたことないんですか？

青木 とんでもない！ 彼女の方から電話かけてきたり…とか、

―― そういうことあるの？

青木 ありますよ。

―― じゃ、忘れてないんじゃない⁉あわよくば、と思ってるところもあるかも……。

青木 そうかしら…。じゃ、ぜひとも二人きりになるチャンスを見つけて……。

―― そのためには、いまの…もう一人の方がお部屋にいると……？

青木 それはそれで、いいんです。（笑）

―― 片方は〝つまみ〟で、片方は〝主食〟で……。

青木 そうなんです。

―― 割り切って、遊ぶわネ。

青木 浮気性に聞こえるわネ…。そうでもないんですよ。

―― まったくの遊びっていうのは……？

青木 そうですネ。なきにしもあらず、ですけど。

―― やっぱり、浮気なんじゃない！（笑）

青木 好きみたいネ。やっぱり女が……。女が大好きって、その一言に尽きますネ！

―― あなたがそんなに〝女好み〟になったという原因なんてのは？

青木 うーん、ないわネ。良くそういう人は、家庭がどうとか、お父さんがとかいうけど、そういうこと、私の場合、全くないですネ。ただ、私の趣味が柔らかい線が好きとか、円やかさとか、ただそれに尽きるのネ。

―― 結婚ということは……？

青木 全然、意識の中になかった！結婚しないとか、それすらも思わなかった。

―― 男性とSEXは……？

青木 男とできますよ、私は。ただ、好き嫌いの問題で……。やっぱり女の人の方が好きだってことだけで。

―― 女の人とあなたは……抱きたいと思うの？抱かれたいと思うの？

青木 やりたいと思うの。（笑）両方入ってる。犯したい、犯されたい……。

―― フィフティ・フィフティ。

青木 やっぱり、その方がいい？

―― いいですよ。若い頃は、相手の体を触って満足だったけれど、やっぱり、触ってるだけじゃ〝いけない〟もんネ。何らかの形で、事後処理してたわよ、自分で。それが、相手が加われば……すごく快感が倍増しません⁉一方的じゃ嫌なの。お互い〝触れっこ〟しなくちゃ！いかがですか？おとなしいようですけど……。

青木 感心してるんです。（笑）

―― なに感心してるんですか？テクニックですか⁉

青木 そのテクニックですけどネ。それは、自然に？

―― そう。自然体得ですよ。誰にも教わらなかった…。好きっていうだけで、ただ肌触れ合っているだけで、いい気持になってくでしょ。そこから入っていくんじゃないかしら……？それは、先輩の皆さんがお詳しいんじゃないですか？

青木 あんまり、その辺は聞いてないから、わかんないの。そのうち一覧表でも作ろうかと思うんですけど……。この壁に貼り出すとかネ。（笑）ランク別に、「ライセンス」を発行するとか……。よござんすネ。（笑）

―― よござんすよ、それは。（笑）そうすると、乱交になりますネ！（笑）女臭いだろうねえ…。

青木 あれねえ……。

―― 女臭いイコール甘い匂いだってネ…。三年くらい前の話ネ。私、その頃部屋借りてなかったから、やっぱりホテル使うわけ。で、遅くなってタクシー乗るでしょ。運転手さんが、「お客さん二人甘い匂いしてますネ！」って……。女臭いってことだったんでしょ。（笑）

―― あなたはレズビアンで良かったなって、思いますか？

青木 良かったなっていうより、私はこれしかないんじゃないか、と思いますネ。

―― また、生まれ変わったら？

青木 女でしょうネ。

―― で、また"円やかさ"を追求して？

青木 そう。（笑）

―― レズビアンは増えていくと思いますか？

青木 どうでしょうね…。あんまり…こういう組織っていうのかしら、蔓延しちゃうと、本物が減るでしょうネ。割と趣味的な立場で入ってくる人が増えるんじゃないの？ 何かキッカケがあれば、即、男に乗り換えられる、というような人まで…。

―― 後からくるレズビアンにアドバイスを……。

青木 アドバイスする程の、オーソリティっていうか、なってないからネ。早くいろいろ見つけ出してネ、アドバイスしてあげられる立場になりたいと思ってるの。

―― カップルが長続きする秘訣は？

青木 包容力…しかないんじゃない!? 過去を振り返ってみればネ。良く話し合ってネ、どんな些細なことでもネ。これはもう、男、女に限らず、一般論よネ。一般論よ！ 私達だって、ごく普通に生きて行くわけだからネ。特別な人間じゃないんだから……。

―― 子供について…？

青木 子供は欲しくない。自分は産みたくないノ。ただ、夜の会話でネ。「子供が生まれたら、どうしよう？」なんて、言ったりするけどネ。じゃ、私が仕込むから、あなた産みなさい！とか。（笑）

―― もし、あなたの彼女があなたの子供を産めたら嬉しいと思いますか？

青木 そうかも知れないわネ。いいかも知れない！ 育てあげる二人の喜びが倍増するのかも知れないネ。個人個人でいうんじゃなくて、それが媒体となってつながるんじゃないかしら……。だけど、これ実際ありえないことだから、こんな呑気なこと言えるのかも知れないネ。

―― かえって、気楽にネ…。

青木 そうよネ。いまここに子供がいたら、うっとうしいものネ。

―― 抱き合いたいと思ったってネ。「お母さん達、何してるの？」あら、お母さん達って、いうのかしら？（笑）「ママとお母さん、何してるの？」とか……。

青木 いま、団地で流行ってるって……本当？

―― レズビアンが!?

青木 そう。で、やるところがネ。週刊誌に出てたんだけど、お風呂場か洗面所だっていうのノ。

―― 寒いところでやるのネ。

青木 ああいう興味本位の記事だから……。

―― 主婦同士っていうのは、あるでしょう。ところで、運動っていうのはデモとか？

青木 時間があれば、参加したいとは思うわネ。でも、わざわざそこまでしなくてもネ。デモをするってのは、つまり世間様に認めて欲しいってわけでしょ。わからなくはないけど……なにもわざわざ!?

―― どうも、ありがとうございました。

タチ・ネコじゃなくて「ワンワン・ニャンニャン」ですよ……

岡崎悦子（28歳）

―― 私は、女の人が好きになる人間だと、そんな風に気づかれたのはいつ頃ですか？

岡崎 中学の一年生頃ですかネ。

―― それは、誰かを好きになられて？

岡崎 好きになるのは、その前から好きになってたんですが……。女が女を好きになるのがレズビアンだってことを聞いて……。多分、友達の話か週刊誌かなんかで、それを知って、それで「あ、私はレズビアンなんだ……」と。

―― 素直にふっと……。

岡崎 非常に素直に思いました。

―― 嫌だな……とか、普通じゃないな、とかは？

岡崎 思わなかった。というのは、普通男の子が女の子好きになって、女の子が男の子好きになるんだっての、知らなかったんです。

―― はあ、珍しい方ですネ。（笑）

岡崎 意識しなかったんですよ。普通の女の子は男の子ばっかり好きになるのに、私は女の子しか好きにならないなってのは、思ってなかったんですよ。奥手だったというのか……。

―― で、気がついてみると、あなたは女の子を好きになることが、とても多い……と。

岡崎 自覚していたのは、六つか七つです。

―― 初恋？

岡崎 あれを初恋とは呼びたくありませんが……。

―― 憧れ？

岡崎 気に入ってたんですよ。私の同級生の男の子のお姉さんで、三つ年上。その人が帰ってくる頃になると、道の角でウロチョロするの。で、「あら、今日は一人なの？」って言われて嬉しがってたんですよ。

―― それだけのためにウロチョロしてたの？

岡崎 そう！（笑）

―― 可愛いわネー。

岡崎 一年生だったでしょ。六つなんだから…。

―― 初恋はそうすると、もっと何か内容が豊富で？

岡崎 どれにしようかなー。中学生のときは中学生で、そのとき好きな人がいて、それが初恋だと思っていたの。で、高校生になったらまた好きな人が別にできて、これこそ初恋だと思ったの。その辺、定かでないんですけども。恋といっていいくらいなのは、高校一年生くらい。

―― 今度は、年上でなく同級生で？

岡崎 大体、同級生しか好きにならなかった。その三つのときの人は例外で、大体下でも上でもなく、同じ年の人でないと好きにならなかったの！ わけわからないっていうか、理解できないっていうか……。

―― いまでもそうですか？

岡崎　いま、違いますよ。年上好み。

——　女の人のどこが好きなんですか？ どうして女が好きなのか？

岡崎　なんでだろ。

——　改まって聞かれるとね。いつも考えないで、いろいろやってらっしゃるのね。（笑）

岡崎　生まれたときから好きだから。

——　先天的なものなんですね。いや、先天的なんて嫌な言葉ですけど、つまり人生のはじめ頃にいろいろ外側から衝撃があって、ということでなくって……。

岡崎　いや、あったんだと思いますよ。私は、記憶がないんですがね。親に言わせると、二つくらいのときから絶対スカートはくの嫌がったとかね。ズボンを握ってて！

——　握ってね…。（笑）

岡崎　私は家にある程度余裕ができた頃の女の子だから……。可愛い格好をさせようとしたらしいんですよね。だけど、スカート買ってやろうとすると、ぎゃーぎゃー泣きわめいて、絶対嫌だっていって、ズボンを握って離さなかったって、聞いたことあるの！ でも、それは親から聞いた話で、自分では記憶になくて、記憶してるのは三つくらいのときからのことでね。男の人に抱かれると、こういう顔に（くしゃくしゃの嫌な顔してみせて）なっちゃう！

——　へえ！

岡崎　女の人だと、笑ってたり……。写真撮るとき、女の人に抱かれて非常に満足だったって記憶があるの。男の人だと、髭があるでしょ。で、頬ずりしたりするでしょ。子供のときは可愛かったんですよー。それがすごく嫌だった。うえーと思って、そんな記憶があるの。写真見ると思い出せるのね。「この男、頬ずりして……」とね。

——　じゃ、男の人を好きになったことなんてないんですか？ そのまま成長すると、そうなりそうな気がしますけど……。

岡崎　好き、ていうか？ 女の人を好きになったようにはならなかった。ただ、気に入ってた男の子はいて、言いにいくの。小学校のとき。「ねえ、ねえ！ 好きなんだけど」って。で、男の子は大抵ね。「ぼくは、何々さんが好きなんだ」って……。

——　えらく、ハッキリしてる町ですね。（笑）

岡崎　私がそうだというだけで……。

——　相手も自然にハッキリせざるを得ないんですね。

岡崎　そう。それで「ふうん」ていって終わり。女の人が好きになったら、もう言えない。

——　苦しむんですね？

岡崎　言うのは言うんですけどね。

——　やっぱり言うんですか!?

岡崎　言うけれど、非常に苦しい想いがあるんですよ。男の子のときは「何だ、駄目か」で終わり。

——　カラリとしてるんですね。大人の恋みたいなことは、男の人に対してはなかったんですか？

岡崎　幸か不幸か、ないですね。（笑）

——　お父さんが非常に厳しかったから男の人が嫌でとか、そういう外側からのレズビアンになった理由というのは、ないんですか……全然？

岡崎　ないです。と、言いたいけれどあるんですよ、正直な話。多分、私の小さい頃、私の記憶にない頃に、親父に何かされたんだろう、ということはあるんです。親父は明治の生まれで、そういう昔の男。私も一回か二回なぐられたんですよ。それも、私は悪くないのになぐられたってのは、覚えてるんです。ある日、親父が真ん中に掘り炬燵のあった部屋で字を書いていて、私は学校から帰って来た。子供はそうっと後を通ってるつもりでも邪魔なんですね。イライラとしてね。「人が字を書いてるときに！」って怒鳴られて。こっちも最初からドタドタッとやったんなら〝あ、悪かった〟と思いますよ。でもこっちは気を使って〝字を書いてるんだから〟って思ってるのに……。いまだったら、そうっと歩けますよ。

——　そのつもりでも、子供だからね。

岡崎　そう、子供だから気を使ってるけれども、親父としては気に入らないのね。「テレビの前を横切った」って、パッとなぐられたり……。

——　そんなところから、「男の人って乱暴なんだな」って……。

岡崎　それ、ありますね。最近になって、家の姉一人と話するとね。「女きょうだいの中で、おまえが一番可愛がられた！」って。でも、私にはそんな記憶はないんです。膝に抱かれたこともない。

——　お父さんに親しみとか、あったかさとか、感じたことはないんですね？

岡崎　可愛がったことは、可愛がったんだと思うんです。でも、私に通じるようなやり方じゃなかったのね。私には、可愛がられたという記憶は全くない。

——　そういうことが、あなたがレズビアンであることとつながると思いますか？

岡崎　微妙ですね。認めたくない。男の人にこうされたから、女の人の方にいくってのは、意識として認めたくはないわけですよ！

——　理屈として考えたときに、そういう理屈じゃ嫌だってことね。

岡崎　そうなんです。それで行くと、皆そうなっちゃうと思うんですよね。レズビアンというのは……。あまり優しい父親に恵まれているとか、そういう人は少ないと思うんです。いることはいるでしょうが、少ないと思うんです。でも、父親のせいでそうだとか、でなく記憶のない小っちゃい頃から、そうだって風にも思いますし……。何故、レズビアン？ と言われても、これこれだったからとはっきり説明できない。微妙ですね。

—— 周囲の方は、あなたがレズビアンであること、ご存知ですか？

岡崎 知ってます。私の友達とか周りの人間で知らない人はいないでしょうね！

—— 知らなければ、モグリだと…（笑）男性との恋は？

岡崎 男の人と恋というのは、一度もしたことない。でも、うんと年下の男の子がもう一日に何度も家に来たり、旅行してると、そこに来ちゃったり、あんまり一生懸命だから、可哀相っていう気持から付き合ったことはあります。

—— レズビアンで良かったと思いますか？

岡崎 思います。この次生まれてくるときも、女でレズビアン！いまはそう思います。ただ、どんどん年取ってね。親も死んで、兄弟も年齢順に一応死んでいって、誰もいなくなったときに、「あ、こんなことなら男と結婚して子供でも産んでおけば良かったな……」とか、思うかも知れませんね。頼る者もなくってね。近所から疎外されてね。（笑）そしたら、「ああ、レズビアンなんかやらなきゃ良かった。」そう思うかも知れません。多分、そうはならないと思いますけど。

—— レズビアン増えると思いますか？

岡崎 思いますね。いまでもいっぱいいると思いますよ。いろいろ事情があって表に出てこない人が……。自分だけ病気なんじゃないかとか、思ってる人とか。

—— 女の人と初めてSEXを体験されたとき、どうでしたか？

岡崎 十七くらいのとき、初めて女の子とキスしたときに……。ペッティングという感じであったんですがね。そのときは、非常に技巧的だったの。相手の様子を見て喜んでるようなとこ、あったんですよね。自分の中から湧き出る、性的欲求があってそうしてたっていうんじゃなくてね。ちゃんとやったっていうのは、二十一か二十二くらいだったと思うけれど、そのときはいいなあと。

—— 俗に言うタチとかネコとか、そのあたり……。

岡崎 私は「ワンワン」「ニャンニャン」って言うんです。

—— はあ、ワンワン・ニャンニャンね。で、あなたはワンワン？

岡崎 違うんです。

—— ……っぽく、見えますけど!?

岡崎 ……っぽく、見えるでしょ。でも、違うんです。そうかといって「ニャンニャン」でもないんです。私は〝レズビアン〟なんです。

—— ワンワンとかニャンニャンとか、タチとかネコとか、分けたくないんですね！

岡崎 タチっていうと「抱く」ことなの。ネコは「抱かれる」でしょ。そういう、男女の役割を、ストレートの形をそのまま引き写したような役、それは嫌なんです。私はレズビアン！前は〝両方〟って言ってたんですけどね…。それも変だなって……。

—— すると、ベッドインなさったときの、そのときの気持に従うということですか？

岡崎 割合からいうとね。私は抱く方が好きなんです。抱くだけじゃ嫌なんですがね…。割合でいうと、9対1とか8対2とかで、抱く方が多いんですが……。

—— かなり高い比率ですね！フィフティ・フィフティでないのね。

岡崎 それは努力してるんです！いま……。

—— いままで、愛し合ってらして、長続きした期間というと？

岡崎 五年といえば五年になるかな。一年好きだったのね。で、その人に相手がいて、いるって知ってて好きになったから……。別れたというか身を引いたというか――嫌な言い方ですけど、身を引いたんです。先行き、どうしても駄目だし、このままでいくと、お互いの生活が壊れちゃうと。だから、離れてても好きだってことに変わりはないから離れて。離れて二年か三年、間があって……。で、また出逢ってしまった。だから、五年っていえば五年。ブランクの期間も入れれば……。

—— 短かいのは？

岡崎 六カ月。進行中。片想いで……。

—— 片想い？遠くから？しかし、あなたはすごく言いつのる人なんじゃなかったの!?（笑）

岡崎 言うことは言うんです。相手にされていないということです。それで言い続けて、どんどん嫌われているというところなの。（笑）

—— そりゃ、悲劇ですネー。（笑）うーん、カップルが長続きする秘訣っていうようなものはあると思いますか？

岡崎 自分は自分だってことを、ちゃんと認識していただきたい。一たす一は、一と一なんです。いくら好きでも、死ぬときは一人でしょ。自分と相手を一体化して混同しちゃってね。相手の気持は自分の気持、自分の気持は相手の気持って混同してしまうところが、壊れる元だと思うんです。もちろん、寄り添うことはできますよ。でも絶対、一体化しないってこと。生まれも育ちも、皆違うしね。そういう二人が、ある日出逢って、一緒に何かをつくって、生きてこうっていうときに、一体化しちゃうのは無理だと思うんです。

—— あなたは、バイセクシュアルの人をどう思いますか？

岡崎 あんまり……。やっぱり違うと思うんです。男が好きだったら男に行けばいいし、女が好きだったら女に行けばいいし、両方好きだってのは、わかんない！私は女と寝て女の人が好きだし、男と寝て男は嫌だったし、違うと思うの！男のSEXは、激しいけれど、いくら女のこと思ってるといっても、やっぱり男本位みたいなとこがあると思うの、結局は。女がいいって言いながらも男もいいっていうのは、私には全然違うことだと思うので、理解に苦しむわけです。

—— レズビアンの運動というか、デモみたいなことがあったら参加しますか？

岡崎 します。

—— そういうものに関わられたこと、ありますか？

岡崎 あります。そういう運動自体は、非常にいいと思うんです。ただ、いま、日本でやってるそういう私の知ってる範囲内での、レズビアン・フェミニスト達というのは、ちょっと……。二カ所くらい行ったんですけど……。

—— じゃ、いまはあなたが本当に入れ込める運動はないんですね。

岡崎 ないです。

—— あとからくるレズビアンに言っておきたいことは？

岡崎 レズビアンは病気ではありません！

—— 直さなくていいのよ、と……（笑）

岡崎 レズビアンであることに誇りを持って下さい。

—— これだけは、ご自分から言っておきたいことってありますか？

岡崎 男でも女でも、結局、一人なんだから、いまは、女は抑圧さ

れているけれども、自分一人で生きていける自信というか、経済力というか、それを確立してから、初めて人を好きになって下さい！

―― 自分の食い扶持を稼げるようになってから……。

岡崎 えらそうなこと、言えないけど……。（笑）男と女の関係を、レズビアンの関係に引き写さないで下さい！

―― 経済的にも精神的にも性的にも、あなたはつまり、レズビアンの関係に男と女の関係を引き写して、やってるのは嫌なんですネ。

岡崎 それは、生理的に嫌いとかってんじゃなくて、自分でそれやってたから！

―― 自分でやってたから、その嫌な感じも良くわかって……。

岡崎 そうです。疲れますネ。自分を女から除外して「女は……」とかネ。それはもう嫌です。ぞっとしますネ！

―― ニャンニャンの人については、どうですか？

岡崎 余計、いや！ 男に媚びるのと同じだから……。私は女だから家にいて何かするわとか、あなたは男役だから外に出て食い扶持を稼いできてとか、お金ってのは問題なのネ。お金を稼いでくるってのは、上になるのネ。絶対に！食い物を持ってくるのは、偉いの。稼げないと、食べさせてもらう立場になるでしょ。稼ぎのバランスは悪くてもかまわないと思うの。一人は十万円稼いで、一人は五十万円とか……。とにかく、稼げばかまわないと思うの。

―― 稼ぐ気持があればよろしいと。それでは、経済的に自立しているニャンニャンに対しては、どう思いますか？

岡崎 経済的に自立していても、精神的に自立してないと、嫌です。

―― ベッドの中でだけ、ニャンニャンであったら……？

岡崎 あんまり、よろしくないです。やっぱり、もう少し頑張っていただきたい。

―― と、いうことは、ベッドの中でニャンニャンであるということは、結局、精神的な自立がないんじゃないかと？

岡崎 女同士でしょう！五分五分がいいと思います。私はいま、8対2位で二分のニャンニャンを持っているけれど、その二分というのは非常に大きいんです。前は十ワンワンだったんですから……。二割もニャンニャンになれたんだ！と。それが大きいんです。努力の賜物なんです。しかし、二分ですから、どっちですか？と聞かれれば、結局……。だから、どっちかと聞かれるのが、一番嫌ですネ。

―― どうも、すみませんでした。聞いちゃって……。

岡崎 いいえ。（笑）

―― どうも、ありがとうございました。

女の人は〝気持〟だネ！

戸川朱美（29歳）

―― ご家族の皆さんは、あなたがレズビアンであることをご存知ですか？

戸川 知らない。知ったらビックリするだろうネ！

―― 誰も知らないのネ。お友達も？

戸川 そう。

―― あなたがレズビアンになったっていうのは、原因みたいなことあるかしら？

戸川 うちの親父ってのはネ、口で言うより手が出ちゃうの！で、お袋さんが良くたたかれてた場面見たことあって……。そういうところからきてんじゃないかな!?

―― お母さん、良く泣かされて……。

戸川 そう……。

―― 男の乱暴さ……。お父さんがそうであったとしても、それはお父さんという人の個性であってネ。乱暴じゃない男もいるという風には……。

戸川 でもネ、思うけど〝こういうもんかな！〟っていうことは、自分の親父見てて思ってきたから……。男ってこんなもんかなと……。

―― じゃ、結婚とかは……？

戸川 一度した。五十年に結婚して、五十二年に別れたのかな。二年半。

―― 子供は……。

戸川 いない。仕事してたしネ。

―― じゃ、落ち着いたら、子供つくろうとか!!

戸川 そこまで、考えてなかったネ。

―― なんとなくできなかった？

戸川 いや、つくらなかった！

――結婚してる間は、女性に興味なかった？

戸川 シッカリあったネ！（笑）結婚した動機ってのが、好きで一緒になったわけじゃないでしょ……。まあ同情心だネ。相手に母親がいなくて、男手で育てられて、可哀相っていうか、それで。

―― 母性本能？

戸川 そうそう。

――相手の人っていうのは、割と弱々しい人？

戸川 そうだね。

―― お父さん見てるから、すごい男っていうのは……。

戸川 そう、駄目ですネ。

―― 結婚してる間は、関心はあっても関係は……女の人と？

戸川 なかったネ。別れる半年前くらいから、ちょっとあったけど……。別れる話になってから、一年かかったから……。

―― 相手の男性に惚れられてた？

戸川 さあ、惚れられてたんか頼られてたんか知らないけどさ……。

―― もう面倒見るの嫌になっちゃったの？

戸川 うん。嘘つくんだよネ。嘘ついたりさ、人に嘘つくのはいいけど、こっちまで嘘つくのはネ。そういうの一番嫌いだから、私は。

一目会ったその日から恋の花散ることもある……

── そのつき合った女の人ってのは、どのくらいのおつき合いまで？

戸川　一応……。

── あ、やっぱり！

戸川　やっぱりネ。（笑）

── しっかりしてらっしゃる……。（笑）

戸川　そら、そうだよ！でも年は親子ほど離れてたよ。二十一離れてた。一杯飲み屋を自分でやってて……。私、なんとなく入ったんだネ。で、あっちの方が覚えてたわけ。それで、話するようになって……。それが、キッカケだネ。

── で、ある日？

戸川　うん。

── ある晩か……どうせ、晩でしょう？（笑）

戸川　晩だネ。飲むのは晩だからネ。（笑）

── 相手のママさんて、レズビアンだったの？

戸川　うん、完全なる……もう百人斬り！

── ベテラン!?

戸川　ベテラン。ひっかけられたんだネ。ひっかけられないつもりがね。悪いこと、できないもんだネ。もう、亡くなったけどネ。

── 好みの人だった？

戸川　私は、好みとかそういうのないの。やせてても太ってても関係ない。気持だネ。

── じゃ、一目惚れじゃなくって、じっくりネ。じっくり、この人間を……この人だったら間違い……。

戸川　ないなって感じの人でなきゃ、つき合わない。

── 遊んだりしないの？

戸川　しないネ。全然！遊びでできるんだったらネ、体質的にできないネ。性格だネ。遊べる人は、いいネ。（笑）

── あなたの相手は安心ネ。あなたの方からあきちゃうってことは？

戸川　ないネ。

── じゃ、振られちゃった？

戸川　振られる程、つき合ってないもの……。二人だもの。

── あ、そのママと……もう一人は？

戸川　いま、現在……。

── 恋人がいらっしゃるのネ！

戸川　いるのか、いないのか……。恋人ってのか知らんけど……。長いよ、去年の十月で三年だから……。ちょっと離れてるけど……。

── 東京じゃないの？

戸川　九州。

── そりゃ、遠いわネ。

戸川　ちょうど、前の彼女が亡くなった後だったからネ。そんなつもりじゃなかったんだけどさ……。

── 精神的に、話し相手が欲しいという感じで？

戸川　それが、そんなになっちゃって……。ちょうど、あっちも別れたばっかしだったから……。

── でも、あなたが東京へ来ちゃったら……。

戸川　なかなか、会う予定がたてられないものネ。決められないしさ。

── 寂しいじゃない？

戸川　そりゃ、寂しいよ。それに向こうは家庭持ちだしネ。亭主もいるしさ…。

── それじゃ、余計出てこられないわネ。じゃ、その彼女との仲を続けようと思ったら、東京に来ちゃうのは、まずかったんじゃない？来なければならない事情があったの？

戸川　専門学校がこっちだからネ。

── そしたら、こんな言い方、なんだけど、彼女との愛よりも、自分の将来をとって、ことになるんじゃない？

戸川　違う！結局ネ、いまの愛を貫こうとする限りはネ、自分が手に職を身につけてさ、それが基本だと思うんだよネ。

── あなたがしっかり食べていかれるように、生活に自信ができたら、彼女はご主人と別れて出て来るとか!?

戸川　そういう約束もないんだよネ。

── じゃ、あなたの側から、そうなって行きたいな！てのがあるのネ……。

戸川　向こうも思ってると思うけどネ…。でも、子供の顔見ると、なかなかそうもできないんだろうネ。

── あちらの子供さんは、いくつくらいになったの？

戸川　小学生が二人かな…。一度は、亭主と別れる話もあったんだけどさ…。

── なる程ネー。そんなに離れてて、愛情持ってるってのは、素晴らしいことだと思うわ。

戸川　どこまで、貫けるかネ……。

── それじゃ、夜一人で飲みたくなるわネ？

戸川　手持ち無沙汰なのネ。タバコやめたから……。

── タバコ、やめたの!?

戸川　そう。何かけじめをつけようと思ってさ……。去年の四月一日から……。

── 意志が強いのネ。四月馬鹿だけど、ウソじゃないのネ。（笑）

戸川　三月末まで、ぱかすか吸ってたの。

── で、いまだに……。

戸川　欲しいと思わない。

── こうと思ったら、やりぬける？

戸川　うん、割とネ。やらないわけにはいかない。口に出した以上はってネ。

── こういう人に愛を誓われたら、こんな安心なことないですネ

ー。（笑）

戸川　これ程、真面目にやらなくっても、って、自分で思うことあるけどネ、性格だから……。

――　うーん、レズビアンで良かったって思いますか？

戸川　思うネー。また、生まれてきたら……またなりたいネ。

――　口に出したからには、また、必ず来世にはレズビアンになるでしょうネ。（笑）男女の愛と女同士の愛と、違うと思いますか？

戸川　同じだろうネ。私は愛があって結婚したわけじゃないけど……。でも、同じだと思う。

――　SEXの面では、どうかしら？

戸川　もともと、男とのアレは嫌いだから……そっちのはなんともないけど、SEXの面からなら、やっぱり女同士の方がいいネ。

――　結婚してても、そういう点では良くはなかったのネ？

戸川　良くなかったネ。顔合わせたくないくらいで、離れてたからちょうどいいんだネ。月に一回か二回、会えばいいって感じで……。

――　どうして、女がいいのかしら？

戸川　そういう質問は、一番むずかしいんじゃないかネ。

――　あなたの場合は、遊ばないしネ…。女一般じゃなくて、どうしてこの人が？って、聞かれた方が……。

戸川　うん。物の考え方、気持だネ。あとは、姿・形のことであってさ……。一番求めるのは、果たしてこの人とつき合っていいのか、相手の気持を一番先に確かめるネ。

――　タチとかネコとか、そういう点では、あなたは？

戸川　私はどっちでもないネ。そのときそのときだネ…。やっぱり、してやったら、してもらうってのが当然だと思うネ。

――　当然!?（笑）

戸川　好きだったら、触って貰いたいし、触れたいしネ…。一方的ってのは、わからないネ。

――　相手の人も、そう？

戸川　うん。

――　いま、二人の関係を維持してるのは、気持ですよネ？

戸川　そう、だからそれがなかったら、すぐ別れちゃうもの。例え近くにいてもネ。体でつながってるだけなのは、駄目だよ…。長く続かないよ。

――　あなたにとって、相手と抱き合うっていうのは、何かしら？

戸川　たしかめだネ。

――　レズビアンて、愛し合ってても子供産まれないでしょう？

戸川　しようがないネ。

――　愛の結晶が欲しいとか!?

戸川　そりゃ、思うかも知れないけど、できないもの言ったって！

――　ナンセンス？キリっとした人ネ。お見事！（笑）

戸川　言えば出てくるってんなら、いいけどネー。

――　そうよ、そうよ……。恋人は二人っきりだった？

戸川　そういう関係になったのは、二人だけ……。気持っていうのは、もっと……。中学生、高校のとき、高校卒業してから、いろいろあったよ。

――　中学生ぐらいのとき、相手に打ち明けた？

戸川　一人は言ったネ…。高校のとき、一級上だった。

――　で、相手は？

戸川　悪いあれじゃなかったネ…。ただ、卒業して、上京して離れ

ばなれになっちゃった……。

――　告白したとき、相手は驚かなかった？

戸川　嬉しいって言ってたネ。

――　女の人を好きになった、初めは？

戸川　小学校の先生。

――　もちろん、打ち明けたりはしなかった!?

戸川　するわけないじゃん！餓鬼が何言っとるかってもんでしょ。

――　自分は女の人が好きなんだって、自覚したのは？

戸川　中学の二年のときかな。同級生。そのときは、言わなかったけれどネ……。相手もうっすらと感づいてたんじゃないかな。

――　普通の友達づき合い？

戸川　いまの中学生なら、もっと何かするかも知れないけど……。

十五、六年前だから、そこまではネ。

――　共学だったの？

戸川　共学。

――　男の子には惚れなかったの？

戸川　惚れられてたよ。私は、惚れなかった！二人好きな子がいた。

――　同時に？

戸川　同時。友達の中の〝特に〟って感じだから、こっちの持ってないもの……こっちの子が持ってるとか、友達だからネ。二人だって別に気が多いってことは無いでしょ…。

――　恋だな、とは？

戸川　感じてた。

――　ドキドキしたり……。

戸川　夜、眠れなくてネ…。

――　じゃ、女の人に惚れるというのは、割に小さい頃からあったんだけど、実際に抱き合ったり、キスしたりってのは遅かったのネ。

戸川　そう見えないだろうけど、そういう面は……奥手だったネ。

――　愛を打ち明ける、というよりは、受けるタイプなのネ…。後からくるレズビアンにアドバイスを……。

戸川　誰とでも遊びすぎないこと！いまが良けりゃって、感じじゃなくて、将来のことも考えて！

――　レズビアンのデモとか、そんなことがあったら？

戸川　出るネ。田舎じゃできないけど……。

――　レズビアンは増えると思いますか？

戸川　増えるネ！

――　どうも、ありがとうございました。

主人も了解ずみなの……

山田和枝（50歳）

―― 山田さんにお会いするってことで、やっと主婦だなあと……。いままで一人もなかったんですよ。で、私も主婦でしょう。だから、話が気楽にっていうか、立場が同じだから……。女の人を好きになる人間なんだな……と、自覚されたのはいつ頃ですか？

山田 学校を卒業してから……十五歳くらい。

―― それは、誰かを好きになって？

山田 田舎の小さな町工場に、ちょっと勤めた頃、先輩に憧れて。

―― 一緒に働いてて……。

山田 そう。

―― それは憧れだけで、終わったんですか？

山田 そうネ。

――相手の人には気づかれないで？

山田 全然、気づかれない。ただ、軽い憧れだったから……。

―― それからは……？

山田 それから、今度他に移ってネ。そこで……そこでまた誰かを好きになって……。

―― 年上の方ですか？

山田 二歳年下で、七年間一緒に働いて……。自分の気持はいつも打ち明けてたけどネ。どうしても理解できないって……。それで、そのまま終わっちゃったけどネ。

―― ハッキリおっしゃったんですネ、相手の方に……。

山田 そう。

―― 一番初めにおっしゃったとき、相手は？

山田 全然、本気にしないっていうか……。

―― 笑っちゃって？

山田 そう。男性が好きになって、それがうまくいかないから……女性に移ったんじゃないかって！

―― そう言われても、引き下がらないで……。(笑)

山田 そう。七年間ずっと自分の気持を押しつけてきたけど、どうしても理解してもらえなかった。

―― 積極的ネ。一途なのネ。七年間言われたら、情にほだされないかしら？

山田 それが、おかしいのネ。じゃあ、辛いから他の人でも好きになろうかって思うと……ヤキモチやくっていうか「私よりもその人のほうが可愛いの？」とか……。

―― じゃあ、気持では結構応えているのネ。煮え切らないけど。

山田 「友達として、おつき合いしていかれないの？」って、言われるんだけれど。「でも、どうしてもそれ以上の気持になってしまうんだって……」そう言って。

―― そういう気持になったのは、その人が初めてだったんですネ。

山田 そう。

―― でも、応えてもらえなくて……全然ですか？

山田 うん。

―― 友達という感じで、手をつないで歩くとか……。

―― ご結婚は二十四歳で。すると、その方とダブりますネ？

山田 そう。私があまり強引に言うから、その人、会社を辞めるって言い出したのネ。これは大変なことになると思って……。その頃、私にも縁談があったのネ。兄が嫁さんもらったから、私は早く言えば、小姑だから出したいでしょ。だから、方々から縁談があってネ。

―― 二人きょうだいですか？

山田 大勢の真中。

―― その縁談の中から選んで、ご結婚なさったんですか？

山田 選んでっていうより、親戚からの話だし、断り切れなくて。

―― 親の顔を立てて……その七年間の方への気持がありながら、結婚なさったわけですネ。

山田 会社を辞めてネ……。

―― 辛かったでしょうネ。

山田 忘れられないしネ。全然好きでもない人と結婚して……三ヵ月いただけだもの。

―― 結婚生活三ヵ月……？

山田 相手の男性に、女性がいたのネ。

―― 仲人さんも知らなかったんですネ。

山田 仲人ってのが、相手の男性の姉さんだったの。だから、自分の兄弟のことだから、隠すでしょ。

―― なる程ネ。案外ちゃんと結婚して身を固めれば、女遊びも直るだろうと……。

山田 親の気に入る人とネ。だけどやっぱり、そっちの女性が好きだったんでしょ…。

―― 山田さんにしてみりゃ、いい迷惑ですネ。結婚してすぐその ことがわかったのですか？

山田 最初は全くわからないのネ。人を疑うってことしないから。家に帰ってこないのが、ほとんどだったけど、疑わないのネ。

―― 仕事だと思って？

山田 そう。会社には行ってるのかなと思って、会社に行ってみるといないのネ。それで、会社の上司が全部話してくれたのよ。「早く別れた方がいいですよ」って……。それが結婚式のときには「いい青年」だとかって、みんな言うじゃない？上司もそれ言ってたのよ。隠してたのネ。

―― お子さんは……。

山田 なかったの。

―― ご実家にその事情を話されて、戻られたんですか？

山田 「世の中そんな悪い男ばかりじゃないから……」って。「そんなに悲観しないでいいから……」って。でも、会社に行ったときに上司にね、「早く別れた方が……」って言われたとき、そのショックっていうか、人間不信になっちゃった。でも、好きとかってのが全然なかったから、あきらめは良かったの。

―― あ、かえってネ。愛してたら大変ですネ……。そうすると、立ち入った質問ですけれど、結婚なさると当然ご主人と男女の、それとも何にも嬉しくなかったですか？結婚したらするもんだと……。

山田 私ネ、半信半疑だったのネ。ほんとにそういうことするってこと。別の世界のできごとみたいに思ってたの。最初、悲しくて泣いちゃったわネ。

―― 痛いしネ。卒直に言うとネ。(笑)

山田 みんなこんなことしているのかしら、と思ったら悲しくなっ

ちゃってネ。親たちもこんなことして私を産んでくれたのか……。世の中の人間みんな、こうして生きてるのかと思って。不潔たらしくなっちゃって、いやんなっちゃったわネ。

―― ほんと、私も驚きました。あのときは。ちょうど、イカが泳ぐようにネ。(笑)気持は納得しているんですけど、体が逃げるわけ。頭から、すっと、ネ。ベットでなくて良かった。ベッドだったら落っこっちゃうでしょ。(笑)ほんとに、ずんずん……。

山田 ふとんからはみだしちゃうのネ、ほんとに。知識もなかったし。半信半疑で。

―― でも、わかります。"人間みんなこんなことするのか？"って……。特に女の人は、変な格好するじゃない？パッと足ひらいて。(笑)それまでは、足なんか電車に坐っててもひらくなとか、躾られてんのに、急にパッとひらけなんて、おかしいと思ったわけ。人間の尊厳もクソもなんにもなくなっちゃうっていう……。

山田 足ひらくのは、いまでも嫌ですよ。(笑)だから婦人科行っても、叱られますよ。気を楽にして、と。

―― で、次のご結婚は……。こちらのご主人ですネ。するとその間、六年あったわけですネ。その間は、愛とか、恋とかは女性？

山田 そう、全部女性。だから男性は、好きになったことないの。

―― 今度のご主人も、好きじゃないんですか？

山田 全然。

―― ふうん。じゃ、よけい足をひらきづらい……。(笑)それで、初めのご結婚と今度との間の六年間は……？

山田 町工場に勤めて、田植えとか稲刈りとか、忙しいときは休んで。

―― そうすると、めぐり逢いのチャンスはあまり？

山田 冬の期間、出稼ぎみたいに行くのネ。他県の缶詰工場とかへ。

―― 県を越えて行っちゃうのネ。

山田 そう、東京にも来たことある……。

―― そこで、どなたかにお会いになったんですか？

山田 行くところ、行くところで……。

―― いたるところに女ありで……。(笑)

山田 女ありじゃなくって、好きになっちゃうの！

―― うん、真剣に。でも、一応言うの？

山田 私は、言う。

―― 大したものネ、それは。

山田 自分の気持は、ハッキリ言う。

―― 相手によって反応は、さまざまだったんでしょう？

山田 そうネ、全くの素人でしょ。だから長いですよネ。言うまでは。

―― 応えてくれた人、いましたか？

山田 だれも……。

―― 片想い。

山田 いつも一方通行で苦しんできただけ。一生、こうじゃないかな。ほんとに苦しんできただけ。だから自分がこんなふうに生まれてこなければ、苦しまなくていいのになーって……いまでもそう思う。こんなことでずっと……。いま、ちょうど五十だけどネ……。ずっと苦しんで……。

―― 男だったら、いいってことですか？

山田 そういう人間でなかったら、ネ。

―― ノーマルだったらネ。ノーマルって、いやな言葉だけど……。

山田 そう、男の人好きになれたら、それこそこうやって……。

―― お家もちゃんとしてネ。

山田 一応ネ。普通の生活を送れるんだけど、どうしてこんなに苦しまなきゃならないんだろうって……。

―― 端から見たら幸せそうですけれどネ。「若草の会」に入られたのは、何歳くらいですか？

山田 四十二歳。

―― その頃、若い方と……。

山田 「若草の会」で知り合ってネ。

―― その方が初めて？体の……？

山田 そう。だから私、五十年生きて、あとにも先にも、その人しかないの。

―― 報いられることが少ないけど、でも、あなたご自身としては、一筋に女の人を愛してらしたって……。遊びじゃなく、心を込めてっていうか……。

山田 そう。だからその子のときにもネ。この家を建てるときに、一部屋よけいに作ったの、二階にネ。最初、その子は下宿してて、初め嫌だって言ったんだけど、そのうち、来たいって言ってネ。だから、いま考えると、私、大胆なこと、他人にできない大胆なことして来たって……。私、案外、堂々としてんのネ。ここで一緒に暮らしたの、その人と。一部屋作ってネ。

―― ご飯のときも、ご家族とご一緒？

山田 そう。全部一緒。遊びに行くときも。

―― 誰も気づかずに？

山田 子供は気づかなかった。

―― 下宿させてる人っていう感じで？

山田 お金、一応ネ…。月二万円だけむこうで入れるって言うからネ。

―― 若い女の子を下宿させるということで、ご主人のOKはスンナリ出たんですか？

山田 お父さんは知ってるからネ。それは全部了解ずみ。

―― あ！そうですか。何にもヤキモチとか、やかないで……？

山田 お互いにもう、若くないでしょ。だから夫婦生活ってのは、全くもうないわけネ。

―― 彼女に出合った頃は、もうなかったんですか？

山田 全くないってわけじゃないけれど……。

―― 熱心にってことじゃないのね。

山田　だから、そういうことできたのね。五年半、続いたから、この家では一年半。相手は学生だから、私も控え目にしてたのね。学問が大切だからね。相手のこと考えればね。

―― なかなか、そうは思えないけどね。学問より、私の方が大切と……普通は思ってしまうけどね。（笑）

山田　う～ん。そのくらいにやった方が、結果的にはよかったかも知れないのね。でも、年が違うからね。

―― だいぶ、違うんですか？

山田　ちょうど二十五歳違うの。私は、相手さえよければ、一生おつき合いしたかったんだけれど、相手は若い人と、一緒に何かを築き上げていきたいって、そう言う希望があったからね。

―― 相手からそれを言い出して……？　終わりになってしまった……ね。

山田　そうね。私とつき合いながら、向こうは相手を探したわけね。で、この人と一緒にやってくんだって、もうキチンと話がついてから、それから私にこういうお友達ができたからって……。じゃあ、私も祝福してあげたいから、お友達ということにしておつき合いしましょうって……。ここで、一緒に暮らしたんだしね。また、遊びにも二人でいいからって言ったんだけど……。それは一切やめたいってわけね。別れた人といつまでもかかわりを持つことで、今度の人にいい加減に思われたくないって言うの。私も彼女を甘やかしてしまったのね。自分の子供と同じようなつもりでね。二人できたとしても、甘えちゃうって言うの。良くないから、一切つき合いやめようって……。

―― それから、何にもないんですか？

山田　そう。分別のない……好きだからって、相手に迷惑かけるようなことしたり、そんなこと絶対ないんだけど。親に知らされるとか、キャッシーと佐良直美みたいになるとか、警戒心があるみたいね。いまだに私は、正直言うと、精神的に参っちゃう。たった一人の女性なわけね、生涯に。だから友達でいて欲しいわけ。一対一で会うとかじゃなくてね。いまつき合ってる人と一緒にね……。親子みたいな、自分の子供と同じように、財産も分けてやるって、そこまで考えてたのね。自分名義の土地があるからね。

―― いまも他の人は、考えられないというお気持ですか？

山田　心の中にいるからね。

―― 山田さんがそういう風に一途に女の人を好きになってこられたっていうのは、女の人のどこがいいからなのかしら？

山田　どこがって言われると困るけど、自然にそうなっちゃうの。

―― レズビアンになった原因っていうのはあると思いますか？

山田　職場がほとんど女で……、全く男性がいないってわけじゃないけれど……。男も混ざってたらどうだったろうとは思うけど。

―― お父さんがとっても怖かったとか……。

山田　そういうことはなかった……。

―― ご自分の中に、女性を好きになるってことについて異和感は……？

山田　女性は好きだったけれど、女は結婚するものだっていうことが頭に決めつけられていて……。

―― そういう風に育てられますものね。それに、年頃になると周りは結婚していくし……。

山田　そう。女は好きなんだけれど、一方では結婚はしなければならないものと……もう決めつけていて、経済的にもね。

―― もしやり直せたら、結婚しないで、女性一筋にやりますか？

時代もあるでしょうね、土地柄もね……。

山田　そうね…。

―― いまなら、風潮も、仕事もあるしね。結婚しなくても、生きられる部分もあるし。

山田　そう。だから、お互いに精神的に好きな人がいて、ほんとにいいお友達でおつき合いしていても、互いに結婚しなきゃいけないから、泣いて別れたっていう。どんなにつらくても別れて結婚しなくちゃいけないと思っていたからね。

―― 山田さんにとっては、レズビアンであったことは、喜びより苦しみの方が大きいのですか？

山田　そうね。

―― 来世で神様が自由に選んでいいよ、と言ったとしたら、またレズビアンを選びますか、それとも……。

山田　またレズビアンね。

―― そして今度は、いろいろなものに縛られずにのびのびと？

山田　そう。

―― さっき、ご主人がご存知、とおっしゃいましたが、他の人もちろん、お子さんはご存知ないんですね。山田さんのご実家のお父さんお母さん、ご兄弟っていうのは、全然……？

山田　知らない。知られたって私はいいけどね。

―― 山田さんて、おもしろい強さがあるのね。

山田　そう。好きだったら必ず好きって、打ち明けてたし……。

―― 初めて肉体関係をもって、どんなこと感じられましたか？

山田　ごく自然に、嬉しいような、怖いような、おそるおそるって感じで。

―― レズビアンのカップルが長続きする秘訣は……。

山田　お互いに気を使わないで、空気みたいな存在にならないと駄目だと思うの。お互いに丸出しにしちゃって、気取らなくてね……。

―― 山田さんの場合には、彼女は伸び伸びとしていても、山田さんの方で自分を抑えるっていうか、我慢しちゃうというところがあったんじゃないかしら。

山田　それはあったと思うの。若いしね、相手が。自分は年だから、嫌われたくないっていうのがあったと思う。でも何しても腹が立たないし、許せちゃうわけ。どんなことしたって。それが相手にとっていいことか、悪いことか……。

―― 俗にタチとかネコとかについては、どうですか？

山田　七割くらいの受け身になっちゃうと思いますけど……、相手によって。好きになれば、あんまり関係ないと思いますね。

―― 愛がなくても、寝られますか？

山田　私はできない。できたらいいなと思うことがある。遊べたら……。そういう人の方が得だな、と思うことあるの。私のような立場で、この年になっちゃったら、そうしてた方がいいのかな、と思うことあるわね。

―― 男女の愛と、女同士の愛と……違うかしら？

山田　やっぱり女同士の方が優しいと思う。男は乱暴で、女の体っても の理解してくれないしね。

――もし、これから誰か愛し合う人ができたとして、その人が、万一、浮気するというようなことがあったとしたら、どんな行動をとられますか?

山田 許しちゃうネ。

―― 正直に言って欲しいですか?

山田 言われた方がいい……。

―― 相手が男性と浮気するのと、女性とでは、どうですか?

山田 男性とされる方が、気が多少楽でしょうネ。でも、嫉妬ってのあまりないけど、私は。そういうことばっかりじゃないんだしネ。

―― 若いレズビアン達にアドバイスって……?

山田 真剣さが欲しいと思う。うまく行かなきゃ別れればいいって、そういうことじゃないしネ。ずっと、お墓までって。そんな気持で……。

―― 集会などでご覧になってて、若い人、浮ついてるんじゃないかと、そんな気がなさいますか?

山田 そんな風に思わなくもないけど……。でも、いろいろ話聞いてみると、やっぱり真剣に悩んでるし。会で若い人に教えられることがたくさんあるの。

―― それだけ心が柔軟で謙虚なんだと思いますよ。若い人って、口先きだけみたいなとこあるでしょ。それに耳を傾けるっていうのは、偉いと思います。

山田 それが若さであって……。これからその人達はいろいろ経験していくんだからネ。若い人にいまの私の五十歳の気持、わかってくれっていったって、わかるもんじゃないしネ。自分がそのくらいの年令に、五十歳の人の気持、考えたことあるかって言ったら、全く考えたことないし……。

―― その年にならないとネ。

山田 とにかく気持を大切に、接していきたいなって、思うの。それと、もっと堂々として欲しいと思うの。悪いことしてるんじゃあないんだから。

―― どうも、ありがとうございました。

好きだから好き とにかく好き……

日吉玲子（30歳）
深見佳子（21歳）

インタビューに応じて現われたふたりの印象は、「大人のチューインガム」の香り。さわやかな甘さと、苦味。同棲二年半。〝とにかく好きでたまらない〟ふたりが、甘いのはわかる。しかしこの苦味は……?

「とにかく私はひどかったからね。」日吉さんは、数年前までの自分をふりかえって言う。軽くウェーブのついた明るい茶色のショートカット。細身のからだを包んだ黒いワイシャツとジーパン。早い口調。飾り気のない淡々とした話しぶり。

――最初は〝女が好き〟って、それしかなかった。女が好きで、どんな人でも女ならいいって、そういう考えだった。で、もういろんな人とつき合って。ぱっと会って、「あ、いいなあ!」って、身軽だからすぐ一緒になっちゃう。そして暮らしてると、この人は違う、私の相手じゃないって、わかってくるわけね。この人はホントじゃないって思って、私がそれで妥協してつき合っても、しょうがないし。惰性で、かわいそうだからとかって、つき合って行くことができなかったしね。

それと、私はひとりの女の人で満足できるとは、思ってなかったのね。一緒に暮らしている人がいても、他に誰かしらいないと寂しかったのね。一緒に暮らしてる人が、それで気に入らないって言ったら、それじゃ別れましょって……そういう風にやってきたのよね。寂しかったけれどね、結局は。いつも複数でいろんな人がいて、でも、本当に自分が求めてる人だっていうのがなかったから。相手だけが求めてて都合がよくって、でも充実しなかったね。とことん好きになれなかった。どの人とも最終的には、あ、どうやって別れようかなっていう風にしか、考えられなかったのね。相手は、私に対して気持が頂点に達してて、で、私の態度があっち向いてるから、よけいしがみついてくるでしょ。もう、どうやって逃げようって感じで。

聞いていると、「冷淡な遊び人」である。本当にそうだったのか?「泣かせた」人達に対して、彼女はどう思っていたのか?釣った魚にエサはやらない……?

――いや、絶対そうじゃなくって、やっぱり、「違うな」っていう感じ。ホントじゃないって。つらかった、かわいそうで。相手に求められてても、気持を返せないっていう、でも、どうしようもなかった。かわいそうだから、私の人生を捨てて、この人のために捨て身になっちゃおうかって、なんども思ったけどね。ちょうど、きらいな男の二号でいるって感じで。やっぱり、できなかった。自分の人生、もうちょっと望みのあるもんにしたかったし。悪いなとは思うけれど、当時はすごくうらまれたけどね。私は別れ方が下手で、すごくなっちゃうのね。血みどろの戦いというか、自分自身もボロ

ボロになっちゃうしね。愛せないからしょうがないのに、バンと突き放せないのね、かわいそうで、半分。だからよけいに、いけないって言われた。つらかったけど、あわれみとか、情とかで妥協できなかったのね。

彼女には、気楽な気持で遊びを重ねていたつもりはなかった。自分自身もボロボロになって、本当の愛を探していた。

「絶対、いると思っていた。この人だっていう人がいるはずだと思っていたのね。」

しかし、はた目から見れば〝手の早い遊び人〟と思われるのは当然だろう。生活していたある地方都市のレズビアンの間で、日吉さんは、眉をひそめられる存在になっていった。それだけの理由ではないが、それもあって、彼女は生活の場を変えた。上京してすぐに、深見さんに出合った。互いにひと目惚れ。

——はじめは怖かった、自分自身で。彼女をぱーっと好きになっちゃったけど、また急に冷めちゃって、いやんなっちゃうのかな、また同じなのかなって。

しかし、こんどの愛は違った。同居して共働きの生活がすでに二年半。「二回続けて、同じ人とお正月をむかえるのは初めてだった」と日吉さんは言う。「自分で納得できる人に会った。」

——変愛っていうことはね、愛することに意義があるんだって、私は結論を出してるわけ。いくら愛されてもね、自分が愛さなければ幸せはないんだって。本当に自分が愛せる人を探すことだって。一生にひとり、この人だって人を探すことだって。

日吉さんはホントの人とめぐり逢った。しかし、日々の生活は、めぐり逢いの喜びだけではやっていけない。九歳の年令差、生まれも育ちも性格も違う二人の人間が、生活をともにしていくのは大変なことだ。だから、けんかをする。

——互いにね、やなとこいっぱいあるんだもん。たとえば私は友だちが好きで、すごい大事で。人がいっぱい来てワーとか、すごい好きなの。でもそれ、許してもらえないわけ。この人は、人と接するのが苦手でね。食い違っちゃう。昔だったら、もう一方的だったから、相手のことかまわずに、「あなたがこれがイヤなんだったら、私はもう別れるから。がまんするか、どっちかにしなさい」って、やったけどね。今は……好きだから、しょうがないじゃない。どうするかっていったら、結論は、でるでしょ？互いに、気に入らないとこいっぱいあるのよ。絶対きらいなのよ。お互いが、すごく。でも好きなわけ。だからどんなにけんかしても、めちゃくちゃになっても、結局は別れられないのね、好きだから。同じことで、なんどでも繰り返してけんかして。

繰り返しのけんかの果ては、どうやら日吉さんがゆずる形になるようだ。一方の深見さんは〝一生にひとりだけのホントウの人〟と日吉さんに愛されて、甘えているだけなのか？まっ赤なトレーナーにジーパン、長身、細いからだ、大きめにカールした

髪が、肩の線より少し長めに波打って、少女まんがのボーイッシュな美少女そのものという感じの深見さんは、日吉さんとは対照的にことばのひとつひとつを考えながら、ぽつりぽつりと話す。

——すごく苦しい。好きだから。だからもう、別れたらこういう人は絶対好きにならない。生まれ変わったら、もう絶対めぐり逢いたくないって思う。ぱっと忘れられたら、どんなに楽だろうなって。初めて会ったとき、気持の上でね、私の方がワーッと行っちゃったんです。で、困ったのね。ダメだダメだと思ってもね。思う反面、どんどん、どんどん、魅かれていっちゃうんです。

深見さんが「ダメだ」と思うには理由があった。いわゆるタチとネコというレズビアンの性的な役割の上で、深見さんも日吉さんも、二人ともタチだった。レズビアンには、タチ・ネコの役割にこだわらないタイプと、はっきりと自分の役割をきめているタイプがある。二人の場合は、それぞれがかなり徹底したタチだった。それでも愛してしまった。悩んだ末に、ゆずったのは深見さんだった。「初めてのとき、抱かれて……ぜんぜんダメだった。い・い・っていう風

にはなれなかった。でも、好きだから、合わせないと。」

その頃、日吉さんはどう考えていたのか。

——はじめのころ、すごく困って、会っても、お茶飲んで別れて、という感じだったの。それで電話なんかでね、〝どうしようかって話もしたわけ。〝困ったね、お互いに。そっちの方だから、困ったね〟っていう風に。でもね、やんなきゃやっぱり、心が開き合わないでしょ。セックスがないと、いつまでも心が閉じたままっていうか、素直になれないし。彼女も、なんとかしなくちゃいけないって言ったんで、がんばって、意を決してね、ふたりで泊ったわけね。がんばって、ワッ！と、こういう感じで、私が抱いちゃったけどね。でも、はじめのころは、そのことですごい悩んだね、お互いに。彼女がかわいそうでできないとか……。でも、好きだから、とにかくがんばろうって。

タチとネコの役割を重視するレズビアンにとっては、そういう立場にない者が考えるほど〝自分の役割を変える〟ことは簡単ではない。理屈で採用したものなら、再び理屈に従ってそれを捨てることもできる。しかし、ほとんどのタチあるいはネコにとって、その役割は、直感的に選びとったほとんど本能に近いものであり、また、愛の経験の中で確かめられ、強められてきたものである。心とからだにしみこんでいる自分の形は、上着を取りかえるように変えられるものではない。こういう問題での「性的不一致」が原因で、こわれるカップルも多い。深見さんは自分の形を捨てることで、二人の問題をのりこえた。ヘルメットに皮ジャケットといういで立ちで、オートバイを乗りまわしていた彼女が、日吉さんの希望にそって、それまでは決してはかなかったスカートをはくようになった。「はじめはイヤだとか、すごく思ったけどね。でも、喜んでくれるのを見ると、嬉しいし。」

二人とも、出逢いによって大きく変った。〝お互いにイヤなことばっかりで、けんかを繰り返しながら〟〝好きだからしようがなくて〟互いに歩みよって生きる。どうしてそんなに好きなのか？相手の、どこが好きなのか？

——ただ、好きなのよ。どこがどうっていうんじゃなくて、好きなんだネ。

——ものすごく単純に。ただ、好き。

異口同音に、うなずきあいつつ、言う。「好きだから」の言葉が、異常に(ノ)多いインタビューだった。終わりごろ、あまりお酒に強くない深見さんが、ふわっと日吉さんのヒザに倒れこんだ。焼きもちをやくには、二人の姿はあまりにも自然で美しかった。

深見さんを見おろす日吉さんの表情には、いくたびもの涙や笑いを経て、よく使いこんだ顔にだけ見られる一種独得の、美しい疲れがあった。

自然に、しぜんに のびのびと……

島村マリ（26歳）
坂井恵子（28歳）

知り合って四年目に同居して一年半たつ。最近、ふたりの暮らしのスペースを分けあうことにしたという。六畳を坂井さん、四畳半は島村さん。もちろん、おおむねということであって、鍵をかけて閉じこもって〝ここから先は入っちゃ駄目〟なんてことではないらしい。どうしてそうなったのか、もう少し詳しく……。島村さんは、お世辞もウソも絶対言えそうにない、大きな率直な目でこちらをヒタと見すえて話す。

——たとえば私が本読んでるときに、この人がチョッカイを出してくることがあるわけよ。最初のうちは、私もやさしいからね、「ハイハイ」とか相手にしているけれど、そのうち本に夢中になってくると、もう面倒臭くなってくるわけよ。「ウンウン」とか「フンフン」とか、そんなになってくるわけね。そうすると、だんだん、この人もこっちもイライラしてくるし……。で、つまんないことで、ケンカしちゃうわけよね。だから、そういう意味で、個人を大事にする意味で、別々に部屋を持とうとね。やっぱり、それぞれに自分の世界というものがあるんだし、持っていたいしね。別にイヤだからとか、そろそろ飽きて顔見たくないからとかって、そういうんじゃなくてね。

あと、好みがまるっきり違うわけですよ、生活の。ここにこれを置いた方がいいとか、いやそうじゃなくてこっちがいいとか。この人は飾ったりとか、わりにするのね。またやらせると器用にやるし……。たとえば人形。他人からもらったりするでしょ。すると、飾るわけ。わざわざ買ってきて飾るという発想じゃないんだけど、もらったもの、せっかくあるからには、飾ってやらないと人形がかわいそうだって言うんだよね。しまいこんだり、放ったらかしては、かわいそうって。なにがかわいそうなんだか、私なんか、へえ!?という感じだけど。でもね、彼女がともかくそう考える人間なら、やっぱり、それいかしてあげたいでしょ／だから、このスペースはあなたが、もう好きなように使って下さい、口出しはしません……こういう風にしたわけ。もちろん、全体がそんなに広くないんだから限りもあるし、二人で生活してるからには、いっしょになる部分というのが当然あって、そんな厳密に、どうこうってわけにはいきませんよ。ただ、基本的にそうしようってやってみると、これですいぶん、気持の上でもすっきりしたし、良かったですよ。もう私の部屋なんか殺風景よね、飾らないから。壁にパネル貼ったけど、それも、実はちょっとさわるとザラザラ落ちちゃう。ああいう壁だからってことだったり。ほんとに二人は違うからね。違うのを、どっちかのペースでやっちゃうんでなしに、互いにいかしていこうと……そうしたいしね。

「生活」を感じさせる言葉だ。レズビアンが同棲しているところ

いうと、一般的には〝倒錯の性におぼれる、めくるめく官能の日々〟という印象になるのではあるまいか。そんなものではない。たまたま愛しあった二人の人間が、ごく普通に生活して行く。食べて、着て、住んで、働いて、趣味を楽しんだり、将来の目標に向かって少しずつ準備したり。生活とはそういうことであり、その生活をともにしていこうとしている人が、たまたま女性同士であった……それだけのことなんだ、と島村さんは言う。

——互いに好きでね。互いを理解し合ってやっていける人、これが大事だと思うんですよ。男とか女とかいう以前にね。だから、私から見たら、レズビアンの人で、男女の愛とか結婚とかはナンセンスだとか、きめつけてる人ってのはイヤですね。怖いです！その頭の固さが怖いですよ、私は。自分がレズビアンだからって、女の人全部、レズビアンになって欲しいなんて思いませんしね。ただ自然に、自分の気持に素直にね。レズビアンである人はレズビアンであればいいし、男女の愛に幸せを感じる人はそれで幸せであって欲しいと思うわけですよ。私の兄は普通に結婚して、貧しいけれど幸せに生きてるからね。すごく夫婦で支え合ってるし。そういうの見て、あぁ、良かったな、幸せだなと思うしね。だから、自然に愛し合えばいいと思うんですよ、人間はみんな。不自然に愛するのはおかしいと思うんですよ。偏見とか、理屈とか固定観念とか、そういうもので頭を固くして、それにしばられて愛とか生き方とかがあるのは、よくないと思うんです。

だから〝オトコ社会を否定して、女同士愛し合おう〟というたぐいの、レズビアンの「運動」というようなものは、あまり好きではない。「たしかに、少数派ってのは弱いかもしれないけど。自然に自分がやっていく中から、地道に、強さを身につけていくっていうか、その方がずっと、その人の力になると思います。」

〝レズビアンを認めろ〟とプラカードを持つ前に、ひとりの人間として、またカップルとして、周囲の人々の納得のいく生活を築いていく。そういう生活態度が、周囲の偏見をなくして行くようでありたい、と言う。島村さんと坂井さんの家族は、ふたりがレズビアンのカップルであることを知らない。というより〝レズビアンとして同棲します〟という「発表」をしていないという方が正確だろう。両方の家族は二人の生活に反対も批判もしない。二人の同棲は、坂井さんの兄の結婚を機会に、妹の恵子さんが実家を出てひとり立ちする、という形で、ごく自然に始まった。ひとり立ちする娘が、アパートのひとり暮らしではなく、数年前から家族ぐるみの交際をしていた気心の知れた「女ともだち」と同居するのは、両親にしてみれば、安心できる、ありがたいことだったろう。

——この人は出合いのころから、言ってたんですよ。両親を犠牲にして、自分の好きなことはできない、と言ってて、私はそういう気持がよくわかりましたからね。いつもせっせと通ってたわけ。で、行けばね、彼女の両親も兄弟もいますよ。その中入って、ニコッとして「お母さん、元気？」とか、遊んだり、話したりとか……。だからこの人が家を出るときなんか、「島村さん、よろしくお願いします」「はい、わかりました！」彼女の両親見てるとね、「この人たちがいなければ、彼女は生まれなかったんだ」と思ってね。いとおしいような気持になったりするわけですよ。だから、なんだかんだ行ってね、話するしね。お母さんなんか、料理作ってくれて、私なんかベタぼめするわけですよ、おいしいから。すると、お母さんは彼女に「マリはこれが好きだから、いついつ作るから、来なさい」とか、言うわけ。そういう風に触れあっていけばね　いつか、私たちがこうなんだってわかってもね、これまでのその人たちとの間に培ってきた仲ってものを裏切ったり、忘れたり、見てみぬふりをするってことはないだろうと思う。自然に出る気持を相手に伝えていけばね、変な風になっちゃうってことはないだろうと思う。甘いのかもしれないけど。

だから、親から見てね、「お前はここで病気をしたら、どうするんだ？」と言われるようじゃ駄目だよね。そうじゃなくて、自分達の暮らしを守れるだけの貯えもあって、社会的にひとりの人間として、他人や周囲に迷惑をかけずにね。そんな形で生きていくんであれば、言われることはないし……。

やっぱり、人から見て、「あ！あの人は、なかなかステキだな」と、こういう世界の人からだけじゃなくて、いろんな世界の人から見ても、「ステキだな」と、そう思われるような二人にね、なりたいなあって……夢ですけど。

ひどく照れながら言っている。一読すれば〝立板に水〟とうとうと、自信たっぷり言いつらねているようだが、読者の便利を考えて編集したから、こうなる。もちろん論旨も言いまわしもそのままだが、実際のマリさんは照れに照れて、「あ、こんな偉そうなこと言っていいのかな？」「いや、なかなか実際は難しいんですけどね」と、頭をかき、首をすくめ、赤面し、いたたまれぬように身体をよじり、忙しいことおびただしい。素朴な理想主義者、そして正直。だから、聞かれればつい、「こうでありたい！」ふうに一所懸命言ってしまって、直後、照れる。大きな目、整った顔立ち、がっちりした体格。バイクに凝っている。「今、バイクやってて、うまい人っていうと、やっぱり男が多いでしょ。これからは女

の人も出てくると思うけれど、今までずうっと乗ってきて、だからうまいって人は男が多い。で、私も彼らにいろいろ教わるの嬉しいしね。男はイヤだとか、口もきけないとか、そういうこと全然ない。」勤めが終わると、バイク屋でぶらぶら二時間ばかり、油を売ったりして帰る。恵子さんと食事をする。恵子さんも勤め人である。家事はどうしているのか？トイレそうじのようなことはどちらが？

――あ、すいませんけどウチの場合、私、トイレのそうじするの好きなんですよ。どっちかってと、トイレが汚ないと、家全体が汚なくって、そういう感じがするんです。私の育った、ご幼少のころね、おふくろさんに言われてたのね。「トイレの汚ない家は、家全体が汚ないような気がする」って。だから私が、もうすすんでやっちゃう。ほかの家事は、まァ彼女が洗濯している間に、私が料理してて私がそうじしたりとか。パッと一緒に働けば、短時間で済みますしね。あと、好きなことできるし。だけどね、とにかく平等に働いて、平等に家事をやって、とか、決めつけてるってことはなくてね。これはレズビアンだとか、そうじゃないとかの別でなくて、人によって向き不向きってのあるでしょ。外に出て働きたい人と家にいたい人と。家の中にいていろいろやるとかそういうことも、労働だと思うんですね、私は。だからそうしたければすればいいし、そうじゃなくって、やっぱり外に出て、仕事の喜びみたいなもの味わっていきたいというなら、それもいいし。ただ、女の人が外で仕事をしたいんだというときにね、男女の結婚だと、とかくね、イヤ、悪口は言いたくないけどさ、でもまあ一般的には、男が働いて女は家事をやってとかが普通という観念があるから、女が外で働くと、じゃ家事がおろそかになるとか、家事をやってから行けとか。男が相手の女の気持を汲んで、一緒に洗濯とか気楽にやるっていうのは、少ないじゃない!?そういう点は、レズビアン同士なら、もっとコンビネーションよくっていうか、わかり合って、やって行けるんじゃないか、とは思いますね。偏見がないから。女はこうあるべきとかの偏見がなくて、相手の向き不向きとか、やりたいこととか、互いに理解できるから。偏見とか、固い頭とか、とにかくそういうのはいけないと思うんです。互いに理解し合ってね。

理解し合う……素晴らしいことだ。が、難しい。二人は理解し合えているのか？「はい。少なくとも私は、彼女に理解してもらえてる、わかってもらってる、と感じます。親よりも、きょうだいよりも、誰よりも。」言い切ってまた照れるマリさんの横で、「ニマー」と恵子さんは笑っている。そして、ケンカも理解の手段のひとつ、と言う。「不満をためないで、常に言うっていう。だから、よけいにケンカになるときもあるけれど、でもケンカになっても、あ、あの人はこんなことで怒っているんだ、私はこういうことがイヤなんだって、互いにわかるから。」長い黒髪、穏やかな微笑。おとなしそうに見える。口数が少ない。そういう彼女を「内気で、話下手だから」と、マリさんは言う。

――でもね、わりと芯が強いと思います。私なんかより、骨があるんじゃないかな？すごくそういうところ魅かれるし。それに、可愛いでしょ？（ここでインタビュアーは、もちろん本心から、しかしかなり強制的に〝可愛いです！〟と言わされたのだ。）まず可愛いから大好きで、で、弱さみたいなところも好きですよ。彼女が弱いから、自分が強くなれそうな気がするとかね。この人の前ではスーパーマンになれそうな気がするとかね。

こう聞くと、なんとなくマリさんが「夫」で、恵子さんが「妻」という感じがする。そう尋ねたら、キッパリと否定された。

――レズビアンのカップルで、妻とか、女房とか……逆に言ったら、旦那とか……そういうのわかりませんね。そういうの、チョット理解できないね。そういう発想ないから。どっちがリードするとか、されるとか、タチとかネコとかね、わかりませんね。お互いなんじゃないですか？そんなこと、感じたこともないね。そういう人たちが変だとか、イヤだとか思いませんけど。そういう人はそういう人なんで、それで、いいんじゃないですか？ただ、私たちは、どっちがリードするとか、夫の妻のじゃなくって……。そうだな、「仲間」かな？なかま。

互いに理解し合っている仲間。こんな二人にも、過去に「浮気さわぎ」があった。マリさんの友人との仲を、恵子さんは疑った。誤解だった。恵子さんは言う。「私が疑ったときにね、馬鹿みたいだって、この人に言われたの。ようく考えてみると、本当に馬鹿みたいだった。もし本当に、その人に気持が移れば、その人に優しく向かって行くだろうしネ。そうじゃなくて、私をちゃんとしてくれてるのに、ちょっとしたことで疑ったりして。悪かったと思った。信じないで、この人に悪かったって。」恵子さんも「顔とかいろいろな点、あ、ステキだな！」と、他人を見ることもある。「でも、それだけ」だそうだ。そのあたりの気持を、マリさんはこう説明する。

──浮気というか、誰かに出逢って、魅かれて、「あ、好きだ」とか、あの人はどういう人なんだろうとか、切ない想いというのがあるでしょ、初めには。その切ない想いというのは、とってもステキなんだけれど、ずっとつき合えば、それだけじゃなくて、それを越して、やってかなきゃなんないわけでしょ。そのあとに来るものってのは、もう、互いをどれだけ理解していけるかと、そうなって行くので……それは大変なことですからね。だから「あ、いいな」って気分で浮気って思っても、それを考えると、もう面倒臭くなっちゃうのね、私の場合は。

それではもう、この二人はしっかり結びついていて、決して揺ぐことのないカップルであると、自信を持っているのか？

──今の生活、愛情とかいろんな意味を含めて、今よりステキなものが現われれば、本当にステキなら、そっちへ行っちゃうだろうし。そういう話、こないだも二人でしたけれど、やっぱり人間ていうのは、魅かれるものにはしょうがない。無条件で魅かれると思うのね。だから、この先、一緒にいて別れる話をするのもナンだけど、でも、これから先、別れるときにも、仲よくきれいに別れようね、とか話したりね。一緒にいて、それなりに成長がなければつまらないしね。今の形が、とにかく最高だから、これ以上はないんだとかきめつけたり、しがみついたりしたくないですね。いろんな意味で、もっとよくなりたいし、成長したい、よいものを見つけていきたい……。

さっきは"浮気は面倒臭い"と言っておきながら、やっぱり「本当に魅かれたら、そっちを向く」とおっしゃる。結局、浮気はするのかしないのか!?矛盾しておるではないか!?

これが、このカップルの素晴らしいところなのだろう。"永遠の愛の誓い"なんて、馴れそめの愛のささやきなら、いざ知らず、生活をともにして、裏も表も見せ合った仲では、かえってウソっぽい。不自然なものなのかも知れない。「浮気は面倒臭い」のも本当だし、「でも惚れちゃったら、わかんない」のも本当だ。矛盾したものはしたままに、「自然」にしておく。ことさらに統一して固めたりはしない。二人は、カップルの形を、無理矢理かたくなに守りきろうなどと、肩をいからせたりはしない。自分達の気持に忠実に、素直に、自然に伸びていきたい。そういう互いを認め合う厳しさと、しっかり根を張っている信頼感は素晴らしい。

レズビアンのカップルには、法的拘束も、いわゆるカスガイなる子供もない。あるのは互いの愛と、その具体的な形である「生活」だけだ。不確かな愛と未来の空間を、痛々しいまでにピンと張りつめられた「信頼」の綱をたどって渡って行く綱渡り。だが、マリさんと恵子さんの綱は、鋼鉄でできている。

自分の心に忠実に

本間なつき(41歳)
大井則子(27歳)

新幹線自由席。未知の他人同士が隣り合わせ、「どちらまで？」から始まって、思いがけなく話がはずむ。よくあることだ。駅に着くと挨拶をし、それぞれの人生の中に歩み去る。席を接して言葉をかわした数時間は、一本の線が偶然まじわった「点」にすぎない。

三年前のある日、本間さんはこの「点」に自分のその後の人生を賭けた。今、彼女はそのときの隣席の他人、大井さんとともに、幸せに暮らしている。同居して二年半。

現在の幸福を導いた、あのときの直感を、ひと目惚れと本間さんは言う。「よく、ひと目惚れってないというでしょ？私はあると思うんです。」

本間さんの語り口は、よどみなくすじ道立っている。話を聴いているこちらは、自分の耳の存在を忘れる。彼女の言葉は、まるでこちらの頭の中に、じかに書きつけられていくかのようである。本間さんのひと目惚れ論──。

──あるとき出逢うふたりが、ひと目惚れをする。そのためには、そのふたりの、それぞれに恋をするための条件、内的条件、外的条件というのが揃っているんですね。

あの当時の私たちについて言えば、この人は当時24才だった。高校時代に同性の上級生と恋をした経験があって、そして、社会に出て働いて、ひとりで暮らして。社会に出てから、男の人といろいろおつき合いしてみたけれど、どこか、もうひとつ、どうにも充たされないものがあって、ふっと、その高校時代のことが、彼女の胸の中によみがえってきたんだと思う。やっぱり、今の生き方というのは、昔のように純粋で熱い想いのある、そういうものとは違う、と。しかしまた、過ぎた昔のことを、今欲しいと思っても、そのころに戻ることもできない。だから彼女は、なんとなくふっと、こう、胸に穴のあいたような状態にあって、そんなとき、私に出逢った。

一方、私の方はといえば、それまでの過去につき合って来た人達との経験から、好きだとかどうとかいうことは、そういうことだけなのであれば、いくらでも世の中にある。しかし私は、そのもうひとつ向こうのものが自分の手の中に欲しい、そう思っていた。

その、もうひとつ向こうのものというのは、それではなにかと問われれば、これは私の生き方、人生というものを、私がどう考えているか、ということと結びついて、その私の人生観を一緒に実現して行ける、ともにつくりあげていける人、そういうことなんです。果してその向こうのものに自分が賭けられる相手が、いるのかいないのか、わからないけれど、もしいればという気持が、いつも自分の胸の中にある。そういう状態のときに、彼女に会った。そして私は、そういう自分の心に叶う人がいたときには、ポンと情熱のすべてをぶつけられる、性格的なものを持っていた。だから、あとで考えるとあれはひと目惚れ、言葉でいえばひと目惚れということにな

るんだけれど、ふたりのそれぞれに、互いに出逢ったときに、ぱっとひらめくための、それぞれの素地というものが、できていた……こういうことなの。

聴いてわかるように、このひと目惚れは「外見」ということではない。

——顔っていうのは、名前と同じで、これはね、顔の美醜ということになるとね、みんな、眉があり、目があり、鼻と口がついていて。まあ綺麗にこしたことはないけれど、別にそのことが大事だということはなくて、もともと外見の好みって、あまりないの。つまり、心というか、大げさに言えば「精神」というか、そういうことが第一番目の問題であって……。

しかし「外見を重視しない」ご当人の外見は、なかなかである。まっすぐなショートカット、さっぱりした目鼻立ち。が、よく見ると、ちょっととぼけたような味わいもあり、また、厳しい表情が一閃する。要するに、わからない顔である。わからないから魅力的。すらりとしなやかなからだつき。運命の日には、「なぜか、たまたま」おしゃれをしていた。

——いつも、まあ、よれっと着ているんだけど、そのときにはたまたまね、ほんと不思議と、まあ、出かける前にシャツを、あんまりよれよれではっていうわけで、生まれて初めて「ロペ」という所に行って、四千八百円使った。それが、本を買うときはね、一万円だろうがなんだろうが、お金が足りなければ質屋に行ってでもという具合で、惜しくもなんともない方なんだけれど、着るものとか、そんなものには構わない。だから、「四千八百円！わあシャツ、高い！」でも私の体型に合っていて、細身でね。で、ともかくロペのシャツで、ピシッとスーツ着てたの。

「それが、とっても似合ってたの。」大井さんは言う。本間さんを理論派とすれば、正反対に大井さんは感覚派。言葉は短く、少なく、断定的である。語調に力があり、語尾に必ず「！」がついているような印象。「好き嫌いがハッキリしてて、嫌いとなったらもう、とにかくだめ！」

だめ！と頭を振るのが、一所懸命の感じで可愛い。ことさら装ったものではなく、内側の情感の豊かさが、「耐えきれずに」噴き出しているような、エネルギッシュな色気がある。カールした長い髪、訴えるようなまなざし、色白、豊かな身体、いわゆる「男好きのする」タイプである。実際、男性にもてた。

——社会に出てからは、男性としかつき合いはなかった。心の中では、女性の方がね。でも、まさか言えないでしょ、女性が好きだなんて。実社会では。

でも、本当に女性が好きなのか、わかんないの、今でも。でも、男性とつき合ってるとね、やっぱりなんとなくね、だめね。こう今いち。心が充たされないというか、やっぱり十代のときに経験したのが、まだちょっと尾を引いているというか。

十代のときの経験は、一年上級生との恋。全寮制の女子校。そういうことが、珍しくはない環境ではあるが、「好きなものは好き」なので、女性に対して愛を感じるということに、「なんの抵抗もなく、ストレートに言っちゃった！好きだって。」

〝レズビアンだから〟女性が好きなのではない。自身をレズビアンと決めているのでもない。どうこういう理屈抜きに、「結婚ということは、考えなかったし、子供を欲しいと思ったこともなかった。」〝自分の心に忠実に〟生きたら、こうなった。本間さんも、この点同じだ。大井さんの場合は、多分に「好きは好き、嫌いは嫌い！」の性格的なものがあるが、本間さんにとっては〝自分の心に忠実〟であることは、彼女の人生哲学のポイントである。

——私は小さいときから、親類の間で生活するとか、他人の中で生活するとか、そういうのが多かったし、父親の仕事の関係で、あっち行ったり、こっち行ったりすることも多かった。さらにまあ、少女趣味的な話なんだけど、あるとき父親が実の父ではない、義理の父なのだということがわかって、その話を聞いて、もうすっかりね、こう、色があせた感じになったのね。自分が今まで抱っこされて、あっちこっち行っていたっていうのは別のお父さんで、もうひとりほんとうのお父さんがいるんだっていうようなことを考えると、もうすっかりイヤになっちゃったの。で、なるべくだったら早くその父親と別れて、自分でなんとか自分の食べること位は、やって行きたい、と思うようになったし、自分の生きる環境として、今度はあっちの親類の家、次はこっちの他人の所、というようなのはやっか

いだし、と。カッコいい言葉で言えば〝独立独歩の精神〟、そういうのがあったんですね。それと、小さいころから、祖母というのがすごく宗教的な人だったの。日蓮宗の熱心な信者で、そのばあさんていうのは、ひいばあさんなのね。私はすごく好きで、しょっちゅうお釈迦様の話とかなんとか聞いてたの。うん。そのせいかどうか知らないけれど、まあ、人生とはなんぞや？と、こう考えるときにね、ふつう、いろいろまあ、それぞれの人生ってことについて考えて、まあ、それなりの自分自身の哲学とかお持ちなんでしょうけれど、私の場合はごく単純なことなの。つまり、生きてるってことは、これはもう〝自分が生まれたときから、死に向かって、人間はすべて歩いている〟ということになる、と。そう思えば、これはもう大げさにあれこれ考えるよりも、まず、一日一日を大事に生きることが大切なのではないか。一日を大事にということでは、長くてつかみにくいということなら、では一時間と考える。一時間でもなおかつ長ければ、一分間のことを考える。そうすると、その一分間をどういう風に生きるかってなると、これは、ひとさまが持ってる幸福の尺度、あるいは、社会通念というような尺度で、ものごとをはかるんではない。じゃどこに自分自身の人生の尺度を持って来るかというと、これは自分自身の心の問題で、その心に忠実である、ということしか考えられない。なにか自分がしたいと思うのだったら、そう生きることである、と。

　私の場合はさっき言ったように、ものごころついてからずっと、なんとか自分で自分の世界を築きあげたいと思っていて、〝ある年令になったら結婚〟とかなんとか、そういうところに、私の人生の想いがなかったのね。つまり、ひとつのことをやると、次になにかもうひとつ勉強したい、あるいは次に、まだ自分のやりたいことがあると、心がそう言っている。だから心に従って生きてきた。で、人生っていうのは、そういうもんだと私は思っている。

　で、そういう考え方からすると、「じゃ、あなたの老後はどうなるんですか？」と、よく聞かれるわけ。老後ってのは、私には考えられないね。つまり、この一日一日が積み重なって、で、気がついたら、五十歳になっていた、六十歳になっていた、それでいいんだと。

　だから、そういう考えに立つと、過ぎたことを思い煩わったり、明日のことを思い煩わったりすることはない。今日一日を精一杯誠実に生きれば、次の日がめぐって来て、次の日はまた、それで誠実に生きればいいんだと。

　誌面ではとても伝えきれない情熱的な話しぶり。理論家だが、同時に大変な情熱家でもある。三年前の新幹線の出逢いのあと、本間さんは「論理的、かつ、情熱的な」手紙を、大井さんに書いた。

――隣り合って話すうち、二時間てものがあっという間で、互いに大変楽しかった。また、私の方ではすでに〝この人は……〟というひらめきもあった。で、〝どう？私は一ヵ月に一回位、仕事でそちらに行くから、じゃ今度行くときに、ひまでもあったら、お茶でも飲まない？お手紙かなんか出して、日にち教えておけば、予定が取れるんじゃない？〟って言ったら、住所教えてくれたわけ。

　だから、帰って来て、すぐ手紙を出した。その手紙ってね、まあ、普通に考えると、パッと会って、二時間位の時間の中で話をして、

手紙を書くとなると、どういうことを書くんだろうと不思議でしょう？でも、不思議でもなんでもないの。彼女と私と話したことを、全部クエスチョンマークに置きかえるわけ。うん。現在の彼女の生活について、男性に対して持っている考え方について、二時間の話の中で〝私よりずっと若いから、今が一番いいときじゃないんですか。男の人なんかもたくさんいて、それなりに、自分の好みみたいなのが、いるんじゃないですか〟と尋ねたのに対して〝自分はあんまり男の人に興味がないから〟と彼女は答えた、と。〝では今はやっているとんでる女性のタイプなのですか〟と問うと〝そうではない〟という答え、というような会話をかわしたのを、ひとつひとつクエスチョンマークに置きかえて手紙を書いたわけ。〝じゃあ、とんでる女性じゃないってことは、ひとつはこういう理由ですか？ふたつめには、こういう理由ですか？みっつめにはこういう理由ですかって、全部置き直して書く〟そして、そのひとつめについて、普通一般の理屈を書く、私の見解を書く、あなたはどう思いますか、と問いかける。ふたつめ、みっつめについても、それをする。それで、便箋に七、八枚くらいの手紙を二通、続けて出した。――向こうも、その手紙を読むと、これにはちょっと答えてやらなきゃいけないなあというような手紙。ただ、私は同性愛とか、レズビアンという言葉自体が嫌いなの。好きじゃないんですよ。だから、そういう言葉は全然ないの。しかし、そういう表現はない代りに、もっと抽象的に、しかし、ポイントになる答はどうしても書かざるを得ない、書かなければ返事にならない、という手紙だったんです。

　大井さんは非常に短い返事をよこした。「私は女性が好きでした。」――本間さんは、また書く。

――そういうことについては、世の中ではこういう風になって、こうなっておるけれども、私はこう思っている。それであなたが、もし、そういう気持があって、なにか、これをきっかけにして、自分の生活をポンと飛躍させようと思ったら、あなたは私を選ばなければいけない。ということは、女同士が好きになって、ただ好きだ、愛してるっていうのは簡単。でも、そこからあとが難しい。そこからあとのことは、ただ好きだなんて言ってる、そこらにいるタイプの人間じゃだめなんだ、私じゃないとだめなんだ、そういう感じの手紙を、また、バーンと出した。

　やっぱり、彼女自身が持っている気持の中に、そういう抽象的な言いまわしでもって、情熱的に訴えられるというのが、手紙に対する彼女の好みだったんでしょうね。だからまあ、非常に熱烈な返事をもらって、それで、なんというか、こう進展していったという、わけなんです。

　二週間ほど後、本間さんは三日間の有給休暇をとって大井さんの住む街を訪れた。その後は一ヵ月に一度か二度会うという形で交際。この間、本間さんは、毎日八枚ほどの手紙を書き続けた。「会社から戻って、アンパンと牛乳みたいなものを横に置いてずうっと書いて、気がつくと、一時だった。」

　大井さんの側では、「もう圧倒されちゃってね、情熱に！」郵便配達氏の都合で三通まとめて届いたりする恋文を、ひたすら読み続け、アパートの大家さんに気がねして自室の入口に専

用ポストを設け、自らも「事務的、かつ、情熱的な」返事を書き（その中には〝今回はパスします〟という文章だけのものもあったそうな）、半年たって、「お互いに面倒臭くなって」同居の話が出た。本間さんは自分の収入の明細一覧表を書き送った。

――やっぱり、ふたりで一緒に暮らすとなると、これは好きだなんだだけでは暮らしていけないことだから、そのへんを考えて手紙を出してみるに、まあ、彼女は勤めというもんが、あまり好きじゃないんですよ。どっちかといえば家にいて、ひとりで静かに時間を過ごしていたいってところがあるから、それだったら大いに結構だ、と。私の方は外に出て働くことは苦にならないし、今までにも、長い間そうやって来たんだし、これからもそのつもりだから、まあ、あなたの好きでいいでしょう。じゃ、ついては、私のお給料その他は、こうこう、こうなっております、ということで、一覧表を出した。

ご当人は語らないが、実はその手紙には、「掃除もします。洗濯もします。ご飯も作ります。お姫様のように暮らさせます。」あるいは「お金が足りなければ新聞配達でもなんでもします」と書いてあった――信頼すべき消息筋からの情報。

大井さんは、仕事や人間関係などの「すべてを清算」して上京し、本間さんのアパートで一緒に暮らし始めた。本間さんが外で働き、大井さんは家事を引き受ける。積極的な行動とプロポーズ、会社勤め、ショートカットに化粧気のない顔。本間さんが男性的にみえる一方で、大井さんは家事をこなし、ペットの世話をし、絵を描き、文章を作る日々に、長い髪、スカート姿で女性的である。いわゆるタチとネコということについては？

――男役と女役であるとかね、そういうことは、私達にはないの。愛し愛されること、頼り頼られること、甘え、甘えられること、両方が、精神的にも、生活的にも、ね。ただ、生活の、非常に具体的なスタイルっていうことになると、今言ったような形の生活を維持せんがために、外で働くのが私で、家事をやるのが彼女で、ということにはなるけれど。たまたま私にできることだし、適性があるから私は勤めに出る。また、彼女はそれが好きだから、家にいる、ということであって、男役、女役というようなこととは、全然違うの。

互いの資質が、ごく自然に活かされている生活のかたち。「ほんとに、出逢ったときとおんなじ情熱のまま」で、「百パーセント幸せです」と言い切る。

それでは出逢いから今日まで、二人の間には気持の行き違いやトラブルはなにひとつなかったのか？

――それは互いに生まれも育ってきた環境も違い、年齢も十三歳離れているということだし。そう、彼女だって、それなりに私に合わせなければいけないところは、ああ、自分の年齢にはこういうことは無理じゃないかと思っても、私のところに合わせてくれる。また、私もなにかの折に、あ、やっぱり年が離れているからかな、と思うこともあっても、でも、自分が彼女のところまで、十三歳下げられるものだったら、下げて従っていく、そういう気持を持っているつもりなの。

性格の違い、につい　話をすれば、彼女は非常に個性がはっきりしているっていうか、好き嫌いが激しくて、で、もう嫌いってなると、どうしてもイヤ、嫌いって。いや、人間が十人いれば十人十色なんだと、それを好きか嫌いかではなくて、あ、この人はこうなのか、ああなのかって、そういうもっと広い目で見るっていう姿勢は大事である、っていつも言うんだけれど。「いや、私、嫌いだからいいの」っていうところがあるのね。そういう強さを彼女が持っているところに、私の方でもぶつかりあってしまうような強烈な個性を持っていたら、どうしようもないですよ。私、そういう強さって、ないんですよ、我を張るってとこは。「あ、いいよ、いいよ」って言いながら、なにか別の機会に、また別のやりかたでもって、彼女の殻を、少しなりとも溶かして行こうと思ってやってみる。決して正面きって押しつけたりしないの。で、また、そういう風に譲るってことが、自分の気持を無理して、わざとしてるんじゃなくて、楽な気持でできてしまうのね。

本間さんは「勉強が面白くて、三十歳まで大学に通っていた。」同居し始めたころ、部屋は本で埋まっていた。大井さんも読書が好きなので、本間さんの本をあれこれ読むうちに、「過去の人」のことを書きつけたページを見つけた。本間さんは、思いつくとすぐ書きつけるクセがあるので、そういうのが、あちこちにある。大井さんが昼間ひとりで過ごす部屋は、本間さんの過去と思い出に充ちた空間である。過去をすべて清算した大井さんにとっては、それは耐え難いことだった。一カ月ほど苦しんだある日、大井さんは家出をした。「それでもやっぱり、未練があったのね。」東京駅から本間さんに電話をかけた。本間さんは、戻って欲しいと泣いて頼み、大井さんは戻った。本はすべてチリ紙交換に出され、トイレットペーパーには、半年程困らなかった。

――いや、もうあのときには、目の前が真っ暗。本が失くなった部屋で、朝、目を覚すと、ガランとしててね。自分の青春のすべてを失ったというか、しばらくは、しょぼくれてましたけどね。でもあれで、よかったの。それで彼女が得られるんなら、他はなにもいらない。

処分したのは、本だけではない。本間さんの過去のしみついた家具一切を買いかえて、「箸の一本から、すべて」新しくした。

――彼女が言うには、「男の人と女の人だって、結婚のときには、自分達のものを新しく揃えて始めるじゃない。」なるほど、もっともである、と。私がいくら「過去はもう関係ない」と言っても、彼女がこだわるなら、それをすべて清算して、新しくふたりの生活を築きあげていこうと、それで許してもらったという訳なの。

本間さんは一日に二度、昼休みと帰り際に、必ず大井さんに電話をかける。「顔を見れば、愛してるよ、好きよって、言ってるの。」インタビューを終えて、帰途、夜の通りを二人と一緒に歩いた。「非常に美しい人達と歩いている」という気持で、私は誇らしかった。愛の中にある人たちは美しい。

Eve & Eve だより

あなたがかいた、イラスト・マンガ・詩・小説・エッセイを募集しています。机の引き出しにため込んでいるもの、お陽さまに当ててあげましょう！

また、外国情報、(アメリカから帰った友達に聞いたんだけど……とか、本で読んだんだけど……とか、この間観た映画の中に……とか、ナンデモ。)あなたの近くのお店の紹介なども知らせて下さい。

編集部では、よりよい雑誌を作るために、みなさんからのお便りを待っています。

「Eve & Eve」創刊号についての、感想・意見・希望など、言いたい放題書いて、ジャンジャン送って下さい。

編集部一同楽しみに待っています。

〒144　東京都蒲田局私書箱36号
若草の会内　イヴ編集部

季節が変わると心も変わる
心が変わると遊び相手も変わる
あの娘からこの娘へ
ある夏の夜ふけDISCOで知った季節の無常の味
その時かかっていた曲が……
ディスコヒット"愛でブラジル"の曲にのせて
お送りする……
愛でブラジル
中川美樹

ニューヨーク ここはスタジオ54！
ダサイ服だと入れてくれないハイセンスディスコ!!
サタデーナイトフィーバーの舞台もニューヨーク！
なんとディスコフィーバーの始まった街なのである
ホットスタッフ
サンチャゴラヴァー
ジンギスカン
アイウィルサバイバル
リングマイベル
そして愛でブラジル
キャーッ
踊ろうぜ

彼女 名前はミュリエル 19才
踊ってくる
あのひとだ 私の求めていたものは
センス フィーリング ニュアンス
話さなくてもわかるわ
彼女
ミュリエルの彼女とやら
ほらほら気をつけないと恋のサバイバル 浮かれた女ひとつところにいられるわけなどないわ

静かな曲にまいりましょうね 女性同志でも
ハイ♥ 踊っちゃおう
ピタッ
し〜ん
にっこり
踊りますか
ああ……
やすらぎが……

なんて優しい そしてたくましい背中……
Giyaaa
ハリエット ごめん
さよなら
クラ〜ッ
じょうだんじゃねえ あ・あ・あ あたしの…… ミュリエルを と・ら・れ・た……
Happy Happy
お仕事何してるの?
イラストレーター
名前は?
パトリシア
私 ミュリエル 19
パトリシア 貴女ってステキね
わっ タメ年だよ 彼氏いらっしゃるの?

まさか!? いるわけないだろ 君は？
いないわ たった今恋がひとつ消えた
ステキ
あそこでアワふいてんのは？
関係ないわ
ふっちゃえ
そりさふっちゃえ
あのこダサーーイのジュースしか飲めないし
踊りもヘタ サル踊りみたいなんだもん
ヘェ〜
サル踊りはよかった
せこい話しかしないしね
酒がまずくなるよ
そんな変なやつ別れちゃえよ
君には私が似合ってる
アハハ そうだね 決まり 乾杯!!
この間なんかラブレターくれたの
貴女に恋してるだって ヤダーッ

♪ブン ジャカ♪
♪ジャンジャン♪♪
Let's go!! go go
Ritmo De Brazir♥
踊ろう
この曲好きなんだ
ウン 愛でブラジル
もう貴女をはなさない 私の心は夏
今 この瞬間から私の心は真夏
冬から夏へ あのこから貴女に
貴女に

冬から夏に
変わったように
心の季節が変わったそれだけのことよ
私の心も心も……
ポキッ
ポッ
常に過去はすてながら生きてくわ
過去はすてるわすべて……

翔びかう心は貴女の愛も忘れて踊るだけ
どこへでも心の向くまま別れの言葉さがしてた
さよなら平気だわ涙なんて流したりしないから
スキ
本当の私はうかれた女ひとつの所にはとてもいられるわけなどないわ

Tu tu tu tu tu tudu tu ‥‥
I'm dancing to the ritomo de Brazil
The while they dance they give me
such a thrill
Why don't you share with me the way
I feel
With the ritomo de Brazil!!!
ほら華麗な
リズムに愛をのせて
翔んでけ 翔んでけ
ブラジルまで
ブラジル!!
愛で
ブラジル

うひゃほ〜っ!!
とばせ
とばせ
もっと
もっと
Doraemon
USA
OK!!
海……
いいね
芸術さ
ベロベロ‥‥
バリバリッ
ボリボリ
ポリッ
AMERICAN
OKAKI
こうやって
海を
見てると
いろんな
ストーリーが
いろんな

げいじゅつ?
げ゛?!
ほが
芸術家の特権だよ
iDokin
こういう所にくるとひらめくんだよねストーリーが
ムードに弱くてさ
昔……マンガ家だったんだそのせいか
いつも海がでてきて背景が海ばかりで
それもさバカみたく現実はなれしてるようなはかり
そして……物語の中で生きるような所があるのさ
夢の中のお話みたいなのばっかり

故に今はイラストレーター
ハハハ
実際にはできないことをマンガの中でやったりとか
自己中心のものばかりだからクビになったよ
できてる
海ってとても絵になるんだネタには最高!!
きゃ〜〜っ
尊敬しちゃうすごいすごい
ステキ〜!!
もうダメ
好きよパトリシア
わかってくれる人好き…

好き
なんにも言ってくれない
私のこと好きともなんとも
……

フッ
疲れたちょいといっぷく……と
ではキッスでおおくりしましょうラビン・ユーベイビー
I was made for lovin' you, baby
You were made for lovin' me
どうしたのかなあの曲……
いつもこの番組で上位しめてたのに……
愛でブラジル
まさかね……
その内かかるよね……
ドキ
まさか……

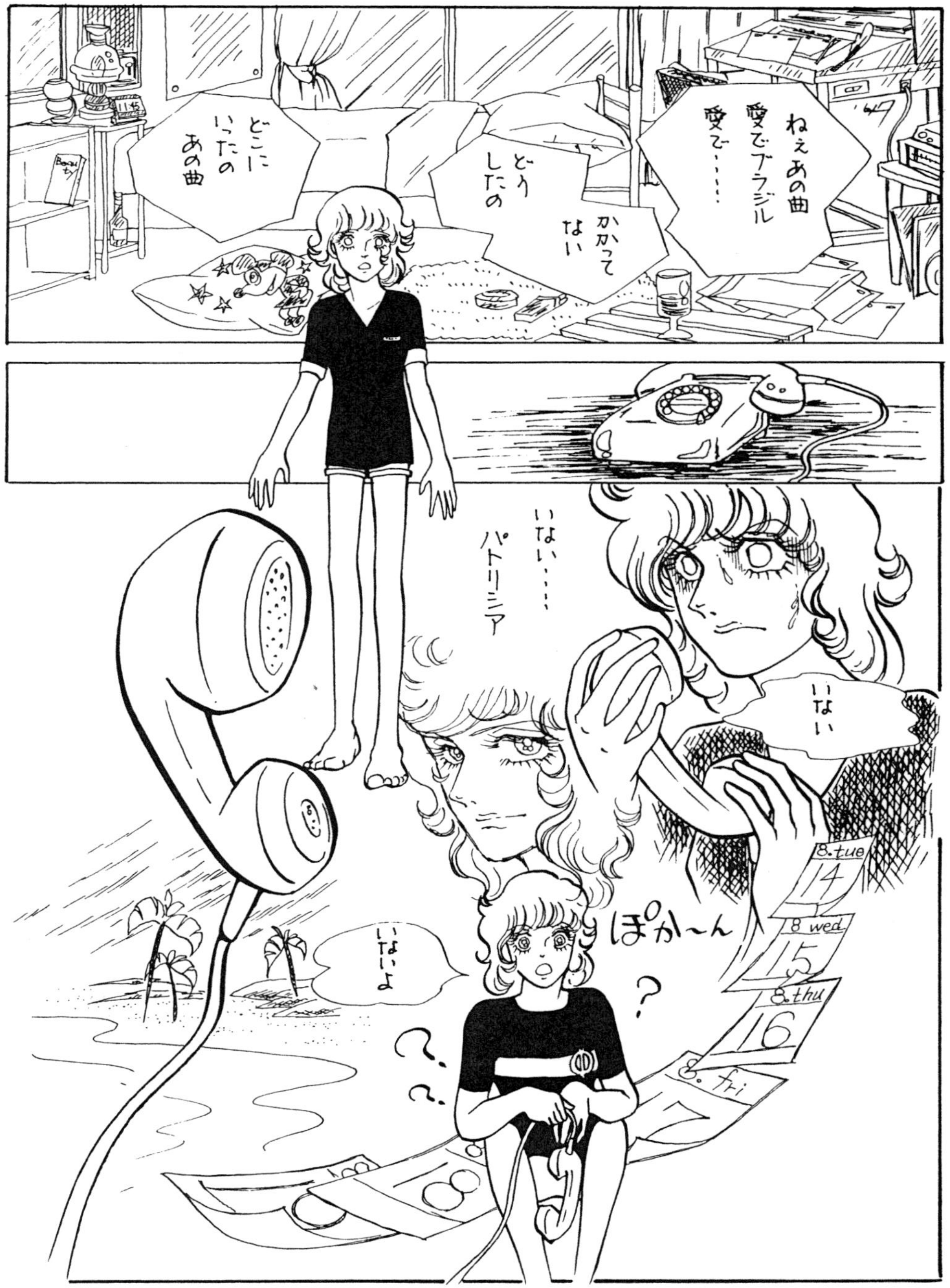
ねえあの曲
愛でブラジル
愛で……
どう
したの
かかって
ない
どこに
いったの
あの曲
いない……
パトリシア
いない
ぽか～ん
いないよ
8.tue 14
8.wed 15
8.thu 16
8.fri

パトリシア
パトリシア!!
どこに
行ったの
がら～ん
はあ
はあ
ドドドド
OOYA.
荷物がない
家具もない
いったい
どうしたの
おばちゃん
ねえ二階の
パトリシア
クライストン
は？
ドンドン
まっさお
なんだい
こんな夜遅く
パトリシア？
あのこは もう
いないよ
あんた
誰？
田舎に
ひきあげ
たよ

えろっ
ガーン
ひ!!
ひっこしたの？
は…ひ…
ふ…へ…ほ…
ああ……なんだか仕事がうまくいってなかったみたいだよ
ほんと
あんまりやってなかっただろ仕事
遊んでばっかりディスコだの酒だのって……
えーんッ
そ……そんなぁ……うっそぉ〜っ
ひどい
ちょっとまってな
それでさ田舎ってどこ？
ロサンゼルスさ
ほら飛行機で十何時間もかかる あそこさ
なに？
あ!
そうだッ
あんたミュリエルっていうの？来たら渡してほしいって

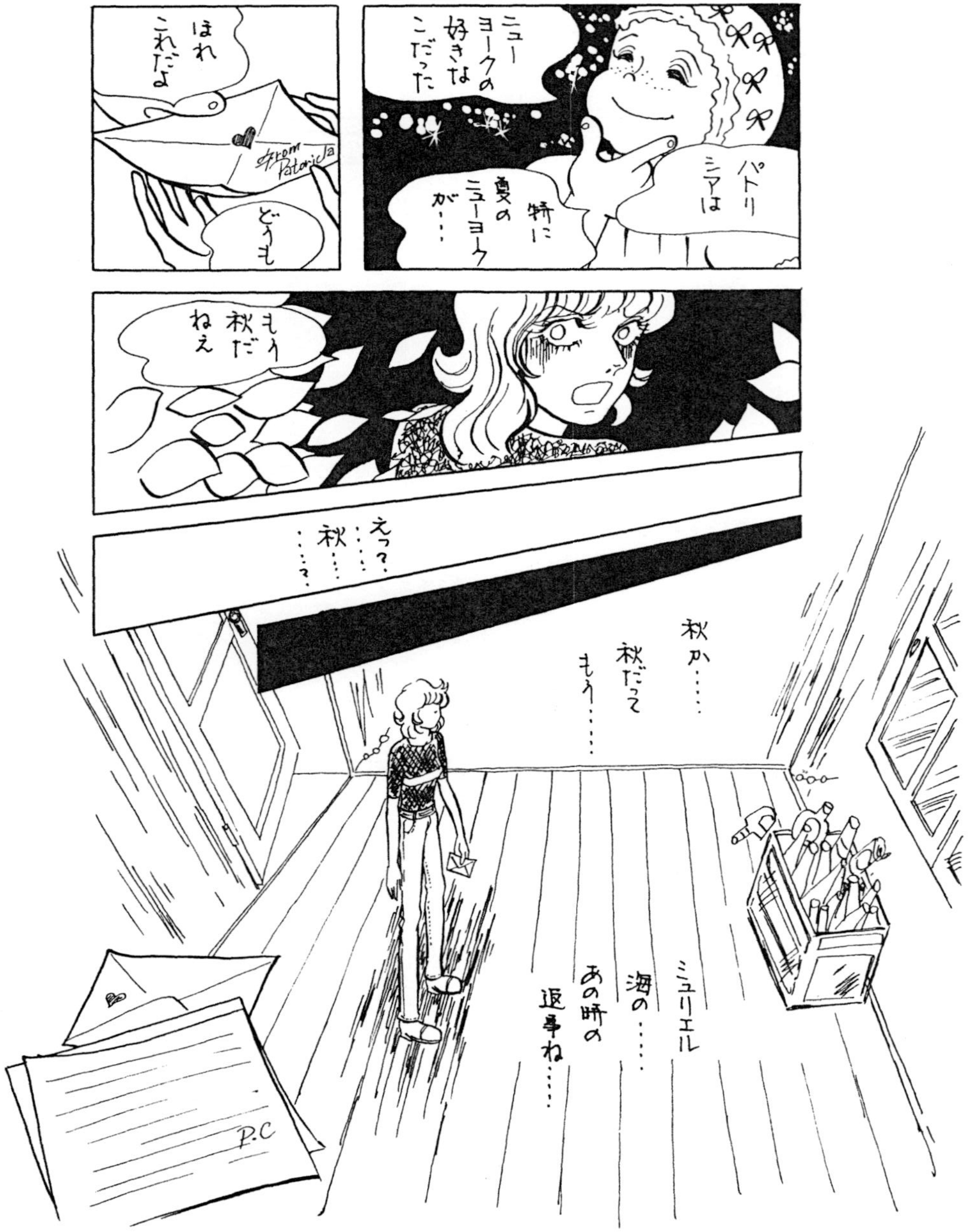
ほれこれだよ
From Patricia
どうも
ニューヨークの好きなこだった
パトリシアは特に夏のニューヨークが……
もう秋だねえ
えっ？秋……？
秋か……
秋だってもう……
ミュリエル
海の……
あの時の返事ね……
P.C

Good-by.
To: lovable Mullyel.
P.C.
い……いやだいやだ さよならなんて…… パトリシア
私も すき でも…… さよなら ミュリエル 元気で……
パトリシア
なぜ…… どうして 黙って
ひとことも 私に 言ってくれなかった
季節が 変わると……
独りで悩んで 仕事やめて 黙って消えて
パトリシア 貴女も 無常の 人なの
すべてが …… 変わる
あの時 私が言った 言葉…… ほんとうに……
ほんとうに そうだ……
あのころから このころへ ああ… 季節の 無常……

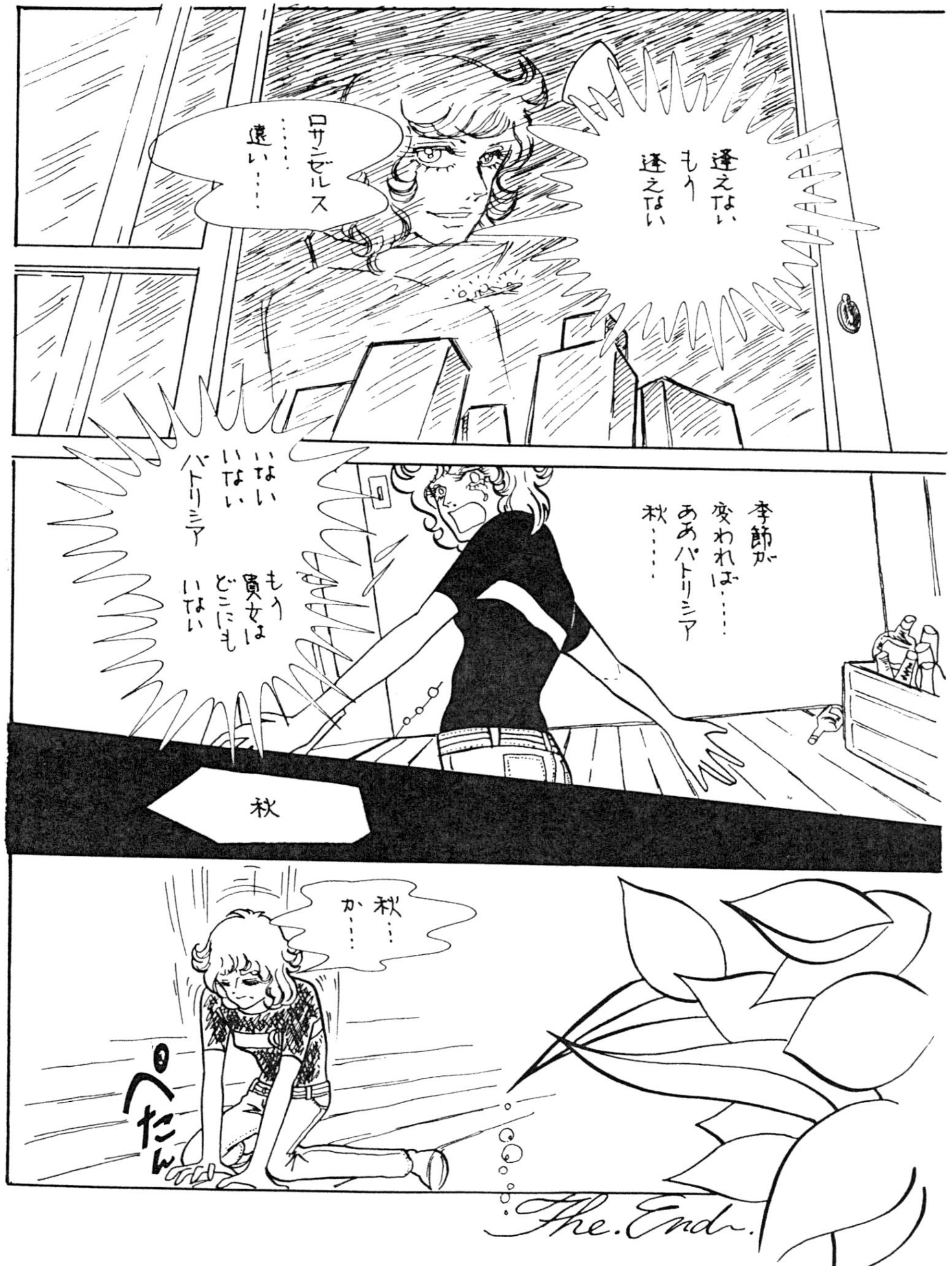

ロサンゼルス…… 遠い……
逢えない もう 逢えない
季節が 変われば…… ああパトリシア 秋……
いない いない パトリシア
もう 貴女は どこにも いない
秋
秋… か……
ぺたん
The. End.

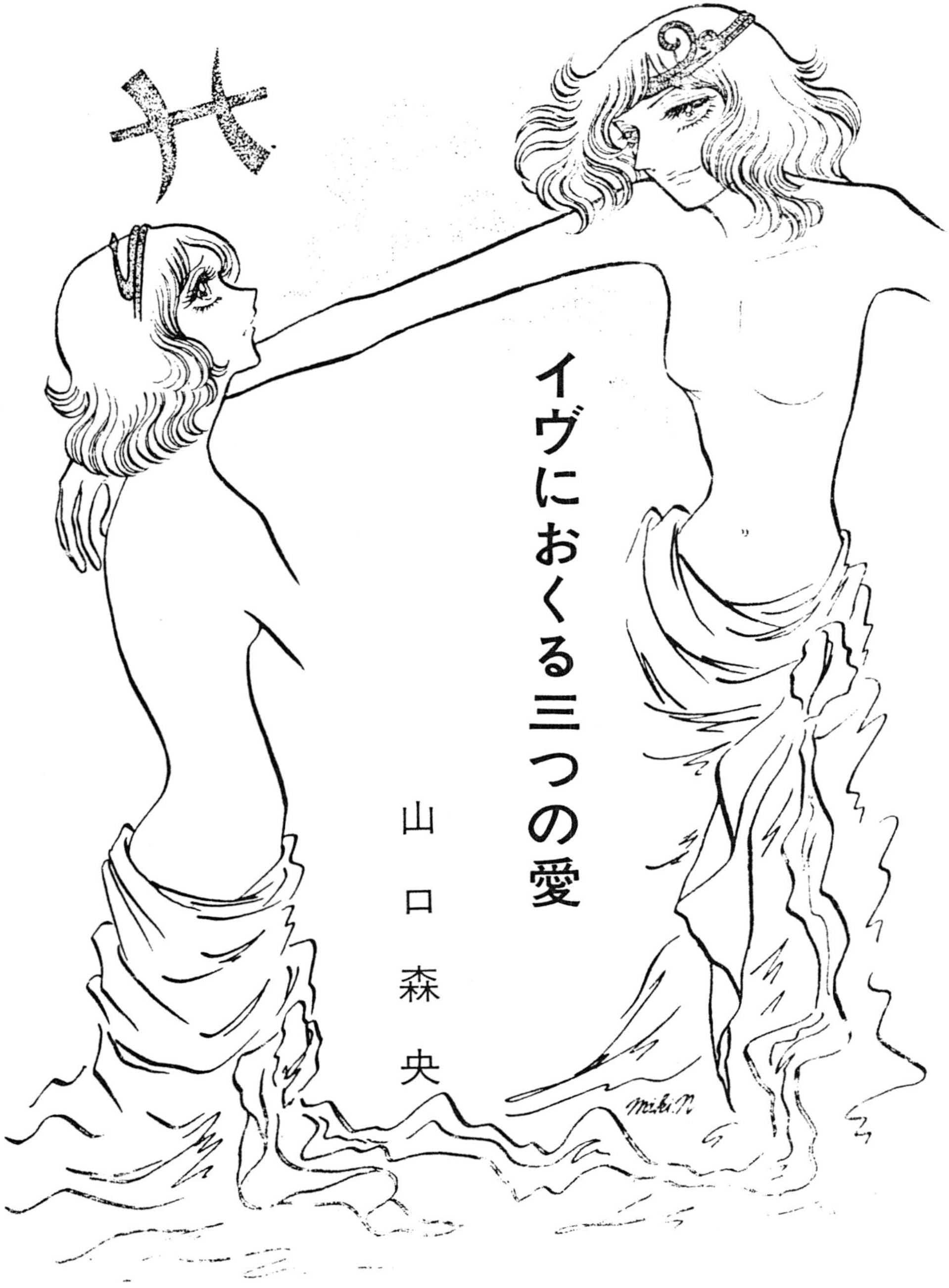

六

イヴにおくる三つの愛

山口森央

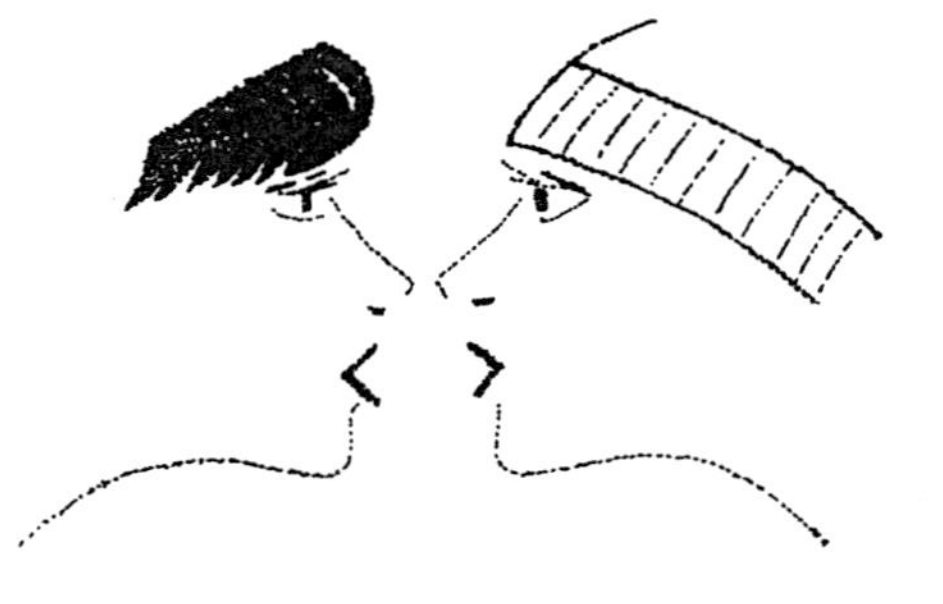

ロング・ロング・アゴー

久しぶりね。元気だった？私はまあまあよ。ごらんのとおり！何年になる？六年！そうか、そんなに経ったのか……。それだけ年喰ったってわけね。やだ、やだな――。うん、神戸も変ったわよ。最近あまり行かないけど、都市開発っていうの？ほら、地下にもぐらの通り道って感じの街ができて……。上も変っちゃったよ。

あんたとほら、グループ作って、センター街をのし歩いていた頃……。ほら、若気のいたりって奴でさ、レッド・ブーツなんて、ちゃちな名前つけてつっぱってさ。若い娘ひっかけたじゃないの。そう、そう、みんな勝手なニック・ネームつけて。私？ポイズンっていわれてたじゃない？そう、毒よ。

そりゃ見るからに毒気があふれていたからね。毒も毒、自家中毒しそうな猛毒よ。次から次へ、ひっかけちゃってさあ。あんたも私もあの頃はスリムだったから、躰にはりつくような黒絹のパンツに、鹿皮のジャケットを着てさ。えっ？私だけだった、鹿皮のジャケット着てたの？そうだった？

年だねえ、あんたも同じの着てたと思っていたけど……あ、そうか、細身のブーツはこうとして入んなかったのは、おムラとあんただっけ！意外にあんたは足が太かったんだ！……ふふふ。

けど、グループのみんな、背は高かったのよね。スポーツやってたから、豹のように柔軟で、狩りが好き。なかでも私は愛の狩人を気どっていて、一度標的にした娘は絶対落したものね。一噛みすると、私の毒に酔わされて……とくるのよ。男たちをもてあそんだ女だろうと、初心な娘だろうと、外したことはなかったね。

ねえ、おぼえてる？ほら、一度つきあったことをころりと忘れて、また声かけてさ。あわくったね。女子大の仏文だったわ、あの娘……しつこくて参ったわよ。うん、あの頃の私って、自分の所有になると興味がなくなってね。相手に泣かれようが、わめかれようが、ハイさよなら!!スタコラさっさ!!黒手帳にはそんな女たちのアドレスがひしめいていたわよ。

ちょうどその頃、あんたがぬけて、東京に行ったのよね。東京の大学へ入った恋人を追いかけて――。それであの娘とは今も？……今はちがう！だろうね？あんたは蜜蜂マーヤなんていわれてたから。古いね。年がわかるよ。

つまり恋は遊戯だといえる年頃だったよ。あの頃は――。

じゃあ、ロックっていうグループから、愛戦争の話、持ちこまれたこと、知らないわけだ。うん、ロックって、花隈のあたりで網をはっていて、ときどき元町で肘つきあいしたグループよ。おぼえてる？

そりゃ、挑戦はうけないとこっちの負けよ。勝てばロックのやつらに顔きくし……。第一愛戦争にチャレンジしないなんて、愛の狩人のプライドを傷つけるわけだし、もちろんのったわよ。

愛戦争って何かって？うーんと、それは簡単にいっちゃうと、まず標的になる一匹の羊が指示されるわけ。羊は二つのグループとはまったく関係のない女なんだ。そして狩人はそれぞれのグループから一人ずつ。掟があってね。薬や酒はオフ・リミット。羊を傷つけたり、いやな思いをさせてはいけないの。

だから武器は自分の魅力だけ。そして羊に狩人であることを知られては負け！期間は一週間、三日、一日と分けて、たがいちがいに戦士がアタックする。早く羊のしっぽを切った方が勝ちさ！

羊のしっぽ？……うっふっふっ、それは戦士の頭文字を羊のヒップに口紅でサインするの!!ね、やってみたいでしょ？無論、私はすぐO・Kしたわよ。

三日ぐらい経ってたかな？モダン寺からまっすぐ下りていった街角で、羊が指されたのよ。

その羊っていうのがひどいんだ！年は二十ぐらいだけど、赤いふちのまあるい眼鏡かけて、ダサイのなんの！胸はって標的に照準あわせたら、におってくるような田舎羊じゃない！それがブカブカのGパンはいて、センスのないTシャツ着てるの。その上にスーパーダイエーって感じの白ブラウス着こんでるの。見たとたん、ウェーッという感じよ。

どうしたって？仕方ないわよ。口とんがらせて、コインを投げたわよ。すると、私が先手！ロックの戦士は歌手っていう混血の子だったけど、ゲラゲラ笑ってるのを横目で見て、行ったわよ。とにかく相手がどうあろうと、落せば勝ちなんだから。

ずっと元町の三越あたりまでつけてって、驚いたねえ。とんでもない代物なのよ。だれひとり目をとめることのないごくふつうの、というよりふつうすぎる、ふつう以下の女の子。そう、時間の流れから迷い出て、ひっそりと岸のしげみにかくれちゃった小さな魚――いや、そんな可愛いものじゃない。まるで田舎のふなのよね。

そうよ。まるで私の嫌いなタイプ。それからこれは今までのやり方じゃだめだってんで、方法を変えたの。紺のスカートに、白のブラウス。肩に茶色のおばさまバッグをかけて、靴はローヒールの黒よ。

笑わないでよ。本当に死ぬ思いでイメージ・チェンジしたんだから。どんなにみんなが笑ったか、見せたかったわよ。

そして泣く泣く、まっ昼間から大衆食堂！無論、食べるのはおでん定食。仕方ないわよ。相手の食べるものにあわせないと、話のきっかけもつかめないじゃない！

ところが、みじめなのよね。わざと肘をあてて、謝っても無言なの。帰りの電車で倒れかかっても、知らん顔、よ。最初の一週間ってものは、小さな会社のある兵庫の駅前から、彼女のアパートがある下山手通りまで、一直線で結ぶ生活よ。声をきくこともなく過ぎちゃったの。

みんなはじれていたと思うわよ。けど私は平気だった。きっとロックの狩人だって、手こずるにちがいないと踏んでいたからね。

思ったとおり、ロックの方もみじめ！みじめ！歌手なんか、ワインカラーのパンタロンスーツで迫ってたようだけど、田舎羊に都会の魅力なんかわかりゃあしないのよ。痴漢みたいににらまれて、立ちすくみ、でチョン！

よ。私、その間に二人をつけていて、羊の日課だけは忠実にキャッチしてたの。

　とにかく私は雨を待つことにしたの。やっと私の持ち時間になった日の午後に、雨がやってきたわ。それも希望どおり、不意に訪れた激しい通り雨が……。

　お察しのとおり、私は傘を用意して待っていた。彼女がつとめている古いビルの向側に身をひそめて、羊を待った。その一Fのガラス戸にうつる長髪のウイッグをつけた自分の姿にぞっとしながらね。見せたかったわよ。完全なOLスタイルだもの。あくまで地味で、まじめな印象を与えるために、化粧も花の素顔で、がんばってみたわけよ。

　五時三分きっかり、私の羊が出てきたの。ただ、もう、がっかりしたのは、傘持って出てきたのよ。学生用の黒傘ってあるでしょう？男性用みたいな丈夫そうなの。あれを手でおし開けて、雨の中をさっさと歩いて帰るのよ。もう、いやになっちゃって、ポケーっと、丈夫そうな後姿を見ていたわ。

　それであきらめたかって？とんでもない。そのまま帰ったら、ボイズンの名が泣くわよ。すぐ計画をチェンジしたの。あの娘はバスでしょう？こっちはタクシーを拾って先回り！わざと傘をささずに、アパート近くの公園まで歩いて、待っていたのよ。

　きたかって？無論きたわよ。帰り道は、いつも決まっているから――。わかる？わかった？私の計画？……そう、そう、逆手を使ったのよ。私が雨にぬれて、相手に傘をさしかけさせたわけなの。これが凄くうまくいって……びしょぬれの私を見たとき、彼女、びっくりしたの。予想以上にびっくりしたのよ。やっぱり私の計画が当ったのね。顔をおぼえていたわ。今度は警戒心も持っていなかったし――。

　でもあまり感冒ひかないかって心配するので、何だか悪いことしているようで、いやな気分だったわ。だって相手の善意を利用するわけでしょ？仏心出したかって？いや、そこまではとても、とても――。ちょっぴり良心の苛責というものにとりつかれながら、彼女にすすめられるまま、アパートにご到着……よ。

　外側から見ても古さ抜群だったけど、中に入ったらなおさらなのよね。二階に上る階段がギイギイ鳴って、廊下歩いてもブヨンブヨン、床がふるえるのよ。こんなところ、きたことないから、きょろきょろしちゃって。暗い人気のない廊下の奥に「木村治美」という、平凡な名札のかかっているドアが、彼女の部屋だった……。

　四畳半の部屋に何もないのよ。ドキッとするぐらい、何もないの。ああ、おしゃれなんてできるはずがないんだって、とっさに思ったわ。でもそのまま上りこんで、計算どおり着替えを借りて、服を乾かすことになったのよ。

　ただ思いもかけなかったことが一つ、あったのよ。いい忘れたけど。無口なのも道理で、口が不自由なの。ええ、少しどもるわけ。私がいくら話しかけても、話したくなかった理由があったのよ。

　それでも彼女、私の服を乾かしてくれたり、熱いお茶を入れてくれたりしながら、ぽつりぽつりと話してくれたわ。田舎から独りで出てきたこと、親に仕送りしていること、住んでいる人が少ないアパートなので夜はとても怖いこと……などね。

　部屋の隅にあるのは小さなテーブルだけなの。それも折りたたみよ。勝手がちがうなんてもんじゃないの。何かこう、こっちまで雨の湿気がしみこんできて、全然筋書きどおりにならなくなっちゃった！

　いや、落すことは、その日のうちに落したのよ。ただ自然にそうなっちゃったのよ、ね。

　私、本当にそのまま帰る気だった。いや、本当にそう思ってたのよ。可哀そうなくらい、初心でしょう？いくら何でも手が出なくてね。今日はあきらめて帰ろうと思ったら、チャンスがむこうからころがりこんだのよ。

　彼女ったら、私のブラウスに焼けこげつけちゃったのよ。それであわてて、よそゆきのブラウスを探すからって、押入の中をガサガサやり出したの。手伝ったわよ。二人して薄暗い中で、あれだ、これだって、探したの。

　気がつくと、私たち、ふとんにもたれていたの。一人用のふとんが押入の反対側に入ってたわけだけど、とても少ない荷物だから、

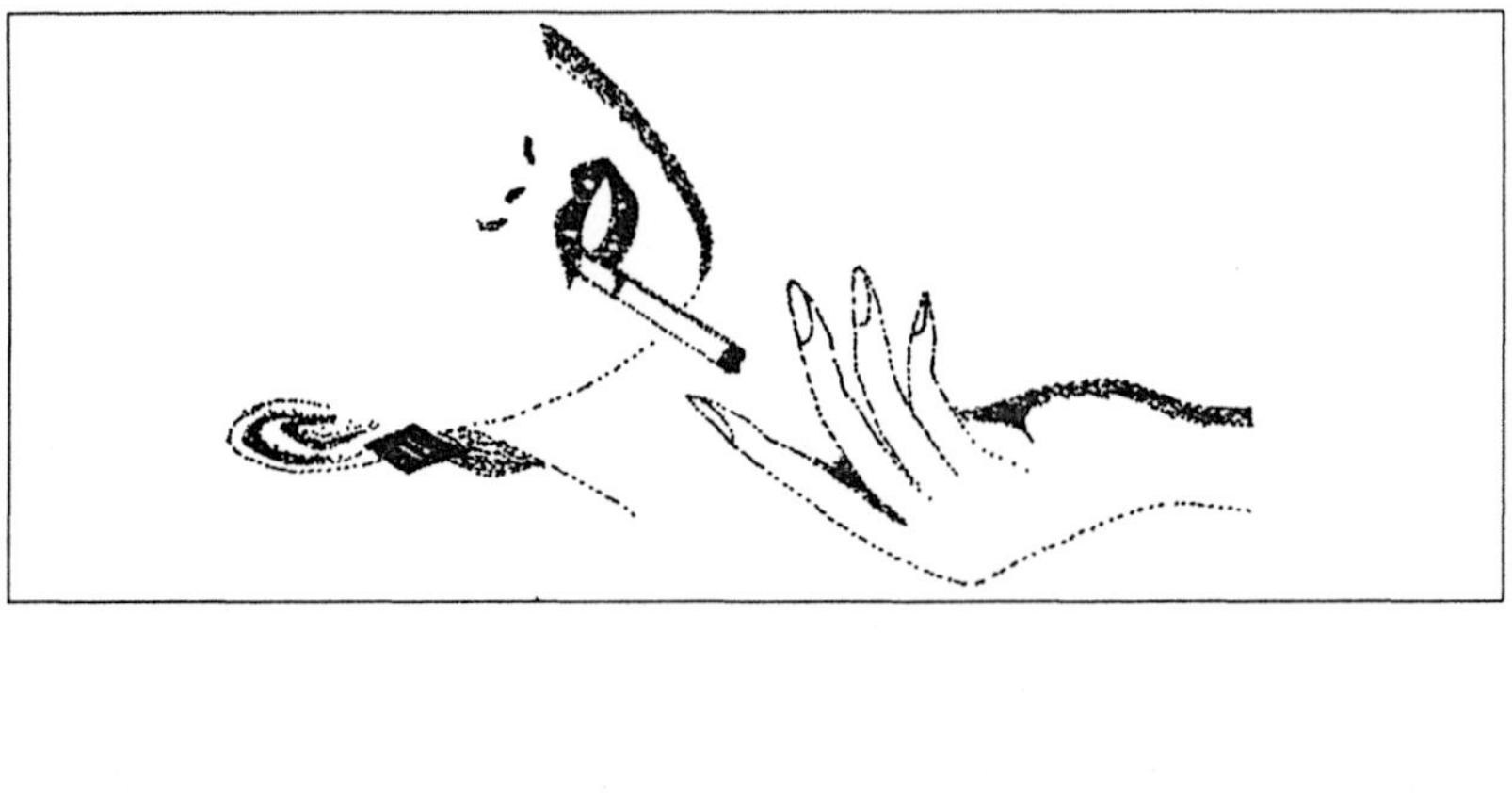

ブラウスはすぐに見つかったのよ。それを私の躰に着せようとして、彼女は私の着替えをぬがせようとしたわ。

　押入の中はせまかっただろうって？ふふふ、せまいような、広いような……微妙なスペースなのよねえ。

　とにかく私は今までの習慣で、自然唇を盗んでしまった。ところが、初心者マークの彼女は夢中。いっぺんに熱くたぎっちゃって、やかんのお湯なの。自分からあふれてきて、私のテクニックなんて必要なかったみたい。

　やすやすと私は彼女の身につけているものをはいでいったわ。ところが、見かけではわからないものなのよね。凄い躰をしてたの。足は細くすんなり伸びていて、ヒップが形よくしまっているの。恥ずかしさで躰をコチコチに固めているのを、私の愛でつぼみを開くのはたまらなかったわ。ボイズンの左手といわれた指先で、あの娘にとって初めての愛を迎えさせたとき、私もまた今まで味わったことのない喝きを感じたの。

　私はいつも相手に与えることしか考えなかったのよ。いや、事実、そうだったの。信じられなくってもいいことだけど、それまでの私はね。でも彼女に愛を与えたとき、私は彼女からも愛を欲しい。それも彼女の全身で、自然な愛の技法で与えて欲しいと思ったの。勿論、教えなくてはならなかったわ。恥ずかしがるあの娘を力づけたり、誘ったり、叱ったりしなければならなかった――。

　行為が終ったとき、私の胸で彼女は泣いたの。それが歓びからだと私は知っていたし、私もまた涙がこめかみから髪へと流れてゆくのに気づいて、うれしかったわ。

　そうよ。愛しはじめていたのよ。お笑いね。ボイズンが人を愛したのよ。だからあのペンダントもやっちゃった。ええ、いぶし銀の台にこまかなつたの模様のレリーフが刻みこまれた、ご自慢のペンダントをね。

　その夜はとまって、朝の光が訪れる少し前

に彼女は眠ったわ。私の肩に顔をのせながら……。そっとふとんをはいでいっても、彼女は瞼を動かすこともなく眠っていた。

おめでとう、は早いのよ!! 結局、私は羊のしっぽが切れなかったのだから。愛を知ると弱気になるわね。私は口紅を手にしながら、サインすることができなかったのよ。

でも負けとは思わなかった。もう私のものになったんだもの。ロックの戦士が手を出せるわけじゃないし……。

期限切れは土曜日の夕方。場所は宮水のコーヒーで名高い〝磨〟。あんたもよくいったわね。今はビルの二階に入っちゃって、あの頃の地下室のいいムードはなくなったわよ。

あっ、そう、そう、本題に入んなきゃあね。みんな、負けじゃなし、あいこだってことで、陽気に出かけていったの。私、落したことはいわなかったからね。ドローだと信じていたわけよ。

ところが、ロックの連中たら、いやな感じなのよね。態度でっかい上に、ニヤニヤ、ニヤニヤ、笑ってるの。そしてロックのボスがいうことにゃ、ボイズンもおちたものだよって。何かこう、いやあな予感がしてね。ボスが指さす方をながめたら、髪を金髪に染めているけど、ビロードのパンタロンスーツを小公子風に着流して、サングラス外しながらあの〝木村治美〟が入ってくるじゃないの。自分でも顔が冷たくなるのがわかったわ。そう、わなだったのよ。

勝ちはこったロックのボスがいったわ。〝こ の子、知らないの。泣きのはるみって、横浜で売れてる子よ〟って。しまったと思ったけど、どうしようもない。彼女をじっと見つめたら、横向いちゃって知らん顔よ。初めて経験したけど、すっと冷たくなる感じって、いやなものね。本当にいやなものだわ。

えっ、それでおしまいかって? そうはいかないわよ。私の名を忘れてはいないでしょうね。ボイズンよ、ボイズン。私はいったの、彼女に向かって。私のあげたペンダント、持ってるかって。ゲラゲラ笑ってるロックの連中にはおかまいなく、私はいったの。持っているなら、ふたを開けてごらん、って。彼女、ふたを開けたわよ。中に入っていたもの? うふふ、ヘヤーよ。私のヘヤー!! みんなの顔は見ものだったわよ。私の悪いくせでね。ちょっとしたいたずらが好きだってこと!! 愛戦争は引分けに終りました!

いや、それからもう神戸には住まなくなったの。自分自身がひどく嫌いになってね。お遊びの時間はもう終り! って感じがして、夙川の家に帰ったのよ。結局、コーヒー好きを生かして、今の店を開いて……どうにかこうにかお客もついて、今日に至る、ということろね。みんなもそれぞれの道を歩いているわよ。でも土曜の夜は集まってくるから、きてみない? むかし話するのも、いいかもよ。

えっ、泣きのはるみ? 彼女はその後どうなったかって? うん、一度横浜に帰ったところまでは風の便りにきいたのよね。それからぷっつりうわさをきかなくなって、しばらくしたら、なんときたのよ、ここに。

そのまま、ずっといついちゃってさ。いっしょに暮らしているの。早くそれをいえって? いえないよ。照れちゃって!

今、いない。もうすぐ帰ってくると思う。あんた好みじゃないから、安心して紹介するよ。さあ、コーヒー、お代りする? あんた、コーヒー好きで、日に十杯ぐらい、アメリカン、のんでたね。もう今はのまない? えっ、のめなくなった! 年なのね、おたがいに。今から思えば、すべて、むかし、むかしの話なのかな? むかし、むかし、の、ね——。

水の劇場

それは水の上にうかんだ小さな劇場でした。池の隅にあるボート小屋を利用したもので、劇場というよりは芝居小屋というべきだったでしょう。でも私はひそかに水の劇場と呼んでいました。

そこでは夏が始まる頃から月に一回、沙翁劇やギリシャ悲劇をモティーフにした仮面劇があったのです。女ばかり二十人ほどの素人劇団で、黒幕をバックにしただけの前衛劇でした。装置も数個の箱の位置づけで部屋や場所を表現し、演じる者も白や黒や灰色のタイツ姿で演じなければなりません。

演劇部の友人が変った劇をやっているらしいと口コミで知らせてくれたのが、はじまりでした。そこが自宅に近かったのと、料金が無料だったこともあって、軽い気持で出かけることができました。バスを降りるともう池が見えていて、水面を色づけた夕焼けがなかば夕闇に消されていくところだったのです。

まだ開演には時間がありました。以前は軽い食事を出したらしいコッテージの一部に舞台が造られて、思ったより奥行があります。でも客席となる板間とあまり変りのない高さなので、これからどんな芝居がはじまるのか、ちょっと不安もおぼえました。

すでに三十人ぐらいの女の子がところどころで群れていて、思い思い雑誌やハンカチを敷いて、膝をかかえたり、横になったり、足をくずして坐ったりしています。みんな常連らしく、私が入っていくといっせいに視線の矢が注がれて、横顔がチクチク痛んだほどでした。

池に近い方に、私は自分の席を作りました。スケッチブックから一枚破かなければと考えましたが、板間は清潔に掃かれているので、Gパンの膝を抱いて腰を下ろすことにしました。池から吹いてくる風は快く、待つことは苦にならなかったのです。

やがて壁際のライトが一つ、二つと消されていき、ギターを弾きながら吟遊詩人が現われ、物語を語りはじめました。無論、仮面をつけて現われたのですが、予想以上に塗りが稚拙で、私は強い失望を味わいました。劇なんて二の次だった私は、早くも逃げ出すきっかけをどこで見出すかを考えていたのです。

しかし、水色のスポットの中にハムレットが現われたとき、私の胸に熱い戦慄が走りました。その仮面は私がまったく想像していなかった妖しい表情をしていたのです。

ハムレットといえば、若く美しい王子というイメージが定着しています。ところが目の前にいるハムレットは空虚で、病的で、死人のように無表情だったのです。けれどそれはハムレットの独白につれて、仮面は哀しみ、怒り、苦しみの表情に変りました。しかも驚いたことには尼寺のシーンで、オフェーリアをつき倒すとき、苦痛に満ちた愛の感情さえ見えたのです。

終ったのち、私は拍手も忘れて、アンコールを受けているハムレットを見つめていました。それも仮面から見えている目を見ていたのです。他の出演者のように仮面を外したのかよくおぼえていません。輝く二つの腕が、私の心に焼きついたのでした。

初めて私の内部に熱狂と呼ぶにふさわしい血のさわぎが起こったのです。目を閉じれば青い小波を透かして、仮面をつけた輝く目が現われ、私に話しかけたり、怒ったり悲しみ嘆いたりするのです。もはやそれはハムレットではなく、仮面そのものが生きていて、私の存在に迫ってくるのです。私は人形作りも忘れ、夢想にふける時間が多くなってきました。

月の最初の土曜日になると、私は開演時間より早く池にきました。もう出演者はきていて、リハーサルらしい科白のやりとりがきこえてくるところで、ぼんやりと水に映る雲や光の変りゆくさまをながめたり、舞台裏から出入りする人に目をやったりしていました。

ハムレット、ロミオ、オセロ……と見続けていくうちに、無口な私に話しかけるファンも出てきて、このグループの中心となっている幾野悠子の名前も知ることになりました。

しかしあの人に近づきたいとか、握手をしたいとか、私生活を知りたいとか、およそファンが抱く心理にはほど遠い距離をおいていました。

というのも、私はあの人が作るという仮面に恋をしていて、それを演じる人間のなまなましいものに触れることは禁忌だと考えるようにしていました。仮面は登場人物に応じて変りましたが、あの人がつけるものだけが不思議に病んでいて、私の心を溶かす毒となり、魅せられてしまうのです。いつも私は入口とは反対の池に面したところに坐り、私の好きな方向から見ることにしていました。仮面は正面から見るより、横から見る方がいろんな変化が見られるのです。

するとあの人もまた意識的と思えるほど、仮面がもっとも美しく、鋭く、陰影深く見せる位置で演じるようになりました。当然、三十人近くいる常連の間でうわさになりました。名前や住所をききたがったり、花束をいっしょに持っていこうとすすめられたりして、閉口した私はできるだけ人から逃げ出すことを考えたのです。

ときどき、私はよく見つめられていると感じることがありました。まだファンがだれも

きていない池の畔で時間待ちをしているときや、舞台からあの人が消えているときに、ふっと強くそれは感じられたのです。そんなあとには舞台と客席との空間に熱い衝撃が走って、仮面ごしの目と私の目が溶けあい、なにかしら心に火傷を負ったように熱く疼く瞬間が起こるのを私は知りました。これが愛ではないかと感じはじめた頃には、早くも池に秋を告知する冷たい風が吹きつけるようになり、今年最後の公演が夕暮れではなく昼すぎに催されることになったのです。

珍しく日曜だったので、家族づれの姿も増えていました。最後の日だというのに私はひどい感冒をひき、引きとめる母のすきを見てきたときには、せまい板間はいつもとちがってかなりの人が入っていたのです。

しかし昼間に見る仮面劇はやはり茶番でしかありません。劇場の持つ暗がりや広さを持たない場所では滑稽な見世物でしかないのです。そこへ雨が降ってきました。たちまち人々は散り、常連でさえ立ち上り出して、舞台の方も劇どころではない雨が襲ってきたのです。

幸い、私は切符売場だったひさしの下で、雨はさけることができました。人がいなくなった舞台からは今日に日を変えた失敗をそしる声がきこえ、私が抱き続けた夢想を打ちこわすようにおぞましい口論がだんだん高くなりました。

また熱が出てきたようで、雨の冷たさが身にしみたのですが、私は帰りたくはありませんでした。遠くからでもいい。あの人の姿を見たいという望みが、かろうじて私を支えていました。しかし幕が落され、箱が片付けられても、出てくる人の間にあの人の姿はありません。その人たちもいつもとはちがい、事務的でよそよそしく、さっきの口論が長く尾を引いているのがよくわかりました。

舞台からまったく人が消え、物音がやみました。気がつくと、一しきり降った雨は小降りとなり、一面に泡立っていた池の水が、やがて小さな波に変りました。私は急に疲れをおぼえ、額に手を当てながら、その場にしゃがみこみました。もう来年の夏までは逢えないのに何ということだろうかと私は思いました。舞台が終ると、結びつけるものは何一つ残らないこの不確かな感情をはたして愛と呼べるのか——強い疑いがわいたのです。

——ぬれるわよ。こんなところに坐ると……

声にはききおぼえがありました。はっとし

で私が見上げると、数メートルの近さに、まぎれもないあの人が立っていました。ただ顔には変った獣の仮面がつけられていましたが、初めて見るあの人の姿態はまるで黒いレオタードが黒豹のように見え、もし弓弦の音がひびけば跳びたっていくのではないかと思えるような優美な躰の線を描いているのです。私は言葉を失い、黙ってその目を見つめていました。

――今日は私が書いたオリジナルの詩劇をやるはずだったの。ギリシャ神話をロマネスクにくずしたもので、私が演じる獣神がアフロディテを恋するのよ。でも雨がすべてを流してしまったわ。私の夢も、友だちも。

あの人は話しながらも、それ以上近づこうとはしませんでした。私は何気ないようすで、けんめいに立ち上りました。それでもあの人は背が高く、私は少し見上げながら、話しかけたのです。

――よかったら、仮面にさわらせて下さい。

私は熱い震えにおびえながら、ささやきました。あの人は無言で私に近づき、少し身をかがめてくれました。それは鹿皮で造られた精巧な仮面で、あの人の顔をやわらかく被っていました。目と唇のところだけが開いているのに、奇妙な感じはありません。顎のあたりの毛も不自然ではなく、細い皮紐で編まれた髪も、獅子のように猛々しく乱れているのです。私は貪るように仮面を見つめ、手を触れていきました。まるで触れることで、仮面の造りを盗みとろうとでもするように、ゆっくりと指をすべらせていったのです。形のよい鼻をすぎたところで指をとめるつもりでした。が、抗うことのできない力が指にこもって、私はあの人の唇に指を触れたのです。

その一瞬、熱い烙印が私の人差指に捺されました。あの人は唇を動かし、私の指を口づけたのです。たちまち私は火の柱となって、その場に燃え尽きるのではないかと思いました。と、数人の足音がして、あの人はかがめていた背を伸ばしました。

恥ずかしさが私を押し流しました。自分の大胆さが怖かったのです。私はほかの人と顔をあわせたくないので、その場から去ろうとしました。

――待っていて！ 私もすぐ帰るから。

背中であの人の声をききながら、私は池のそばから登りになる道へ足を踏み出したのです。しかし足もとがふらつき、後からくる車のクラクションに気づきながらも、道の真中に倒れてしまいました。車から降りてきて救けてくれたのは、一度ばかり顔を見たことがある女の人でした。私はほとんど意識を失いかけ、自分の家の住所を教えるのがやっとでした。

四十度近い熱が下ってから二日ほど、私は寝こんでしまいました。平熱になり、母から叱られながらきいたことは、私の家を探しあぐねた女の人が電話帳で電話番号を見つけて、母を呼んでくれたのです。母と姉が迎えにいったとき、女の人はあるミッションスクールの英文科生といっただけで、名も告げずに車を走らせて行ったそうです。

それが私の不運になるとは思ってもみないことでした。あの人に逢いたいと私は思いました。けれど現実に私は何の手がかりも持ってはいなかったのです。記憶が甘美であるだけに、現実の空虚さが私を愕然とさせました。一体、私は何を知っているというのでしょう。名前？それも芸名であるかも知れません。あの人の住所すら、私は知らないのです。それに入場券もパンフレットもない公演でしたから、手がかりになるものは何もありません。劇団〝仮面劇〟という名前も電話帳で探しましたが、予想どおりむだな努力でした。

夏になったら、と私は考えました。また夏になったら逢うことができると私は思うことにしました。もし病気でなかったら私は待っていたのに。もし女の人の住所をきいていたら逢うことができたのにという思いは、強いて心の片隅にしまいこみました。そして夏までに私は一つの人形を仕上げようと考えることによって、長くつらい時間の経過を耐えることにしたのです。

夏がきました。いっせいに若い芽が萌えはじめ、額を灼く日射しが強くなって、夏がやってきたのです。しかし私が待っていた夏は、ふたたびくることはありませんでした。夏の初めの土曜日に行っても池のあたりに人影はなく、次の土曜日も同じことでした。私は一つの答につきあたり、それを確かめるためにあるミッション・スクールを求めて、神戸の街まで出かけたのです。

ようやくの思いで、あの親切な女子大生に出逢ったとき、私は用意した答が間違っていないことに気づきました。劇団〝仮面劇〟はすでに解散していたのです。いくら演劇好きのグループとはいっても、女ばかりの小人数では無理があったのでしょう。四年間続いたのも、美術関係の仕事を持っている共通点があったからでした。でもイラスト、造型、人形装飾とジャンルがちがう者同士に、意見の対立が出てくるのは当然でした。去年の夏、最後の公演が失敗したことが、解散の引金になったようだと彼女は話してくれたのです。

しかし話はそこまでで終りでした。私とさしてちがわない時期しか公演を見ていない彼女に、それ以上の情報を求めることは無理でした。私は悔いばかり残して、神戸の街を去りました。

今になれば、あの人の言葉がよくわかります。待っていれば、何かが私に開けたでしょう。しかしそれも愚痴です。私の愛といっても、私はあの人の顔も知らないのですから。私が愛したのは何だったのでしょうか。仮面？あの人の声？あの人の姿態？それとも水の劇場そのものでしょうか？

でも私の指は夜になると熱く疼きます。あのときの烙印は今もくっきりとついていて、見えない痕跡が疼くのです。私は指が疼きはじめると憑かれたように人形を作りはじめます。人とも獣ともつかぬ不思議な人形。みんな、表情は病んでいて、不気味な夢魔人形と呼ばれています。学業を終えてから人形師として独立し、売ることにも熱心だと陰口を叩かれながら、不思議な人形を世の中へ旅立たせているのです。

あの人もまた人形師であるにちがいないと、今私は信じているのです。私の人形を店頭に立たせることで、あの人は私の人形を見るかも知れません。そして、自分の人形との相似性に気づいたなら、あるいは逢うことができるかも知れないのです。それがはかない夢にすぎないと知りつつ、私は人形に想いをこめて作ります。

そして思うように人形ができないときは、手を休めて目を閉じるのです。すると瞼の裏で白い小波が立ちはじめ、やがて青い空間に揺らぎながらあの人が現れます。演じるのはたった一人。観客もたった一人。果てしなく広い水の中で、あの人は怒りや哀しみ、歓びや笑い、そして老いや死を演じ分けるのです。私はそこにくりひろげられる世界に酔い痴れたあと、終りを告げて膝まずくあの人に喝采を送ります。拍手の音が高まって、やがて波の音に変りいくとき、青い空間はしだいに深い闇に変って、水の劇場の幕が静かに降りるのでした。

兎の記念日

ウ、サ、ギ！バニーちゃん！ウ、サ、公！と、幼い頃の私はよく呼ばれた。まだ疑いという感情を知らなかった私は、白い、可愛い、純白というイメージでこの愛称をうけいれていたのだ。それが私の生涯の刻印となった傷痕によるものだと悟るまでには、かなりの時間が過ぎた。

　ある日、鏡の中に私は見たのだ。皮をはがれた仔兎がいるのを！すべすべした鼻の下に、くっきりと兎の刻印がついていた。いわゆる兎唇だ。みにくくひきつった兎の顔がそこにあった。

　ウ、サ、ギ！バニーちゃん!!ウ、サ、公!!!鏡の裏から、みんなの叫びがきこえてくる。ようやくその名が持つ本当の意味がわかった私は、夢中で鏡をこなごなに砕いていた。まるで自分の顔までが、そうすることによって砕け散るのではないかと期待を抱いて……。しかし無数の欠片には、様々な形の顔の部分部分がいっぱい写っていて、私自身を嘲り笑った。

　学校にかよう頃になって、私は体験から保身ともいえる一つの教訓を引き出していた。強くなること。冷酷なほど強くなること。優しさなんて私には不必要。絶対に相手に負けてはいけない。強い力で相手をねじふせること。生きていくにはそれしかない。私はそのとき、そのときに直面する敵に対して、強さで対抗した。あるときは成績で、あるときは体力で、あるときは毒舌で相手を圧倒した。小学校からスタートして、中学、高校、大学と、その方法で道を開いていったのだ。嫌われてもかまわなかった。蔭口をいわれても平気だった。とにかく相手に勝つこと。強者であること。そのために相手が傷つこうとそれは私の知ったことではない。ただ相手が弱かっただけのことだ。私は狼になろうとしていた。弱者の象徴である兎なんて真平だ。狼になりたい。白い牙をといで相手を威嚇する強い狼になりたかった。

　しかし、予想しなかった強敵が、私の前に現われた。小塔総子。最高のライバル。武器は美貌。私に欠けている最大唯一のものが、彼女の強力な武器だった。美しい、という現実がもたらす利益ははかり知れない。栗色の長髪を肩に波うたせながら微笑むだけで、男たちは惑わされる。女たちでさえ、歯がうくお世辞を好意的に受けとめるのも彼女の美しさの裏付けがあるからだ。それに美しい者は何をしても目立つ。子供をあやし、老人には手を差し伸べ、野良犬にミルクをやっても、美人であるため善意の色づけがされて、身も心も美しいというラベルがはられる。じっと見ていると、うらやましさより怒りが煮えたぎってくる敵だった。

　悪いことに仕事では同じチームを組むことになった。私がコピー、プロデュースは彼女なのだ。写真やレイアウトにフリーの人が入ることはあっても、システムは変らない。仕事の実績を上げても同じシステムなら彼女にもプラス。ストレートでは勝てない敵になった。

　あとは私生活の切りくずししかない。私は善人面をひっさげて、恋の橋渡しを買って出ていた。でもかけてもかけても、橋はかからない。男たちは山ほどいるのに、彼女の方から外してしまうのだ。だれか好きな男がいるのではないかとうわさが残っただけで、彼女自身何の変化もなかった。

　むかつく女だった。何を着ても似合うスリムな躰。吸いこまれそうに澄みきった目。自信がみなぎっている広い額。やっかいなことに、人に好かれるテクニックも持っている。私は嫉妬し、同僚の間に悪口の種をまき歩くより方法がなくなっていた。

　当然の報いとして、私は孤立した。まったく他人なんて目が見えていない。美しい顔の反面に潜むあの女の俗っぽい計算など、だれも気づかないのだ。自分の美しさを利用して、最大限に出世しようとしている。私はようやく自分の場を築き上げた職場も捨てる気持になっていた。もう遠慮はいらない。憎悪と反感をこめながら。私は初めて後退した。

　どうせ狼は狼。原野に生きるのが当り前。ぬくぬくと都会で暮らそうとしたのがむりだったのだ。年の終り近く、私は辞表を出した。無論、だれに相談することもなく――。

　その日の朝になって、今日がクリスマス・イブであることに私は気づいた。独りで暮らすようになってから、仕事の忙しさにまぎれてケーキを買うこともなく、心の引き出しの一つにしまい忘れていたのだ。なつかしさなのか、単なる心の整理なのか、深く考える間もなく、私は飾り気のないチーズケーキと数本のろうそくとワインを買った。

　夕食の時間になっていたが、昼食がおそかったので食欲はわかなかった。私は窓のカーテンをひき、ろうそくに火をともした。生きている炎を見るのは何年ぶりだろうか。私は光のあたたかさに魅せられて、しばらくはノックの音に気がつかなかった。

　チェーンをかけたままでドアを開けると、そこに小塔総子がいた。やや紫がかったブルーのコートの衿を立てているせいか、廊下のライトの下で蒼ざめて見えた。

――話があるの。中に入れて！

　無言で、私はチェーンを外した。ちょうどいいチャンスだ。仮面をひきはがしてやると私は思い、不意の訪問をいぶかる気持は抱かなかった。

――あっ、今日はイブだったのね。悪かったわ。お客さまなんでしょう。

　なんていやみな科白をいう役者なんだろう。負けずにこっちも役者になるしかない。私は心の中の悪意を全部唇のはしに集めて、皮肉

な笑いをうかべていった。

──あなたとちがって、イブにくる客なんていないわよ。それよりどうして今夜、ここにくる気になったの？あっそうか、誘いをことわりきれなくて逃げてきたのかな。私だって男除けの防波堤ぐらいには役に立つでしょうし……。

──そんないい方はやめて！

珍しく眉をよせて、嫌悪の表情を彼女はあらわに出した。思ったより潔癖なんだなと私は腕を組みながら、コートを脱ぐ彼女のうなじに目をやった。

──今夜、私はあなたと話したくてきたの。

──あら、けんかしにじゃなかったの？

深く息を吸ってから、彼女は椅子に腰をおろした私の前にある長椅子に身を落着けた。そして私の目をまっすぐ見つめていった。

──やめるつもり？

──いいえ、つもりでなくて、やめたのよ。

──なぜ？

──わからないの。あなたが嫌いだからよ。

──私のどこが？

私は無意識のうちに鼻の下に指先を触れようとした。いけない。心がたかぶっているとはっとしながら、私は足を組み替えた。一対一のチャンスなのだ。相手を容赦なく叩きのめす好機がきていた。

──みんなよ。すべて大嫌い！ 高慢！ 偽善者！ 独りよがり！ 自信過剰！ 自分の美しさを鼻にかけて、他人はすべて自分の味方だと思っている人！ だから私が嫌っているなんて思いたくないのよね。部長に私がやめることをきいて〝私、とめてきます。説得します〟なーんて、いいかっこうしたのでしょう。そんなあなたが、私は大嫌いなのよ。理由はそれだけ。おわかり？

ろうそくの光をうけた彼女の横顔がほのかな赤味をおびるのを、私は快感をもって見つめた。いためつけるのはこれからだ。サディストの感情がわかる気がしてきた。

──結論として、どうしようもなく、私、小塔総子が大嫌いということなのよね。

──そう！ 大嫌いなの。だから、やめます。

──そんな必要はないわ。私、辞表を出したから。ただ一つ、条件をつけているけど。

──辞表？……条件？

予想を裏切る返答だった。

──え、私がやめる代りにあなたがやめないという条件よ。

鋭くなった私の視線を真っ向から見据えて、彼女はいった。その頬がさらに紅潮してきた。

──やめることはないわ。私の代りはいるけど、あなたの代りはいない。あなたのコピーは支持者が凄く広いの。それがスタッフだけじゃないのよ。スポンサーにうけがいいのは強みだわ。部長はほめない人だけど、あなたを買っているの。原因が私との対立だという事実は衆知だし、私がやめれば問題はなくなるでしょう。

──どういうこと？

ことの意外さに私は笑い出した。混乱が私の考える力を鈍らせかけている。私は笑いながら、必死で次の言葉を探した。

──あなたが私の代りにやめるって？……ああ、そうか、そうね。優等生の点数稼ぎ？ 私を追い出したなんていわれたくないからなの？ 本当にあなたって、心底からくさってるのね。私にまで怨まれたくないのよ。よく思われたいのよ。いやだ、いやだ。そんなにまでして、あなたは他人に好かれたいの。まったくどうしようもない偽善者ね。

──そう、私が偽善者なら、あなたは偽悪者よ。

激しい口調で彼女は叫んだ。

──あなたこそ完全な偽悪者よ。どうしてそんなに悪者ぶらなくてはならないの。なぜ自分をいためつけるの。そんなに人間が嫌いなの？

──そうよ。人間が大嫌いよ。特にあなたみたいな人は顔を見たくもない！

──強がりばかりいって……。

──強がりじゃないのよ。強いのよ、私は！

──うそ！ 強い人間なんていないわ。強がっているだけよ。

──あなたみたいな人にはわからないわ。私が生きてこられたのは、強かったからなのよ。優しさなんて何の役にもなりゃしない。強くなれば、何をいわれようと生きていけるの。こんな気持、あなたにはわかりはしない。絶対にわかりはしない。あなたみたいに美しい人にわかるはずがない。人に好かれているあなたに、嫌われる悲しみなんかわかるはずはない。人に裏切られたことのない人に、人を信じられない苦しみがわかるはずないわ。帰ってちょうだい！ 帰ってよ！

興奮した私は思わずワイングラスを倒していた。グラスはブロンズの灰皿に当ると、あっけないほどもろく割れた。白く薄い破片のへりで、光の雫が星のようにきらめくのが目に写った。

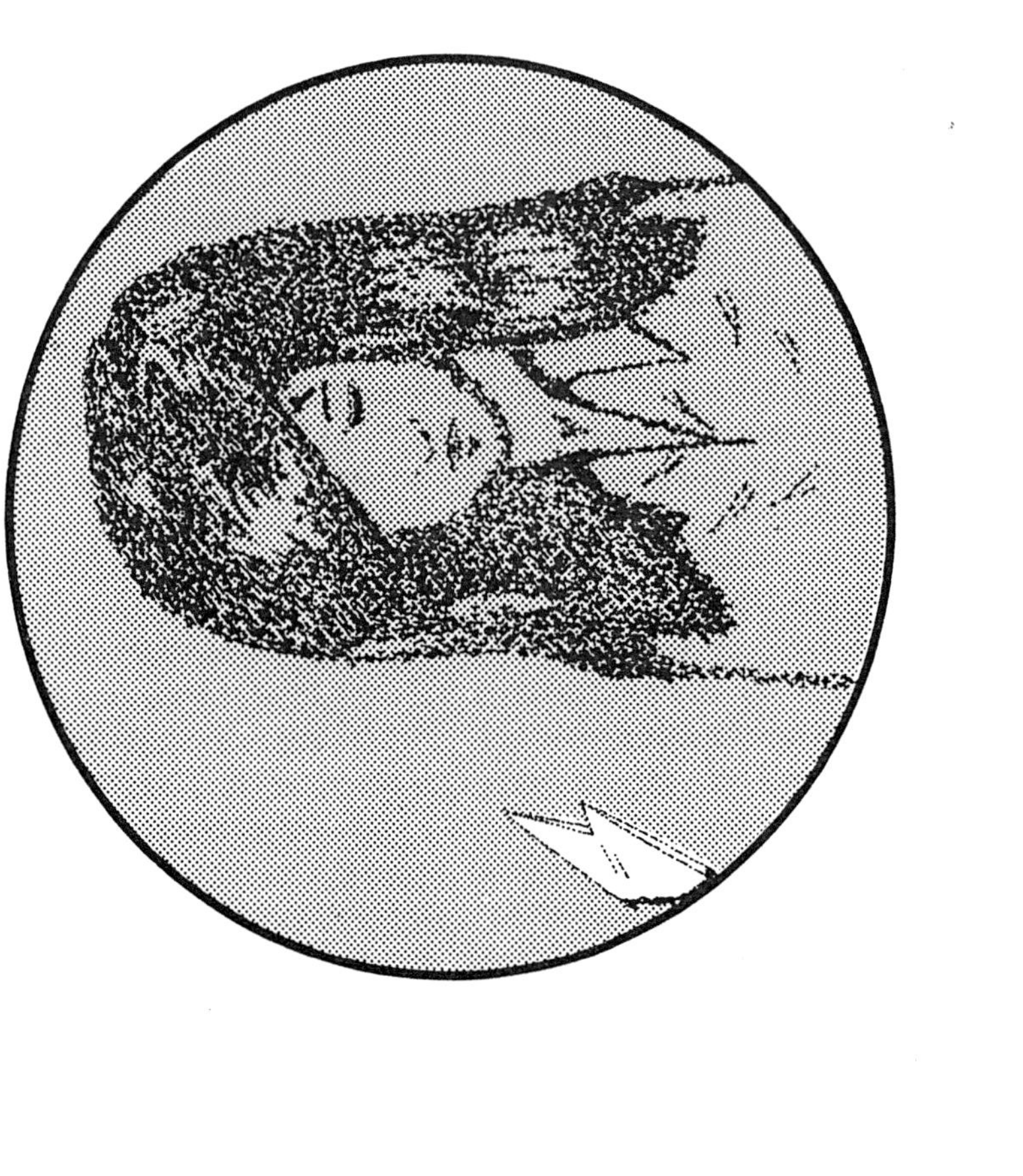

――そんなに独りになりたい？

ささやくように彼女はきいた。私はうなずき、グラスの破片を拾いかけた。が、手が震えているのに気づき、一つを取上げてやめた。

――もう五分だけ、お願い！

――いや、帰って!!今すぐ!!

しばらく彼女は黙っていた。が、きいたことがないほど、低く疲れた声で言葉を継いだ。

――すっかり嫌われてしまったのね。……皮肉ね、私はあなたが好きでたまらなかったのに。

まだたわ言をいっていると血が騒いだ。私はふたたび怒りを目にこめて、相手を見返した。しかし私が見たのは、涙があふれかかっている二つの目だった。

――信じてはくれないでしょうね。私、ずっとあなたを尊敬していたし、愛情を感じていたの。でもあなたは私の心を真直ぐ見てはくれなかった……。

――私を好き？この私を？

打撃を与えようとした私が、思いもかけない言葉に衝撃を受けていた。

――ある人が、あなたのコピーを見て、残酷な美しさと屈折した心の優しさが共存している詩だといったことがあるの。もう三年ほど前だけど……私、そのとき、はっとしたのよ。そのとおりだと思ったわ。すると急に本当のあなたが見えるようになってきたの。それからあなた見続けて、見続けて、仕事に対する厳しさは誠実の裏返しだし、他人を批判しても決してその人の急所をついていない思いやりがあることや、独りで歩いているときなんか、捨てられた子犬に見せる優しさなどを私の心に吸いとったのよ。

ほかのだれにあなたのような誠実さがあったかしら？ほかのだれにあなたのような思いやりがあったかしら？ほかのだれにあなたのような優しさがあったかしら？一つ一つを問い返しているうちに、私の心があなたに向いて急に開けていくのを感じたら――あなたは私の中で確かな存在になっていったの。

別に私が好きだからといっても、それに応えてくれなくてもいいわ。でも会社はやめないでちょうだい。あなたには素晴らしい才能があるのよ。これからどんなに輝くかも知れない未来があるわ。だから、残ってほしいの。

小さな震えが肘にきた。次に大きな震えが全身を襲った。この言葉をきいてはいけない。この言葉を信じてはいけない。心を強くして、心を閉ざすことだ。私は波立つ心を抑え、冷たくいい切った。

――馬鹿にしないで。私は私自身をよく知っているわ。これ以上、不愉快な気分になりたくないの。

――信じて！本当にあなたが好きなのよ。

怒りとも悲しみともつかぬ激しい感情が、私の中で爆発した。私はろうそくの方に顔を向け、私の唇の上にある傷痕を指した。

――これが何かわかる？知っているでしょ、兎の刻印よ。親が心配して手術を受けさせたけれど、私の場合はさらに醜く見せる結果しか残らなかったわ。

愛！笑わせないで！しらけるだけだわ。ことにあなたのように美しい人がいうと、なおさらしらけるわ。お笑いね。とんだお笑いだわ。

――私にはあなたの傷なんかどうでもいいの。見えるのは、本当のあなたが持っている優しさや誠実さが……。

――やめてよ。口先だけの言葉なんて。じゃあ、あなたにきくけど、その美しい顔を傷つけることができる？何も私と同じ場所にとはいわないわ、そう、このグラスの破片で、あなたの額に傷をつけろといったら、あなたはどうする？……できないわよね。できるはず

はないわね。

私は彼女の顔近く、グラスの破片を突き出した。広くすべすべした広い額が傾き始め、その鋭く尖った断面に近づいた。手をひかなければと頭では考えているのに、躰が硬ばって指一つ動かない。私は痴呆のように自分の指先を見つめた。

その間にも確実に破片めがけて、額は近づいていった。私は叫ぼうとしたが、声にならない。やがて破片の光る刃が白い膚を裂きはじめた。血が赤い粒となり、盛り上って、流れる。ようやく私は手を引いた。

なおも私の躰は震えた。私は傷の手当も忘れ、激しくわななきながら泣いていた。すべての砦が音立ててくずれ落ちた。彼女の目からも涙があふれている。私たちは両手を重ね、固く組みあわせて、泣いた。

――ありがとう……わかってくれて……。

きれぎれに言葉がきこえた。私はうなずき返したものの、自分の感情が歓びなのか、それとも今までのつらかった日々への悲しみであふれているのか、よくわからなかった。とはいえ、一つだけはっきりしていることは、自分が今夢みていた愛の手がかりを得ている事実だった。私がぶつけた彼女への怒り、反発、憎しみは、裏を返せば愛を予感した懼れ、不安、焦燥が生み出したものにちがいない。

こんなにも私を愛してくれる人がいる。それも美しく、優しく、才能に満ちた人が――。二十六年間、固く閉ざしてきた心が、鎖を解き放たれ、やわらかく息づくのを私は感じた。幸福とはこんなに静かであたたかいものかと私は思った。そして心の深い奥から、私自身がつぶやく声をきいた。

――おい、ウ、サ、ギ！バニーちゃん！ウサ公！お前は兎、ウサ公さ！だからどんなに強がっても狼にはなれない。ただの兎さ。それでいい。

私はその声にうなずきながら、優しく触れてくる唇を頬に感じた。涙がまたあふれた。私は二人の涙とともに最初のくちづけを知った。

彼女の唇がはなれていったとき、私は身も心もかろやかになり、微笑で頬がやすらいでいた。

私は思った。記念日なのだ。今日は私の記念日なのだ。さあ、新しいグラスを用意して、ワインを満たそう！そして二人で、私の新たな誕生となった今日という日のために、盃を上げるのだ――と。

2999ねん

高峰　美雪

キューン、キューン、ズドーン、パピポペポピー、ズドーン……。

「あ!!これ、ひょっとしたらあのインベー……。」

「しっ、聞こえたら死刑よ。歴史博物館からチョロまかして来たのよ。今、地球上ではこれ一台きりしか残っていないわ。闇ルートで流せば、私達〝小型宇宙船〟が買えるわよ。そうしたら、この星から逃げ出して、どこか他の星でビクビクせずに楽しく暮らすことだって……出来るはずよ。」

「でも、一体どうやって誰に売るの？私、他の星なんて嫌よ。今はもうないけど、私達の祖国〝日本〟だって、地球にはあったのよ。それに少ないけど、日本人の仲間だっているわ。私達だけ逃げ出すなんて、そんなこと出来ない……。」

「馬鹿ネ、シノブは。このまま……」

「361587号よ。ミドリ、じゃない361623号。」

「そうだったわネ、361587号、ごめんなさい。とにかくこのままじゃ、残っている日本人は後十年もすれば、滅亡するわよ。」

「だからっていって、残っている仲間を見殺しにする気？」


「仲間、仲間っていうけど、あんた、じゃなかった361587号、その仲間の日本人の先祖のために、私達長い間、地球人達からは迫害され、宇宙人からは厳重に監視され続けてきたのよ。まさか忘れたわけじゃないでしょう？」「ええ、それはそうだけど……。どっちにしても、この機械をここに置いておくのは危険よ。このままでは、私達の身も危ないのが分からないの？」

「だからよ。私はネ、私達の身を陥れたこいつが憎いのよ。その憎い機械で、嫌な地球からオサラバ出来るなんて、最高じゃないの。」

　シノブとミドリ、つまり361587号と361623号、このカップルの間では二日間ぶっ通しで、その機械についての議論が繰り返された。


……インベーダーゲーム……1978年、東洋の端の国、日本で発明され、爆発的に国中に広まり、大人も子供も百円玉を握って、機械の前にしがみつくように坐り、ミサイルボタンを押すのに夢中だった平和な頃……。

　それから15年程の間に、その奇妙な機械は、全世界を制覇し、世界中どこの国へ行っても、どんな片田舎へ行こうとも、人々はインベーダーゲームの魔力にとりつかれていた。

　その頃から、インベーダーに汚染されたともいうべき地球に、宇宙の知的生物の存在するあらゆる惑星から、毎日のように、警告の電波が送られていたのであるが、誰ひとり本当に、地球上に生存する人間のうち一人も気付くものはいなかったのであった。

　ブーン…ブーン…ビビビ…ビビ…地球人に告ぐ。インベーダーゲームを、ただちに中止せよ。ただちに中止せよ。

　インベーダーゲームをすることは、我々を攻撃することである。

　地球人に告ぐ、ただちに中止せよ……

……ビビ……ブブブ…ビーン…ビーン……

　恐らく、当時このゲームを人類がした回数は、地球上の全人口が十回ずつした回数よりも多かっただろう。

　その、インベーダーゲームに費やされる人類の執念が、1個の巨大なカタマリとなって、宇宙へ攻撃の電波として、毎日のように送られてきたのである。

　そんなこととは知らない人類は、相変らず金に振り回わされ、奪い合いや人殺しをしたり、土地や資源のことで戦争をしたり、惚れたのはれたの、滑ったの転んだのと、忙しく醜い争いを繰り返していた。

　そのインベーダーゲームがもとで、シノブやミドリのように人目を避けて、ひっそりと生きなければならない日本人の子孫がいたのである。


　西暦2999年、常識という言葉は、もはや前世紀の遺物でしかなくなっていた……。


　あの有名なノストラダムスの予言は適中し、1999年の7月のとある日、地球は知的生物の存在する宇宙のあらゆる星から総攻撃を受けた。人類の$\frac{4}{5}$は殺され、傷ついた残りの$\frac{1}{5}$の人類も一時は滅亡の危機に晒されていた。土地や資源の奪い合いで、国と国との争いが絶え間なく続いている最中に、人類よりも、数十倍も知能、科学の進んだ宇宙人達を相手に、太刀打など出来るはずもなく……緊急に作られた地球防衛軍は、たったの5分間で全滅。2時間後に地球は全面降伏した。

　それから1000年の月日が流れる間、あの忌わしい1999年の7月から地球はずっと、各惑星からやってきた宇宙人達の監視のもとに管理されていた。

　すべての書物は焼き捨てられ、残った人類

は、老人も子供も再教育を強制され、それまでの間違った理論や思想を、記憶の中から、徹底的に消されていった。

　それはまるで、パンドラの箱から飛び出て行った諸々の悪を、また箱の中にしまい込むような感じで行なわれた。

　けれど、いくら再教育しても、取り除けないものがあった。人が人を愛する心、その中でも男が男を愛する心、女が女を愛する心、それに人が人を差別する心、男が女を差別する心。これらは余程長く、人類の心の中に巣くっていたらしく、いつまでたっても排除出来ないので、業を煮やした宇宙人達は人類の子孫繁栄を恐れたこともあって、結局、男性と女性との生活区域を地球の東西に完全に分けてしまうことにした。

　喜んだのはそれまで抑圧されてきた、ホモ・セクシュアルの人々だが、哀れなのが今までノーマルとされてきた男女である。

　しかし、慣れとは恐ろしい。まして混乱の中にあって、宇宙人に占領され支配された地球人達は、お互いに励まし合い慰めるよりほかに生きる術がなかったのである。

　こうしてシノブとミドリ、メアリーとジルのようなカップルが東側に住み、ジョンとボブ、タロウとケンジ達が西側で生活するようになった。家族とか子孫などという言葉は死語となり、人は人工子宮で人工受精されて、誕生後は性別によって東西に送り込まれていった。

　勿論、人口密度は常に宇宙人達が見張っていて、一定のラインを超えることは決してない。人々は監視付きではあるが、一応快適な生活に満足していたのだが、インベーダーゲームの創始者である日本人への憎しみは根強く、その迫害は凄まじいものだった。

　丁度、キリストを裏切ったユダの子孫のユダヤ人達が1999年まで、世界中から嫌われ迫害されていたのと似たような雰囲気である。そして、それまでは隠花植物のごとくに生きていたホモ・セクシュアルと、彼等を理解しなかったノーマルな男女との立場は、全く逆なものになってしまった。

　今や禁じられた悲劇の恋は、東西の境界線上で見つかると、直ぐ処刑されるので命がけである。

「ロミオとジュリエット」「お染と久松」等の宇宙大戦前の悲恋物語が、地下を這うように男を求める女・女を求める男達の間に伝えられ、まだ見ぬ相手を想像して熱くなっている彼等の心を揺さぶっていた。

　それでも、大方の人々は現状に満足し、毎日の生活を楽しんでいた。迫害されている日本人の子孫を除いては……。

　シノブとミドリの間では、どうやら結論が出たらしい。

「ええ、そうね。新天地で二人で一からやり直すのも悪くはないわネ……。」

　消極的ではあるが、とにかくシノブは〝地球脱出〟に賛成した。

　闇ルートで流したインベーダーゲームが、思ったより高い値段で売れたので、二人は性能の良い飛切り上等の小型宇宙船を買った。

　出発の日の朝、シノブとミドリはいつもと同じ時間に起き、いつもと同じ固形状のコーヒーとスープ、1cm角の圧縮パン、錠剤の果物と野菜を飲み込みながら、二人で庭に作った小さな離陸用のステーションを見ていた。

　感傷的なシノブが、「とうとう今日で、地球ともお別れネ。そう思うと、何だかこの空気も急においしく感じるわ。この緑色の樹々を見るのも今日が最後、この空を仰ぐのも、流れる川も……。」

と、涙ぐみながら言うのを遮って、

「何言ってるのよシノブ、私達もう番号で呼ばれることもないし、日本人であることを隠さなくてもいいのよ。今よりかは、少しでも良くなるっていう希望があるのよ。未来があるのよ。さあ、元気出して行こう!こっちを向いてごらん」涙を拭いて上げる、愛してるよ。」「うん、そうネ。旅立の日に涙流したりしてごめんネ!!これからは二人で頑張ろうネ、ミドリ。」

　二人は、お互いの腕に冷凍液を注射し合った。こうしておけば、20年間今の肉体を生きたまま凍らして保存出来るのである。

「じゃあ、シノブ、20年経ったら今の姿で、〝おはよう〟って言って逢おうネ……。」

「うん、ミドリ。それじゃあ、20年後にまたネ。おやすみ、愛してるわ……。」

❀ ❀ ❀ ❀ ❀ ❀

「先生、大変です!!10号室と11号室の患者が庭に出て、〝地球脱出〟をするとかいって、騒いでるんです!!」

「え?ああそう、君たしか先週この病院に来たばかりだったネ……。あの二人は誇大妄想狂としては、他人に害を与えないから大丈夫だよ。同性愛が世界を制覇すると信じているんだから、全く笑わせるよ!!夕方になれば納まるから、放っておきたまえ。10日に一遍は、アレをしないと気が済まないんだから……。」

　新米看護婦はポカンと口をあけたまま、聞いていた。暫くしてやっと、

「はい、わかりました!!あ、それから先生、喫茶室のインベーダーがなくなったって……患者達が文句を言ってるんです。ちょっと、見に来て頂きたいんですが……。」

別れても好きな人

セーラム・ライト

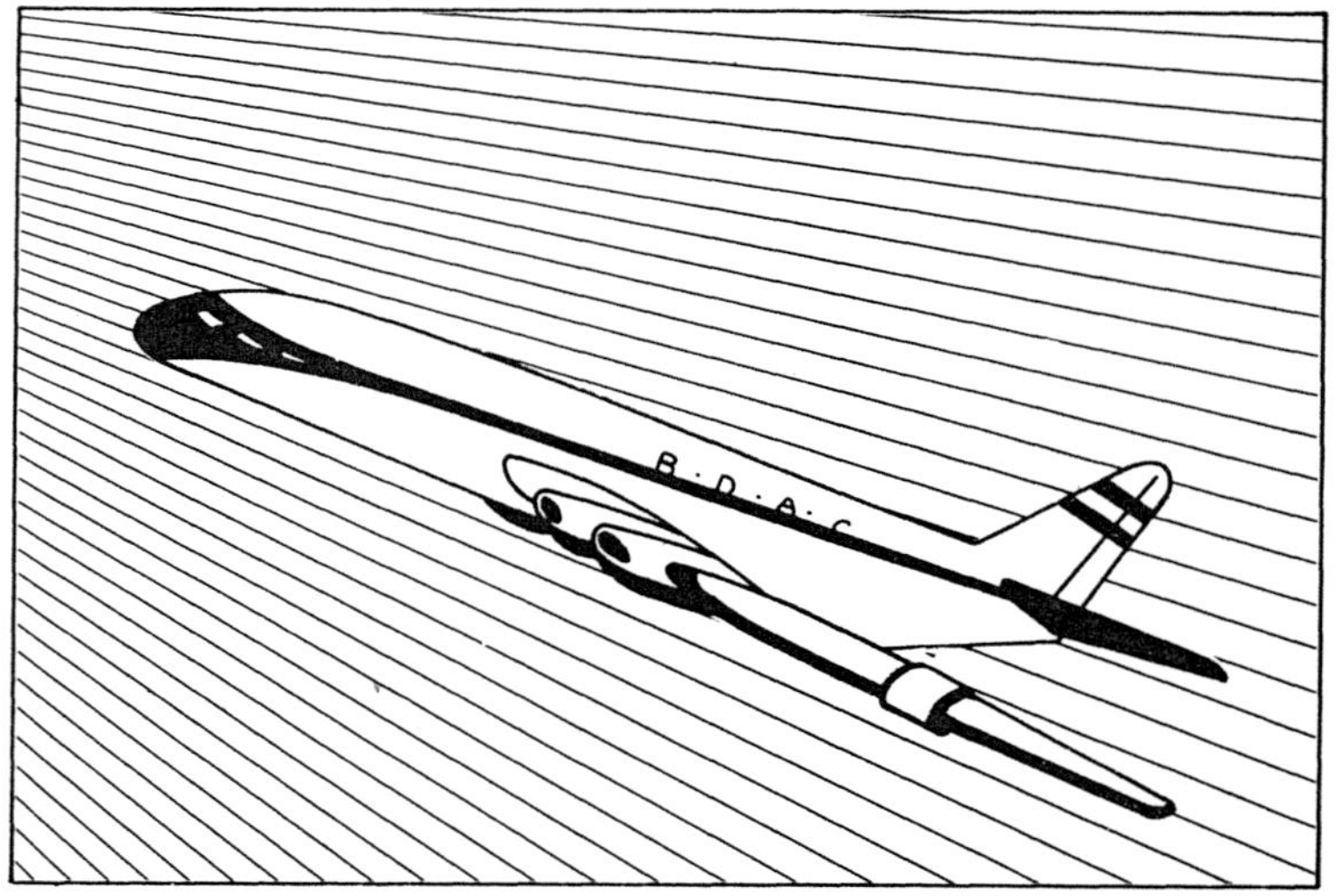

別れた恋人に十年ぶりで再会した。

愛をはぐくんだ半年、そのたった半年の想い出を本当の想い出にしてしまうために十年かかった。そして今、嬉しくも瞬時にして十年間の努力が無駄になった。

一昔前のあの日、愛し合いながらも別れなければならない辛い愛の形もあることを知った私は、すぐさま知人を頼ってカナダへ発った。

彼女への想いは、遠く日本を離れてさえ、変りはしなかったが、冬の厳しい寒さと生活の不安のために、情熱をたぎらせたまま凍結されていた。

慌しく日本を去ったものの、フランス語はおろか英語さえろくに話せない私は、知人の経営する日本人観光客相手のお土産もの屋の店員として働く傍、夜は学校に通って語学の勉強に精を出した。近頃ではやっと生活も安定し、仕事の方も店員からオフィス勤めにと変り、永住を決意する程に気持の方も落ち着いてきた。ところがある日、友人と行った日本レストランで流れていた歌を耳にした時、急に昔の想い出が、走馬燈のように頭の中を駆け巡った。

♪別れた人に会った　別れた渋谷で会った

別れた時と同じ　雨の夜だった♪

春先に雪解水が沸き出るように、私の凍結された想い出も急速に解凍してしまった。

しかし、不思議なことに彼女に逢いたいという気持は起こらなかった。この時初めて、私は自分の気持が完全に彼女自身を離れ、懐かしい想い出の上に注がれているのを知った。傷は癒えた。今はただ、想い出の中に懐かしい人の面影を忍ぶばかりだ。

数日後、私はカナダ永住を心に決めて、一旦日本に戻ることにした。今一度、冷静な目であの日からの日々を見つめ直さなければ、新しい出発は出来ないと思った。すぐに三週間の休暇を取った私はカナダを発った。身の回り品だけを詰めた小さなトランクを持って、成田に着くとそのままスカイライナーに乗って、上野に向かった。

あの日、最後の決断をしたのが軽井沢であったからには、そこへ戻らなければ私の旅も終らないと思った。

♪傘もささずに原宿　思い出語って赤坂
恋人同志にかえって　グラスかたむけた♪

自分の想い出を自身に向かって語ろうとしていた。そうしなければ、この想い出に終止符を打つことが出来ない。

五月半ばの軽井沢は、夏の華やいだ賑わいが嘘のように、ひっそりとしたたたずまいを見せていた。ゴールデンウィークを過ぎた頃から、六月末位までの軽井沢が、私は一番好きだ。昼過ぎに軽井沢に着くと、駅前からタクシーに乗って北軽井沢へと急いだ。北軽井沢駅前は、バス停もその前にある噴水も、ひなびた郵便局も何もかもが昔のままの姿で、私を迎えてくれた。私は嬉しくなって、こぶしの花の咲く道を浅間大滝へと歩いて行った。

あの頃良く二人で歩いた道を、今私は一人で辿って行く。現実とは遠くかけ離れてしまった想い出を求めて、様々な思いが浮かんでは消えていく。と、かすかに川の流れが聞こえてきて、私は足を速めた。

浅間大滝の入口には、長いトンネルが作られていた。トンネル内の両側には、小さなお地蔵さんが一、二ｍおきに祭られ、その前面には鉄格子がはめられている。何のために、わざわざこんなことをと思いながら通り抜けると目の前に川が現われた。

川の右手には大きな岩があって、二本の滝はその岩に遮られて見えないはずだ。

あっ!!私は思わず声を上げそうになった。大滝を思い出す時、欠かすことの出来なかった大岩は、中が抉られこれまた数体のお地蔵さんが祭られている。その横には、まるで昔からそうであったかのように、古びた立札まで立っている。観光客誘致のためだろうか、馬鹿馬鹿しいことだ。お陰で、私の想い出は目茶目茶だ。

滝へ続く小径は、大岩をぐるっとまわっていて、その向こうに二本の滝と、手前には苔むした小さな丸木橋が掛かっているはずだ。

十年前、初めてここを訪れた時、私が岩の向こうに回り込んだのに気付かなかった彼女は、私が川に落ちて流されたと思い、本気で心配したと言って笑わせた。

私はこれ以上想い出が荒されていないようにと、祈るような気持で大岩を回った。

あった!!滝もそして手摺は片方なくなっているが、丸木橋も確かにあった。私はホッとして、岩陰に腰を下した。滝が水しぶきを上げて、流れ落ちては静かに川の流れに身を任せていく。

私はフード付きアノラックのポケットからタバコを取り出して火をつけた。そういえば彼女は、私がタバコを吸うのを嫌がって、何度もやめると誓わせたっけ……。でも、あの頃から一度だって、やめられた例はなかった。

ボンヤリとそんなことを考えていると、川面にゆっくりと水の輪が広がり始めた。雨だ。私は真白な空を仰いで、フードを被った。

あの日、最後にここを訪れた日も、丁度こんな雨だった。

あの頃、大滝よりほんの少し奥に入った照月湖の辺に、幾つかの貸別荘があった。そしてそこが私達二人の月に一度の密会場所だった。そう、彼女と愛を交した半年の間、私達はいつも人目を避けて逢わなければならなかった。何故なら、彼女には五年も一緒に暮らしている年上の恋人がいたからだ。私達はある会を通じて知り合ったのだが、彼女に恋人がいることは、殆ど始めから分かっていた。が、一目見た時から彼女へ傾倒していく自分を抑えることが出来なかった。彼女の方も私に恋をした。

私達はいつでも、彼女の恋人に細心の注意を払い、決して気取られないように苦心した。

その頃、私は千葉の白浜、彼女は軽井沢にほど近い高崎市に住んでいたので、逢うことはままならず、専ら手紙で愛を伝え合っていたが、それさえも恋人に気付かれないようにと、信頼のおける彼女の友人宅に出していた。

だから、月一回の密会にしても、私達は実に注意深く口実を見つけ出さなければならなかった。彼女は、ある時はクラス会、またある時は長野の実家に帰ると偽っては、片道一時間半程かけて、北軽井沢の別荘へ駆けつけて来た。思うように逢えないもどかしさや不安のために、私達は逢うと必ず時間の許す限り愛し合った。

しかし、そんな不自由な恋をしながら、私は彼女と恋人の仲を裂こうとは思わなかった。それは、彼女の「今いる恋人とは別れられない」という一言を前提にした恋であったし、また、私を愛するのと同じように恋人をも愛しているのが、私には良く分かっているからだった。彼女はよく、相手が自分を捨てない限り自分の方から別れることは出来ない、と言って泣いた。それが、彼女の恋人に対する精一杯の誠意だったし、私に対する負目ともなっていた。私は彼女が恋人と別れない限り、私達の恋もまた続くと思っていたし、彼女が私との関係を大切にしていれば、他に何人の恋人を持とうと構わなかった。

しかし、いつの頃からか事態は変っていった。逢えない分は手紙でカバー出来ると、思っていたのは誤算だった。

不自由な関係は、私達の恋に油を注ぐ結果となり、手紙だけでは飽き足らず、電話や電報まで使うようになっていった。

丁度その頃、私は軽い胃潰瘍にかかって、自宅で療養していたので見舞という口実の元に、日に何度もかかるようになった。私の方も家族に気兼ねなく話がしたくて、自室に電話を引いたりした。

彼女からは、朝は職場からそして昼休みにと電話が入り、夜は恋人が帰って来るまでの間とか、ちょっと買物に出たついでにという具合にかかってきた。電話は危険だから手紙にしようと言いながらも、慣れてしまえば手紙はどうにももどかしく、私の方からもちょくちょくかけるようになった。

そんなことが続くうちに、電話代は五万、十万とかさんでいき、彼女は生活費全部を電話代に注ぎ込むようになった。そして、更に、友人から借金をしてまでかけてくるようになった。

いくら銀行振込みだからと言っても、一緒に暮らしている恋人がそれに気付かないはずはなかった。生活の破綻、それは即私達の恋にピリオドを打つことだ。

私は何度も、電話だけはやめようと繰り返

した。が、結局かかってくれば切ることなど出来なかった。電話代にと送るお金は、ただちに送り返されてきた。大丈夫、何とかなるというのが彼女の口癖だったが、何ともならないというのが真実だった。私は決心をしなくてはならないと思った。全てが暴露され、修羅場を招くことだけは避けたかった。

六度目の密会の日は、恋人が旅行で初めて丸一日一緒に過ごせるチャンスが得られた。その日私達は、北軽井沢駅で落ち合うと、シトシトと降り続く雨の中を大滝へと向かった。五月だというのに、吐く息が白い。大滝の脇に回り込み、激しく流れ落ちる二筋の滝を見つめながら、私は口を開いた。

「ねえ、もう電話するのやめようよ。」

「どうして?」

「だって、もう限界じゃない。このままじゃ生活が壊れちゃう。」

「壊れたって構わない……」

「今の生活を壊さないと、続けられない恋ならしない方がいい…。」

「どうして?嫌いになったの?」

「そうじゃないよ、誰だって自分の生活は、自分で守らなくちゃいけない。だから、うまく言えないけど人に借金してまで電話して欲

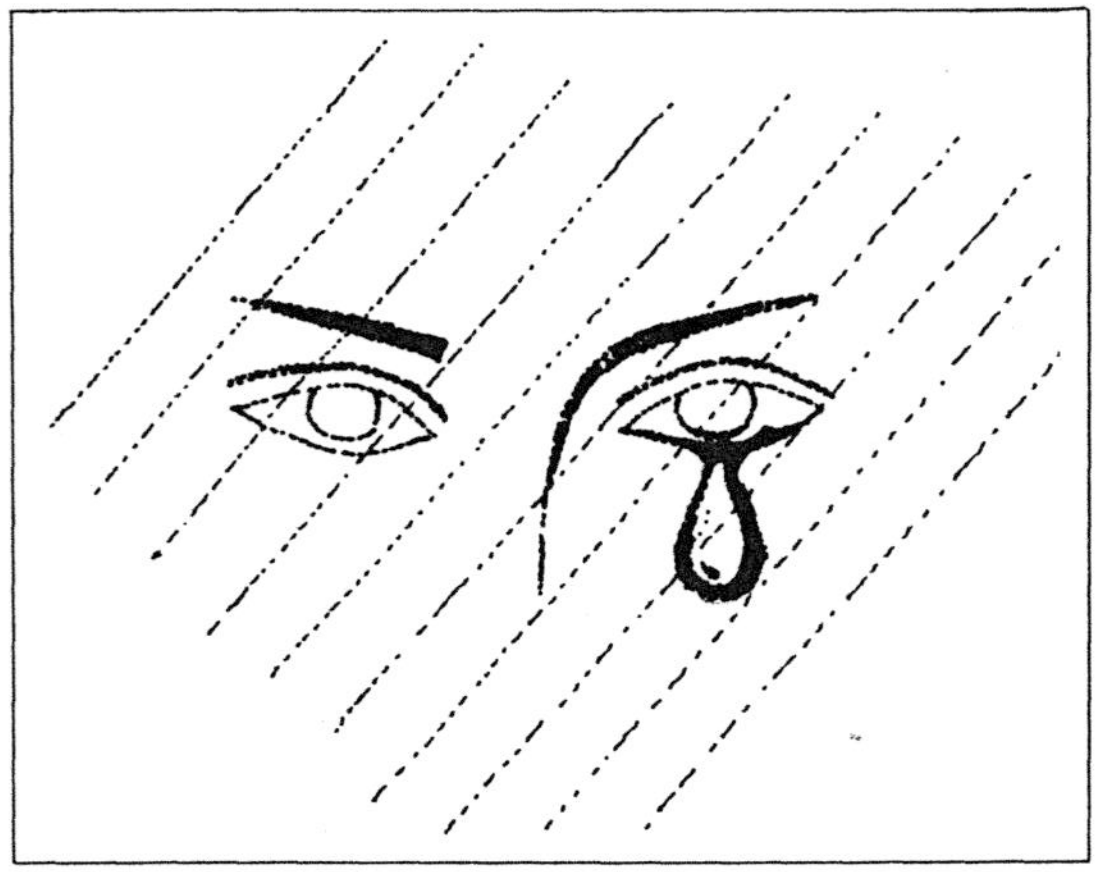

しくない。声聞けなくとも我慢するから、生活立て直してずっと続けていきたい…。こんなこと続けてたら、いつかはあの人に知れて、そしたら全てが終わる。あの人が知ってしまえば別れなくちゃならないのは、貴女と私で、あの人と貴女じゃない!!」

「……」

「貴女が私に感じなくてもいい引け目を感じているのは、あの人と別れられないからだってことは分かってる。もし、あの人が怒って貴女のこと殺すって言ったら、貴女はきっと黙って甘んじるでしょう!?だから、生活を乱すってことは全てが終わるってこと、分かるでしょう。」

「……」

彼女は怒りとも悲しみともつかない顔をして黙っている。二人の間の空気が止まり、次第によどみながら重たくなっていく。

私はいたたまれなくなって言った。

「あの滝に入ったら、どうなるかな?」

「──やってみたら……」

彼女を残して、ザブザブと川の中に入っていった。滝のしぶきが全身を包む。もう少しで滝の下に入るという所で、物凄い力で引き戻された。

「やめて!!」

「……」

「馬鹿!!」

「ああ、馬鹿だよ……」

彼女の目から涙が溢れ、やがて頬にかかる雨と溶け合って、幾筋にもなって流れた。

私は胸がしめつけられてくるのを、必死でこらえて言った。

「冗談だよ、嫌だな、泣くことないじゃない。ちょっと、からかっただけだよ。ネ、ゴメン謝るから……」

彼女につかまれたままの腕が痺れ、ちぎれそうに痛み出した。彼女がその手を離した瞬間、塞止められていた血が、一挙に血管内に流れ出すことだろう。出来ることなら、血管も肉も突破り、この満身に漲る血が全て体外に流れ出してしまえばいいと思った。が、今握りしめられている腕の痛み、そしてただ私のためだけに流された涙を見てしまったからには、心を決めるしかなかった。

「痛いよ‼そんなに力持ちとは知らなかった」

「馬鹿なんだから……」

「うん、ずぶ濡れになっちゃったネ。」

冷たい雨が、二人の頬を伝わった。

その夜、私達はそれぞれの思いを胸に、一晩中愛し合った。

翌朝は、雨もすっかり上がり、駅までのこぶしの咲く道をキャーキャーと小学生のようにはしゃぎながら歩いた。高崎の駅で別れる時彼女は無邪気にこう言った。

「電話するネ‼」

「ホラ、またそれだ。」

「大丈夫、いいでしょう⁉ネ‼」

「元気でネ。いつだって愛してる。」

それが、最後だった。

トンネルの向こうで、車の止まる音がした。疲れた。機内で寝ていないし、時差ボケで頭が少しおかしい。時計を見ると午後四時、まだ宿も決めていなかった。

バンとドアの閉まる音が響いた。折角の想い出の場所で、アベックなどと顔を合わせたくなかった。私は立ち上がると、早足でトンネルへ向かった。出口近くで、一つの影が立ちはだかった。私は俯いたまま、小声で「失礼‼」と言ったつもりだったが、声がトンネル内に反響して、予想以上の大声になった。影は驚いて飛び退いた。トンネル脇には、真赤なセリカが止めてあった。通り過ぎようとすると、「あのう……」ためらいがちな声が迫ってきた。振り向くと、さっきの影がトンネルからジッとこっちを見ている。今度は、こちらが驚く番だった。

全身に冷水を浴びせられたように、背筋がゾーとして、言葉も出なければ動けもしない。相手が驚きと懐かしさを込めて近づき、「やっぱりそうだった。そうじゃないかと思った……」と言っている間も、頭が混乱して立ち竦んだままだった。

やっと、相手の視線を逃れて、地面に目を落とし、「しばらく……」と蚊の鳴くような声で言えるようになるまで、一体どれだけの時間が流れたことだろう。

想い出の中の人が、現実に現われてしまっては困る。遠い昔の懐かしい想い出なのだから現実の貴女の登場は、トンネルやお地蔵さんのように、私の想い出に傷をつけるのだと……言おうとしたが、声にならなかった。代わりになんとも形容し難い感情が全身を包み始め、私は立っていられない程、ガタガタと震え始めた。と同時に、例の歌が頭の中を駆け巡った。

♪やっぱり忘れられない　変らぬ優しい言葉で　私を包んでしまう　駄目よ弱いから　別れても好きな人　別れても好きな人♪

思い出

小笠原　藍

私が初めて千絵に逢ったのは、山が赤く燃えてる十月だった。

空には雲一つなく、吹き渡る風には、少しこげたような枯草の匂いが混じっていた。

「千絵！遠くに行くんじゃありませんよ。」

「ハーイ。」

「千絵、お昼の鐘が鳴ったら、ここへ帰ってくるんですよ。」

「ハーイ。」

私は舌ったらずの甘い返事を、苦笑しながら聞いていた。

その頃、私の田舎ではミカンの出荷を二日後に控えて、どの家も猫の手も借りたい程、忙しい思いをしていた。

私も会社の仕事を休んで手伝っていたが、その日は昼までにまだ一時間もあろうかというのに、もうやる気を失くしていた。

草の上に横になって、ミカンの葉の間から空を透かして見ると、風が吹くたびに、チカチカと白い宝石が走り回ってるような気がしてくる。

うっとりしていると、不意に頭上からカサカサという音と共に、大きなミカンが一つ転がり落ちてきた。

その後からニューと首を出して、「千絵のおミカンは？」と言うのを聞いてビックリした。

声だけ聞いていれば幼稚園児のようだが、こうして見るとどうしてどうして、なかなか美しい少女だった。

腰までかかる髪を、首筋から前に出して、しきりに指の先に巻きつけながら、じっと私を見ている。私は理由もなく慌てた。

「あ！これ、あなたの？ハイ。」

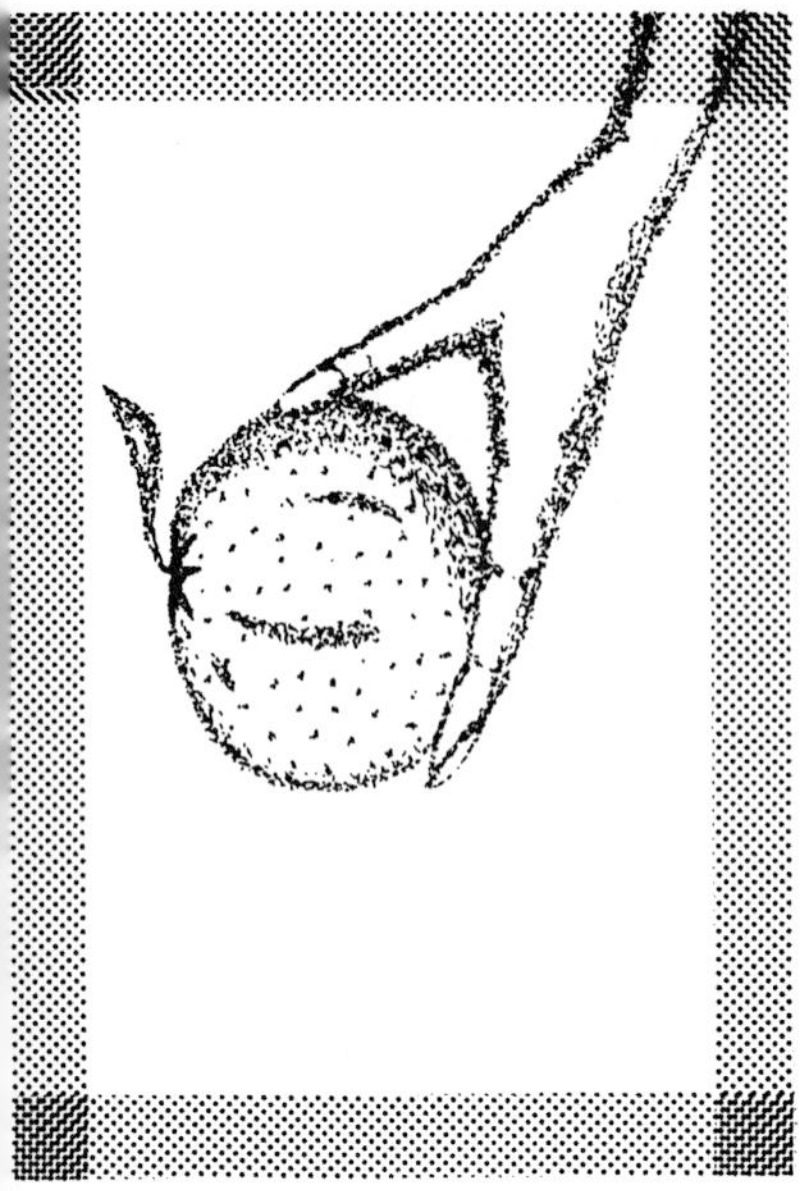

私は無雑作に、千絵という娘の胸のあたりに、ミカンをつきつける。

「ありがとう、千絵のおミカン大きいでしょう!!」と言う。

「本当ネ、でももっと大きいのあるよ、あげようか?」

「うん、もっと大きいおミカンちょうだい!!」

私はまだ小さな、植えてから四、五年しかたってない木を思い出していた。

山の上の方にある二十本ばかりの木は、数をならせてないので、一つ一つが夏ミカン程もある。

「待ってよ、おばちゃん……」

そう言って私の手につかまってこられた時は、さすがの私もビックリした。

「おばちゃんは、ひどいわネ。これでも二十才前の娘なのにさ。私は佐紀と言うのよ。」

「千絵はネ、何にも持ってないのに千もの絵になる女なんだって、おばちゃんがそう言うの。」

立ち止まると、それがクセなのか髪の毛を指に巻きつけながら、私の顔を見上げる。

変な出会いだったが、その頃、村の人達に変人扱いされていた私は、不思議と千絵と気が合った。

私自身、正気と狂気の境をさまよっていたからかも知れない。

少し知恵の足りない千絵は、何でも聞きたがる。

「恐いってどんなこと?」

あどけない笑顔で尋ねられると、千絵に関して、世の中に恐いものは何もないような気がして、どう説明すればいいのか困ったことがある。

それでも私は千絵に向かって、精一杯やさしい目をして、

「恐怖と言うのは、とても冷たいものでネ、それは背中をスーッとかけ登るの。その後、頭を突き抜けてそこら中に散らばって殖えるの。それ等の一つ一つがまた、背中をかけっこしては、散らばり歩こうとすると、体に当って体がすくんだように動けなくなるの。それが恐いということなのよ。」

そう話した後で千絵に解るかな?と思ったが、千絵はもう話題を変えていた。

「千絵の背中にはネ、ホクロが七つもあるんだって、おばちゃんが北斗七星だと言ってた。……佐紀にも見せてあげる。」

そう言うと、アッという間にセーターもブラウスも脱いで、その身を惜しげもなく光の

中にさらした。

「ネ!本当に七つあるでしょう?」

「本当だ!綺麗に光ってるみたいよ。」

私も千絵のように無心になって、背中のホクロを一つずつ指で押してみた。

「くすぐったい、くすぐったい。」

そう言って、ピクピクピクと動く白い背中は私を妙な気分にさせる。

背中というものが、かくも色っぽいものだと知ったのは、千絵のホクロのせいかも知れない。

それからの千絵は、どこへ行くにも私の首にかじりつくようにしてついて来た。

私が真珠の玉入れをしてる所にも、ちょこまかと現われては、二度三度と海に落ちた。

その度に私は、二度と来てはいけないと叱るのに、いっこうに効目がなく、手鞠など持って現われる。

「佐紀佐紀佐紀、鞠つきの歌教えてあげる。」

そう言うと、

「いっちりっとら、らっきょうし、しっしでまやっきやきやべっでホイ」と歌いながら鞠をつく。いちりっとら、が、にいりっとら、さんりっとら、と続き、十までいくと、

「いちもんめのいんすけ、いのじがきらいで、いちまんいっせん、いっぴゃくおく、いっといっと、いっとらのひょうたん、にもんめにわたした」と長くなると、歌うのが一生懸命で、すぐ鞠がそれる。

そこらをバタバタされると、仕事も何も手につかない。

「千絵、チョコレートあげるから、おとなしくしていて……」

そう言って渡したチョコレートを、千絵は決してかじったりしなかった。

手でパチパチと細かく割っておいて、一粒ずつ口の中に入れ、自然に溶けてくるまで、かまずに待ってるのである。

それが千絵流の物の食べ方だった。

千絵のすることは、何から何まで少し変わっていた。それが却って、私の中で失われてしまったものを、呼びおこすのかも知れないが、人に何と言われようと、私の千絵に対する想いは変わらなかった。

ある日、私は千絵のために草の実で首飾りを作った。

小指の爪ほどの実は、青からすぐに黒っぽい土色に変わり、北風が吹く頃には、全部地面に落ちてしまうのだ。その落ちた実は艶がないが、落ちる前の実は、手でもみ合わせると、ニスを塗ったように艶っぽく光ってくる。

千絵はあきれる程喜び、すぐ様それを首につけ、私の前を二、三度行ったり来たりして、一人で感心しきっていた。

「佐紀、これどこで見つけたの?どうして千絵にくれるの……。佐紀は欲しくないの?」

と聞く。

「千絵が好きだから……」

「ふうーん、好きな人には首飾りをあげるの?」

「首飾りだけじゃないわよ、野菊だって、椎の実だって、好きになったら、みんなあげたくなるのよ。好きな人が喜ぶのを見るのが、一番嬉しいもの。」

「ふうん、そうなの?じゃ千絵も佐紀に何かあげるから待っててネ。」

そう言って、私のとめるのも聞かず飛び出していった千絵は、それからいくら待っても、私の前に姿を見せなかった。仕事場にも来ない。

心配になり尋ねて行ってみると、千絵は風邪を引いて寝ていた。
二、三日逢わなかっただけなのに、千絵は驚く程やつれて、高熱のため、今だに口もきけないという。

私は玉入れの仕事を休んで、千絵のそばについてることにした。

何故なら、時折うわ言のように口走るのは、まぎれもなく私の名前だったし、今、千絵の手を握りしめていなければ、もう二度とこのしなやかな指を、自分のものとして、握りしめることは出来ないように思えたからである。

寝汗をかいて、ビッショリ濡れている千絵のネグリジェをぬがせて、首から肩、肩から背中と、丹念に汗をふき取りながら、千絵はこのまま、鳥になるような気がした。

背中の肩の骨が大きくて、目に見えない翼がそこにひっそりとたたまれてるような気がして、私は何度も千絵の背中をさすってみた。

ほんの少し知恵が足りないというだけで、母にうとまれて、叔母に預けられた千絵。みんなに馬鹿にされながらも、千絵はいつも自由で伸び伸びとしていた。

私は、自分が捜し求めていたものが、千絵の中にあるのを知った。千絵の中にこそ、人の世の誠があるのかも知れないと……。

私の美に対する憧れが、時折狂気の世界をさまようように、千絵自身も紅葉した秋の山のように、気ちがいじみたあざやかさを持っていた。

やがては二人して、その色に染まってしまい、一つになるような気がした。

そして、その後色ずいた葉が落ちてしまって、ボウボウとした雑木林そのもののように、茫然と立ちつくすような気もした。

十二月も終わろうというのに、学校にはまだ風に逆らって、ひっそりとコスモスが咲いていた。

私は黙ってその花を千絵の枕元に飾った。

「ピンクのお花、とっても優しいのネ。……外……雨が降ってるの？」と千絵は、花よりもなお優しい目をして私を見る。

優しい人は、優しいものが好きだという。

「千絵、お花大好きよ。」

そう言って、花びらに向かってそっと差しのべる手をボンヤリ見つめながら、私は無性に淋しくなっていた。

まるで水面に写った月を、一生懸命取ろうとしてるような、しかも、取れないなんてみじんも思わずに、その手を伸ばしている。

そんな哀しいような、苛立たしさに包まれていた。

それも今思えば、どうしても千絵のように、無心になれないことへの哀しみだったのかも知れない。

私が狂おしい程千絵に魅かれたのは、私の到底手の届かない世界を、千絵が持っていたからである。

私は世間を無視すると同時に、自分の感情も殺して、一つ向こうにある千絵の世界を、なんとかして自分のものにしたいと思った。

私は千絵の寝顔を見ながら、色んなことを思い出していた。

二人して震えながら、こっそり水を浴びた川原や、肩寄せ合って眠った木陰。

思えば、いつどんな時でも私は人の目を気にし、噂を恐れた。

それ故に、二人はいつまで経っても一つになれないのだと悟った。

千絵の病気が治ったら、二人であの桐の木の元へ行こう。そして、人にも自然にも恥じることなく、この唇を、千絵の唇に重ねてみよう。

私達が草や木に包まれるように、この両手の中にすっぽりと千絵を包み込もう。

白い光の中で、夜しか見えない北斗七星を千絵の背中に見よう。

千絵の隠された翼が、人知れずはばたけるように、いつまでも背中をさすっていよう。

「千絵、千絵の病気が治ったら、私もためらわず千絵と同じような世界へ行くよ。」

寝ている千絵の手を握りしめて、ハッキリと声に出して誓ったのに……。もう少しで、届く所まで来ていたのに……。一ヵ月後、千絵は私の前から姿を消した。

東京の医者に見てもらうのだというのは、私には口実にしか思えなかった。

思えば千絵の叔母さんが、うさんくさそうな目で私を見ていたようだし、私の両親さえも変な目で見ていたし……。

たった三ヵ月……そう、たった三ヵ月の世界。あれは夢だと思えばそれまでだけど、寒くなるとどこからか千絵の声が聞こえてくるような気がするのは、夢ではないただ一つの証しかも知れない。

また、いつものように秋がそこまで来たのを知ると、どうしようもない程千絵のことが想われる。

私の色んな思い出の中で、いつまでたっても成長しない千絵は、いつの間にか唯一心の休まる場として、とうとう私と一つになっているのを最近感じられるようになった。

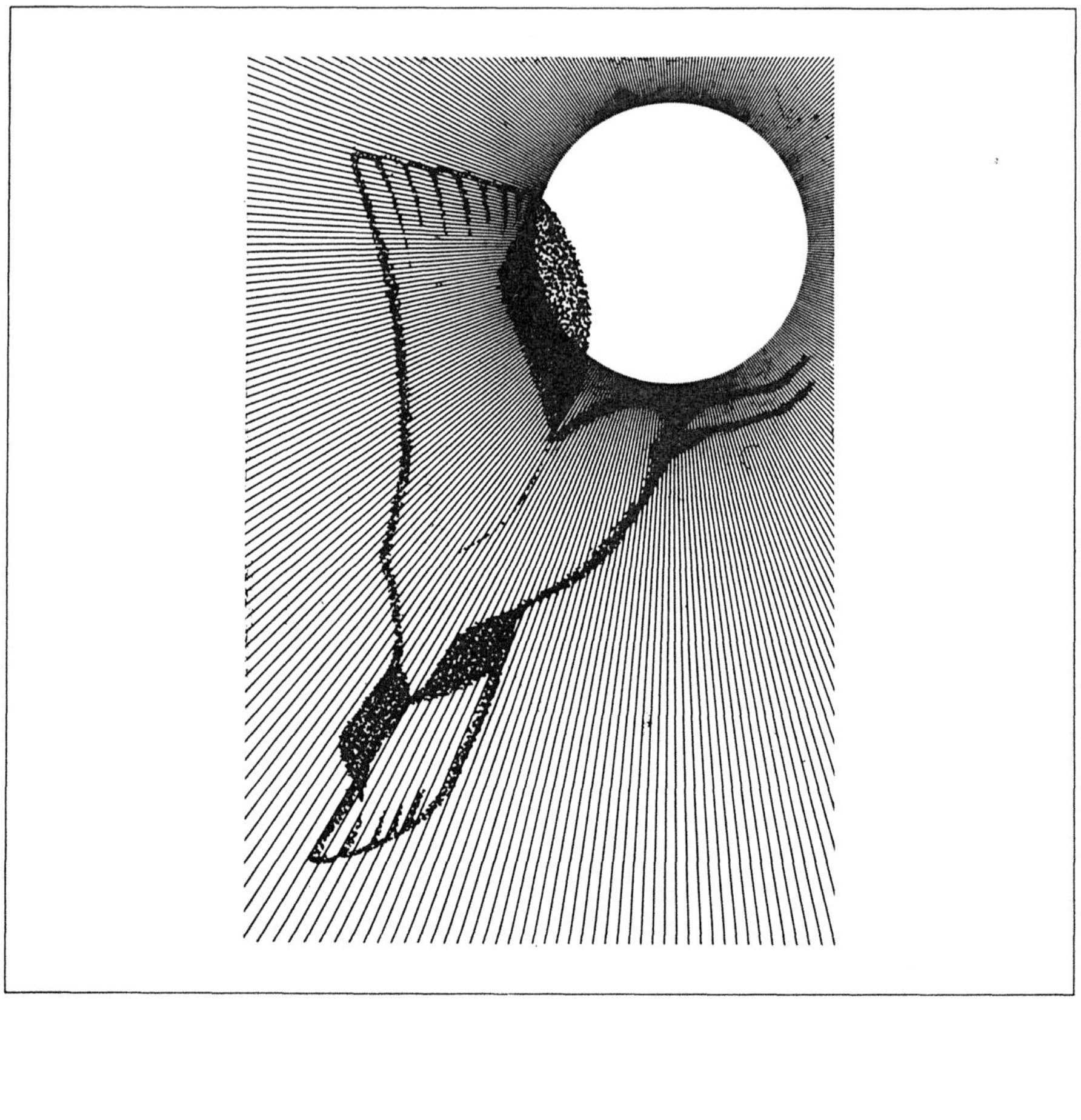

孤舟

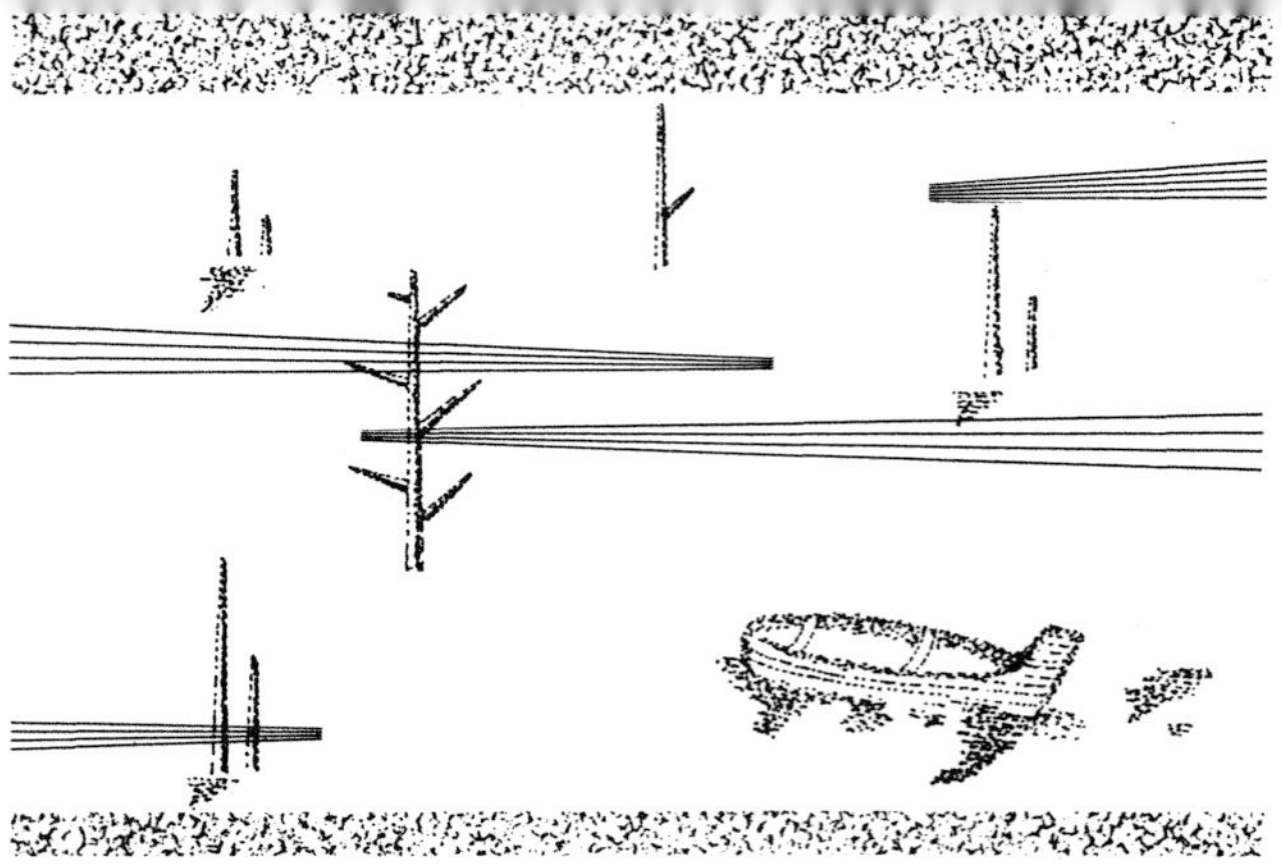

元高 葉子

I

あれ程丁寧な道順を聞いておきながら、大凡(おおよ)そこの辺りと見当をつけて広い道路から脇道に入ると、目印の煙草屋はどこにも見あたらない。三度目にはもう一度繰り返す気持もなくなり、南は電話ボックスに足を向けた。駅に着いて暫くは冷たくかじかんでいた手足は歩いたせいでぬくもっており、白く沈んで病的に見えた頬にも血の色が戻っている。受話器を置いた後で慌しく取り出したコンパクトに映った自分の顔色にほっと安心して、南は紅を刷かずにバッグになおした。顔を上げると、駆けて来たらしい桂子の上気した笑い顔がすぐ傍に見えて、南も手を振ってボックスの扉を開けた。

結婚してからは、招待状が来ても一度も出席しなかった同窓会に珍しく出掛けてみる気になったのは、桂子が幹事役になっていたからであった。高校を卒業して十一年。同窓生のほとんどが、エレベーター式に進学出来る女子大に上がっていたので目を瞠る程の変化はないけれど、中には就学前の子供の手を引いて出席した者もあって、大学を出てすぐに結婚はしたが未だに子のない南などから見るとそれなりの月日の流れは感じられた。二十人余り集まった中で、未婚なのは桂子を含んで四人きりだった。嫁いだ女たちは皆多かれ少なかれ身体の線がぼやけ始めているのに、桂子たちは胸も腰もくっきりと鮮やかで生活(くらし)の緊張が窺える。子供の話題で賑やかなグループにも、仕事の話に花を咲かせては肯き合う女たちの中にも溶け込んでゆけず、ぼんやりしていた南を、桂子ひとりが学生時代と変わらぬ態度で接しては細やかな心配りを忘れない。

「亭主は？元気にしてるの、二人とも。」

少しぞんざいな言葉使いも懐かしい。疵の残る思い出もあるけれど、他の誰よりも親密であった桂子との久し振りの出逢いは、南の心を暖かく和ませるのであった。

「お桂さんは？」と南も昔と同じ口調で訊ねると、桂子は皓い歯並びを見せて笑い声を上げ「お桂さんは、あなた、相変わらずよ。南みたいにいい男が出来ました。結婚しますって訳にはいかないわ」と屈託のない応え方をした。刺のある言葉ではなかったが、南ははっと身体が堅くなる。それには気づかぬ振りをして、桂子は南の手を取り、「あんた、綺麗な手をしてるわ。洋一さんは働き者なのね。結婚するって聞いた時はショックだったけど、暮らし向きだってよさそうだし、きっと南にはこの方がよかったんでしょうね」と顔を覗き込む。間近く顔を見合わせても接吻の記憶は甦ってはこないけれど、淡い胸騒ぎのような快さを覚えて慌てて桂子の手を振りほどいた。

「お桂さん、今も会社勤めをしているの。」

「ううん。去年やっとお店が持てたのよ。」

目を丸くして驚く南を、真顔で受け止めて「三分の一は借金、残りは父の遺産と私の貯金よ。遺産って云ってもご存知のように大したものじゃないけれど。だからとっても小さな店なの」と言葉を継いだ。

その日は二階が住居になっているという桂子の店の住所と電話番号だけを控えて別れたのだが、二月(ふたつき)も経たぬうちに南の身辺は大きく揺れ動き、昨夜彼女は桂子の元へ逢って欲しいと電話をしたのだった。夫の洋一とも、短い婚約時代に何度か逢っているし、桂子以外には南が胸を開いて話し出来る他人はなかった。

電話ボックスのある場所から、桂子の店まではほんの二、三分の距離であった。方向音痴を嗤われるのではないかと思ったが、歩いている間桂子はほとんど話しかけなかった。喫茶店はモルタル造りの洒落れた外観で、女の子ばかり集まるような店を持ちたいと話していた通り店内は明るく清潔である。テーブルの半分は客で埋まっており、カウンターの中で二十歳をひとつふたつ出たくらいの女がサイフォンでコーヒーを湧かしていた。二階へ上がる前に桂子は二人を引き合わせて「こちらが工藤南さん、この子は岡田育子さん。お店を始めた当初から手伝ってもらっているの」と紹介した。育子はにこりともせずに頭を下げただけで店の方を向いてしまい、取りつく島もない。階段を上がりながら「お店、放っておいて大丈夫？」と訊くと桂子は「平気よ。彼女の方が要領よく切りまわすくらいだもの」と南の声に籠るものには頓着せずに答える。三つの部屋は全て和室で縦に長く並んでいる。奥の部屋に行くには前ふたつの部屋を通らなければならない形なのが不便だが、ひとりで住むには差し障りもないだろうし、充分なスペースである。小さな流しも付いている。室内が神経質なくらい整頓されてあるのは、学生の頃と変わらない。寝室だけは厚いカーペットを敷きつめベッドを置いて洋風に使っており、桂子は紅茶のカップを乗せた盆を南に持たせ寝室まで運ばせた。自分はベッドの端に腰かけ、南には一脚しかない椅子をすすめた。カーペットもカーテンも濃いブルーなので、水底に潜っているような気分が起こり、思わず南は身震いした。寒々しさが昨日までの夫との口争いを思い出させる。

「だから一緒に行って下さればいいじゃない。」

「僕はご免だね。君はまだ二十九だ。そんなに焦って産まなきゃならない程お婆さんでもないだろう。あと一、二年様子を見てからだって遅くないと思うね。」

「一年や二年待って、それでも出来なければ診てもらいに行くっておっしゃる訳ね。でも二年待てば私は三十一になるわ。どうして今じゃいけないのかしら。」

「僕は君ほど切実に欲しいと思わないからね。」

洋一の言葉の酷薄さや、目に浮かんだ侮蔑の色を隠そうともしない態度に南は打たれたような痛みを感じたが、何よりも夫の変貌を今

まで見過ごしていた自分の迂闊さに臍を噛んだ。南の不妊が夫婦の間で話題になり始めてもう四年になる。以前から洋一は揃って病院へ行くことには難色を示していたが、今度のような突き放し方をされたのは初めてであった。結婚して七年、子供が欲しいと願う心を夫に嗤われても仕方がないとは、どうしても思えない。

「洋一さんと喧嘩でもしたの。」

桂子の声に顔を上げる。彼女に聞いてもらいたいと思い詰めて出かけて来たが、夫との間の蟠りは言葉にすれば簡単すぎて呆気なく、言葉に出来ないニュアンスを伝えるには気持は複雑に絡みすぎている。南は曖昧な表情で「何だかよく判らないの」と呟いた。桂子はそれ以上問うことはせず紅茶を飲み始めた。カップを握るのに小指を立てるのは桂子の癖で、爪を剪り揃えてある指は昔と変わらず美しい。洋一の指は男にしては武骨さがなく南は嫌いではないけれど、桂子のほっそりと節の目立たぬ指を見ていると、夫の手指は何やら獣じみていたような気がして来る。一日に何度も水を潜るであろうに、桂子の手は余程手入れが行き届いているのか少しの荒れもない。ふと確かめてみたくなって「育子さんは恋人なの」と訊ねると、桂子は薄い笑いを浮かべて「そうよ」と答えた。南の胸に思いがけず嫉妬が湧く。気取られまいと慌てたせいで却って血は集まり、耳朶まで赤く染めた。

「でも、南が戻って来てくれるんなら何時だって大歓迎よ。育子は何時かは結婚したいって云ってるし、それを止めてまで傍に居て欲しい子じゃないわ。」

あまりに滑らかなせいで、その言葉には真実らしさが少しも無かった。桂子はこういった科白を云い狎れているのではないか、と考えて南の自尊心は揺れかけた。しかし、学校を終える間際まで二人で生活することを信じて疑おうとしなかった彼女を、一度の見合いで結婚を決意し振り切るようにして逃げたのはこの私だ、と七年前を思い返せば、どんな云われ方をされてもじっと聞く以外ないという気持にもなり、同時に僻みを圧えることも出来た。

南が洋一について喋り始めた時、階下から育子の大きな声が響いた。

「桂子姉さん、悪いけど降りて来てえ。」

糸を張ったような涼し気な声は、先刻南を無視してみせた小意地の悪そうな育子の表情とうまく重なり合わず、南は何故か裏切られた気分になる。桂子はベッドから滑り降りると南の前に立ち、「無口の南さんがやっと口を開いたと思ったら、気の効かない育子さんが邪魔をする。ちょっと待ってて、うるさいから見てくるわ。あんた、その間に要領まとめておきなさいよ。常だって話をさせるとバラバラなんだから。」

笑いで開いた南の唇に、さっと自分の唇を合わせ、すぐに背を向けて桂子はバタバタと階段を駆け降りてしまった。短い接吻だったが尖って細くなった彼女の舌先は南の舌にまで届いており、つい今まで夫のことで充満していた筈の胸の重苦しさが他愛なく溶けてしまうのが、頼りなく気味悪い。体の奥深く沈んで二度と息を吹き返さないと信じていた古い記憶に、接吻の感触は次々と灯を点してゆく。体中の毛穴からこぼれ出ようとする思い出の余りの生々しさに南は圧え切れぬ不安を感じていた。

II

公園のベンチに老人がひとり、膝の間に立てた杖に両手を乗せてぼんやりと前を見ている。何を見ているのだろう。ああ、鳩を見ているんだな。それにしてもこんなに沢山の鳩

がこの公園にはいたかしら。そうだ真弓を連れて来てやろう。こんなに鳩がいるのを見たことがない筈だ、きっと驚くぞ。びっくりして泣き出すかもしれないな。癇の強い児だから、泣き出すと手に負えなくなる。どうしようか。その時地面も見えぬくらいびっしりと体を寄せ合っていた鳩たちが一斉に飛び立った。耳に痛い程の羽根の音。思わず耳を押えて蹲ると、目の前の地面がぐらりと揺れた。地震だ。慌てて立ち上がり老人を振り返るが、彼は相変わらず無表情に鳩たちがいた地面を眺めている。してみると別に鳩が見たくて見ていた訳ではないのだ。なあんだ、と声に出そうとした時遠くから女が「あなた、あなた」と呼びかけているのに気づいた。友子だ。早く行ってやらなければ。真弓は大丈夫か。慌てて走り出そうとするが地面の揺れが激しくて気ばかり焦くのに足は動かない。

瞼を上げると、朝の光の中で南の困惑した顔が覗き込んでいた。洋一の頭には、まだ公園の風景が白く靄って残っており、目覚めの直前に考えていた事柄も鮮明で南が起こしているのだと判りかけていながら心は夢に立ち戻ろうとする。

「あなた、うなされていたわよ。」

南の不満気な声に、それは君が僕を揺すぶったからじゃないかと言葉を組み立てたとたん、靄は払われ、意識ははっきりと眠りの殻を破ってしまった。「何時？」と訊くと、南は時計の方を見ようともしないで「七時半」と云った。日曜日であることを思い出すと気分は険悪に節くれ立ち、洋一は肩にかかっていた妻の掌を邪慳に振り払った。

「僕が二度寝の出来ない体質だってことを、お前は覚える気がないのかい。日曜じゃないか。どうして起こしたんだ。」

「だって、うなされていたのよ。私も目が覚めたんだもの。」

緊張すると心持ち斜視になる丸い眸は、今ではもう昔ほどの魅力を感じさせない。それ以上南には取り合わないで、洋一はさっさと独りで起き出してしまった。寝室を出ると、寒気がパジャマを通して直接肌に爪を立てたが、彼は逆うようにそのまま洗面を済ませた。キッチンのガストーブを点け、朝刊を拾い読みし始めて、漸く南の暗い緊張した顔つきに不審を覚えた。そういえば普段なら夫の朝食にはうるさいくらいに手をかけたものを用意したり、纏わりつくようにして着替えを手伝ったりするのが、今朝に限って後を追って来ない。消えようとしている夢を手繰り寄せて反芻してみて初めて洋一は疑いを持った。まさか、と何度打ち消しても不安は淀んだ水のように動かない。南がいつまでもひっそりと寝室に閉じ込もっていることが何よりの証拠であるような気もする。もしも、自分が寝言で友子か真弓の名前を口にしていたとしたら、という仮定はその後に生じるであろう事の重大さに直線で繋り、暫くの間洋一を憂鬱にさせた。しかし一時間程経ってキッチンに姿を見せた南には別段変わった様子はなく、日曜日らしい弛んだ一日を過ごした夜には彼の体からは不安も憂鬱も脱け落ちていた。

次の日曜日が来るまで二人の間には何事も起こらなかった。日曜の午後、家を出ようとした洋一の背に向って南が何処へ行くのかと訊ねた。振り返りもせずに「散歩だよ」と云う洋一に、ざらついた低い声で彼女は「真弓さんの所？」と重ねて訊いた。一瞬聞き違えたかと思い妻の方へ体を戻し「何て云った」と顔を覗き見ると南はまるで待っていたような勢いでわっと声を放った。やはり寝言を云ったのかと驚くよりもはっきりと疎ましい気分が強く洋一は泣きじゃくる南に無言で背を

向けた。

「まだ答えて下さってないわ。真弓さんのところへ行くの？違うの？」

　涙で声が無惨に顫えているのが、洋一の神経を逆撫でにする。何も知らずに生活して来れたのは一体誰のおかげだと思ってるんだと、危く口に出しかけて彼は狼狽した。まともに取り合ってはいけない。落ちつけ、落ちつけと云い聞かせ用心深く口を開く。

「何の事を云ってるの？散歩だと云ったら散歩だよ。どうしたんだ急に。びっくりするじゃないか」

「あなたは、あと三年で四十になるのよ。」

「それと今から僕が散歩に行くっていうのとどういう関係があるんだい。君は慌てると話があちこち飛ぶからややこしいよ。ゆっくり喋ってごらん。もう泣かないで。」

　忍耐強く心を圧えつけ、南の肩に掌を置くが、言葉や態度から気持は大きく離れてうまく重なり合おうとしない。舌打ちしたいのを堪えると、唇の端が醜く顫えた。南は両手で顔を覆うと執拗く泣き声を絞り出し、その癖喋ろうとするので、意味も受け取れないほど声は乱れている。

「いい加減にしないか。いつまでもぐずぐず泣くだけなら僕は行くよ。頼んでおいた本が届いてるんだ。取って来なきゃならないからね。」

　そう云われて南はやっと顔を上げた。

「四十になろうとする人が、子供も作らないで何の不満もないなんて、変だと思っていたのよ。私があれ程一緒に病院へ行ってとお願いしたのに、あなたは一度だって快く賛成して下さらなかった。他所に女がいたからなのね。真弓って誰？何時頃から私は騙されていたの。」

　普段は実際の年齢よりずっと若々しく見える顔が、涙のせいで酷いほど肌の老いを浮かび上がらせている。洋一は見狎れていた筈の妻の顔が輪郭から食み出し、だらしなく流れてゆくのを薄気味悪い思いで眺めていた。何とか云い繕わなければ、と確かに考えてもいるのだが、気持の半分は事態がただ面倒なばかりで投げ遣りになっており、暫くの間、口を噤んでいた。夫が黙ったのが火に油を注ぐ形になり、南は苛立つ気持のままに言葉を投げつけて来る。

「この前の日曜日、あなた真弓、真弓って二回も名前を呼んだのよ。常だって仕事、遅くなるのも外泊するのも仕事のため、あなたがそう云うから私は信じて独りぼっちで待っていたのに。きっと子供がいれば寂しくなかったわ。私には一番つらい事を押しつけておいて、あなたは他所に女を拵えて面白可笑しく生きてらしたって訳ね。子供の出来ない体質だからきっと安心して浮気だって愉しんでらしたんでしょう。」

　最後の言葉は洋一に平手打ちにされた頬の肉の音で飛び散った。頬を押え目を瞠った南に、一語一語を切り刻むようにして洋一は言葉を吐きかける。

「真弓は僕の女じゃない。娘だ。ついでに云えば真弓の母親の名前は西村友子。これで気が済んだかい。」

　密集して長く反り返った睫がゆっくり上下し、青味がかって見える白目の真中にあった眸が涙で流されたように脇に逸れて行って、南の表情は泣いて怒っていた時よりずっと痛痛しく悲し気に見えた。後悔が胸を噛んだが、洋一は黙って家を出た。扉を閉める時、七年もの月日を共有して来た妻の頸に両手を掛け、締め上げて骨まで砕いてしまった音を、洋一の耳は聞いていた。


──もしも、結婚して一年目に子供を産んでいれば今年その子は五才になっている。いつつの子供というのは母親の頼りになるものだろうか。その子が傍にいてくれたら、私はこんなに悲しまずに済んだろうか。産んでいないのだから確かなことは判らないけれども。子供がいれば私は立ち上がることが出来たかもしれないのに。何故、私は産めなかったのかしら。そうだ。長い間子供が出来ないのは夫のせいだと私は信じ込んで来た。心の奥で恨み続けて来たではないか。だから今になってこんな形で復讐されたに違いない。きっとそうだ。私が悪かったのだ。独りで診てもらいに行けばよかった。そうすれば何年も何年も夫を恨んだり云い争いをしたりしなくて済んだろうに。あの人はたぶん、子供が欲しかったのだ。私と同じように。

　もう、やり直しは出来ない。今更子供を産んだとて夫の心は戻って来ないだろう。私は子供を産めないのだろうか。一生？あんなに欲しかったのに。でも、どうしてなんだろう。何故友子という女に夫の子が出来て、私には出来なかったのだろう。子供さえ生まれておれば、あの人はいつまでも私の傍を離れなかったと思う。真弓。夫が名前を考えたのか、女がつけたのか。私は一緒に暮らしていながら夫の愛人が出産した日の、夫の心の波紋さえ感じ取れなかった。いくつになっているのか、訊いておけばよかった。これでは何にもわからない。いつ頃だったのか手掛りも無く思い出すのは不可能だ。思えば私はあの人の生き方などに、注意深く目を向けたことなどなかったのではないかしら。けれど夫婦なんだもの。どうして神経質になる必要があったろう。私は間違っているとは考えなかったのだ。一度も。

　今頃あの人は自分の娘の顔を見ている。膝に抱き上げ頬ずりしているかもしれぬ。自分に似た二重の目、大きくはないけれど勝気な肉の厚い唇、広い額、やさしい指、長く形のよい爪。ひとつひとつ確かめては安堵と優越を感じている。妻には産めなかった自分の娘、自分の血が流れ渦巻き、自分と同じ人間になる可能性を持つ、全ての他人とはっきり区別することの出来る、自分だけの子供。私には産めなかった。これから先も産むことのない、あの人の子供。子供──

　南は、台所の流し台に両手で掴まったまま、膝から抜け落ちてゆく力を取り戻せずにいた。泣いても泣いても両目から夥しい量の涙が溢れる。長い時間泣き続けたので、終いには自分が何を悲しんでいるのか判らなくなった。見る間に掌から零れ落ちてしまった結婚という日常への未練なのか。あるいはその場所を動くことはないと信じて疑わなかった夫の突然の失踪に対する怨みなのか。

　やがて咽は乾涸び、瞼は涙で重くなって、彼女は泣き止んだ。泣き止むことで南は自分の手で、決して短いとはいえぬ結婚生活に最後の句点を打ったのだった。ここから先に続く、どんな文章も彼女には残されていなかった。辺りが物音ひとつなく静まり返ると、早くも住人を失った家が腐敗し始めたように思われて、それは夫から拒絶された時よりも深い孤独を南の胸に引き起こさせた。静寂を怖れて顫える指でテレビのスイッチを捻るが、流れ落ちる金属的な音は既に何の意味も無人の家に与えることは出来なかった。呆けた表情で南は、白く濁った画面を眺めていた。

III

　店のシャッターを降ろし、残っていた洗い物も済ますと、育子は二階に居る桂子に声を掛けた。返事があれば、そのまま帰ろうと思っていたが何度呼んでも桂子は顔を見せようともしない。思い当ることがあって部屋まで

上がってみると、案の定桂子のくぐもった話し声が耳に届いた。ここ一週間程毎晩のように電話をしている相手は、最初の日に確かめてあるので工藤南だと判っている。何を今更、というささくれ立った苛立ちは一度顔を合わせただけの、印象も定かでない南よりもやはり桂子に向って鎌首を上げる。育子は唇を引き結んで寝室の襖を開けると、桂子に蔑んだような一瞥を投げた。受話器に掌で覆いをして桂子が「ちょっと待ってて。もうすぐ終わるから」と弁解がましく云うのも何やら腹立しい。「いいわよ、別に。ゆっくり喋ってらっしゃいよ。南さんなんでしょ、相手の人。それじゃ途中で切ったり出来ないわよね。桂さんの大事な初恋の人だもの。」

　育子の言葉を終わりまで聞かずに、桂子は受話器を耳に当てた。毒を含んだ言葉は育子自身の耳朶に残ってこびりつき、消すに消せない。電話線で繋っている相手に肯いたり宥めたりしている桂子に、思い切りよく背を向け部屋を出て行きたいのだが、聾桟敷にされたくない気分もあって迷ううちにタイミングを逃がしてしまった。仕方なく育子は不貞腐れた顔つきでベッドに寝転がり、桂子に見せつけるように高く脚を組んで聞き耳をたてる。

「それで洋一さんはまだ帰らない訳ね。だってもう一週間経つのよ。連絡は？ 違う違う、あんたから出来ないことは判ってるわよ、あちらから。無いの？ 会社へは行ってるのかしら。そう。じゃあ電話してみれば？ 仕様がないでしょう、他に方法がないんだもの。みっともないのはお互いさまよ。洋一さんだって悪いんだから、ね、そうなさい。今夜？ こまったわねえ。ちょっと待って。ううん、ここに居るの。訊いてみるわ。」

　桂子が口を開かぬうちから育子は「いやよ。私、今夜泊まるわ」と視線も合わせずに応える。南が桂子に「泊まりに来て欲しい」と云ったか、「泊まらせてくれ」と云ったかどちらかであるのは口調で察せられた。自分がこの場に居なければ、桂子は二つ返事で南の思い通りにしてやったのではないかと想うと眩暈のしそうな激しい嫉妬を覚えた。桂子が電話を切ったのは、それから七、八分も経った後であった。育子の顔を、真上から見つめて「あんたらしくないわ。何怒ってんのよ」と桂子は皓い歯を見せて笑う。きれいに並んだ一列の歯は、彼女の健やかな肉体と生活力を象徴しているようで育子は好きだった。けれども今、下から見る育子の眸にその歯は狂暴な感じで映った。顔をそむけかけた育子の頬を指で押し止めて桂子は接吻しようとした。ざわざわと嫌悪で肌が騒ぎ、慌てて両手で遮ろうとした育子のどちらかの掌が桂子の頬に当って音をたてた。打たれた桂子よりも過って打った育子の方が怒りを爆発させた。

「桂さん、あなた、あの南って人と縒を戻してるんじゃないの。」

「厭なこと云わないで。あの子、亭主とうまくいってないのよ。」

「それがあなたとどんな関係があるって云うの。」

「昔の友だちが泣きついて来てるのに突き離せないわ。あんた変よ。どうしてそんなに怒るの。あんたに文句云われるようなこと、私してないわ。」

　桂子はテーブルの上の煙草ケースから一本抜き取ると火を点け、育子の紅のない唇に挟んでやる。育子は肺の隅々にまで届くように大きく一服吸い込み、ゆっくりと煙を吐き出した。それだけで気分は随分軽くなり、時間をかけて吸い終わった時には、きつく眉根を寄せていたのが普段の表情に戻っていた。自分の目で確かめておきながら、桂子には育子の気持の移り変わりの速さが信じられない。

喜怒哀楽が激しいというよりも、自身の感情に対して自堕落なのではないかと思うほど、育子はくるくると目紛しく変化するのだった。根に持たぬという取り柄はあっても、桂子にとって扱い易い相手とは云いかねた。いちいち育子の顔色を見るのも近頃では疲れるばかりでほとんど益がないと理解し始め、気持をなるべく平坦にしておくことで平衡を保とうとするようになっている。それにしても、育子は今まで桂子に対して妬情を露わにすることは滅多になく、案外腹の中では恋だの愛だのという想いよりも割り切った計算高い本心が赤い舌を出しているのではないかと疑う気持が強くあった。南のことで育子が取り乱すというのは、どう考えても合点のいかぬことである。

「私、南さんが怖いの。」

　二本目の煙草に火を点けて育子が云った。

「大丈夫よ、南はあんたみたいに意地悪じゃないもの。」

　皮肉を云われて、育子は煙草を咥えたまま唇の端を歪めるようにして笑う。他人を見縊った鼻先だけの笑い方は育子の癖で、桂子はそんな笑いを浮かべた彼女の顔は嫌いではなかった。二十歳という枠組みから彼女のあくどさや物怖じしない強靱な神経が食み出して見える。そして食み出たものが却って枠の内に在る本来の若さを強調するのだ。

「お桂さん、工藤さんのこと好きなんじゃないの。」

「あら、妬いてるの。」

「妬いてるわ。」

「嬉しいこと云ってくれるわね。でも、その科白育ちゃんには全然似合わない。」

「そうかしら。私だって好きな人のことは気になるし、それは当り前なんじゃない？ ねえ、どうなのよ。あの人どうして今頃になってあなたに近寄って来たの。私、厭よ。」

　厭よ、と云いながら育子は同時に「何が厭なのよ」と問い返して来る内側の声に躓いた。そうだ、一体何が厭なのだろうと育子は首を傾げる。桂子と関り合って一年余り、その間だけでも彼女のまわりに集まった人間は五人や六人ではなかった。形振かまわず求婚し続けた男もあれば、育子の存在を無視してかかった女もある。桂子が心をぐらつかせた相手も中にはあったに違いない。それでも眸を曇らせておれたのは、桂子への確かな愛情を意識することがなかったせいだ。乳首から何かの拍子にそれてしまった、と云い訳しているような形でついていた赤いキスマークを、育子は見ていながら素知らぬ顔でやり過ごすことも出来た。愛されている自信があったからではなく、愛している自覚がなかった為だ。

　桂子から愛を告げられた時、育子は勤めていた職場の煩わしい人間関係に厭気がさしていた。桂子は自分の店を持ったばかりで一緒に仕事をしてくれる相棒を探している最中でもあった。育子に打算があったとは云えないが、全くの無計算というものでもなかった。彼女は桂子と肉体関係を持つことで心理的な圧迫を受けずに労働量を遥かに上回る賃金を手に入れて来た。しかも自分の気持はともかく、相手の自分への愛情を土台にしていると思えば、肉体関係そのものを正当化するのも容易かった。人を愛することには抵抗も疲労も伴うが、愛されるだけなら額に汗する必要もない。桂子が育子の腹の中を疑うのと同じように、育子も桂子の愛の間隙をほぼ正確に感じ取っていた。南が入り込んで来る余地は充分あり、彼女のためにスペースを空けようとすれば自分は出て行かねばならないだろう。育子の直感が間違っていなければ、南の出現は立場にも生活にも影響を及ぼすに違いない。どちらかひとつを救うことは出来ないのだ。

誇りも経済も失うことになる。

育子はしかし、そこまで考えて又、足を掬われてもんどりうった。愛してもいない相手に捨てられて誇りを失うということがあるだろうか？私は気づかぬ間に愛し始めていたのではないかしら？——と。欲得ずくの関係に、いつの間にか混じり込み積もりつつある塵のような愛情。育子はふとそういうものを思い浮かべ、すると自分の体に真っ白く埃がこびりついている不潔感があった。

「南はね、亭主に女がいたことが急にわかって狼狽えてるの。おまけにちゃっかり子供までつくってたんですって。あの男、仕事だけで精一杯なタイプだと思ってたのに案外芸達者なんだわ。」

桂子は育子のふかす煙草の広がった煙を眺めながらそう云うと、声たてて笑った。

「それで大喧嘩になって、帰って来ないんだってさ。別れちゃえばいいのよ。どこだって働くとこくらいあるでしょうに。子供がいるんじゃ帰って来ないわ。南には何にもないもの。でも、こうなってみれば南に子供がないのは不幸中の幸いよね。あっちもこっちも子供だらけじゃ話がややこしくて仕方ないもの。」

育子は桂子の顔を見つめていた。見押れた目で見ても彼女の美貌は弛緩したところがない。もう少しで無個性の容に堕ちてしまいそうな美しさだ。けれども今は他人の不幸を嗤っているので、卑しさが滲み、普段よりずっと生々として見える。

「南さんはあなたにどうしてくれと云って来てるの。」

「何にも云いやしないわよ。話をしたいだけなんでしょう、きっと。」

「じゃあ何故、毎晩電話してやるの？あの人からかかって来るだけじゃないでしょう、桂さんからもしてるんでしょ。何がそんなに心配なのかしら。」

「別に。関係ないもの。」

「関係なくてあんなに毎日毎日よくお相手がつとまりますね、信じられるもんですか。」

「南は私の最初の恋人だったのよ。」

「先刻は古い友だちだって云ってたわよ。」

「どっちでもいいじゃない。あの子が話せるのは私しか居ないんだもの、聞いてやらない訳にはいかないってこと。」

育子は短くなった煙草を灰皿の底に躙り潰すと「じゃ、おやすみなさい」と立ち上がる。

「あんた、泊まるんじゃなかったの。」

「止めたわ。」

「どうして。」

「その気が失くなったからよ。南さんの夢でも見れば？それより今からでも遅くないわ、泊まりに行く？」

「いい加減にしないとほんとに怒るわよ。何回聞けば気が済むの。南とは何でもないんだから。」

「今のところは、でしょう？昔は恋人だったし、これから先は判らないということね。それでいいじゃない。別に不服はないわ、私。」

育子はそう吐き捨てると桂子に腕を取られぬよう素速く部屋を走り出た。桂子が煙草に火を点けるライターの音が、石を打ち合わせたよう硬い音をたてて育子の背を弾いた。桂子は呼び止めようとはしなかった。

IV

ベッドの右脇に置かれたサイドテーブルの上に鈴蘭の形をした小さなスタンドが載っている。薄赤い光が、南の枕の埋もれていない左半分の顔に当り、彼女の頬は上気しているように見えた。部屋はストーブの熱でむっとする程ぬくもっており、桂子の乳房の間には先程から汗が滲んでは時々丸く粒になった。頭の上でくの字形に折れ曲がっている南の、露わになった腋窩に唇を押しつけたが桂子の鼻腔に届くのはオーデコロンの甘い匂いだけだった。遠い日のどんな情事の場面にも、南の体に汗の浮いたことがないのを桂子はふっと思い返していた。一度でよいから汗のぬめりの中で南の熱い肉体を抱きたいと、渇いたような希みを持った頃の自分自身も甦ってくる。古い自分に今の自分を重ねてみようとしたが、南への想いはどうしても桂子に戻っては来ない。南の体は全体的に脂肪がついて、しっとりと重みを増している。それでも手で触れるどの部分にも汗はなく、情感に乏しい

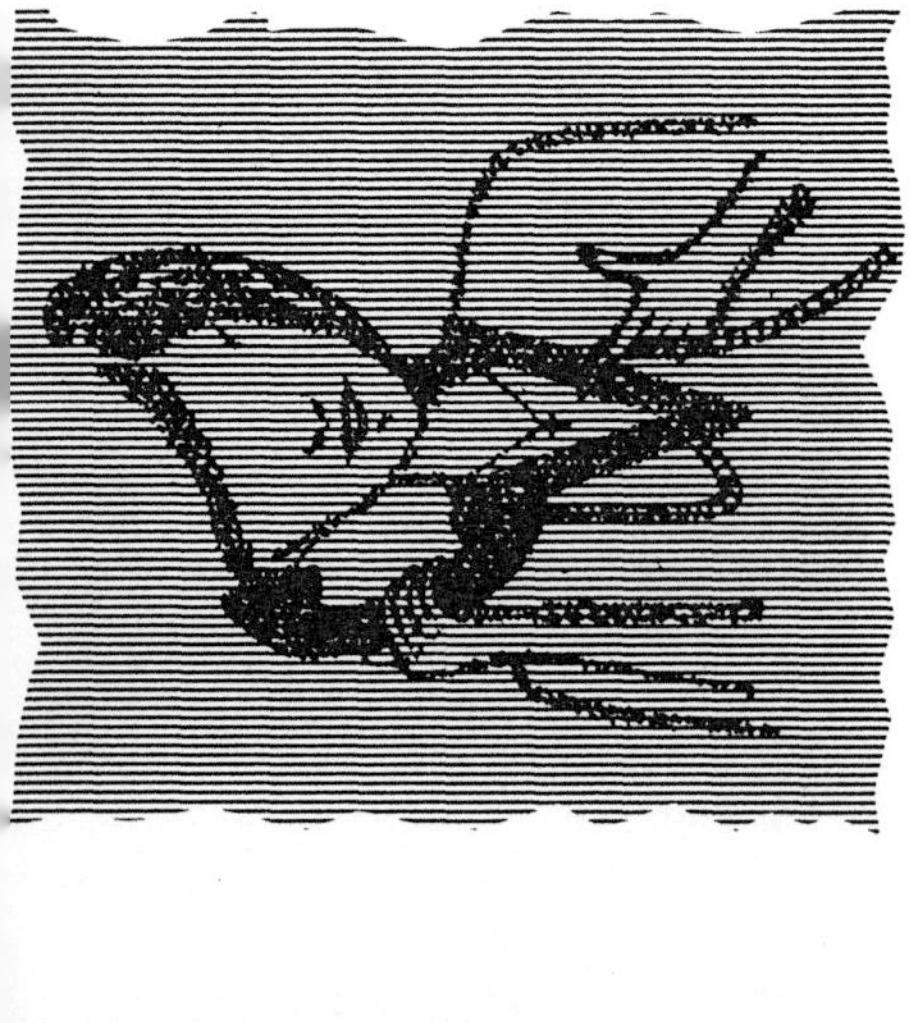

のだがむしろ桂子には有難かった。互いの汗が二人の体の間で混じることを考えるだけで、桂子は鬱陶しい気分になった。

情欲を覚えたのは二人同時であったと桂子は信じていたが、南にはたとえ形ばかりのものでも抵抗したという建前があるので、彼女の長く伸びた身体は「私を愉しませるのがあなたの責任よ」という厚かましい要求を隠そうともしない。時間が経つにつれ南の鈍重な神経が耐え切れなくなって来ており、桂子は自分が今にも音をたてて舌打ちするのではないかと不安であった。

「桂さん、何を考えているの。」

息の混じった声で南が訊ねた。そこだけは以前と変わらない淡い叢に指を這わせながら桂子は「好きよ。とっても」と囁いた。薄く目を開き、瞼の間から桂子を見ると南は黙ってすぐに目を閉じた。桂子の胸にじわじわと悲しみが拡がってゆく。私は一度喪くしたものを、もう一度喪くそうとしている。桂子は繰り返し呟いた。「好きよ、好きよ」

南の暖かな肉襞がいたわるようにやさしく、桂子の指を包み込んだ。


受話器の奥に洋一の声を聞いていながら、南は彼が何を喋っているのかいくら耳を澄ませてみても理解することが出来なかった。

「別れて欲しいんだ。君に黙って真弓の成長だけ見てゆくつもりでいたのだけれど、子供はすぐに大きくなってしまう。この子を私生児のままにしておくのがつらくなって来たんだ。僕はいい亭主じゃなかったね。許してもらえるとは思わないけど。」

南は胸苦しさに息を弾ませた。

「わかったわ。じゃあ」受話器を置こうとする気配を察して洋一が慌てた声を出した。

「ちょっと、待てよ。」

その時、南の鼓膜を顫わせて、幼い甲高い声が電話線を伝って走り込んで来た。

「ちょっと待てよお。」

父親の言葉を忠実に真似た子供の、一枚の愛らしい唇の動きが南の網膜一杯に拡がった。叩きつけるように受話器を置いた後も、真弓の声は耳に残った。両手で耳を塞ぎ、頭を打ち振っても南の中から声は立ち去らない。

「ちょっと待てよお」「ちょっと待てよお」

と声はいつまでも鳴り響くのだった。


南の閉じた瞼から涙が幾つも筋をひいた。睫の下にたまった涙を吸い取ってやりながら

「どうしたの」と桂子が訊ねるのを南は緩く首を振って「もう、いいのよ」と嗄れた声で遮った。

育子の肩を掴んだ指に必死の力を込めて桂子は咽の奥から声を絞る。

「どうしてなのか、ちゃんとおっしゃい。理由がないなら、私、許さないわ。」

育子は振り返って桂子の血の気のひいた白い顔を見た。育子が見つづけて来た桂子にはなかった真摯で美しい顔だ。この顔でこの人は最後に私を引き止めたのだと思うと育子は甘い満足を味わうことが出来た。しかし、これから先関り合うことを続けて行けば、桂子の表情はたぶん崩れてゆくばかりで、二度とこの誠実を手に入れることはあるまいと育子は思う。桂子への愛を意識した自分にとって、それは耐えられないことだろう。何より彼女には桂子との愛を貫く自信が持てなかった。目先の苦痛に呻いている桂子に、育子は自分の気持を説明しようとは思わない。言葉に換えてしまえば、自分自身が言葉を説き伏せて桂子の元に残ろうとするのではないかとも思われた。

「もう、いいのよ。」

ベッドの上で脚を伸ばし壁に背を凭れさせて桂子と南は並んで坐った。裸の体から、動いた後のぬくみはみるみるうちに剥がれ落ちて、桂子が抱いた南の肩は冷たくなってしまっている。

「寒いんでしょ、ストーブ強くしようか。」

南は俯いた顔を上げようとせずにううんと頭を振った。待っていても終わった行為の充実はやって来そうにない。目の前には洋一のベッドのシーツが、最初から使われたことがなかったように清潔な拡がりを見せていた。主人を喪ったという意味では、そのベッドも南も同じで、南にも皺ひとつないシーツと同種の頼りない佗しさが広がっているようだと桂子は感じた。そしてそれを見ている自分の眸にも、決して余裕や力強さは残っていまいと考えると桂子は惨めさに鳥肌立つ思いがするのだった。しっかり抱いておかないと、厭らしさに捩じられて南の肩を突き飛ばしそうだ。桂子は南を引き寄せ柔らかな髪ごと彼女の頭を胸に抱いた。

「桂さん、私たちやり直せないかしら。」

南の息が乳首に吹きかかって桂子はまるで接吻を受けたようだと思う。

「何をやり直すの。」

訊き返す桂子の声は、しかし固まって凍えていた。南の涙が胸から腹へ流れ落ちるのを桂子は感じながら、抱いていた腕の力をそっと抜いた。

「あんたが結婚するって云った時、私もこうして泣いたわ。あんたはくすぐったいのを堪えるために私の頭をずっと撫でていたっけ。覚えてる?」

「だけどあの時は仕方がなかったのよ。」

「そうね。捨てる方にだって仕方なかったと云える何かがあったんでしょうよ。でも私にはあんたしかなかったんだわ。」

「それじゃ、どうして私を避けてくれなかったの。どうして話を聞いたり、逢ってくれたりしたのよ。」

私は何の為にここにこうしているのだろう。南は何故、今になって泣いたりするのだろう。乳房に触れる南の髪を撫でようとした時、彼女の涙声が「私たち、二人ともひとりぼっちなのね」と呟くのを桂子は聞き「そうよ」と口の中で答えたが、自分の耳にさえ言葉は小さく弱々しすぎて聞き取ることは出来なかった。

（完）

銭湯はいいな

小笠原 藍

世の中、何が楽しいって銭湯程楽しいものはない。よくぞ女に生まれけり！なのだ。自称「女体研究家」三人が脱衣場に入るや否や鵜の目・鷹の目、お皿の目で可愛い子チャンを物色、「ネ、ネッ見た!?」と小さな声で、合図が飛ぶ。「見た見た!!、すごくきれいね……」チラチラと盗み見る。おわんを伏せたような形の良いオッパイ、青い果実、その他ハト胸、出っ尻エトセトラ……。嬉しいやら、恥ずかしいやら……。だが、若いのに私の友人は、勇気があるのです。友人「ネエ、ちょっと見て!!あの人凄いヘアー（勿論下の方ですぞ!!）」私「いやあ本当、密林やねえ」友人「ジャングル大帝レオや!!」そのレオを、もっとよく研究するのだと、その人に近づき、シャンプーしながら……腕の下からジィーと見つめる。相手もさるもの、どのあたりが女性の中心か、まだ解らせないうちに、スイッと席を変えてしまったという。あな恐ろしやー、まだ恋人もいない若さでこれだもの。さきざき彼女が出来たら思いやられます。もう一人の、私の彼女ときたら……恥ずかしがって〝この人達とは関係ありません〟といったような顔をして、端っこの方に逃げてしまう。でも、私は知っているのだ。色白の女性を見る時の、ネ・ト・ッとした、あの粘っこい視線……自分だけカッコつけても駄目なのだ。湯船につかる時も、360度回転して、好みの人の方を見ながらウ・ッ・ト・リしているのを知らないとでも思っているのか!?隠しても駄目なのだ。私は、といえば昨日発見したおばさんの入浴方法を、試そうと、湯船の空くのを待っている。どの風呂屋にも気泡がボコボコと出る所があると思うが、中年のおばさんが、その前に立って、まともにあの部分を泡に当てているのだ。私が見ているのに、恥ずかし気もなく、うつぶせに体を浮かせて、吹き流しの鯉のように、泡に体をゆだねているのではないか!!しかも、両足をおっ広げてですぞ!!きっとああすれば、凄くいい気持に違いないのだ。私は昨日のおばさんのように、泡の前に立ってみた。くすぐったくて、直ぐ、うつぶせになってみたが、おへそのあたりに、ポコポコと泡がころがってきてとても我慢していられなかった。今日の発見!!おばさんの性感帯は、オヘソの周りに集中しているらしい。風呂帰りの自転車、殊更ゆっくりと、きょう見た美人の体がどんなにきれいだったかを、声高に話し合う。もうすぐこのK町も、住みづらくなるだろう。あたり構わず、大きな声なのだからして……。十メートル程、先を行くアベックが、振り向いたりして……（ヤバイ、時間の問題だなー）あなたも二百二十円払って銭湯へ行くならタップリ見なくちゃ損ですヨ!!

本の話あれこれ

私がすすめる本

砂都 美

私個人の好みでは、コミックにしても小説でも、レズビアンの深い関わりより、それ以前の〝シスター〟っていわれる関係がすごく好きなのです。あの頃って、すごく悩む時期だし微妙でしょ？自分がどういった方向へ進むかわからん状態やから、コミックには割と学園ものが多いし、興味深く読みました。

★「青い鳥飛ばそ！」 福原ヒロ子著

私が初めて読んだ、レズビアンコミックです。（最初読んだの、確か中学の頃）そういうわけでもないけど、一番印象に残ってます。数少ない〝女性同性愛〟をテーマにしたマンガの中でも、池田理代子の読んでいて疲れるような技巧もなく、まったく自然に同性愛を扱っている。池田理代子のイメージ「クローディーヌ」について言えば、社会の偏見に立ち向かっていかなければならない〝女同士の愛〟なのに、いとも簡単に男装させ〈男は女へ、女は男へ〉の偏見をそのまま肯定している。精神科医からクローディーヌへのアドバイス「君は本当は男性なんだ。ただし肉体が不完全なだけの……」本当に〝ご苦労さん〟と言いたくなってくる。何故、女を無理に男性化させなければ〝女同士の愛〟を描けないのか？

話はコロッと変わって、私の初恋は中学3年、相手は同じクラスの仲の良かった女の子、クラス替えし何をするにも出席番号順で、席も遠くに離れていたし、どうして仲良くなったのか覚えてないんだけど……。突然、彼女の存在が胸の中でクローズアップされ、とまどった。「私はレズビアンなのか？」「ちゃうちゃう、思春期に良くある憧れなんや……」って自分自身をなぐさめていた。しかし、それと反比例するように彼女への気持は高まるばかりで……。

この悩んでいた時期に、「青い鳥飛ばそ！」を読んでいれば、もっと真面目に自分自身レズビアンとして肯定し、その後の行動を慎重にしていたかもしれない。初めて読んだのは、もっと以前で女を愛す自分にまったく気づかなかったから、読後感というのは何もなかった。最近急にまた、読みたくなり読んだ訳だが、作者自身、女を愛した経験があるのか、そこには私自身悩んで体験していったものと似通ったストーリーが描かれていた。

偏見に力強く立ち向かっていった潮。しかし、ハッピーエンドにはならなかった。（同性愛者の私にとっては……）今ある社会の流れの通りの結末になってしまった。何か引っかかるものを感じる。

愛した人が自分と同じ性であるが故に、生じる葛藤（勿論、異性感においても悩み苦しみはあると思うが……）人が人を愛しまず最初にする行動、つまり愛する人へ自分自身を出し、気持を伝えるという行為、伝えづらい、白眼視されそうで恐い‼回り道をした。（本当に遠すぎるくらいの……）

相手が同性愛について、どう思っているか？こちらの気持を汲み取られないように、さり気無く関連した話題を出し、返ってくる言葉ひとつひとつに耳を澄ます。「女同士？考えられへんわ、やっぱり私は男の方がええわ‼」「変態ぽいな‼女とやってても感じるんかな？何か気持悪いと思えへん？」と、反対に質問され四苦八苦したのを覚えている。

★「従姉ヴァレリア」 福原ヒロ子著

焼死したヴァレリアとすりかわったマリー・アンは幼な馴染のモナを知り合った頃から愛していた。マリー・アンはヴァレリアとしてモナと再会。ガンであと一年の命だと知ったヴァレリアは全てを投げ捨てて、モナを自分のものにしようとする。過去を知る者を次々と殺害していく。結局、家に火をつけ自殺してしまうのです。

悲運のレズビアン物語ですネ。何故こうも、レズビアンものって結果が同じなのだろう⁉恐怖のワンパターンです。拍手を送れるようなドンデン返し的ハッピー・エンドってないもんなのでしょうか？

〝許されぬ恋でもいい、禁じられた恋でもいい……あなたが欲しい……〟限られた生命の中で精一杯情熱を燃やす。薬を飲ませ眠っているモナの体に自分の愛を刻みつける。福原ヒロ子のこの二作品、似た感じだけど、潮やヴァレリア主人公たちのひたむきさが好きなのです。

結局、レズビアンは異常なんだという偏見を肯定した上での物語であり、そのための葛藤なんだけど、一人の女を心から愛した、死ぬ程愛したっていうストレートな感情が素直に描かれていて、私は好きです。

「青い鳥飛ばそ！」のスウの周りの人々ヴァレリアの周りの人々が、スウをヌモナを〝そんな世界〟に引き込んだらいけない、といろいろ言ってるでしょ。あの部分はちょーと嫌だった。

★「白い部屋の二人」 山岸 凉子著

これは、すごく良かったです。女子寮で

のストーリーで、愛を告白するんだけど、曖昧な答しか相手は出さないのです。相手の思ってることに気づいた主人公は叫ぶのです。「結局、貴女は決められたレールの上から外れるのが嫌なのよ!!」こういった内容なのです。

決められたレールっていうのは、「女は男を好きになって、結婚しなくちゃいけない」っていうことだと思うのです。相手の女の子は世間に許されないことで、周りからアブノーマル視されることを恐れていて、主人公はそれに感づいたと思うのです。

主人公は女を愛したことについて、何のこだわりも持っていず、すごく自然なことと受け取っているようです。強い感じです。

他のコミックの主人公たちは悩むんだけど、これはレズビアンていうことを素直に肯定して、誇りさえ持っているって姿なのです。

★「女になりたい」　リタ・マエ・ブラウン著

レズビアンを描いた小説で、こんなさわやかな気持を持った作品はなかった――。


「ルビー・フルーツ・ジャングル」これが本書の原題です。これは主人公の女性性器に対するイメージなのです。

〝深くて豊かな隠された宝物で一杯の熟しきった甘美な果実〟描き得て実に見事なのだ!!レズビアンである今の私なら拍手を送れる。

元来、男の性器は男の象徴として誇らしく語りつがれ、女の性器は何か陰湿なものとして、男の欲望・快楽を煽る以外は隠され続けてきた。私もまた、そんなイメージを持っていたのです。体の一部であるにも関わらず、性器は私にとって、疎ましいものでしかなかったのです。

初潮を見たとき、その思いは爆発した!!同時に「私はやっぱり女だったのか……」という諦め……。いままで、女として生まれてずーと抱いていた、嘆きみたいなものが消えたのです。〝諦め〟は大人の体になった喜びより、はるかに大きなものであった!!赤飯を炊いて周りは喜んでくれましたが……。

そして、女を愛する自分に気づいたとき、自分の体・性器を素直に肯定できた。〝厄介なもの〟でなくなったのです。（私が男を好きな人間であれば、今でも自分の性器を疎ましく思っていたかも知れない。と、いうより断言できる!!男と関わりを持ってた頃「不感症か？」って聞かれて頭にきたこともあったし……。私の性器の具合（？）とかいろいろ男に言われて、それによって悩んで余計に自分の性器を好きになれないことだって考えられるから。男って相手の性器の具合問題にするでしょ？そんな落し穴に気づかなかった私も馬鹿だけど……。

レズビアンであるということは、女の性器に対する陰湿なイメージを身をもって覆せる。自分自身の体を素直に肯定できるものだと思います。

この本を読んで、改めてそう感じました。それからもうひとつ。主人公がはっきりと男役、女役の役割分担を否定しているところが良かった。その部分「もし、女がニセの男みたいにそんな態度とったりしたら、レズビアンである意味がどこにあるのよ？男が欲しけりゃ、あんなクソ面白くない女じゃなくて本物とやるわよ!!……ゲイやってる意味はネ、女が好きだからよ……。」


本当にそう思う。相手が男であれば、女がどうあがいたって受け身で終わらずを得ないから、諦めがつく。女同士って、そうなってはいけないものだと思うから……。

「女が好きだから、レズビアン……」って最高にいいなあと感じる。

★「伸子」「二つの庭」「道標」　宮本百合子著3部作

女としても人間としても素晴らしい人でありたい。良い小説を書いていきたいと願う女、伸子が結婚をし、家制度、妻の位置の狭さに葛藤し、ついには離婚。

女友達と共同生活をし、友人が投げたヒントをきっかけに新しい自分を見つけ出すために、共にソビエトに向かう。そしてプロレタリア運動に目覚め、社会主義化が人々を幸福にする道だと考える。ソビエトで出合う女たちの結婚、仕事、妊娠と出産について社会的公然性をまのあたりに見た伸子は、共同生活者素子との思想の違いに気づくのです。（女友達素子は湯浅芳子をモデルとして描かれています。）


私は妻の立場にたったこともないし、プロレタリア・社会主義に対し興味もなかったから、読むのは伸子と素子の関係に注目しました。

まず最初に感じたのは、素子が単に共同生活者を求めていたのではなく、女を心から愛すレズビアンなのだと、伸子が気づいて欲しかった。素子が時々みせる「ぐらんとした状態」が恋愛感情にはつきもののジェラシー等、心の中の葛藤をもっと理解して欲しかったし、同性愛についてこだわってもいいのになあって思いました。

素子の「ぐらんとした状態」が伸子の憤りとして表れたのも、そのためだと思います（頭が良すぎるのも、つまらんワ……とか）。

素子と知り合って、何通も情熱的な手紙を交換し、「素子のそばにいると、拠所のある居心地良さ」を感じ離婚にふみきった伸子なのに、その出発点である素子との関係を絶対にレズビアンとして肯定しないところが歯痒かった。（意識の中で、レズビアンと定義されるのが嫌いなのかも知れないが……）。


そういった主人公の姿が嫌だったにもかかわらず、この三部作を気に入ったのは、中で描かれている素子のキャラクターが好きだったからです。

「髪をキュッとひっつめにし、タバコを吸う」素子の姿、行動、言葉から、すごく解放された女を感じたのです。

一本気ですごく情のある人だと思います。

★「田村俊子」　瀬戸内晴美著

女流作家、情熱に任せ奔放に女を生きた田村俊子の足跡を追った小説です。しょっぱなから湯浅芳子が登場してくるので、興味深く読みました。（宮本百合子の三部作同様、情のある友人思いで逞しい女として描かれていました。田村俊子の唯一の相談相手として湯浅氏のキャラクターに惚れ直した次第です。）

自我に目覚めた女の姿を、書き続けた田村俊子。しかし、納得のいくものが書けなくなり、葛藤していた姿、そして最愛の人を追っかけ、また、新しい恋に奔放する。自分の恋のためだったら、友人さえも平

気で裏切る。情熱につき進む女の良さ、いやらしさとか、あらゆる面をみせる田村俊子に、おかしな魅力を抱きました。

日本最初のレズビアン小説とされている「あきらめ」についても書かれています。田村俊子の名を広めた作品でもあります。（「あきらめ」を苦心して手に入れたにもかかわらず、明治末期の作品というだけあって漢字が難しくて、ほとんど読めません。誰かなんとかして下さい!!）。

★「灰色の午後」 佐多　稲子著

著者夫婦と田村俊子との三角関係をメインに描いてあって、結局俊子が中国へ行って（関係清算のため）終わりになるのです。俊子は飛び立った中国で、生涯を閉じるようです。

宮本百合子もこの三人に絡んでくるので面白かった。宮本百合子は佐多稲子に対して、レズビアン的感情を持っているように書かれてあって「結婚したって、結局女へ目がいっているじゃないか!?」と思いました。

肉体でもって、夫の浮気を許してしまう（愛人への勝利）。夫と同じ低いところまで落ちていってしまったのが、面白くなかったけど……。

★「魔女の論理―エロスへの渇望」 駒尺　喜美著

レズビアンの手になるものは、やはりさわやかです。著者は断言しております。「エロスを単なるセックス・マッサージとしてでは無く、全生命力の触れ合いと考えるならば、男と女の主従関係の中では決して生まれない」と……。

男と女の関係において、見過しがちなものを、文学作品の中にそってあばいていく。世間一般の状況に関わりなく、男女関係においてはトータルな意味ではコミュニケーションできない。両方があがいて努力してうまくいっても、それは結局主従関係においての妥協であると、ハッキリ書いているところがさわやかだった。

男とうまくやろうと思えば、女は「女らしさ」の中に入っていかなくてはいけない。

改めて、そう感じました。

吉屋信子が出てくるのも、また興味深かった。（吉屋信子が描く女が）同性愛が「男と女の関係に納得していないもの」としての必然性について、著者は素直に肯定しているし、宮本百合子が妻の座の狭さにあがいて、同性愛を求めたのもそのためだろうと書いている。

何の偽りもなく、飾りもなく、〝本音〟だけで書いたもの、良かったです。

★「徳川の夫人たち」「続・徳川の夫人たち」「女人平家」「安宅家の人々」「新かぐや姫」 吉屋　信子著

吉屋信子の作品は、読んで〝あったかーい気分〟になるものが多かったです。

駒尺喜美「魔女の論理」を読んで、吉屋信子が客観的（男の目）な目で描かず、女同士助け合い、いたわり合う姿を基本パターンとしていると知って、読んだのですがその通りでした。

全部じゃない、どれか一つでも素晴らしい女の姿に出合うはずです。

「徳川の夫人たち」他二編の時代小説は登場人物がいっぱいだし、難しいから何回か読み返しましたが、本当に良かったです。

登場してくる男たちは、その男一人でも国が動いてしまうような、強力な男たちなんだけど、正妻、乳母、側室には頭の上がらないような〝優しい男〟として描かれています。女同士の結びつきは、すごく強いものがあります。愛情関係以上に強いものだと思います。

異母兄弟、姉妹は側室を置く〝決まり〟となっている時代で、たくさん登場してくるんだけど、姉妹、継母との関係は血のつながり以上に結びついています。吉屋信子がレズビアン故に描ける関係だと思います。普通だと考えつかない関係です。

★「レズビアンの躰」 モニック・ヴィディック著

女の心、体讃歌っていう感じのエッセイです。「女になりたい」と同じように、自分自身の体を肯定しなければいけないって感じのものです。

結局、女を理解し愛せるのは女しかない!!読後感は、「女になりたい」と同じような感じです。

★「ハイト・リポート」①② シェア・ハイト著

性の神話、男がつくったSEXのあり方を覆す、素晴らしいリポートでした。

こと男とのSEXでは、クリトリスなんて全く無視されてワギナだけ攻撃をかけてくる。その結果、感じなければ不感症だと決めつけられる。

私もそういった男の罠に落ち入ってた一人ですが、レズビアンでない女の人にも、読んで欲しい書です。

周りにもたくさん罠にはまっている女がいます。私の好きな人だって、オナニーだと充分にエクスタシーを感じるのに、「私は不感症だ!!」と言って悩んでおります。

SEXっていうのは、インサートされてそれで感じなくちゃ本当のSEXじゃないんだって感じで言われているでしょ？

女は男みたいに出すものを出してりゃ、満足ってわけじゃないし、ワンパターンじゃないし、男に主導権を握られて誤魔化されやすいんです。

主導権を握られてるから、「あっ、ここで感じなくちゃーいけないんだナー」、私って不感症なのかナ？」と、悩んでしまうと思うのです。

これを読むと、エクスタシーのあり方（?）自分が本当は何を求めているのかっていうのが、ハッキリ見えてくると思うのです。

「ワギナで感じなくちゃ、SEXじゃない」って思ってたのが、馬鹿みたく気づくはずです。

本の紹介

『日蓮女優』　清岡　純子著

芸能界の裏面を抉った、書き下ろし異色長篇モデル小説。

楠摩耶子（元宝塚・新派女優）は昭和五年に宝塚少女歌劇団に入団、当時のトップスター葦原邦子と共演を夢みる十六才の少女であった。この楠摩耶子の歩んだ数奇な運命、たとえば歌劇団当時の山路麗子とのレズビアン・ラブ。財界人と麗子をめぐるトリオ・ラブ（三角愛）そして伯爵令嬢大河原景子との愛。宝塚から新派に移籍した事情。異常性格の夫から逃避行。日舞の大家とのスキャンダラスな情事等、俗界を捨てた尼僧芳光となった元新派女優のめくるめく官能の足跡をえぐった一尼僧の半生である。

『雨と霧のエロティカ』　山口　年子著

この愛はまったく同等で、同質だ。愛するのだ。すべてをかけて愛すればいい。愛に掟は不必要だ。純粋な愛は性を超越するものだ。私は今日から、愛のために生きよう。

父の不倫を知り、大人への不信に身を硬くして生きてきた象子は、初めて未来への期待を知った。青春の熱い心の傾倒を知った。六甲山麓の蒼林の中、夏の訪れも近い雨と霧の日々、高校一年生の象子と二十四歳の応子が激しく謳いあげる恋愛歌（エロティカ）。

路傍の蛙に石を叩きつけて殺し、平然と立ち去った象子。電車にひかれ、首の切れた愛犬を抱きしめて歩きつづける象子。

茹屋応子は初めて会った日から、この少女に何かひかれるものがあった。

上津象子には、いまは亡き母の入院中に、父方史と女中の情事を目撃した日からの、大人への、既成社会への激しい憎悪があった。応子には安定した家庭を保証する結婚が控えている。

高校一年の象子と、二十四歳の応子は、結実も社会的裏づけもない愛に向かって、より純粋たるべく激しく燃え上がっていく。

それは次のような表現となって噴出する。昼におされた感触は、まだはっきりと残っていた。彼女は数時間というものを、そのことばかり考えていた。——これが愛であろうか？胸の奥からふつふつとわいてくる熱い心の傾倒は愛でなくて何であろう。しかし、愛とは男が女に、女が男に、求める感情の交換であるはずだ。自分のは違う。女が女を愛するのは可能なのだろうか？いや、可能不可能が問題なのではない。自分があの人を愛しているかが問題なのだ。あの皮膚。あの眉。あの目。あの唇。あの匂い。すべてが自分と同じものだ。自分は男性の脂っぽい体臭、硬い毛、固い筋肉、下腹部の隆起を嫌っている。そして持たねばならぬ家庭——性交、生殖を忌避している。私たちの愛にそれはないのだ。この愛はまったく同等で、同質である。結実もないかわりに、どこまでいっても終着はないのだろう。閃光が射したように、歓びが象子の心を照らした。初めて彼女は未来への期待を知った。青春の熱い心の傾倒を知った。

女流新人賞作家が、断絶の世代の荒々しくも美しい青春を描く処女作長編。

『濡れた心』　多岐川　恭著

典子と寿利は対照的な美少女だった。感受性にとみ、神秘的美しさをもつ典子に対して、寿利は水泳選手らしいおおらかさと豊かな肢体の持ち主。このふたりの高校生がお互いに引きつけられたのは当然かも知れない。

だが、典子には、彼女に関心を抱く男が二人いた。家に出入りする青年楯、学校の教師野末。男たちの意識も、典子と寿利の恋愛が激しさを増すにつれて、変化するそぶりをみせる。

第一の殺人は、こうした背景のもとに起きた。被害者は野末——。

御厨典子の日記がちょっといい。六月四日の日記には、「神様のお説教のように降っている小雨。『草枕』を読んだ。東洋的なメルヘンの美しさ。夢の世。無意味な人生。美しいものをあこがれる心だけが、あたしの生きる支えだ。あたしはJを愛し、求める。彼女は美しいから。愛することの甘い苦しみ。それだけがあたしの心を満たす。一年前、プールで初めて見た時のJ。黒い野暮ったい水泳部の水着がかえってJの体を引き立てていた。伸び切ったなめらかな四肢、つつましい産毛、やさしくふくらみかけた胸。あたしは眼を放すことができなかった。Jはあたしの視線を意識して、はじらって足をすくめた……。バレーボールのサーブをしているJ。友だちと追っかけっこして、捕まって笑みくずれるJ。学芸会で、お人形のような生まじめな顔をしてピアノをひいていたJ。過ぎ去った日のJのさまざまな面影が、スナップ写真のようにあたしの眼の底に焼きついている。ばかなあたし。おばあさんのように過去を懐かしんでいる。うすい涙が眼がしらにたまる。近付いて、手をさし伸べて、『お友だちになって』といえばすむことなのに、なぜかあたしはそれをしない。美しい印象をこわしたくないからかもしれない。あたしの住む、この煙の町では、きれいなばらの花は遠くから眺めたほうがいい。もし美しさをもっと近くから確かめたいと思って花びらに顔を寄せると、あなたは必ずそこに、たくさんの煤煙の粒を発見するでしょう。雨。雨があたしの心に浸みこむ。

第四回江戸川乱歩賞受賞作品。

私の感想①

小笠原　藍

★「雨と霧のエロティカ」山口年子著

死ぬって……どういうことでしょう？その人にとって、明日がないことを死というのなら

私たちは死んでるのでしょうか……？

「雨と霧のエロティカ」——作者がなぜ象子を死に至らしめたのか、あれこれ考えさせられました。

本当の愛を追求する者は、相手のためを思って身を引くのが最上の愛なのか、それとも後指さされながらも二人寄り添って生きるのが愛なのかわからなくなるのだと思います。

深く愛すれば愛する程、相手に人並な生活（幸福）を与えたいと願うでしょうし、また、独り占めしたいとも思います。

私たち同性愛者は、何を根拠に愛を計ればいいのでしょう？

相手を失って初めて、自分の愛がわかるように、締括ってる終わり方が、何とも言えないやりきれなさで私を襲います。

もう少し早く、もっと確かに愛を告げ、始終見つめ合っていては、生きられなかったのでしょうか？

その点、私は間違ってはいなかったのですネ!?意を決して彼女の胸にとび込んだこと。

黒いノートに好きな詩を書きとめて、どこへ行くにも手離したくないように、長い間使っている万年筆は、ピッタリ手に合って、随分気に入ってるけど……。無くしたってどうってことありません。同じ物はいくらでもあるし、第一心を伴わないから、それ等の気持を思いやって苦しむこともないでしょう。品物と生き物との愛着の違いは、その辺にあるような気がします。

私の場合、ごく普通に生きるか（結婚して）それとも、明日の無い世界に入るかで、昼の表面がまっ白になる程悩みました。

あれを思い、これを思っても、どうしようもなく彼女が好きで、ふと彼女の居ない世界を思うと、目が回りそうな程淋しかったのです。

あらゆる偶然の積み重ねで、私がこの世に生まれ、あらゆる偶然の積み重ねで、彼女がこの世に生まれ、更にあらゆる偶然の積み重ねで、二人が知り合い愛し合うに至ったということは、必然的な運命だったような気もします。

私は、どんなに苦しい時でも、その人に逢わなければ良かったのに、なんて思いません。逢ったことで苦しめたり、苦しめられたりしたとしても、それらが一体どうだというのでしょう!?

ここにこうして、私が生きてるのに変わりはないし……。

＊　＊　＊

いままで、泣いたり笑ったりして知り合ってきた、たくさんの人たちを失ったとしても、彼女一人を失うことの方が重いのです。

手を上げる。

振りかえる。

足を組む。

タバコをふかす。

寝返りを打つ。

歯ぎしりをする。

それらのどんな些細なことでも、一つとして失いたくないのです。

何一つ失いたくないから、こうして彼女の側にへばりついているけど……。

もしも嫌われたりしたら……。それでも狂おしい程に愛していたら……。その時の私はどうなることやら……。

象子を失った応子の気持、涙が出る程、哀しく受け止めました。

馬鹿だナー……。

なぜもっとひたすらに生きようとしなかったのか。ごくありきたりの生活で、一生何かを追い求め、しかもそれが何なのか、わからないまま終わる位なら、例え一瞬の間でも、自分に忠実に生きた方が、より人間らしいとは思いませんか!?

切々とした人間の悲哀がたまらなくいいのだと……。

こんなに綺麗な心で、ひたすらに生きたいものだと思います。

私の感想②

咲坂　峡子

★「ムーンスター・オデッセイ」デヴィッド・ジェロルド著

両性具有の惑星を扱ったファンタジー・SFですが、カリフォルニアあたりのゲイ解放の思想の影響を受けているようで、読んですごく前向きになれました。

★「暗黒神のくちづけ」C・L・ムーア著

特に「魔法の国」の章が、すごくレズっぽい感性の美しさがあります。

この人の文章は、病気っぽい程執拗に、女性美を描き出すのですが、実は女流作家なのですよネ。作者自身にその傾向があるのではないかと思うけど……。心理描写も素敵です。だから好き!!

ムーアは、ノースウェスト・スミスシリーズが三冊同じ文庫から出てますが、そこに登場する美女が皆素敵!!

★「アルトの声の少女」篠 有紀子著

漫画では、これが良かった!!

Eve & Eve 第2号
1983年2月10日
発売予定！

BOOK LIST

書名	著者	発売元
■COMIC		
裸足のメイ	福原ヒロ子	集英社漫画文庫
ステンドグラス	〃	集英社
通りゃんせ	〃	集英社漫画文庫
★おにいさまへ	池田理代子	集英社
摩利と新吾(緑紅最前戦)③④	木原敏江	白泉社
★緑のエリオット	〃	白泉社(ダイヤモンドゴジラーン)
ひぐらしの森	内田善美	集英社
摩耶の葬列	一条ゆかり	〃 漫画文庫
★虹婦人	花郁悠紀子	秋田書店(夢ゆりそだて)
さよなら女達	大島弓子	小学館
通り過ぎた季節(彼女)	酒井美羽	白泉社
ファンション・ファデ	名香智子	小学館
蒼い炎	イケスミチエコ	秋田書店
孔雀の微笑	〃	〃
男爵夫人・ラム	山田ミネコ	白泉社
アルトの声の少女	篠有紀子	〃
★彼女たち	樫みちよ	週刊セブンティーン掲載
アプローズ―喝采―	有吉京子	週刊マーガレット掲載
ベルサイユのバラ(全10巻)	池田理代子	集英社マーガレットコミックス
オルフェウスの窓(全18巻)	〃	〃
桜京	〃	集英社漫画文庫 012
★ゆれる早春	〃	〃 016
★ふたりぼっち	〃	〃 011
クローディーヌ…!	〃	集英社マーガレットコミックスMC340
アラミス78②	大和和紀	講談社コミックスフレンドKCB521
ティータイム 前・後編	一条ゆかり	集英社リボンマスコットコミックスRMC101.102
ファーストキスの魔法	千葉由美子	若木書店ティーンコミックスTCD-156
花のようなリリベット	わたなべまさこ	〃 TCD-42
★青い鳥飛ばそ! ①②	福原ヒロ子	集英社セブンティーンコミックスSC33.34
★従姉ヴァレリア	〃	〃
真紅に燃ゆ	〃	〃
★白い部屋の二人	山岸涼子	
ラブカルテット	谷川博実	集英社週刊セブンティーン
★海辺のカイン	樹村みのり	講談社コミックスミミ969
■小説		
★女になりたい	リタ・マエ・ブラウン	二見書房
ジュリア	リリアン・ヘルマン	パシフィカ
★濡れた心	多岐川恭	講談社文庫AX61
★グループ	メアリィー・マッカーシィ	ハヤカワ文庫
★伸子	宮本百合子	新潮文庫(草)32A
★二つの庭	〃	〃 (草)32C
★道標 第1部～第3部	〃	新日本文庫
★徳川の夫人たち(上・下)	吉屋信子	朝日新社
★続・徳川の夫人たち(上・下)	〃	〃
★女人平家(上・中・下)	〃	〃
★貴族の階段	武田泰淳	新潮文庫(草)91E
旅の重さ	素九鬼子	角川文庫(緑)441
女であること	川端康成	角川文庫(緑) 57
★廻廊にて	辻邦生	新潮文庫(草)68B
若い旋律(前・後)	梶山季之	集英社コバルトブックス
白き狩人	渡辺淳一	集英社文庫53A
真夏の死「夏春子」	三島由紀夫	新潮文庫(草)50R
ナナ(上・下)	ゾラ	〃 (赤)116 A. B
挽歌	原田康子	角川文庫(緑)249
砂の上の植物群	吉行淳之介	新潮文庫(草)143C
セクサス(上・下)	ヘンリーミラー	〃 (赤)90C. D
女犯懸譚「倒錯譜」	藤本義一	徳間書店
★踊り子殺人事件	嵯峨島昭	徳間文庫121－1
初恋よさようなら	富島健夫	春陽文庫
恋のモザイク	田中雅美	小説ジュニア10月号より
女徳	瀬戸内晴美	新潮文庫(草)144B
春泥尼抄	今東光	〃 (草)80B

書名	著者	発売元
小説作法「女靴」	丹羽文雄	角川文庫(緑)98
★青春怪談	獅子文六	新潮文庫(草)73D 角川文庫
★悪い夏	倉橋由美子	角川文庫(緑)296
死の島(上・下)	福永武彦	新潮文庫(草)296
新幹線殺人事件	森村誠一	角川文庫(緑)365
卍(まんじ)	谷崎潤一郎	新潮文庫(草)5H
嫉妬	藤本義一	徳間文庫 404－1
真昼の妖術	平林たい子	サンケイ新聞出版局
黄金の指	戸川昌子	東京文芸社
灰色の午後	佐多稲子	講談社
私生児	ヴァイオレット・ルデュック	二見書房
女友だち	ローザ・ガイ	晶文社 ダウンタウン・ブックス
女子寮の放課後	リッキー・テイラー	壱番館書房
★女友だち	ブレイクリー・セントジェイムス	フランス書院
女子寮	マークブラッド・ストーン	〃
貝あわせ	島守俊夫	双葉新書
赤い愛の生活	藤原審爾	〃
セルフラブ女と女の聖書	清岡純子	綜合図書
禁じられた愛	森川昭彦	現代ジュゲムプロダクション
エマニエル夫人	エアニエル・アルサン	二見書房
ファーニイー・ヒル	ジョン・クレランド	角川文庫(赤)237
一万一千本の鞭	ギョーム・アポリネール	〃 (赤)373
檻の中の小悪魔	リアーヌ・メリー	ロマン文庫30
ガミアニ伯夫人	アルフレッド・ミュッセ	〃 10
O嬢の物語	ポーリーヌ・レアージュ	角川文庫(赤)342
誘惑者	瀬戸内晴美	講談社
元始女性は太陽であった(上・下)	平塚らいてう	大月書店
平塚らいてう愛と反逆の青春	小林登美枝	〃
人物近代女性史①火と燃えた女流文学	宮本百合子	講談社
★田村俊子	瀬戸内晴美	角川文庫(緑)265
処女の熱き唇	フランシス・レンゲル	富士見ロマン文庫
★春の訪れ	フランソワーズ・マレ・ジョリス	ハヤカワ文庫
白と黒	横溝正史	角川文庫
赤い関係	藤原審爾	双葉社
エミリアンヌ	クロード・デゾルブ	フランス書院
いくたびか美しく燃え	ジャクリーヌ・スーザン	新潮社
女と女	清岡純子	浪速書房
★日蓮女優	〃	日本文華社
禁断の魔女	〃	綜合図書
★美しさと哀しみと	川端康成	中央公論文庫
★雨と霧のエロティカ	山口年子	講談社
女の兵舎	テレスカ・トレース	鱒書房
コレット著作集10	ガブリエル・コレット	二見書房
★制服の処女	ウィーン・スローエ	
★噂の二人	リリアン・ヘルマン	
女の連隊	クレメンス・デーン	
★屋根裏の二處女	吉屋信子	
★花物語	〃	
■エッセイ		
私だけの部屋―女性と文学―	ヴァージニア・ウルフ	新潮文庫(黄)18
第二の性(一)「同性愛の女」	ボーヴォワール	新潮文庫(赤)124E
★魔女の論理	駒尺喜美	エポナ出版
★レズビアンの躰	モニック・ヴィティック	講談社
■詩集		
★ビリチスの歌	ピエール・ルイス	角川文庫(赤)37
悪の華	ボードレール	新潮文庫(赤)174C
■研究書		
★ハイトリポート①「レズビアニズム」	シェアー・ハイト	パシフィカ
同性愛	D・J・ウエスト	人文書院
■取材構成		
★レズビアン	福永妙子	大陸書房

◎資料提供　砂都美

(お願い)　リストより漏れた「作品」教えて下さいネ!! 〈編集部〉

手紙

森冬美

赤い小さな郵便受には夢がある。

めったに会えない友人からの手紙のこともあるし、好きな人からの胸のときめく便りのこともあるだろう。

心のこもった手紙は、いつも寂しさをやわらげてくれる。そんな〝夢〟を求めて、私は帰宅すると真っ先に郵便受をのぞいてみるのが習慣になっていた。

その日は木曜日だった。

朝からの小雨がついに本降りになって、夜になっても降り続いている、うっとうしい一日だった。傘をすぼめながら、いつものように郵便受をあけると、白い角封筒が入っていた。

差出人の沢村順二という文字を見て、私の心はかすかに痛んだ。

内容はたった三行の短かいものだった。

なぜ、俺を避けるのかわからない
会って話がしたい。
12日、夜八時に〝ロダン〟にいる。

沢村順二は私の恋人だった。

私達が出会ったのは〝ロダン〟というコーヒーショップで隣り合わせた彼が落とした百円玉を、私がカウンターの下にもぐって拾ってあげたのが最初だった。

彼は一人で、私は友達と二人で来ていた。

最初、私はこの人のよさそうな青年と、友達の仲をとりもとうと、あれこれ奔走していた。ところが、彼からの連絡はいつも私に入り、自然に私達が二人で会うことが多くなっていった。

私は、彼の飾らない性格と、男性にはめずらしく、強引さのないところに好感をもった。

それは、私が異性に感じたはじめての恋だった。

同性との愛のように、甘く悲愴なまでの切なさはなかったが、確実に自分の中に根をおろしていくものがあった。異性と会っていることに、何の不自然さもなくなっている自分が意外なほどだった。

しかし、それでもまだ、同性への思いを捨て切れないのも事実だった。私は愛する女性と一緒に暮らすことをずっと夢みていたのだ。

彼とつき合いはじめて四ヵ月が過ぎた頃、結婚という言葉が出るたびに、私の心は重くなっていた。

彼を好きでないのではない。

どうしようもなく、同性に魅かれてしまう自分がこわかったのだ。

どうすればいいのかわからないまま、その迷いと焦躁から逃れるように、私は毎日遅く帰った。

彼と会わなくなってから半月以上たったある日、届いた短い手紙が、それまで迷っていた私に、あるひとつの道しるべを与えてくれた。

沢村順二から指定された十二日になった。

いつまでも現実から逃げているわけにはいかないと思った。会うことに決めると、すこし気持が楽になった。

八時五分前に〝ロダン〟に着くと、彼はすでに来ていた。

うつ向き加減の背中が妙にたよりなげで、私の中に言いようのない悲しみがこみあげてくるのだった。

その悲しみをふり払うように、彼の肩をたたいて声をかけた。

「久しぶりネ。元気だった?」

「ああ、君こそどうしたんだ。電話してもいないし、連絡のしようがないじゃないか。」

「ごめんネ。このところ毎日遅かったから……」

「心配したぞ。オレを避けてるのかと思った。」

コーヒーが運ばれてきた。砂糖を一ぱいだけ入れて、ゆっくりかきまぜる。ミルクが白いうずまきとなって広がっていくのを見つめながら、私はいったいどういう風に話をきり出せばいいのか考えあぐねていた。そんな私に、話の糸口を与えようとして、彼が口をひらいた。

「何か話があるんだろう。そんなに考え込むんだから、よほどむずかしい話なのかナ。」

「順には信じられないことかも知れない。でも、何も言わずに最後まで聞いてくれる?」

これから、私がしようとしている話は、順

二にとっても私にとっても、大きな意味を持つむずかしい問題だった。その内容が、これからの私達にどういう影響をもたらしてくるのかと考えると、ひるまずにいられなかった。

順二は黙って、私が口をひらくのを待っている。

私は意を決したように、ゆっくりと話しはじめた。

「今まで順に話したことはなかったけど、私には過去に三人恋人がいたの。その時、その時でせいいっぱい愛してた。深いつながりもあったけど、後悔していない。でもネ、いつも別れなければならなかった。なぜだと思う？その恋人が、女の人だったから……。」

さすがに、彼は驚きをかくせないようだった。しばらく、言葉もなかった。

重い沈黙が二人を支配した。

「実りのない恋愛じゃないか。どこまでいっても……。」

彼がポツリと言った。

「そう友達に何度言われたかわからない。愛する人と別れて苦しんでいる私を見るに見かねて、今度、恋愛する時は男の人でないとダメだと。でも、そう簡単にはいかないのよ。」

「じゃあ、オレのことどう思ってるんだ。」

「順は私がはじめて好きになった男性。順といると、とても落ち着くの。こんな私がもし男の人と暮らすことができるとしたら、あなた以外にないと思う。」

「正直なところ、まださっきの話が信じられないくらいだ。そんな話は、ごく一部の特別な人だけのことだと思っていた。オレはやっぱり、男は女を、女は男を求めるものだと考えているからな。」

「いい悪いの問題じゃないの。世間一般の常識や、異性を求める人が多数派だからといって、それにあてはまらない人を否定することはできないと思う。現に、ここに同性を愛する人間がいるということ。それは、私なりに苦しんできたし、これから先もたぶん、苦しみはつきまとうと思う。それでも、女の人に魅かれる気持を押しとどめることは、できなかったの。その事実を知ってもらいたかったから、順にこんな話をしたんだけど……。」

彼は思い出したように、タバコを口にくわえた。ライターの火はなかなかつかず、それが彼の心の中の葛藤を物語っているようだった。

私はさめてしまったコーヒーを飲みほした。苦みが口の中いっぱいに広がった。

「由美、一体オレにどうしろというんだ。」

「私と付き合っていると、順はいつまでたっても……。だから、もう会わない方がいいかも知れない。」

「そんな簡単な問題じゃないだろ‼由美は、そのぐらいにしか、オレのことを考えていなかったのか。」

「……」

私は言葉につまった。

実際、私にとって彼はどういう存在なのだうか。

まだ見ぬ同性の恋人と、彼とをひきかえにしようとしているのか。

ごく単純に比べるなら、曲折の多いであろう道と、結婚という無難な道。

どちらが自分の気持に忠実であるのかと思った。考えれば考える程、私の中に苦悩が拡がっていった。

「オレに、もうすこし時間をくれないか？君も、もう一度、考えてみて欲しい……。」

私達はロダンを出て、駅でわかれた。

吹きすさぶ北風に逆らうように、二人ともただ黙々と歩いた。

家へ帰り着いてはじめて、その凍えそうな冷たさに気がついた。悲しさに、愕然とした。

彼と会ってから、六日が過ぎた。

仕事から帰って、いつものように郵便受をあけると、手紙が入っていた。それは沢村順二からのではなく、恋人だった秋代からきたものだった。

別れて半年以上たって、はじめての便りだった。見慣れた文字になつかしさがこみ上げてきて、しばらく封もあけずにただ黙ってながめていた。

この数ヵ月、いろんなことがありました。
今、とても疲れています。
疲れすぎて、むしょうに寂しいのです。
あなたが、どんなに私のことを思っていてくれたのか……今頃になってわかりました。

それだけの文章に、秋代はせいいっぱい何かを訴えようとしていた。

私は、それを彼女の誠意と受け取った。

別れの時のさまざまな思いも、悲しみも今は消えていた。

それから数日後の週末、私と秋代は久しぶりで会う約束をした。

私には考えねばならぬことが沢山あったが、考えることに疲れていた。息をつけるところが欲しかった。

順二からは、まだ連絡がなかった。彼もまた、疲れきっているのではないかと思った。

秋代と私は食事をしたあと、以前二人で行ったことのあるパブスナックへ行った。

二人とも、付き合っていた頃のことは口にせず、話はもっぱら現在の自分のことだった。

秋代は結婚するはずだった男性と別れて、クタクタになった心と体をいやすように、ひっそりと暮らしているとのことだった。

私が順二とのいきさつを話すと、「由美でも男の人を好きになることがあるの？」と驚いた様子だった。

五杯目の水割りがカラになり、時計も十時を回った。

とぎすまされた寂寥がグルグルと私をとり巻いて、それに逆らおうとするかのように、余計に私をはしゃがせた。

「今日の由美、おかしいネ。何かあったの？」

「何言ってるの。久しぶりで秋代と会ったから、少しあがっているんじゃない。」

「ふーん、それならいいけど……。ねっ、踊らない？」

「それでは、お嬢さん、お手をどうぞ‼」

おどけた格好の私に、秋代は腕を組んでくれた。ホールは思い思いに踊っている人達で一杯だった。体を動かしているうちに、私の頭を占めていたものが薄れていった。お酒が心地よく全身にまわっていった。

秋代は気持よさそうに、ビートのきいた音楽に身をまかせていた。

私と秋代はその夜七ヵ月ぶりに抱き合った。今夜だけは、由美の恋人にしてと秋代から言った。忘れかけていた感覚がよみ返り、朝方まで求めあって過ごした嵐のような夜だった。

秋代の乳房を愛撫しながら、私は不覚にも涙をこぼした。そんな私の髪をやさしくなぜながら、秋代は自分の胸にいっそう強く抱きしめてくれた。

私達が肌を寄せ合う時には、距離はないのだと思いたかった。

生命の燃焼だけがあると信じたかった。

陽は高く昇っていた。

ホテルの朝は何だか気はずかしくて、二人は毛布を顔がかくれるぐらいまで上げて、もう一度くちづけをした。

要石

小笠原　藍

私は、いい年をしてマンガ本が大好きで、少年マガジンなど、発売と同時に、良く店先で立読みをする。マンガは、読むのに楽だし、夢があって楽しい。

それ以外にも、私は詩人を気取っていたので、たった一箇所だけでもいい、自分の気に入った部分があれば、それだけで買ってしまう。他の人は、どんな気持でマンガを読むのか知らないが、スポーツものも、恋愛ものも、主人公が繰り広げる悲喜こもごもの人生は、その結末が分かっていてもいいのである。誰もが、同じ様な人生を歩んでいるのだもの。そのストーリーが直ぐ分かるようなものでも、仕方がないし、未知のものを求めて読むんじゃない場合があってもいいじゃないか。楽しみながらも、私は一片の言葉に出逢うために、読んでいる時も多いので、あえて、マンガをくだらない、などと、否定しないことにしている。（マンガしか読まない、弱い頭に、コンプレックスを抱きつつ）

でも、マンガの中にでも、粋な言葉とか、光る言葉などに出逢うと、それだけで、その本を買って良かったと思う。それは、感覚的に表現されたものの時もあり、古くから使われている、単なる言葉の時もあるが、書かれた言葉の中から、作者の人間性を感じ取ろうとしている私にとって、その一語は、喉の渇きを癒してくれる、水のように貴重なものである。

つい先日も「釣りキチ三平」を詩んでいて「茜屋流小鷹網の章」というところで、絶句する程、その言葉に魅せられた。それが、**要石**（かなめいし）である。網で鮎を取る時に、その網が、うまくポイントに決まって、きれいに広がると、次に鮎が散るのを防ぐために、かけ声と同時に、手にしていた石を、網の入口前に打つのである。それが、要となり、散ろうとしていた鮎が、また網の奥の方へと進路を変えてしまう。その要石を打つ人間が描かれているページを、私は一体どれ位、見続けていたことだろう!?

大体、マンガなんてのは、絵と会話で、丁寧過ぎる位に内容が説明されてるので、私の読む早いことといったらない。それが、まるで全身、金縛りにでもあったように、目の動きが止まったままで、思考だけが走り回った。

私は、要石になれるか!?いやその要石を、操る人間になれるか!?一見、どれもこれも、同じような小石だが、それを使う人によって、その石は、またとない貴重な役目を持つ石となる。私がこうして生きていて、どこかの誰かが、つと手を伸ばし、私を起用した時、私は要石のように、役割を果たせる人間だろうか!?私は、その本を手にしたまま、実に数分間も、物思いにふけっていた。

私のライバル……私の尊敬するあの女、あ、あの女ならどんな人の手によっても、要石となれるだろう。それどころか、要石を操る人間になる力を持っている。だが、私はうまく私を使ってくれる人の手でないと、生かしきれない未熟な石だ。一生誰の目にも止まらず、また、ここ一番という出番もないかも知れないけど、私はいつでも要石になれる人間でいたい。ポイントに打ちこみ、使いこなす人物には、到底なれないけど、使い手によっては、十分役に立つ、川床の一つの石になりたい。

〝あなたにとって、私が必要な時は、いつでも言って下さい〟

Hell Cat

咲坂　峡子

友人達がバレーボールに興ずる姿を、私とA子はスチールパイプ製の椅子に腰掛けて眺めていた。その時、私たちは高校三年生だった。何気ない冗談のうちに、受験のことや将来に関する不安なんかが混ざり込む。

平静を装って笑いながら、私は少なからず怯えていた。この会話をどうやって、しかるべき方向に持っていくか……。

その日、私が体育の授業を見学したのは、A子が風邪をひいて見学するのを知ったからだった。この機を逃したら言えなくなる。混乱の中から抜け出すために、今こそためらいを捨てねばならない。

目の前をしなやかな少女たちの肢体が、ボールを追って躍動している。その力量感に圧倒されながら、私の緊張は高まっていく。

職業の話が出た時に、私は言葉尻を捕えた。

「私は独りで、生きていかなければならないから……。」

「どうして？結婚したらええやん。」

「出来ないから。」

「何で、出来ないってハッキリ言えるん？」

A子の問いには、含み笑いが混ざっていた。彼女は意味を察しているのだ。いつもの悪い冗談だと思っている。それでいながら、恐らくいつもとは違うと思っている。彼女の金茶の瞳に、微かに不安の色が浮かんでいる。

「意味分かるやろ？」私は真顔になっていた。

A子はおどけた仕草で、のけぞってみせた。他にどういう反応をしていいのか、わからないのだろう。ああ、私は彼女を困らせている。

会話が少し途切れた。先生のホイッスルが鳴って、仲間たちはボールを片づけ始める。

やがて授業終了のチャイムが響く。少女たちはバラバラと更衣室に駆けていった。最後までボールをドリブルして遊んでた一人が、それをカゴに放り込む。カゴに納まる前に、ボールは床にバウンドして、かん高い音を響かせる。

広い体育館にA子と私だけが残った。雰囲気が重い。Yのことで話を切出す。YはA子がそれまで付き合ってきて、もう別れようとしていた同級の男の子だった。

A子はその問題で、やつれる程悩んでいるはずだった。なのに、親友の一人である私に、

何も相談してくれないのは何故なのか……。そんな言葉を吐いて、「しまった!!」と思う。

まるで彼女を責めてるみたいじゃないか。私が言いたいのは、そんなことじゃない。そんなことじゃない……喉に心臓がつっかえているような気分。

「私は…多分、あんたのことが好きかも知れない……。でも、良く……分からない!!」

言ってしまって、突然涙が溢れてきた。いけない!!ここで泣いたら元も子もない。

その日の私は確固たる覚悟を決めて、その場に臨んだはずだった。何故かYとの問題について口を閉ざしているA子に、悩みを分けてくれるよう要求するのだ。彼女に心を開かせる代償として、こちらも手の内を全て見せるのだ。ストレートの彼女に愛を打明けたとて、私に有利なことは何もない。ただ、彼女の世界に私を介在させて欲しい。これは賭けだった。彼女の力になりたいのだ……。何もできる自信もないくせに、それだけを望んで…

涙がぼたぼたと体育館の床にたれた。

「好きかもしれない」なんて、めめしい言い方をしてしまった悔恨が感情の昂揚に拍車をかけたのか。

「だから、あんたがYのこととか……何も言ってくれないから、私……」

もう何を言ってるのか分からない。失敗だ。しくじってしまった。

彼女がそっとハンカチを差し出した。顔に押し当てると、ほのかな芳香が漂う。

「アホだよね。こんなことで泣いちゃって……でも、あんたのこと、普通の友達以上には思ってる。」

言葉はいくらか冷静になりかけたが、明らかに無理して震えてる涙声。

「ありがとう……」彼女が言った。続く言葉は恐らくは優しい拒否。私はそれを一言も漏らさず聞きたいと思った。

美しいA子。日本人離れした驚く程白い肌。柔らかな栗色の髪と、明るい褐色の瞳。それでいて顔の造りそのものは、東洋的なのが妙にアンバランスな魅力を作りあげていた。

均整のとれた女らしいふっくらした体つき、鼻にかかった甘ったるい声、そして何より素晴らしいのが、変化に富んだ豊かな表情……。時には乱暴な程の快活さ。

そんなA子に彼がいることを知った時、私は相当ガッカリしたものだった。何しろ、高校に入ってすぐの頃の彼女がレズビアンなのだという噂があって、こちらは過剰な期待をしていたものだから……。

そうだ、もし彼女の存在がなかったら、私も自分の内に秘められた傾向をかくもハッキリ自覚することはなかっただろう。

でも、Yという男の子は凄くハンサムで、私から見ても魅力的だったし、気が合ったし、私たち三人は同じ新聞部でとても仲良くやっていた。私はYのことを友人と呼ぶと同時に、公然とライバルだと言っていた。だからA子だって、私の趣味のことは半ば冗談として受け止めながら知っていたし、ちょっと私と親しい連中も同じように知っていたものだ。

しかし、A子にYという存在がある限り、私は友人の一線を越えたいと願うこともなかったし、レズビアン傾向そのものだって、それ程真剣に考えなくてすんだ。

三人の友情関係が順調にいっていて、時折、冗談でA子と愛の言葉を交すことが出来、一人勝手にマンガに出てきそうな美少年たちに憧れていられた時期…青春の黄金時代だった。

でもA子とYとの仲が終わって、透明なトライアングルが壊れてしまった時、私も無事ではいられなかった。

＊　＊　＊

「なんだって？どういう意味？服を脱いだって……!?」

駅近くのマクドナルドの二階で、私はF美の言葉に息を呑んだ。

A子と私の共通の親友である彼女は、あのカップルに別れ話が持ちあがった時、わずかながら相談を受けたらしい。

「私にも、よう分からへんねん。ただA子が手紙くれてさ『Yの前で自分の意志で服を脱いだ……』なんて書いてあるわけ。多分、そういう意味とは思うけど、A子に聞いてもハッキリ言わへんし。あの子割と秘密主義やろ」

「それは、やっぱり……。」

手に思わず力を入れたら紙コップがつぶれて、ストローの先からファンタが溢れて制服を濡らした。

そういえば、修学旅行の時、ふざけて抱き合っていたA子とYの姿がやけに板に付いているようで、嫉妬したのを思いだす。

F美もそれ以後、A子とYについて大した情報は得られなかったらしい。これが高三になる直前の早春の話。私はと言えば、急速にA子に思いがつのり始めていた頃だから……たまらない。これはなんとしてでも真相を突止めねば……と、ある日Yから言いつけられたA子への手紙（折りたたんだ紙片だった）を、こっそり開けてしまった。それは殆ど「けじめをつけたいから、次の日曜日に会ってくれ」の繰返しのようだったが、ある一節が目についた。「君のことが忘れられない。今、新しく遊びで付き合ってる子もいるけど……。」

カッときた。こんなことを振りかざして、A子の気を引こうとするとは、なんとみみっちい男だろう。おまけにYに急接近しつつある女の子を知っていたが、真面目な子でとても遊びの対象にすべきタイプではないのに……!!

だが、文章の下に付着している赤黒いしみが、私の度肝を抜いた。Yの怨念の拇印。彼はこれのために指でも傷つけたのだろう。

負けるもんか!!私だってA子のために血ぐらい流せるんだ!!夜、部屋に帰ってから私はカミソリを持ち出し、手首の青い筋に添って皮膚に切込みを入れてみた。流れ出すものにペン先を浸し、彼女の名前を書いて、その下に「愛してる!!」と書きなぐり、とどめに拇印を押して、その契約書をビリビリにちぎって窓から捨て、手当てもせずに寝てしまう。

芝居がかっていると自嘲しながら……。

Yが指定した〝次の日曜日〟に彼女がYと会ったことを知った。

何があったか、およその見当がついた。まさにその理由で、彼女はYから逃げようとしているに違いない。一度体の関係があってから恐らく二人の愛の在り方に食違いができてしまったのだろう。

A子の真白な体が、Yの薄汚ない愛撫に汚され続けているというのは、私を慄然とさせた。私にもっと強さがあったなら、A子、あんたをあいつからもぎ取ってでも解放してやるのに……。でも、何故彼女はYを避けながらも、完全に突き放すことができないんだろう。

またあの二人、気まずさにおののきながら、それでも会話を交そうとする。

私は耐えられなくなって、二人の間に割って入り、冗談を装って彼女を抱きしめようとした。彼女はおどけて、いやいやをする。だから、彼女の肩に顔をうずめて、ジッと立ってるだけにした……。こうすれば、Yの目にA子の姿は見えないのだ。あのいやらしい目にさらされなくてすむのだ……。願いを込めた狂おしい暗示。初めての攻撃的な愛。

彼女の胸で、許されるなら泣き崩れてしまいたかった。

なのに、そのうち彼女はYの引力を振り切るために、新しい男友達にすがりついてしま

う。一度も私を見ようとはせずに……。

しかも、彼女はその少年を愛しているわけではないらしかった。Yも汚なかったが、A子も何かしら汚ないと思った。

あの白い体を引裂いてしまいたいと思う程の憎しみがこみ上げ、彼女を愛している自分自身さえ、恐ろしく汚なく見えた。

嫌悪と混濁した愛情に耐えられなくなった私は、A子に私のレズビアン傾向が本物だということを匂わせて、下準備を整え機会を待った。懺悔と共に言ってやる。私についてこいと言うのは無理だとしても、もうYにもあの男友達にも頼らず、一人で歩いてみろ!!と言ってやる。

私はそんな風に決意を固めてきたのだが……。

＊　＊　＊

我に返ってみると、次の授業開始を告げるチャイムが鳴っていた。

ガランとした体育館の重苦しい空気は、私とA子の上に全体重をかけてのしかかっているのだった。私たちは芝居がかった笑みを交し、鉄の引戸を開けて出た。初夏の熱気が、衣替え前の制服にしみ込んでいった。

翌日の放課後、私たちは行きつけのマクドナルドにおしゃべりに行った。丁度、直美とキャッシーの事件の真最中だったので、そんなことも含めていろいろ話し合った。しかし、Yとの事件に関してA子の心を開かせることは、遂にできなかった。

「あんたに心配かけたくないと思ったら、何も言えなくなってん。嫌な思いさせてごめんな!!」

彼女は私の想いを薄々気づいていただけに、かえって私を巻き込みたくないと感じていたらしい。ああ、私は馬鹿な告白によって、彼女の悩みを増してしまったのではなかったか……。

「あんたのこと、異常だとは思わへんけど、それが自分に向けられていると分かったら、やっぱり私には逃げることしかでけへんの。相手が男の子だというそれだけの理由で、安心して相手にすがれる……私の場合ね。」

彼女の言葉は確かに残酷だったが、本音を聞けただけでも私にとっては収獲だった。

だが、不思議と振られて悲しいという気持はなかった。私はどこか冷めていた。こんな彼女を求めていたのではなかったのだ……ということに気がついたから。

Yとの間がうまくいっていた頃の、あの毅然とした彼女が好きだったのだ。男の子に、すがるの頼るのという意識を知る方が辛かった。私の悩みの根源は、ただ彼女を高貴なシャム猫に戻したいという望みだけだった。

でも一度男によって〝オンナ〟にされてしまった彼女には、なんらかの変革が起きてしまったようだ。これ以上、私が一人悶々としたって意味はないのだ。

白い魔性のヘルキャット
不思議な事に、また笑う
昨日までの私と違って、
二度とおまえに触れられないさ
だから卑俗な微笑で、
私の世界に割込むのは
もうやめてくれ、やめてくれ

だけど、恐らく、私には一生無縁であろうはずの〝男にとってのオンナ〟としての業を背負ってしまった彼女の金茶の瞳が、その時異様に美しかったのは何故だろう。

魔性猫は今度は私を一歩も踏込ませない冷酷さを、妖しく輝かせ始めていた。

あの白い微笑の中に……。

港の風景

森　冬美

有沢実樹は、昼間だというのにカーテンを閉めた薄暗い部屋に一人いた。テーブルの上には、食べかけのパンが一切れ残っている。ろくに物も食べていないのに、さほど腹は空いていない。起きて、何かをしようという気力がなかった。ただ、横たわっていた。
しかし、いろんな不安がクルクルと渦巻いて、神経は少しも休まらなかった。ここ数日来、眠れない夜が続いていた。そして、朝になると得体の知れない不安感が、また増すのだった。人と相対して話をすることも苦痛だった。無理にそうしていると、手が震えたり吐き気を催したりする時もある。かと思えば、思い切り自分の今の不安や苦痛を親しい友にぶつけて、一時的にも慰めを得られたこともあった。精神があまりにも不安定であった。
実樹は自分自身で、うつ病にかかっていることがわかっていた。以前、同じような症状でかかった神経科の医者に、アドバイスを受けたことがある。それは、うつ病は周期的に訪れることがあり、自分の心が底の底まで落ち込むまでに自覚して、病気をある程度コントロールできるようになる場合がある。病気に押し負かされないで、このトンネルが過ぎると楽になるの

だと信じて、待ってやろうという気持も大切だということであった。実樹は苦しみながらも、何とか乗り切ろうと必死で耐えていた。

史村柘子は、同人誌「シュガークラフ」の仲間として、有沢実樹と知り合った。入ったのは実樹の方が一年ばかり早かったが、同い年ということもあり気軽に話せるいい仲間として、付き合っていた。

史村柘子は結婚しているが、独身の頃から結婚した現在も、建築事務所で設計の仕事を続けていた。結婚したからと言って、家庭の中だけに引きこもりたくなかったし、また、それだけ建築設計という仕事に、意欲的になってきた時期でもあった。

夫の修一は、県庁の建築課に勤める公務員で、柘子とは仕事の関係で知り合い、結婚したのだった。柘子が仕事を続けることにも理解があり、家庭内は順調にいっていた。

柘子が「シュガークラフ」に入ったというのは、仕事とは全く異質の情緒的なものを求めたからであった。

初めて、有沢実樹の書いたものに触れた時、強い衝撃が体の中を走った。それは柘子がこれまでに見たどの文章よりも人間臭くて、柘子を捕えて離さなかった。

暮れの集まりにも、実樹はとうとう顔を出さなかった。柘子は気になりながらも、雑事に追われて連絡もしないまま、正月が過ぎた。

冬枯れの寒い日、仕事の帰り実樹の住んでいるG駅で途中下車した。実樹の家には、以前「シュガークラフ」の仲間と訪れたことがあった。駅からの賑やかな通りを抜けると、ゆるい坂道が続いている。その坂道を登りきったところに、実樹の家があるはずだった。

駅前の花屋で買ったバラを持って、柘子がドアの前に立った時は、もう六時を少し回っていた。急に思い立って寄ったものだから、夫には勿論何も言っていない。電話でもしておかなくては……と思いながら、ベルを押した。中から返事がして、実樹がドアを開けた。

懐かしそうな実樹の顔を見た途端、柘子は体中の緊張が溶けるのを覚えていた。柘子を招き入れて、コーヒーの支度をしている実樹の顔は、思っていたより元気そうだったが、少し痩せたようだった。

「実樹、お正月は田舎に帰ってたの?」

「ううん、今年は帰らなかった。何となく億劫でネ。一人でゴロゴロしてたの……。」

「そう。大分元気出て来た?」

「少し楽になったみたい。でも、今日会社休んでしまったの。」

「いいじゃないの、気が乗らない時もあるわよ。」

コーヒーが入った。それを飲みながら、実樹はこの人は不思議な人だなと思っていた。こういう優しさを持った人は、あまりいない。言葉の端々にそれが感じられる。痛みに無神経に触れることなく、さり気なく気遣ってくれるのが有難かった。

「このコーヒー、最高においしいネ。頭が冴えてきて、何かいい文章が浮かんできそうな気がする。」

「そうよ、柘ちゃんには期待してるからネ」

「任しといて!!と言いたいところだけどなかなか……。小説は経験してないと、書けないってこともないんでしょ?でも、次から次という風に浮かんでこないのよ。やっぱりこれは才能のせいかな?」

「浮かんでこないのは私も同じよ。浮かばないものを、無理にひねり出したりして、大変なんだから……。文字通り、〝生みの苦しみ〟ってやつネ。」

実樹は笑っていたが、淋しげな笑いだった。

柘子はそれに胸を突かれて、一瞬言葉を失った。

「柘ちゃん、私ね、この間まで一緒に暮らしていた人と別れてネ……。何か気が抜けたみたいに、心の中に空洞があいた感じなの。よく私の入れたコーヒーを、おいしいと言ってくれてた。さっきのあなたみたいに……。」

柘子は実樹の突然の話に、どう言っていいのかわからずにいた。しかし、実樹の心に暗い影を落としているのは、それも原因になっているのかも知れないと思った。

それにしても、男の人と住んでいた気配など全くしない部屋であった。柘子は自分の知らない実樹の違った一面に、今更ながら驚いていた。柘子のそんな様子に気づいて、実樹がつけ加えた。

「一緒に暮らしていたのは、女性なのよ。彼女とは三年間一緒にいた。お互い何もかも分かり過ぎて、それがかえって悪かったのかも知れないけど……。」

今度は、先刻ほど驚かなかった。心のどこかで、そういう実樹を見ていたのかも知れなかった。

「一緒に暮らすということは、大変なことだと思う。それぞれ違う環境で育ってきて、別別の個性を持った人間が寄り添って暮らすというのは、心強いけどある意味では恐いことネ。」

実樹が実感を込めて言った。

柘子は黙って頷いていた。柘子の結婚生活はまだ一年が過ぎたところであったが、時としてそれを感じたことはある。

修一の優しさは、人間本来の優しさとは違うものに思えることがあった。表面的な優しさはどこか本物と違って落ち着かないのだった。他人から見れば、取るに足らないことに思えるかも知れないが、そんなことを思うと、人間のつながりとは何であろう、本当の優しさとはどういうことなのであろう、と考えずにはいられなかった。

実樹は、口数の少なくなった柘子を気遣って声をかけた。

「柘子なら、こんな話を出来る人だと思ってた。うれしいな!!」

「実樹、私には何も出来ないけど、元気になってネ。」

時計はいつか八時近くになっていた。

柘子は家のことも気にはなったが、実樹を一人残して部屋を出ることがためらわれた。

「柘子、ご主人が待っているわよ。お腹を空かして……。」

「そうネ、でも……。」

「駄目〳〵、あなたは一応奥さんなんだから、あまり遅くなると心配するわよ。」

「一応とは失礼ネ、実樹ったら……。」

「あっ、ゴメン、ゴメン!!」

この日、初めて実樹が声を上げて笑った。柘子は、やはりきてよかったと思った。

二月に入り、寒い日が続いた。

柘子は先日から、自分にとって初めての小説に取りかかっていた。

会社に行き、働いて帰ってきた後、主婦としての仕事もして、後の時間を創作に費やすのは、流石に大変だった。

何度も考えては書き、消してはまた、考えたりしていると、深夜の二時、三時に及ぶこともあった。冷えきった深夜の居間にストーブを引き込んで、柘子はまるで何かに憑かれたように、その初めての試みに打ち込んでいた。

ある夜、居間に入ってきて修一が言った。

「いい加減に少女趣味から卒業しろよ!!そのためにオレが不自由な思いをさせられるのは、もうたくさんだ。」

「あなたがそんな風に思ってたなんて知らな

かった。でも、私にとって働くことも書くことも、どちらも必要なことなの。あなたにとって、仕事が大切なように……。」

「馬鹿言え!!オレは仕事なんて食べるための手段だと思ってやっているんだ。もし今、財産でもあったらあくせく働いたりするもんか。」

祐子はあまりの落胆に、言葉を失くしてしまった。自分が一年あまりも一緒に暮らしていた修一という人間を、全くといっていい程知らなかったことに愕然とした。

二月も半ばを過ぎた頃、小説はあと一息というところまできていた。修一とはあの夜以来、溝ができたままだった。しかし、祐子は修一の言いたいこともよく分かっていた。分かっていながらも、何か相容れない異和感のようなものが、次第に大きくなっていくのをどうしようもなかった。

日曜日、一人であてもなく街に出た祐子は、五年位前に観た映画が再上映されている映画館の前を通りかかった。五年前は一人で観た。しかし、その日は誰かと一緒に見たかった。誰かと思ってすぐ浮かべたのは、実樹であった。電話をかけると、すぐ来られるという。祐子は映画館の近くの喫茶店で待っていることにした。

ここ数日来の修一とのギクシャクとした会話が浮かんでくる。修一は祐子の書いているものには興味はないのだった。ただ、それに時間を費やすことを面白く思っていないようで、そのことを言う時は語気を荒げるのだった。

祐子はタバコに火をつけた。一時やめていたのを、小説に取りかかるようになって、また、喫うようになっていた。ボンヤリとしていて、実樹が入ってきたのに気づかなかった。

「祐ちゃん、早かったでしょ!!今日は車で来たの。帰りは送って上げるからネ。」

「ああ、実樹ゴメンネ!!急に呼び出したりして……。何だか寂しくってネ。」

「私が少し元気になったと思ったら、今度はあなたの番?何かあったのネ。」

「ちょっと彼とのことでネ。でもいいの、また、別の機会に話すわ。さあ、映画観に行きましょう。実樹と一緒に観たかったの、あの映画。」

二人は揃って喫茶店を出て、映画を観た。館内では一言も言葉を交さなかった。主人公の女としてだけではない、一個の人間としての生き方がすがすがしかった。

祐子は初めての時以上の興奮と感動を覚えていた。自分の隣りには実樹がいる。彼女もまた自分以上に多くのものを感じ取っているに違いないと確信していた。

どこかへ行こうと、実樹が言った。祐子は無性に船が見たくなった。二人は港に車を止めて、遠くの方を見つめていた。どこの港に向かうのだろうか、大きな客船が薄暗くなった海に灯りを落としていた。

「こんな風景って、綺麗だけど寂しいネ。一人で来たら、泣いてしまいそうな感じ……。」

「どこか遠くへ行きたいな。誰も知らないところへ……。」

「祐ちゃん、一緒に行こうか?」

「ほんとに?実樹、本当に?」

「本当よ、一緒に行こう。」

〝遠く〟というのは、「死」を意味しているのを、実樹は痛い程、分かっていた。

実樹はいつも「死」を心の底によどませながら生きてきたのだった。幸せと思える時も、そうでない時も、それは同じだった。それが実樹にとって最大の「不幸」かも知れなかった。しかし、この時に実樹が真先に思ったのは、「自分は今、こう言わなければいけないのだ。」ということだった。

祐子は今、寂しいのだ。たまらなく寂しいのだ。祐子は海に映った灯りを見つめている。その眼があまりにも悲しい色をしているのに、実樹は胸を突かれた。

「キスしてもいい?」実樹が言った。

祐子は黙って目を閉じた。二人の唇がゆっくり重なった。優しさのこもったくちづけだった。

いつの間にか完全に陽の落ちた港は、冷たい雨になっていた。

その夜、祐子は実樹の部屋に泊った。そして生まれて初めて、何のわだかまりもない信頼感から、実樹と結ばれた。

それから数日して、祐子の初めての小説は出来上がった。実樹への信頼がこの上もない力となっていた。

小説の出来上がった日、祐子は実樹と待ち合わせて、またいつかの港へ行った。

「やっと終わった……って感じ。でも楽しかった。自分の中で、別の世界がどんどん広がっていくんだもの。」

「別の世界か……そうネ、自分の思想であり、また、そればかりでもない、未知のものを創り上げていく魅力があるから、私も書くことから離れられないのかも知れない。」

先程からずっとつなぎ合わせていたお互いの手のひらから滲み出た汗が合わさって、不思議な親近感が生まれた。その手を更に強く包み込むようにして、実樹が何か言いかけた。

祐子は眩しそうに実樹を見ながら、「え?」と尋ねた。海を見ながら、何げないふりをして実樹が言った。

「祐子が好きよ……。」

風が舞い上がった。

実樹と祐子、それぞれが過ごした厳しい冬は、二人の中に新らしい芽を根づかせて、過ぎようとしていた。

＊かかいも

近所の市場で買物をすると、50円ごとに切手大のシールをくれるのだが、これに「かかいもセール」と書いてある。

私は百姓生まれだが、かかいもと言うのが、どんなイモなのか良く知らない。

もしかしたら、南国育ちの私は別名で呼んでいて、どこか東北の方だけの呼び名なのかも知れない。

私は勝手に市場の人たちの大半が東北の出身で、他の市場にないセールを考案したのだと思いこんでいた。

地方の素朴さをアピールしているのに違いない。だが、かかいもがどんなイモなのか、知りたくて知りたくてとうとうある日、「あのう、台紙に書いてあるかかいもって、どんなイモですか？」と聞いてみた。

私におつりを手渡しながら、店員は「えー!?あれはイモじゃありませんヨ。(か)えば(か)うほど、(い)いもの(も)らえるの頭文字だけ取って、かかいもセールと言うんですヨ!!」と笑っていた。

しまった!!先日、友人に聞かれた時、東北にはかかいもってイモがあるんだろうネと、知ったかぶりをしてしまった。
これじゃあ私は、独断と偏見の見本のようじゃないか。困ったなあ……。
（藍）

＊電話ボックス

昨日の雨が嘘のようにあがって、冬には珍しく青い空が覗いた日、私は小さな光る矢を、心臓の手前まで打込まれたような気がした。

それというのも、私より随分若い友人だが、仕事帰りに赤い格子の粋な電話ボックスを見つけると、「ワァ、可愛いわあ!!ようしいつかきっと、あの電話ボックスから誰かに電話しようっと!!」と、いかにも楽しそうに弾んだ声で言うのである。

電話なんて、何処からかけてもいいようなものだが、私はその時、つんとした懐かしさのようなものを感じた。

忘れかけた感覚!!みずみずしいとまではいかなくとも、ささやかなことに目をとめる。その心を忘れてもう久しいことに気がついた。

秋の終わりに残された柿の実が風のある日、いつ頭上から落下してくるかと不安で、木の下をほとんど息をとめるようにして走り抜ける時の、あの子供っぽい喜び……。

いたずらに仔猫につけた香水が、忘れてしまった二日後、頬ずりしたらドキッとする程優雅に感じられてウキウキしたり。

――若い友人は今、その真只中にいるのだろう。いつかきっと電話しようと言った語尾が、私の中でさわやかに広がる――。

（ダンダンババア、ダンダンババア、ダンダンババアダ――の歌のように気をつけよう!!）（藍）

＊友との会話 (1)

A子―今夜は三浦友和が出るドラマがあるから、絶対見なくちゃ!!私、友さん大好きなの。
私―フンフン、あの人まあまあいいよネ。
B子―友和なんて、イモくさい。私は○○さんがいいナ。カッコよくって、可愛くて……。
私―歌い方がカッコいいよネ。
C子―カッコいいのは、何てったって郷ひろみよ!!
と、ワーワーうるさいのである。これが二十歳をはるかに過ぎた乙女の会話なのだから、かわゆいのである。
最後に、私がおもむろに「西田敏行と愛川欣也と二谷英明がいいナ。」と言うと、傍で聞いていた私のことを知っているD子が、「男に関心がないの、まるわかりよ。」と、耳うちするのだった。
（冬美）

＊友との会話 (2)

R子―窓際の席のあの子、可愛い～。
私―うん、ホント。ちょっとあそこ見て!!彼氏と一緒やけどあのスパゲティ食べてる子、感じいいと思えへん。
R子―うん、いいけどあんな子やったら、振り回されそうやわ。
私は、やっぱりあの子がいいナ。
（そう言った後、ため息をつきながらR子がしみじみと言った）。
――いやぁネ……。
私―女の人に魅かれてしまう宿命が？
R子―よく、わかったネ。
私―そりゃ、わかるヨ。
二人とも、しばらく神妙な顔で坐っていた。
（冬美）

＊小さな告白

私が小学生の頃、気は優しくて力持ち、オマケに今と違って頭もかなり良かったのだ。

弟など絶大な信頼と憧れを持って、私を見ていた。

そんなある日、私がごきげんで鼻唄を唄っていたら、弟はさも驚いたと言うように、ドングリまなこを見開いて「すごいなあー姉ちゃん、姉ちゃんはお経も出来るんやネー」と言った。

今更、唄を歌ってたとも言えず、子供心に痛く傷ついた私はそれ以来、人前で歌えないようになってしまった。

私の友人達よ、○○会だからとかなんとかいって、私に歌えなどと言わないで下さいナ。

（藍）

その日の大阪城は、日曜日だったせいか、イヤにアベックが多くて球喜はウンザリしていた。

右を見ても左を見ても晴れやかな顔をした若者達であふれていた。

風は誰にも等しく爽やかに吹き抜けていくものの、球喜のところだけよけて通るような感じがしていた。

早く言えば孤独でやりきれないのである。今日こそは自分の身の上に変化が起こるかも知れない。

今までの平凡さから脱皮して、何か素晴らしい青春を送れるかも知れない……。そう言った期待を抱いてはこの大阪城へやって来るのだが、一向にその気配はなく、今日もまた、空しく一人の淋しさをかみ締めながら帰らねばならぬのかと、半ば諦めかけていたところ、夕方になって、やっと球喜のある期待を充たしてくれる前触れのようなものにぶつかった。

城の石垣に思い思いにへばりついていた若者たちも、日が傾き、城内アナウンスが閉城を告げ始めると、ポツリポツリと下り始め、ものの十分もすると、城を後にする人波が、どっと城門へ向かってはき出されていく。

球喜が重い足を踏み出そうとした時、ふと白い人影が目にとまった。どの人も皆、ザワザワと動いてる中で一点だけ身動きもしないでうずくまっている人がいる。

球喜はチラッとその人の横顔を盗み見た。その人は一見、これといって取り得のない顔立ちをしていたが、はっとさせられるほど、何か沈み込んでるのである。

その人が異性なら、とても声をかける勇気などなかったろうが、同性だという気安さと、どことなく自分に似てると感じた瞬間、球喜は自然とその女性に声をかけていた。

「もう終わりですよ。良かったら一緒に下りませんか?。」球喜はふりかえったその人の物憂げな瞳を見て、チラッといやな予感が走った。いらぬおせっかいだと断わられそうな気がした。少しの間、球喜はその人を見るでもなくそのままの姿で立っていた。

「ここに居たい……。」小さな声でその女性は、球喜にすがるような目をして見せた。球喜は彼女が沈黙を破ってくれたことに対してほっとしながら、

「でもこの場所は五時までだから……。もっと下の公園ならいつまでいたっていいのよ。」

「……。」

「私は暇だし、良かったらずっとつき合ってあげる。」

そう言った後で球喜はこの場合、つき合うと言う言葉は、相手に対してどうとられるかと思うと、もっと適切な言葉はないものかと、あわててさがしていた。

「貴女は人を愛したことがあります!?」突然その女性は、咎めるようなキツイ口調で球喜に問い詰めた。ふりかえった頬には、いくすじもの髪が乱れた。

「そんな……愛した人って急に言われても。」球喜はどぎまぎした。いつもひっそりしている自分が、誰かの目にとまって愛されたことなどなく、情けないが、球喜の方から想いを寄せた人すらいないのである。

「悪いけど、まったくの話……白紙。」自嘲めいた言葉と同時に、球喜は帰ろうかなと思った。全然話しが合わない感じがする。かと言って、ワザワザ声をかけておいて何と言ってこの場を立つべきか……会話というのは、スムーズにいかないものだ。

例のごとく球喜の悪いクセが出始めていた。女性の腕をとって立ちあがらせはしたものの、それから先きの言葉が出ないのである。何か言わなければと思えば思うほどカッとなって、何を言えばいいのか分からなくなってしまう。前にもこんな経験があり、その後、四～五ヵ月というもの、誰にも声をかけることが出来なくてみじめな思いをしたことがある。

もうイヤだ!もう絶対人に声をかけないようにしよう!!

そう思った矢先、その女性が球喜の腕にすがって、ポロポロと大粒の涙を流し始めたのである。球喜はあわてた。いつも一人で想像してる会話とは、全然異なった進み方をするではないか。しようがないので球喜は黙って歩き出していた。

間の悪いことに、女性の涙をふいてあげるハンカチも持ち合わせていなかった。球喜はなぐさめが言えるほど器用ではない。ひたすら黙って歩くだけである。

大阪城で知り合った女性は、杉尾かよ、と名乗った。かよは泣き虫で、何かというとホロリと涙をこぼして、弱々しさ丸出しで球喜に甘えた。性格的に言えば、かよの方が表現するだけ明るいに違いない。

球喜はあまり感情を出さないが、それは心の中でいろんなものが重なり合って、そうせざるを得なくなってしまうのである。できるなら哀しい、やるせない、そばにいて欲しい、と訴えたいのである。ただその相手がいないから、こうして押えているものの、かよのように全面的に頼られても困るのである。

球喜は決断力があるでもなく、自分の人生に対して、これといった意見を持ってるのでもなく、ただ口下手で、言葉数が少ないのを、良い方に誤解されてるにすぎない。

かよのおしゃべりの中には、決まってノ・バという男が出てきて、球喜をウンザリさせる。その男に捨てられたと、青ざめた顔で呪っていたのは、つい二ヵ月ほど前のことではないか。それなのにもうその痛みを忘れて、楽しかったことだけが、今のかよを支えているら

しいのが妙に腹が立つ、変な気分だ。

良い友達が欲しい、生涯共に語り合えるような人が良い。良い友達に恵まれたら、次はやさしい男性と結婚して、ささやかな家庭を守って、子供を育てて……そういった漠然としたものは、いつも球喜の心のどこかに住んでいた。その良い友達がかよかどうかは今のところ分からないが、やっと友達らしい友達が出来たのである。

いつも抱いていた期待とは、少しかけ離れているが、かよと知り合ったことで、球喜の生活が少し変化したことに変わりない。今までが静の時期だったとしたら、これからが動の時期で、うまくこの流れに乗れば倖せもつかみ得るような気がした。一人ぼっちでどう使えば良いのかと困るほど時間があったが、その大半をかよと過すようになった球喜は、遅ればせながら人並みな生活に一歩近づいたと思った。

球喜の会社の人たちはほとんどといっていいほど、男友達がいて、彼とのトラブルが起こるたびに、女友達の一人に打ち明け、眉を寄せ、いかにも恋に悩む表情をする。それが孤独な球喜にすれば、手の届かない倖せな姿に見えるのだから、いかに目立たない存在かが分かるといえよう。

かよと知り合って三カ月目に、球喜にはまた新しい友人が出来た。あんなに欲しがっていた友人がたて続けに得られることは、これから運が向いてくるのに違いない。内心球喜の胸はワクワクとした期待でいっぱいだった。きっかけなんて簡単なものだ、あれほどしりごみしていたことが、今はうそのようにも思われる。

球喜の新しい友人は加世貢という。二十六歳といえば球喜より四つも年上の人だ。それが少しも年令を感じさせない子供のようなところがあった。

「結婚はしないの？」と聞くと、

「愛してる人がいるから一生独身で過すんだよ。……でもその人、今どこにいるかも分からないしね……。」そう言ってフッと淋しそうに苦笑すると、つられて球喜までがフッと気落ちするから不思議である。

「こうして見れば見つかるかもねえ？……」そう言って両手でメガネのように輪を作ってニッと笑いかけてくる。

まっすぐ伸ばした背筋と、何か言いたそうなその瞳は、かよにない重いものを感じさせた。貢には自己紹介も何もいらないらしい。

そこに自分が居て、自分を必要とする者が居る。今、その時を分かり合えれば充分なのだ。無口な球喜と、それに輪をかけたような貢は、ほとんど一日中、口もきかずにただ並んで座っていた。

土手の若草の上にねっころがって、いつの間にか眠ってしまう日もあった。球喜は、自分のことを知って欲しいと思ったが、説得するのはイヤだった。こうして同じ時間を共有し合っていても、二人共、相手がどこに住んでいて、どこで働いてるのかも知らないまま過すのである。

知らないくせに側に居るだけで和らげるのはきっとうまが合うのだろう。かよとの軽いおしゃべりとは違って貢との会話は一言、一言が、重くて深い意味を持っていた。

二度あることは三度あるというが、なるほど本当だと思えた。球喜には、また、友人が出来た。しかも今度のは待望の異性である。

動け、動け、流れに乗れ！すべてがバラ色で、明るくて、まぶしくて、人生とは爽やかだ。

球喜はさりげなく、そして確実に立川雄一のことを観察していった。高知県出身、四人姉を持つ末っ子だとか、プライドが高いのか、臆病なのか、軽々しく女性に声をかけない、特定のガールフレンドもいないとか……。眉間に立てジワを寄せて、少しうつむきかげんで話す時の立川の目は、訴えるような甘えを持っているとか、すばやく、そして確実に少しの会話の中から拾得していった。

会社の昼休み、食事にさそうのも球喜なら、食後のコーヒーは？と声をかけるのも球喜の方で、ほとんど立川の方からさそってくれたことはない。だが球喜には、立川がイヤがってないのが分かるようになっていた。無口でおとなしい性格だから、いつも姉たちに引っぱりまわされてたのかも知れない。

友人が出来ると自然と球喜の性格も変わってきていた。明るく自信に満ちた発言をするようになった。今までひそやかに眠っていた球喜の青春が一度に花開く時がきたように感じられた。順調に行けばの話しである。

ある日突然、無口な貢が狂ったのである。狂ったとしか思えないほどしゃべり始めたのである。

「見つけたよ！タマキ、私の大事な人を。やっと見つけたよ。最近特に痛みが感じられたから、きっと近くにいると思ってた。今までより数倍大きな痛みだった……正念寺を知ってる？そう、石段を上りつめると、銀杏の木が門のようにそびえ立ち、庭のまん中に松の大木が生えてるところ……。」

貢は石段を上りながら、例の奇妙な痛みを左足におぼえたという。時々、あちこち痛むのだという。打ちつけたのでもなく、内から引きつけたのでもなく、痛いという感覚だけが感じられる。焼けるようなその痛みを貢は、自分自身に与えられる痛みではなく、この広い世間のどこかにいる自分の分身に与えられたものだと思っている。どこかで分身が足を痛めたからその感覚を察知して、共に痛みをおぼえるのだと信じていた。球喜にはのみこめない部分が多かった。

「苦労をしたんだと思うよ、あんなにやせて……あいつめ！倖せにすると私の前で誓ったくせに。先に死んでしまって……」

球喜はポカンとしていた。矢継ぎ早に言ってることが未だに理解できないのだ。何を言ってるのかサッパリ分からない。

「幸も幸だ！モタモタしてるから、あんな奴にいすわられてしまうんじゃないか、帰ってくれば良いのに、また、昔のように二人で暮らせばいいのに、あんなにやつれて、私に気兼ねなんかして……。」貢はとうとうポロポロと大粒の涙をこぼし始めた。

その肩を抱きながら球喜は貢の目の青さに驚いていた。静かな、おだやかさだけを秘めてた貢の目が、青々と燃えてるのを感じた。

「愛してるのよ、この世の中でたった一つ、かけがえのないほど愛してるのよ！一卵性双生児の妹なの。私たち七つの時、両親を事故で亡くして十六の時まで、親戚の家で別々に育ったわ。かわいい妹、泣き虫の妹、ビクビクふるえてる肩を、いつも私が抱いて寝たのよ。どんなにしいたげられ、肩身の狭い思いをしてきたことか、あの娘は眠っていてもおびえていたわ。私は、一生懸命、思いきり力を入れて抱いて寝たのよ。」涙でとぎれがちな貢の声は妙に球喜を感動させた。

立川の側に近づくと、ムッとするほどの男の熱気が伝わってくる。球喜は始めそれを心良いものと受けとっていた。自分も人並みに恋人らしき者ができ、こうして肩を並べて歩いていることにかなり満足していた。

立川は無口だが、良く気がつき、球喜の家族に対しても、キチンと、礼儀をわきまえて接してくれるからである。

立川が途中入社して四ヵ月目、霧のような小雨の降る十月、球喜は立川からの変に気どった電話を受けた。

「寒椿の花は好き……？」そう言って、ゆっくりと思い出すように、電話のむこうで空咳を一つして、

「家の裏庭に赤と白の花が咲くんだけど……見たかったら連れて行ってやるよ。」と、言ったのが、彼のプロポーズだったのか、別れの言葉だったのか、球喜には良く分からなかった。

男とは、かくもあっさりと、自分の生活を捨てることが出来るものなのか……。田舎へ帰って親父の手伝いをするんだと、張りきっていた。

球喜はあせった。彼の中の私は、いったいどのくらいに写っていたのか……。自分だけが大事にしていて、相手はそれほど大事に思ってなかったのだろうかと哀しくなる。

でも寒椿の花は好きかと、変に気どって言ったのは、プロポーズのようにも聞こえたし、かと言って、その答えがすぐ出せるような交際なんてしていないし、球喜はあれこれ迷った末、立川とは友人のまま別れることにした。

今まで多くの人とつき合ってきたわけでもないのに、もう立川以上に良い人にめぐり逢うことはないだろうと思っていた。

その立川を選ばなかったのは、何か欠けてるような気がしたからである。彼の中に不足があるのか、それとも自分自身の中にそぐわないものを見たからか、これといった判断のつかないまま、球喜は貢のことを想った。青い炎のように燃えた貢の目が、異常なまでに妹に対する愛を浮き立たせていた。愛とは、あんな風にひたむきに想うもので、サラリとした会話などで自分の一生を決めるものじゃない。

男になら出来るかも知れないが、女には、愛されて、求められてでないと安心して自分の道を決められない弱い面があるのだ。もう少し時間があれば、球喜は自分の心が、立川に寄り添って、どこまでもついていくような気がしていた。だが現実は冷たかった。

社内でのもっぱらのうわさは、球喜の執拗さに愛想づかしをした立川が、田舎に逃げていったことになってしまった。女子社員たちはかげでヒソヒソとうわさするだけだったが、男子社員の中には、露骨に球喜を揶揄する者まで現われた。

「小林さん、僕今日暇なんだけどつき合ってくれないかな。こう見えても立川より体力もあるし、長持ちすると思うけど？」

球喜は始めそれが何を意味するのか分からなかった。声をかけてきた男の同僚が側からニヤニヤ笑いながら、

「よせよせ、小林さんは痛く傷ついてるだろうに、青白い顔して……心より体の傷が深いんじゃないか？おまえ、女の子はいたわってやるもんだぞ。」

「そんなことないだろう、男の立川でさえタジタジとさせるくらいなんだから……。」

ヘラヘラと笑いながら、男二人は言葉のやりとりを楽しんでいた。

帰り支度をしている課の社員たちが興味深そうに成り行きを見守っている。ワザワザ顔をのぞきこんでくるいやみったらしい男の体臭がムッとするほど球喜を包み吐き気をおぼえさせた。

「男はそんなこと、口にするもんじゃないわ、根も葉もないうわさにおどらされて……あなたたち自分のみっともなさに気づかないの!?」

球喜は思いきり軽蔑の思いをこめて眉をしかめてみせた。

色の浅黒いスポーツバカ丸出しのその男は、

「おやおや八つ当りしてもらいたくないね、

俺は立川のように君をだましたり、傷つけたりしないのに、とばっちりをこうむるのはごめんだぜ」悪びれる風もなくふり返って居残ってる仲間に同意を求める。視線の合った男たちは〈今までの会話を全然聞いていなかったけど、エッ？何だって？〉というような顔をして白々しく球喜と男を見比べる。

女性たちはことさら大きな声で、

「お疲れさん!!」

「お先に失礼します。」

などと明るく華々しく退社していった。

球喜は情けなくて持ってるハンドバックを机の上にたたきつけたい衝動に駆られた。自分に対する汚名がくやしいのではなく、男性社員の男らしくない卑劣な態度が涙が出るほど情けなかった。

〈男とは……男とはね……〉

球喜は腹の中に溜まった重苦しいものをエネルギーに変えるために強く下唇をかみ締めていた。

今頃立川は何をしているのだろう？ふと彼のことを思い出すと、球喜は彼のことをどう呼んでいたのか思い出そうとして、チクリとした悲しみを感じた。そういえば、他人の目を意識して立川さんと呼んだことはあっても二人きりの時、お互いがお互いの名を呼び合ったことすらないのである。彼のもの静かで無表情な顔の目のあたりがほほえんでいたのを思い出した。それだけで、もう彼はいないのに以前の暖かい思いが球喜をスッポリと包みこんだ。

〈この人たちと比べると、彼がかわいそうだ。今、この場で彼のことを思い出すのはやめよう。もったいない〉

球喜は突然クルッと踵を返してスタスタと歩き出していた。学生たちが始業のベルと同時に、先生の姿を見た時のようにしごくあっさりとそれまでのことを中断する形にも似て次の機会に持ち越されるような……しりきれトンボのようなチグハグなものを感じさせた。

無口な貢が話すと言えば妹の幸のことか動物のことぐらいでこの人は本当に世間を生きているのだろうかと、疑いたくなることが頻繁にあった。魚の値段とか、野菜の値段が上がったとかいうことは貢の口からは一度も聞いたことがない。テレビなど無いのかしらと思うほど世間の話題に乏しかったし、隣近所の噂話しもしない。だが彼女は自炊し会社へは毎日弁当持参で行ってるという。一人分の食事の用意など面倒でやってられないと思うだろうが、ネコの分も作るからどうしても自炊は必要なのだという。

貢の住んでるところは六畳、四畳半、三畳、炊事場、風呂付きの社宅だった。そのどの部屋にもネコがいると思われる。貢の口から出るネコたちの名前は驚くほど多かったし、歩くのも気をつけないと、誤って尻尾などを踏みつけそうだと笑っていた。

「ねえ、妹さんのこと、どうするの？」

「どうすることも出来ない……何を考えているのかも分からない……なぜ私を避けるのかも……。」

「でも……あなたに逢いたくて帰って来たんだと思うけど？」

「それなら、なぜ私の処へ来ないの！私は幸が出て行った時のままでいるのに、時が流れたというだけで、私の身には、何一つ変化も起きていないのに、なぜ私の処へ来ないの？」

「それは……きっと……」

球喜は言いかけた言葉を、口の中でつぶしてしまった。

まだ逢ったことがない貢の妹は一卵性だから、貢にそっくりな顔立ちをしてるに違いない。その妹がどんなにいろんなものを経験し

てきたかそれを思うと、何となく分かるような気もするのである。

　ひたすらに妹の身を想い、けなげに妹をかばって生きてきた貢の手から離れて愛する人にその身を託そうとした幸の心境、自分だけ幸福になろうとして出て行ったはずがない。姉にとって重荷であるべき自分がいなくなれば……と心のどこかでそれも考えたに違いない。

　だが幸と離れても、何ら変わることなく、ひっそりとその姿勢を保っている貢のいる場所へは深く思えば思うほど近寄りがたいのかも知れない。

「何だか体中が痛みを感じてどうしようもなくなるよ……」貢は両手で自分の肩をさするようにして、伸ばしていた膝を立て、深々とそれをかかえこんだ。

「おびえきっていてね、ろくに話しも出来ないありさまなんだもの。どうしようもないよ。」

「おびえるって？」

「正二さんの叔父だとかいう男でね、上神田家の鼻つまみ者で住所不定、未だに独身らしい。どこでどうなったのか、正二さんが亡くなるとちゃっかり居座って……。」

「そんな！……でも縁だけでしょう？」

　球喜が妙に口ごもった。それをとがめるような強い口調で、

「あたり前でしょう、もしも、何かあったりしたら!!そんなこと!!あったりしたら!!」

　口調はキツイくせに、貢の瞳は不安気にそのあたりをさまよっていた。

「それでどうするの？」球喜がまた同じことを聞いた。

「昔から気の弱い娘でね、いつでも私の背中にかくれるようにして生きてきたから、誰かに強く出られると反発することなど出来るはずもないし……まして自分の希望など言えないんだと思うよ。」

　貢は組んでいた手をほどいて、手近な草を引き抜いて口にくわえた。

「だったら、あなたが強引に連れて帰れば？」

「そう思って二度ばかりアパートにも行ったんだけどね。」今、くわえた草を、プッと吐き捨てて、また新しい草をムシリながら、溜息まじりに言った。

「昼間っから赤ら顔をした叔父さんが待ち受けていて、てんで話しにならないヨ。」

「じゃあ、どうするの……。」

　球喜は三度目の同じ言葉をつぶやいていた。貢には、聞こえていても答えようがないのだろうと思いながらも、その横顔を見ずにはいられなかった。

「もしも、私がうまく幸を連れ出したとしてもあの男なら居場所くらいすぐにつきとめて、今度は二人の中に入って来られるような気がする。」

　とうとう貢は草の上に仰向けになって目をつぶってしまった。目を閉じると、押さえていた感情が出る場所を失ったかのように、胸だけが、大きく波打ち始めた。球喜もまた、同じように頭の下に腕を組んで日が沈む前の気ぜわしく動く空を見ていた。大自然の動きは、時として、人の心をそのまま写すかのように、悲しみの輪を広げてくることがある。気がついた時はもうすっぽりと何かに包まれていて、どうするすべもなく押しつぶされる寸前までいってしまう。

「だからといって、グズグズしてられないのよ、あの男は、正二さんの四十九日がすむときっと幸に手を伸ばして来ると思う。それが恐くて妹は近くに来たんだと思う。」

　吐き捨てるように言うと、ちぎれ雲たちが右往左往してるのをまるで汚れたものでも見たように、眉をしかめ、それから目をそらすために今度は腹這いになった。顔は球喜と逆方向に向いてるので苦悶の表情は読みとれない。だがあの静かな貢がザワザワと波立っているのを見た球喜は孤独につながる、いら立ちのようなものを感じていた。

　今まで家族の中にいて、こんなにも近くに人を感じたことがあったろうか？母親のグチを聞く時も友人のかよと話してる時も、球喜は自分との間にサラリとしたものを持っていた。初恋にも似た立川でさえ、一歩間隔をあけて見ていたではないか。球喜にはこのいら立ちのような重苦しさが何なのか分からなかった。

　うつ伏せになってる貢の背中は伸び伸びとして見えるが、あたりの草がこきざみにゆれているので激しい感情を押し殺してるのが手に取るように分かった。

「サチ……サチ……」貢は小さな声で何度も何度も妹の名を呼んだ。それはもう呼吸のように、いつまでも終わることなく雑草をふるわせていた。

　球喜は側に居ながらも貢の中に自分がいないことをヒシヒシと感じ取っていた。対話し、見つめ合って、時を共有し合ってても心が対でないことの淋しさ……。せめて二人っきりでいる時は、その人の心と自分の心は一つであればいい。哀しみも苦悩も同時に味わえる一つのものにはなれないのか……。手を伸ばせば届くところに居ながら二人の間には気の遠くなるような隔たりがあるのを思い知らされていた。

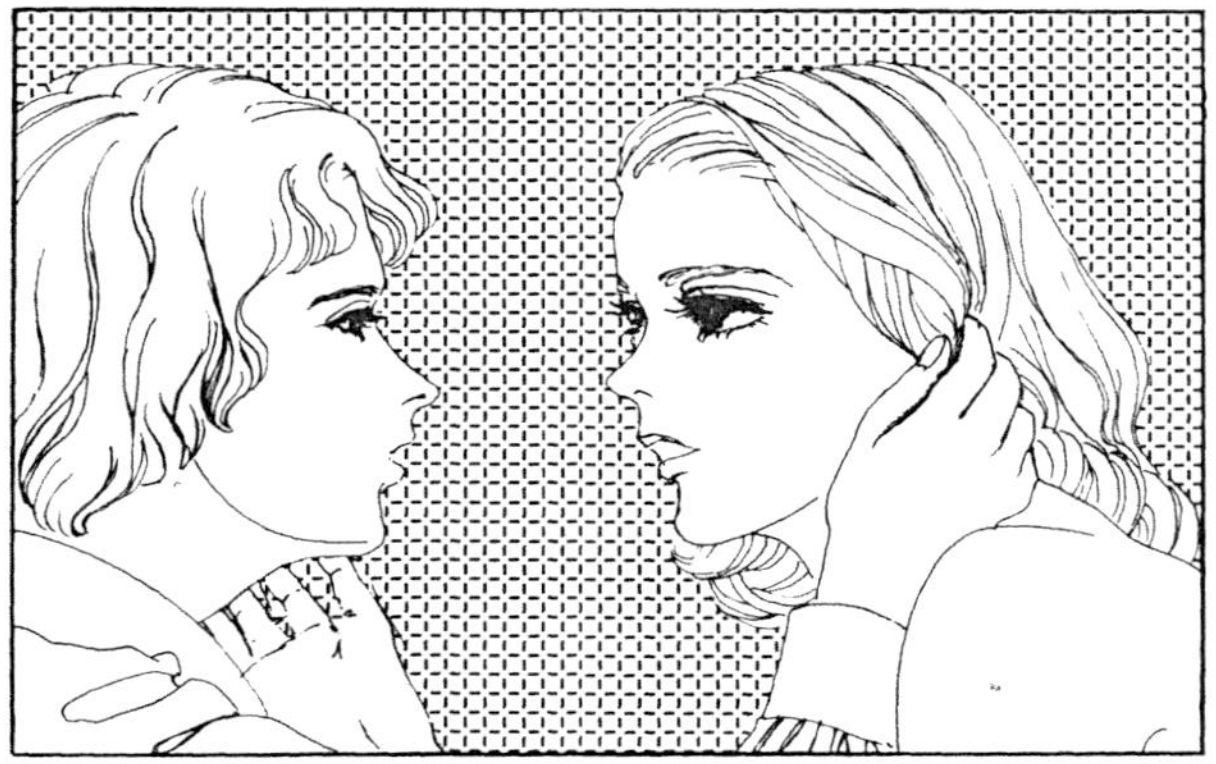

　雨の中だった。

　貢は球喜の手を取って駆け出していた。今まで自分が着ていた上着を、球喜の頭からスッポリかぶせて、

「走って帰ろう！うんとヘソに力を入れてれば寒くないよ!!」そう言って時雨の中を二人は走った。一人で走るとずい分楽に走れるのに、貢はワザワザ球喜の手を取って走るので二人は何度もつんのめりそうになった。

　公園で話してる途中、急に降り出した雨は、貢の家までの数分間で骨のずいまで凍えさせた。冬の雨はしっとりと服をぬらし、皮膚の表面がヒンヤリと冷たくてストーブが赤々と燃えてるのに、二人共歯の根が合わずガチガチと震えた。

　貢はバスタオルごと球喜を自分のベッドに押しこんだ。その後、黄色のタオルを子守り女がするように頭の前で結んで球喜の横にすべりこんだ。その冷たさにブルッと一つ胴ぶるいをしながら球喜の胸はドキドキと鳴り出した。鼓動が聞こえるんじゃないかと思えば思うほどカッとなって体中の血が逆流する。心臓が耳から飛び出しそうで、球喜はいっそう身をこわばらせて背中を向けたまま震えていた。

「小林さん……まだ寒い……？」ドキンとするほど近くに貢の声がする。いいえという返事がのどの奥にからまってかすれた声が唇を震わせた。球喜は自分の両肩を強く抱きしめた。

　その球喜の手をそっとはずして貢は自分の胸を球喜の背中にピッタリと合わせた。球喜の頭の中に貢の左腕がすべり込む。貢は無言のままそのしなやかな指で、後ろから球喜の唇の形をなぞっていた。

　全身火のようになってる球喜は自分の唇をさまよう指に息がかかるのすらためらわれて、細く短い吸いこむばかりの息をしていたが、首筋に貢の冷たい鼻が押しつけられるともう、夢中になってその指を口に含んだ。

　羞じらいは時として大胆にもその身を投げかけるような行為となって爆発する。貢の両手に少しだけ力が入って球喜の体が上向きになった。貢が何か言う前に、球喜は目をつぶったままヒシとしがみついてその胸に顔をうずめていた。

　まだ三時過ぎだというのに先きほどの雨で外はすっかり暗くなり部屋の中の空気が青ずんでいる。

「みつぎ……みつぎ……。」球喜はどうしていいか分からず、身もだえしながら貢の名を呼んだ。貢はためらいがちに、ゆっくりと球喜の頬に口づけた。

　その後すべるように球喜の唇をとらえると、柔らかく包むようなキスをした。途端に球喜の体にビリビリと電流のようなものが走り、まるで熱にでもおかされたように一段と震えだした。その震えをかくすために、球喜は夢中で貢の舌を吸い続けた。それは少年のように荒々しく、若い匂いのするキスで、その稚拙さが、貢の体を一瞬無抵抗にした。むさぼるように吸うので痛みのため、舌を引きもどそうとすると、まるで失うかのように慌てて力一杯吸いつけてくる。

　貢の手が球喜の乳房にふれた。ふっくらと丸味をおびた球喜の胸は今まで誰にも許すことなく守り続けた聖域のように清楚で可憐だった。貢の手が、球喜の胸乳を押すように動くと、球喜はもうキスどころではない。唇を合わせてはいるものの羞恥と不安で動きは停止したままである。

「震えがとまらないけど大丈夫？風邪薬飲んでおく？」貢はおちついた声で問いかける。

「うん、大丈夫、貢は？髪、まだ濡れてるんでしょう？」

　ハッと気づいて、黄色のタオルにふれてみると、水気を含みすぎて、グッショリと枕を濡らしていた。球喜は慌てて横に押しやられていたバスタオルで貢の髪をふいた。何度も何度も指でかきまぜて乾き具合いを確めながらふいた。

　しばらくはなすにまかせていた貢は、伸びきった球喜の腕に軽いキスをしてその上におおいかぶさった。

「あなたがスキ……あなたがスキ……。」しっかり抱きしめて、耳元でささやくように言う。まるで耳たぶをかじらんばかりだ。

「小林さん……ねえ、小林さん……。」貢が何かを求めてるのが分かると、もうすっかり暗くなった部屋で球喜はコックリとうなずいた。ストーブの赤い火は、すべての物を同一化しようとして静かに働きかけている。

　貢の頭が近づくと球喜はまた、下からむさぼるように舌を吸いつけてくる。さっきと同じように貢は球喜の乳房を手のひらでつつんだ。下からそっと持ち上げるように揉み、半ばうまりかかってる乳首を指で押してみた。ピクンと体がはねても乳首はうまったままである。貢は少し体をずらせて球喜の乳首を口に含んだ。舌の先きで押したり、なぜまわし

たりした後、いきなりキュッと吸いこんだ。

「あっ!!ああ……。」低い消え入るような声がもれる。

　両手でそれぞれの乳房を揉みながら、交互に乳首を吸うと、球喜はまるでイヤイヤをするように頭を左右にふり続けた。貢は球喜の上におおいかぶさってはいるものの、少しも体重を感じさせない。膝と肘で自分の体を支えながら愛撫を続けた。静かでなめらかな愛撫は貢の中で、心と肉体が離れているのを示すように不自然なほどおちついていた。

　一方、髪の中まで熱い息が充満して、わけが分からないほど興奮してる球喜は、貢がひっそりと泣いてるのに気づかなかった。貢は静かに耳の中に入ってきた。背中をズウンと貫くような快感!!首筋をさまよっていた貢の舌は、いつの間にか球喜の耳の中まで侵入していた。単になめてるのではなく、耳にフタをするように口づけてそっと呼びながら吸うのである。球喜の体がガクガクと震え、ベッドが、こきざみにゆれた。

　次に貢は、球喜の顔に自分の顔をクロスさせるようにして、眉と眉の間に口づけた。それは今までの愛撫に終止符を打つように、ゆるやかにやさしくいつまでも続けられた。

　嵐のような動悸がおさまり、球喜のほてっていた体は徐々に外気を感じるようになり、全神経が目と目の間に集中する。何ともいえないもの哀しさが球喜を包んだ。不安とあせり、ほてりと羞恥、それらの中に、こなごなにくだけて分散してる自分を、やさしく丸めて一つ場所に寝かしつけてくれるような安らぎ……。

　その頃になって球喜はやっと貢が泣いてるのに気がついた。

「みつぎ……どうしたの……？」

「……。……。」

「みつぎ……私ならいいのよ、このこと何とも思わないから……。」

　球喜は、貢の首にかじりつくようにして、いいのよ、いいのよ、となぐさめをくり返した。貢は声もたてず、ひっそりと涙だけを流している。貢の涙がスルスルと球喜の耳に入った。球喜は年上の貢に対していたわるようなやさしさでその背をさすった。

「サチがね、私の胸の中で寝る時、片手にスッポリと入ってしまうのが不思議でね……。サチは、眉と眉の間にキスしてやると、すごく落着いてね、見えない子守り唄、聞こえない子守り唄だと言って、いろんなこと話してくれたヨ。精神統一出来るんだって……。」

　そう言って貢は球喜の横に身を沈めた。そのくせ無意識のように貢の右手は、球喜の胸を弄んでいる。

「みつぎ……あなたは……怒らないでね？あなた妹とこんなこととしてたの？」

　動いていた右手がピクリと止まった。

「ねえ……姉妹で愛し合うの？」

「かわいくてかわいくてしかたないのよ。別に悪い事をしたとは思わない。サチが淋しがるから……サチが恐がるから……。」

　胸の上に停止したままの貢の手の上に、自分の手を添えながら、球喜は軽い嫉妬をおぼえた。今までやさしく感じられた貢の手が、自分に対してではなく、妹の幸に対してのように思われ始めると、今度はあらぬ妄想が球喜を息苦しくさせた。

〈二人はどんな風に愛し合うのだろうか？……それとも姉としてのいたわりだけだろうか？〉

　球喜は貢の手を自分の胸に押しつけるようにしていた。

　それから数日後、暮れのあわただしい休日に、かよから電話があった。貢と濡れた体を暖めてから、どういうわけか球喜は貢をさけ

ていた。こだわってるのでもなく、嫌いになったのでもない。ただ何となく動きが鈍くなってる自分を感じた。

　しなければならないことは山ほどあったが、かよのたっての頼みで、買物につき合うことにした。かよに指定された水車小屋のある喫茶店で待っている時も、久し振りに逢ってうれしそうに語りかけてくるかよと歩いていても、球喜は自分の中で、貢を追ってる部分が広がるのをどうしようもなく自覚していた。

　かよに腕をつかまれて、無意識のうちに歩いている時、かよが目ざとく何かを見つけて腕を離して行ってしまうと、今まで暖かった部分が急にヒヤヒヤとして眩暈のような淋しさを感じる。

　この人混みの中に偶然、貢の姿を見つけ出すことでも出来ればどんなにいいだろう……。そんなことは、ほとんどないといっていいだけにすれ違う人々の華やかなざわめきが、今の球喜にはこの上ない苦痛となっておおいかぶさってくる。

「ねえ、球喜、これどう？」かよが、羊色のコートを、顎で挟むようにして球喜を呼ぶ。

「うん、いいんじゃない。」

「ねえ、ねえ、こっちとどっちがいいと思う？」

　横にかけてあった同じような色のコートをかざす。襟のあたりが中国風に丸く立ってるのと、スタンドカラーのコートを交互に前にかざして球喜の方を見る。どちらかというと、かよの顔はツルリとした卵型で、襟の立ってる方が似合いそうに思えたので、

「初めの方がいいみたいヨ」と助言すると、

「じゃこれにするわ」とかよにしては、あっさりと決めてしまった。

　だがその後がいけない。

「ねえ、球喜、ついでに彼のプレゼントも買いたいんだけど……見たててくれる？」

　そう言って強引に球喜の腕を取って歩き出した。かよはまだノバという男とつき合ってるらしかった。何度となく喧嘩し、そのつどクドクドと球喜にグチるくせして、結局、別れきれないでいることに球喜はいい加減にウンザリしていたので、男の名前すら覚えようとしていなかった。まして彼の好みなんてのは、何十回となく聞かされてるわりには何一つ覚えていない。「ねえ、かよ、あなたの買物につき合うつもりだったけど、彼へのプレゼントは自分自身で選んだ方がいいんじゃない？私も家にやり残したことがあるので帰りたいんだけど？」

　遠慮がちに持ち出してみると、案の定まだ早いからいいじゃないのと、しつこく引き止めようとする。特別に用事があるでもないのに球喜は一人になるため、かよを煙にまいた。

「男の人って、自分のために一生懸命、考えてくれたのと友達とワイワイ選んだのとでは喜び方が違うと思うのよ。私だったら時間をかけて、心をこめてくれた方がうれしいけどナァー。」

　かよは渋々と球喜を自由にしたが、日を改めて、もう一度つき合うことを約束させられてしまった。

　早目に昼食をとったのと、いつになく、かよの決断が良かったので時計は二時になったばかりだった。こんな中途半端な時間に帰っても夕食までの時間をもて余すに違いない。球喜はことさら自分自身に理由づけして貢の家へ寄ってみることにした。

　あの日以来、電話もかけずにいたので、最初、何と言って訪ねようか……、あれこれ迷ったが、呼鈴を押して貢の顔を見ると面映ゆいばかりで、用意した言葉は何一つ出てこず黙りこんでしまった。

　貢は小さな黒ネコを抱いたまま部屋へ通し

てくれると、

「どうしてた？風邪引かなかった？」

　何のこだわりもなくニッと笑いかけてくる。球喜は、ほっとしながら目ざとくコタツの上の吸いかけのタバコを見とがめた。

「お客さん？」

「ううん、どうして？」

「だって、タバコ……。」

「ああ、これ、私……。」

「貢、タバコ吸うの。」

「うん、吸うよ。でも始めたばかりだから本数は少ないヨ」

　半分以上に、灰になっているタバコの吸いガラをガラスの灰皿にもみ消しながら、貢はいつになく口が軽かった。

「もうすぐ今年も終わりだね、お正月どうするの？」

「貢は？」

「毎年一人で過ごすんだけど、どうやら、今年はサチと一緒に迎えられそうなの。」

　貢はニコニコとタバコに手を伸ばした。マッチの擦り方がまだぎこちない。大きく吸いこんではいるものの煙を味わうよりも、心は他の物を味わうことでいっぱいらしかった。

「うまく行けばね。」

「今年中にサチの籍は上神田家から抜けることになると思うよ、今、親族会議の真最中‼」

　球喜は何故か自分でも分かるほど気落ちしていた。

〈ばかな……貢の喜びを一緒に喜べないなんて私はどうかしている。〉

　そう思って、

「そう良かったね……」と言ってはみたものの、同時に大きな溜息が出てしまった。

　貢は、いつ妹が帰っても良いように下着から、ネグリジェ、洋服、靴と、あきれるほど完璧に揃えていた。

「サチはね、私と違って淡いピンク色が良く似合うんだ。今までフリルの付いたのが好みだったけど、もう子供っぽすぎておかしいよネ」そう言って頼みもしないのに、次々と球喜の前に用意した物を広げてニコニコしている。「ふうーん、貢は妹思いだもんね。親族会議には出なくていいの？」

　マッチ箱を、立てたり、ねかしたり、弄んだ球喜はチラッとベッドの方を見る。途端に先日のことがパッと脳裏にひらめき、球喜の体は熱くなった。あの日、熱におかされたように求めた貢の唇が、爽やかに目の前にある。だが、雰囲気は、まるで違っていて、何も無かったかのような貢の声音に、球喜は眩暈のようなじれったさを覚えた。

　冬の日は足が早く、昼と黄昏時の境目の一瞬を思わせるような空間がそこにあった。それは単に時の空間というよりも、思考のズレを思わせるような苛立ちを含んでいた。どちらかが努力すれば苛立ちが薄れるのにというあせりの空間である。

　球喜の手の中で、マッチ箱は何百回となく回転し、溜息が洩れる頃になって、貢はようやく気が付いた。球喜をジッと見てクスリと笑うと、今つけたばかりのタバコを揉み消しながら腕組みをして話し詰めた。

「私がサチを愛しいと思う時、よく自分の心を分析するんだけど……サチがこの部屋に居て、私と二人で居る時は、別にどうってことないんだよネ。サチが髪をとかす時も、風呂から上って肌の手入れをしている時も、私は気軽にサチに触れ、触れることで愛情を示してきたんだけど……。」

　また、クスリと笑って、組んでた腕をほどき、今まで球喜が遊んでいたマッチ箱を手に取った。

「二人きりの時は、自由に振舞うんだけど、外に出た時とか第三者が居る時は、まあ、髪

をなぜたいと思っても、他人の目を意識して我慢するよネ？今の小林さんのような気持ちになるんだと思うな。」……やさしい微笑みが言葉を和らげる。

「自分が自由に振舞えない時って、相手がすごく美しく見えたり、眩しくてまるで高嶺の花のような得がたい存在に思えるもんネ……」

貢は球喜の顔を覗きこむ。

「私達は今二人きり、迷ったり、苛立ったりするのはおかしいよ。」

球喜は慌てて視線を伏せた。

「……」何とうまい表現をするのだろう……。

たしかに球喜は二度目の貢の部屋で、前回のような時間を持ちたいと思った。肌を触れ合わせるよりも、あの時、求め合った心が欲しかった。よそよそしさのない、許し合った者同志がかもし出す、あの安らぎである。しかし、この場に二人きりだと言われても馴れていなければ自然に振舞えないことだってある。

思えば貢のことはほとんど知らないといっていい。二人共、どんな仕事をしているのか、話し合ったこともないし、過去のことも、幼い頃の思い出も、伝え合ってはいないのである。話題に出るのは妹のサチのことか、動物のことで、肝心な本人の好みや希望など一度も聞いたことがない。今にして初めて、球喜は切ないほどに、貢のことを知りたいと思った。

朝、起きて、夜寝るまでの二十四時間、何をしてるのか聞きたかった。いろんな思いが渦のように回り出し、とうとう球喜は泣き出してしまった。感情が激すると、何をどう処理していいか分からず哀しいほどに好きだという思いに涙がこぼれるのである。ボロボロとあきれるほど大粒の涙がこぼれる。貢はさも困ったというような顔で近寄り、

「あなたは……いいの？」

「……。」

「苦しんだりしないでネ、私は自分に忠実にしたいようにするから、もしイヤだったらそう言って……。」

貢はティッシュペーパーを二枚、球喜の顔に広げて、そのうえから顔をクロスさせるようにして眉と眉の間に例のキスをした。

今まで胸につかえていた不安が、一度にぬぐい去られ、球喜は声に出して長い溜息をもらした。

途端に自分の体が柔らかくくずれて以外と力強い貢の腕を感じた。

「小林さん……本当にいいの？もしイヤだったら言ってくれなくちゃあ……。」

貢は球喜の両足の間に、自分の足をすべりこませおおいかぶさるように言う。球喜はじれた。

〈……こんなに好きなのに……〉

下から貢の体にしがみつくようにして身もだえる。

「イヤだから……いつまでもそんなこと言うと。」球喜が言い終わるか終わらないうちに、貢は荒々しくその唇をふさいだ。悲鳴のような小さな声が、二人の唇の間ではじける。

悲鳴というのは何と不思議なものだろう。

承諾を含んだ時のそれは甘くしびれるように貢の心臓を貫いた。小さなかぼそい語尾は貢の中の征服欲をかき立てる。

球喜の黒いセーターをたくしあげると、突然真白な肌が現われハッとして目をそむける。少したじろいだ目の前には、掛ける間もなかった球喜のコートがグッタリと広がっている。かまうものかという思いがいっそう貢を荒々しくさせた。目と言わず、口と言わず、いたるところにキスの雨を降らせる。右手はせわしなく球喜の胸をさぐり、その形の良い隆起をわしづかみにしては揉みしだいた。

球喜は必死になってグイグイと貢の体にし

がみついてくる。ピンとそった棒のように全身硬直して、ガタガタと震えていた。

やがて貢の唇がピンク色した乳首をとらえると、そのつど球喜の体はピクピクと跳ねた。貢の手はなでさするように球喜の胸にからみつく。トックリのセーターを脱がせるには少し手間取ったが、マキシのスカートは簡単に取ることが出来た。黒のセーターに逆らうかのように肌の色はあくまで白く青々としている。

パンティストッキングの上から、下腹部に手を添えると、柔らかくなり始めていた球喜の体が、また棒のように硬直する。愛撫に酔いながらも、自分の身にやがて起こるだろう予感のために、貢の手が動くたびにビクビクと体が跳ねる。

とうとう最後のものまで失くした球喜の裸体が神々しいまでにその部屋を支配すると、さらにそのすべてを支配するために貢の指先は秘部をさぐった。球喜は、自分の体と貢の体の間に距離があるのを恐れるかのように強い力でしがみついてくる。

貢の指先は、もう理性とはかけ離れた進み方をしていた。花芯にあてがった指に少しだけ力を入れると、その分だけ球喜の体は上に逃げる。力一杯抱き締めて、改めて指先を進めていくと、球喜は痛がって上へ上へと逃げていく。息も絶え絶えに乱れる裸身の何という美しさ……首筋に浮き出た動脈が貢の中の欲望を駆り立てる。

球喜は両手をつっぱり歯をかみ締め苦痛に耐えながら、侵入者を受け入れようとしている。貢の指は痛いほどの窮屈さを覚えていた。進むことも退くことも出来ないほどしっかりと、球喜の花芯に捕えられていた。胸の奥深い所からこみあげてくる快感！二人の息遣いだけがその行為を許しているたった一つの証しのように貢を勇気づけた。

「私のわがままを許して!!」そう言って貢はフワッとその顔を花芯に埋めた。球喜は思わず声を出していた。悲鳴に近いその声は、脳髄を駆け抜ける金属的な快感によるものだったが、一瞬、すべての生命体が動きを止めるほど大きな声だった。ジッとうずくまっていた猫たちが一斉に二人の方を見る。

貢は締めつけられている指を動かしながら、彼女の一番敏感な部分にキスをくり返す。球喜の声は次第に高く長くなり、体全体が波打ち始めていた。

「やめて……苦しい……もう切ないから……」

切れ切れに訴える声は、必ずしもやめて欲しいと望んでいないことを貢は感じ取っていた。しなやかな指は、まるでわがもののように球喜の体の奥深くまで自由にしていた。チロチロと良く動く舌と弾力のある唇は球喜を捕えて放さなかった。

〈ごめんなさい、こんな愛し方しか出来なくて……ごめんなさい、ごめんなさい……〉

貢はくり返し心の中でつぶやいた。わがままの限りをつくしたのに、球喜に快楽を与えることも出来ない自分を恥じていた。

球喜はいつの間にか涙で顔をクシャクシャにしている。それに気づいた貢は慌てた。後悔が稲妻のように五体を貫ぬく。泣かせてしまったと思うと、今まで頭を熱くしてたものがいっぺんに吹き飛び、寒気がするほど心細くなった。

〈私は何てことをしたんだろう？……〉

後悔が矢継ぎ早に貢を責めた。彼女は人恋しかったのだ。妹のサチが居なくなってずっと恋しかったのだ。次々に溢れてくる愛情をそそぎこむ対象が欲しかったにすぎない。

「ごめんなさい!!私を許して!!」貢は自分の右手を左手で包みこむようにして前に掲げた。球喜はゆっくりと上体を起こして、さし出さ

れた貢の手をそっと引き寄せると、

「みつぎ……どうしたの？悔む事ないのよ、私すごくしあわせなんだから……」そう言っておちつき払って貢の手にキスをした。

　つい先きほどまで恥羞で硬くなってた球喜が、その瞬間から態度が一変し、ゆったりとした口調で語るようになっていた。それにひきかえ、まるで罪を犯したかのように首うなだれて、貢はほとんど声も出せないでいる。

「みつぎ……私が欲しかったんでしょう？ならいいじゃあない。私もそうして欲しかったんだから……」そう言ってまた、首っ玉にかじりつくようにしてキスをねだった。

　何ということだろう。あんなにグイグイと吸いこむだけの技巧しかなかった球喜の舌は、ゆるやかに甘く、眩暈がするほど柔らかく貢の中に溶けこんでいた。何もかも与えた人だからという安堵がそうさせるのか、それとも愛されてるという自信からか、先程とは打って変わった球喜の態度にテレながら面くらってるのは四つも年上の貢の方だった。

　貢は気を静めるため、タバコに火をつけた。暗がりの中にパッと球喜の裸身が浮かび上がり、煙をはき出す時は、かき消すように闇に溶けた。目をつぶると、まぶたの中の余韻は壁に写ったシルエットまで鮮明に甦らせる。タバコを胸一杯吸いこむと、こんなことをしていいのだろうかという、自分自身に対する非難めいた疑問と、両手の中で身もだえていた柔らかい肉の感触が、叫び出したいほどにこんがらがって貢におそいかかってくる。

　その時、奇妙な沈黙を破ってけたたましく電話のベルが鳴った。貢にとっては、ほっとするような救いのベルであり、球喜には甘い余韻を消し去る非情の音だった。

「……ハイ、加世ですが？……ええそうです……」球喜はけだるいような安堵の中で、ベッドの端の方に体をずらせた。

　貢が側へ来て、もう一度やさしさを伝えてくれるかも知れないという、無意識の期待が球喜をほのかに包んでいた。両手でそっと自分の胸を抱くと、まるで他人に触れられでもしたように全身に電流が流れる。

　球喜は思わず小さな声を出してハッとした。ピリッと張りつめた空気！……静寂の中の奇妙な違和感は、浮き立つ心をピシャリとさえぎられたようで心細くなる。

「貢？何だったの？……ねえ、誰から……？」

黙々と立ちつくしてる背に問いかけながら、不安のシミが目の前にポツンと生まれたように感じた。貢はズルズルとその場に坐りこんだ。不安のシミは一挙に広がった。

　球喜は目の前をかきわけるようにして全裸のまま貢の側へにじり寄った。

「どうしたの……？」問いかけながらもその答が恐くて声はささやくように小さい。

「……サチが死んだんだって……。」

　そんな馬鹿な、ウソよね、ウソよねと、貢は狂ったように叫び出した。側にいる球喜をギリギリとありったけの力で抱き締め、

「こんな風にサチを抱いて迎えるつもりだったの、こんな風に頬ずりしてあの娘を癒してやれるのは私だけなのに……。」


　いろんな思いをふっきるように、球喜は勢い良く立ち上がった。こんな気持ちのまま新年を迎えるのは耐えがたい。それにあの後、貢の身辺がどうなったかも知りたかった。

　いくら電話をしても受話器を取る人がいないということは、貢は家にいないのだろうか？でもあのたくさんの猫達の餌だけでも与えに帰ってくるに違いない。球喜はそれまで根気良く待つつもりで家を出た。

　冷たい風が容赦なく吹きつけてくる。外で待たねばならぬかも知れないので、球喜はセ

ーターの重ね着をし、カイロまでポケットに入れている。

　妹の葬式も初七日も終わって、今頃ボンヤリ気抜けしているかも知れない。球喜はなぐさめの言葉を用意しながらも、半ば浮々とした気分で道を急いだ。足元の道は乾ききっていて、北風が吹くと足に痛みを感じるほど砂をまき上げたたきつけてくる。

　冬の日は明るさが乏しい。正午を過ぎるともう夕方が待ち構えているようだ。少し早く着きすぎた球喜は、ドアの所へメモを挟んでどこかで時間をつぶさねば……と思った。

　夕方には帰ってくるだろう……。今日こそは逢って声を聞きたい。「どこへも出かけないで下さい、球喜」と書いて窓の中を覗いた。ピタリと閉じられたガラス戸の内側には、見覚えのあるカーテンが引かれていて、人の気配はない。

　球喜は一時間あまりお茶を飲み、ゆっくり帰ってみると、メモはそのままである。ブラブラと歩きながら、何分かを過ごし、窓を見上げて、また、別の店へお茶を飲みに行く。さらに一時間後、泣きたいような気持ちで窓を見上げたが、何の変化もない。あたりはすっかり暗くなり、街灯がないその辺は、道路の真中を歩いても何かにつまずくのではないかと思わせるほど視界が悪くなっている。暮の二十八日といえば、正月休みでほとんどの家が田舎へ帰省してしまったのか、あたりは静まりかえって不気味なくらいである。

　球喜があきらめて玄関に背を向けた時、あたりがパッと明るくなった。はっとしてふり返ると、貢の家の台所に灯りがともってるではないか。球喜は自分の書いたメモをクシャクシャにしながら、夢中でドアをドンドンたたいた。たたきながら涙がこぼれてくる。

　メモは自分が挟んだままの型であり、外から帰った形跡がないとすれば……。いないものとばかり思ってた自分の愚かさ、なぜ一度でも呼んでみなかったのか……。一人ポツンと飲みたくないコーヒーを前に、つぶしてしまった時間の、あまりの長さともったいなさ……。自分への腹立たしさと、やっと逢えるという喜びが、球喜の感情を揉みくちゃにしていた。内鍵がはずされるのを待ちかねて飛び込み、何も言えず貢の胸にしがみついて泣いた。

　ひとしきり泣いてようやく落着くと、貢の静けさが気になり始め、やっとのことで顔を上げる。涙でぼやけて見える貢の顔は、ギョッとするほど憔悴しきっていた。これがあの美しく、力強かった貢と同一人物だとは、まるで思われない。壁に寄りかかったその姿は本当にひとまわり小さく、か細くなってるのだ。頬はゲッソリと落ち、目は精気を失い、黄色く濁っていた。

「いったいどうしたの!?」

　両手をつかんで球喜はまた、ギョッとした。腕がないのだ、いや、ないと思えるほど小さく、細くまるで骨だけのようになってるではないか。球喜は胸がつまった。

　何ということだろう！いったい何ということだろう？きっとろくに食事もとってないのだろう。あんなに厳かにいつでも泰然自若としていた彼女が、まるで生ける屍のようにユラリと球喜にもたれかかってきた。

　球喜はしっかりと支えながらあまりの軽さに、もうこらえきれずに涙がドッと溢れていた。その体を力一杯抱き締め、頬ずりし、何度も何度も許しを請うた。

　なぜもっと早く訪ねて来なかったのか……気恥ずかしさが先行していたとはいえ、一番気落ちしてるだろう貢を今まで無理に訪ねようとしなかった自分の冷たさが、ヒシヒシと胸を打つ。

深々と胸の中に貢の頭を抱き込み、バサバサになってる髪をゆっくりと手ぐしでとかした。いたわしさに涙が次々と溢れてきて、何をするにも、無言の涙の中でだった。

冷蔵庫の中には何もない。米櫃にはかろうじて一合あまりの米粒が残っていたので、球喜はそれを炊いておにぎりを作った。横たわっている貢の口に持っていって、無理に食べさせると、ゲーゲーともどしてしまう。吐き出した米粒と、口のまわりの汚れをぬぐう気力すらないのである。

球喜はヒックヒックとしゃくり上げながらお湯を沸かした。垢と汚れで異臭を放つ貢の体を、丁寧にすみずみまで拭き清めた。照れ臭そうにほほえんでも目を閉じたままである。

次に球喜は自分の家に電話を入れた。事情があって友人の看病をするから、しばらく家へは帰れない。急用の場合は、貢の家へ電話をしてくれるように頼んだ。用件だけで電話を切ると、貢は眠っていた。青白い顔は、まるで死人のようにピクリとも動かない。

球喜は心細くて、何度も何度も貢の胸に耳をあてて、その心音を確かめた。このままひっそりと命の火が消えていってしまうのではないかという不安が絶えず胸をかすめる。

妹の幸が死んだと聞いた時は、死をこんなにも身近に感じはしなかった。それがどうだろう。今、球喜は失神しそうなほどの恐怖と戦っている。今すぐ救急車を呼んだ方がいいのではないか？それとも、ただ、痛ましく思うからこんなに胸が騒ぐのだろうか。ただ疲れてるだけなら、明日になれば医者に来てもらおう。胃袋が食物を受け付けないほどに衰弱しきってる時は、どうすれば良いのだろう。

判断をひとつ誤れば一人の命が失われるような怖れが、絶えず球喜の胸を圧迫し続けていた。今夜はゆっくり寝かせてみよう……。まさかこのまま死んでしまうなんてことはないだろう。貢の首筋のトクトクとした青い血管を見ていると、今、確かにここに生があると感じていられた。

……かわいそうに……。でもなぜ電話に出なかったのだろう？妹さんは何の原因で死んだのだろう。貢から聞きたいことは山ほどあった。

これからどうするのか、自分のことをどう思ってるのか……。寝顔を見つめていると、いつの間にか外が青くなり、朝がきたようだ。

ポケットには冷たくなったカイロが、異物のように納まっている。あったかい時は、あんなに手になじんだのに、ビロードで作られた袋のツルリとした肌ざわりは、もうポケットから取り出しただけの物に変わっていた。

部屋をグルリと見渡すと、そこここに猫の爪痕が残っていて柱を白く傷付けている。

「サチ……イルカがいないよ。」ポツリと貢が口を開いた。

「起きたの？」球喜が覗き込むと、自分の言葉で目がさめたのか、

「ああ、私、今、何か言った？」そう言ってかすかに笑った。

夢を見ていて、妹に話しかけるのに、少し大きな声で話したら、自分の声を聞いてしまったという。寝ていて聞く自分の声は、どんな風に響くのだろう？

「最後にこの家を出たのがイルカという仔猫でね、動くものを見つけると、本当にイルカのように話すんだよ。まるでそれが欲しいと訴えてるように聞こえるからおかしいもんだね。」

貢は首をすくめて笑って見せた。いつでもこうなのだ。球喜は物事がはっきりすればいいと思ってるのに、貢は飄々としていて、関係ないようなことばかりいう。

彼女には当面とって大事なことなどなくて、すべての微々たることがその都度クローズアップされるだけの人生で良いのだろうか。球喜は一、二度頭を横に振った。

「みつぎ……答えて欲しいの……。私は知りたいことがいっぱいあるの。お願いだから答えて……。」

ストーブの上では薬罐がチンチンと鳴り、湯気を立て続けている。

「みつぎがそんな風だから、余計私は単刀直入に物を言うわョ。いい？年が明けたら、私をここに同居させて欲しいの。あなたと一緒に暮らしたい‼サチさんのようにあなたのすべてを満たしてあげることは出来なくても、私のこのぬくもりを、いつでもそっくりあなただけに与えることができる。」

物憂げな貢の上におおいかぶさるようにして球喜は続ける。

「あなたのために食事の用意をしたり、本を読んだり、ラジオを聞いたり、二人だけの静かな時を持ちたいの‼」

球喜はもう自分の感情を持て余していた。そのままうつぶして、もっと駄々をこねてみたいような、何か言おうとする貢の唇を、自分の唇でフタをしたいような、イライラとくすぶったものが喉のあたりで渦巻いている。

「小林さん……何とどう話せば良いのかよく分からないけど……私の中は、妹の事でいっぱいなの……妹が居るというだけで私は生きてこれた。妹が幸せであれば私も幸せでいられた。私の過去も、未来も、何から何まで妹なしでは考えられない……。きっと分かってもらえないと思うけど……。」

貢は大儀そうに寝返りを打った。球喜に背中を向けたことでそれとなく球喜の愛に答えられないことを示したようである。

「なぜ……どうして私ではいけないの？私を愛してくれたじゃない。あなたにとって妹がすべてであるように、私にとってもあなたがすべてになっているのに。」

今はもう貢の体を気遣うことすら忘れて球喜は語り続けた。

「私……あなたが好き‼死ぬまで一緒にいたい。お父さんやお母さん、世間の人達とのつながりを断ってもいい。誰にも認められなくても、誰にも祝福されなくてもいい。私を信じて‼」

「ありがとう……。私なんか、そんなに思い込まれるほどの人間じゃないのに。でもね…愛って何だと思う？……最近になって分かったんだけど、血のつながりを持つことが愛なんだと思うナ。他人同士が結婚して、血のつながった子供を生み、育てて行くこと。私はそれが出来ないから、血のつながった妹を心底愛した。妹だからいつまでも愛し続けることが出来たのだと思う。もしこれが他人の、仮にあなたを愛したとしたら、一年二年はお互いに夢中で過して、三年、四年目には一度や二度の喧嘩をして、五年、六年と二人で一生懸命働いても……一体何が残ると思う？あなたの求めている愛は何一つ生み出すことのない愛なのよ。今はいいでしょう。何も分からず若さにまかせてすべてが自由で……。でもきっと五十歳か六十歳頃に悔いがあなたを虜にすると思う。なぜこんな人生を選んだのだろう……と……。」「じゃあ、あなたは妹を愛して、実りが得られると思う？私と同じじゃない。本人がその愛に生きたいと思ってるんだから私はいいと思うけど……？」

「私には家族がいないわ。つながりといえば妹だけで……でもあなたは……。」

「それがどうしたの？私、貢のためなら何もいらない‼本当よ‼」

球喜は貢が遠慮していると思った。自分の気持ちを素直に表現することをまるで申し訳ないことのように思ってるととられた。

貢には、哀しさだけがある。こんな自分を夢中になって追いかけてくれることの、ほのぼのとした幸せすら、呼吸一つする間にすっかり哀しみの色に塗り変えられてしまう。貢は遠い山河を想った。……自分自身が谷川の流れのように、とどめようがないことを知っていた。ただそこにあるということ……、そしてそれは自然の場合、半永久的に続くのに、人間の場合、そこにいるということは、明日はもういなくなることを含んでいた。妹の幸は、叔父から身を守るため死を選んだ。そんなにまでして、何を守ろうとしたのか……単に肉体だけでなく、人として、毅然としなければならないことをやり通したのだろうか？死をもって行動することには、それだけの真理があると思った。貢は、ただ真理の何たるかだけを考えていた。

球喜はあまりのことに絶句していた。電話の声は二度同じことを告げて消えるように切れていた。見知らぬ人の声が耳の中に重々しく残っているが、自分の目で確かめるまで信じられない。その思いが強くて、ころぶように駆けていった。公園の近くを通ると二人で時雨の中を走ったのが、つい昨日のことのように思い出される。この寒いのに女の子が二人ブランコに乗っていた。キーキーという鎖の音にまじって小さく笑いながら、○○ちゃんと名前を呼ぶのが聞こえる。のどかな絵のような風景を目の端にとらえると、なおさら貢の死が信じられなかった。

こんなにも想っているのになぜ貢の心は自分に向かって開かれようとしないのか。なぜ死なねばならないのか、なぜ私では駄目なのか……。

球喜はくやしさをこぶしでぬぐいながら走った。息がゼイゼイと喉のあたりにからみつき、足のもつれのように呼吸をもつれさせる。

新年を祝うためにいったん元旦の朝だけ球喜は自分の家に帰った。昼過ぎには貢のところへとって返すつもりでほんの数時間側を離れたのがいけなかったというのか？

貢はすでに死ぬことを計画して球喜宛に手紙を出していた。決行の日はいつでも良いのだが、区切りをつけるために多分新年は迎えないと思う、としたためられてある。

何とバカバカしいことを‼自分一人で悲壮感に酔い痴れてるだけじゃないか！ちっとも私のことなど考えてはいない。

腹立たしさが次々とこみ上げてきて、思いきりほっぺたのひとつやふたつ張りとばしてやりたい衝動に駆られた。駆られながらも球喜の胸はキリキリと痛んだ。痛みというのは肉体だけにあるんじゃない、切ないほどの恋しさが球喜の胸をかきむしり、やがて痛みとなって全身を包みこんだ。球喜は自分がこのまま死んでしまうような気がした。生命の綱が感情の乱れのままにもつれて、肉体の限界と同時にプッツリと切れてしまうような予感がする。荒い息と心の痛手との混乱の中でも、死の予感だけは目の前に鮮明に描き出されていた。

玄関を開けるのももどかしく奥の六畳の間に飛び込むと、所在なげに坐っていた婦人が、安堵の顔色で立ち上がり、後をお願いしますと言わんばかりに声のない会釈で球喜の横をすり抜けていった。警察の取調べがあったのか、あたりは何となく雑然としている。どういう訳か、ベッドの寝具は下に延べられ、ぶ厚い遺書が、その上に無雑作に置かれてあった。

つい今し方まで他にも人がいたのか、灰皿の中みは折れたタバコのくすぶりが今、まさに終わろうとしていた。

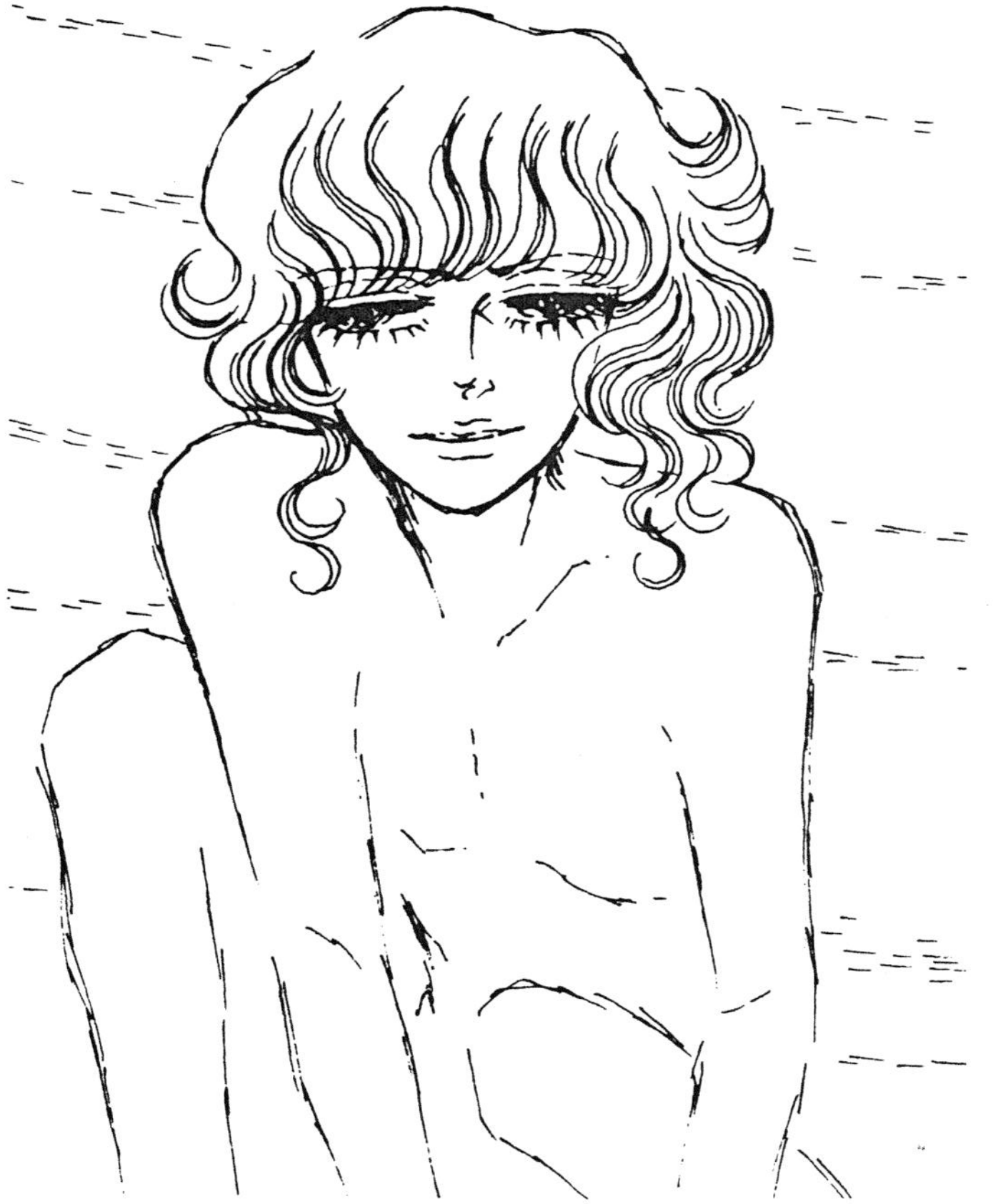

あまりの静けさはゆるぎない時の流れとなって恐ろしい力で球喜をおそった。

――倒れてしまえ……もう必要じゃない！こんなにメチャクチャに自分の中の糸が切れてしまった今、この異和感の中で人らしく振舞う必要はない――。

頭の中の冴えた一角が内部からの破壊を誘導する。白い布を取って貢の顔を見る勇気はなかった。停止した貢を確認した時は、自分もまた、すべての機能が停止してしまうような恐れを感じた。

青い便箋にビッシリと書かれた球喜宛の遺書はとつとつと始まり身ぶるいするほどの静かな決意のもとに、実行されたことが記されてあった。それは迷いの末でも、刹那の判断でもなくそうすることしか残されてないことを球喜に分かってもらおうとくり返し訴えていた。

――人は皆、それぞれの考えで、それぞれの人生を生きている。求め、失い、そして終わるのだから、たまたま私の人生が、こんな形だからといって、同情などしないで欲しい。不幸なことといえば自分は妹以外の人に心を開いて愛を求めることがなかった。それすらも私の中では充分倖せだったのだから……。

——あなたは絶対の確信の中で生きているか？私は今まで自分のために生きたことなど一日とてなかった。すべて妹のために、妹だけが自分の絶対的存在で他のものは何の力も持たなかった。妹を失った今、私はもう何も欲しくない。お金も品物も、明日という時間も……。

す、ご妹にそそぎ、妹に費やしてきた生活がその対象を失った今、続けていける訳がない。死ぬことはないじゃないかと言われるだろうが、生きる程のこともないと思う。そんな風に育ってしまったから……自分自身の欲など持ったこともなかった。あなたに対して愛じゃないのに愛した素振りは出来ないし、必要でないのに必要としてる振りなど私には出来なかった。

妹だけがすべてで私の生きがいだといくら言っても理解してもらえないでしょう。私はあまりにも片寄りすぎてると思う。でも他の生き方、楽しみ方を知らずにきたから、もうこれで良いと思う。あなたに応えてあげられなくて本当に申し訳ないと思っています——

貢の遺書は、苛酷なまでに球喜を打ちのめした。あんなにやさしく愛撫してくれた貢の中に愛がなかったというのか？……。

炎のように燃え上がった思慕の情は、行き場を失って目の前を真暗にした。

今朝見たばかりのかよからの年賀状が、あざ笑うように脳裏に広がっていく。

二月十日に式を挙げます。
ぜひ御出席下さい。
私の中には新しい命が宿っています。
今度こそ本腰を入れて、彼と二人、
素晴らしい家庭を、築いてみせます。
ノバ＆カヨ

一方では月並みな恋が傷つきながらも実り、歴史の一ページを作るための男女の交りがもたれ、一方では、最愛の者を失う辛さに耐えられず元旦早々命を断つ者がいる。

これが世のしくみか？

上神田家からは、誰一人として貢のところへ弔問に来る者はなかった。たかだか数十年の人の命を冷やかに見守る自然の意向か、戸外では北風がゴウゴウと吹き荒れていた。

球喜は冷気に向かって、ひそやかな抵抗を示すかのように、無意識のうちに着てる物を脱いでいった。

全裸になって初めて、貢の顔にかけられている白い布を取った。

数少ない年賀状にまじって貢からの手紙を発見した時、今別れてきたばかりなのに、もう恋しくてときめきながら封を切った。

今、こうして別々の世界で対面しても、尚ときめきが淡く広がる。もしもまだ貢の霊がこのあたりにいるのなら、恋い焦がれている姿を見て欲しいと思った。球喜は両手で自分の乳房を抱き締め、自分で自分の肩にキスをした。強く強くいつまでも吸い続けて、左の肩に赤い花を咲かせた。自分自身があまりにも可愛そうで、そうせずにはいられなかったのだ。

この数日来、貢の寝姿を見慣れたせいか、まじまじと顔を見つめているとフッと目を開けて、眩しそうに笑ってくれるような気がする。手を伸ばしてみたが、貢の冷たくなった頬は球喜を受け入れようとはしなかった。ふれてみて初めて、恐ろしいほどの早さで、貢の死を悟った。

この家の一角だけ異質な空気で満たされ、そしてまた、球喜自身も、ありきたりの生き方でなく、逆らいの人生を歩むことを予感していた。鮮かな花ビラの中にその第一歩を記し、私たちの仲間入りをしたことを告げて、創作を終わりにしたい。

送春歌

森　冬美

男がようやく体から離れた。

牧子はしばらくの間、ベッドに仰向けになったままでいた。これで男と知り合って何度目の交渉なのだろう。牧子は指折り数えてみた。だんだん弛緩してくる体で。

その間、牧子が達したのは五分の一ぐらいだろうか。男は疲労の色の濃い背中で、しばらくの眠りをむさぼっている。

そんな時、牧子はその背中が年寄りじみて見え、嫌だった。

ベッドから起き上がり、そっと服を着る。窓を細くあけると、よどんでいた部屋の空気が徐々に薄まってくる。男は緩慢な動作で寝返りをうとうとして、ハッとしたように目をあける。

——今、何時？

——10時40分を少し回ったところよ。

——風呂はすぐ入れるのか？

——沸いているわ。

——君も一緒に入ろうよ。

——私は後で入るからいいわ。

それだけの会話の後、男はたばこを一本喫ってから風呂に入る。

男には妻子がある。交渉の後に決まって風呂に入るのは、妻に気取られないためだ。

そうして、またワイシャツにネクタイをしめてきた時と同じように出ていく。

　それでも別れ際には、どこにでもいる恋人たちのようにキスを交わす。後には牧子が一人残されるが、寂しいようでいて、また、どこかホッとするような妙な気分になる。


　牧子は男と休日を過ごしたことが、殆どなかった。男には家庭があり、休みの日には妻や子供へのサービスが待っていて、会うのは平日の夜、それも主に牧子の部屋でだった。

　食事が済んで、しばらくすると男が待っていたように体を求めてくる。男というのは、女の心や肉体がそんな状態にあるか否かにかかわらず、自分の欲望のままに動こうとする。執拗に求められればられる程、牧子の心は冷めてしまうのだった。

　それでも抱かれていると、そんな心の動きとは裏腹に体は感じてくる。牧子は時として、そんな自分の体をおぞましく思うことがあった。そう思いながら、どうしようもないことが悲しかった。


　牧子は一年程前まで、同じ会社に勤めていた知里と一緒に暮らしていた。知里は22歳、伸びやかな肢体と、どこかあどけなさの残る顔が不思議と似合う女だった。

　知里が牧子の勤める会社に、初めて面接試験を受けにきた日、知里の回りに漂う華やかな雰囲気に、牧子は違和感を覚えた。その何をも恐れぬような若さに、あるいは嫉妬したのかもしれなかった。

　その初めての出逢いから十日が過ぎた頃、入社した知里の歓迎会があった。慣れない雰囲気と、少しの酒で酔った知里を連れて、牧子はアパートに帰った。知里は良くしゃべった。郷里のこと、それまでいた会社のこと、ボーイフレンドのこと……。問わず語りに話す知里の意外に素朴な人柄に触れて、牧子の気持は次第に和んでいった。

――一人暮らしって、味気無いものですネ。

――味気無いと思うことはあるけど、私は小さい時から一人でいることの方が多かったから、その方が気楽みたいよ。

――私は大勢の家族の中で育ったからか、一人で食事をするっていうのが、今だに慣れないんです。時々、たまらなく寂しくて、田舎に飛んで帰りたくなるの。

――田舎がある人はいいわネ。私にはもう帰っていける家もなくて、目を閉じても、どんな風景も浮かんでこない。この都会の中で、出来る限り自由にのんびりと暮らしていけたら、もうそれだけでいいわ。

――結婚はしないんですか？

――全く考えないということはないけど、余りしたいと思わない。あなたは？　まだ若いから、考えてないかな？

――私自身は今すぐどうこうと考えていないけれど、この頃田舎の両親が早くしろとうるさいんです。

――でも、これはっかりは本人の意思がなくてはネ。

――それが、うちの親はなかなか強引で、今にも相手を連れてきそうな勢いだから……困ってるんです。

　知里は本当に困り切った様子で、顔を曇らせた。その口許の余りの愛らしさに、牧子はしばらく見とれていた。


　その五月から、牧子は知里と一緒に暮らし始めた。一人暮らしが味気無いという知里と一人でいるのが好きだった牧子の同居生活のスタートは、牧子のアパートに知里が引っ越してきて始まった。

　都会の隅の小さな町にも、新緑が光りながら揺れていた。二人の暮らしは、順調に過ぎていた。知里は何より、二人で食べる夕食を喜んだ。銭湯に行くことも、珍しいのか無邪気にはしゃいだりした。

　知里がボーイフレンドとのデイトで遅くなった雨の夜、牧子はなぜか苛立っていた。窓に降りかかる雨をぼんやり見ながら、何も手につかずにただ知里の帰りを待っていた。その夜の知里は、雨に濡れて小さく見えた。窓にもたれて、うつむいて坐っている牧子の目の前に、知里の顔があった。そのくちびるが、一瞬何か言いたげに動いた。牧子は黙って知里を引寄せて、初めてくちづけをした。何度も何度も、長いくちづけをした後、牧子はゆっくり知里の体を開けた。
　小さな桃の蕾のような乳首を口に含むと、知里がわずかに体をよじった。それを舌でころがせると、愛らしい口許から小さなため息が漏れた。知里は初めてだった。シーツに散った真紅のバラのような血を見た時、牧子はベッドの上に横たわっている知里の体が、壊れてしまうのではないかという不安におそわれた。知里はただ目をつぶっていた。
　初めての出逢いの時から、あるいはこうなることを予期していたのかも知れなかった。牧子は、知里を愛していた自分をはっきりと見た。

　仕事を終えて、牧子はアパートに帰ってきた。もうすぐ、男がくるはずだった。手早く食事の支度を済ませて、レコードをかけ、たばこに火をつける。待つことは必ずしも嫌ではないが、中途半端な時間をただ漫然と過ごすには、余りにも疲れていた。疲れきっている時に、ぼんやり過ごすと、その分だけ疲労感が白い澱のように、体の底にたまるような気がする。

　じりじりとした気持でドアのチャイムの音を待っていた。自分と男との関わり合いは、何と呼ぶのだろう……。恋人、相談相手、愛人……？　そこまできて、ハタと思いあたった。

　他人から見れば、愛人関係以外の何ものでもない。会える時間に会って、短い時間をまやかしのような家庭生活とセックスとに費やす。その繰り返しが、もう何カ月続いているのだろう。それは耐えられない程嫌ではないが、待ち望んでもいない自分を、牧子は良く知っていた。

　牧子は男の顔が好きだった。思慮深そうな

額と柔らかな眼光を愛していた。一言一言かみしめるように話す時の声を愛していた。困った時に決断してくれる力強さを愛していた。そして、何より一人ぽっちだった牧子の傍にいてくれた優しさを愛していた。それが愛するということなのだと、牧子自身信じていた。

八時近くになって、男がきた。

――大分待っただろう。駅を出た所で、会社の奴と会ってネ。まくのに苦労したよ。

――そう、あなたには秘密が多くて大変ネ。

――何言ってるんだ。怒っているのか？

――ううん、別に……。

――昨夜、女房がまとわりついてきて困ったよ。あいつ、何か感づいているのかな？

――それで、満足させてあげたの？

――ああ、済まん。仕方なかったんだ。

――別に謝ることなんかないでしょ。奥さんなんだから……。

――今夜は随分絡むんだネ。

――……ごめんなさい。少し疲れていたものだから。

食事の時の酒が回ったのか、男がいつになく執拗にベッドに誘った。激しく愛撫しながら、男が耳許でささやく。

――やっぱり牧子の方がいいよ。若くてピチピチしてて……。女房の体なんか比べものにならないよ。

それまでになかった程、男は燃えて、牧子の体を嵐が通り抜けた。後にはけだるい疲労感と、一人の夜が戻ってくるはずだ。

闇の中のある空間を見つめながら、牧子は思った。自分の求めているものは、これではないと……。男を愛していると思っていたのは、錯覚ではなかったかと……。肉体の歓びと精神の満足感がどこかチグハグで、この数カ月、心のどこかに飢餓感が巣くっていた。

一年前までの知里との暮らしを思い出してみた。というより、一時たりとも忘れたことはなかったはずなのに、かたくなに思い浮かべることさえ拒んでいた。肉体のつながりと、精神の歓びはいつも一体となっていて、牧子は知里の寝顔を見ながら、この上ない幸福感に満たされていた。

その知里が、両親の強引な勧めで結婚が決まり、牧子の元から去ったのは、去年の若葉の頃だった。二人が暮らし始めた頃と同じように、緑の葉が淡く濃く、風に揺れていた。

二年間の生活は、楽しいことばかりではなかったが、牧子にとってかけがえのないものだった。愛する人と共に暮らすということの幸福を初めて味わい、そして失うことの辛さをもやはり初めて味わった。

悲しさ、憤り、口惜しさ、寂しさ、絶望感をみんな差し引いても、やはり愛するということの素晴らしさが残った。今、自分はやはり女が好きだと思った。女を愛したいと思った。

男が傍で寝息を立てている。その無防備な裸体と、ベッドの上に乱雑に投げ出されたティッシュペーパーが、異様に白く牧子の眼に写った。ああ、もう終わりにしようと初めて思った。

カーテンをあけると、透明ガラスの窓一杯に都会の夜が広がっている。それは、まるでパノラマのように、五月の空に浮かんでいた。

イヴ通信

Ⓐ職業Ⓑ身長×体重Ⓒ年令
Ⓓ星座Ⓔ血液型Ⓕ趣味
Ⓖ性格Ⓗ希望相手

●東京都

1 東京 Ⓐ自由業Ⓑ163×54 Ⓒ18歳Ⓓ獅子座Ⓔ? Ⓕ読書。陸上。ギター。Ⓖやや消極的Ⓗ石野真子のように可愛くて素直な娘。髪がやわらかくて綺麗な人

2 東京 Ⓐ自由業Ⓑ158×52 Ⓒ21歳Ⓓ獅子座ⒺO型Ⓕロックを聞く事。漫画を描く事。コンサートに行く事。ドンチャン!!Ⓖひたすら陽気で元気者!!獅子座の典型みたいな人間です。少々、甘えん坊で音楽大好き。Ⓗ優しい人で、私をリードしてくれる人。出来ればロックが好きなら尚いい。

3 東京 Ⓐ販売員Ⓑ158×49 Ⓒ21歳Ⓓ蟹座ⒺO型Ⓕ読書ⒼO型の典型。蟹座の典型Ⓗ160cm以上で細身の人。

4 東京 Ⓐ――Ⓑ161×59 Ⓒ22歳Ⓓ山羊座ⒺA型Ⓕ読書。サイクリング。Ⓖ山羊座そのもの。Ⓗ出来ればスリムな方。

5 東京 Ⓐ美容師Ⓑ158×49 Ⓒ22歳Ⓓ水瓶座ⒺB型Ⓕ読書。映画。演劇。絵画Ⓖ水瓶座のB型そのもの。一風、変っていて楽天的。欠点は現実感覚に乏しいところ。性格は男性的な方です。Ⓗ会ってみないと、よくわからないけれど…話し合える人。年上でしっかりした考えを持っている人がいいですネ。

6 東京 Ⓐ自由業Ⓑ158×48 Ⓒ22歳Ⓓ双子座ⒺO型Ⓕ映画。コーヒーをいれるⒼ一見、冷たそうに見えるが明るい。Ⓗ心から語り合える相手。

7 東京 Ⓐ会社員Ⓑ157×63 Ⓒ22歳Ⓓ水瓶座ⒺB型Ⓕ読書。レコード鑑賞。ナイフ収集。Ⓖ男性的Ⓗ精神的に成熟された方。

8 東京 Ⓐ自由業Ⓑ153×44 Ⓒ23歳Ⓓ双子座ⒺA型Ⓕ手芸Ⓖ明朗Ⓗ中性的な人160cm以上。

9 東京 Ⓐ会社員Ⓑ145×52 Ⓒ24歳Ⓓ水瓶座ⒺA型Ⓕ映画Ⓖ温厚Ⓗ気が合う人

10 東京 Ⓐ自由業Ⓑ157×51 Ⓒ24歳Ⓓ魚座ⒺB型Ⓕレコード鑑賞及び収集。Ⓖ色々で良くわからない。Ⓗ20代の可愛い子。

11 東京 Ⓐ自由業Ⓑ155×57 Ⓒ24歳Ⓓ水瓶座ⒺAB型Ⓕ多いⒼ一定してません。Ⓗ同じ男役の裏切らない人(友達)

12 東京 Ⓐデザイナ―Ⓑ159×48Ⓒ25歳Ⓓ水瓶座ⒺO型Ⓕ油絵Ⓖ気分的Ⓗ話し合える方。

13 東京 Ⓐ会社員Ⓑ160×48 Ⓒ25歳Ⓓ射手座ⒺA型Ⓕ絵画。ゴーゴー・ダンス水泳。Ⓖ楽天家。明朗。闊達。Ⓗ話して楽しい人。年令は特に問いません。気楽な友人として…。

14 東京 Ⓐ広告業Ⓑ154×42 Ⓒ25歳Ⓓ天秤座ⒺA型Ⓕ音楽。映画。絵画鑑賞。読書Ⓖ良くいえば情熱的、悪くいえば短気。一見派手、内面地道。Ⓗ精神面は会ってみないとわからないので、外見的な好みで言えば、細身で色っぽい人。黒髪の綺麗な人。

15 東京 Ⓐ会社員Ⓑ158×51 Ⓒ25歳Ⓓ獅子座ⒺAB型Ⓕドライブ Ⓖ無口Ⓗ年上(35歳まで)。スチュワーデス(全日空)

16 東京 Ⓐ自由業Ⓑ154×48 Ⓒ26歳Ⓓ牡牛座ⒺAB型Ⓕジャズダンス。観劇。和裁Ⓖのんびり型Ⓗ性格の良い人。

17 東京 Ⓐ自由業Ⓑ152×47

Ⓒ26歳Ⓓ天秤座ⒺO型Ⓕ木彫（仏像）Ⓖ波があるⒽ明るくて優しい年上の人。

18東京 Ⓐ会社員Ⓑ155×48Ⓒ26歳Ⓓ獅子座ⒺB型Ⓕ観劇Ⓖ開放的。正直。Ⓗ背の高い素敵な男役。

19東京 Ⓐ自営業Ⓑ160×60Ⓒ27歳Ⓓ双子座ⒺO型Ⓕ特に無しⒼ温和Ⓗ色白でポチャとした可愛い感じの人。

~~20東京 Ⓐ会社員Ⓑ153×47Ⓒ28歳Ⓓさそり座ⒺAB型Ⓕ読書。映画。音楽。写真Ⓖ協調性の無さを親から言われる。Ⓗ同じ様なタイプの友人。~~

21東京 Ⓐグラフィック・デザイナーⒷ164×48Ⓒ28歳Ⓓ魚座ⒺA型Ⓕスポーツ全般Ⓖ温厚Ⓗ年上で田中裕子タイプの人。

22東京 Ⓐ講師Ⓑ153×48Ⓒ28歳Ⓓ双子座ⒺA型Ⓕ映画。観劇。切手収集。Ⓖ向上心が強い。理屈っぽい。明朗。感情が表面に出てしまう。Ⓗ思いやりのある人。スリムな人。知的な話が出来る人。

23東京 Ⓐ看護婦Ⓑ163×49Ⓒ28歳Ⓓ牡羊座ⒺA型Ⓕドライブ。音楽。ヨガ。座禅。Ⓖ温厚（即ち優柔不断な小心者です）Ⓗ心でつきあえる人。活発な人。

24東京 Ⓐ学生Ⓑ161×60Ⓒ29歳Ⓓ獅子座ⒺA型Ⓕ読書Ⓖ温厚Ⓗ特に無し。

25東京 Ⓐ主婦Ⓑ156×50Ⓒ30歳Ⓓ水瓶座ⒺA型Ⓕ音楽、旅行Ⓖ短気。温厚Ⓗ外見普通。同年か年上。情熱的でアッサリしてる人。

26東京 Ⓐ会社員Ⓑ165×54Ⓒ33歳Ⓓ射手座ⒺO型Ⓕ読書。映画Ⓖ一見、冷たそうですが実は陽気で面白がり屋。Ⓗ同年令以上で雰囲気のある方。

27東京 Ⓐ自由業Ⓑ156×49Ⓒ35歳Ⓓ天秤座ⒺA型Ⓕ読書、麻雀Ⓖのんびり（ものぐさ）Ⓗ物静かな人。

28東京 Ⓐショー・ダンサーⒷ153×48Ⓒ35歳Ⓓ水瓶座ⒺO型Ⓕ手芸。ドライブ。Ⓖ明るい。大人しい。淋しがり屋。Ⓗ35～45歳位。少し太った優しい人。

29東京 Ⓐ会社員Ⓑ155×56Ⓒ36歳Ⓓ山羊座ⒺA型Ⓕ読書。音楽。スポーツ。Ⓖ温和でサッパリしているⒽ誠実で優しい人なら、年令は問いません。

30東京 ♡ ♡ ♡ ♡ ♡ ♡
デート・クラブ
「ルネ」
物語のプロローグは、貴女がきっかけです……。
詳しくは、60円切手2枚同封の上お問合わせ下さい。

31東京（共同経営者募集）新宿又は渋谷に皆が気楽に寄れる店（喫茶&スナック）を出したいと思います。関係の有る雑誌、写真集、ポスター等も取扱う予定。女性バンド及び楽器の扱える方や手品、人形劇等得意な人もご連絡下さい!!

●神奈川県

32川崎市 Ⓐ販売Ⓑ157×49Ⓒ22歳Ⓓ射手座ⒺAB型Ⓕ特に無しⒼ明朗、短気。Ⓗ特に無し。

33横浜市 Ⓐスナック経営Ⓑ163×49Ⓒ29歳Ⓓ山羊座ⒺB型Ⓕドライブ Ⓖ明朗Ⓗメイクアップをして常に女性的服装をしている人。中身は少し位男っぽくても結構です。

34横浜市 Ⓐ主婦Ⓑ155×54Ⓒ51歳Ⓓ魚座ⒺO型Ⓕ手芸Ⓖ誠実Ⓗ交際して下さる方なら…。

●千葉県

35千葉市Ⓐ会社員Ⓑ161×48Ⓒ18歳Ⓓ牡羊座ⒺO型Ⓕ読書（小説・童話・詩）ソフトボール。バレーボール。Ⓖ人見知りする。Ⓗ一緒にいて楽しい事が好き。安心出来る人。

36柏市 Ⓐ公務員Ⓑ160×65Ⓒ30歳Ⓓ牡羊座ⒺA型Ⓕ観劇、読書、釣り。Ⓖ円満Ⓗ誰とでも付き合える、明朗かつ誠実な方。

37柏市 Ⓐ自営Ⓑ164×57Ⓒ39歳Ⓓ双子座ⒺO型Ⓕテニス。民謡。ダンス。カラオケ。盆太鼓。Ⓖ明朗Ⓗフィーリングが合えば…

●埼玉県

38桶川市Ⓐウエイトレス Ⓑ169×52Ⓒ19歳Ⓓ射手座ⒺA型Ⓕイラスト。読書。Ⓖおしゃべりとジョークが好きな淋しがり屋。Ⓗ私は身長の割に脆い処があるので、タフで優しい人。

39大宮市Ⓐ自由業Ⓑ157×46Ⓒ21歳Ⓓ魚座ⒺO型Ⓕ読書イラストⒼ誰とでも仲良くなれる。良くしゃべる。明るい。短気。Ⓗ35歳までの細身のキャリアウーマンぽい人。甘えられる人。

40新座市Ⓐ会社員Ⓑ151×41Ⓒ21歳Ⓓ双子座ⒺB型Ⓕマンガ。音楽。Ⓖ甘えん坊。淋しがりや。Ⓗ私より背が高くて細身の人。好きものの人。尊敬できる人。しょっちゅう逢ってくれる

41埼玉 Ⓐ歯科助手Ⓑ153×43Ⓒ22歳Ⓓ双子座ⒺO型Ⓕシナリオ創作Ⓖ根本的に古風、曲った事が許せない。Ⓗ30代、40代のお姉さんかお母さんタイプ。レズビアンのサークルにも新しい波が必要だと思われる方、初めてサークルを作ろうとしている私に、アドバイスを下さる方、レズである事が知れても構わないと言う方、レズの映画、演劇、ロックバンドをやりたいと思っている方（兄がプロのミュージシャンなので売り出そうと思えばチャンスは有る!!）レズ同志、たまにハメ外して遊びまくりたいと思っている方、レズだってSEXより心だと強い信念をお持ちの方……以上どれかに当てはまる人

42上尾市Ⓐ技師Ⓑ170×54Ⓒ23歳Ⓓ水瓶座ⒺA型Ⓕドライブ。音楽。映画。Ⓖ真面目Ⓗ年上で女らしい人。

43川口市Ⓐ主婦Ⓑ158×58Ⓒ43歳Ⓓ双子座ⒺB型Ⓕゴルフ Ⓖ臆病Ⓗ年下で気持の可愛い人。積極的な人。

●茨城県

44取手市Ⓐ——Ⓑ150×45Ⓒ20歳Ⓓ天秤座ⒺA型Ⓕ読書、マンガ。Ⓖ明朗活発。ⒽAB型。22 or 23歳。中性的な人。

45水戸市Ⓐ学生Ⓑ154×50±αⒸ23歳Ⓓ山羊座ⒺO型Ⓕ読書。音楽鑑賞。果実酒づくり。Ⓖ徹底的甘えん坊型。ヒモ的変人タイプ。Ⓗ生涯の伴侶

46茨城 Ⓐ主婦Ⓑ156×53Ⓒ36歳Ⓓ山羊座ⒺO型Ⓕコーラス。バトミントン。英会話。Ⓖ神経質、反面クール。どちらかというと男性的。Ⓗ同年又は年上。可愛く知的な人。

●群馬県

47高崎市Ⓐアニメーター Ⓑ167×46Ⓒ23歳Ⓓ魚座ⒺO型Ⓕスキー。野球。Ⓖ内気で神経質だと思う。Ⓗ同年輩であれば。気の強くない人。

48高崎市Ⓐ主婦Ⓑ162×52Ⓒ29歳Ⓓ牡牛座ⒺB型Ⓕ手芸。ドライブ。レコード（シャンソン、宝塚）社交ダンス。Ⓖ物にこだわらずサッパリしている。内面少々気が強い。Ⓗ私より身長のある人。年上でしっかりしている人。太っていない人。近県の方。

●静岡県

49浜松市Ⓐ学生Ⓑ156×47Ⓒ24歳Ⓓ蟹座ⒺB型Ⓔドライブ。酒。読書。テニス。卓球。Ⓖ一本気Ⓗ誠実な方。

50富士市Ⓐ家事手伝いⒷ155×43Ⓒ27歳Ⓓ水瓶座ⒺA型Ⓕ琴、華道。着付。読書。旅（京の古寺めぐり）Ⓖ神経質。潔癖。非妥協的（内心）Ⓗ小柄で和服の似合う大和なでしこ。近県の方。

51静岡市Ⓐ講師Ⓑ154×41Ⓒ35歳Ⓓ水瓶座ⒺA型Ⓕ読書。野外研究Ⓖやや勝気Ⓗ特に無し。

●愛知県

52稲沢市Ⓐ会社員Ⓑ150×37Ⓒ21歳Ⓓ牡牛座ⒺO型Ⓕ旅行。スキー。読書。レコード鑑賞。Ⓖノーマルです Ⓗ思いやりがあり、優しくそしてプライバシーを尊重して下さる人。

53名古屋Ⓐ会社員Ⓑ160×62Ⓒ46歳Ⓓ水瓶座Ⓔ?Ⓕ旅行。映画。宝塚。女子プロレス。Ⓖ真面目。やや神経質。涙もろい。Ⓗ30代以上で心の優しい思いやりのある方。水前寺清子タイプの人だったら最高。独身で一人住まいの近県の方。細身が好き。

●岐阜県

54各務原市Ⓐ会社員（主婦）Ⓑ156×55Ⓒ37歳Ⓓ乙女座ⒺA型Ⓕ歌舞伎観賞。日舞猫と共に過ごす事。Ⓖ白黒のけじめの欲しい激しい性格を年令、常識で包んでる。Ⓗ同年令か年上で積極的なものを内にひめた常識家。

●大阪市・大阪府下

55大阪 Ⓐ学生Ⓑ150×46Ⓒ20歳Ⓓ牡羊座ⒺO型Ⓕ音楽鑑賞（歌謡曲以外）読書。美術。映画鑑賞。Ⓖ真面目。正直。素直。純粋。精神愛第一の純愛主義。友情第一主義。マザ・コンの典型的過保護タイプ。内向性。分裂気質。悲観主義。理想主義。精神的にか弱い。Ⓗ大原麗子か中島みゆきみたいに優婉で、年上（20代前半）で内面リード派（完全タチは嫌）で、誠実で一緒に住める位生活力ある…大阪在住の姉君。

56大阪 Ⓐ会社員Ⓑ153×?Ⓒ21歳Ⓓ双子座ⒺA型Ⓕロックンロール。ギターⒼ明朗Ⓗレズビアンだけでロックンロール したい!!サウンドにのせて叫んでみたい!!レズビアンバンド結成希望。音楽ジャンル。年令不問。又、自主製作「風たちの午後」に拍手を送った方、腕を組みませんか!?

57大阪 Ⓐ家業の手伝いⒷ155×51Ⓒ22歳Ⓓ牡牛座Ⓔ?Ⓕスキー。グラフィック・デザイン。Ⓖはっきりしている。強情。温和。Ⓗ嘘をつかない人。見た目は女の子らしくて、でも男らしい人。しっかりしていて思いやりのある年上の人。

58大阪 Ⓐ店員Ⓑ156×50Ⓒ23歳Ⓓさそり座ⒺA型Ⓕドライブ Ⓖ人見知りをする。割と無口。Ⓗ女性らしく、積極性のあるしっかりした人。

59大阪 Ⓐ会社員Ⓑ158×47Ⓒ26歳Ⓓ射手座ⒺA型Ⓕテニス。乗馬。油絵。Ⓖ情熱的Ⓗ25歳前後。女性っぽい人。

60大阪 Ⓐ店員Ⓑ160×57Ⓒ28歳Ⓓ山羊座（水瓶座の影響が大きい）ⒺB型Ⓕ音楽。絵画鑑賞。お菓子づくり。Ⓖ温和。明朗。初対面でも友人になれる。気が小さい。お人好しだが芯はしっかりしている。Ⓗ明るく勝気で気の大きい思いやりのあるO型の人。

趣味は芸術のわかる人。160～170cm。55～60kg。23～30歳。目のきれいな人。

61大阪 Ⓐ会社員Ⓑ153×52 Ⓒ30歳Ⓓ天秤座ⒺA型 Ⓕ観劇。コンサート。映画鑑賞。Ⓖ明朗Ⓗヒューマニスト。リベラリスト。

62大阪 Ⓐ調理師Ⓑ150×52 Ⓒ33歳Ⓓ魚座Ⓔ?Ⓕ観劇（特に宝塚）Ⓖ人見知り。明るい。Ⓗ可愛い人。

63大阪 Ⓐ宗教家Ⓑ152×55 Ⓒ46歳Ⓓ山羊座ⒺAB型 Ⓕ心霊。医学。心理学。Ⓖ明朗Ⓗ小柄で気が長く、愉快な方。

●京都府

64京都市Ⓐ会社員Ⓑ155×50 Ⓒ29歳Ⓓ獅子座ⒺA型 Ⓕ読書、レコード鑑賞。パチンコ。Ⓖ少し変ってる。頑固。くそ真面目。Ⓗ色白で細くきゃしゃなタイプ。八神純子を細くして坂口良子に出来るだけ近付けた感じの人。出来れば、髪の長い人。

65京都市Ⓐ会社員Ⓑ148×43 Ⓒ54歳Ⓓ天秤座ⒺA型 Ⓕ旅行。読書Ⓖ潔白。穏和。ロマンチスト。やや消極的。Ⓗ心の優しい方で35～45歳位（に見える方でも可）中野良子、桃井かおりタイプ。

●和歌山県

~~**66和歌山市**Ⓐ主婦Ⓑ156×44 Ⓒ37歳Ⓓさそり座ⒺAB型 Ⓕ読書、ボーとしてる時が一番幸せ。Ⓖ自由主義。淡白。好き嫌いが激しい。義理堅い。Ⓗリードしてくれる女らしい人。仕事あり自信を持って社会生活を営んでいる人。~~

●兵庫県

67神戸市Ⓐ――Ⓑ164×48 Ⓒ30歳Ⓓ山羊座ⒺB型 Ⓕ特に無しⒼ短気、優しい、ユニーク。Ⓗ気が合う人。外面は女性的な人。

68明石市Ⓐ犬の美容師Ⓑ162×54Ⓒ22歳Ⓓ山羊座Ⓔ?Ⓕドライブ。油絵。読書。Ⓖ知れば知る程、味が出てくる!?Ⓗごく自然に愛し合える女性。

69明石市Ⓐ運転手Ⓑ153×44 Ⓒ31歳Ⓓ山羊座ⒺO型 Ⓕ旅行。釣り。資格を取る。Ⓖ一見、陽に見えるが内面は陰だと思う。真面目。Ⓗ十人並の顔でいいけれど、何かと細かい所まで気の付く人。女らしい陽気な人。

70西宮市Ⓐ会社員Ⓑ153×50 Ⓒ21歳Ⓓ天秤座ⒺAB型 Ⓕ読書Ⓖ明るい。おしゃべり。Ⓗ年上でお金持の人。

71西宮市Ⓐタイピスト Ⓑ163×54Ⓒ30歳Ⓓ乙女座 Ⓔ?Ⓕ音楽、旅行。映画。Ⓖ優しい。几帳面。やや神経質。Ⓗ25～30歳位の良く気の付く人。

72姫路市Ⓐきもの講師 Ⓑ158×56Ⓒ34歳Ⓓ天秤座 ⒺB型Ⓕ古美術。音楽。きもの。Ⓖ少々短気。温厚で堅実。用心深い。Ⓗ年上の方できものに関心のある人。

●岡山県

73岡山 Ⓐ――Ⓑ150×46 Ⓒ32歳Ⓓ牡羊座ⒺA型 Ⓕ特に無しⒼ頑固Ⓗ特に無し。

●広島県

74広島 Ⓐ自営業Ⓑ153×58 Ⓒ58歳Ⓓ魚座ⒺO型 Ⓕ油画。旅行。Ⓖ内向性。衝動強い。Ⓗ年令は問いません。年一度でも旅行が出来る方。

75福山市Ⓐ会社員Ⓑ153×43 Ⓒ26歳Ⓓ天秤座ⒺO型 Ⓕ旅行。読書。レコード。Ⓖ明朗。温和Ⓗ同年代（なるべくなら同級）の人で、A型。やせ型で近県の人。

●山口県

76光市 Ⓐ事務員Ⓑ171×62 Ⓒ20歳Ⓓ牡牛座ⒺA型 Ⓕ読書、ロックを聴く。絵を描く。手芸。Ⓖとにかく一般的でない。外向的に見せているが、本心を出さない。人見知りする。Ⓗ出来れば、福岡か長崎の人。それ以外なら、自分の事を理解してくれる年上の人。

77山口市Ⓐ学生Ⓑ159×45 Ⓒ19歳Ⓓ乙女座ⒺB型 Ⓕマンガを描く。ロックを聴く事。Ⓖ内向的だが、騒ぐ時はメチャクチャ。Ⓗ出来たら年令の近い人。

●香川県

78高松市Ⓐ学生Ⓑ161×52 Ⓒ18歳Ⓓ射手座ⒺA型 Ⓕレコード。映画鑑賞。Ⓖくどい事が嫌であっさりしている。Ⓗ明るくて気さくな人。

79香川 Ⓐ会社員Ⓑ?×46 Ⓒ22歳Ⓓ山羊座Ⓔ? Ⓕカメラ。レコード。ショッピング。マンガを描く。Ⓖ短気。無鉄砲。神経質。理想主義。Ⓗ長身で細身。ハスキー・ボイスでリードしてくれる人。22～29歳。

●徳島県

80徳島 Ⓐ学生Ⓑ157×? Ⓒ18歳Ⓓ魚座ⒺO型Ⓕ映画 イラストのものまね。Ⓖめっちゃんこひょうきんものです。Ⓗ?

●宮崎県

81延岡市Ⓐ家事手伝い Ⓑ157×62Ⓒ20歳Ⓓ山羊座 ⒺAB型Ⓕ洋裁。マンガ。イラスト。読書。Ⓖ少々、人見知りをする。でも、馴れるとおしゃべり!!Ⓗ可愛い年下の子。又は、少々男っぽい年上の優しい人。

●大分県

82別府市Ⓐ事務員Ⓑ157×50 Ⓒ30歳Ⓓ魚座ⒺA型 Ⓕ読書。登山。Ⓖ温和 Ⓗ思いやりのある方。

●福井県

83勝山市Ⓐ自由業Ⓑ155×50 Ⓒ31歳Ⓓ水瓶座ⒺA型

Ⓕ日本舞踊。お酒。Ⓖさっぱりしていて、お酒が入ると良くしゃべる。Ⓗふっくらとして女っぽい人。

●石川県

84加賀市Ⓐ教師（主婦） Ⓑ156×50Ⓒ41歳Ⓓ双子座 ⒺO型Ⓕ読書。レコード。映画鑑賞。Ⓖ温和。卒直。忍耐強い。Ⓗ心打ち解けて話し合える人。出来れば、30代のスレンダーな美人。月に一、二度関西方面でお会い出来る方。

●岩手県

85岩手 Ⓐ公務員Ⓑ153×42 Ⓒ23歳Ⓓ水瓶座ⒺO型 Ⓕレコード鑑賞。詩を書く。Ⓖ内気。短気。わがまま。冷静。繊細で馬鹿正直。Ⓗ同年か年上で、同県又は仙台市の方。三原順子タイプの悪女でありながら、優しい人。

●北海道

86函館市Ⓐホステス Ⓑ153×48Ⓒ33歳Ⓓ天秤座 ⒺA型Ⓕドライブ Ⓖ明るい方、凝性。Ⓗ独身の方。

87札幌市Ⓐ主婦Ⓑ150×41 Ⓒ27歳Ⓓ牡羊座ⒺA型 Ⓕ映画。読書。手紙を書く事。音楽。Ⓖ明るい。ロマンチスト（多少、子供っぽい）。気まぐれ。Ⓗしっかりした年上の人又は可愛らしい年下の子。どちらでも構いませんが、誠実な方。

88札幌市Ⓐ――Ⓑ155×65 Ⓒ35歳Ⓓ魚座ⒺO型 Ⓕ旅行。音楽。映画。Ⓖ明るく少し淋しがり屋。Ⓗ妖精の様なセクシーな人そして大人。

89（編集部）掲載以外にも多数おりますので、ご希望地区・タイプ記入の方回送

形式結婚コーナー

簡単に説明すると、私達と同じ様に異性の肉体を愛せないホモ男性と、肉体関係なし（人に依り希望する人あり）の共同生活をする。本人の事情に依り、どうしても結婚せざるを得ない人が、同じするなら理解しあえる人と……。楽しく!!

Ⓐ職業Ⓑ身長×体重
Ⓒ年令Ⓓ星座Ⓔ血液型
Ⓕ趣味Ⓖ性格
Ⓗ希望相手

回 男性の部

90東京 Ⓐ公務員Ⓑ170×58 Ⓒ26歳Ⓓ魚座ⒺB型 Ⓕスポーツ何んでも。Ⓖ真面目。正直。Ⓗ女らしい人。お互いの考えが一致する人。

91東京 Ⓐ会社員Ⓑ158×52 Ⓒ28歳Ⓓ魚座ⒺO型Ⓕ旅行 写真。映画。音楽。マイコン。Ⓖ温和Ⓗ自分がおとなしいので、リードしてくれる様な女性。

92東京 Ⓐ会社員Ⓑ172×83 Ⓒ28歳Ⓓ射手座ⒺA型 Ⓕ食べ歩き。旅行。料理と洗濯（ストレスが溜っている時など、スッキリする） Ⓖ温厚で気が利く。Ⓗ22～27歳位で借り物で無い自分の考え、意見を何事に対しても持っている人。精神的かつ経済的に自立が出来、生き甲斐の感じられる仕事を持っている人。又は持とうとしている人。同性から好かれる可愛らしい人。体型は普通又はスリムな人。タバコは吸わない人。（数年又は数ヵ月の契約結婚。籍だけを入れて別居でも構いません。）

93東京 Ⓐ理容師Ⓑ169×59 Ⓒ30歳Ⓓ天秤座ⒺA型 Ⓕ映画。ポピュラー・ソング。マンガを描く。水泳。催眠術。Ⓖ誠実。努力型。馬鹿な位純粋に生きてるので裏目に出る場合が多い。Ⓗ24歳位まで。性を乗り越えた人間関係の持てる人。（若いうちは、必ずしも同居しなくてもいいですが…将来は同居を望む）

94東京 Ⓐ会社員Ⓑ172×62 Ⓒ32歳Ⓓ射手座Ⓔ? Ⓕ音楽。読書Ⓖやや内向的 Ⓗおっとりした人。

95東京 Ⓐ会社員Ⓑ166×54 Ⓒ33歳Ⓓ蟹座ⒺO型 Ⓕ旅行。音楽（ニューミュージック）Ⓖ温厚 Ⓗ163センチ以下。32歳以下高卒以上。顔も並上である事。SEXは多少努力出来る人。

96東京 Ⓐ会社員Ⓑ164×65 Ⓒ33歳Ⓓ双子座Ⓔ? Ⓕ旅行。英会話。カラオケ。読書。Ⓖ温和、人を楽しく笑わせるのが得意。Ⓗ年下で大柄で無い人。

97東京 Ⓐ会社員Ⓑ171×70 Ⓒ33歳Ⓓさそり座ⒺA型 Ⓕ旅行。音楽。Ⓖ温厚。物にこだわらない。Ⓗ特に無し。

98東京 Ⓐ販売員Ⓑ164×48 Ⓒ33歳Ⓓ魚座ⒺB型Ⓕレコード鑑賞Ⓖ真面目でおとなしい方Ⓗ25～35歳位。明るい人。

99東京 Ⓐ会社員Ⓑ165×55 Ⓒ35歳Ⓓ牡牛座ⒺO型 Ⓕレコード鑑賞。油絵。旅行。カラオケ。Ⓖ温和だが一途な面がある。Ⓗお互いの立場を分かりあえる性格の優しい人。25～33歳位。助けあって行ける思いやりのある人。

100東京 Ⓐ会社員Ⓑ180×74 Ⓒ36歳Ⓓ蟹座ⒺO型 Ⓕスキー。テニス。読書（政治、社会に関する）旅行。日本語の勉強。Ⓖ物静かで慎重ですが、友人と一緒に

居るのが好き。煙草は吸いません。Ⓗ私は西欧人です。二年以上、日本に住んでおり…残りの人生も日本で過したいと思ってます。
ある程度の知性（大卒）と良い家庭環境で育った事と十人並みの器量です。出来るだけ優しい人が良い。

101神奈川Ⓐ会社員Ⓑ161×50Ⓒ31歳Ⓓ乙女座ⒺAB型Ⓕ音楽。旅行。ドライブ。ハイキング。Ⓖ温厚。誠実。Ⓗ20～30歳。音楽か旅の好きな人。優しい人。目の細い人。（あくまでも理想。フィーリングが合えば…）

102千葉県Ⓐ会社員Ⓑ158×60Ⓒ32歳Ⓓ牡羊座ⒺA型Ⓕドライブ。囲碁。ゴルフ。観劇。Ⓖ明朗。快活。Ⓗ家庭的な人。優しい人。年令、容姿は問いません。

103埼玉県Ⓐ会社員Ⓑ168×61Ⓒ40歳Ⓓ乙女座ⒺB型Ⓕ旅行。読書。ライセンスマニア（大型）Ⓖ温厚。寛容。Ⓗ27～35歳。40～52kg 155～162cm。職業のある人。両親も既に亡くなり、兄弟もいませんので周囲からプレッシャーもかかりません。現在はこれといった不都合は有りませんが、年老いた自分の将来を思うと…何となく心細くなってしまいます。良き人生の合棒としての女性を求めてます。

104茨城県Ⓐ公務員Ⓑ165×59Ⓒ29歳Ⓓ蟹座ⒺO型Ⓕ油画。テニス。旅行。カメラ。Ⓖ明朗Ⓗ年下の優しい女性。

105栃木県Ⓐ会社員Ⓑ170×58Ⓒ34歳Ⓓ魚座ⒺA型Ⓕゴルフ。ドライブ。読書。レコード鑑賞。Ⓖ温厚。明朗。少し神経質。Ⓗ女性らしく明るい性格の人。健康な30歳位までの人。

106静岡県Ⓐ会社員Ⓑ170×64Ⓒ34歳Ⓓ天秤座ⒺO型Ⓕ旅行。オーディオ。ウエイト・トレーニング。Ⓖ明朗。真面目。Ⓗ優しく思いやりのある人。

107静岡県Ⓐ会社員Ⓑ166×67Ⓒ33歳Ⓓ蠍座ⒺA型Ⓕ旅行。ドライブ。切手収集。映画。Ⓖおとなしい Ⓗ26歳から34歳まで（再婚でも良い）。心のやさしい人。明朗活発な人。静岡県の人が希望。

108愛知県Ⓐ飲食店経営Ⓑ169×58Ⓒ33歳Ⓓ山羊座ⒺB型Ⓕ特に無しⒼ多少、消極的。Ⓗ大人しい女性。（一緒に店をやらなくとも構いません）

109大阪Ⓐ調理Ⓑ167×60Ⓒ20歳Ⓓ乙女座ⒺA型Ⓕ踊りⒼ優しく思いやりは人一倍あると思う。一見、ちょっとつっぱってそうな所があるが…真面目です。酒も飲みません。
Ⓗ女の友達が欲しいのです。形式の結婚も考えたいんですけど、先ず形式の同棲というのは無理でしょうか？はっきり言ってセックスなしで楽しい毎日を過ごせたらと思います。可愛く面白い子（20歳以下）。

110大阪Ⓐ公務員Ⓑ168×60Ⓒ32歳Ⓓ牡牛座ⒺA型Ⓕ社交ダンス。旅行。映画。Ⓖ温厚。誠実。勤勉。良く人を笑わせる。
Ⓗ20～30歳位。近畿、福岡、大分出身者なら…（その他でも良い）容姿等並で良い。家庭的で明朗な人。

111大阪Ⓐ料理店経営Ⓑ174×67Ⓒ33歳Ⓓ天秤座ⒺO型Ⓕ旅行。音楽。ランニング。味覚散歩。
Ⓖ明朗かつ誠実派かと思うⒽ心の優しい27歳までの女性らしい人。一緒に住める人。出来ればお店の事務やレジを手伝ってくれる方。

112大阪Ⓐ会社員Ⓑ163×55Ⓒ34歳Ⓓ牡羊座ⒺO型Ⓕ映画Ⓖ真面目Ⓗ性生活以外は一般家庭が希望で…二人で助け合って行きたい。

113兵庫県Ⓐ公務員Ⓑ170×70Ⓒ39歳Ⓓ天秤座ⒺA型Ⓕスポーツ。読書。Ⓖ温厚。真面目。Ⓗなるべく名古屋以西在住の女性。

回 **女性の部**
静岡県**50**参照
Ⓔ長男以外の方。静岡県出身（就職先は県外でも可）公務員。

〰〰・〰〰・〰〰

114大阪 （らくがき帳）をつくりませんか!!なんでも好きな事ジャンジャンかいて欲しい!!
（メンバー募集中です）

●東京都

115東京Ⓐ研究生Ⓑ161×41Ⓒ21歳Ⓓ射手座ⒺA型Ⓕ観劇。映画鑑賞。読書。乗馬。ピアノ。バレエ他。Ⓖ私自身でさえも、まったくわかりません。あなたはキリとカスミを食べて生きている人だといわれます。夢（虚構の世界）の中でのみ、存在しているような気がします。Ⓗ宝塚歌劇が好きで一緒に見にいって下さる素敵な男役の方。

116東京Ⓐ学生Ⓑ160×54Ⓒ23歳Ⓓ射手座ⒺB型Ⓕ絵画鑑賞。読書。Ⓖ？Ⓗ良くわかりません!!

117東京Ⓐ大学生Ⓑ161×52Ⓒ23歳Ⓓ牡牛座ⒺAB型Ⓕ映画。観劇。Ⓖ人見知りⒽ趣味の広い方。

☆文通欄利用の皆さんへ

文通欄の利用は、必ずルールを守ってください。

回送する手紙の中身は、編集部では親書の秘密を守って、見ません。仲をとりもつだけですから一切の責任はもちません。相手に精神的に迷惑をかけるようなことなく、楽しい文通をしてください。

●投稿のルール

1投稿には198頁の所定の用紙をきりとって使用してください。
2投稿後の取り消し、訂正などには応じません。慎重に投稿してください。
3本人の写真一枚同封（サイズは自由です）
4掲載手数料として、百円切手10枚（千円）分を同封してください。
5原稿の採用権は編集部に所属します。

●回送のルール

1掲載された人と文通を希望する場合は、相手に出す封書の表側に回送券をはり、文通相手の番号をはっきり書いて、イヴ係へお送りください。なお、文通相手の封筒には切手をはらないでください。
2回送券が足りない時は、適当にお作り下さい。
3回送手数料として、一通につき60円切手1枚（もう一枚は相手方に送る封筒に貼りますので計2枚）分を同封してください。
4手紙は10日以内に相手の人に到着するように回送していますので、ご了承ください。

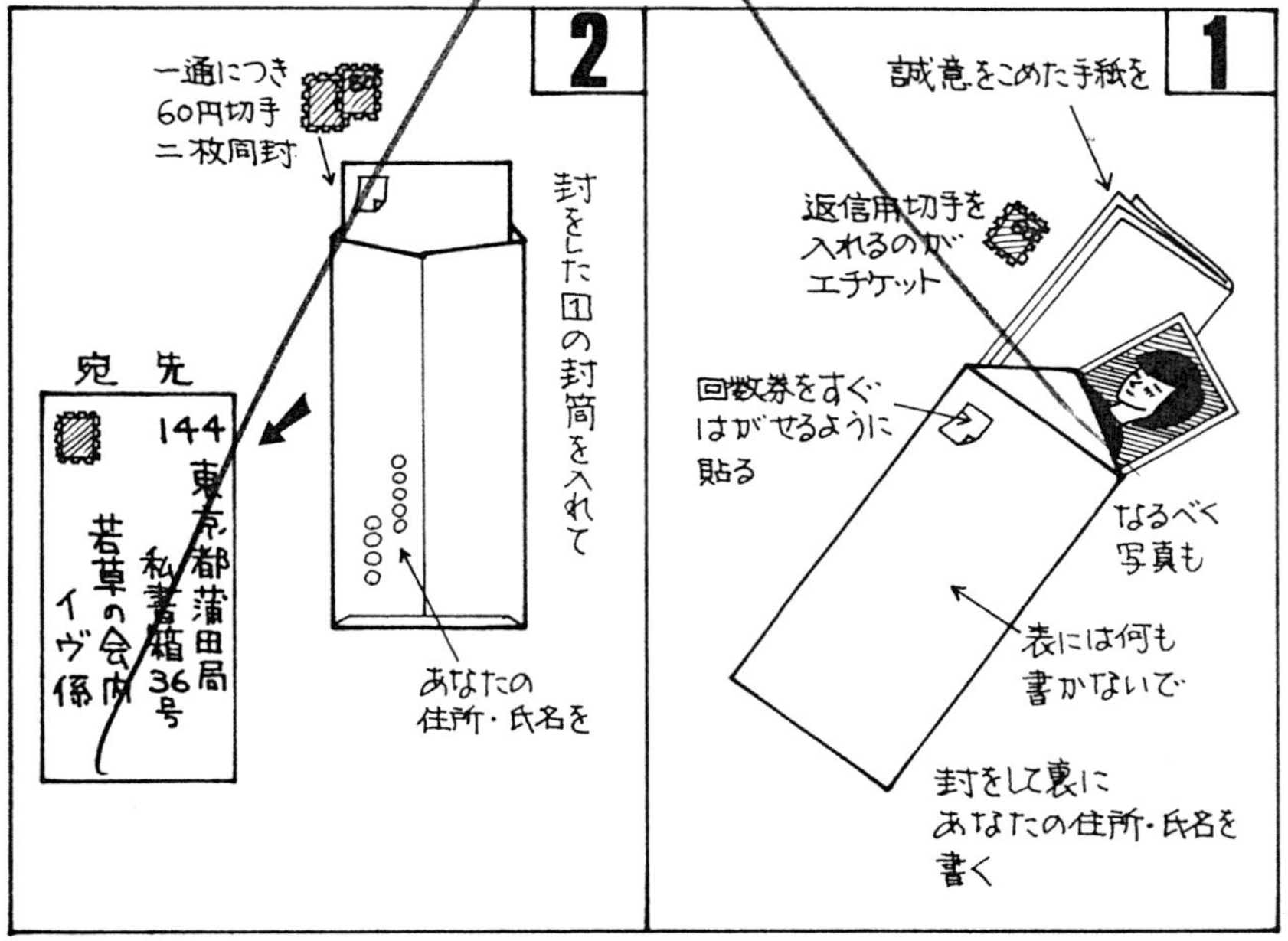

←地名のあと1マスあけて文章を続けてください。

（切りとり線）

ミニミニ・エッセイ・ひとりごと・感想などを

住所 〒

氏名

Eve & Eve創刊号 回送券 No へ

Eve & Eve創刊号 回送券 No へ

Eve & Eve創刊号 回送券 No へ

Eve & Eve創刊号 回送券 No へ

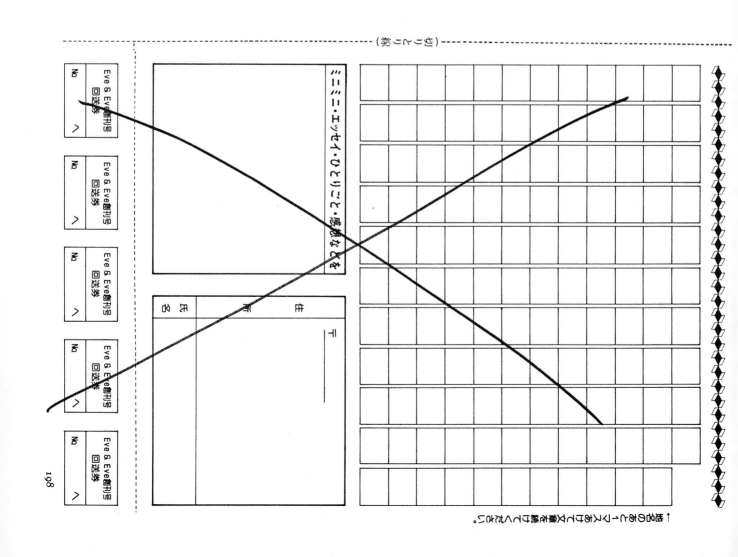

Eve & Eve創刊号 回送券 No へ

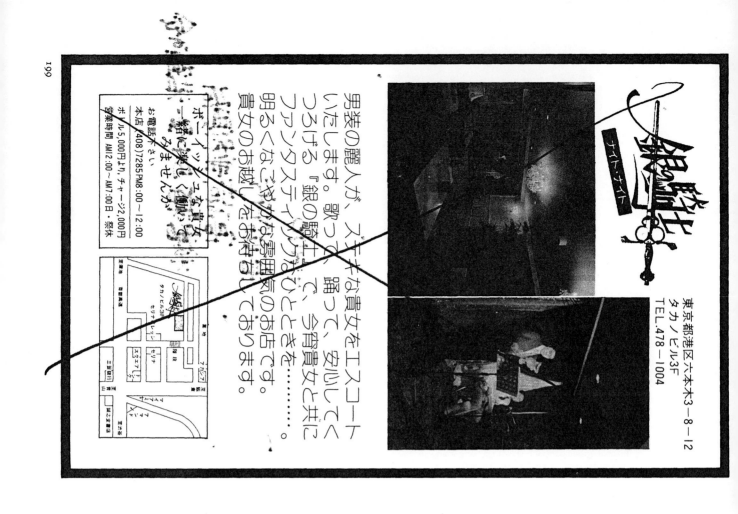

1982年8月5日
Eve & Eve編集部
〒144 東京都大田区
蒲田郵便局私書箱36号
「若草の会」内
TEL.(03) [redacted]-[redacted]
発行人 鈴木道子

〒[redacted]
[redacted]
私書箱 [redacted] 号 若草の会

デザイン・イラスト
津田麻美
中川美樹
矢口隆子

12 ポルノグラフィは女への暴力である

（織田道子）

ポルノグラフィは女への暴力である

レ・F・センター（レズビアン・フェミニスト）　織田道子さん

──「ポルノグラフィは女への暴力である」というこのスライドは、ポルノってものの正体をまざまざと見せてくれるという意味で、すごく貴重な女の制作だと思うんですが、作られた動機はなんだったんですか。

性差別撤廃条約批准に向けての集会（女の集会PartⅡ）をするという時に、メンバーの一人が、「女への暴力に抗議する女たち」というアメリカのグループで運動してる友人に、メッセージをくれって手紙を出したの。そしたら、その人から、自分たちはスライドを作ってポルノに反対する運動をやってるから、あなた方もぜひやってほしいという返事がきた。それで、彼女たちのスライドをもとに作り始めたわけ。

文化という面で、ポルノが性差別の土壌を作るのにものすごく大きな役割を果たしている。そして女が誰もそれに対して声をあげてないということから。

──ほんとに、こんなに氾濫してるのに、声さえあげてこなかった……。

ポルノというものが今まで語られてきたのは、性は悪いものとか、裸はよくないものだとか言う人たちが三悪追放って形で行なってきた運動の中か、左翼の男たちが、性の解放、人間の解放ということをはきちがえて、ポルノ解禁と言ってきたことの中でだけ。ポルノ解禁といっても、あの女の黒い部分を剝がせって言ってるだけでしょ。

それに対して女たちが、ポルノはおかしいと言っても、「君、ちょっと遅れてんじゃないの」とか「お高くとまってる」、「翔んでないね」というすりかえ論で、男によって口封じさせられてきた。だから、ほんとうに女にとってポルノが何かということを言っていきたいと思う。それと、あらゆるところにあって、ポルノと同じメッセージを送りこんでくる広告。露骨な暴力から、女の物質化、商品化という微妙な暴力にいたるまで、すごい量でしょ。

私たちは、裸やセックスが悪いと言ってるんじゃなくて、ポルノや広告が明らかに女を性的に差別してるから許せないと言ってるんです。

──ポルノか、芸術かという議論もいろんなところでよくでてきますね。

一冊の同じ少女の写真集が、ビニール本にもなってるし、大書店の芸術書コーナーにも並べられている。これは、男のつごうにあわせて芸術だ、ポルノだ、と言ってることのあらわれでしょ。だから、フェミニズム、女にとっての視点というものを出さないと、芸術だなんだで、全部とおってしまう。芸術っていうのも、女自身が女の眼で創っていくしかないんじゃないの。

たとえば、男たちが『裸のマハ』を持ってきて、「君、これを芸術だと思うでしょ」と言う。似たようなポーズをしたポルノを持ってきて、「これを芸術だと思うなら、なんでこれを芸術だと思えないの」という形で女たちをつぶしてきたってことがあるわけでしょ。『マハ』は芸術かもしれないけど、それで、「こんな女が美しい」というメッセージを男たちが作りはじめたら、それはもう差別でしかないと思うわけ。色彩がきれいだとか、構図がすばらしいとか、それはそうだと思う。でも、それが女を差別するために使われた時に、初めてそれが私たちにとって芸術でなくなるんだと思う。女を踏みつけにした反権力や芸術なんて認めるのがおかしい。

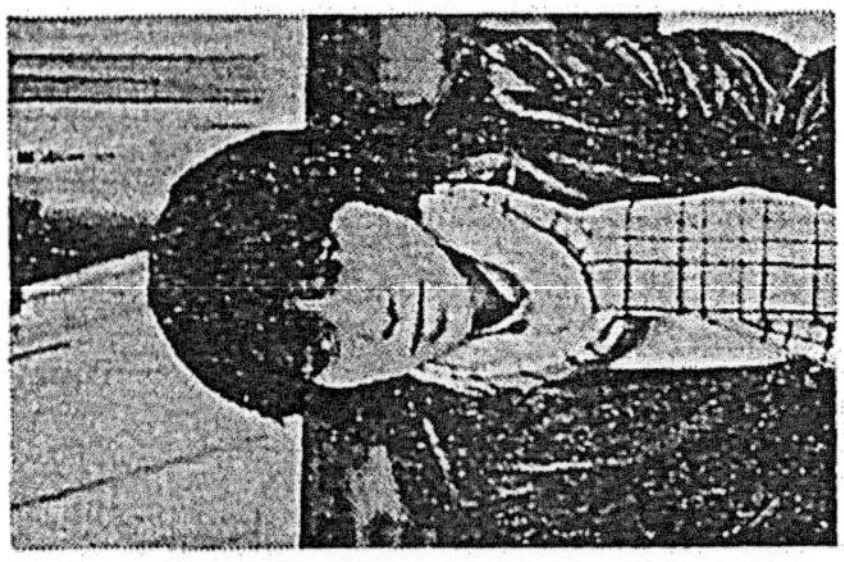

──女の問題全般に言えるんだけど、ポルノということになると、男は、いわゆる進んだ男も、おくれた男も同じですね。

労働とか教育問題だと、「女性にも対等な権利がないとおかしい」とか言うくせに、ポルノについてはだめなのね。たとえば、人種差別的、あるいは障害者差別的な雑誌がポルノと同じくらい出回っていれば、すぐ抗議運動がおこるわけでしょ、こんな雑誌はいけないって。表現の自由じゃないかなんて誰も言わない。なのに女のことになると、これだけ雑誌・広告はあるのに、ぜんぜん。ニヤニヤ笑うか、表現の自由だとか言い始める。人がむりやり裸にされたり、乱暴されたりしてるのを見て喜ぶという男文化が異常なんだと思う。

──はっきり自分をレズビアンだと主張しはじめたのは、いつごろからですか。

十年くらい前、リブの運動があったじゃない。女の人たちが、明るくて、生き生きしてて。あたりまえに、そんな女の人を好きになっていった。それまでは考えてもいなかったわけ。セックスとかパーソナルな関係は男の人とつくるもんだと思ってた。だけど、精神的に深い関係を、女の人と、すごくつくれるようになったわけ。そういう時に、心も体も離れてないという感じで、女の人を好きになるってことは自然だった。

自分が選べる人間関係って、ほんとに少ない。その中で選ぶことを大事にしたいとき、私は、女の人をちゃんと選ぶというやり方をしたいのね。選べるところ、主張できるものさえもしないってのは、私はしたくない。

──スライド貸し出しの条件はなんですか。

まず、女性に差別的な場でないこと。女性の参加者が過半数以上であること。上映会の代表者および解説者が必ず女性であること。上映後、ディスカッションすること。料金は女性だけの場合が三千円で、男性がいる場合は五千円。なぜ男性を入れないのかとよく聞かれるんだけど、私たちは、男を女の運動に巻き込むことより、より多くの女が運動に参加できるようにエネルギーを使いたいわけね。

──これからの方針は？

女に対する暴力に反対するということで、女の目で〝強姦〟を真正面から見据えたカナダの映画『声なき叫び』につなげていきたいと思ってます。〝強姦〟って、セックスと暴力を使って、男が女を支配しようとする最も悪らつな犯罪でしょ。

この映画は、〝強姦〟がいかに醜悪で残酷な行為かってことを、つきつけてくる。まだまだ女の怒りを行動であらわさなくちゃいけないと思ってます。

＊

このスライドは、もう八〇回も上映されたという。スリムで、皮のブレザーのよく似あう織田さん。その話し方からは、〝女のエネルギーを女へ〟という熱いアピールが伝わってくる。まだ見てない人にはぜひ一度見てほしい。申し込み先は、〒164　中野区中野郵便局　私書箱84号　レ・F・センターまで。　（吉）

13 ポルノグラフィは女への暴力である／女のエネルギーを女へ！

（レズビアンフェミニスト・センター・スライドグループ）

ポルノグラフィは女への暴力である

レズビアンフェミニスト・
センター・スライドグループ

私たちは、ポルノグラフィによる悪質な女のイメージ作りが女の人間としての尊厳を傷つけるものであり、女の社会的、経済的、政治的、文化的能力の開発を妨げるものであると強く感じています。

この写真は、サンフランシスコを中心にした約千五百人のグループ WAVPM (Women Against Violence in Porno & Media ポルノグラフィとマスメディアにおける暴力に反対する女たち）のスライドをもとに、私たちが製作したスライドショーの一部です。

ポルノグラフィのイメージは女への肉体的、心理的暴力です。性的支配であり、侮辱であり、女の物質化です。

私たちはポルノとエロティックなものを区別します。私たちがポルノと呼ぶものは女が乱暴されたり、殺されたりする暴力的で一方的なもので、エロティックとは生命を肯定し、生きる活力を与えるものであり、互いが分かちあうものです。シェアハイトが「女のほとんどがセックスにおけるやさしさ、コミュニケーション、対等を大切にしている」(『ハイト・リポート』パシフィカ）と報告しているように女は決して暴力的セックスを望んでいません。

ポルノ的イメージはポルノ雑誌に始まり、マンガ、レコード、ファッション雑誌などあらゆる所にあり、ひじょうに露骨な暴力から女の物質化という微妙な暴力にまで及んでいます。そして男たちに"男らしさとは女を支配する力にかかっている"と教えこむのです。

ポルノグラフィは男だけの場所から生まれ出てくる女性蔑視が具体的な形で女の前に現れたものです。ほとんどの女はポルノは見るべきではない、あるいは見るのもイヤだという気持があって避けているため、女にとって身近なものではありません。

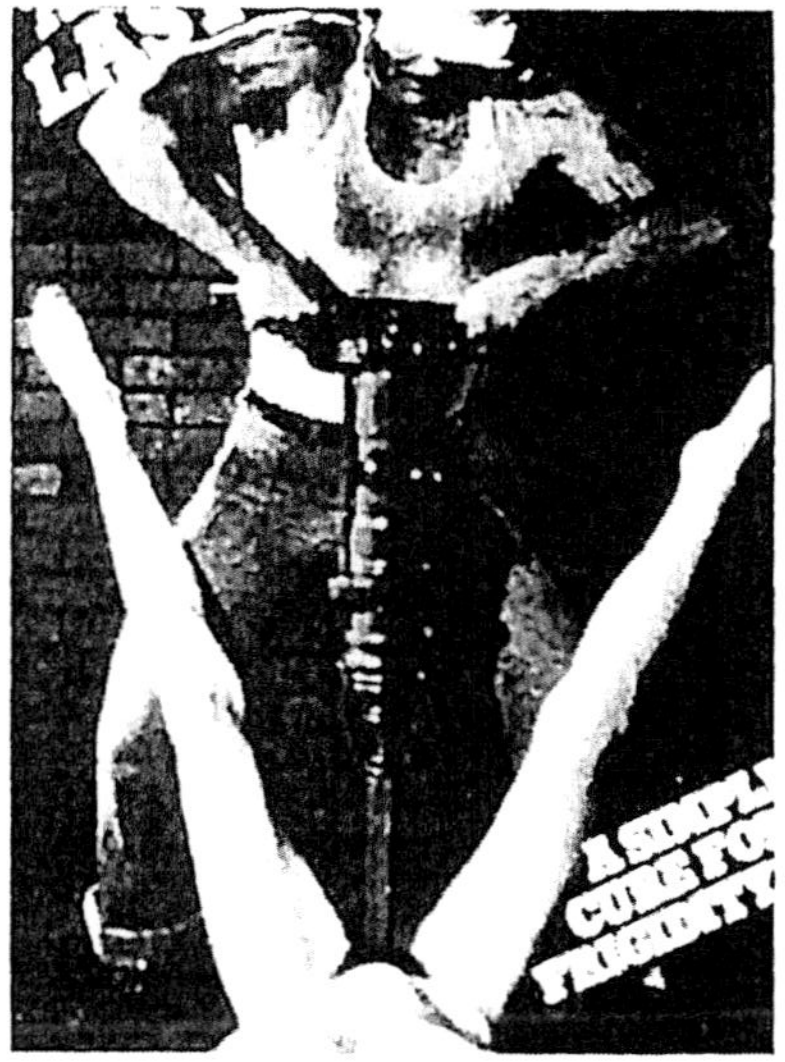

写真 1　不感症にはこれが一番
『ハスラー』

この写真の目的は皆さんに恐怖を植えつけることではありません。ポルノグラフィというものを知って、あらゆる所にある女性蔑視への認識を深めてもらいたいのです。私たちは道徳観や猥せつ感にもとづいた検閲や法律の締めつけ強化を求めているのではなく、表現の自由の権利のもとに女の性の商品化や、女への暴力を正当化するポルノ産業と、ポルノを消費している男たちの文化に挑戦しているのです。

女の物質化

写真1　不感症にはこれが一番

写真2　ハスラー肉シリーズ　アメリカの雑誌『ハスラー』一九七八年六月号の表紙。これはこの雑誌が特集した肉シリーズの最後の号です。この『ハスラー』は毎月、六百〜七百万の発行部数を誇っています。日本でも売られています。

ここでは女は手軽に手に入る肉、ひき肉にされています。強姦のほとんどが計画的犯行ですが、強姦をもくろんでいる男が自分はひとかたまりの肉、あるいは穴を襲うのだと思いこめば、犠牲者を一人の人間として考えるよりはずっとたやすく実行できるでしょう。だからこ

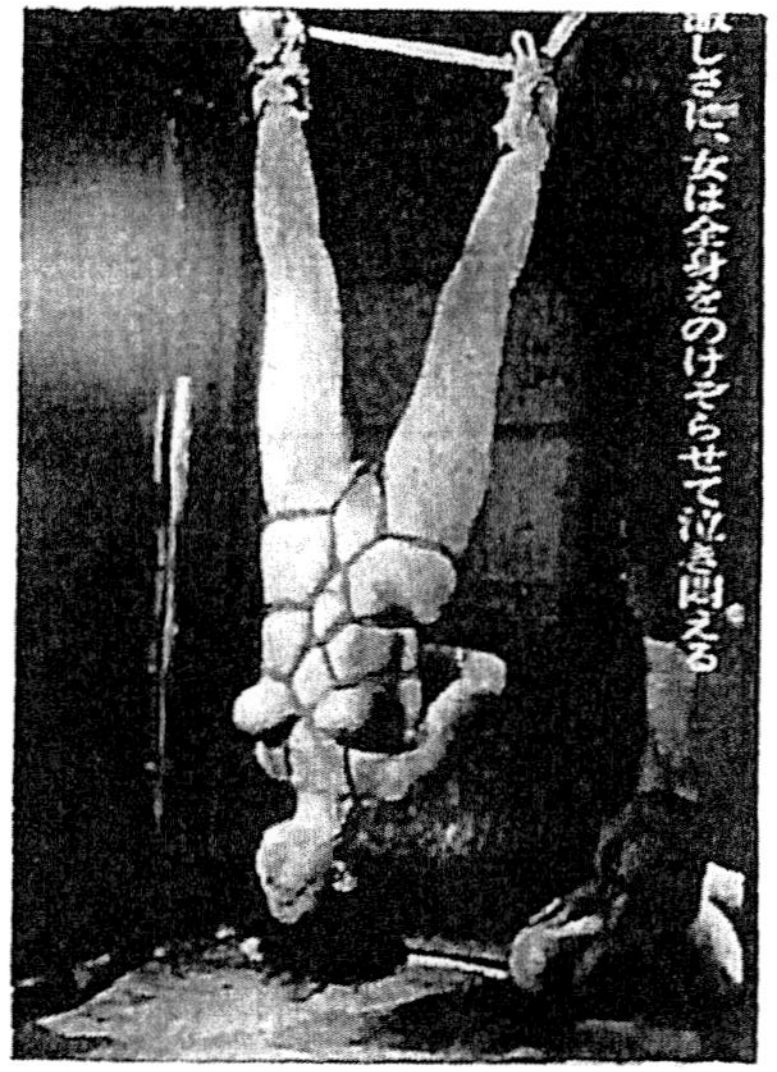

しさに、女は全身をのけぞらせて泣き悶える

写真 3　逆さづりの女『穴地獄』
(有)ダンディ・フォト企画

写真 2　ハスラー肉シリーズ
『ハスラー』1978年6月号

そ、女の物質化に強く反対するのです。

写真3　逆さづりの女　縛られ逆さづりにされた女。私たちは男がこんなもので性的に興奮し、マスターベーションすることを余り知りません。これを見て考えてください。思春期の少年の多くがポルノを通じて初めて性的なものに接することを。ポルノグラフィは性生活の代役を果たしていることを。映画館は女が犯され殺される映画を見て興奮している男たちでいっぱいだということを。

セックス抜きの痛めつけと侮辱。男たちがセックスよりも、女たちを支配したり凌辱するという発想に興奮することがここでも明らかです。心理学者ドナシュタイン博士は、このようなエロティック暴力、私たちの言うポルノを見た後、男は女に対して攻撃的になると"Journal of Personality and Social Psychology"で報告しています。

写真4　とらわれの乳房　この女性の胸は無残に痛めつけられています。胸は女のシンボル。襲われているのは女の象徴でしょうか。ここにも女であることへの攻撃があります。暴力をふるわれた女性の中に妊娠中の人が意外に多いという、これと似た事実があります。しか

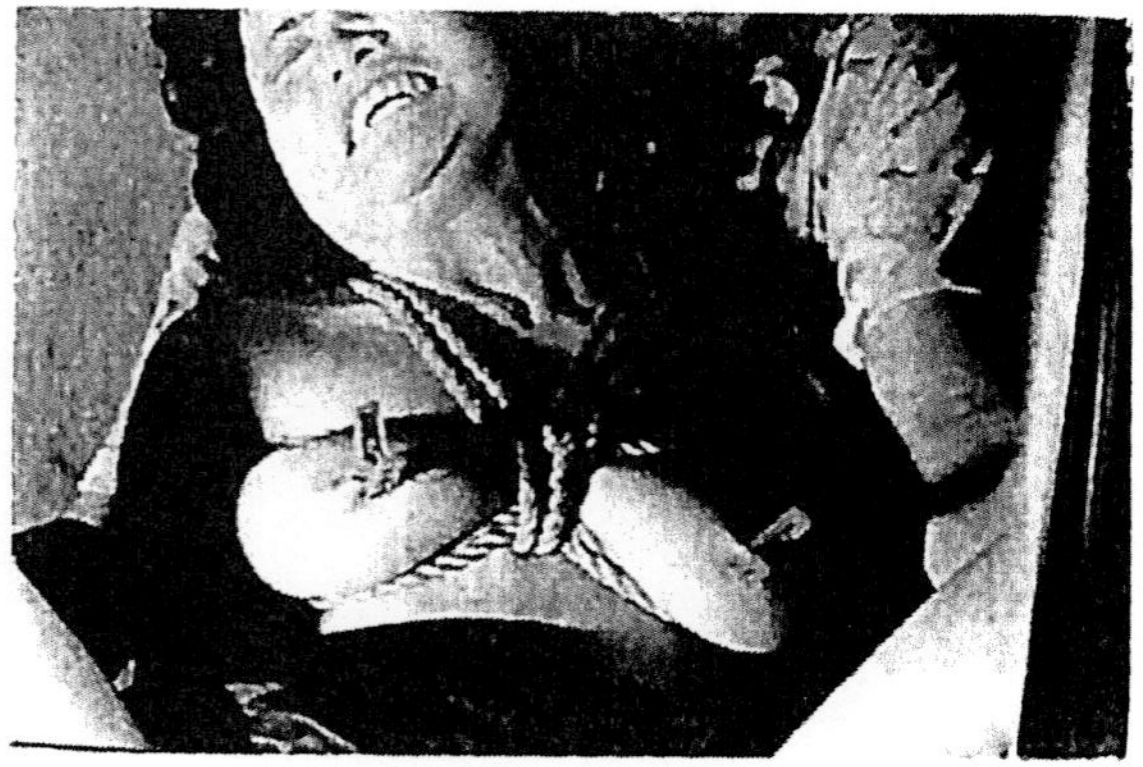

写真 4　とらわれの乳房
前掲書

も、多くはお腹を何度も蹴られているのです。ほかのポルノの中には妊婦が縛られているのがありました。

強姦をうみ出すポルノ

写真5　婦女連続暴行　強姦はポルノにつきものです。よくある筋書きは「女が襲われ、抵抗するが、けっきょくは受け入れ楽しみさえする」というもので、ドナシュタイン博士は、こういったものを見た男たちは強姦が犠牲者にとって深刻でも苦痛でもないと思いこみ、そして信じられないほど現実離れしたイメージを持つようになると言っています。実際の強姦はこんなものではありません。強姦され、さらにタバコを押しつけられたり、刺されたり、絞め殺されたり、バラバラにされたり、ポルノそのままの乱暴をされるケースが年々増加しています。

写真6　日の丸　戦争中の赤狩りのために、女が拷問にかけられています。これがポルノ映画の一シーンであることをちょっと考えてみてください。そして、これで性的に興奮している男たちを。「男が女への暴力に慣れてしまうなんて信じられない」と言う人は、戦争時の男たちの行動を考えてみることです。ほとんどの男が侵略の名のもとに、輪姦や女の拷問に手を下しています。

写真7　セーラー服　このセーラー服の女子高校生は、男文化の最も典型的な願望です。男は純粋で清らかな女高生を犯すことに興奮する、というのを聞いたことがあるでしょう。

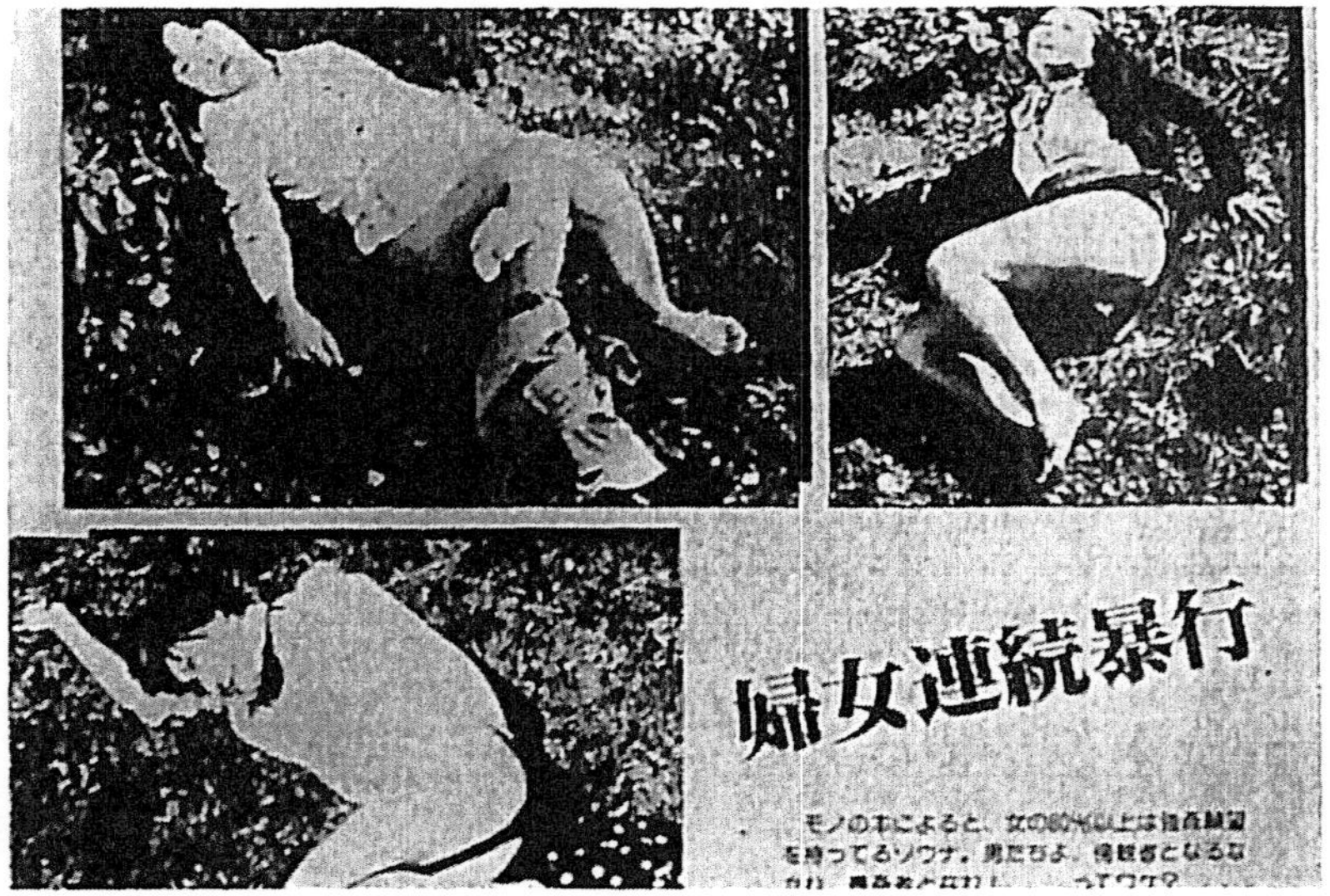

写真 5　婦女連続暴行　映画『婦女連続暴行』
(映)大蔵，北見一郎監督

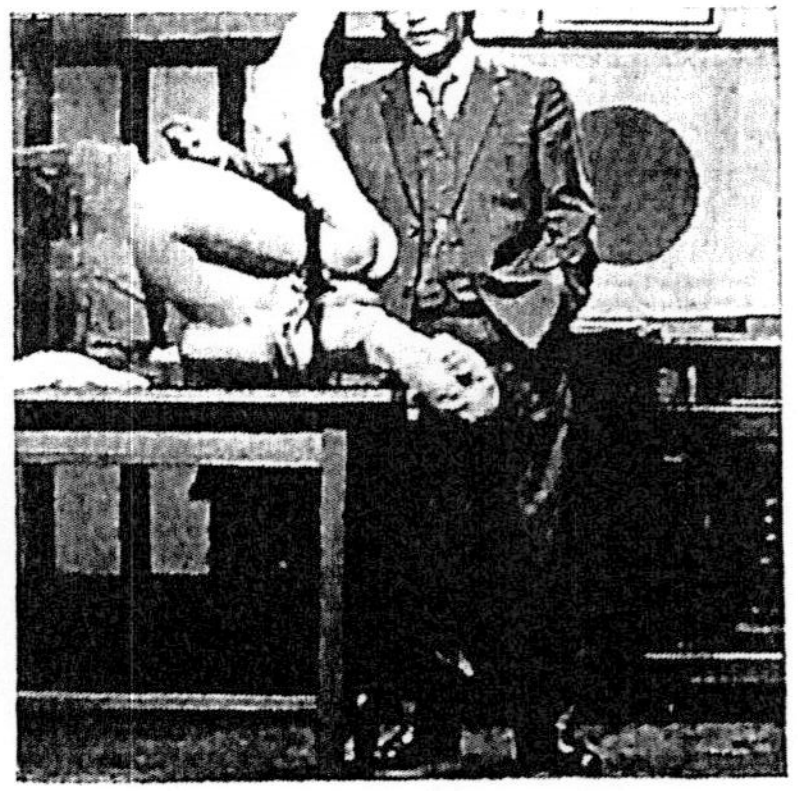

写真 6　日の丸　映画『日本の私刑』
新東宝，高橋伴明監督

写真 7　セーラー服　『少女杏』
神田グラフィック

写真8　少女香　この少女が一転していくらでもやりたがるセックス好きの女に変身します。女はいつもやりたがっていて、何人の男を相手にしても満足しない魔物であるというデッチ上げは、男が信じたくて仕方のない自分で作り出した嘘なのです。そして、この嘘は男たちが強姦を正当化する恰好の言い訳となっています。

写真8　少女香　前掲書

男社会が女を非人間的に扱う一つのやり方は、世の中の女性が持つ様ざまな個性や能力を無視し、十把ひとからげにいわゆる〝女〟として扱うことです。ポルノグラフィにはありとあらゆるタイプの女性が開拓され、利用されています。例えば、秘書、白痴の少女、看護婦、そして、レズビアン。とりわけレズビアンはセックスの部分のみが強調され、〝女と寝る女〟としてポルノの中だけでなく、社会においても性的部分以外のすべてを無視されています。

写真9　レズビアン　この侮辱的な女像は、女を性的対象物としか見ない男文化が露骨に現れたものです。女

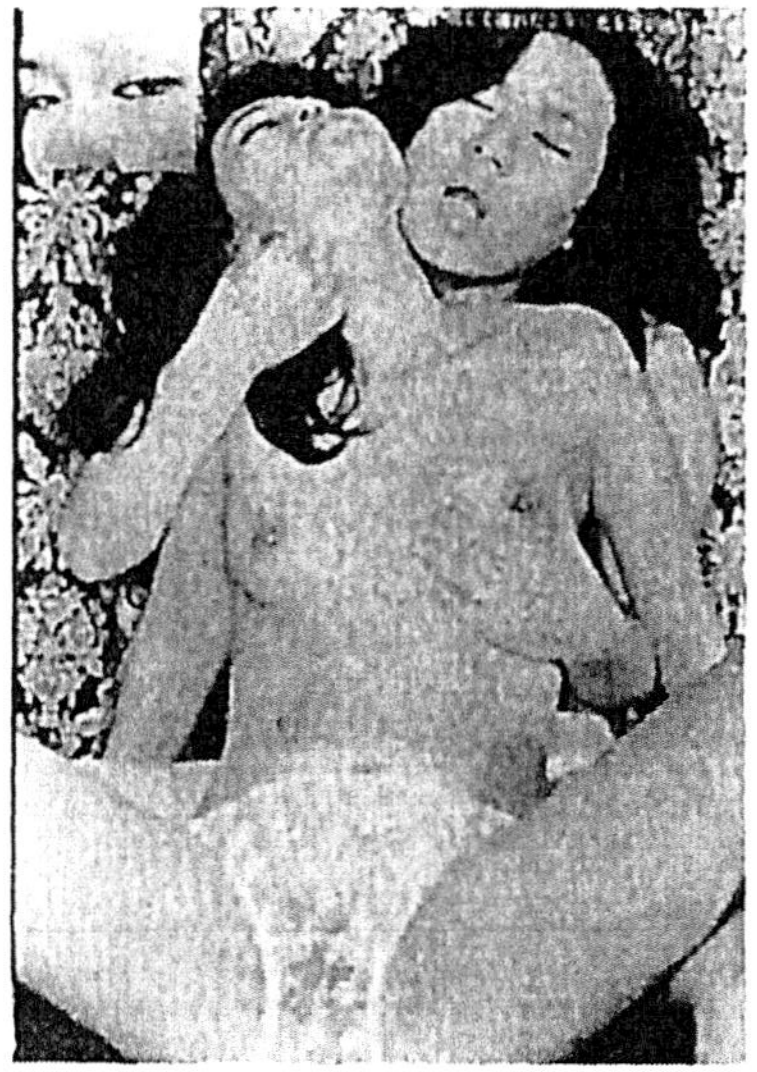

写真9　レズビアン　『マンブリ』
エメラルド出版

だけの世界に割りこみ、男を受けつけない女に〝男の味〟を教え、征服者になるという男の願望がレズビアンポルノを作り出しているのです。そして、レズビアンはセーラー服と並んでポルノでは最も頻繁に使われています。

アメリカの社会学者D・スミスのレズビアンポルノ研究（〝Journal of Communication〟より）によると、ポルノではレズビアンは、けっきょく男に性的満足を求めるか、あるいは崖からつき落とされたり、大木の下敷になったり、溺れたり、何らかの無残な死に方をします。

写真10　アンコール　私たちは、マンガだとたとえそれが侮辱的でも、あまり批判的な目を持っていません。

写真10　アンコール　『ペントハウス』

女が強姦魔に「アンコール」と叫んでいます。この『ペントハウス』のマンガは〝女は強姦されたがっている〟と言っています。これは女性蔑視がユーモアで変装したいい例です。ここでは強姦を何でもないことのようにしています。実際の強姦がどんなものか考えてみてください。

子供たちも男の性的餌食となっています。『プレイボーイ』に次のような一コマ・マンガがありました。少女が「ヘェー、これがイタズラされたってことなの？」と言いながら年配の男のアパートを出てきているマンガです。つまり、彼女は〝あんなどうってことないことがイタズラなの〟と言いたいのです。ここでは明らかに子供への強姦をけしかけています。

写真11　幼女たち　陰部の毛が未だはえていない幼い少女のヌード写真集が、芸術品として一流書店の店頭を飾っています。これは東京新宿にある紀伊國屋書店の芸術書コーナーにありました。

〝芸術作品〟と言われるものの中にも、女に対する暴力が露骨に表現されています。たとえば、映画『歌麿』

写真11　幼女たち　双子は『ジュメール』

（実相寺昭雄監督、日本ヘラルド映画）。一九七八年カンヌ映画祭で、色彩がきれいだと絶賛されましたが、その中に、恋人の居所をはけ、と女が岡っ引と同心に性的な拷問をされているシーンがあります。女は性器の中に鉄の玉を入れられ、ごろごろころがされ、内臓破裂で死んで行きますが、最後まで口を割りません。それをこっそり見ている歌麿は、死んでもつくす女、女らしく美しいと感動します。この映画は、表現の自由を追求して、権力と闘った男のロマンがテーマですが、女に関しては、自分の生命に代えてでも男につくすことを、あくまでも要求しています。

コマーシャルの暴力

宣伝やポスターの中には、なぜだかハッキリしないが不快な印象を受けるものがあります。それは、たいていの場合、作者が潜在意識のレベルで影響を与えるような微妙な細工をしているからです。送られてくるメッセージを拒むためには、この微妙な細工を見破ることがとても重要です。言葉、服装、小道具、体の位置、その他諸々のことはすべて計算されているのです。

写真12　朝は少女みたいだ　この『流行通信』のキャロンシューズの宣伝が何を言っているのか考えてみましょう。

言葉――朝は、少女みたいだ
服装――ピンクの下着、赤い靴
小道具――青味がかったふとん
体は下半身だけ。

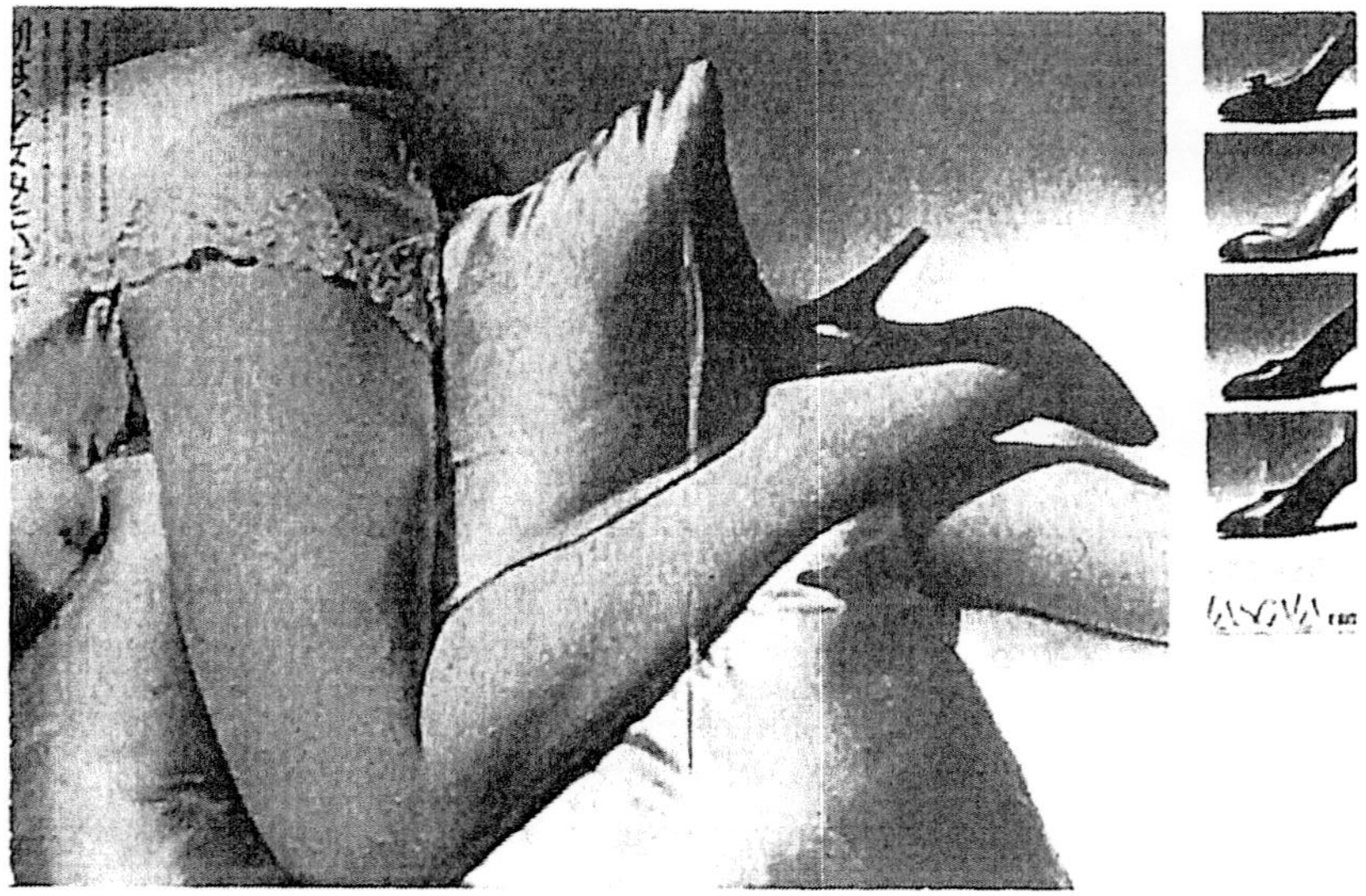

写真12　朝は少女みたいだ　『流行通信』1980年10月号

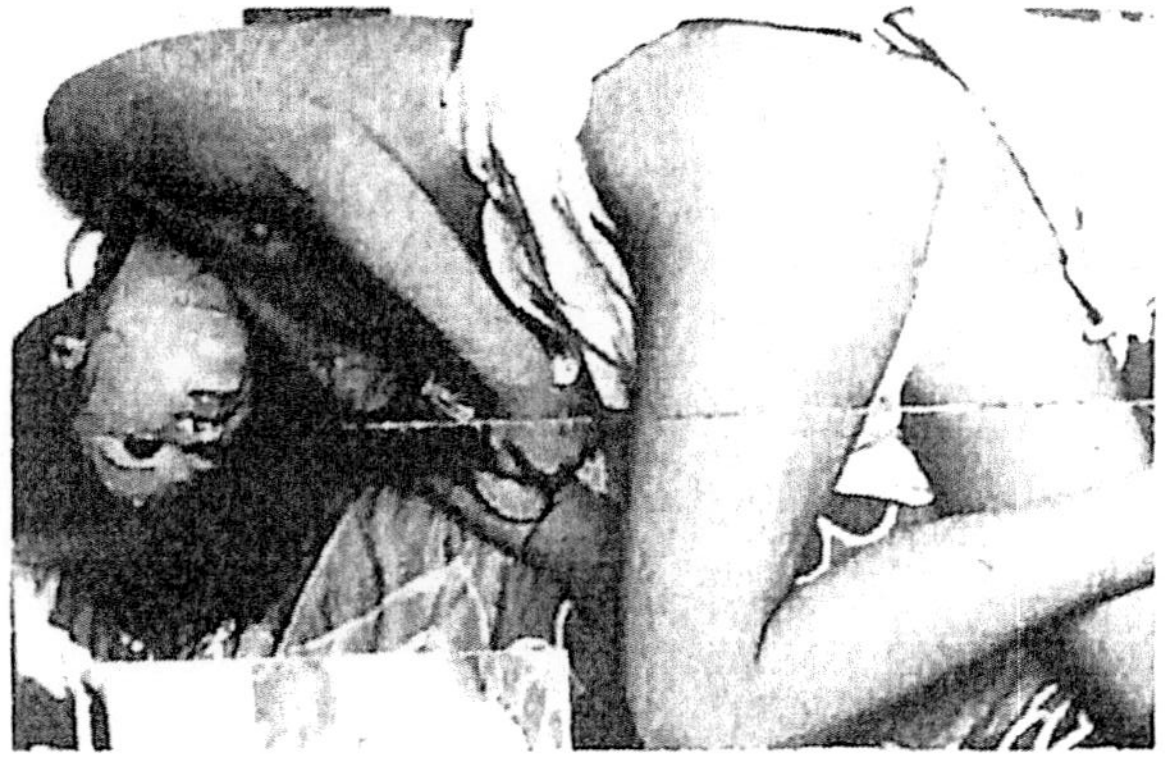

写真13　ひとり寝　『白衣の天使 No.1』
(株)グリーン企画

以上から連想されるのは、ひとり寝の女が、少女のように身もだえしている。つまり、やりたがっているということ。でも、これがなぜ靴の宣伝にこじつけられるのでしょうか。

写真13　ひとり寝　この写真と前のを比べてみてください。ポーズも角度もまったく同じです。これはポルノ

雑誌の写真の一枚です。

写真14　跳びかかれ　それほど露骨でなくても、女を一人の人間としてではなく一つの物体にすることによって、女への暴力の手助けをしています。

このモントローズのレコードカバーでは、女は性器としてしか表現されていません。そして、タイトルがよこすメッセージは“Jump on it（跳びかかれ）”。このジャケットはナショナルデザイン賞（アメリカ）を獲得しています。十代の少年たちはこんな写真を芸術品として部屋の壁にかけるのです。

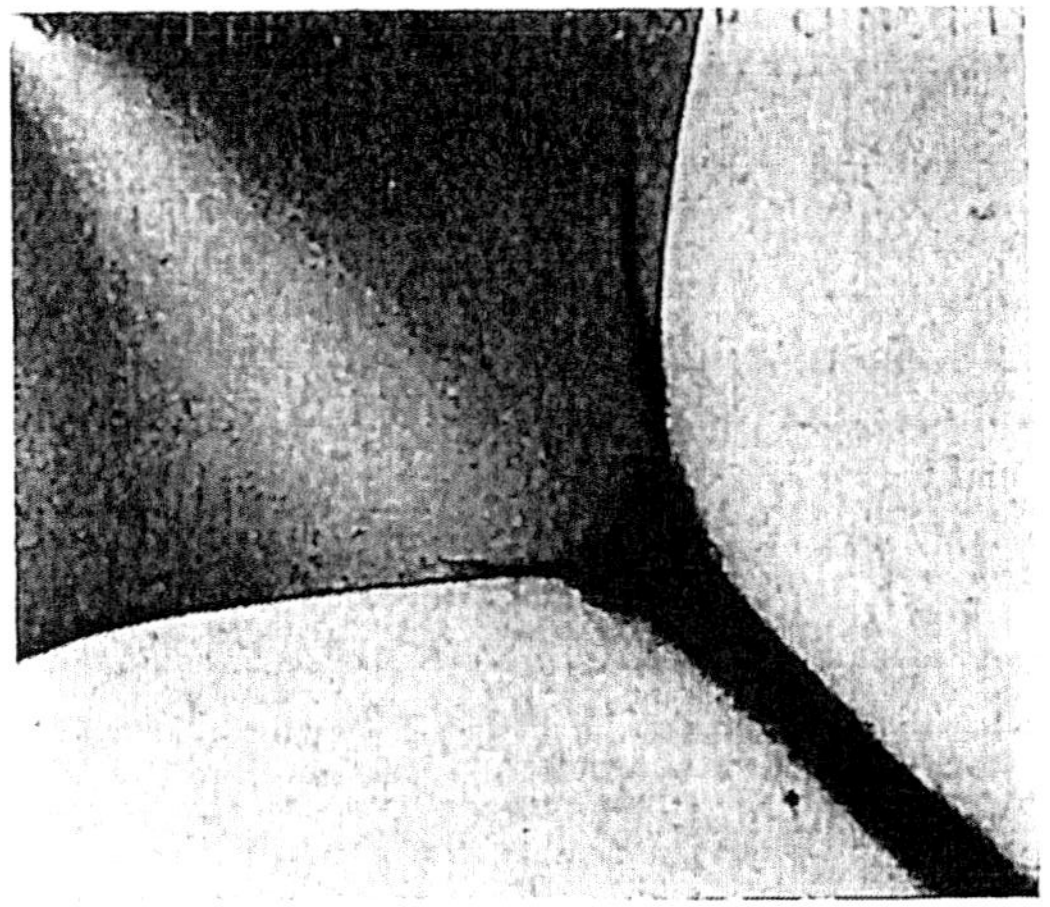

写真14　跳びかかれ　“JUMP ON IT”
のレコードカバー

写真15　少しぐらいハードな方がいいのよ　チャコットのレオタードの宣伝。両手で両足を押し広げるようにしています。さあ、どうぞ、ペニスよいらっしゃい、と誘っているポーズです。そしてキャッチフレーズは「少しくらいハードな方がいいのよ」。セックスにのみ想像力をかきたてる宣伝の典型的な例と言えるでしょう。男がこれと同じポーズをしているコマーシャルだとどうでしょう？

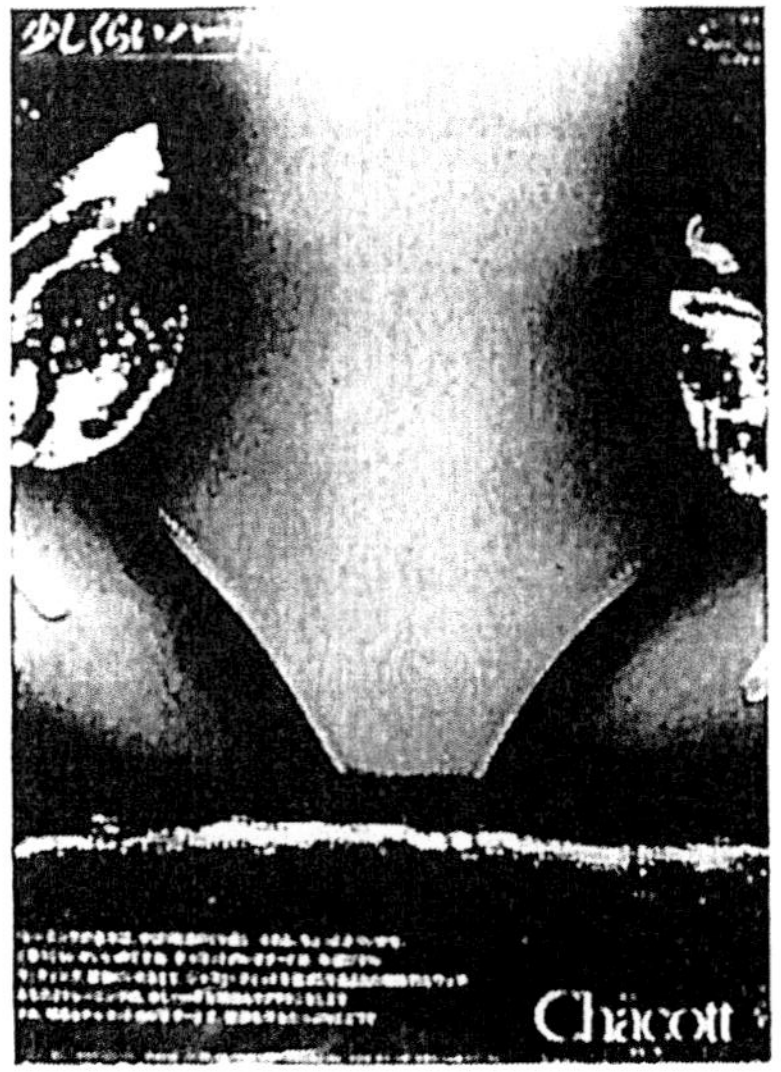

写真15　少しくらいハードな方が
『コスモポリタン』1981年2月号

写真16　初体験　何の宣伝だと思いますか。着飾った女のドレスが乱れています。キャッチフレーズは「初体験」「いま少しばかりの恥じらいを隠すのは……」（コピーより）。初体験は恥じらいを隠すべきだと言うのでしょうか。それにしては誇らしげな表情にポーズ。恥と誇り……。女にどうしろと要求するのでしょうか。これはサングラスの宣伝なのです。その商品名はポルシェ、高級車と同じです。女は乗り物と言わんばかり。

写真17　スキャンダル　『流行通信』のファッションの宣伝。男が女の腕をつかみ髪の毛を引っぱっています。

写真16　初体験　『プレイボーイ』
1980月7月15日号

ここでは女への暴力が、何か高級で、洗練されていて、魅惑的にさえされています。

男至上主義

女は雑誌や広告の中で、人工的に作り上げられています。男たち同様私たちも、こういったものから影響を受

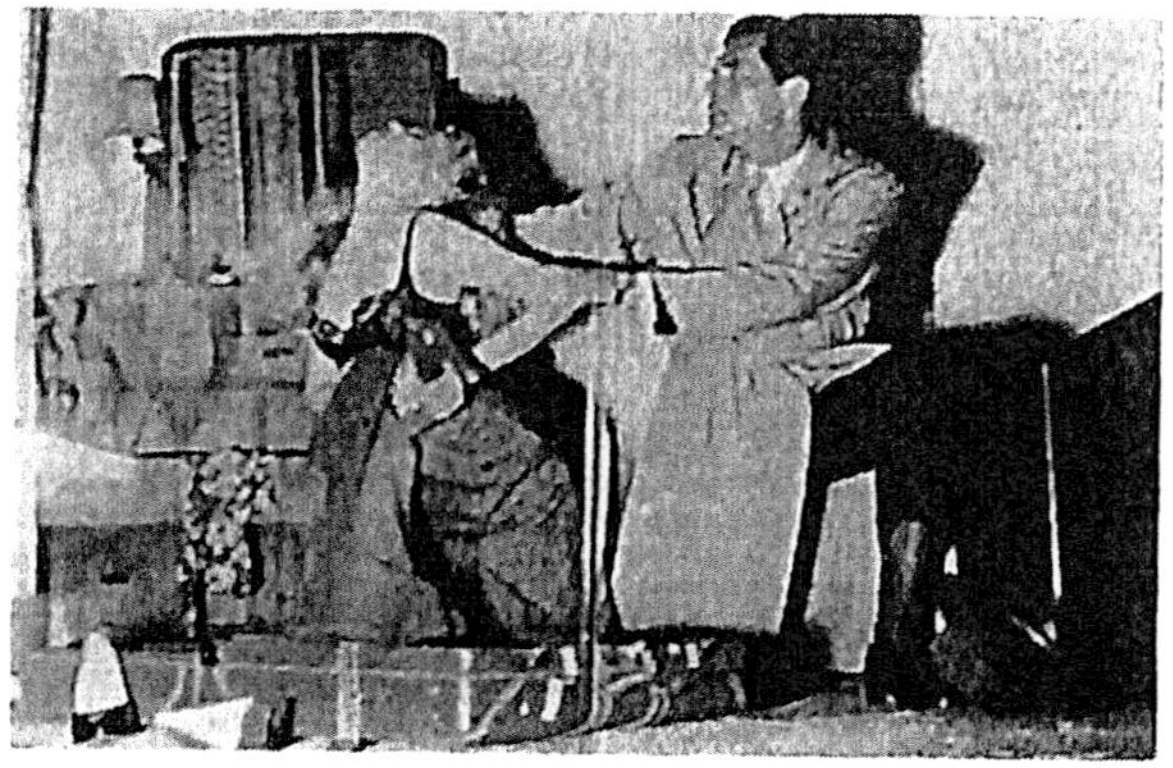

写真17　スキャンダル　『流行通信』
1980年10月号

けているのです。少女の頃から死ぬまで、毛をそったり、ウエストをしめ上げたり顔や体に化粧品をぬったり、香水をつけたり、整形手術をしたりすることに膨大なエネルギーと金と時間を費すこの〝女らしさ〟と言われる人工的美の追求は、女から精神的成長や、知的可能性を奪い取ってしまうのです。

男にとっては、女の人格や能力よりも性的部分の方が重要だという考えが、女の中にも子供の頃から入りこんでいます。男の前でセクシーであろうとするために主張的になることを恐れ、男に主導権を持たせてしまうのです。マスコミは絶えず、男が望む女像を写し出しており、男に従属し、たとえ、だまされようが、傷つけられようが男につくすというマゾ的行動が、女らしさだと言っています。

ところで、一般的には、女性の性的空想の中には、襲われたり、被害者になることがあります。その源が何であるかを知ることはとても重要です。源の一つは、女に従属的役割を押しつけ、強姦を美化するマスコミであり、もう一つは、女が自分の性を恥じていることです。女の性がないがしろにされ、何かきたないもの、女らしくないものとして、扱われている社会では、女はセックスに対して罪悪感を持ちやすくなっています。もし自分がセックスを求めているのではなく強制されているとすれば、罪の意識を感じなくてすむので、むりやりされる願望を持ってしまうのです。さらに、この社会では、女性が力を持つことはとても難しいので、時には力のある男に奪われるという空想が女にとってパワーへの最短距離になることもあるのです。しかしながら、女はいつだってこんな空想や願望を拒否できるのです！

ポルノ雑誌店の客はごく一般的な男たちです。若者から中年、ジーパンから背広まで。このことは、ポルノが場末や変質者だけのものでないことを物語っています。東京神田のあるポルノ雑誌店では月に八〜九万冊売っているそうで、この店のベストセラーは、一位少女・女高生もの、二位SMもの、そして三位レズビアンもので、女と男のからみはほとんどありません。こういった本が一九八〇年十二月現在で約百二十種類、月間二百万冊出回っています。ポルノ店は都内で三千五百軒、自動販売機は全国で二万もあるそうです。

ペントハウスが四十六億円もかけて映画『カリギュラ』を製作しました。性と暴力と支配の危険な結びつ

写真18 『O嬢の物語』に反対する抗議デモ

き、そして主人公カリギュラに象徴される絶対的支配、軍国主義、男至上主義こそポルノの本質であり、私たちはそれを見逃してはなりません。

軍国主義とポルノの結びつきを実証する事実が、二月八日の読売新聞に報道されています。スイス陸軍の「一中隊が女性の全裸写真を標的に射撃の特訓をしていた」「顔を除き首から下の女性のヌード写真をパネルにはり付け、民兵の射撃訓練を行っていた。関係者は、標的の中心部を十点とし、輪を書いて数字だけ付けた標的を使用していた当時に比べ、はるかに訓練に熱が入り効果が上がった」と告白しています。

また、昨年の南朝鮮人民の光州蜂起の際に、彼らを弾圧した韓国軍隊は、妊婦の腹を切り裂き、女の乳房をえぐりとりました。国家という絶対的な力を背景に、軍隊は、残虐きわまりない殺りくをほしいままにしました。

私たちのような資本主義国では、人間より企業利益や製品の方が重んじられ、人々は力のなさと疎外感に苦しんでいます。そして男は不満や怒りを政治・経済体制よりも、女や子供にぶつけがちです。しかし、強姦や女、子供への暴力は何も資本主義国や工業発展国に限られていません。

私たちは男至上主義こそ、暴力行為の基盤だと考えます。ポルノグラフィに組まれた傾向は社会全体に広がっていて、男は女に対して力を持っている、という考えを抱かせます。長い間、男たちの女への接し方のパターンを作ってきたのです。

ポルノに抗議する女たち

写真18 『O嬢の物語』に反対する抗議デモ 一九七五年につくられた西ドイツ映画。監督ジュスト・ジャカンは、男の言いなりになる女を描いています。ヒロインO嬢は、女は存在そのものが罪深いという原罪を背負っていると考えているために、恋人に縛られたり、なぐられたり、拷問されたりするのを当然と受け止め、最後には、自殺します。まったく受動的な女を礼賛して美しく描写したこの映画を上映することに抗議して、世界の各地で女たちがデモをしています。ドイツでは女たちの抗議のため上映中止になったこともあります。

また、女が夜に一人で歩けないことに抗議して、五千人もの女たちが、“Women take back the night（女たちは夜をとり戻す）”デモを行いました。一九七八年十一月、サンフランシスコでのことです。

女への暴力に対する怒りを行動で表しましょう！

レズビアンフェミニスト・センターでは、このスライドをより内容のあるものにするために、皆さんの参加を希望しています。ぜひ一緒にやりましょう！

ここに掲載された写真は、私たちの作製したスライドの一部です。スライドの貸し出しをしています。各地で上映してください。

スライド貸し出し…カンパ三千円（相談に応じます）

出張上映（解説者付）三千円プラス交通費

なお、八月十四～十六日に長野県追分でレズビアン合宿を行います。テーマは〝レズビアニズムと女性解放運動〟。問い合わせはレズビアンフェミニスト・センターへ。

《連絡先》 レズビアンフェミニスト・センター・スライドグループ 〒164 東京都中野区中野郵便局私書箱64号

や WAVPM (Women Against Violence & Media) P. O. Box 14614, San Francisco, Ca, 94114, U. S. A.

女のエネルギーを女へ！

レズビアンフェミニスト・センター

レズビアンとは「女が男なしで生きられない、また生きてはならない」という社会の押しつけに拒絶する女のことである。

レズビアンは結婚制度を支えない。いわゆる家庭を作らない。経済的自立をしている。自分で自分の身を守る。性差別社会が与える女の役割と、男に従属することによって受ける保護や恩恵を拒否している。その結果、既存の女のイメージから外れ、女らしくないという理由で偏見や抑圧を受けている。しかし、そのことは女の置かれている状況をより鮮明に浮き上がらせているのである。

女性解放運動は男との関係改善を第一の目的とするものではない。女が自らを取りもどし、自ら選び取った人生を生きる自由を得ることである。

男に一枚でも多く皿を洗わせたり、男の頭をどうしたら切り変えられるかという、つまり、今ある男の中から新しい男を作り出すことに膨大なエネルギーを費し、自分も新しい女になったような錯覚に陥ることは、女たちのエネルギーと結びつきを希薄にし、運動の進展を鈍らせる。男を女の運動に巻き込むことより、より多くの女が運動に参加できるよう頭を使いエネルギーをそそぐべきである。

私たちは、問題を共有しているにもかかわらず、女性解放運動の中で誤解されたり、性的対象物として（レズビアンは女と寝る女だ！）と見られたりすることが多かった。

私たちが、あたかも男のようなやり方で女たちを性的対象物として見ていると思い込まれること、それは逆に、女を性的なものとしか見ることのできない、男の目で、女であるレズビアンを見ていることである。

このようにレズビアンをポルノの世界に閉じ込めようとしてきたことが、私たちを女の運動から疎外してきた。

レズビアンは自分自身で充足する女であり、私たちは女の人生に必要なものを女の手で創りあげることを実行している。レズビアンは男より女に価値を見い出し、女の可能性を信じている。だからこそ、女と人生を分けあうし、女にエネルギーをそそぐのである。

レズビアンの解放は女の解放そのものである。私たちは、女の運動の中で永久に力強い存在である。